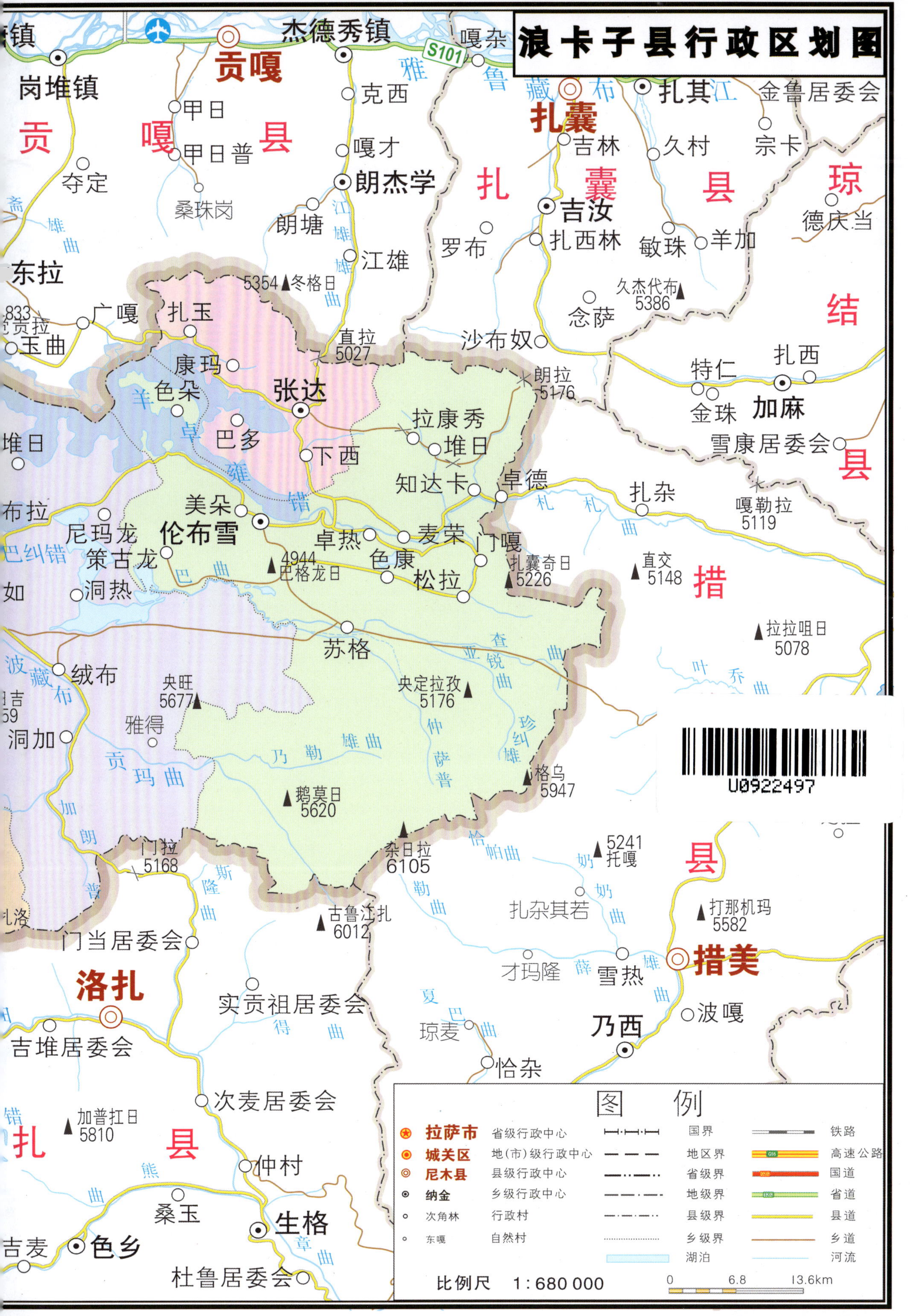


U0922497

西藏自治区测绘院编制

审图号：藏S（2018）022号

# 浪卡子年鉴

# སྣ་དཀར་རྩེ་ལོ་རིམ་མེ་ལོང་།

# 2022

（总第5卷）

浪卡子县地方志编纂委员会 编

方志出版社
Publishing House of Local Records

图书在版编目（CIP）数据

浪卡子年鉴. 2022 / 浪卡子县地方志编纂委员会编.—
北京：方志出版社, 2022.11
ISBN 978-7-5144-5332-4

Ⅰ.①浪… Ⅱ.①浪… Ⅲ.①浪卡子县—2022—年鉴
Ⅳ.①Z527.54

中国版本图书馆CIP数据核字（2022）第242596号

责任编辑：王娜
责任校对：刘玉霞
责任印制：梅中英
出 版 者：方志出版社
地　　址：北京市朝阳区潘家园东里 9 号（国家方志馆4层）
邮　　编：100021
网　　址：http://www.zgfzcb.cn
发　　行：方志出版社图书营销中心（010-67110500）
印　　刷：河南金宝丽印刷科技有限公司
开　　本：889毫米 × 1194毫米　1/16
印　　张：23.75
字　　数：641千字
版　　次：2022年11月第1版
印　　次：2022年11月第1次印刷
定　　价：380.00元

# 数字浪卡子 2021

SHUZI LANGKAZI

◎年末户籍人口：37954人

◎乡村人口：34431人

◎地区生产总值：108244.1万元

◎第一产业增加值：6527.1万元

◎第二产业增加值：48294.4万元

◎第三产业增加值：53422.6万元

◎地方财政收入：3581万元

◎财政预算总支出：99294万元

◎工业增加值：3030.6万元

◎招商引资：5048万元

◎社会消费品零售总额：22230.2万元

◎农村居民人均可支配收入：16201元

◎农林牧渔业总产值：12047.96万元

◎农业产值：1684.32万元

◎牧业产值：9774.75万元

◎粮食总产量：5234.06吨

◎青稞产量：5039.46吨

◎油菜产量：706.88吨

◎年末牲畜存栏数：275092头（只、匹）

◎全年牲畜总出栏数：68242头（只、匹）

◎蔬菜产量：785.43吨

◎肉类产量：2157.45吨

◎奶类产量：7542.79吨

◎国内外旅游接待人数：43.86万人次

◎旅游总收入：37.85万元

2021年7月29日，中央办公厅机要局副局长、一级巡视员何良生（前排左三）率中央密码工作领导小组办公室督查组到浪卡子县督查调研并看望县机要局工作人员，自治区党委副秘书长姚思远（前排右二）、自治区党委机要局局长饶太新（前排左一）陪同调研

2021年8月11日，西藏自治区人民检察院党组副书记、常务副检察长占堆（右一）一行到浪卡子县人民检察院调研指导工作

2021年9月2日，山南市委常委、秘书长赫沛（主席台）到浪卡子县向基层干部群众宣讲习近平总书记"七一"重要讲话精神

2021年11月15日，山南市委副书记、市政府党组副书记、常务副市长，湖南省第九批援藏工作队领队杨昶（右四）到普玛江塘乡开展调研

2021年9月10日，山南市人大常委会副主任巴桑次仁（前排左二）一行6人到县人民检察院调研认罪认罚从宽制度适用工作

2021年8月11日，西藏自治区经济和信息化厅考察组一行到浪卡子县考察调研

2021年6月12日至13日，中共浪卡子县委书记布多（左二）带领县考察组一行到伦布雪乡苏格村扶贫产业点调研考察肉羊扶贫养殖基地绵羊生产情况

2021年7月7日，浪卡子县委副书记、县长罗云（右三）到县社会福利院（特困人员集中供养中心）调研

2021年2月7日，召开中国共产党浪卡子县第九届委员会第七次全体会议

2021年6月28日，召开中国共产党浪卡子县第十届委员会第一次全体会议。会议通过《中国共产党浪卡子县第十届委员会第一次全体会议选举办法（草案）》、监票人名单；总计票人、计票人名单；《中国共产党浪卡子县第十届纪律检查委员会第一次全体会议选举结果报告》。大会选举产生中国共产党浪卡子县第十届委员会常务委员会委员（土旦桑珠、布多、冉啸、白江山、杨志军、陈长义、罗云、赵永、格桑罗布、唐静、常国星、普琼），选举产生中国共产党浪卡子县第十届委员会书记（布多），选举产生中国共产党浪卡子县第十届委员会副书记（罗云、白江山、普琼）

2021年8月25日，召开中国共产党浪卡子县第十届委员会第二次全体会议

2021年6月27日至28日，召开中国共产党浪卡子县第十次代表大会，应到代表159人，实到代表147人。会议审议通过《中国共产党浪卡子县第十次代表大会选举办法》《中国共产党浪卡子县第十次代表大会总监票人、监票人，总计票人、计票人名单》《中国共产党浪卡子县第十次代表大会关于中国共产党浪卡子县第九届委员会工作报告的决议》《中国共产党浪卡子县第十次代表大会关于中国共产党浪卡子县第九届纪律检查委员会工作报告的决议》；大会选举产生中国共产党浪卡子县第十届委员会委员、候补委员和中国共产党浪卡子县第十届纪律检查委员会委员

2021年2月24日至26日，召开浪卡子县第十三届人民代表大会第八次会议，应到代表95人，实到代表82人。会议听取浪卡子县人民政府工作报告、县人大常委会工作报告、县人民法院工作报告、县人民检察院工作报告

2021年7月4日至5日，召开浪卡子县第十四届人民代表大会第一次会议，应到代表136人，实到代表130人。会议听取县委常委、县人民政府副县长刘美胜代表县人民政府作的政府工作报告、县人大常委会工作报告、县人民法院工作报告、县人民检察院工作报告；大会选举产生浪卡子县第十四届人民代表大会常务委员会主任、副主任、委员，浪卡子县人民政府县长、副县长，浪卡子县监察委员会主任，浪卡子县人民法院院长，浪卡子县人民检察院检察长

第十四届人民代表大会第一次会议代表合影

2021年10月29日，召开浪卡子县第十四届人民代表大会第二次会议，大会应到代表 135人，实到代表113人。会议传达学习中央人大工作会议精神，表决通过大会选举办法（草案），总监票人、监票人名单（草案），选举产生27名出席山南市第二届人民代表大会的代表

2021年2月23日至25日，召开中国人民政治协商会议第二届浪卡子县委员会第七次会议，应到委员57人，实到委员45人。会议听取政协第二届浪卡子县委员会常务委员会工作报告、政协第二届浪卡子县委员会常务委员会关于二届六次会议以来提案工作报告；大会通过《政协第二届浪卡子县委员会第七次会议决议》、政协第二届浪卡子县委员会第七次会议提案审查委员会《关于二届七次会议提案审查情况的报告》

2021年7月3日至4日，召开中国人民政治协商会议第三届浪卡子县委员会第一次会议，应到委员65人，实到委员60人。会议通过《政协第二届浪卡子县委员会工作报告决议、关于提案工作报告决议》《政协第三届浪卡子县委员会一次会议政治决议和提案审查情况报告》《政协第三届浪卡子县委员第一次会议选举办法》《政协第三届浪卡子县委员会一次会议总监票人和监票人名单》；会议听取和审议《二届政协常委会工作报告、提案工作情况报告》；大会选举产生新一届政协主席、副主席和常务委员

2021年2月22日，召开中共浪卡子县第九届纪律检查委员会第六次全体会议，县委常委、纪委书记杨志军代表县纪委常委会作《立足新发展阶段，扛牢新时代职责，为全面建设社会主义现代化浪卡子提供坚强保障》的工作报告。会议传达学习第十九届中央纪委五次全会、区纪委第九届六次全会、山南市纪委第一届六次全会精神；会议审议通过《中共浪卡子县第九届纪律检查委员会第六次全体会议工作报告、公报》

2021年6月28日，召开中国共产党浪卡子县第十届纪律检查委员会第一次全体会议，应到委员11人，实到委员11人。会议通过《中国共产党浪卡子县第十届纪律检查委员会第一次全体会议选举办法》，监票人名单，总计票人、计票人名单；大会选举产生中国共产党浪卡子县纪律检查委员会纪委常委（仓姆拉、贡桑曲吉、杨志军、张兵、贺马建）、选举产生中国共产党浪卡子县第十届纪律检查委员会书记（杨志军）、选举产生中国共产党浪卡子县第十届纪律检查委员会副书记（贺马建、贡桑曲吉）

2021年1月1日，浪卡子县举办2021年元旦文艺联欢会

2021年4月2日，中共浪卡子县委、县人民政府组织县处级以上领导干部前往山南市烈士陵园开展清明节祭奠革命先烈暨廉政教育活动

2021年5月24日，浪卡子县举行“奋斗百年路　启航新征程”为主题的西藏和平解放70周年文艺会演

2021年5月25日，浪卡子县开展第十届“5·25保护母亲湖”行动日活动，全县范围内共7700余人参加此次活动，出动车辆400余辆次，清理垃圾158余吨，悬挂横幅130余条

2021年7月1日，童心向党“我为党的生日献礼”活动举行

2021年7月30日，工作人员在打隆物交会上开展加强反奸防谍宣传

2021年12月9日，西藏自治区雅鲁藏布江中游河谷黑颈鹤国家级自然保护区检察联络室、警示宣传牌揭牌仪式举行

嘎玛林草场位于浪卡子县伦布雪乡境内，是一个天然的大牧场。此地水草丰美，羊壮牛肥，风景宜人

2021年7月30日，“盛世欢歌·锦绣羊卓”浪卡子县第三十届打隆边贸物资文化交流会开幕式举行

自治区级非遗项目——羊卓姜谐

嘎热绣明，意为方格腰带。主要盛行于伦布雪乡、张达乡境内，大小长短分为三围、五围、七围和十围四种，花纹精美，刺绣吉祥结、万里长城、莲花宝瓶等各种图案。图为伦布雪乡一带出产的方格腰带

松巴鞋是在浪卡子县男女老幼皆穿的一种鞋。“松巴”鞋可根据用料的质地不同及工艺的繁简程度不同分几个等级，同时可以分为男式、女式及童鞋等式样。图为浪卡子县出产的松巴鞋

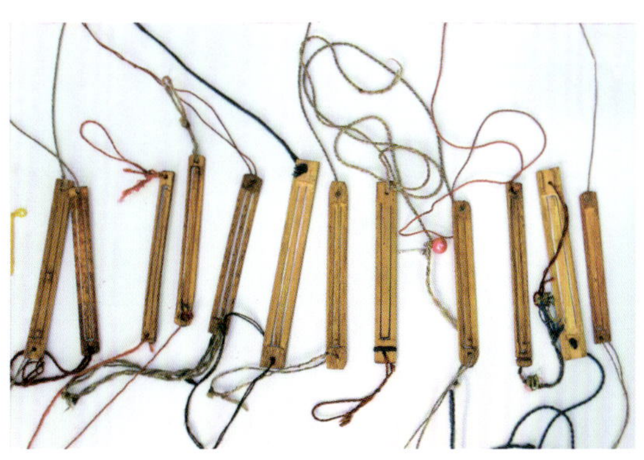

普玛江塘乡孔丝乐器

扎热桑旦曲林寺藏香

阿扎乡金银加工历史悠久，主要加工金银首饰、藏刀、酥油灯、金银碗（杯）等金银器。图为阿扎乡民族手工金银器

羊卓服饰主要盛行于伦布雪乡一带，是当地牧民在生活中创造并不断完善，逐步发展形成的，已有500多年的历史。主要特色体现在方格腰带、后围裙、乌折帽和松巴鞋的制作原料、纺织工艺、印染工艺、刺绣工艺、图案纹样、色彩表现、文化价值等方面。图为伦布雪乡群众穿着羊卓服饰

浪卡子全貌

羊卓雍错

岗布冰川

普莫雍错

拥布岛

马蹄岛

岗布沟瀑布

宁金康桑

# 《浪卡子年鉴（2022）》编纂委员会



# 《浪卡子年鉴（2022）》编辑部

# 编辑说明

一、《浪卡子年鉴（2022）》以马克思列宁主义、毛泽东思想、邓小平理论、“三个代表”重要思想、科学发展观、习近平新时代中国特色社会主义思想为指导，坚持辩证唯物主义和历史唯物主义的立场、观点和方法，始终坚持“实事求是、质量第一、存史资政、服务大众”的办鉴宗旨，全面、系统、翔实地记述浪卡子县2021年度政治、经济、文化、社会等各项事业的基本情况，为社会各界与国内外人士了解和研究浪卡子县提供翔实资料。

二、《浪卡子年鉴（2022）》分为正文与彩页两部分。正文采取分类编辑法，以类目、分目、条目为主要框架结构。个别包含多方面资料的条目，则在段落间加插楷体标题提示，方便读者查阅全书。

三、《浪卡子年鉴（2022）》载录浪卡子县2021年经济社会发展的基本情况，设有特载、大事记、县情概览、中国共产党浪卡子县委员会、浪卡子县人民代表大会、浪卡子县人民政府、中国人民政治协商会议浪卡子县委员会、纪检监察、军事、人民团体、法治、综合管理与监督、农业农村、旅游业、商贸、财税·金融、交通·邮政·通信、城乡建设·环境保护、教育·体育、气象、文化·广播电视、卫生健康、社会生活、乡（镇）概况、附录等。

四、《浪卡子年鉴（2022）》入鉴资料、图片均由各撰稿单位提供，并经主要负责人审核。部分资料由编辑部收集，主要数据和统计资料由浪卡子县统计局提供，部分数据由各相关部门提供。由于统计口径等原因，相关部分的个别数据与统计资料不一致的，以统计资料为准。本书中农田土地面积的计量单位使用“亩”。

# 目录

## 特 载



## 大事记



## 县情概览

### 基本县情



### 自然地理



### 国民经济社会发展

## 中国共产党浪卡子县委员会

### 综述



### 办公室工作



### 组织工作



### 宣传工作



### 统一战线（民族宗教）

### 巡察工作



### 强基础惠民生工作



## 浪卡子县人民代表大会

### 综述



### 办公室工作



## 浪卡子县人民政府

### 综述



### 办公室工作



### 行政审批和便民服务

## 外事工作



## 信访工作



## 应急管理



## 消防救援



## 藏语文工作



## 后勤服务



# 中国人民政治协商会议浪卡子县委员会

## 综述



## 重要会议



# 纪检监察

## 综述



## 主要工作

# 军 事

## 人民武装



## 边境管理



## 武警中队



# 人民团体

## 总工会



## 共青团



## 妇联



## 工商联



# 法 治

## 政法委及综治

## 公安



## 检察



## 法院



## 司法行政



# 综合管理与监督

## 发展和改革

## 审计



## 统计



## 自然资源



## 市场监督管理



## 乡村振兴



# 农业农村

## 综述

### 水利



### 林业和草原



## 旅游业

### 综述



### 景点简介



## 商 贸

### 综述



### 招商引资



## 财税·金融

### 财政

## 卫生健康

### 综述



### 疾病预防控制



### 新冠肺炎疫情防控



### 卫生服务



### 藏医院



### 医疗保障



## 社会生活

### 民政

## 人力资源和社会保障



## 退役军人事务



# 乡（镇）概况

## 浪卡子镇



## 打隆镇



## 张达乡

## 伦布雪乡



## 多却乡



## 普玛江塘乡



## 卡龙乡



## 阿扎乡



## 白地乡

## 卡热乡



# 附 录



## 组织机构及负责人

## 先进名录



## 统计数据

# 特 载

## 在中国共产党浪卡子县第九届委员会第七次全体会议上的工作报告

浪卡子县委书记 次 仁

（2021年2月7日）

各位委员、同志们：

受县委常委会委托，我向全会报告工作，请予审议。

这次县委全会的主要任务是，以习近平新时代中国特色社会主义思想为指导，全面贯彻落实党的十九大和十九届二中、三中、四中、五中全会及中央第七次西藏工作座谈会和区党委九届八次九次全会、市委一届六次七次全会精神，回顾总结2020年工作，安排部署今年工作任务，提出“十四五”时期总体工作思路和二〇三五年远景目标建议，以新发展理念为引领，动员全县人民心无旁骛，奋力拼搏，全面开启团结富裕文明和谐美丽的社会主义现代化浪卡子建设新征程。

2020年，在区党委和市委的坚强领导下，县委常委会高举习近平新时代中国特色社会主义思想伟大旗帜，深入贯彻落实党中央各项决策部署，按照区党委、市委工作安排，紧扣全面建成小康社会目标任务，以学习宣传贯彻落实中央第七次西藏工作座谈会精神为主线，坚持以人民为中心的发展思想和新发展理念，抓好稳定发展生态强边四件大事，以正确处理好“十三对关系”为工作方法，统筹推进新冠肺炎疫情防控和经济社会发展，全面加强党的建设，着力攻坚克难，各项工作顺利推进。

**旗帜鲜明讲政治，始终坚持把党的政治建设摆在首位，坚决做到“两个维护”。**加强政治教育，全年举办6期党员政治教育专题培训班，受教453人，教育引导广大党员干部增强“四个意识”、坚定“四个自信”、做到“两个维护”。始终做到在政治立场、政治方向、政治原则、政治道路上同党中央保持高度一致，坚决做到习近平总书记和党中央提倡的坚决响应、习近平总书记和党中央决定的坚决执行、习近平总书记和党中央禁止的坚决不做。坚持读原著、学原文、悟原理，学深悟透党中央、区党委、市委决策部署。及时制定学习宣传贯彻的具体工作方案，先后召开县委常委会、常委会（扩大）会议37次、县委理论中心组集中学习会16次，组织全县广大党员干部全面系统学习习近平新时代中国特色社会主义思想、党的十九大和十九届二中三中四中五中全会精神、中央第七次西藏工作座谈会精神和《习近平谈治国理政》第三卷，及时跟进学习习近平总书记重要讲话、指示、批示精神以及党中央、区党委、市委重要会议、文件精神，始终在学懂弄通做实上下功夫，开展理论研讨7次、交流心得体会52次，推动学有所思、思有所得。同时强化政治监督，坚持党中央、区党委决策部署到哪里，监督检查就跟进到哪里。2020年，先后成立6个督导检查组、2个蹲点检查组，分别对全县各级各部门落实疫情防控措施、制止餐饮浪费等工作情况进行督导检查，确保党中央每一项决策部署和习近平总书记每一次重要指示批示都全面贯彻到位，确保区党委、市委工作要求都全面准确落实。

**认真履行管党治党政治责任，贯彻落实新时代党的建设总要求，保持良好政治生态。**召开县委九届六次全会，专题研究基层党建工作，全面安排部署基层党建重点任务。推动构建一级抓一级、层层抓落实的工作格局，县委班子成员认真履行“一岗双责”，督促指导全县各级党组织全面落实基层党建责任，对抓基层党建工作薄弱的3名乡镇党委书记进行约谈，对述职评议考核等次未达到“好”的党组织书记取消年度优秀公务员称号，及时为县中学配备专职党建副书记，在27个县政府部门设立党组。严格督导检查，县委常委班子以上率下，带头深入95个村级党组织、12个寺管会党组织、大部分学校党组织开展基层党建工作调研，对基层党建责任落实情况开展检查和指导，及时掌握情况、发现问题并提出工作要求。加强党的组织建设。按照“不设比例、不定指标、应整尽整”的原则，集中整顿软弱涣散基层党组织。组织精干力量对2019年确定的村（社区）软弱涣散基层党组织进行“回头看”。对2020年确定的12个软弱涣散基层党组织，专门召开县委常委会研究整顿措施、整顿方案，做到“一支部一方案、一问题一对策”，通过市级验收，全部晋位晋级。围绕党建引领发展壮大村级集体经济，制定《浪卡子县发展壮大村级集体经济任务分解方案》，明确每个村（社区）1到3个可行性项目，1名县政府领导联系1个乡（镇），派驻单位和县直单位协助发展，全面实施村级集体经济“薄弱村”提升行动，村集体经济收入由2019年651.11万元，上升至1202.49万元。投资2.1亿元实施村级组织活动场所标准化建设，完成89个村级组织活动场所建设。加强干部队伍建设。认真落实习近平总书记选人用人重要论述、新时期好干部标准和民族地区干部“三个特别”要求，提拔调整干部88名。建强党员队伍，严把党员入口关，对108名党员发展对象进行县级政治审查。深入开展“党员三包五带五促”活动，科学划分责任片区524个，全县4621名党员与农牧民群众结对子。举办基层干部各类业务培训3期283人、村（社区）干部文化素质提升和国家通用语言培训教育302期3280人。认真从“四类人员”中培养村（社区）后备干部1058名。深化作风建设。坚决贯彻落实中央八项规定及其实施细则精神和自治区党委实施办法，持续整治“四风”特别是形式主义、官僚主义，把整治形式主义、官僚主义纳入政治巡察、监督检查、审查调查工作重点，紧盯“四风”问题隐形变异，深化扶贫领域腐败和作风问题专项治理，以上率下、狠抓落实，不断营造风清气正的政治生态。2020年，深入开展违反中央八项规定精神自查清理纠治工作，组织推动两轮县委巡察，并始终把加强纪律建设贯穿于各项工作之中，在各种场合、各种会议上反复强调党的“六项纪律”和中央八项规定精神，推进制止餐饮浪费，全面加强党员干部教育、监督和管理。精准运用监督执纪“四种形态”，全年受理问题线索34件，办结32件，给予党纪政务处分19人，取消预备党员资格1人。

**坚持把人民群众生命安全和身体健康放在第一位，疫情防控取得较好成果。**按照习近平总书记“坚定信心、同舟共济、科学防治、精准施策”的总要求，坚决扛起疫情防控政治责任。迅速成立疫情防控工作领导小组，制定《浪卡子县突发公共卫生应急预案》，推动建立核酸检测实验室，及时充实医疗卫生应急物资库，确保防控措施、重点人群管控、大型活动管控、物资保障落地落实。建立“五包”工作体系，成立疫情防控宣传队，用通俗易懂的语言，向农牧民群众讲解疫情防控相关知识，教育引导群众正确对待疫情、知晓疫情、防控疫情。设立党员政策宣传、卫生消毒、教育疏导等各类岗位841个。组织动员党员干部、爱心人士、爱心企业、教师队伍、离退休干部和寺庙僧尼为疫情防控捐款174.75万元。严格落实“内防扩散,外防输入”要求,设立外来人员发热监测卡点,检查过往车辆2万余台、人员4万余人次,设立集中隔离点3处,采购疫情防控物资815万元。同时强化监督检查,办结疫情防控问题线索2件,给予党纪处分5人,为打赢疫情防控阻击战提供坚强的纪律保障。

**坚持稳中求进,统筹推进疫情防控和经济社会发展。**做到“两手抓、两手硬”,全年预计完成地区生产总值93664万元、社会消费品零售总额17693.56万元、财政收入2792万元、税收收入3482.57万元、农村居民人均可支配收入14175元。坚持完善基础,落实稳投资要求,项目建设有序推进。开复工项目155个,累计完成投资9.7亿元。储备“十四五”规划项目410个、总投资263.7亿元。招商引资卓有成效。投入40万元制作招商引资宣传片,加大对外招商宣传推介力度。全年落地招商项目6个、总投资7149.6万元、完成投资3890.92万元。基础产业不断壮大。农牧业方面,深入实施“藏粮于地、藏畜于草”重大战略,完成播种面积4.12万亩总产5375.8吨;蔬菜种植1417.95亩总产1088.28吨。牲畜存栏26.98万头(只、匹),新生仔畜7.08万头(只、匹),全年出栏78309头(只、匹)。肉、奶、蛋年产分别达到2311吨、7190吨、7.27吨。“绵羊两年三胎”试点稳步推进。旅游业方面,建设乃钦康桑综合旅游体、嘎玛林草场旅游体验区、羊湖旅游基础设施建设等6个旅游项目。初步完成21家家庭旅馆和2家星级饭店评定工作,第一家地接旅行社进入审批阶段,旅游宣传片投放市场,在安徽省芜湖市成功举办“天上仙境、人间羊卓”文旅推介活动。全年接待游客37.6万人次,实现旅游创收3040.3万元。特色产业方面。加快推进羊湖鱼类资源增殖保护试点工作,增殖流放羊湖裸鲤鱼苗25万尾,试点工作取得一定进展。相达牦牛、苏格绵羊、饲草三大基地建设全面推进,投入30万元开展苏格绵羊、相达牦牛绿色有机认证,饲草种植1.56万亩,同比增长178.5%,苏格村(苏格绵羊)被认定为第九批全国“一村一品”示范村镇。电子商务进农村综合示范项目,顺利通过国家绩效评价考核验收。

**践行以人民为中心的发展思想,厚植民生福祉,增强人民群众幸福感。**继续落实“五级书记抓扶贫”“四个不摘”要求,脱贫成果全面巩固。顺利通过脱贫攻坚普查、2020年脱贫攻坚成效考核。围绕解决好影响群众生产生活“最后一公里”问题,投入946万元修建机井、集中供水房等人饮工程,基本解决季节性缺水问题;加强易地扶贫搬迁,全面落实危房改造,按期完成边境小康村建设,农牧民群众如期搬迁入住;抓项目带增收,23个“十三五”规划内产业扶贫项目,带动3484名建档立卡贫困群众增收,分红158.58万元;管好用好生态岗位,兑现生态补偿岗位资金953.75万元;大力推进消费扶贫,累计消费174.4万元。教育事业全面发展。积极兑现学生营养改善、“三包”经费、建档立卡大学生资助金3288.93万元。建设县城公共体育场、张达乡扎玉小学改扩建、县幼儿园改扩建、打隆镇曲宗村幼儿园建设等8个项目,完成投资2781万元。偏远学校信息化设施配备不断加强,16所乡镇小学和部分幼儿园成功接通山南市教育城域网。控辍保学扎实推进,送教上门“五送”活动全面落实,有效保障因病因残适龄儿童义务教育权利。医疗卫生事业稳步推进。建设县疾控中心实验室改造、卫生服务中心传染病房改造、发热门诊建设等9个项目,配齐医疗设备,改善就医条件,医疗卫生服务、疾病预防控制能力进一步提升。出台《浪卡子县村医管理办法》,巩固“一村两医”目标。“二级乙等综合医院”创建通过终审、县藏医院揭牌运行。完成2.6万余人免费健康体检和2840名妇女“两癌”筛查任务,孕产妇住院分娩率达99.8%。文化事业繁荣发展。新时代文明实践中心(所、站)投入使用,组建志愿服务队伍13支3900余人。完成47个民间历史传说搜集工作,创作《魅力羊卓》《门前小事》《普天同庆》等18部形式多样、内容丰富的文艺作品。非物质文化遗产工作成效显著,羊卓果谐演出队受邀参加山南市2020年春节藏历新年电视联欢晚会,阿扎金银锻制技艺成为第三批自治区非物质文化遗产项目传习基地。举办“2020年文化和自然遗产日”活动,进一步满足农牧民群众精神文化需求,累计开展文艺下乡演出61场次,覆盖群众4.25万余人次。社会保障全面落实。兑现城乡低保、特困老人供养、残疾人“两项补贴”、十大民心工程款、临时救助、基础养老资金等2158.53万元,报销医疗费用1582万元。扎实推进高校毕业生、退役军人、农民工就业,搭建创业平台,成功举办浪卡子县第三届全民创业大赛。大力实施订单式、定岗式职业技能培训,委托山南市方圆职业技能学校等培训机构承训厨师、民族服饰等25个工种36期农牧民技能培训,实现农牧民转移就业9536人,劳务创收7045.38万元。

坚持总体国家安全观,保持了社会大局和谐稳定。全面贯彻落实区党委、市委关于维护稳定工作的系列决策部署,始终把维护稳定作为硬任务和第一责任,自觉增强忧患意识,树立底线思维,发扬斗争精神,坚持稳得住、守得好、不添乱。社会治安稳定有序。多次召开综治维稳会议,安排部署综治维稳工作,研究解决存在困难和问题,确保各个重要节点和谐稳定。严管严控社会面,扎实做好巡逻、盘查、防控等工作,确保无盲区无死角。强化危险物品源头管控,突出执勤检查,加大应急处突演练力度,坚决防范暴力恐怖等事件发生。认真落实重点人员管控“十个一”工作法,严管严控有违法犯罪前科人员、思想行动偏执人员等。扎实开展扫黑除恶、打非治乱专项斗争,持续加大政策宣传和线索摸排力度,深入推进“六清”行动。扎实开展矛盾纠纷排查调处,排查发现涉稳隐患70项,成功化解56项。严格落实“四级信访接待日”制度,及时受理信访事项。继续深化平安创建和“双联户”服务管理工作,深入开展综治宣传。加快推进治理体系和治理能力建设,举办行政执法人员在岗执法培训,完成县级“七五”普法验收。寺庙管理持续深化。全面推进宗教活动场所五级管理模式。从严落实“三不增加”“两条底线”要求,从严审批管理佛事活动。强化寺庙安防、消防措施。强化寺管会干部能力素质提升,举办寺管会干部培训班,深入开展“遵行四条标准、争做先进僧尼”教育实践活动。民族团结创建全面开展。认真落实总书记“加强民族团结、建设美丽西藏”重要指示精神,深入宣传党的民族政策,广泛开展社会主义核心价值观、爱国主义、新旧西藏对比等教育活动,促进各民族和睦相处、和衷共济、和谐发展。扎实推进民族团结示范市创建活动,成立创建工作领导小组,制定创建工作实施方案,保障创建工作经费,经常性研究解决创建工作中存在的困难和问题。牢牢把握“坚持民族团结正确方向,促进各民族交往交流交融”主题,扎实开展民族团结教育活动,大力宣传《西藏自治区民族团结模范区创建条例》,共创人人参与民族团结的浓厚氛围。广泛开展民族团结进步创建活动,对涌现出来的10个模范集体和15名模范个人进行表彰。县边境管理大队荣获“全国民族团结先进模范集体”。安全生产形势持续稳定,始终坚持“安全第一,预防为主、综合治理”的方针,将安全生产工作作为全县重点工作之一,摆在首要位置,全年2次召开县委常委会专题听取安全生产工作汇报,安排部署安全生产工作,及时研究解决存在问题,确保安全生产“打非治违”和专项整治行动落实见效,开展检查45次、发现安全隐患1825处,并积极推进整改。同时持续强化安全生产教育,突出在非煤矿山、危化学品、建筑施工、食药“四品一械”领域等开展安全警示教育巡回宣讲,重点宣传《中华人民共和国安全生产法》《西藏自治区安全生产条例》等法律法规。牢牢掌控意识形态主动权。加大市场监管力度,深入开展“扫黄打非”“秋风”等五大专项行动,持续净化文化市场。深入开展“净网”行动,建立健全网络巡查机制,督促完善网络舆情应急处置机制,不断加强自媒体监管力度,对微信公众号、微博账号、网站实行全面登记备案和发布审核机制,进一步提升网管能力。充分发挥县政府新闻网、“羊湖之声”微信公众号等新媒体作用,深入宣传贯彻习近平新时代中国特色社会主义思想、党的十九届五中全会、中央第七次西藏工作座谈会精神,做好党中央重大方针政策的宣传解读,积极传播社会主义核心价值观,解读各级党委、政府决策部署和各项惠民利民政策,进一步提升新媒体宣传传播能力,增强话语权。坚持以“四讲四爱”群众教育实践活动为主体,统筹脱贫攻坚、扫黑除恶、扫黄打非、精神文明建设、总体国家安全观教育等宣传教育工作,结合“3·28”西藏百万农奴解放纪念日、建党、建军等重大节庆活动,深入开展新旧西藏对比为主题的反分裂斗争教育,深化精神文明建设,全县各族群众感党恩、听党话、跟党走的自觉性更加坚定。县边境管理大队索朗达杰同志荣获“全国十大国门卫士”“第六届感动山南人物”荣誉称号,浪卡子镇浪卡子社区顿珠家庭荣获“全国文明家庭”。

**深入开展污染防治攻坚战,筑牢了生态环境安全屏障。**认真践行习近平生态文明思想,牢固树立“绿水青山就是金山银山”的理念,坚持良好的生态环境是最普惠的民生福祉,大力实施“生态强县”战略,建设好国家重点生态功能区。围绕打好三大污染防治攻坚战,有序推进地表水(重点河湖)、县级集中式饮用水源地和污染源执法监督性环境质量监测工作。全面加强对县城空气自动监测站日常管理和监测数据分析。持续开展“禁白”专项行动。严把建设项目环评审批关,编制完成《浪卡子县国家重点产业准入负面清单》,从源头上控制“三高”企业、项目落地,坚守环保底线、红线、高压线。认真开展危险废物申报和产废企(事)业(合作社)登记,排查医疗废物、过期药品、矿物废油等11.73吨,完成上报登记105家。环境监管执法全面加强,严厉打击环境违法行为,下发整改函5份。生态环境问题加快解决。加强重点河(湖)、水源地生态保护工作,扎实推进第四批羊卓雍错生态环境保护项目。大力实施城乡、农村环境综合整治,解决乡(镇)、村(社区)、学校、寺管会环境综合整治工作经费213.3万元。积极推进生态修复,投入1761.63万元实施国土绿化、水渠维修、拦砂坝建设等,有效固化土壤、改善环境,减少水土流失。同时大力宣传、严格执行《羊卓雍错保护条例》,制定《关于羊卓雍错生态环境巡湖工作实施方案》,持续加强羊湖生态环境保护。根据监测,2020年全县空气质量优良天数224天,同比增加54天。环保督察问题有序整改。全面贯彻落实中央、自治区关于环保督察反馈问题整改工作要求,及时调整充实领导小组,制定整改措施,明确整改时限和整改责任人。主动认领中央、自治区环保督察反馈问题30项83个,并实行“清单式”管理,完成整改79个。

**坚持屯兵和安民并举、固边和兴边并重,全力维护边境稳定发展,确保了边境防线安全。**按照中央第七次西藏工作座谈会部署和习近平总书记“加快边疆发展、确保边疆巩固、边境安全”指示精神,自觉增强做好强边工作的政治自觉,坚持守土有责、守土负责、守土尽责,大力推进守边固边富边强边,坚决守护好每一寸神圣国土,筑牢国家安全屏障第一道防线。坚持专群结合,做好社会面管控。严格落实“六个必查”工作措施,加大过境人员、物品、车辆、疑情的盘查力度,坚决堵塞输入型隐患。加强边境巡逻管控。将“防闯关”作为边境稳控的重中之重,按照“属地分区防控”原则和“军管线、警管面、民管片”任务区分,全面落实军警民联动护边机制。边民生产生活不断改善。投入6.43亿元为边境一线普玛江塘乡、边境二线打隆镇分别建设2期小康村,1509户6178名群众先后欢欣入住,进一步解决了边境群众行路难、吃水难等实际问题。及时落实边境补贴,2020年,为边境一线、二线边民发放补助3991人1825.55万元,边民补助享受率达100%。边防联防队伍不断加强。同时,积极探索建立护边联防队员选拔、使用、管理、培训、考勤、奖惩等一系列规章制度,为护边联防队伍的不断壮大提供了制度保障。

一年来,人大、政协积极履行职责,监察、审判、检察机关依法行使职权,群团、武装、双拥、机关党工委等工作都取得新成效新进展。一年来,面对复杂的国内外环境和诸多挑战,全县上下坚定不移贯彻落实党中央决策部署和区党委、市委工作安排,为“十三五”胜利收官,“十四五”创新前行奠定了坚实基础。这是以习近平同志为核心的党中央坚强领导的结果,是自治区党委、政府和市委、市政府关心支持的结果,也离不开对口支援省市的大力支持。成绩凝结全县人民的汗水,硕果饱含各级干部的付出。在此,我代表县委,向支持关心浪卡子县发展的各级领导、社会各界人士和全县广大干部群众表示衷心感谢!

# 浪卡子县人民代表大会常务委员会工作报告

## ——在浪卡子县第十四届人民代表大会第三次会议第二次全体会上

浪卡子县委副书记、人大常委会主任 白江山

（2022 年 1 月 17 日）

### 关于 2021 年的工作回顾

2021 年是极不平凡的一年，也是全县经济社会发展再开新局、再谱新篇、再创辉煌的重要一年。一年来，县人大常委会在市人大常委会有力指导下，在县委的坚强领导下，聚焦发展主题，突出法治主业，践行民生主旨，忠实履行宪法和法律赋予的各项职责。全年共组织召开人民代表大会 3 次，人大常委会 6 次，主任会议 15 次，党组会议 13 次，代表培训 3 次，执法检查 5 次，专题调研 7 次，听取审议“一府一委两院”工作汇报 17 项，并依法作出决议决定，顺利完成换届选举，用人大履职尽责实效，为推进浪卡子县长治久安和高质量发展提供了有力法治保障。

#### （一）牢牢把握正确政治方向，确保党对人大工作全面领导

常委会始终把思想政治建设摆在首要位置，牢牢把握政治机关定位，认真落实“第一议题”学习制度，深入学习贯彻习近平新时代中国特色社会主义思想，党的十九大及十九届历次全会精神、习近平总书记关于西藏工作的重要论述和新时代党的治藏方略、自治区第十次党代会精神以及市二次党代会精神，跟进学习党的最新理论，充分认识“两个确立”的重大意义，进一步增强“四个意识”、坚定“四个自信”、做到“两个维护”。坚持把学习贯彻习近平总书记关于坚持和完善人民代表大会制度的重要思想和中央人大工作会议精神作为履职必修课，自觉以党的创新理论统揽人大工作。坚决维护县委统揽全局、协调各方的领导地位，认真贯彻执行县委的决议、决定，围绕县委中心工作，制定人大工作计划。严格执行重大事项向县委请示报告制度，重大事项、重要工作、重要活动及时向县委请示报告，全年向县委请示报告人大各项工作 20 余次。县委高度重视人大工作，为人大工作的开展出思路，提要求。“一府一委两院”自觉接受人大监督，在工作上给予大力支持，形成了团结和谐、干事创业、加快发展的良好局面。

#### （二）紧紧围绕县委决策部署，着力增强监督工作的实效

用监督促进高质量发展。听取和审议财政决算、预算执行及预算调整方案报告，依法批准财政预算及预算调整方案，提高预算的精准度和实效性。听取和审议部分审计查出问题整改情况报告，紧盯问题，压实责任，切实堵塞漏洞。听取和审议国有资产管理情况报告，把国有资产纳入法治化、规范化监督轨道。建成预算联网监督系统，不断加大财经监督力度，促进经济社会高质量发展。

用监督护航生态文明高地建设。以学习贯彻自治区国家生态文明高地建设条例为主题，积极开展“弘扬生态文明、建设美丽山南”活动，协助市人大常委会开展对森林法及自治区实施办法的执法检查。听取和审议浪卡子县政府关于 2020 年度环境状况和环境保护目标完成情况的报告，以“雅砻

环保行”活动为切入点，持续开展“5·25”保护母亲湖活动，助推美丽浪卡子建设。

用监督力促民生改善。组织县、乡两级人大代表走访入户，广泛听取群众对乡村振兴工作的意见和建议。听取和审议县政府关于防止返贫工作情况的报告，牢牢守住不发生规模性返贫的底线。对2021年上半年经济运行情况以及脱贫攻坚工作与乡村振兴有效衔接、退役军人保障、民族团结进步创建工作等方面进行专题调研，查找问题，研究对策。全县各级人大代表把履行岗位职责和履行人大代表职责有机统一，带头参与所在单位、乡镇、村居、企业的疫情防控、维稳等重点工作。合力推动全县民生改善工作再上新台阶。

用监督助推法治政府建设。听取和审议法治政府建设情况的报告和相关县直部门对山南市地方性法规学习宣传和贯彻执行情况的报告。听取和审议县政府对2020年度12项决议决定办理情况的综合报告，保证审议意见得到根本落实。听取和审议县人民法院关于民事审判工作情况的报告、县人民检察院关于检察机关适用认罪认罚从宽制度情况的报告，协助市人大常委会完成对全县民事审判工作的专题调研，促进政府权力依法规范运行。

（三）履行法律赋予的职责，做好重大事项决定和人事任免

依法决定重大事项。围绕全县中心任务，聚焦发展稳定生态强边“四件大事”，确定重点议题，通过组织代表视察、专题调研、专项执法检查、听取和审议“一府一委两院”专项工作报告等方式进行监督并作出决定，不断强化人大常委会决议决定和审议意见的法定约束力，着力推动解决事关浪卡子发展的全局性、基础性和长远性问题。

依法行使任免权。坚持党管干部与人大依法任免相统一，完善人事任免工作程序，严格把关任前资料审查、任前考试、任职表态发言、颁发任命书、被任命人员向宪法宣誓等环节的工作，确保人事任免工作的规范化、制度化和科学化。全年依法任免国家机关工作人员79人次，43名拟任命人员参加了法律考试并作了表态发言，举行了4次宪法宣誓仪式。

（四）充分尊重代表主体地位，切实保障代表依法履职行权

注重践行全过程人民民主。有序推进全县三级人大代表换届选举工作，选举出市级人大代表27名、县级人大代表135名、乡级人大代表448名，选举产生新一届县人大常委会组成人员，县长、副县长，县监察委员会主任、法检“两院”院长等新一批的县级国家机关领导机构组成人员。广大人民群众积极参与，县乡直接选举参选率达92%以上，确保全过程民主得到有效实践。

注重拓展代表履职平台。举办县、乡两级人大代表专题培训班，不断提高代表履职能力。持续推动“人大代表之家”和“代表联络站”提质增效工作，不断完善相关工作程序。建立健全人大代表履职档案和工作台账，对全县县、乡两级人大代表进行工作实绩考核，严格实绩考核结果兑现代表履职补贴30.27万元。扩大代表对常委会工作的参与力度，全年组织县乡两级人大代表列席常委会会议12人次，邀请23名人大专兼职人员旁听人大常委会会议，累计安排9名代表参加上级人大组织的视察、调研和执法检查等活动。

注重创新代表活动方式。依托“人大代表之家”和“代表联络站”，以着力宣传党的政策，解决实际问题为主题，组织代表定期进“家”入“站”接待群众。对代表设岗定责，定期召开代表述职评议工作会。组织部分县乡人大代表，采取实地调查调研、座谈交流等方式，拓宽代表知情知政和主动履职的途径。持续开展“铸牢中华民族共同体意识”等活动，密切人大代表同人民群众的血肉联系，践行为民服务的承诺。

注重提高意见建议办理质量。县十三届人大八次会议代表共提出的47件建议、批评和意见，经过认真梳理，整理归纳，按照分工负责的原则交由政府部门认真办理，督促有关部门在规定时间内做出答复。听取和审议县人民政府关于县十三届八次会议代表建议办理情况的报告。所提47件建议已解决或列入三年计划内解决的占89.4%，答复率达到100%。

### （五）对标对表新时代新要求，持续提高依法履职的能力水平

着力提高履职能力。严格落实党组理论学习中心组学习制度，先后21次召开常委会党组理论学习中心组会议开展理论宣讲、集体学习和专题研讨，组织法律法规、业务知识集体学习8次。鼓励支持机关党员干部参加各类学习培训，通过开展红色教育加强党性锻炼，采取传帮带形式加强年轻干部培养。持续开展“五查五增质效提升”教育活动，引导机关党员干部把学习成果焕发出来的热情转化为攻坚克难、干事创业的实际成果。

持续推进作风转变。严格遵循法律规定和议事规则，学习借鉴自治区、市人大常委会经验做法，结合实际探索改进常委会会议各环节工作，综合运用会前围绕议题集中学习等各项措施，进一步增强会议审议的针对性和实效性。围绕事关全县经济社会发展的全局问题、人大工作的重要问题，确定重点题目，开展调研活动。聚焦纠治“四风”特别是形式主义、官僚主义，修订完善机关公文运转、会议管理、经费使用等规章制度，不断增强制度执行力，确保机关作风持续好转。

有效凝聚工作合力。注重加强与自治区、市人大常委会的日常联系，自觉接受法律监督和业务指导，配合开展各类调研、视察、执法检查活动。加强对乡镇人大的联系指导，推动基层人大规范化建设。强化上下联动，市、县人大常委会联合检查地方性法律法规贯彻执行情况，县、乡人大联合对政府重点工作开展情况进行调研，形成监督合力，努力将人大监督做深、做细、做透、做实。

各位代表！一年来工作成绩的取得，根本在于习近平新时代中国特色社会主义思想的科学指引，是在县委的坚强领导下，全体人大代表、常委会组成人员、各专门委员会组成人员，以及县人大常委会机关工作人员尽责工作的结果，是县政府、县政协、县监察委员会、县人民法院、县人民检察院和各乡（镇）人大支持配合的结果，是全县各族人民充分信任的结果。在此，我代表县人大常委会，表示衷心感谢。

回顾过去一年的工作，在认真总结成绩的同时，我们也严肃检视了工作中存在的差距和不足，主要是：在创新监督方式、增强监督实效、推动问题解决上需要积极探索；在密切联系代表、发挥代表作用、强化工作监督、提高议案建议提出和办理质量上需要深化拓展；在改进工作作风、联系指导乡镇人大工作、提高履职能力、制度机制建设上需要不断加强。我们将高度重视这些问题，虚心听取代表和各方面意见建议，不断加强和改进各项工作，不辜负党和人民群众的期望和重托。

## 关于2022年的主要安排

2022年是踏上全面建设社会主义现代化国家、向第二个百年奋斗目标进军新征程的重要一年，是完成自治区第十次党代会、市第二次党代会，以及市、县经济工作会议目标任务的关键之年。首次召开的中央人大工作会议明确提出新时代加强和改进人大工作的指导思想、重大原则和目标任务。自治区第十次党代会、市第二次党代会擘画了未来五年宏伟蓝图。这些都对我们开创新时代人大工作新局面具有前瞻引领意义。在新时代征程上，我们要深刻认识“两个确立”的决定性意义，把“两个确立”真正转化为做到“两个维护”的思想自觉、政治自觉、行动自觉。牢牢把握“四个机关”的定位，用“四个特别”的政治要求，全面加强和改进新时代人大工作和自身建设，全面依法履行好监督、决定、任免“三项职能”，充分发挥人大制度的守正固本作用、人大监督的推动落实作用、人大代表的凝心聚力作用、各级人大的贯通协同作用，使国家根本政治制度优势更好转化为治边稳藏效能。

常委会工作总体要求是：在县委的坚强领导下，坚持以习近平新时代中国特色社会主义思想为指导，深入贯彻落实党的十九大和十九届历次全会精神和中央人大工作会议精神、中央第七次西藏工作座谈会精神，深入贯彻落实习近平法治思想、习近平总书记关于坚持和完善人民代表大会制度的重要思想、关于西藏工作的重要论述、视察西藏重要讲话精神和新时代党的治藏方略，坚持党的领导、人民代表做主、依法治国有机统一，不断坚持和

完善人民代表大会制度，不断发展全过程人民民主，在市人大及其常委会的有力指导下，按照自治区第十次党代会、市第二次党代会，以及市、县经济工作会议的安排部署，着力推进“四个创建”、努力做到“四个走在前列”，聚力山南“六个走在全区前列”，围绕全县“五先”目标思路、“一心三带三区”区域发展格局，锚定稳定发展生态强边“四件大事”，依法履职尽责，奋力担当作为，不断开创我县人大工作新局面，为建设社会主义现代化新浪卡子提供有力法治保障。

（一）坚持在提高政治站位中坚定正确方向。坚持用习近平新时代中国特色社会主义思想统领人大工作，全面贯彻习近平总书记关于坚持和完善人民代表大会制度的重要思想和中央人大工作会议精神。落实党的全面领导制度，主动接受县委领导，严格遵守政治纪律和政治规矩，及时请示报告常委会依法履职及自身建设中的重大问题、重要事项，紧贴县委决策部署谋划推进各项工作，始终保持人大工作的正确政治方向。认真贯彻落实自治区人大工作会议目标任务和部署要求，推进人大工作创新发展。依法行使重大事项决定权和人事任免权，协调推进全县经济社会重点工作，全力为落实县委决策部署提供法治支撑和组织保障。

（二）坚持在增强监督实效中凝聚发展合力。健全监督制度机制，保证宪法法律有效实施。围绕稳定发展生态强边“四件大事”，认真落实“三个赋予一个有利于”要求。听取审查上半年计划执行情况报告、预算执行情况报告、预算调整方案报告和财政决算报告、审计工作报告、审计查出问题整改情况的报告，对审计查出问题的整改情况开展专题询问，听取审议生态环境保护、国有资产管理、乡村振兴、政府债务监督等工作报告。检查国家法律法规和地方性法规的实施情况。围绕上半年经济运行情况开展专题调研。加强“两院”公正司法监督。加强对常委会任命人员的监督，组织开展述职评议活动，进行满意度测评。实施民生实事项目人大代表票决制，推动政府把实事办好、把好事办实。结合听取和审议专项工作报告，做好审议意见跟踪监督，促进“一府一委两院”不断加强和改进相关工作，提高依法监督的权威性和实效性。

（三）坚持在发挥主体作用中体现责任担当。健全代表联络机制，密切常委会同代表、代表同人民群众的联系。加强代表自身建设，增强代表学习培训的针对性实效性，不断提升思想政治水平和履职尽责能力。按照代表设岗定责、定期进“家”入“站”的工作要求，引导全县各级人大代表积极履职作为、发挥作用。改进代表议案建议提出、办理、反馈各环节工作，落实代表建议答复承诺解决机制，采取“办理＋询问”形式，紧盯重点督办建议，坚持跟踪问效，切实提高代表议案建议办成率。扩大并改进代表对常委会、专门委员会工作的参与，认真听取和采纳代表提出的意见建议。统筹做好代表视察、调研等工作，持续推动闭会期间代表活动常态化、实效化。加快做好县十四届人大代表初任培训。

（四）坚持在加强自身建设中提升履职水平。继续深入学习贯彻习近平新时代中国特色社会主义思想、中央人大工作会议精神，持续巩固深化党史学习教育成果，切实加强常委会及机关党组建设。完善议事程序和工作机制，加强对乡镇人大工作指导和工作联动，进一步创新推进新时代人大工作和建设。突出思想政治建设和能力素质建设，举办县乡人大干部履职能力提升培训班，不断提高议事能力和履职水平。全面落实从严治党主体责任，严格执行中央八项规定及其实施细则精神，改进工作作风，密切联系群众，加强调查研究，力戒形式主义、官僚主义。着眼增强感染力和影响力，加强宣传和对外交流交往交融。

各位代表！

新的目标开启新的希望，新的征程承载新的使命。让我们更加紧密地团结在以习近平同志为核心的党中央周围，在县委坚强领导下，坚定信心、锐意进取，依法履职、不负重托，以更加饱满的精神状态，更加务实的工作作风，更加优异的工作业绩，为全面建设团结富裕文明和谐美丽的社会主义现代化新浪卡子做出新的更大贡献，以优异成绩迎接党的二十大胜利召开。

名词解释

（以文中出现先后为序）

“两个确立”：确立习近平同志党中央的核心、全党的核心地位，确立习近平新时代中国特色社会主义思想的指导地位。

“一府一委两院”：政府、监察委员会、法院、检察院。

“五查五增质效提升”：查看思想认识差距，增强人大制度自信的坚定性；查看职能实施差距，增强依法履职尽责的有效性；查看代表工作差距，增强闭会期间活动的主动性；查看制度规范差距，增强纪律规定执行的约束性；查看能力素质差距，增强激励奖惩机制的真实性。

“四个机关”：习近平总书记在中央人大工作会议上强调：各级人大及其常委会要不断提高政治判断力、政治领悟力、政治执行力，全面加强自身建设，成为自觉坚持中国共产党领导的政治机关、保障人民当家作主的国家权力机关、全面担负宪法法律赋予的各项职责的工作机关、始终同人民群众保持密切联系的代表机关。

“四个特别”：习近平总书记在中央民族工作会议上强调：努力建设一支维护党的集中统一领导态度特别坚决、明辨大是大非立场特别清醒、铸牢中华民族共同体意识行动特别坚定、热爱各族群众感情特别真挚的民族地区干部队伍。

“六个走在全区前列”：2021年11月11日，在山南市第二次党代会上，许成仓书记所作报告明确提出，要在铸牢政治忠诚上走在全区前列；要在推进社会治理体系和治理能力现代化上走在全区前列；要在推动高质量发展上走在全区前列；要在提升各族人民生活品质上走在全区前列；要在加强生态文明建设上走在全区前列；要在强边固防兴边富民上走在全区前列。

“五先”：民生优先、生态创先、项目率先、中部领先、奋勇争先。

“一心三带三区”：“一心”是指以县城为中心；“三带”是指沿边兴边富民示范带、沿湖协同互补繁荣带、沿江产融合作引领带；“三区”是指高山畜牧发展区、清洁能源培育区、生态旅游融合区。

“三个赋予一个有利于”：“三个赋予”是指所有发展都要赋予民族团结进步的意义，维护统一、反对分裂的意义，改善民生、凝聚人心的意义；“一个有利于”是指有利于提升各族群众获得感、幸福感、安全感。

“民生实事项目人大代表票决制”：是指在党委领导下，政府在广泛听取、充分吸收人大代表和人民群众意见的基础上提出候选项目，经同级人民代表大会投票决定后，由政府组织实施，并接受人大及其常委会和人大代表、人民群众监督和评价的制度。纳入票决制的民生实事项目主要是指政府投入，在本行政区域内实施的具有普惠性、公益性和社会效益较为突出的民生类公共事业项目，一般应为当年度可以完成的。确需跨年度分步实施的项目，应明确年度阶段性目标。

# 2021 年政府工作报告

## ——在浪卡子县第十四届人民代表大会第三次会议第一次全体会上

县委副书记、县长　罗　云

（2022 年 1 月 17 日）

各位代表：

现在，我代表县人民政府，向大会报告政府工作，请各位代表予以审议，并请各位政协委员和列席人员提出意见。

### 2021 年工作回顾

刚刚过去的 2021 年是中国共产党成立 100 周年和西藏和平解放 70 周年，也是“十四五”开局之年。习近平总书记亲临西藏视察指导、祝贺西藏和平解放、看望慰问各族干部群众，让我们再次感受到习近平总书记和党中央的似海恩情和特殊关怀，极大地振奋了各族干部群众干事创业的信心和决心。一年来，我们在市委、市政府和县委的坚强领导下，在县人大、县政协的监督支持下，我们坚持以习近平新时代中国特色社会主义思想为指导，认真履职尽责、主动担当作为，抢抓历史机遇、应对风险挑战，在推动高原经济高质量发展中砥砺前行、奋勇争先。2021 年预计完成地区生产总值 10.9 亿元，增长 9%，固定资产（含招商引资）增长 17.6%，社会零售总额 2.1 亿元，增长 1.6%；一般公共预算收入 3581 万元，增长 28.26%；税收收入 3808 万元，增长 12%；农牧民人均可支配收入 16102 元，增长 14%。圆满完成了各项目标任务，实现了“十四五”良好开局。

一年来，我们着重做了以下工作。

——坚持夯实基础，发展后劲得到增强。坚持稳中求进工作总基调，全年开复工项目 93 个，总投资 10.84 亿元，建设完成新城区功能提升、县城污水处理厂、白地乡灌区、多却乡东西干渠和曲张线至巴多村、曲果仲村至麦荣村、松拉村至门嘎村公路等一大批基础设施项目。推进农村住房安全、道路交通、饮水灌溉、通信网络等基础设施建设改造项目，住房安全认定改造、农田水利有效灌溉、农村安全饮水供水、95 个行政村居通电和无线信号覆盖率 100%。稳步推动项目谋划储备，“十四五”规划储备项目 508 个，总投资 320 亿元，已衔接并初步列入自治区规划盘子 132 个，已录入国家重大项目库的项目 56 个，已办完前置手续的项目 53 个。

——坚持优化结构，发展活力有效释放。深入实施“藏粮于地、藏粮于技”战略，全年完成农作物播种 4.13 万亩，实施高标准农田 1 万亩，粮食产量 5234.07 吨，蔬菜产量 814.36 吨。深化布局发展以羊湖相达牦牛、羊湖苏格绵羊养殖为主的高山畜牧业，稳步推进绵羊“两年三胎”试点、牲畜多季节出栏、黄改等工作，全年牲畜多季节出栏 73022 头（只、匹）、出栏率 27%，黄牛改良 1603 头，良种率 13%。完成羊湖相达牦牛、羊湖苏格绵羊地理标志证明商标认证和苏格绵羊国家遗传资源现场审定。完成“四塘两原（园）两基地”生态治理规划编制工作。深化布局以雪山草原、湖泊冰川为主的生态旅游业，完成普姆雍错 · 叶色村旅游边贸服务点、乃钦康桑综合旅游体等旅游基础设施建设项目，全年接待游客 438684 人次、创收 37.85 万元，分别同比增长 36.13%、30.33%。电子商务迅速发展，建成服务站点 43 个，实现电商交易额 168.4 万元。

——坚持统筹兼顾，城乡发展协调推进。加快推进城乡基础设施建设，有序开展农村饮水安全工程后续管护，全力保障农村饮水安全。严格落实“四个不摘”要求，坚守不发生规模性返贫底线。持续加强 23 个扶贫产业项目运营管理，实现带动就业 608 人。大力实施乡村振兴战略，编制《浪卡子县乡村振兴战略规划》，完成 52 个村居乡村振兴建设项目规划设计，有序推动乡村振兴试点村建设工作。开展农村人居环境整治工程，曲度村、曲色村等 4 个村居美丽乡村项目全面启动。深入开展村庄清洁行动，实施乡村生活垃圾市场化托管运营模式，农村环境“脏乱差”问题得到有效解决。加快推进农村户厕改造，完成改厕 1873 户，完成率达 100%。

——坚持生态优先，环境质量明显改善。深入践行习近平生态文明思想，认真贯彻落实《西藏自治区国家生态文明高地建设条例》《羊卓雍错保护条例》，全县环境质量持续提升，重点生态功能区考核及全县生态环境考核连续五年保持“良好”等次以上，全县城镇环境空气质量优良率保持在 96% 以上，县域内重要河湖流域水质量环境达到 III 类标准以上。优化国土空间布局，科学划定生态红线 376194.85 公顷、基本农田 4163.74 公顷。全面推进国土绿化工作，全年植树 10 万余株、植草 2.4 万余斤。持续开展“六大专项整治行动”“禁白行动”“厕所革命”等，实施乡村生活垃圾市场化托管运营模式，实现乡村生活垃圾统一收集、统一转运、统一处置。

——坚持改革创新，发展优势逐步显现。稳步推进“互联网＋政务服务”，全面推行网上审批，网办率达 55.2%。落实招商引资优惠政策，完成打隆镇苗圃基地等 6 个招商引资项目建设。持续深化产业援藏、技术援藏、组团式援藏工作，确定“十四五”对口援藏项目 13 个，总投资 2.45 亿元。严格落实减税降费政策，全年减税降费 2531.24 万元。加快构建营商环境制度化法治化，各类市场主体公开、公平、公正地参与竞争环境明显改善，市场活力得到有效激发，全县新增市场主体 347 家，同比增长 9.2%。

——坚持以人为本，民生福祉显著提升。积极支持教育事业发展，教育教学质量逐年提高，“五个 100%”目标任务得到长效巩固。“互联网＋教育”深入实施，县中学信息化建设项目全面完成并投入使用。平安校园建设持续深化，安排学生接送专用车，县中学货车接送学生成为历史。深入推进县乡村卫生一体化发展、“互联网＋医疗健康”项目，完成县藏医院整体升级改造。稳步推进公共文化服务，创作《民族团结的呼声》《羊卓女儿心向党》等文艺作品。全面落实就业创业政策，高校毕业生就业率达 100%。社会保障体系不断健全，社保参保率和医保参保率分别达到 99.7% 和 98%。退役军人服务保障体系得到健全，退役军人合法权益得到切实维护。普玛江塘农牧民群众康养中心运行良好，全年组织 8 批 252 人次疗养。成立 13 家“农民工之家”，开展农民工就业服务，全年转移就业 9619 人次，实现劳务总创收 8755 万元。严格实施 400 万元以下项目通过摇号发包形式交由具有施工资质的当地农牧民施工队，全年共计发包项目 49 个，吸纳农牧民就业 2.8 万人次，人均增收 6325 元。

——坚持底线思维，社会大局持续稳定。层层落实安全生产责任，组建水上救援队伍，配备水上救援装备。加强地质灾害防范工作，编制完成《西藏自治区山南市浪卡子县 2021 年汛前地灾隐患排查报告》。坚持和发展新时代“枫桥经验”，信访案件按期办结率达 100%。全面贯彻党的宗教工作方针政策，保持宗教领域和谐稳定。坚持“外防输入、内防反弹”常态化防控机制，落实边防、公安检查站关口管控等措施，筑牢疫情输入防线。统筹推进强边固防和兴边富民，普玛江塘乡边境派出所业务用房等一批固边能力建设项目有序推进，打隆镇边境小康村民房立面提升工程全面完成。

——坚持依法行政，自身建设不断加强。结合党史学习教育“我为群众办实事”活动，围绕群众急难愁盼问题为民办实事 900 余件。围绕教育、卫生、农牧业、项目建设等方面认真开展政府系统大调研，明确重点民生任务 207 项。全力推进法治政府建设，严格落实“三重一大”决策制度。坚持党的全面领导，自觉接受县人大、政协和社会各界监督，办复人大代表建议47件、政协委员提案43件，已解决或列入三年计划解决的分别占89.4%、93%。加强政府系统廉政建设，牢固树立“过紧日子”思想，“三公”经费逐年压缩，政府采购节资20.5万元。

各位代表，这些成绩的取得，根本在于以习近平同志为核心的党中央领航掌舵和亲切关怀，得益于区党委政府、市委政府和县委的坚强领导、科学决策，得益于援藏省市的无私援助，是县人大、政协有效监督、大力支持的结果，是全县广大干部群众团结一心、奋力拼搏的结果。在此，我代表县人民政府，向各位代表、政协委员、各人民团体、驻浪部队官兵、离退休老同志和支持浪卡子经济社会发展的各界人士表示衷心的感谢！

各位代表，在肯定成绩的同时，我们也清醒地认识到，前进道路上还有不少困难和挑战。我县经济总量小、特色产业发展层次低、基础设施薄弱的基本县情尚未根本改变，发展不平衡不充分的问题还很突出，补短板、强弱项任务艰巨；县域面积大，居住分散，服务半径大、行政成本高，收支矛盾突出，接续推进乡村振兴任务艰巨；产业发展基础还不牢固，产业链条短，产品附加值低，牧业资源和旅游资源还没有转化为产业发展优势；社会事业和民生领域仍有短板，营商环境还需优化，行政效能还有待提升，政府系统少数干部思想观念、工作作风和能力水平还不能完全适应高质量发展的新要求。对此，我们将采取更加有力措施，切实加以解决。

## 2022年主要工作安排

各位代表，2022年是新一届政府的开局之年，也是全面实施“十四五”规划、加快县域经济高质量发展的关键之年，更是推动实施“四塘两原（园）两基地”发展规划的起航之年。我们要坚持以习近平新时代中国特色社会主义思想为指导，深入贯彻党的十九大和十九届二中、三中、四中、五中、六中全会及中央第七次西藏工作座谈会精神，全面贯彻习近平总书记关于西藏工作的重要论述和新时代党的治藏方略，深入贯彻习近平总书记视察西藏时的重要讲话重要指示精神，增强“四个意识”、坚定“四个自信”、捍卫“两个确立”、做到“两个维护”，全面贯彻自治区第十次党代会精神、市第二次党代会精神和区党委、市委、县委经济工作会议精神，以迎接服务党的二十大胜利召开为主线，坚持稳中求进工作总基调，立足新发展阶段，完整准确全面贯彻新发展理念，服务融入新发展格局，全面落实“三个赋予一个有利于”要求，围绕自治区“四个创建”“四个走在前列”、山南市“六个走在前列”大局，围绕县委“五先”“一心三带三区”“五城同创、三个走在全市前列”目标格局，统筹发展和安全，继续做好“六稳”“六保”工作，着力抓好“四件大事”、实现“四个确保”，努力建设团结富裕文明和谐美丽的社会主义现代化新浪卡子，以优异成绩迎接党的二十大胜利召开。

综合考虑各方面的因素，2022年全县经济社会发展预期目标是：地区生产总值增长8%、固定资产投资增长20%、财政收入增长16%、社会消费品零售总额增长7%、招商引资增长5%、农村人均可支配收入增长13%以上，城镇调查失业率控制在5%以内，居民消费价格涨幅控制在3%以内。

围绕上述目标，我们要重点做好以下工作：

（一）坚持以优化经济结构为主线，推动高质量发展走在全市前列。抓好项目建设。建立重点项目库，不断推进高寒牲畜暖棚圈、农牧业防抗灾物质储备库、优质人工饲草基地、牲畜多季节出栏试点、苏格绵羊扩繁场、冻精科研及加工销售等项目建设，促进全县农牧业规模化与标准化。立足民生所需所盼，推动打隆灌区续建配套与节水改造工程、打隆镇林西防洪堤工程、卡热乡山洪灾害治理工程、浪卡子镇饲草基地灌溉水源工程等一批基础设施、公共服务、民生事业等建设项目。发展特色农牧业。大力发展以青稞、饲草、高寒蔬菜、经果林为主的特色种植业，因地制宜加大青稞良种培育和推广播种力度，牢牢守住耕地红线，推动1.2万亩高标准农田建设。谋划推动羊湖相达牦牛、羊湖苏格绵羊、羊湖饲草、卡热桃花园、高原蜜蜂产业等建设项目，加大羊湖相达牦牛和羊湖苏格绵羊两大国家地理标识的品牌价值挖掘力度，打造全县牧业公共品牌。积极推动绵羊“两年三胎”工程，确保成活率在90%以上。发展清洁能源产业。立足“四塘两原（园）两基地”规划，重点发展高山畜牧、清洁能源、旅游文化等特色产业，积极编制清洁能源发展规划，合理规划清洁能源建设区，探索实施“牧光互补”项目，确保1—2个清洁能源产业落地，产业增加值增长10%以上，实现太阳能有效开发，“三荒”土地合理利用、群众致富增收相统一。发展特色旅游业。继续深化布局以雪山草原、湖泊冰川为主的生态旅游业，积极推介精品旅游线路，健全完善旅游基础设施建设，推进张达乡“多翼”旅游中转站建设项目，加快鲁日拉观景台、嘎玛林、曲增温泉、乃钦康桑等景区运营事项。打造道布龙社区第一家高原田园民宿，辐射带动周边重点村居。探索“文化＋旅游”“牧业＋旅游”“体育＋旅游”发展模式，着力构筑现代旅游服务产业和特色旅游体系，逐步消除旅游“过境不过夜、打卡不刷卡”的局面，力争旅游接待人次和旅游收入年均增速保持在12%以上。

（二）坚持以协调发展为要求，推动城乡协调发展走在全市前列。全面推进乡村振兴。把巩固拓展脱贫攻坚成果同乡村振兴有效衔接作为首要任务，严格落实“四个不摘”要求，持续做好易返贫致贫和边缘户的帮扶工作。按照乡村振兴“二十字”的方针，加快推进县城供暖二期、保障性住房、边疆明珠小镇、9个乡镇基础设施和5个村居乡村振兴等建设项目，完善县域公路网，推进“四好农村路”建设，抓好农村客运班线运行，打通农牧民群众“最后一公里”交通服务。持续改善农村面貌。以实施农村人居环境整治和美丽乡村等项目建设为抓手，围绕“五清四改三推进”重点任务，推动落实“12345”工作法，大力开展“村庄清洁行动、建设美丽家园”工作，着力改善农村生产生活环境。持续推进农村宅基地一户多宅和超面积建设问题整治、人畜分离试点推广和规范屋面粉刷工作，全面改善农牧民群众生产生活环境。促进城乡融合发展。坚持县内互补发展、整体推进，进一步优化发展布局，横向对比找准各乡镇、村居之间存在的差距和短板，统筹发挥各乡镇、村居在农牧业、旅游、道路交通等方面的优势，实现资源互补、补齐短板、一体发展。坚持县外融入发展，依托拉萨山南一体化和拉萨日喀则山南核心经济区交汇发展区的优势，主动服务融入自治区“一核一圈两带三区”区域发展格局，提升发展平台。

（三）坚持以共同富裕为宗旨，推动提升群众生活品质走在全市前列。提高群众收入。完善产业利益联结、转移就业增收、强农惠农富农政策落实等长效增收机制。发挥“农民工之家”作用，筹备成立浪卡子劳务输出有限公司，加大转移就业力度，确保全年完成农牧民培训1000人次以上，农牧民转移就业保持在9500人次以上，劳务创收保持在7700万元以上，大学生就业率达98%以上。大力发展乡村富民产业，发挥项目带动作用，实现群众就近就便、不离乡不离土就业增收。持续抓好400万元以下政府投资项目交由本地具备条件的农牧民施工企业承建工作，力争吸纳本地农民工达到项目用工总数的80%以上。办好人民满意教育。持续加大教育支出，改善办学条件，抓好浪卡子县中学改扩建项目，打隆镇林西村等3所幼儿园改扩建项目，白地乡白地村等3所幼儿园建设项目和打隆镇小学建设项目，县中学、幼儿园饮水净化工程，8个乡镇5人制足球场建设项目。持续优化县域教育体系，推进学前教育普及普惠发展。严格落实好“三包”、营养改善、学生资助等教育惠民政策。提高卫生健康水平。深化健康浪卡子建设，加快基层医疗卫生机构标准化和信息化建设以及打隆镇卫生院传染病房改造项目建设，稳步推进藏医院民族等级医院创建工作。加快推进“互联网＋医疗健康”远程服务，搭建覆盖县乡村三级智慧医疗信息平台和远程医疗服务网络。继续做好妇女“两癌”筛查救治和居民健康体检等工作。扎实做好新冠肺炎防控，持续抓好适接、应接人群疫苗接种工作。持续开展爱国卫生运动，努力守护群众身心健康。加强食品药品监管，守护好百姓“舌尖上的安全”。丰富群众文化生活。继续推进羊卓历史文化故事收集整理，实施县文化综合服务中心功能提升项目，推进戏曲进乡村活动。深化文化体制改革，持续实施文化惠民行动，广泛开展群众性文化活动，促进群众文化生活繁荣发展。加强文物古迹保护，做好非遗传承发展和申报工作。深度挖掘羊卓文化、农耕文化、游牧文化，推动文旅融合发展。以"喜迎党的二十大"为主线，加大文艺作品创作力度。强化民生兜底保障。继续落实好党的强农惠农政策，及时落实民生资金，进一步完善城乡社会救助体系，扩大弱势群体救助范围。关心关爱特困人员、失能老人、残疾人、孤儿、优抚对象，支持工青妇工作，落实妇女儿童发展纲要，加强对困境儿童的关爱。

（四）坚持以绿色发展为方向，推动生态文明建设走在全市前列。加快绿色低碳发展。贯彻落实《西藏自治区国家生态文明高地建设条例》《羊卓雍错保护条例》，努力创建自治区级生态文明建设高地。坚持绿色发展理念，持续强化国土空间规划和用途管控。落实"三线一单"制度，坚持"三高一低"企业和项目零审批、零引进。实施好光热、风电等一批新能源项目，促进产业绿色集约发展。实施生态保护修复。坚持山水林田湖草沙冰一体化保护和系统治理，积极争取并落实"四塘两原（园）两基地"生态修复治理项目，天然草原退牧还草工程项目，切实做好防沙治沙、草场修复和生物多样性保护工作。持续加大羊卓雍错流域江河湖泊生态环境保护和修复，深入开展主要入河（湖）排污口的整治，全面消除非法排污口。开展国土绿化行动，义务植树及"四旁"植树12万株以上。加强环境综合治理。深入打好蓝天、碧水、净土保卫战和大气、水、土壤污染防治攻坚战，严格执行河（湖）长制和路（桥）长制环境保护和执法监管政策，确保主要城镇环境空气质量优良率保持在96%以上、主要江河湖泊水质达到或优于III类水体。配合做好中央第二轮生态环境保护督察。

（五）坚持以改革开放为引领，推动交流合作和改革开放走在全市前列。持续推进重点领域改革。进一步完善思路、措施、办法，深化推进投融资体制、财税体制、"放管服"、商事制度等重要领域和关键环节改革，持续巩固农村集体产权制度改革成果，深化财税体制改革和寺庙财税监管力度，大力推进"互联网+政务服务"、乡村振兴体制机制、牧业发展、职工食堂、投资公司等重点领域改革工作。持续扩大对外开放。以提升交通快速连接能力、促进生态旅游协同发展等为重点，积极向北融入、向西拓展，构建产业联动、要素共享、市场互通等一体化合作机制，不断深化对外发展平台。利用好雅砻文化旅游节、藏博会、"百家企业进山南活动"等平台，通过开展招商推介会、文化交流会等形式开展宣传，吸引企业到我县投资。把握和运用好工信部、援藏省市的帮扶契机，采取"飞地经济"模式，在拉萨山南周边共建产业合作示范园区，拓宽全县增收渠道，打造新经济增长点。持续优化营商环境。继续落实减税降费政策，助推市场主体"活"起来，市场需求"热"起来，市场环境"优"起来，力争市场主体增长7%。进一步完善县域招商引资政策，充分利用县域旅游、自然资源等优质资源，引进一批投资规模大、辐射能力强、成长前景好的企业和项目落地。加强产品培育和开发力度，让本地农畜产品和民族特色产品走向市场化道路。推进电子商务，完善农牧区商品配送中心建设，畅通商贸物流配送渠道，真正激活农村消费市场。

（六）坚持以强边固防为目标，推动在兴边富民上走在全市前列。加快推进人口抵边安居。坚持屯兵和安民并举、固边和兴边并重的边境建设工作思路，认真贯彻落实自治区强边工作会议精神，大力宣传抵边搬迁相关政策，完成2022年抵边搬迁任务，做好抵边搬迁群众后续支持保障工作，筑牢国家安全屏障第一道防线，不断开创新时代强边工作新局面。加强边境基础设施建设。围绕边境一线通路、通电、通水、通信"四通工程"，实施一批公路改扩建、输电线路、党政军警民联合巡逻休整点、执勤用房等工程项目，积极争取"801"项目，加快推进固边能力建设，实现网络信号全覆盖。统筹推进边防建设和经济社会发展，深入推动林西青石材、普姆雍错观景台等产业发展，继续举办好打隆边贸物资交流会，运用好普玛江塘农牧民群众康养中心。实施打隆镇排水项目、打隆镇垃圾填埋场、打隆镇边防派出所、普玛江塘乡至沙空村公路改建项目，推进边疆明珠小镇建设，对接落实工信部定点帮扶举措。深化边境地区文化建设。推动"文化润边”，加强守边固边先进事迹宣传力度，落实边境地区各项惠民政策，增进边境地区群众“五个认同”，全面提升边境群众获得感幸福感安全感。大力培育“职业边民”，试点开展外事巡边员，着力构建强边固防新机制。深化“五共五固”为主题内容的军（警）地基层党组织结对共建，实施边境党建红色长廊工程，通过讲述故事、体验生活、接受教育的方式，打造普玛江塘乡党建高地。

（七）坚持以社会稳定为根本，推动社会治理能力和治理体系走在全市前列。深入开展反分裂斗争。聚焦党的二十大胜利召开，深入开展反分裂斗争，做好各项准备，加强实战演练。深入开展断勾连等专项行动，坚决打击各种渗透颠覆破坏活动、暴力恐怖活动、民族分裂活动和宗教极端活动。深入开展民族团结进步模范县创建，进一步铸牢中华民族共同体意识。依法管理宗教事务，常态化推进“遵行四条标准”教育实践活动，着力推进藏传佛教与社会主义社会相适应、宗教事务法治化。深入开展反分裂斗争教育，深刻揭露达赖集团祸藏乱教、制造动乱、分裂祖国的反动本质和阴谋罪行，引导广大群众明白惠从何来、惠在何处，清楚祸在何处、祸从何来。提升社会治理水平。坚持和发展新时代“枫桥经验”，深化“三级信访接待日”、完善群防群治等机制，共建更高水平的平安浪卡子。深入推进“雪亮工程”“智慧公安”“智慧警务”“新一代移动警务终端”等建设，运用大数据、信息化手段拓宽化解渠道。严格落实安全生产责任，持续推动安全生产专项整治三年行动，加强安全生产监管执法，防范化解各类安全隐患，有效预防和遏制重特大事故，全力保障人民群众生命财产安全。深入开展政法系统“大走访、大调研、大化解”专项活动，实现走访调研摸排全覆盖，全面排查各类矛盾纠纷，压缩违法犯罪活动空间。加强维稳能力建设。强化基层公安力量、手段、装备、经费和基础设施建设，加强涉稳战线干部教育培训，提升维稳队伍综合能力素质。依托“两微一端”平台，加快政法网络建设。大力实施打隆镇、普玛江塘乡司法所建设项目，充实司法队伍人员力量，进一步提高基层维稳能力。

各位代表，我们的政府是人民的政府，必须始终坚持以人民为中心的发展思想，一切为了人民、紧紧依靠人民，对人民负责、受人民监督，忠诚履职、勇担重任，努力建设人民满意的服务型政府。我们要旗帜鲜明讲政治，自觉增强“四个意识”、坚定“四个自信”、捍卫“两个确立”、做到“两个维护”，不断提高政治判断力、政治领悟力、政治执行力，确保各项决策部署落地见效。我们要主动履职有作为，坚持把抓落实作为政府工作的生命线，谋实事、摸实情、出实招、求实效，攻坚克难、稳扎稳打、久久为功，着力抓重点、破难点、创亮点，推动工作高质高效开展。我们要依法行政受监督，推进法治政府建设，坚持依宪行政、依法行政，严格执行民主集中制，自觉接受各方面监督。我们要尚廉崇俭守底线，坚决落实全面从严治党主体责任和“一岗双责”，严格落实中央八项规定及其实施细则精神，锲而不舍纠治“四风”，营造风清气正的政治生态。我们要服务至上为人民，牢记初心使命，用心用情用力便民惠民，全情全意扶企暖企，以政府的“用心指数”赢得群众的“满意指数”、企业的“发展指数”助推市场的“活跃指数”。

各位代表，九万里风鹏正举，新征程扬帆远航。让我们更加紧密地团结在以习近平同志为核心的党中央周围，在以布多书记为班长的县委坚强领导下，坚定发展信心、凝聚发展合力，奋力谱写浪卡子高质量发展新篇章，以优异成绩迎接党的二十大胜利召开！

名词解释

“四个意识”：政治意识、大局意识、核心意识、看齐意识。

“四个自信”：道路自信、理论自信、制度自信、文化自信。

“两个确立”：确立习近平同志党中央的核心、全党的核心地位，确立习近平新时代中国特色社会主义思想的指导地位。

“两个维护”：坚决维护总书记党中央的核心、全党的核心地位，坚决维护党中央权威和集中统一领导。

“五位一体”：经济建设、政治建设、文化建设、社会建设、生态文明建设。

“四个全面”：全面建设社会主义现代化国家、全面深化改革、全面依法治国、全面从严治党。

“五个认同”：认同伟大祖国、认同中华民族、认同中华文化、认同中国共产党、认同中国特色社会主义。

二十字方针：产业兴旺、生态宜居、乡风文明、治理有效、生活富裕。

“三个赋予一个有利于”：所有发展都要赋予民族团结进步的意义，都要赋予维护统一、反分裂的意义，都要赋予改善民生、凝聚人心的意义，都要有利于提升各族群众获得感、幸福感、安全感。

“四件大事”：稳定、发展、生态、强边。

“四个确保”：确保国家安全和长治久安、确保人民生活水平不断提高、确保生态环境良好、确保边防巩固和边境安全。

“四个不摘”：摘帽不摘责任，摘帽不摘政策，摘帽不摘帮扶，摘帽不摘监管。

“三线一单”：生态保护红线、环境质量底线、资源利用上线和生态环境准入清单。

“三高一低”：高投入、高消耗、高污染、低效益。

“五共五固”：共学党的理论固信仰信念，共建基层组织固一线堡垒，共促民生改善固脱贫成果，共树文明新风固民族团结，共守神圣国土固边境安宁。

“四个创建”：着力创建全国民族团结进步模范区，着力创建高原经济高质量发展先行区，着力创建国家生态文明高地，着力创建国家固边兴边富民行动示范区。

“四个走在前列”：努力做到民族团结进步走在全国前列，努力做到高原经济高质量发展走在全国前列，努力做到生态文明建设走在全国前列，努力做到固边兴边富民行动走在全国前列。

“一核一圈两带三区”：“一核”即做大做强拉萨核心增长极，“一圈”即打造三小时经济圈，“两带”即加快建设边境沿线发展带、繁荣发展铁路经济带，统筹推进“三区”建设。藏中南重点开发区，藏东清洁能源开发区，藏西北生态涵养区。

四塘两原（园）两基地：“四塘”是指巴纠塘、萨梯塘、翁果塘、朗杰塘。两原（园）是指嘎玛林草原、卡热乡桃花园。“两基地”是指优质牧草和优质牲畜“种养基地”、饲草饲料和牲畜产品“加工基地”。

“一心三带三区”：“一心”是县城及附近区域能够成为全县经济社会快速发展的强大“心脏，“三带”是打造沿边兴边富民示范带、沿湖协同互补繁荣带、沿江产融合作引领带，“三区”是打造高山畜牧发展区、清洁能源培育区、生态旅游融合区。

“五先”：民生优先、生态创先、项目率先、中部领先、奋勇争先。

“五城同创、三个走在全市前列”：创建自治区级民族团结进步模范县、生态文明建设高地、卫生城市、文明城市、全国（全区）双拥模范县，推动高原经济高质量发展在全市四个高寒县中走在前列、固边兴边富民行动示范县走在全市前列、党建高地建设走在全市前列。

“五清四改三推进”：“五清”是清理村内河湖塘沟，清理畜禽养殖粪污等农业生产废弃物，清理废旧机械，清理残垣断壁，清理农村生活垃圾；“四改”是改变影响农村人居环境的不良习惯，改变农牧民群众不良生活习惯，改革农村厕所革命，改写村规民约；“三推进”是推进农牧区生活污水治理，推进病媒生物防治工作，推进河（湖）长制。

“12345”工作法：持续抓好“一除”工作。除去旅游景区、道路桥梁、河道扶栏、线干电塔、寺庙周边等建筑物乱搭乱挂经幡、风马旗，除去竖立、挂墙以及高抛宣传牌不规范、陈旧等；稳步推进“两统”工作。屋面和墙面亮化美化统一、商铺牌匾悬挂统一；持续抓好“三齐”工作。车辆停放整齐、庭院生产工具整齐、室内物品摆放整齐；稳步开展“四拆”工作。拆私搭乱建、拆残垣断壁、拆危旧房屋、拆土台路障；持续推进“五进柜”工作。衣服进衣柜、厨具进橱柜、碗筷进消毒柜、鞋袜进鞋柜、被褥进专柜，引导群众物以类聚，规整摆放。

# 中国人民政治协商会议第三届浪卡子县委员会常务委员会工作报告

## ——在政协第三届浪卡子县委员会第二次会议上

浪卡子县政协副主席 次仁央点

（2022 年 1 月 16 日）

各位委员：

受县政协主席布琼同志委托，我代表政协第三届浪卡子县委员会常务委员会，向大会报告工作，请予审议。

### 2021 年工作回顾

2021 年是“十四五”规划开局之年，是全面建成小康社会，开启全面建设社会主义现代化强国之年，也是三届浪卡子县政协开局之年，在这一年里，政协浪卡子县委员会及其常务委员会坚持以习近平新时代中国特色社会主义思想为指导，在市政协精心指导和县委坚强领导下，在县政协党组领导下，深入学习贯彻习近平总书记关于加强和改进人民政协工作的重要思想、关于西藏工作的重要论述和新时代党的治藏方略，牢牢把握政协工作的“根”和“魂”，始终在大局下谋划政协工作，积极发挥专门协商机构作用，坚持发扬民主和增进团结相互贯通、建言资政和凝聚共识双向发力，为推动全县社会长治久安和经济高质量发展做出了应有的努力，干出了新时代政协工作的新样子。

#### 一、深化理论学习，加强思想政治建设，将党的领导贯穿始终

（一）不断夯实理论基础，筑牢思想政治根基。始终将学习贯彻习近平新时代中国特色社会主义思想放在首要位置，深入学习贯彻党的十九大和十九届二中、三中、四中、五中、六中全会精神以及中央第七次西藏工作座谈会精神，深入学习贯彻习近平总书记关于西藏工作的重要论述和新时代党的治藏方略，深入学习贯彻习近平总书记在建党 100 周年大会和西藏考察时的重要讲话重要指示精神。坚决贯彻党中央决策部署和区党委、市委工作要求，以党史学习教育和“三更”专题教育为主线，深刻领会习近平总书记关于加强和改进人民政协工作的重要思想，时刻牢记习近平总书记的叮咛嘱托，把科学的理论转化为团结奋斗的共同思想政治基础，全面贯彻落实中央、区党委、市委、县委政协工作会议精神，主动肩负起“落实下去、凝聚起来”的政治责任，进一步增强“四个意识”、坚定“四个自信”、做到“两个维护”。把党史学习教育、“三更”专题教育同总结经验、推动工作结合起来，共开展理论学习中心组集中学习 11 次，开展专题研讨 5 次，交流发言 11 人次，激发了党组成员主动参与党史学习教育和“三更”专题教育的内在热情和积极性。

（二）不断加强党的政治建设，坚持党对人民政协工作的全面领导。县政协始终把各项工作置于党的全面领导之下，坚持以思想政治建设引领党建工作，切实加强对习近平新时代中国特色社会主义思想的学习研究和贯彻落实。县政协把“两学一做”学习教育、“不忘初心、牢记使命”主题教育、“政治

标准更高、党性要求更严、组织纪律性更强”专题教育、党史学习教育等作为首要政治任务以常态化持续深入推进，不断深化和巩固教育成果，强化思想政治引领，深刻理解坚持党对人民政协工作的全面领导是成立政协组织的共识和初心所在，积极引导干部职工和政协委员增强“四个意识”、坚定“四个自信”、做到“两个维护”，从思想上、政治上、行动上更加坚定了干部职工和政协委员听党话跟党走的信心和决心；深入学习习近平总书记关于加强和改进人民政协工作的重要思想，积极参加区、市政协组织的理论研讨会暨政协系统党建工作推进会并作交流发言，同时把学习习近平总书记关于加强和改进人民政协工作的重要思想融入委员培训、座谈等活动，深化干部职工、政协委员对坚持党对政协工作的全面领导是根本政治原则的理解和认识，深化对加强思想政治引领和凝聚共识的理解和认识，把坚持和发展中国特色社会主义作为政协巩固共同思想政治基础的主轴；县政协在县委领导下协调一致开展工作的思想更加自觉、行动更加坚定、工作更加落实，严格执行重大事项请示报告制度，在召开党组民主生活会、政协全体会议，举办调研视察、学习培训活动等及时向县委请示，召开党组会议对党建工作、意识形态工作、年度协商计划、履职创新、制度建设等重点工作进行安排部署和督促落实，着力解决工作中存在的困难和问题，建立完善党组成员联系党员委员、党员委员联系党外委员等制度，着力推进党的组织对党员委员的全覆盖、党的工作对政协委员的全覆盖。

（三）以提升组织力为重点，锻造坚强有力的基层党组织和忠诚干净担当的党员队伍。认真落实中央办公厅《关于加强新时代人民政协党的建设工作的若干意见》，在政协全体会议、重要视察考察调研、集中学习培训等活动中，设立临时党组织加强党的领导；县政协党组成员带头，联系有关界别召集人和党外常委，落实党员委员联系党外委员制度，实现了党的组织对党员委员全覆盖、党的工作对政协委员全覆盖。在县政协党组领导下，坚持先立规矩后办事、坚持标准选好人、风清气正作保证，协助完成第三届县政协委员和第二届市政协委员推荐提名工作，树立了鲜明的选人用人导向，营造了担当作为、干事创业的良好氛围。

## 二、积极协商议政，做到建真言献良策，将政协优势特点充分发挥

（一）以视察调研为载体，提高协商议政水平。发挥视察调研作为履行职能的基础环节作用，不断提高视察调研质量，根据确定课题的涉及面与难易程度，采取不同的组织形式，将综合委员会、相关单位和熟悉行业领域情况的委员合理搭配、协同开展，并及时将视察调研情况综合整理，形成调研报告，所提的意见和建议得到了县委、县政府的高度重视和采纳，为党政决策提供了科学的依据和参考。全年围绕23个扶贫产业项目、抵边搬迁等进行了实地视察调研，及时形成并上报调研报告。

（二）以提案办理为抓手，扩大参政议政视野。发挥提案作为参政议政的重要渠道作用，不断完善提案征集、审查、立案、转办、督办和反馈机制，遵从数量服从质量的原则，全年共立案二届七次会议期间的34个提案和三届一次会议期间的25个提案并予以交办。为有效提升提案办结率，分管提案副主席对所有提案进行了与委员面对面了解、实地检查督办等，全面提升了提案答复及办结效率。通过提案的办理，推动了社会发展，推进了部门工作，为县委、县政府决策部署汇聚了人民智慧。

## 三、抓实队伍建设，发挥职能作用，将委员工作形成联动机制

（一）健全完善制度体系，激发委员活力。初步修改完善了政协班子联系委员制度和党员委员联系党外委员制度，将班子、专委会、办公室有机地结合到制度内，形成主席联系常委、常委联系委员、委办联系界别、党组成员联系党员委员、党员委员联系党外委员的衔接机制，充分调动了委员履职尽责的主观能动性。细化了《委员履职考核细则》，在政协换届时，结合履职情况对二届政协委员进行了考核，对履职考核不合格的四名委员取消了委员资格，有效激发了广大委员的履职尽责、积极进取的动力和热情。强化了委员学习培训力度，组织委员参加了党性教育和素质提升培训班，切实提高了委员政治把握、调查研究、联系群众、合作共事能力。

政协常委会为进一步激发委员履职活力，联合相关部门和乡镇联络办建立完善了委员履职档案，给委员颁布发证，确认职责身份，履行委员使命，让委员“持证上岗”。

（二）不断强化委办效能，提供服务保障。不断规范专委会建设，推进了与委员的良性互动，加强了与委员所在部门的协调沟通，利用专委会“专”的优势，为委员履职尽责创造了良好条件、提供了有效帮助。不断强化机关服务，积极适应新时代人民政协的工作需求，立足服务、协调、保障的基本定位，全面加强了机关政治思想、能力素质、纪律作风和宣传文化建设，工作效率和标准得到显著提高。

（三）充实完善基层组织建设，推动乡（镇）政协联络工作。认真贯彻落实中央、区党委、市委、县委政协工作会议精神和区政协《关于加强我区乡镇（街道办事处）基层政协联络工作的方案》要求，积极争取县委的领导和支持，推动政协工作更好地向基层拓展和延伸，建立健全政协委员联络办规章制度，按照县委2021年政协工作会议精神，结合基层换届充实人员力量，明确职责分工，联合乡镇在“五有”、协商平台及建言献策方面不断完善和推进。

回顾一年来的工作，常委会始终以服务全县改革发展大局、助推全县中心工作为出发点和落脚点，既议政又监督，既建言又出力，用行动表达了态度，用担当诠释了忠诚。一年来的工作成绩，是以习近平同志为核心的党中央的亲切关怀和区党委、市委英明领导的结果，是区、市两级政协精心指导、县委坚强领导和县人大、政府大力支持的结果，是政协各参加单位、乡镇政协联络办和广大委员团结奋斗的结果。在此，我代表政协第三届浪卡子县委员会常务委员会表示衷心的感谢！

对标对表习近平总书记关于加强和改进人民政协工作的重要思想，对标对表中央政协工作会议和区党委、市委、县委政协工作会议的部署要求，对照县委的要求和群众的期待，我们必须清醒地认识到，工作中还存着问题和不足：专门协商机构作用发挥还不够充分，民主协商还不够广泛，委员履职还不够积极主动，工作创新还不够，机关力量不足等，针对以上问题必须清醒认识、积极面对，坚持目标导向、问题导向、结果导向，在今后工作中着力改进。

## 2022年工作计划

做好今年政协工作，我们将全面贯彻习近平新时代中国特色社会主义思想，全面贯彻党的十九大和十九届历次全会精神，全面贯彻习近平总书记关于西藏工作的重要论述和新时代党的治藏方略，锚定自治区第十次党代会、山南市第二次党代会目标任务，紧紧围绕“六个走在全区前列”战略部署，聚焦稳定、发展、生态、强边四件大事，着力推进“四个创建”，努力做到“四个走在前列”，牢牢把握新时代人民政协的新使命新要求和西藏政协工作的特殊性，抓住党政重视、群众关心、委员关注的议题，围绕政协工作主轴主线、中心环节，坚持在建言资政和凝聚共识上双向发力，认真履行政治协商、民主监督、参政议政职能，更好地凝聚共识、凝心聚力，充分发挥政协专门协商机构作用，加快推进“四塘两原（园）两基地”战略规划和“八城同创”目标任务，最大限度地团结和汇聚“建设美丽幸福西藏、共圆伟大复兴梦想”的磅礴力量，切实把习近平总书记关于重要阵地、重要平台、重要渠道的论述要求落实到政协工作的各方面和全过程，助推县委、县政府各项决策部署贯彻落实，为促进我县长治久安和高质量发展，全面建设社会主义现代化浪卡子做出政协新贡献。

**（一）提高政治站位，广泛凝聚思想共识。**认真学习贯彻党的十九届六中全会和自治区第十次党代会精神，坚定不移地把“两个确立”转化为坚决做到“两个维护”的思想自觉、政治自觉、行动自觉，坚定不移地把“两个维护”作为最高政治原则和根本政治规矩，作为全体委员的职责本分、政治操守、忠诚诠释，通过广泛深入的民主和扎实有效的工作，把党的领导落实到政协工作各方面和全过程，把党的主张转化为社会各界的广泛共识和自觉行动，使人民政协更好成为坚持和加强党对各项工作领导的重要阵地、用党的创新理论团结教育引导各族各界代表人士的重要平台、在共同思想政治基础上化解矛盾和凝聚共识的重要渠道。

（二）坚持服务大局，助推中心工作。紧紧围绕县委中心工作，持续在铸牢中华民族共同体意识、“四塘两原（园）两基地”规划、产业发展、抵边搬迁、教育均衡发展、加强和改进牧业生产等方面广泛开展协商议政，扎实组织视察调研，认真做好民主监督，为县委、县政府科学民主决策提供有效参考依据。

（三）持续关切民生，积极建言献策。高度重视委员提案和社情民意信息工作，密切关注群众期待，把群众关心关切的热点难点问题做为议政建言的重要内容，积极听取民声，传递民意，汇聚民智。联合县委、县政府督查室建立提案工作责任、目标、会办、反馈等长效机制，推动政协提案答复办理工作，提升提案工作效率。

（四）发挥职能作用，勇担时代使命。主动适应新形势新任务的要求，充分发挥政协党组的核心作用，充分发挥委员的主体作用、充分发挥委办的桥梁纽带作用，找准开展工作的着力点，投身大有作为的新时代，珍惜和衷共济的好氛围，以昂扬的姿态砥砺奋进，以饱满的热情担当作为，贡献政协智慧和力量。

（五）加强自身建设，永葆生机活力。做好政协工作，关键在党关键在人。要以党的政治建设为统领，认真落实改进作风，狠抓落实部署要求，确保建言资政有用、凝聚共识有效。把准政协机关作为政治机关的定位，发挥党员干部“六个表率”作用，发挥政协工作整体效能。强化政协专门委员会组织委员开展经常性活动的专责和在政协履职中的基础性作用，强化政协办公室作为综合办事机构的职能属性，苦练服务、协调、落实“三种本领”，规范办文、办会、办事流程，大力提升工作质量和效果，以作风之实彰显履职之能。

各位委员，新时代需要新担当，新征程要有新作为！让我们更加紧密地团结在以习近平同志为核心的党中央周围，在区党委、市委、县委的坚强领导下，同心协力，砥砺奋进，不断开创履职政协工作新局面，奋力推进浪卡子县长治久安和高质量发展，以优异的成绩迎接党的二十大胜利召开！

# 大事记

## 1月

4日 浪卡子县召开村(社区)“两委”换届选举动员部署会议。市人大常委会副主任、县委书记、县村(社区)“两委”换届工作领导小组组长次仁出席会议并讲话。市委组织部副部长、编办主任、山南市村(社区)换届第四指导检查组组长次仁罗布到会指导,县委副书记、政府县长、县村(社区)“两委”换届工作领导小组常务副组长罗文金主持。

6日 浪卡子县召开县委退役军人事务工作领导小组2021年度第一次会议。县委常委、宣传部部长汪进,县委退役军人事务工作领导小组副组长、政府副县长边巴次仁,人武部部长赵立民出席会议。各成员单位负责人参加会议。

9日 浪卡子县启动首批重点人群新冠疫苗接种工作。

11—12日 市人大常委会副主任、县委书记次仁一行慰问组到泽当开展走访慰问,为安置在泽当服务站的机关事业单位离退休干部职工和山南市福利院浪卡子籍孤儿送去节日祝福和慰问金,确保他们过上一个欢乐祥和的节日。

13日 县委副书记、县人大常委会主任白江山到白地乡检查指导换届工作。

14日 浪卡子县委副书记、县长罗文金到县人民医院、县疾控中心实地调研疫情防控工作,对新冠疫苗接种、核酸检测、医用物资储备等工作进行指导检查。

15日 市人大常委会副主任、县委书记次仁主持召开浪卡子县2021年疫情防控领导小组第一次会议,会议传达学习中央、自治区、市疫情防控有关会议精神,明确当前疫情防控工作严峻形势,部署近期内疫情防控重点工作。

同日 县委副书记、政府党组书记、县长罗文金主持召开县人民政府党组2021年度第二次会议暨2020年度民主生活会专题学习会。

同日 山南市村(社区)“两委”换届第四指导检查组次仁罗布组长一行4人,到浪卡子县部分乡(镇)、村(社区)实地指导检查村(社区)“两委”换届工作。

16日 浪卡子县召开2021年村(社区)组织换届离任审计报告会议。

18日 浪卡子县“十四五”规划编制暨2035年远景目标纲要征求意见会召开。会议听取《浪卡子县“十四五”规划编制暨2035年远景目标纲要》编制进展情况和《浪卡子县“十四五”时期经济社会发展主要预期指标》;大会征求各单位对规划编制的意见建议,并就相关预期指标进行分析研判。

19日 浪卡子县开展“政治标准要更高、党性要求要更严、组织纪律性要更强”专题教育动员部署会。

20日 县委常委、组织部部长、县村(社区)“两委”换届工作领导小组副组长唐静主持召开全县村(社区)“两委”换届人事工作通报会。

21日　市人大常委会副主任、县委书记次仁到打隆镇指导检查村（社区）"两委"换届工作。

22日　市人大常委会副主任、县委书记、县扶贫开发领导小组组长次仁主持召开县扶贫开发领导小组2021年第一次会议，传达学习《中共中央国务院关于实现巩固拓展脱贫攻坚成果同乡村振兴有效衔接的意见》，听取浪卡子县防止返贫监测和帮扶机制实施办法的修改完善情况汇报，同时对做好巩固拓展脱贫攻坚成果同乡村振兴有效衔接方面进行安排部署。

25日　市人大常委会副主任、县委书记次仁主持召开县委常委会2021年第五次（扩大）会议，原文传达学习习近平总书记在统筹推进新冠肺炎疫情防控和经济社会发展工作部署会议上的重要讲话精神，传达学习习近平总书记在省部级主要领导干部学习贯彻中共十九届五中全会精神专题研讨班开班式上的重要讲话精神，传达学习《中共中央办公厅关于认真做好市县乡领导班子换届工作的通知》《中共中央纪委机关 中共中央组织部 国家监察委员会关于严肃换届纪律加强换届风气监督的通知》精神，传达学习西藏自治区第十一届人民代表大会第四次会议精神、区党委人大工作会议精神和政协第十一届西藏自治区委员会第四次会议精神，研究浪卡子县贯彻落实意见。

28日　浪卡子县召开全县公安工作会议，回顾总结2020年度工作，表彰先进，安排部署当前和今后一个时期的全县公安工作。

## 2月

1日　市人大常委会副主任、县委书记次仁主持召开县委理论学习中心组暨"政治标准要更高，党性要求要更严，组织纪律性要更强"专题教育2021年第一次集中学习会。

4日　浪卡子县2020年度全县"遵行四条标准、争做先进僧尼"教育实践活动表彰大会召开。会议为受表彰的先进集体、先进个人代表进行颁奖，表彰县级模范寺庙6座、先进僧尼99人、优秀组织单位3个、优秀驻寺干部12人、优秀工作者1人。

5日　浪卡子县完成95个村（居）党支部（党总支）换届选举工作，选举产生党（总）支部书记95名。

6日　市人大常委会副主任、县委书记次仁主持召开2021年全县疫情防控工作领导小组第二次会议，县委副书记、县人民政府县长罗文金出席会议。

7日　中国共产党浪卡子县第九届委员会第七次全体会议召开。会议回顾总结2020年和"十三五"时期工作，安排部署2021年工作任务；审议通过《中共浪卡子县委员会关于制定国民经济和社会发展第十四个五年规划和二〇三五年远景目标建议》。

8日　浪卡子县委召开经济工作会议，市人大常委会副主任、县委书记次仁出席会议并讲话，县委副书记、县长罗文金对全县经济工作进行安排部署，县委副书记、人大常委会主任白江山主持会议并做总结讲话，在家县级领导干部出席会议。

同日　县委副书记、县长罗文金到县人民医院、县疾控中心督导检查疫情防控工作，对县卫生服务中心、疾控中心核酸检测采样点、PCR（聚合酶链反应）实验室、疫苗接种等重点疫情防控工作进行现场督导检查。

21日　县委常委、宣传部部长汪进到普玛江塘乡机关、措果村检查指导疫情防控和村居"两委"换届相关工作，同时开展结对帮扶走访慰问，送上节日慰问与祝福。

22日　中共浪卡子县第九届纪律检查委员会第六次全体会议召开，县委常委、纪委书记杨志军代表县纪委常委会作题为《立足新发展阶段，扛牢新时代职责，为全面建设社会主义现代化浪卡子提供坚强保障》的工作报告。会议传达学习第十九届中央纪委五次全会、区纪委第九届六次全会、山南市纪委第一届六次全会精神；审议通过《中共浪卡子县第九届纪律检查委员会第六次全体会议工作报告、公报》。

23日　浪卡子县"两会"党员大会在皖江剧院召开，市人大常委会副主任、县委书记次仁主持会议并讲话。

23—25日 中国人民政治协商会议第二届浪卡子县委员会第七次会议召开，应到县政协委员57人，实到县政协委员43人。会议听取政协第二届浪卡子县委员会常务委员会工作报告、政协第二届浪卡子县委员会常务委员会关于二届六次会议以来提案工作报告；大会通过《政协第二届浪卡子县委员会第七次会议决议》、政协第二届浪卡子县委员会第七次会议提案审查委员会《关于二届七次会议提案审查情况的报告》。

24—26日 浪卡子县第十三届人民代表大会第八次会议召开，应到代表95人，实到代表82人。会议听取县人民政府工作报告、县人大常委会工作报告、县人民法院工作报告、县人民检察院工作报告；表决通过《关于浪卡子县人民政府工作报告的决议（草案）》《关于浪卡子县国民经济和社会发展第十四个五年规划和二〇三五年远景目标纲要的决议（草案）》《关于浪卡子县2020年国民经济和社会发展计划执行情况与2021年国民经济和社会发展计划的决议（草案）》《关于浪卡子县人民政府2020年财政预算执行情况和2021年财政预算报告的决议（草案）》《关于浪卡子县人民代表大会常务委员会工作报告的决议（草案）》《关于浪卡子县人民法院工作报告的决议（草案）》《关于浪卡子县人民检察院工作报告的决议（草案）》。

## 3月

1日 浪卡子县完成全县95个村（居）民委员会换届选举工作，其间全县共有23795名选民参加投票，选举产生新一届村委会主任95名、副主任95名，并同步推举产生新一届村（居）务监督委员会。

2日 市人大常委会副主任、县委书记次仁主持召开县委理论学习中心组第二次学习暨“政治标准要更高、党性要求要更严、组织纪律性要更强”专题教育第二专题研讨会，围绕“加强党性修养、坚定理想信念宗旨、勇于担当作为”主题开展学习研讨。

3日 浪卡子县安委会召开2021年度第一次全体（扩大）会议暨安全生产三年专项整治推进会。

4日 全县信访工作联席会议2021年第一次全体会议召开。

5日 浪卡子县委宣传部、团县委、县妇联、总工会组织新时代文明实践志愿者，开展以“践行雷锋精神 弘扬时代新风”为主题的志愿宣传服务活动。

8日 浪卡子县启动新任村（社区）“两委”干部岗前培训工作，185名新任村（社区）干部参加培训。

10日 县委副书记、政府党组书记、县长罗文金主持召开县人民政府党组2021年度第六次会议暨“政治标准要更高，党性要求要更严，组织纪律要更强”专题教育第二次学习会议。

11日 浪卡子县政法队伍教育整顿动员部署会议召开。市人大常委会副主任、县委书记、县政法队伍教育整顿领导小组组长次仁出席并作动员讲话。县委副书记、县政法队伍教育整顿领导小组副组长米玛次仁主持会议，县委常委、政法委书记、公安局局长、县政法队伍教育整顿领导小组副组长普布云丹就全县政法队伍教育整顿作具体安排。

12日 浪卡子县召开2021年第一季度重点项目推进会，总结2020年和2021年第一季度重点项目建设和固定资产投资工作，研究解决存在问题，安排部署下一阶段工作。

15日 县委副书记、政府党组书记、县长罗文金主持召开浪卡子县人民政府党组专题会议，就高质量发展领域专项整改组落实中央第十巡视组反馈意见整改工作进行再动员、再部署、再加压。

17日 市人大常委会副主任、县委书记次仁主持召开县委理论学习中心组第三次学习会暨“党史”“三更”专题教育第四次专题研讨会，集中观看中共党史专题讲座《中国共产党为什么“能”》。

18日 浪卡子县委召开政法工作会议，市人大常委会副主任、县委书记次仁出席并讲话。

同日 县委常委、政法委书记、公安局局长、县政法队伍教育整顿领导小组副组长普布云丹主持召开浪卡子县政法队伍教育整顿学习教育环节安排部署暨第一次集中学习会，传达学习文件精神，对学习教育环节进行安排部署,进一步明确目标任务、实施步骤和推进举措。

22日　浪卡子县委机构编制委员会2021年第一次会议召开。

23日　浪卡子县2021年统战民族宗教工作会议召开,总结2020年统一战线、民族宗教、工商联各项工作开展情况,安排部署2021年各项工作。

25日　县委副书记、政府党组书记、县长罗文金主持召开县人民政府党组2021年度第七次会议。

28日　浪卡子开展庆祝西藏百万农奴解放纪念日系列活动,各级各部门举行"升国旗、唱国歌"、文艺会演、党史学习教育和中央第七次西藏工作座谈会精神宣讲和有奖问答等系列活动。

30日　自治区政法队伍教育整顿第三指导组组长赤列晋美一行到浪卡子县检查指导政法队伍教育整顿工作。市人大常委会副主任、县委书记、县政法队伍教育整顿领导小组组长次仁主持召开浪卡子县政法队伍教育整顿汇报会,向自治区政法队伍教育整顿第三指导组现场指导一组汇报浪卡子县政法队伍教育整顿工作开展情况,听取指导组对开展教育整顿工作的意见建议。

## 4月

1日　市人大常委会副主任、县委书记、县扶贫开发领导小组组长次仁主持召开县扶贫开发领导小组2021年第二次会议,传达学习习近平总书记在全国脱贫攻坚总结表彰大会上的讲话,研究《浪卡子县防止返贫监测和帮扶机制实施办法》《浪卡子县"十三五"扶贫产业项目监管方案》《关于调整边缘户和脱贫监测户的报告》,安排部署下步工作。

2日　浪卡子县政法队伍教育整顿领导小组召开第一次会议,市人大常委会副主任、县委书记次仁出席会议并讲话,县委常委、政法委书记、公安局局长普布云丹主持会议。

7日　浪卡子县开展直属机关干部职工义务植树活动,县直各单位,县中学学生560余人参加活动,共栽植本地柳6000余株。

11日　浪卡子县举办党史学习教育专题党课,中共西藏自治区委员会党校、西藏自治区行政学院科学社会主义教研部讲师谢勇老师进行专题授课,全县党员干部150余人参加专题党课。

13日　浪卡子县人大常委会举办县乡人大换届选举工作培训活动,8个乡2个镇人大主席、副主席及专干,县人大常委会办公室、各专委会全体干部40余人参加活动。

14日　市人大常委会副主任、县委书记次仁主持召开浪卡子县委理论学习中心组第五次暨党史学习教育和"政治标准要更高、党性要求要更严、组织纪律性要更强"专题教育第三专题研讨会。

16日　浪卡子县委审计委员会召开第二次会议,市人大常委会副主任、县委书记次仁主持会议。县委副书记、县长罗文金,县委常委、纪委书记、监委主任杨志军参加会议。会议传达学习习近平总书记在中央审计委员会第三次会议上的讲话精神和李克强总理在听取审计工作汇报时的讲话精神,吴英杰书记在区党委审计委员会上的讲话精神和许成仓书记在山南市委审计委员会上的讲话精神,听取了县审计局《2020年度工作开展情况暨2021年审计工作计划》以及《2021年乡(镇)财务清查情况的报告》,研究部署审计委员会相关工作。

22—23日　浪卡子县第十三届人民代表大会常务委员会第二十九次会议召开,会议传达学习洛桑江村主任在自治区第十一届人大常委会第二十八次会议闭幕会上的讲话精神和王德文主任在山南市第一届人大常委会第三十六次会议闭幕会上的讲话精神;会议听取和审议《浪卡子县人民代表大会常务委员会关于成立县、乡(镇)两级选举委员会的决定(草案)》《浪卡子县人民代表大会常务委员会关于县、乡(镇)两级人民代表大会换届选举有关问题的决定(草案)》《浪卡子县人民代表大会常务委员会关于各乡(镇)人民代表大会代表名额的决定(草案)》《浪卡子县人民政府关于法治政府建设情况的报告》《浪卡子县人民政府关于2021年财政预算调整的报告》《浪卡子县人大财经经济委员会关于2021年财政预算调整报告的审查结果报告》;听取县委组织部、县人民法院关于人事任职事项的说明；会议表决通过《浪卡子县人民代表大会常务委员会关于成立县、乡（镇）两级选举委员会的决定（草案）》《浪卡子县人民代表大会常务委员会关于县、乡（镇）两级人民代表大会换届选举有关问题的决定（草案）》《浪卡子县人民代表大会常务委员会关于各乡（镇）人民代表大会代表名额的决定（草案）》《浪卡子县2021年财政预算调整报告的决定（草案）》和任职名单草案以及《关于曹成鹏代理浪卡子县人民法院院长的决定（草案）》。

25—26日 浪卡子县举行2021年旅游发展大会，共有41家旅行社、13家合作社参与，对2020年新评定的星级宾馆、家庭旅馆颁发星级牌匾。

27日 浪卡子县委召开新任职干部集体谈话会议。市人大常委会副主任、县委书记次仁出席会议并讲话，县委副书记、县长罗文金主持。

同日 浪卡子县依托新时代文明实践中心志愿服务活动，结合“永远跟党走”群众性主题宣传活动，在打隆镇启动2021年“五下乡”活动。

28日 市人大常委会副主任、县委书记次仁主持召开中共浪卡子县委统一战线工作领导小组第一次会议。会议传达学习区党委统一战线工作领导小组会议精神，研究审议县委统一战线2021年工作要点任务分解方案。县委统一战线工作领导小组各成员单位结合自身领域分别提出修改意见。原则通过县委统一战线2021年工作要点任务分解方案。

## 5月

6日 市人大常委会副主任、县委书记次仁主持召开浪卡子县县乡领导班子换届工作推进会议。会议分别听取党委、人大、政协换届选举工作开展情况报告，研究通过县人大代表候选人初步人选等有关事宜，并就下一步工作进行了再安排、再部署。

8日 浪卡子县基层党建工作会议召开，会议传达《2021年浪卡子县基层党建工作要点》，总结2020年基层党建工作，安排部署2021年基层党建工作任务。

10日 浪卡子县举办基层业务暨党员政治教育培训活动，培训为期5天，全县村居党组织第一书记、驻村工作队队长、大学生村官，乡镇机关、县直机关、学校、寺管会、“两新”组织、退休党务工作者共190余人参加培训。

12日 浪卡子县召开应对新冠肺炎疫情工作领导小组会议，贯彻落实习近平总书记关于新冠肺炎疫情防控工作的系列重要指示批示精神，贯彻落实李克强总理重要批示精神，贯彻落实区、市两级专题会议精神，听取疫情防控工作情况汇报，分析研判疫情防控形势，对全县做好疫情防控工作进行再调度、再安排、再部署。

13日 县委副书记、政府党组书记、县长罗文金主持召开县人民政府党组2021年度第十次会议。会议传达学习习近平总书记在中共中央政治局会议上的讲话精神、《关于王军严重违纪违法典型案例及其教训警示的通报》。研究审议《浪卡子县1—4月份经济运行情况分析报告》《浪卡子县安全生产和应急管理工作开展情况》《关于2021年上半年度履行生态文明建设和生态环境保护职责落实情况报告》。

14日 浪卡子县召开农牧民增收工作会议。会议全面总结了2020年全县农牧民增收各项工作，通报2021年1—4月农牧民增收工作推进情况，研究部署下一步全县农牧民增收工作。宣读关于表彰2020年农牧民增收工作先进集体的决定。

15日 山南市教育局赤列边巴局长一行4人督导组到浪卡子县检查指导义务教育基本均衡迎国检（抽查）工作。

20日 浪卡子县人大常委会组织召开县乡人大代表选举暨人民代表大会工作推进会，对换届选举工作再动员、再调度、再强调、再督促。

21日 浪卡子县全县干部大会召开，会议宣布区党委关于浪卡子县主要领导职务调整的决定（罗云任浪卡子县委副书记、提名县长人选）。

24日 浪卡子县委、县人民政府举办“奋斗百年路 启航新征程”专场文艺会演，庆祝中国共产党成立100周年和西藏和平解放70周年。

25日 浪卡子县开展第10届“5·25”保护母

亲湖行动日活动，活动主题为“保护羊湖流域生态，打造人与自然和谐共生的美丽山南典范”，此次活动共参与7700余人，出动车辆400余辆次，清理垃圾158吨，悬挂横幅130余条。

29日 浪卡子县乡村振兴示范试点座谈会召开，会议对乡村振兴示范试点村规划建设项目提出意见建议。

31日 浪卡子县召开全县干部大会。会议宣布：布多任浪卡子县委书记、二级巡视员；提名布琼为浪卡子县政协主席候选人；普琼任浪卡子县委副书记、二级调研员；格桑罗布任浪卡子县委常委，提名为浪卡子县常务副县长候选人；赵永任浪卡子县委常委、县委办主任；土旦桑珠任浪卡子县委常委、统战部部长；陈长义任浪卡子县委常委、政法委书记、公安局局长兼督察长；常国星任浪卡子县委常委、宣传部部长；提名小边巴为浪卡子县人大常委会副主任候选人；提名梅国斌为浪卡子县副县长候选人；提名吉国强为浪卡子县副县长候选人；提名马静为浪卡子县副县长候选人；提名桑珠次仁为浪卡子县政协副主席候选人，兼现职。

同日 浪卡子县乡村振兴局正式挂牌成立。

## 6月

1日 浪卡子县人民政府召开班子见面会议。会议宣读《关于县人民政府班子成员工作分工的通知》，县委副书记、政府党组书记、县长人选罗云代表新一届县政府领导班子表示，在县委的坚强领导下，有决心、有信心担当起加快高质量发展、为民造福的重任，以忠诚、干净、担当回报人民。

8日 县委副书记、政府党组书记、县长人选罗云主持召开县人民政府党组织2021年度第十一次会议。

9日 浪卡子县委召开理论学习中心组第八次暨党史学习教育和“政治标准要更高、党性要求更严、组织纪律性要更强”专题教育集中学习会。

10日 召开浪卡子县委农村工作会议。会议传达学习党中央、区党委、市委农村工作会议精神和全区脱贫攻坚总结表彰大会暨全区巩固拓展脱贫攻坚成果同乡村振兴有效衔接工作会议精神，全面总结2020年“三农”工作取得的成绩，分析当前“三农”工作存在的困难和问题，安排部署2021年工作。

11日 浪卡子县召开防止干预司法“三个规定”集中宣讲会。

同日 浪卡子县开展文化和自然遗产日宣传展示展销活动。

16日 县直属机关党工委党代表会议在县委四楼会议室召开，选举出席中国共产党浪卡子县第十次代表大会代表。46名县直机关党员代表出席会议。县委常委、组织部部长、县直属机关党工委书记唐静向出席会议的代表介绍关于出席浪卡子县第十次党代会代表候选人预备人选酝酿情况，并以举手表决方式，通过县直属机关党工委出席浪卡子县第十次党代会代表候选人预备人选名单、大会选举办法、总监票人、监票人和计票人名单。

同日 县政协党组书记、主席人选布琼主持召开2021年政协党组第七次会议。研究审议政协党组在开展“三更”专题教育活动中存在的问题及整改意见，听取政协换届会议筹备工作进展情况汇报和研究审议贯彻落实巴珠主席在县政协检查指导工作时的讲话精神的意见。

同日 浪卡子县召开边境小康村建设总结大会。县委常委、政府常务副县长候选人格桑罗布出席并讲话。

17日 县委副书记、人大常委会机关党组书记、主任白江山主持召开县人大干部职工大会。会上，白江山简要介绍县人大常委会副主任人选边巴、县人大法制司法监察民族宗教委员会主任委员人选罗旦、县人大教育科学文化卫生和社会建设委员会主任委员人选曲久等新进入人大系统的3人；宣读县人大常委会党组班子成员名单和分工。

21日 召开浪卡子县财政审计工作会议。县委副书记、县长人选罗云出席会议并讲话。

同日 浪卡子县举行“光荣在党50年”纪念章颁发仪式，为全县党龄达到50周年的老党员颁发纪念章。

22日 浪卡子县2021年就业创业暨普通高校毕业生就业创业工作会议召开。会议学习李克强总理对全国就业创业工作暨普通高等学校毕业生就业创业工作电视电话会议作出的重要批示精神，贯彻落实全国、全区、全市就业创业工作暨普通高等学校毕业生就业创业工作会议精神，分析研判全县就业创业形式，安排部署农牧民转移就业增收工作和高校毕业生就业创业工作。

同日 浪卡子县举办庆祝中国共产党成立100周年青年歌手大赛。

26日 中国共产党浪卡子县第十次代表大会各代表团召集人会议在县委三楼会议室召开，会议由县委书记布多主持。

同日 中国共产党浪卡子县第十次代表大会预备会议第一阶段会议在县皖江剧院顺利召开。

同日 中国共产党浪卡子县第十次代表大会代表资格审查委员会会议在县委三楼会议室召开。

同日 中国共产党浪卡子县第十次代表大会主席团第一次会议在县委三楼会议室召开。

同日 中国共产党浪卡子县第十次代表预备会议第二阶段在皖江剧院召开。

27日 中国共产党浪卡子县第十次代表大会第一次全体会议在皖江剧院隆重召开。会议由县委副书记、县人大常委会主任白江山主持，区市两级换届风气督导组到会指导。

27—28日 中国共产党浪卡子县第十次代表大会召开，应到代表159人，实到代表147人。会上，布多代表中国共产党浪卡子县第九届委员会向大会作题为《把握方向谋全局 砥砺初心抓落实 为建设社会主义现代化浪卡子而努力奋斗》的工作报告；会议审议通过《中国共产党浪卡子县第十次代表大会选举办法》《中国共产党浪卡子县第十次代表大会总监票人、监票人，总计票人、计票人名单》《中国共产党浪卡子县第十次代表大会关于中国共产党浪卡子县第九届委员会工作报告的决议》《中国共产党浪卡子县第十次代表大会关于中国共产党浪卡子县第九届纪律检查委员会工作报告的决议》；大会选举产生中国共产党浪卡子县第十届委员会委员、候补委员和中国共产党浪卡子县第十届纪律检查委员会委员。

28日 中国共产党浪卡子县第十届委员会第一次全体会议召开，应到会委员、候补委员32人，实到委员、候补委员28人。会议通过《中国共产党浪卡子县第十届委员会第一次全体会议选举办法（草案）》、监票人名单，审议通过总计票人、计票人名单，《中国共产党浪卡子县第十届纪律检查委员会第一次全体会议选举结果报告》；大会选举产生中国共产党浪卡子县第十届委员会常务委员会委员（土旦桑珠、布多、冉啸、白江山、杨志军、陈长义、罗云、赵永、格桑罗布、唐静、常国星、普琼），选举产生中国共产党浪卡子县第十届委员会书记（布多），选举产生中国共产党浪卡子县第十届委员会副书记（罗云、白江山、普琼）。

同日 中国共产党浪卡子县第十届纪律检查委员会第一次全体会议召开，应到县纪委委员11人，实到县纪委委员11人。会议通过《中国共产党浪卡子县第十届纪律检查委员会第一次全体会议选举办法》、监票人名单、总计票人、计票人名单；大会选举产生中国共产党浪卡子县纪律检查委员会纪委常委（仓姆拉、贡桑曲吉、杨志军、张兵、贺马建）、选举产生中国共产党浪卡子县第十届纪律检查委员会书记（杨志军）、选举产生中国共产党浪卡子县第十届纪律检查委员会副书记（贺马建、贡桑曲吉）。

30日 浪卡子县召开基层党建工作推进会暨中国共产党成立100周年表彰会，回顾总结2021年基层党建工作取得的成绩，分析研判工作中存在的问题和短板，研究部署下半年基层党建工作。

## 7月

2日 浪卡子县政协召开三届一次会议预备会，会议审议通过县政协三届一次会议主席团成员和秘书长名单、主席团会议主持人名单、会议议程和日程、提案审查委员会名单，二届政协主席扎西顿珠主持会议。

3—4日 中国人民政治协商会议第三届浪卡

子县委员会第一次会议召开，应到县政协委员65人，实到县政协委员60人。会议通过《政协第二届浪卡子县委员会工作报告决议》《关于提案工作报告决议》《政协第三届浪卡子县委员会一次会议政治决议和提案审查情况报告》《政协第三届浪卡子县委员第一次会议选举办法》《政协第三届浪卡子县委员会一次会议总监票人和监票人名单》；听取和审议二届政协常委会工作报告、提案工作情况报告；大会选举产生新一届政协主席、副主席和常务委员。

4—5日 浪卡子县第十四届人民代表大会第一次会议召开，应到代表136人，实到代表130人。会议通过关于设立浪卡子县第十四届人民代表大会专门委员会决定（草案）、浪卡子县第十四届人民代表大会常务委员会组成人员名额决定（草案）、大会议案表决办法、专门委员会组成人员的表决办法（草案）、专门委员会组成人员的名单（草案）、大会选举办法（草案）、总监票人、监票人名单（草案），宣布大会总计票人和计票人名单；会议听取县委常委、县人民政府副县长刘美胜代表县人民政府作的政府工作报告、县人大常委会工作报告、县人民法院工作报告、县人民检察院工作报告；大会选举产生浪卡子县第十四届人民代表大会常务委员会主任、副主任、委员，浪卡子县人民政府县长、副县长，浪卡子县监察委员会主任，浪卡子县人民法院院长，浪卡子县人民检察院检察长。

6日 县委副书记、县政府党组书记、县长罗云主持召开浪卡子县第十四届人民政府党组第一次会议。

8日 县委书记布多主持召开县委理论学习中心组第十次学习会暨党史学习教育第五专题研讨会。专题学习习近平总书记在庆祝中国共产党成立100周年大会上的重要讲话精神，围绕党史学习教育第五专题进行研讨。

同日 在县委宣传部指导下，县文化综合服务中心、县新时代文明实践中心、县总工会、团县委、县妇联共同举办“奋斗百年路 启航新征程”主题演讲比赛。

12日 县委副书记、县政府党组书记、县长罗云主持召开浪卡子县第十四届人民政府第一次廉政工作会议，对政府系统廉政建设工作进行专题研究部署。

22日 县委常委、常务副县长、县安委会常务副主任格桑罗布带队，组织县应急管理局、交通局、消防救援大队，到阿扎乡拥布多渡口检查指导水上交通安全工作。

28日 浪卡子县召开第十四届人民代表大会常务委员会第一次会议。会议传达学习习近平总书记在西藏考察时的重要讲话精神；会议听取和审议《浪卡子县人民政府关于2020年度环境状况和环境保护目标完成情况的报告》《关于2021年上半年国民经济和社会发展计划执行情况的报告》《关于2021年上半年财政预算执行情况的报告》《关于全县退役军人保障工作开展情况的报告》；听取县委组织部、县人民政府、县监察委员会关于人事任免职事项的说明；会议表决通过了任免职名单草案。

30日至8月3日 浪卡子县举办第30届打隆边贸物资文化交流会。交流会以“盛世欢歌 锦绣羊卓”为主题，通过举办民族歌舞表演、民族土特产品展销、非物质文化遗产展示，举行赛马、拔河、押架、抱沙袋等传统民族文体比赛等系列活动，向四方宾客生动讲述“浪卡子故事”，让区内外更加了解浪卡子、认识浪卡子、认识美丽的羊卓雍错。物交会参展商户1102家，参展商品2100余种，上市商品总额6500万元，累计成交额达3342.69万元，成交额占上市商品总额的51.43%。

## 8月

9日 浪卡子县举办习近平总书记“七一”重要讲话精神宣讲报告会，县委书记、县委党史学习教育领导小组组长布多作专题宣讲，会议由县委常委、宣传部部长、县委党史学习教育领导小组办公室主任常国星主持。在家县级干部（含虚职），县（中、区）直各单位全体干部职工，离（退）休老干部代表、僧尼代表、农牧民党员代表共计200余人参会。

16日 浪卡子县第十四届人民政府第一次全体会议召开,县委副书记、县长罗云主持并讲话。

18日 浪卡子县召开县委机构编制委员会会议,会议传达学习习近平总书记视察西藏重要讲话精神、中共中央关于印发《中国共产党机构编制工作条例》《"三定"规定和实施办法》《机构编制监督检查工作办法》等文件精神,研究机构编制事项,部署相关工作。

25日 中国共产党浪卡子县第十届委员会第二次全体会议召开。会议传达学习习近平总书记视察西藏重要讲话重要指示精神和区党委九届十次全会、山南市委一届九次全会精神;听取县委常委会工作报告;审议通过《关于坚决贯彻落实习近平总书记视察西藏重要讲话重要指示精神奋力谱写长治久安和高质量发展新篇章的决定》。

26日 山南市委常委、宣传部部长燕红到浪卡子县打隆镇打隆社区宣讲习近平总书记"七一"重要讲话和在西藏考察时的重要指示精神以及汪洋主席在庆祝西藏和平解放70周年大会上的讲话精神。

27日 浪卡子县召开全县生态文明建设工作推进会议,会议传达学习《中华人民共和国环境保护法》《西藏自治区国家生态文明高地建设条例》《山南市实施河长制湖长制条例》等文件精神,集中学习区、山南市两级河湖长制会议、山南市环保督察整改会议及山南市土地违法问题整改工作推进会议精神。

## 9月

2日 山南市委常委、秘书长赫沛到浪卡子县,向基层干部群众宣讲习近平总书记"七一"重要讲话精神。

同日 浪卡子县召开2021年乡村振兴工作领导小组会议,会议传达学习《中央农村工作领导小组关于健全防止返贫动态监测和帮扶机制的指导意见》《西藏自治区财政衔接推进乡村振兴补助资金管理办法》,大会研究通过《浪卡子县关于健全防止返贫致贫动态监测和帮扶机制的工作方案》《浪卡子县关于巩固拓展脱贫攻坚成果同乡村振兴有效衔接的工作方案》,大会安排部署脱贫攻坚成果巩固提升同乡村振兴有效衔接重点工作。

8日 浪卡子县庆祝第37个教师节表彰大会召开,大会表彰优秀校长5名、优秀园长3名、优秀班主任15名、优秀教师23名、优秀教育工作者4名、教育教学质量突出贡献者98名、先进集体5个。会上优秀校长和优秀教师代表作表态发言。

10日 浪卡子县西藏和平解放70周年纪念品发放仪式在羊卓文化旅游广场举行。

14日 安徽省芜湖市人大常委会副主任、党组成员董萍一行5人到浪卡子县检查指导工作,带来了芜湖市委、市政府及芜湖市人民对浪卡子的关心,并举行捐赠仪式,捐赠价值20万元的自助设备仪器和10万元援助帮扶资金。

29日 安徽省芜湖市高新技术产业开发区党工委委员、管委会副主任、弋江区委副书记黄静率芜湖市弋江区考察代表团一行8人到浪卡子县开展对口援藏工作,并召开座谈会、举行捐赠仪式。黄静代表弋江区委、区政府向浪卡子县援助40万元援藏经费。

## 10月

9日 浪卡子县召开党建工作领导小组会议暨基层党建重点工作推进会。

11日 以"网络安全为人民、网络安全靠人民"为主题的2021年国家网络安全宣传周浪卡子县活动启动仪式在县扶贫超市门口举行。

13日 浪卡子县第十四届人民政府重点工作调度会召开,会议听取前期明确的93项重点任务和近期安排的26项重点任务完成情况,听取各部门完成情况。

18日 浪卡子县人民政府召开边境地区基础设施发展和村镇建设工作指挥部暨扶贫产业项目推进会议。

20日 安徽省芜湖市弋江区政协党组书记、主席吴学林率芜湖市弋江区政协考察团一行莅临浪卡子县开展考察交流、指导工作，并召开座谈会、举行捐赠仪式。吴学林代表弋江区政协向浪卡子县援助10万元工作经费。

23日　十届浪卡子县委第一轮巡察工作动员部署会召开。县委常委、纪委书记、监委主任、县委巡察工作领导小组常务副组长杨志军出席并讲话，县委组织部常务副部长巴桑，县纪委副书记、监委副主任贡桑曲吉，县委巡察一组、二组、三组、四组及巡察机构全体人员参加会议，县纪委常委、巡察办主任张兵主持。

25日　浪卡子县新时代文明实践中心和浪卡子镇新时代文明实践所联合举办“美丽西藏　可爱家乡”为主题的民族团结歌舞竞赛活动。

27日　中国共产党浪卡子县代表会议召开，会议应到代表133人，实际到会代表124人，大会选举产生出席中国共产党山南市第二次代表大会代表24人。

28日　县委书记布多主持召开十届县委常委第十六次（扩大）会议，传达学习习近平总书记近期重要讲话精神和指示批示精神，传达学习书记王君正调研督查自治区疫情防控工作、全区维护稳定工作时讲话精神，研究浪卡子县贯彻落实意见，部署近期有关工作。

同日　浪卡子县第十四届人大常委会第二次会议召开，会议提出关于建立健全审计查出问题整改长效机制的意见，先后听取和审议县人民政府关于全县各预算单位2019年度以来存量资金及往来款项管理情况专项审计调查报告、关于2021年自然资源资产管理情况的报告、浪卡子县贯彻落实《西藏自治区民族团结进步模范区创建条例》工作开展情况的报告，审议通过县十四届人大二次会议有关事项，还通过有关人事任职事项。

29日　浪卡子县第十四届人民政府第二次全体会议召开，县委副书记、县长罗云主持会议并作讲话。会议传达学习书记王君正在山南调研时的讲话精神和县委书记布多在十届县委常委会第十六次（扩大）会议上的讲话精神。

同日　浪卡子县第十四届人民代表大会第二次会议举行第一次、第二次全体会议暨选举大会。会议传达学习中央人大工作会议精神，表决通过大会选举办法（草案），总监票人、监票人名单（草案），选举产生27名出席山南市第二届人民代表大会的代表。

## 11月

9日　浪卡子县举行纪念习近平总书记授旗训词三周年暨“119”消防宣传月启动仪式，县委常委、常务副县长格桑罗布，县政府副县长梅国斌出席。县消委会成员单位相关负责人、消防救援大队及消防重点单位负责人、敬老院代表共计90余人参加启动仪式。

10日　县委书记布多主持召开十届县委第十七次常委会（扩大）会议，传达学习全区领导干部会议精神和书记王君正在自治区党委理论学习中心组2021年第十二次学习会上的讲话精神、在山南考察调研时的讲话和在听取山南市工作汇报时的讲话精神，传达学习山南市第二次党代会精神和市“两会”精神，传达学习自治区、市有关通报、通知精神，研究贯彻落实意见，安排部署相关工作。

24日　县委宣传部组织200余名干部职工、公安民警、中学教师参观西藏和平解放70周年成就展。

29日　浪卡子县农牧业暨农牧民增收工作推进会议召开，会议听取全县农牧民增收、村集体经济和农牧业考察学习调研报告，分析当前工作中存在的问题，研究浪卡子县农牧业产业化发展，对农牧民增收、村集体经济情况，并针对围绕区域公共品牌塑造、政府扶持政策、牦牛、绵羊养殖（短期育肥）、科技研究、原种繁殖保护、招商引资、市场对接等具体问题进行探讨。

30日　浪卡子县举行县城供暖二期项目开工仪式，浪卡子县县城供暖二期项目总投资1.09亿元，主要新建集热场1座（包括二期太阳能集热中心站、换热站1座、设备房1座、宿舍1座）及二级热水管网，供暖建筑面积约为8.92万平方米，供暖热负荷约 5.30 兆瓦。

## 12月

8 日 县委书记布多主持召开十届县委第二十次常委会(扩大)会议,传达学习习近平总书记近期重要讲话、重要批示精神,传达学习中国共产党西藏自治区第十次代表大会精神,传达学习书记王君正署名文章《领导干部要发挥表率作用》及相关批示精神,研究贯彻落实意见。

同日 自治区宣讲团第三组到浪卡子县开展党的十九届六中全会和自治区第十次党代会精神宣讲,宣讲团成员、西藏大学党委常委、副校长张兴堂作宣讲报告,县委书记布多主持宣讲报告会。在家县级领导、浪卡子镇党政主要领导、县直各单位负责同志、公安民警、学校师生代表、农牧民群众共 200 余人参加宣讲报告会。

10 日 浪卡子县融媒体中心正式揭牌。

10—11 日 自治区妇联、山南市妇联联合浪卡子县妇联,在打隆镇和多却乡柔扎村开展"阿佳讲堂乡村行"活动,参加活动的妇女达 700 余人。

15 日 浪卡子县 2021 年度乡镇党委书记、行业牵头部门负责人抓基层党建工作述职评议会召开,会议传达学习中共十九届六中全会、自治区第十次党代会及山南市第二次党代会精神;会上 10 名乡镇党委书记和 4 名行业牵头部门负责人进行抓基层党建工作述职,总结 2021 年基层党建工作取得的成绩,明确下一步工作方向和整改措施;会上王世强作点评讲话,对浪卡子县 2021 年度抓基层党建工作取得的成绩给予充分肯定,并就做好 2022 年基层党建工作提出意见建议。

21 日 县委书记布多主持召开十届县委第二十三次常委会(扩大)会议,传达学习习近平总书记近期重要讲话和中央有关会议精神,传达学习书记王君正在自治区党委常委会研究西藏自治区国家生态文明高地建设规划时的讲话精神、王鸿津在全国新任职县级巡察办主任提级培训班上的讲话精神和王卫东在拉萨调研巡察工作时的讲话精神以及区、市有关文件精神,研究贯彻落实意见,部署近期有关工作。

27 日 浪卡子县重点工作部署会议召开,会议听取冬春季防抗灾情况汇报,制定出台《浪卡子县四塘两原(园)两基地》,会议研究《浪卡子县八城同创工作实施方案》《浪卡子县"五大"优质产业发展方案》《浪卡子县农村人居环境整治工作考核激励实施方案》《浪卡子县机关食堂改革方案》。

28 日 浪卡子县 2021 年度人武部长述职会召开,会议总结 2021 年工作、分析研判形势、研究解决问题,增强身份认同感、岗位荣誉感、事业责任感,为推进全县社会事业发展和国防后备力量建设稳步提升奠定良好基础。

30 日 为进一步贯彻落实自治区、市疫情防控工作会议精神,浪卡子县召开疫情防控工作推进会议,会议传达学习了区、市疫情防控工作相关文件精神,通报浪卡子县疫苗接种工作进展情况,并对当前及"三大节日"期间疫情防控工作进行安排部署。

同日 浪卡子县妇女联合会根据山南市妇联《关于做好推荐 2021 年度市级"美丽家园、幸福人家"示范户工作通知》要求,为 8 户"美丽家园、幸福人家"示范户举行授牌、挂牌仪式。

31 日 浪卡子县召开新任职干部集体谈话会议,县委书记布多出席会议并讲话,县纪委监委有关负责人作廉政讲话。

# 县情概览

## 基本县情

【历史沿革】 6世纪至7世纪初"十二邦国、四十二小邦国"时期，浪卡子辖境大部分由四十二邦国之一的"卓母朗松"统治，而西北部分地区则是十二邦国之一的"努域林古"的辖境。

7世纪中期，雅砻河谷悉补野部落第三十二代赞普松赞干布建立吐蕃政权后，浪卡子等为吐蕃政权所属。吐蕃政权设置五茹等机构治理辖地，浪卡子一带属约茹所辖。在其境内设有两个"域参"，一名为"卓母朗松"，另一名为"若巴"。

9世纪中叶，吐蕃政权崩溃。先后出现11个较大的地方政权和众多小地方政权。各地方政权各自为政。10—11世纪，洛扎地区尼瓦氏和许布氏两个氏族崛起，两个氏族统治域境扩延至今浪卡子县西北部地区。

13世纪，元朝中央政府扶持并委任藏传佛教萨迦派总领管理西藏地区行政事务，划分卫藏13万户，设万户长。在浪卡子辖境设立羊卓万户府，辖750户。

14世纪，以山南桑日为中心的藏传佛教噶举派帕竹势力崛起。大司徒绛曲坚赞打败萨迦势力建立帕竹地方政权，统治西藏地方，在浪卡子设立朗噶（浪卡子）宗、打隆宗，属帕竹地方政权。

明万历三十九年（1611年，藏历第十饶迥铁猪年），辛厦巴·彭措南杰建立第悉藏巴政权，进一步加强对浪卡子的管理。

明崇祯十五年（1642年，藏历第十一饶迥水马年），西藏地方政权发生更替。第五世达赖喇嘛为首的格鲁派，在蒙古汗王固始汗的支持下，推翻第悉藏巴政权，建立新的西藏地方政权——甘丹颇章政权。

清乾隆十六年（1751年，藏历第十三饶迥铁羊年），建立噶厦，设噶伦4人，并进一步完善宗谿制度，浪卡子宗本由西藏地方政府直接委派，任期3年。至清末，在今浪卡子县辖境设立有浪卡子宗、打隆宗、白地谿卡、林西谿卡。

民国2年（1913年，藏历第十五饶迴水牛年），西藏地方政府设立一级行署洛喀基巧（山南总管），简称洛基，管理包括浪卡子县境内大部分地区。

1951年5月，中央人民政府与西藏地方政权签订《中央人民政府和西藏地方政府关于和平解放西藏办法的协议》（以下简称《十七条协议》）。依照《十七条协议》精神，西藏地方政府仍继续行使对其所属宗谿的管理权。

1959年3月10日，西藏上层反动集团发动武装叛乱。3月28日，周恩来总理签署命令，在西藏实行民主改革。7月31日，打隆宗、林西谿卡合并，成立打隆县；浪卡子宗、白地谿卡合并，成立朗格则县。打隆县、朗格则县均隶属于江孜专区。

1964年5月，撤销江孜专区。将打隆县和朗格则县合并，更名为浪卡子县，划归山南地区管辖，1965—2021年，县名及归属地没有变动。

【区划】 1959年11月，打隆县先后成立打隆、多却、绒博、伦布雪、张达、普玛江塘6个区委和区公所。打隆区下辖曲龙、曲宗、林西和相达4个乡；多却区下辖沙堆（多却）、九扎和特布拉3个乡；绒博区下辖绒博、柔扎和洞加3个乡；伦布雪区下辖甘扎、苏格和伦布雪3个乡；普玛江塘区下辖推乡和普玛江塘2个乡；张达区下辖扎于和张达2个乡。12月，朗格则县先后成立阿扎、卡热、东嘎、白地、朗格则5个区委和区公所。阿扎区下辖阿扎和下瓦2个乡；东嘎区下辖卡龙、东巴和东嘎3个乡；白地区下辖白地和叶色2个乡；朗格则区下辖翁果、道龙、浪卡子和古穷4个乡；卡热区下辖章和帕巴2个乡。共有2个县，11个区委和区公所，30个乡。

1961年6月，打隆县绒博区和多却区合并为绒多区，下辖沙堆（多却）、九扎、特布拉、绒博和洞加5个乡。

1962年5月，朗格则县成立柯来乡和扎玛龙乡，柯来乡划归朗格则区、扎玛龙乡划归白地区；11月，撤销打隆县普玛江塘区委，成立林西区委。将林西乡、推乡、柔扎乡和相达乡划归林西区，普玛江塘乡划归打隆区；将朗格则县东嘎区的东巴乡划归阿扎区。

1963年2月，朗格则县成立学瓦乡，将学瓦乡划归东嘎区，共有2个县10个区33个乡。

1964年5月，朗格则县和打隆县合并改称浪卡子县，下辖10个区和33个乡；6月，朗格则区委改称浪卡子区委。

1968年2月，成立林西人民公社；6月，白地区下辖扎玛龙乡和白地乡合并，成立白地人民公社。

1969年3月，成立柔扎人民公社；9月，打隆区下辖曲宗乡和曲龙乡合并，成立打隆人民公社。

1970年1月，全县共有10个区，27个乡人民政府，4个人民公社。

1975年11月，浪卡子县实现人民公社化，全县共有10个区和31个人民公社。

1984年9月，浪卡子县所辖人民公社复称为乡，全县共有10个区，31个乡人民政府，150个行政村民委员会。

1987年9月，根据西藏自治区指示，撤销张达、浪卡子、白地和卡热4个区，将扎于乡和张达乡合并为张达乡，叶色乡和白地乡合并为白地乡，帕巴乡和章乡合并为卡热乡，浪卡子乡、古穷乡、翁果乡和柯来乡合并为浪卡子乡。全县共有119个行政村民委员会。

1988年7月，撤销阿扎、东嘎、打隆、林西、绒博和伦布雪6个区，将苏格乡和伦布雪乡合并为伦布雪乡，沙堆乡和九扎乡合并为多却乡，绒博乡和洞加乡合并为绒布乡，林西乡、相达乡、推乡和柔扎乡合并为推乡，卡龙乡、学瓦乡和东嘎乡合并为卡龙乡，阿扎乡和下瓦乡合并为阿扎乡。全县共有16个乡人民政府和116个行政村民委员会。

1999年7月，浪卡子县民政局根据山南地区民政局《关于转发区民政厅〈关于对山南地区乡（镇）级行政区划调整的批复〉》，将浪卡子县16个乡，调整为2个镇、8个乡。甘扎乡和伦布雪乡合并为伦布雪乡，特布拉乡、多却乡和绒布乡合并为多却乡，道龙乡和浪卡子乡合并为浪卡子镇，东巴乡和阿扎乡合并为阿扎乡，推乡和打隆乡合并为打隆镇。全县共有110个行政村居民委员会。

2007年7月至2008年12月，浪卡子县开展村级建制整合工作。伦布雪乡美多村、卡巴村合并为美朵村；多却乡柔扎村、色玛村合并为柔扎村，上亚如村、下亚如村合并为亚如村；浪卡子镇陈真村、柯来村合并为柯来村，果琼村、藏曲村和林麦村合并为果林村；阿扎乡亚龙村、念巴村合并为亚龙村；卡龙乡贡热村、米巴村合并为米巴村，珠巴村、加瓦村合并为加珠村；卡热乡学巴村、布旺村合并为章普村，嘎丹村、江热村合并为江热村，边据村、罗林江村合并为边据村，岗布村、江巴村合并为卡普村。

2019年，易地搬迁撤销伦布雪乡甘扎村和色多村，卡热乡章普村。

2021年年底，浪卡子县下设2个镇8个乡，分别是浪卡子镇、打隆镇，张达乡、伦布雪乡、多却乡、普玛江塘乡、卡龙乡、阿扎乡、白地乡、卡热乡。全县有95个行政村居民委员会，其中，11个居民委员会、84个村民委员会。

浪卡子镇　辖3个社区居民委员会和4个村民委员会：道布龙居委会、哈西居委会、浪卡子居委会，曲度村、翁果村、柯来村、果林村。

打隆镇 辖8个社区居民委员会和3个村民委员会：林西社区、相达社区、念果社区、绒嘎社区、安色社区、康沙社区、德改社区、达加社区，曲龙村、推瓦村、曲宗村。

张达乡 辖7个村民委员会：张达村、康玛村、扎玉村、巴多村、康如村、帮龙村、下西村。

伦布雪乡 辖17个村民委员会：麦荣村、帮来村、拉岗秀村、堆日村、边嘎村、知达卡村、策如那村、松拉村、曲增村、色康村、卓热村、曲果冲村、苏格村、次湖龙村、学宗村、美朵村、门嘎村。

多却乡 辖13个村民委员会：柔扎村、吉古扎村、下日村、多却村、亚如村、特布拉村、堆日村、尼玛龙村、洞热村、绒布村、洞加村、热玛瓦村、卡东村。

普玛江塘乡 辖6个村民委员会：那木其村、措果村、萨藏村、沙空村、查布村、下索村。

卡龙乡 辖8个村民委员会：卡龙村、果巴村、巴结村、东嘎村、贡米村、学庆村、加珠村、宗巴村。

阿扎乡 辖12个村民委员会：夏瓦村、康巴村、增巴村、阿扎村、玉龙村、顶巴村、亚龙村、洞巴村、知巴村、吾巴村、扎岗村、苏角村。

白地乡 辖8个村民委员会：白地村、架塘村、叶色村、扎玛龙村、曲色村、格瓦村、龙桑村、多扎村。

卡热乡 辖6个村民委员会：张麦村、江热村、边据村、卡普村、彭珠村、最堆村。

【人口分布】 2021年，浪卡子县户籍总人口为37954人，其中，城镇人口3523人、乡村人口34431人；浪卡子镇乡村总人口为3636人、打隆镇乡村总人口为5269人、张达乡乡村总人口为3818人、多却乡乡村总人口为5830人、伦布雪乡乡村总人口为6526人、普玛江塘乡乡村总人口为1054人、阿扎乡乡村总人口为2035人、卡龙乡乡村总人口为2004人、白地乡乡村总人口为2208人、卡热乡乡村总人口为2051人。

【风景名胜】 浪卡子县历史悠久，文化底蕴丰厚，文化遗址甚多，集自然景观和人文景观于一体。有羊卓雍错、普姆雍错、岗布冰川（措嘉冰川、40冰川）、宁金康桑、恰央错、嘎玛林草原、珍错、空母错、甘扎温泉、马蹄岛、藏曲千年古柏、桑顶寺、拥布多寺、岗布日追、推寺、打隆边贸物资文化交流会等。截至2021年年底，浪卡子县共有文物点101处，其中自治区级文物保护单位11处14个点、县级文物保护单位44处、未定级文物保护单位46处。非物质文化遗产39项，其中自治区级非物质文化遗产10项，代表性传承人11人，山南市级非物质文化遗产6项、县级非物质文化遗产23项，代表性传承人26人。

【名优特产】 苏格绵羊 浪卡子县苏格绵羊具有体格大、生长发育快、产肉性能好、繁殖力较高、抗病力强、皮质好、肉质细嫩、风味独特、无膻味等优点；耐粗饲、耐严寒、抗风沙，适应于青藏高原高寒牧区的特殊自然环境和恶劣气候条件；独特的地理位置造就独特的绵羊肉质，苏格绵羊肉含有丰富的硒。经西藏自治区相关部门专家鉴定，系高原型肉毛兼用型半细毛羊，是西藏优良的绵羊类群之一。2018年，“苏格绵羊”成功注册国家地理标志证明商标。

相达牦牛 浪卡子县相达牦牛具有较强的生长发育功能、遗传性稳定、适应性强等特点；相达牦牛的屠宰率和净肉率较高，分别达到了53.72%和46.07%，是羊卓区较好的育肥牦牛品种；相达牦牛肉富含硒，含量高达3.9微克/100克（0.078毫克/千克），是很好的“富硒牦牛肉”。2019年，“相达牦牛”成功注册国家地理标志证明商标。

羊湖裸鲤 浪卡子县羊湖裸鲤别名高原裸鲤、瓦氏裸鲤。全长16—36厘米，体重300—600克。口端位或亚下位，略倾斜，下颌前缘无锐利角质。无须，除臀鳞和肩鳞外，全身裸露无鳞。臂磷发达，其行列的前端可达腹。腹鳍末端后伸达体鳍起点至臀鳍起点之间距离的1/2处。羊湖裸鲤以硅藻、蓝藻和轮虫类为主要食物，是羊卓雍错内的主要鱼类，储量较大，羊湖裸鲤蕴藏量高达2亿—3亿千克。浪卡子县境内有规模较大的人工养殖渔场，以养殖羊湖裸鲤为主。

酥油　浪卡子县酥油是类似黄油的一种乳制品，是从当地牦牛奶中提炼出的脂肪，是当地藏族人民较喜爱的食品之一，高钙、含铜、富有脂肪酸。酥油，呈鲜黄色或淡黄色，味道香甜，乳香浓郁，质地均匀细腻，口感极佳，营养价值颇高。酥油中含有天然酵素、微量元素等。此外酥油被各大寺庙用来制作佛灯，还被广泛使用在蛋糕烘焙领域，有很高的经济价值。

金银器　浪卡子县境内的金银器是西藏传统的工艺品，距今已有1000多年的历史。浪卡子县金银器大体上分为两类：一类是装饰品，如镯子、头饰、刀鞘及鼻烟壶上的装饰等；一类是生活用品，如酒壶、酒杯、盘、木碗等。浪卡子县阿扎乡金银加工合作社生产的金银器最为著名。

## 自然地理

【地理位置】浪卡子县位于西藏自治区南部，喜马拉雅山中段北麓，西藏自治区首府拉萨市西南部，山南市西部，地处北纬28° 46′—29° 11′、东经90° 22′—91° 05′。东连措美县，南接洛扎县、不丹王国，西与日喀则市江孜县、康马县、仁布县接壤，北隔雅鲁藏布江与拉萨市曲水县相望。浪卡子县是山南市12个县中海拔最高的县，是距离西藏自治区首府拉萨市最近的边境县，是藏传佛教博东派生根发芽之地，是历史上的前藏和后藏联系的重要通道，是美丽的羊卓雍错和普莫雍错流淌之地，国道349线穿境而过，交通便利。全县总面积7969.89平方千米，国界线约25千米，平均海拔4500米以上。县政府驻地浪卡子镇，海拔4446米，距西藏自治区首府拉萨市164千米，距山南市政府驻地泽当镇227千米。

【自然环境】

地质、地貌　浪卡子县属藏南山原湖盆宽谷区，四周边缘高凸，中间为低洼地带，为高原型壑谷缓冲多平台地带。地质构造复杂，地质构造单元包括北部的雅鲁藏布江缝合带和中南部的康马—隆子断褶带，以及北端涉及的冈底斯陆块南缘。县域内的断层系统比较复杂，规模较大的断层有卡热乡断层—白地乡断层—普莫雍错断层等6条。全县境内地貌总体属藏南山原湖盆谷地地貌区，常见的地貌形态有冰川、高原高山、高原中高山、高原河流堆积、低山丘陵、河口扇地、湖滨平原等。县内山峰众多，海拔6000米以上的山峰就达5座。县境内最高点为宁金岗桑峰，海拔7206米；最低点为卡热乡的雅鲁藏布江出口水面3620米，一般海拔在4000—4800米。不同的地貌类型为发展多样性牧业提供了条件。

气候　浪卡子县属高原温带半干旱季风气候区，光照充足，辐射强，冬春寒冷多大风，夏秋温凉多雨水，干湿季分明，年日照时间2923.77小时，年降水量396.3毫米，降水多集中在6月下旬至9月中旬，年无霜期只有60天。全县盛行西北风，年均风速2.5米/秒，最大风速34.1米/秒。

土壤　浪卡子县土壤类型多样，从谷底至高山顶，分布着高山寒漠土、高山草甸土、高山草原土、亚高山草甸土、亚高山草原土、灌丛草原土、草甸土、沼泽土、新积土、风沙土、石质土、粗骨土等。由于气候、地形地貌、母质、水文和植被等方面的影响，土壤发育呈现年幼性、有机分解差、碳酸盐含量高、盐碱性重等特点。因此普遍表现出矿物分化深、黏粒含量低、土体松散、土地浅薄、粗骨性强、侵蚀严重等特点，耐牧性差。共有12个土类、30个亚类、21个土属和39个土种类。其中，高山寒漠土占土壤面积的10.07%、高山草甸土占土壤面积的52.63%、高山草原土占土壤面积的3.97%、亚高山草甸土占土壤面积的1.79%、亚高山草原土占土壤面积的19.18%、灌丛草原土占土壤面积的0.21%、草甸土占土壤面积的6.87%、沼泽土占土壤面积的0.35%、新积土占土壤面积的1.33%、风沙土占土壤面积的0.01%、石质土占土壤面积的2.2%、粗骨土占土壤面积的1.39%。

【自然资源】

植被　浪卡子县植被区系位于喜马拉雅山脉北侧和贡嘎县南山之间的内陆湖盆区，包括羊卓雍错和普莫雍错两个大的山间盆地,四周均以湖泊水系与外流水系分水岭为界。该区内气候比较寒冷、干燥,霜期长,水热同步期亦短,植物年生长量相对较低。植被大体分为六个垂直带:垫状植被带、高山草甸带、亚高山草甸带、高山草原带、亚高山草原带、草甸与沼泽草甸带。全县野生植物 65 科、238 属 595 种,其中,苔藓植物 23 种,蕨类植物 16 种,裸子植物 5 种,被子植物 551 种。被列入国家级保护名录的植物有三蕊草,为国家二级保护植物,境内药用植物主要有麻黄、银粉背蕨、大黄、独一味、柴胡、红景天、西藏巴天酸模、珠芽蓼、猪毛菜、江孜乌头、雪灵芝、独活、龙胆、秦艽、山莨菪、藏玄参、雪莲、蒲公英、象南星、贝母、黄精、天门冬、黄芪及猪毛蒿(俗称东北茵陈)等。

动物资源　浪卡子县独特的气候、多样的地貌特征、多种野生动物种群的栖息地和自然条件为野生动物生息繁衍提供良好的生态环境。境内有野生动物 55 科 213 种,其中,鸟类有 168 种,哺乳类动物有 27 种,两栖类动物有 2 种,爬行类动物有 3 种,野生鱼类动物有 13 种。国家一级保护动物有藏野驴、马麝、白唇鹿、金雕、玉带海雕、白尾海雕、胡兀鹫、黑颈鹤;国家二级保护动物有盘羊、石貂、水獭、兔狲、岩羊、藏原羚、棕熊、彩鹳、草原鹞、大鵟、红隼、雕鸮、藏雪鸡。

水资源　浪卡子县水域面积 1199.25 平方千米,占全县总面积的 15.05%。境内有藏南最大的内流水系,羊卓雍错—普莫雍错—哲古错流域。全县有大小河流 21 条,汇入羊卓雍错的“卡洞加曲”是藏南最大的内流羊卓雍错湖水系河。羊卓雍错是喜马拉雅山北麓最大的内陆湖泊,总面积 614 平方千米,湖水平均深度 20—40 米,最深处达 59 米。该湖分叉极多,具有独特的自然景观。境内还有与羊卓雍错有“姊妹”之称的普莫雍错,湖面海拔 5010 米,湖水面积 292 平方千米,总流域面积 1500 平方千米,湖容量约 110.2 亿立方米,属淡水湖。此外还有巴纠错、沉错、空母错等众多小湖泊。

【气象概况】 2021 年,浪卡子县平均气温为 4.6℃,较常年同期值高 1.4℃;降水量 434.2 毫米,较常年同期值多 21.4 毫米;日照时数为 2815.3 小时,较常年少 2.2%。

2021 年浪卡子县主要气象要素一览表

表 1

| 要素 | 项目 | 1月 | 2月 | 3月 | 4月 | 5月 | 6月 | 7月 | 8月 | 9月 | 10月 | 11月 | 12月 | 全年 |
|---|---|---|---|---|---|---|---|---|---|---|---|---|---|---|
| 降水量(毫米) | 累计值 | 0 | 0 | 0.8 | 6.7 | 29.2 | 37.5 | 169.4 | 150.1 | 40.5 | 0 | 0 | 0 | 434.2 |
| 气温(℃) | 平均值 | 0.8 | −3.1 | 0.9 | 2.2 | 7.5 | 11.3 | 10.8 | 10.7 | 8.2 | 6.2 | 2.5 | −3.1 | 4.6 |
| 雷日(天) | 累计值 | 0 | 0 | 0 | 0 | 3 | 11 | 18 | 17 | 10 | 0 | 0 | 0 | 59 |
| 相对湿度(%) | 平均值 | 16 | 25 | 34 | 35 | 52 | 53 | 69 | 70 | 64 | 46 | 18 | 25 | 42 |
| 日照(小时) | 累计值 | 284.8 | 270.4 | 316.7 | 267.2 | 203.7 | 221.0 | 131.6 | 141.5 | 187.5 | 261.9 | 285.5 | 243.5 | 2815.3 |
| 气压(百帕) | 平均值 | 596.9 | 599.6 | 589.0 | 590.9 | 591.4 | 592.7 | 593.9 | 594.1 | 595.9 | 594.1 | 590.3 | 589.6 | 593.2 |
| 极大风速(米/秒) | 累计值 | 25.6 | 20.1 | 21.4 | 23.6 | 23.0 | 17.1 | 14.8 | 14.1 | 16.0 | 16.4 | 19.9 | 23.3 | 19.6 |
| 风向 | | 北 | 北 | 西 | 西南 | 北 | 东北 | 西北、北 | 西北、西 | 西北、西 | 西 | 西北、北 | 西南 | 西南 |

## 国民经济社会发展

【概况】 2021年,浪卡子县国民经济保持较快增长,人民生活水平稳步提高,各项社会事业全面推进,实现发展速度和质量效益同步提升。2021年,全年实现地区生产总值108244.1万元,按可比价计算,同比增长6.8%,其中,第一产业完成6527.1万元,同比增长4.2%;第二产业完成48294.4万元,同比下降5.1%;第三产业完成53422.6万元,同比增长20.9%。

【农牧业】 2021年,浪卡子县实现农林牧渔业总产值为12047.96万元,实现增加值925.86万元,增长8.33%,其中,牧业产值9774.75万元,增长10%;农业产值1684.32万元,增长2%。农作物总播种面积2767.23公顷,粮食作物播种面积1677.6公顷,油菜播种面积371.06公顷,蔬菜播种面积73.39公顷,青饲草播种面积644.87公顷。粮食总产量5234.06吨,其中,青稞5039.46吨、小麦194.2吨,油菜706.88吨、蔬菜785.43吨、饲草12609.78吨。全县新生仔畜89931头(只、匹),牲畜出栏68242头(只、匹),出栏率27%。牲畜存栏275092头(只、匹)。肉类总产量2157.45吨,奶类总产量7542.79吨。

【固定资产投资】 2021年,浪卡子县全社会固定资产投资同比增长22.3%,其中招商投资完成5048万元,下降5.64%。

【财政和金融】 2021年,浪卡子县完成地方财政收入3581万元,同比增长28.26%。税收收入3808.2万元,同比增长325.62万元,增长9.35%。其中,中央级税收收入2069.96万元,同比增长11.85%;地方级税收收入1738.24万元,同比增长6.52%。非税收入完成211.75万元,同比增长103.68%;社保费收入完成13178.23万元,同比增长14.45%。财政预算总支出99294万元,同比减少39.55%,其中,公共安全支出4274万元,减少27.94%;教育支出23245万元,增长42.4%;文化体育与传媒支出1285万元,减少46.24%;科学技术、社会保障与就业支出8685万元,减少34.1%;医疗卫生支出3190万元,减少49.03%;节能环保支出1557万元,减少68.99%;城乡社区管理事务支出590万元,减少98.07%;农林水事务支出20944万元,减少9.72%;交通运输支出1289万元,减少75.4%;自然资源海洋气象等事务支出539万元,减少77.61%;住房保障支出2696万元,减少45.35%;粮油物资储备事务支出2万元,减少75%;灾害防治应急管理支出391万元,减少33.5%。

【社会保险】 2021年,浪卡子县失业保险参保人数为36936人次,缴纳金额为190.38万元;生育保险参保人数为21912人次,缴纳金额为204.33万元;职工基本医疗保险参保人数为43824人次,缴纳金额为3236.34万元;公务员医疗补助参保人数为8796人次,缴纳金额为231.45万元;企业养老保险参保人数为5592人次,缴纳金额为996.66万元;工伤保险参保人数为23738人次,缴纳金额为34.95万元;职业年金参保人数为21912人次,缴纳金额为1095.31万元;机关事业养老保险参保人数为43824人次,缴纳金额为6570.89万元;城乡居民养老保险应申报人数为21725人,实际申报人数为15547人,申报率为72%(税务申报率),申报金额为322.76万元,已全部入库,入库率为100%。政府代缴资金的人数为3650人,其中县人社局已申报人数为3605人,共申报人数为17803人。全年城乡居民基本医疗保险应申报人数为35481人,其中已申报人数为32994人,申报率为93%,申报的金额为494.1万元,已全部入库,入库率为100%。

【社会保障】 2021年,浪卡子县有农村低保户237户706人,兑现农村低保及"十大民心"资金120.13万元;有城镇低保户26户33人,兑现城镇低保及"十大民心"资金24.97万元;边境县城乡低保增发10%,农村低保落实237户706人,共计资金33.19万元;增发城镇低保26户33人,共计资金3.39万元,增发共计36.59万元;全县五保对象共155人,集中供养92人,分散供养73人,兑现供养资金

173.7633 万元，其中全年分散特困人员供养资金和集中特困人员零花钱 957637.5 元，其他生活支出 779996.28 元；全县持证残疾人总数为 1672 人，其中，肢体残疾 831 人、听力残疾 257 人、言语残疾 17 人、智力残疾 24 人、视力残疾 302 人、精神残疾 93 人、多重残疾 148 人。2021 年符合享受条件的持证残疾人“两项补贴”及“十大民心工程”补贴人数 1602 人，落实资金 6188950 元；全县救助临时困难对象 201 户 826 人次，发放临时救助资金 126.6 万元。

# 中国共产党浪卡子县委员会

## 综述

【概况】 1959年7月31日，中共朗格则县委员会和中共打隆县委员会成立，隶属中共江孜分工委；1964年5月，经西藏工委会决定报中共中央批准撤销中共江孜分工委，经国务院批准，将打隆县、朗格则县合并，定名为浪卡子县，划归山南专区管辖。浪卡子县委工作机构及领导仍然是原朗格则县委工作机构和领导。1968年11月18日，成立浪卡子县革命委员会，县革命委员会取代原县委职权。1974年3月，恢复浪卡子县委职权。2002年，机构改革后，县委工作部门有县委办公室、县委组织部、县委宣传部、县委统一战线工作部、县委政法委员会。2019年，党政机构改革，县委设置纪检监察机关1个，计入机构限额的工作机关8个，分别为：中共浪卡子县纪律检查委员会、县委办公室、县委组织部、县委宣传部、县委统一战线工作部、县委政法委员会、县委国家安全委员会办公室、县委巡察工作领导小组办公室，其中，纪律检查委员会和监察合署办公，实行一套工作机构、两个机关名称；县委组织部挂县公务员局、县委员会老干部局、县直属机关工作委员会牌子；县委宣传部挂县新闻出版局、县政府新闻办公室、县广播电视局、县互联网信息办公室牌子；县委统一战线工作部挂县民族宗教事务局牌子；县委国家安全委员会办公室挂县维护国家安全工作指挥部牌子。

2021年，中共浪卡子县委员会以习近平新时代中国特色社会主义思想为指导，贯彻落实党的十九大和十九届二中、三中、四中、五中、六中全会精神以及中央第七次西藏工作座谈会精神，贯彻落实习近平总书记关于西藏工作重要论述和新时代党的治藏方略，特别是总书记视察西藏重要讲话重要指示精神，全面把握“三个赋予、一个有利于”的发展要求，着力抓好“四件大事”、完成“八大任务”、实现“四个确保”，团

2021年7月5日，浪卡子县委书记布多（右）到县城供暖供养基站调研

结带领全县广大党员干部群众解放思想、抢抓机遇，攻坚克难、锐意进取，奋力谱写浪卡子县长治久安和高质量发展新篇章。成功举办中国共产党成立100周年青年歌手大赛及以“永远跟党走 奋进新征程”为主题的文艺晚会暨表彰仪式；举办西藏和平解放70周年文艺会演等系列活动。全年召开县委员会常委会（扩大）会议19次，县委员会理论学习中心组学习15次，开展各类宣讲1700余场次，开展专题学习、研讨2600余场次，召开专题组织生活会254场次，开展“我为群众办实事”等实践活动，办理实事960余件。截至2021年年底，中共浪卡子县委员会书记1人，常务副书记1人，副书记3人，常委9人。

2021年7月27日，浪卡子县委副书记、县长罗云（右四）在伦布雪乡调研防汛工作

【重要会议】

1月3日，市人大常委会副主任、县委书记次仁主持召开2021年第一次县委常委会会议，审议浪卡子县村（社区）组织换届工作前期调研情况汇报等4项议题。

1月14日，市人大常委会副主任、县委书记次仁主持召开2021年第二次县委常委会会议，研究浪卡子县村（社区）组织换届人事方案等11项议题。

1月18日，市人大常委会副主任、县委书记次仁主持召开县委常委会2021年第三次（扩大）会议，传达学习习近平总书记近期重要讲话、指示精神以及全国、全区、全市相关重要会议、文件精神，研究贯彻意见。

1月19日，市人大常委会副主任、县委书记次仁主持召开2021年第四次县委常委会会议，专题研究召开2020年度浪卡子县委常委班子民主生活会相关事宜。

1月25日，市人大常委会副主任、县委书记次仁主持召开县委常委会2021年第五次（扩大）会议，传达学习习近平总书记近期重要讲话精神以及自治区人大、政协重要会议精神，研究贯彻意见。

1月27日，市人大常委会副主任、县委书记次仁主持召开县委常委会2021年第六次会议，审议《浪卡子县2021年村（社区）组织换届离任审计资产清查情况报告》等7项议题。

2月3日，市人大常委会副主任、县委书记次仁主持召开县委常委会2021年第七次会议，研究召开县委九届七次全会等4项议题。

2月7日，中国共产党浪卡子县第九届委员会第七次全体会议召开。会议回顾总结2020年和“十三五”时期工作，安排部署2021年工作任务；会议审议通过《中共浪卡子县委员会关于制定国民经济和社会发展第十四个五年规划和二〇三五年远景目标建议》。

2月8日，市人大常委会副主任、县委书记次仁主持召开县委常委会2021年第八次（扩大）会议，传达学习习近平总书记近期重要讲话、批示精神及中央、自治区相关重要会议、文件精神，研究贯彻意见。

2月10日，市人大常委会副主任、县委书记次仁主持召开县委常委会2021年第九次会议，传达学习《杨晓渡、杨晓超同志在十九届中央第六轮巡视反馈视频会议上的讲话和吴英杰同志在第十巡视组巡视西藏自治区情况反馈会上的讲话》《中央第十巡视组关于巡视西藏自治区的反馈意见》。

2月21日，市人大常委会副主任、县委书记次仁主持召开县委常委会2021年第十次会议，听取审议《浪卡子县人民代表大会常务委员会工作报告》《2020年政府工作报告》《政协第二届浪卡子县委员会常务委员会工作报告》等7项议题。

2月24日，市人大常委会副主任、县委书记次仁主持召开县委常委会2021年第十一次（扩大）会议，认真传达学习习近平总书记近期重要讲话及中央、自治区、市相关重要会议、文件精神，研究贯彻意见。

3月5日，市人大常委会副主任、县委书记次仁主持召开县委常委会2021年第十二次会议，研究干部调入调出等事项，会议同意云丹等12名干部调入，按规定程序办理。

3月12日，市人大常委会副主任、县委书记次仁主持召开2021年第十三次县委常委会会议，研究对县委常委、政法委书记、公安局局长兼督察长普布云丹的处理意见等事宜。

3月17日，市人大常委会副主任、县委书记次仁主持召开县委常委会2021年第十四次（扩大）会议，认真传达学习习近平总书记重要讲话精神以及全国、全区、全市重要会议精神。

3月23日，市人大常委会副主任、县委书记次仁主持召开2021年第十五次县委常委会会议，研究个人、单位借款（挂账）专项整治等10项议题。

3月26日，市人大常委会副主任、县委书记次仁主持召开2021年第十六次县委常委会会议，传达学习全国、全区市县乡领导班子换届工作部署电视电话会议精神，研究关于召开党代会按期换届选举等4项议题。

3月29日，市人大常委会副主任、县委书记次仁主持召开2021年第十七次县委常委会会议，听取关于召开中国共产党浪卡子县第十次代表大会筹备工作情况的报告等5项议题。

3月31日，市人大常委会副主任、县委书记次仁主持召开2021年第十八次县委常委会会议，开展县委常委班子中央第十巡视组反馈意见整改专题民主生活会学习研讨，研究召开中国共产党浪卡子县第九届委员会第八次全体会议事宜等5项议题。

4月6日，市人大常委会副主任、县委书记次仁主持召开2021年第十九次县委常委会会议暨浪卡子县中央第十巡视组反馈意见整改工作领导小组会议，听取巡视整改各专项组整改工作推进情况汇报，研究成立县委党史学习教育领导小组、审议《浪卡子县党史学习教育实施方案》等6项议题。

4月8日，市人大常委会副主任、县委书记次仁主持召开2021年第二十次县委常委会会议，听取了上半年党风廉政建设、基层党建工作开展情况，专题研究全面从严治党工作，分析研判全面从严治党形势，研究解决工作中遇到的瓶颈和短板，提出下一阶段加强和改进的措施。

4月8日，市人大常委会副主任、县委书记次仁主持召开县委常委会2021年第二十一次（扩大）会议，传达学习习近平总书记近期重要讲话、党内条例规定和全国、全区、全市重要会议、文件精神，研究贯彻意见。

4月13日，市人大常委会副主任、县委书记次仁主持召开2021年第二十二次县委常委会会议，研究换届干部人事、中国共产党浪卡子县第十次代表大会名额分配、各乡（镇）党委召开第三次党员代表大会等8项议题。

4月26日，市人大常委会副主任、县委书记次仁主持召开2021年第二十三次县委常委会会议，研究《浪卡子县委常委会2021年工作要点》等17项议题。

4月27日，市人大常委会副主任、县委书记次仁主持召开县委常委会2021年第二十四次（扩大）议，传达学习习近平总书记近期重要讲话、重要指示批示精神和党中央、区党委、市委重要会议、文件精神，研究贯彻意见。

5月7日，市人大常委会副主任、县委书记次仁主持召开2021年第二十五次县委常委会会议，研究确定考察对象、浪卡子县第十四届人民代表大会代表初步候选人等2项议题。

5月13日，市人大常委会副主任、县委书记次仁主持召开2021年第二十六次县委常委会会议，研究县城二期供暖项目申请国家专债建设、2020年度农村住房改造资金兑现等6项议题。

5月20日，市人大常委会副主任、县委书记次仁主持召开2021年第二十七次县委常委会会议，听取1—4月份经济运行情况、上半年安全生产和应急管理工作情况、上半年履行生态文明建设和生态环境保护职责落实情况汇报，研究2020年度生态环境保护考核奖励资金使用等7项议题。

5月21日，浪卡子县全县干

部大会召开，会议宣布区党委关于浪卡子县主要领导职务调整的决定（罗云任浪卡子县委副书记、提名县长人选）。

6月4日，县委书记布多主持召开2021年第二十八次县委常委会会议，研究关于县委组成人员候选人初步人选等9项议题。

6月7日，县委书记布多主持召开2021年第二十九次县委常委会会议，研究西某违纪处理事宜等6项议题。

6月16日，县委书记布多主持召开2021年第三十次县委常委会会议，听取县委组织部关于代表资格初审的情况报告，研究召开九届县委九次全会等15项议题。

6月17日，县委书记布多主持召开县委常委会2021年第三十一次（扩大）会议，传达学习党中央、国务院近期有关重要文件、规定精神以及吴英杰书记和王卫东、陈永奇关于巡视工作的讲话精神，传达学习自治区纪委有关通报精神，研究《中共浪卡子县委员会关于成立区党委第三巡视组巡视“回头看”反馈意见整改工作领导小组的通知》《中共浪卡子县委员会关于区党委第三巡视组巡视“回头看”反馈意见的整改措施》，安排部署整改工作。

6月18日，县委书记布多主持召开2021年第三十二次县委常委会会议，研究确定中国共产党浪卡子县第十届委员会委员、候补委员和纪律检查委员会委员候选人预备人选等2项议题。

6月27日至28日，中国共产党浪卡子县第十次代表大会召开，应到代表159人，实到代表147人。会上布多代表中国共产党浪卡子县第九届委员会向大会作题为《把握方向谋全局　砥砺初心抓落实　为建设社会主义现代化浪卡子而努力奋斗》的工作报告；会议审议通过《中国共产党浪卡子县第十次代表大会选举办法》《中国共产党浪卡子县第十次代表大会总监票人、监票人，总计票人、计票人名单》《中国共产党浪卡子县第十次代表大会关于中国共产党浪卡子县第九届委员会工作报告的决议》《中国共产党浪卡子县第十次代表大会关于中国共产党浪卡子县第九届纪律检查委员会工作报告的决议》；大会选举产生中国共产党浪卡子县第十届委员会委员、候补委员和中国共产党浪卡子县第十届纪律检查委员会委员。

6月28日，中国共产党浪卡子县第十届委员会第一次全体会议召开，应到会委员、候补委员32人，实到委员、候补委员28人。会议通过《中国共产党浪卡子县第十届委员会第一次全体会议选举办法（草案）》、监票人名单，审议通过总计票人、计票人名单，《中国共产党浪卡子县第十届纪律检查委员会第一次全体会议选举结果报告》；大会选举产生中国共产党浪卡子县第十届委员会常务委员会委员（土旦桑珠、布多、冉啸、白江山、杨志军、陈长义、罗云、赵永、格桑罗布、唐静、常国星、普琼），选举产生中国共产党浪卡子县第十届委员会书记（布多），选举产生中国共产党浪卡子县第十届委员会副书记（罗云、白江山、普琼）。

7月2日，县委书记布多主持召开十届县委常委会会议，会议同意《关于召开浪卡子县第十四届人民代表大会第一次会议的请示》《政协第二届浪卡子县委员会关于召开换届会议有关事宜的请示》等8项研究事宜。

7月8日，县委书记布多主持召开十届县委第二次常委会（扩大）会议，传达学习习近平总书记近期重要讲话、指示批示精神以及党中央、自治区党委相关重要文件、规定精神，研究贯彻落实意见。

7月20日，县委书记布多主持召开十届县委第三次常委会会议，会议同意《中共浪卡子县委员会关于报送〈2021年上半年工作总结及下半年工作计划〉的情况报告》。

7月21日，县委书记布多主持召开十届县委第四次常委会（扩大）会议，传达学习习近平总书记近期重要讲话精神以及中共中央办公厅、国务院办公厅重要文件精神，研究贯彻落实意见。

8月5日，县委书记布多主持召开十届县委第五次常委会（扩大）会议，传达习近平总书记近期重要讲话精神，特别是在西藏考察工作结束时的重要讲话精神，听取巡视整改工作进展情况、上半年意识形态工作落实情况、民族团结进步示范创建工作开展情况以及扶贫产业项目运行情况，安排部署相关工作。

8月17日，县委书记布多主持召开十届县委第六次常委会会议，听取县委常委班子成员履行全面从严治党“一岗双责”情况汇报，安排部署下一步工作。

8月23日，县委书记布多主持召开十届县委第七次常委会会议，会议同意县委组织部有关干部人事的请示等6项研究事宜。

8月25日，中国共产党浪卡子县第十届委员会第二次全体会议召开。会议传达学习习近平总书记视察西藏重要讲话重要指示精神和区党委九届十次全会、山南市委一届九次全会精神；听取县委常委会工作报告；审议通过《关于坚决贯彻落实习近平总书记视察西藏重要讲话重要指示精神 奋力谱写长治久安和高质量发展新篇章的决定》。

8月27日，县委书记布多主持召开十届县委第八次常委会会议，传达学习习近平总书记给云南省沧源县边境村老支书们的重要回信精神。

9月9日，受县委书记布多委托，县委副书记、县长罗云主持召开十届县委第九次常委会（扩大）会议，传达学习习近平总书记在中央党校（国家行政学院）中青年干部培训班开班式上的重要讲话精神。

9月10日，县委副书记罗云主持召开十届县委第十次常委会会议。

9月10日，受县委书记布多委托，县委副书记、罗云主持召开十届县委第十一次常委会会议，研究关于普布次仁聘用关系的请示。

9月28日，受县委书记布多委托，县委副书记普琼主持召开十届县委第十二次常委会（扩大）会议，传达学习习近平总书记近期重要讲话、指示批示精神以及市纪委相关重要文件，研究贯彻落实意见。

9月29日，县委书记布多主持召开十届县委第十三次常委会会议，研究关于在全县开展党史、新中国史、改革开放史、社会主义发展史、西藏地方与祖国关系史宣传教育实施方案等6项议题。

10月13日，县委书记布多主持召开十届县委第十四次常委会（扩大）会议，传达学习习近平总书记近期重要讲话精神和指示批示精神以及第二十七次全国高校党的建设工作会议精神，研究贯彻落实意见，安排部署相关工作。

10月14日，县委书记布多主持召开十届县委第十五次常委会会议，研究县委常委班子区党委第三巡视组巡视“回头看”反馈意见整改专题民主生活会整改方案等6项议题。

10月27日，中国共产党浪卡子县代表会议召开，会议应到代表133人，实际到会代表124人，大会选举产生出席中国共产党山南市第二次代表大会代表24人。

10月28日，县委书记布多主持召开十届县委第十六次常委会（扩大）会议，传达学习习近平总书记近期重要讲话精神和指示批示精神，传达学习书记王君正调研督查自治区疫情防控工作、全区维护稳定工作时的讲话精神，研究贯彻落实意见，安排部署县委重点工作。

11月10日，县委书记布多主持召开十届县委第十七次常委会（扩大）会议，传达学习全区领导干部会议精神和书记王君正在自治区党委理论学习中心组2021年第十二次学习会上的讲话精神、在山南考察调研时的讲话和在听取山南市工作汇报时的讲话精神，传达学习山南市第二次党代会精神和市“两会”精神，传达学习自治区、市有关通报、通知精神，研究贯彻落实意见，安排部署相关工作。

11月12日，县委书记布多主持召开十届县委第十八次常委会会议，听取前三季度经济运行情况汇报等7项研究事宜。

11月24日，受县委书记布多委托，县委副书记、人大常委会主任白江山主持召开十届县委第十九次常委会（扩大）会议，传达学习党的十九届六中全会精神和审议通过的《决议》《说明》，传达学习习近平总书记近期重要讲话、重要贺信精神以及区市有关通知精神，研究贯彻落实意见。

12月8日，县委书记布多主持召开十届县委第二十次常委会（扩大）会议，传达学习习近平总书记近期重要讲话重要批示精神，传达学习中国共产党西藏自治区第十次代表大会精神，传达学习书记王君正署名文章《领导干部要发挥表率作用》及相关批示精神，研究贯彻落实意见。

12月8日，县委书记布多主持召开十届县委第二十一次常委会会议，会议同意《中共浪卡子县委员会2021年工作总结暨2022年工作计划》等11项研究事宜。

12月14日，县委书记布多主持召开十届县委第二十二次常委会，传达学习《中共西藏自治区委员会关于进一步改进工作作风狠抓落实的意见》《中共西藏自治区委员会关于加强自治区党委常委会自身建设的意见》，专题研究全面从严治党工作。

12 月 21 日，县委书记布多主持召开十届县委第二十三次常委会（扩大）会议，传达学习习近平总书记近期重要讲话和中央有关会议精神，传达学习书记王君正在自治区党委常委会研究西藏自治区国家生态文明高地建设规划时的讲话精神、王鸿津在全国新任职县级巡察办主任提级培训班上的讲话精神和王卫东在拉萨调研巡察工作时的讲话精神以及区、市有关文件精神，研究贯彻落实意见，部署近期有关工作。

12 月 23 日，县委书记布多主持召开十届县委第二十四次常委会会议，研究解决县教育系统教师公积金财政配套部分缺口资金等事宜。

【重要活动】

2 月 5 日，浪卡子县完成 95 个村（居）党支部（党总支）换届选举工作，选举产生党（总）支部书记 95 名。

3 月 1 日，浪卡子县完成全县 95 个村（居）民委员会换届选举工作，其间全县共有 23795 位选民参加投票，选举产生新一届村委会主任 95 名，副主任 95 名，并同步推举产生新一届村（居）务监督委员会。

3 月 28 日，浪卡子开展庆祝西藏百万农奴解放纪念日系列活动，各级各部门举行“升国旗、唱国歌”、文艺会演、党史学习教育和中央第七次西藏工作座谈会精神宣讲及有奖问答等系列活动。

4 月 25 日至 26 日，浪卡子县举行 2021 年旅游发展大会，此次大会共有 41 家旅行社、13 家合作社参与，大会对 2020 年新评定的星级宾馆、家庭旅馆颁发星级牌匾。

6 月 21 日，浪卡子县举行“光荣在党 50 年”纪念章颁发仪式，为全县党龄达到 50 周年的老党员颁发纪念章。

7 月 30 日至 8 月 3 日，浪卡子县举办第 30 届打隆边贸物资文化交流会。物交会以“盛世欢歌锦绣羊卓”为主题，通过举办民族歌舞表演、民族土特产品展销、非物质文化遗产展示，举行赛马、拔河、押架、抱沙袋等传统民族文体比赛等系列活动，向四方宾客生动讲述“浪卡子故事”，让区内外更加了解浪卡子、认识浪卡子、走进美丽的羊卓雍错；物交会参展商户 1102 家，参展商品 2100 余种，上市商品总额 6500 万元，累计成交额达 3342.69 万元，成交额占上市商品总额的 51.43%。

11 月 30 日，浪卡子县举行县城供暖二期项目开工仪式，浪卡子县县城供暖二期项目总投资 1.09 亿元，主要新建集热场 1 座（包括二期太阳能集热中心站、换热站 1 座、设备房 1 座、宿舍 1 座）及二级热水管网，供暖建筑面积约为 8.92 万平方米，供暖热负荷约 5.30 兆瓦。

12 月 10 日，浪卡子县融媒体中心正式揭牌。

【管党治党责任落实】 2021 年，浪卡子县委召开县委全面从严治党专题会议，印发《浪卡子县委落实全面从严治党主体责任 2021 年度任务安排》，按照属地管理、分级负责和谁主管谁负责的原则，及时调整充实县委常委班子党支部工作联系点、县委党建工作领导小组成员，压紧压实全县各级领导干部管党治党主体责任和“一岗双责”。及时召开县委党建工作领导小组会议和基层党建工作推进会议，研究部署基层党建工作。深入开展“三个专项行动”，对全县各级党委（党组）“三重一大”落实情况进行全面督导，进一步压实管党治党责任。制定印发全县 2021 年基层党建工作要点、重点任务清单，建立“清单+调研+通报”制度，坚持一月一清单、一季度一调研，采取通报、跟班学习等方式，层层传导压力，切实强化责任抓落实。

【队伍建设】 2021 年，浪卡子县委、县政府完成换届选举工作，进一步优化班子结构，通过精准操作、严格把关、全程参与，保持全过程平稳有序、风清气正。全年共提拔调整科级干部 2 批 105 人，选派乡镇党政正职 20 人，及时发现不担当不作为的干部，免职干部 6 人。通过举办“一把手”综合能力提升培训、党员政治教育培训等活动，进一步提升干部队伍素质；全年举行“光荣在党 50 年”纪念章颁发仪式，为 15 名老党员颁发纪念章；开展“迎华诞、践初心、履使命”座谈会暨“七一”走访慰问活动，慰问人数307人，慰问资金30.7万元；评选表彰“三优一先”干部93名、先进基层党组织7个，奖励资金6.75万元；开展干部人事档案专项审核工作，完成1165卷档案初审、复审、复查、理据补充认定；选派第四批村（社区）党组织第一书记81人、大学生村官11人、驻村工作队队员193人；全年落实村级党组织书记县级党委备案管理办法，投入资金15.2万元，建立村干部档案室，实现“一人一档”。

【思想政治建设】 2021年，浪卡子县委召开县委常委会（扩大）会议23次，县委理论学习中心组15次，传达学习习近平总书记系列重要讲话精神和上级重大会议、重要文件精神。推进意识形态工作，及时研判分析、安排部署意识形态工作，确保党管媒体、党管宣传、党管意识形态。各党委（党组）按照县委统一部署，贯彻执行学习宣传制度，发挥新时代文明实践中心（所、站）宣传阵地作用，开展形式多样、内容丰富的学习宣传活动，开展各类宣讲1700余场（次）、受教育人数10.6万人次，政治理论学习得到广泛开展和深入推进。按照党中央决策部署和上级要求，开展党史学习教育，结合实际创新开展“123工作法”，掀起党史学习教育的热潮。全县上下共开展专题学习、研讨2600余场，召开专题组织生活会254场次。开展“我为群众办实事”等实践活动，办理实事960余件，收集问题320件，已解决133件。深入开展“三更”专题教育，及时召开动员部署会，成立专题教育学习小组，坚持常态化学习，坚持集中和自学相结合，不断提高党员领导干部理论素养、政治素养、精神境界和解决实际问题的能力。深入开展政法队伍教育整顿自查整改工作，主动对标对表反馈意见，针对发现的共性和个性问题，主动认领整改任务，分别制定整改清单、倒排工期，做到问题整改不彻底不放过、责任落实不到位不放过。

【基层组织建设】 2021年，浪卡子县委推进基层党组织标准化建设，95个活动场所全部投入使用，制作发放活动台账和党建应知应会手册，推广“党群活动日”，提高村级组织活动场所使用率。整治软弱涣散基层党组织，严格按照不设比例、不定指标、应整尽整要求完成晋位晋级。深入推进“两新”党组织建设和人民团体党组织建设，党组织作用进一步发挥，发展基础不断打牢。不断深化强基惠民工作，全面落实新时代干部驻村七项重点任务，驻村工作队职能作用不断彰显。持续实施村级集体经济薄弱提升行动，研究制定《2021年浪卡子县发展壮大村级集体经济任务分解方案》，95个村级集体经济收入均达到5万元以上。

【党风廉政建设】 2021年，浪卡子县委紧盯群众反映强烈的热点焦点问题，深入开展监督检查，坚决查处违纪违法行为，受理问题线索20件36人，立案审查调查7件10人，给予党纪政纪处分6人。整治扶贫领域腐败和作风问题，查处问题线索3件7人、3个党组织，问责7人、1个党组织，批评教育5人，组织处理2人；整治单位和领导干部违规出借财政资金问题，督促整改违规资金656.95余万元；整治环保领域私挖乱采问题，责令检查2人、给予批评教育2人；着力整治“私车公养”专项治理问题，发现并督促整改问题4个，谈话提醒3人，整改违规资金2.1万元；整治疫情防控工作落实不到位问题，发现并督促整改问题21个；整治落实中央重大决策部署不力、党员信仰、参与宗教活动等问题，发现并督促整改问题18个，主动提醒谈话32人次；整治违反中央八项规定精神问题，查处问题线索2件，给予党内警告处分1人、谈话提醒1人、批评教育1人，督促整改违纪资金1.4万元。重点查处严重违纪违法案1件1人，涉案资金447万余元，突破了浪卡子县监委成立以来无重大违纪违法“走读式”谈话案件的历史，该案件现已移交司法机关。

【巡视整改和巡察工作】 2021年，浪卡子县委坚持以上率下“带动整改”，对标对表中央第十轮巡视组和区党委第三巡视组“回头看”反馈意见以及整改工作要求，逐条逐项梳理任务、制定措施，中央第十轮巡视组反馈意见整改完成率97.9%，区党委第三巡视组巡视“回头看”反馈意见整改完成率98.2%。深入开展县、乡、村三级换届离任责任审计工作，对发现的问题及时反馈，推进问题整改。坚持把巡察工作作为一项重大政治任务来抓，及时召开巡察工作领导小组会议，研究部署十届县委第一轮巡察，对经济总量大、项目涉及广、廉政风险突出、群众反映强烈的16个村（居）重点巡察。

【平安建设】 2021年，浪卡子县委深入开展反分裂斗争，结合“4·15”国家安全宣传日、“369”综治宣传工作和“八五”普法等教育活动，教育引导全县干部群众把反对分裂、维护祖国统一作为第一要务，不断筑牢反分裂斗争的铜墙铁壁。紧盯重点部位、重要民生设施、人员密集场所等区域，加强治安、安全生产排查检查，及时处理治安案件、刑事案件，全年无安全生产事故发生。完善规范各级各类维稳工作“五项”台账，建立维护国家安全和社会稳定工作周报告制度。

2021年，浪卡子县推进平安浪卡子、扫黑除恶专项斗争、“先进双联户”创建、“双拥”共建、国家安全人民防线等建设，完成中国共产党成立100周年和西藏和平解放70周年安保维稳任务；县委政法委开展宣传活动100余次，发放宣传资料2000余份，张贴宣传标语海报100余张，悬挂横幅40条，宣传受教群众2万余人次；全年刑事案件立案20起，破获11起，查处8起，撤案1起，全县道路交通事故发案170起，适用简易程序处理149起、一般事故14起；排查矛盾纠纷11起，调解率达91%；接待来信来访22件，办结率达100%。

【依法加强宗教事务管理】 2021年，浪卡子县开展宗教领域动态自查工作，规范宗教标志物54处，清除乱拉乱挂非经幡、哈达30处。落实落细寺庙财税监管，全面完成信息采集审核、制证换证、法人推选、资产登记造册各项任务。以“五个有利于”为标准，引导藏传佛教与社会主义社会相适应，常态化开展“四讲四爱”“遵行四条标准、争做先进僧尼”教育实践活动，教育引导僧俗群众树牢国家意识、法律意识、公民意识，教育引导信教群众理性对待宗教、淡化宗教消极影响、减少宗教消费。解决涉宗领域干部“不会管”“不敢管”“不细管”的问题，组织干部队伍培训，加强工作检查指导，各寺管会寺庙管理的能力进一步提升。

【民族团结创建】 2021年，浪卡子县以民族团结“九进”活动为主线，广泛开展《西藏自治区民族团结模范区创建条例》及民族团结相关知识宣传、宣讲，创造人人参与民族团结宣传活动的浓厚氛围，民族团结创建工作不断迈上新台阶。引导各族群众牢固树立休戚与共、荣辱与共、生死与共、命运与共的共同体理念，营造民族平等、互相尊重的团结氛围，鼓励支持各民族之间互通婚姻，民族团结一家亲进程不断加快。依托援藏平台，组织50名优秀年轻干部赴安徽省芜湖市开展学习考察，不断拓宽视野、增长才干。

【疫情防控】 2021年，浪卡子县严格落实中央、自治区、市三级疫情防控工作各项部署要求，召开15次疫情防控专题会，安排部署疫情防控工作。组织群众接种新冠疫苗5.55万剂次，接种率位居全市前列。及时增设疫情防控检查卡点，严格执行“双码”通行制度及日报告、零报告、24小时值班带班制度，开展核酸抽样检测工作和应急防控物资采购，县、乡、村三级工作人员培训全覆盖，大力开展新冠肺炎疫情应急处置演练，疫情防控能力和水平大幅提升。

【集体经济】

*相达居委会相达牦牛养殖示范基地* 浪卡子县打隆镇相达居委会相达牦牛养殖示范基地于2020年4月开工建设，2020年12月竣工并投入使用，总投资799.43万元。有牛圈2座1009.98平方米、隔离牛舍1座71.07平方米、牧工房1座51.03平方米。该基地经营模式为“居委会+群众入股+合作社”，主要养殖相达牦牛。相达牦牛具有较强的生长发育功能、遗传性稳定、适应性强等特点；相达牦牛的屠宰率和净肉率较高，分别达到53.72%和46.07%，是羊卓区较好的育肥牦牛品种；相达牦牛肉富含硒，含量高达3.9微克/100克（0.078毫克/千克），是很好的“富硒牦牛肉”。2021年，相达居委会相达牦牛养殖示范基地通过购买酥油、奶渣、牦牛肉等形式分红，价值21万元。

苏格村肉羊扶贫养殖基地 浪卡子县伦布雪乡苏格村肉羊扶贫养殖基地于2018年10月开工建设,2019年10月竣工并投入使用,总投资510.54万元。基地建设羊舍、消毒室、门卫室及附属工程。基地经营模式为"村委会+脱贫户",主要养殖苏格绵羊(苏格绵羊具备体格大、毛长、毛和肉产量多、质量佳、繁育优、成活率高、生长快、发育好等特性;苏格绵羊肉胆固醇量低,蛋白质含量高,氨基酸总量较高,富含三种人体必需的脂肪酸,营养价值较高,富含钙和硒,具有潜在保健价值。2021年,苏格村肉羊扶贫养殖基地绵羊肉销售额21万元。

吉古扎村饲草基地 浪卡子县多却乡吉古扎村饲草基地于2018年10月开工建设,2019年9月竣工,总投资2689.46万元。基地有支渠28359米、分水口945座、分水闸28座、农道桥64座。2021年,该基地购买草种17500千克、农家肥2万立方米。基地经营模式为"村委会+合作社+贫困户",主要生产饲草。2021年,吉古扎村饲草基地销售额为90万元。

【宣传工作】 2021年,浪卡子县开展党史学习教育,县委宣传部实施党史学习教育"123工作法",打造读书班平台,考学与赛学和线上与线下相互结合,强化"百灵号"宣讲队、"百姓号"文演队、"志愿号"服务队,把学党史、悟思想、办实事、开新局贯彻到学习教育全过程,进一步教育引导广大党员干部群众学习党史、铭记历史,做到学史明理、学史增信、学史崇德、学史力行,做到知史爱党、知史爱国。截至年底,全县各级党组织共开展专题学习、研讨530余次,开展调研走访93次,征集群众困难问题126件,解决48件,协调解决78件;全县围绕庆祝中国共产党成立100周年、西藏和平解放70周年,共开展文艺会演、收听收看直播、专题讨论等系列活动400余场次,参与人数2.7万余人次;县委宣传部共开展各类宣讲1500余场次,受教育人数10.6万余人次,进行文演、影映260余场次,参与人数4.1万余人次,开展志愿服务和"我为群众办实事"活动1200余场次,参与人数3.7万余人次,办理实事960余件;官方微信公众号"羊湖之声"发布新闻信息356期2199条,阅读量累计129万余人次,上报新闻稿件5484条,被《人民日报》、新华网、央视网等中央级主流媒体采用30余条,《西藏日报》、西藏新闻网等自治区主流媒体采用60余条,山南网、《山南报》等市级媒体采用78条,浪卡子县电视台自办节目《浪卡子新闻》安全播出80期267条,上传电视台新闻143条,被山南电视台采用88条,西藏电视台采用9条,中央电视台采用2条(《惠民康养暖人心 守土固边增信心——浪卡子普玛江塘农牧民群众康养中心正式投入使用》《国庆黄金周 羊湖旅游再掀高潮》);县委宣传部开展文化、科技、卫生、法律、爱国爱教"五下乡"宣传服务活动550余场次,受众人数达10.2万余人次。

【自然灾害】 2021年,浪卡子县全县范围内遭受不同程度的冰雹、暴雨、洪涝、风雹等自然灾害的侵袭。农作物受灾面积5651.12亩、绝收面积388.6亩、重灾面积2074.18亩、轻灾面积3188.1亩,受灾人数9996人,直接经济损失339.2万元;县应急管理局利用"5·12"全国防灾减灾日宣传活动,在全县范围内开展山体滑坡、泥石流等自然灾害安全知识宣讲;开展人员密集场所综合应急演练1场次,演练共设置突发性地震、踩踏事故综合应急演练、处置突发性火灾事故综合应急演练、处置突发性公共卫生事故综合应急演练、处置水运交通事故综合应急演练5项科目,参与人数达3000余人。

【城乡建设】 2021年,浪卡子县推进城乡基础设施建设、开展农村饮水安全工程后续管护、坚守不发生规模性返贫底线;县住建局加强23个扶贫产业项目运营管理,全年实现带动就业608人;制定出台《浪卡子县乡村振兴战略规划》,完成52个村(居)乡村振兴建设项目规划设计,推动乡村振兴试点村建设工作;启动曲度村、曲色村等4个村居美丽乡村项目(农村人居环境整治工程);全县范围内开展村庄清洁行动,实施乡村生活垃圾市场化托管运营模式,农村环境"脏乱差"问题得到有效解决,推进农村户厕改造,完成改厕1873户,完成率达 100%。

【高原特色产业】 2021 年，浪卡子县实施“藏粮于地、藏粮于技”战略，全年完成农作物播种面积 4.13 万亩，实施高标准农田 1 万亩，粮食产量 5234.06 吨，蔬菜产量 785.43 吨；形成以相达牦牛、苏格绵羊养殖为主的高山畜牧业发展格局，推进绵羊“两年三胎”试点、畜牲多季节出栏和黄牛改良等工作，全年牲畜出栏 68242 头（只、匹），出栏率 27%，黄牛改良 1603 头，良种率 13%；完成羊湖相达牦牛和羊湖苏格绵羊地理标志证明商标认证和苏格绵羊国家遗传资源现场审定；完成普姆雍错、叶色旅游边贸服务点、乃钦康桑综合旅游体等旅游基础设施建设项目，全年接待游客 438684 人次，创收 37.85 万元，同比分别增长 36.13%、30.33%。

（刘文东）

## 办公室工作

2021年7月6日，中共浪卡子县委办公室党支部书记为机关党员上党课

【概况】 1959 年 8 月，分别设立中共朗格则县委员会办公室和中共打隆县委员会办公室。1964 年 5 月，中共朗格则县委员会办公室和中共打隆县委员会办公室合并，更名为中共浪卡子县委员会办公室。1968 年 11 月 18 日，成立浪卡子县革命委员会，县革命委员会取代原县委职权。1974 年 3 月，恢复县委办公室。1987 年 11 月，县委办公室、县人大常委会办公室合署办公，一套人员，两块牌子。1989 年，恢复县委办公室，正科级建制。1996 年，县委办公室下设档案馆，为服务性事业单位。2002 年 11 月，管理县直机关党委（副科级）。2008 年，管理县机要局（副科级）。2010 年 5 月，设立县委机要局（密码管理局），为副科级建制。2019 年，党政机构改革，县委办公室加挂县委保密委员会办公室、县国家保密局、县委机要局、县密码管理局、县档案局牌子。

2021 年，中共浪卡子县委员会办公室完成中国共产党浪卡子县第九届委员会第七、八、九次全体会议，中国共产党浪卡子县第十届委员会第一、二次全体会议，县委员会经济工作会议等全县规模会议及活动筹备、组织、服务工作 20 余次。截至 2021 年年底，县委办公室实有工作人员 21 人，行政工作人员 17 人，事业单位专业技术人员 4 人。

【办文办会】 高标准、高质量地完成浪卡子县第十次党代会、十届县委二次全会，县委经济工作会议、县委常委会会议、常委会（扩大）会议、书记专题会等重要会议文稿、文件的起草、送审、签发工作。制定县委重要工作、重大活动方案，高效率地收、转、发各类材料，确保信息畅通。共起草各类文稿千余篇，其中重要汇报材料、领导讲话稿 40 余篇，筹备召开会议 90 余场次，共收文办理 360 余件，发文 186 份。

【办事服务】 2021 年，浪卡子县委办公室在日常工作中加强调查研究，及时掌握全县工作动态、困难问题、意见建议，第一时间传达上级和县委决策部署、反馈下级贯彻落实情况，提出工作建议，推动工作落实，2021 年以来共编发主要领导讲话《党办通报》24 期，有效促进情况传达和工作落实。积极稳妥做好上下对接、内外协调、左右统筹等工作，牵头完成中央、自治区、市领导到浪卡子县考

2021年5月15日，县委办党支部组织党员到江孜县开展“红色基地现场感悟”主题党日活动

察调研等重大活动11场次300余人次的接待工作，完成各类会议保障20余次，在各项接待任务中严格遵守中央八项规定精神，做到了勤俭节约、细致周到、体现特色，得到各级领导的充分肯定。

及时报送信息。截至年底，共收编上报市委办信息科信息230条，上报信息被采用30余条。

【加强督查】 针对县委全会、县委经济工作会议、县委常委会会议等重大会议贯彻落实情况督查15次，及时下发督查通报，表扬先进、鞭策后进，使县委重大决策得到及时贯彻落实。共编发《督查通报》22期，及时向市委督查室报送各类报告。严格按照领导要求，坚持“批则必查，查则必清、清则必办、办则必果”的原则，抓好领导批示和交办事项的落实。全年共收转上级领导批示件60件，承办书记批示的督办件16件，全部处理完毕，并及时向领导及有关部门反馈结果，做到件件有回音、事事有结果。对维护稳定、脱贫攻坚等方面的社会问题主动查办，采用明察暗访、督查调研等方法完成各项督查活动，大力推进县委各项工作的落实。

【基层减负】 2021年，浪卡子县委办公室始终把解决形式主义、官僚主义突出问题作为增强“四个意识”、坚定“四个自信”、做到“两个维护”的具体体现，严格控制发文、会议数量，提高发文、会议质量，把更多时间留给基层抓落实。制定并印发《刘江同志在自治区为基层减负工作第六次推进会上的讲话暨自治区为基层减负工作第六次推进会重点任务分解方案》，在全县上下形成“减负”的浓厚氛围，基层干部对“减负”效果满意。紧盯“减下来、降下来”的刚性要求，进一步完善文件前置审批、会议审批、重要活动计划、督查检查考核统筹备案等制度，发文、开会分别同比减少10.8%、20.7%；开展各类督查检查考核42次。

【档案规范管理】 2021年，浪卡子县委办公室严格落实上级要求，认真开展档案管理工作，进一步明确了档案工作职责和任务，以及档案归档范围及整理要求。同时，确保全县各单位档案完整与安全，共归档整理县直各部门文书档案81卷336盒，文件10460件，完成疫情档案归档，推进整理扶贫档案，收集74个村（居）土地确权档案7062盒，提供档案查阅283人次。

【地方志和年鉴编纂工作】 1997年7月，浪卡子县启动第一轮《浪卡子县志》编修工作，2017年10月出版发行。2017年4月，中共浪卡子县委、县人民政府把续修《浪卡子县志》列入议事日程。成立浪卡子县第二轮地方志编纂委员会。2017年5月，中共浪卡子县委、县人民政府召开第二轮修志工作动员会，全县第二轮修志工作全面启动。2018年，启动编纂工作，2018—2021年《浪卡子年鉴》先后出版发行，坚持一年一鉴。2021年4月20日，完成《西藏年鉴》（2022卷）浪卡子县分目的编写，并上报；2021年5月13日，完成《山南年鉴》（2022卷）浪卡子县分目的编写，并上报。截至2021年年底，浪卡子县地方志办公室实有工作人员1人。

【脱贫攻坚帮扶】 2021年，浪卡子县委办公室以驻村工队为核心，依托党支部主题党日活动，增强服务群众的意识和本领，打造一支拉得出来、干得下去、甘于奉献的干部队伍，坚持驻村干部与村（居）干部、群众同吃同住，压实驻村帮扶责任，在党建、产业扶贫、基础设施建设、村集体经济壮大等方面与村（居）共同研究、共同推进。紧盯结对帮扶责任，精心组织机关党员开展结对帮扶工作，为结对帮扶对象送温暖、讲政策、强教育、谋发展，促进帮扶群众自力更生、勤劳致富。全年开展各类结对帮扶70余次。

【机关党建】 2021年，浪卡子县委办公室坚持把学、教有机结合，深入学习贯彻中共十九届六中全会、自治区第十次党代会、市二次党代会和十届县委二次全会精神等重大内容，及时跟进学习习近平总书记最新重要讲话精神和党中央、区党委、市委最新工作动态，坚定信仰信念，做到真学真懂，真信真用，让党员干部增强“四个意识”、坚定“四个自信”、做到“两个维护”。2021年，组织机关全体干部职工集中学习30次，开展主题党日活动12次，开授党课3期，组织专题研讨6次，撰写学习心得体会90余篇。规范管理党员。从“严格管理党员、严肃组织生活、促进作用发挥”入手，全面落实“三会一课”等组织生活制度，促进党支部活动正常化、常态化，增强支部的政治责任、政治功能和服务功能，增强广大党员的党员意识。规范运行机制。坚持每月至少召开1次支委会、每季度至少召开1次支部党员大会，按时召开组织生活会，开展民主评议以及批评与自我批评。深入推进违规发展党员清理工作。及时召开支部会议，由支部副书记牵头，组织对支部全体党员发展情况进行检查，整改完成11名机关党员在“带病入党、弄虚作假、徇私舞弊、严重违反入党程序”等四个方面的问题。

（刘文东）

2021年9月8日，中共浪卡子县委办党支部开展“主题党日”活动，帮助驻村点巴结村困难群众收割青稞

## 组织工作

【概况】 1959年8月，分别成立中共打隆县委员会组织部、中共朗格则县委员会组织部，负责两县的组织、劳动人事工作。1961年6月，打隆和朗格则两县委组织部和县委宣传部合并改称县委组宣部。1964年5月，打隆县委组宣部和朗格则县委组宣部合并改称浪卡子县委组宣部。“文化大革命”期间，县委组宣部工作由县革命委员会政工组取代。1976年，县革命委员会政工组撤销，分别设立中共浪卡子县委组织部和县委宣传部。1981年1月，县委组织部和县委宣传部合并为县委组宣部。1984年，机构改革，撤销县委组宣部，分别设立县委组织部和县委宣传部。1987年7月，县人事局并入县委组织部，县委组织部、县人事局合署办公。1996年6月，机构改革，组建县老干部局，是县委组织部管理的副科级机构。2002年11月，管理县机构编制委员会办公室。2010年10月，县人事局从县委组织部分离，单独设立。2019年，党政机构改革，将县机构编制委员会改为县委机构编制委员会，办公室设在县委组织部，县委组织部加挂县公务员局、县委干部局、县直属机关工作委员会牌子。

2021年，中共浪卡子县委组织部以习近平新时代中国特色社会主义思想为指导，贯彻落实中共十九大，十九届二中、三中、四中、五中、六中全会精神，贯彻落实中央第七次西藏工作座谈会和习近平总书记视察西藏时重要讲话重要指示精神，贯彻落实全国、自治区、山南市委组织部长会议精神，聚焦重点任务，以党史学习教育为主线，切实加强干部教育，以基层党组织建设为抓手，夯实基层组织基础，以县乡村换届为契机，着力促进干部建设，为浪卡子长治久安和高质量发展提供坚强的组织保障。截至2021年年底，县委组织部实有工作人员18人，行政工作人员9人，事业单位专业技术人员9人。

2021年6月29日，县委常委、组织部部长唐静在打隆镇开展“迎华诞、践初心、履使命”座谈会暨“七一”走访慰问活动

【队伍建设】 2021年，县委组织部大力开展“两新”基层党组织提质增效工作，继续大力实施“两新”基层党组织和工作覆盖攻坚行动，选优配强“两新”党建指导员12名，全县共有非公有经济组织3092个，党组织14个，党员468名，实现“三有”标准的非公有制企业党组织覆盖率达到65%，社会组织党组织覆盖率达到100%，妇女工会组织覆盖率达到50%。严把党员“入口关”，对168名发展对象进行县级政治审查。

【党建工作】 2021年，浪卡子县及时调整充实县委常委班子党支部工作联系点、县委党建工作领导小组成员，制定党委（党组）全面从严治党重点清单、责任清单；印发2021年基层党建工作要点、重点任务清单；建立“清单+调研+通报”制度，坚持一月一清单、一季度一调研，采取通报、跟班学习等方式，层层传导压力，切实强化责任抓落实。实施《浪卡子县基层党建考核办法》《浪卡子县进一步落实谈心谈话制度实施细则》《浪卡子县农牧民流动党员分类管理办法》《浪卡子县党员积分制管理办法》，县委常委会专题研究基层党建工作2次，分析研判形势，提出加强和改进措施；召开县委党建工作领导小组会议2次、基层党建工作推进会3次，研究部署基层党建工作。深入开展“三个专项行动”，对全县各级党委（党组）“三重一大”落实情况进行全面督导，召开各领域党建现场观摩会、座谈交流会3次，加大党建工作交流，拓宽党建工作思路。

【基层组织建设】 2021年，浪卡子县推进村级组织活动场所标准化建设，95个活动场所全部投入使用，为规范党的组织生活制度，制作发放“三会一课”、主题党日活动台账200本，基层党建应知应会700本。举办2期国家通用语言文字教育培训班，举办铸牢中华民族共同体意识主题文艺演出，通过开设文化夜校、流动党校、结对帮学等方式，开展集中授课376场次，受训人数3760余人次。截至年底，村（社区）主干会使用占比33.5%、基本会使用占比43.6%，34名村（社区）党组织书记用国家通用语言述职。扎实推进违规违纪发展党员专项整治工作，及时召开动员部署会，成立工作专班，举办业务培训班，对照“四个问题”，通过“三查三认”方式，共认定“带病入党”2例、“徇私舞弊”23例、“严重违反入党程序”293例、不履行党员义务2例；承认党员身份291名、取消党员身份4名、诫勉谈话4名、提醒谈话23名、批评教育303名、视情形重新履行入党手续23名。选派第四批村（社区）党组织第一书记81名、大学生村官11名、驻村工作队193名。严格落实村级党组织书记县级党委备案管理办法，投入资金15.2万元，建立村干部档案室，实现“一人一档”。

【中国共产党成立100周年活动】 2021年，浪卡子县举行“光荣在党50年”纪念章颁发仪式，为光荣在党50周年的15名老党员颁发纪念章，切实增强广大党员的荣誉感、归属感、使命感。表彰优秀党务工作者、党员干部93名和先进基层党组织7个，奖励资金6.75万元。开展“迎华诞、践初心、履使命”座谈会暨“七一”走访慰问活动，慰问人数307人，慰问资金30.7万元，激发广大党员干部发挥先锋模范作用。

【换届工作】 2021年，浪卡子县完成村（社区）组织换届选举工作，选举新一届村（社区）“两委”班子512名，高标准实现党员比例100%和年龄、学历“一降一升”的目标。结合乡镇规模大小、人口数量、经济社会发展等情况，因地制宜、合理配备乡镇领导班子共110人。对1028名党代表、人大代表初步人选进行民主测评和政治素质正反向测评，全面客观征求各方面的意见建议，选举产生乡（镇）党代表580名、县党代表161名、市党代表24名。

【党建品牌建设】 2021年，浪卡子县全面推广警地基层党组织结对共建“五共五固”工作，选派1名边境派出所辅警担任村党支部书记，明确边境乡镇协调员2名，任边境工作顾问7名、党建指导员17名，坚持每月联合升国旗活动11次，联合开展边境巡逻4次，开展“我为群众办实事”45次，建立边境放牧点强边固边党小组9个。联合县纪委、宣传、统战等部门积极探索打造以“一次江塘行，一生受教育”为主题的普玛江塘乡精神，让党员干部牢固树立缺氧不缺精神、艰苦不怕吃苦、海拔高境界更高的精神。

【干部队伍建设】 2021年，浪卡子县认真落实习近平总书记选人用人重要思想、新时期好干部标准和民族地区干部“三个特别”要求，对照《2019—2023年全国党政领导班子建设规划纲要》，有计划优化班子结构，全年共提拔调整科级干部2批178人，其中，提拔72名、进一步使用21名、转任同级领导职务14名、平职调整45名、免兼职25名、明确职务1名，职级晋升192名。通过精准操作、严格把关、全程参与，整个过程平稳有序、风清气正。

【干部教育培训】 2021年，浪卡子县深入学习习近平新时代中国特色社会主义思想、中共十九届六中全会和中央第七次西藏工作座谈会精神，贯彻学习习近平总书记重要讲话精神，特别是在庆祝中国共产党成立100周年大会上重要讲话和在视察西藏时的重要讲话、重要指示精神，全年召开县委常委会（扩大）会议学习17次，县委理论学习中心组学习15次，乡（镇）理论学习中心组学习164次，举办2期党员政治教育培训班、3期业务能力培训班、1期发展对象短期集中培训班、1期年轻干部区外短期培训班，切实提升党员党性修养，锤炼过硬本领，不断提高政治判断力、政治领悟力、政治执行力。创新开展“123工作法”，掀起党史学习教育的热潮，召开县委常委班子集体学习12次，开展交流研讨4次；开展“永远跟党走”宣传教育340余场；开展“我为群众办实事”等实践活动，办理实事960余件，收集问题320件，已解决133件；充分调

2021年6月30日，浪卡子县基层党建工作推进会暨建党100周年表彰大会召开

2021年6月21日，浪卡子县委组织部开展“光荣在党50年”纪念章颁发仪式

动全县驻村工作队积极性，扎实开展党史学习教育，全年共宣讲586场次，受教育群众达到24565人次。召开“三更”专题教育动员部署会，成立4个专题教育学习小组，坚持常态化学习，坚持集中和自学相结合，在学深悟透上下功夫，不断提高党员干部理论素养、政治素养、精神境界和解决实际问题的能力。是年，结合县委理论学习中心组组织集中学习5次，开展集中研讨专题研讨4次、观看警示教育片9次、撰写警示心得体会52篇，检视问题262条、开展理论测试1次。

【干部考核调研】 2021年，浪卡子县根据党政领导干部考核工作条例要求，县委及时成立5个考核工作小组，深入10个乡镇、12个寺管会、45个县直单位集中开展任职期满考核调研工作，对294名班子成员履职情况进行全面考核，充分了解干部现实表现，及时发现不担当不作为的干部，免职干部6名。结合年度考核工作，对全县726名公务员进行年度考核，评定优秀公务员共162人，称职等次公务员555名，因党内严重警告及试用期人员不定等次人选建议14名，及时兑现公务员考核奖励资金共27万元。

【干部人事档案审核】 2021年，浪卡子县制定《中共浪卡子县委组织部关于开展2021年干部人事档案专项审核工作的通知》，对干部人事档案逐卷逐页进行审核，发现问题如实登记，认真审核“三龄两历一身份”，对所缺材料归档逐份进行登记，做到逐份审核，准确鉴别，防止出现假材料混入档案、同名同姓材料错装漏装等现象。全县干部1234人，涉及专项审核干部人事档案1200卷，其中未收到人事档案38卷，2021年，已完成1165卷档案初审、复审、复查、理据补充认定。

【人才培养】 2021年，浪卡子县以教育培养为重点，制定《浪卡子县党员队伍政治教育培训计划》，充分发挥县委党校主阵地作用，按照“缺什么补什么，需要什么培训什么”的原则，有计划有组织地学习，提出精准赋能培训。同时，大力实施村（居）干部文化素质提升和国家通用语言培训工作，发放学习书本358本，组织村干部国家通用语言培训2期280人，组织优秀年轻干部赴援藏省市开展“三交”（民族交流、交往、交融）活动50人，进一步拓宽视野，增长才干，切实提高乡村振兴本领。整合各类培训资源，采取长期培训与短期培训相结合，联合县人社局、双业办先后会同有关培训机构举办装载机、挖掘机、电焊、机械维修、汽车驾驶、计算机、民族手工艺品制作等技能培训22期683人，开办培训8期228人；配合县农业农村局、卫健委举办黄牛改良、沼气使用、种养殖技术等农村实用技术培训5期320人，切实提高农村实用人才创业和致富能力。以县乡村换届选举工作为契机，选派乡镇党政正职20名，选派村党组织带头人512名，农村社会工作人才356人、农村经营管理人才58人、农村法律人才队伍建设人才191人；为培养农业农村科技人才，共聘用542名科技特派员，通过项目带动形式，培训农牧民8.5万人次，使农牧民人均收入增幅平均超过15%，成为促增农业增效、生产增产、农牧民增收的生力军。举办开展第一书记、驻村队长、党务工作者、乡村振兴专干培训班，受教育人数380余人。

【机构编制保障】 2021年，浪卡子县按照县乡换届要求，根据人员变动情况，及时调整实名制系统，对统一社会信用代码进行更新。根据《关于设立、调整县一级党校（行政学校）的通知》文件要求，将县委党校升格为正科级事业单位；根据《中共中央办公厅　国务院办公厅关于调整扶贫工作机构设置的通知》《中共西藏自治区委员会办公厅　西藏自治区人民政府办公厅关于调整扶贫工作机构设置的通知》《中共山南市委员会办公室　山南市人民政府办公室关于调整市、县（区）扶贫工作机构设置的通知》文件要求，将县扶贫开发办公室重组为县乡村振兴局；根据《关于重新核定浪卡子县各乡（镇）小学教师编制请示》要求，重新核定16所小学编制，确保师生比例合理合规；根据《关于为边境县公安机关增加政法专项编制的通知》文件要求，为县公安局增加政法专项编制2名。同时，按照《关于认真学习宣传和贯彻落实最新机构编制法规制度的通知》文件要求，及时形成机构编制重要事项报告。

【老干部工作】 2021年，浪卡子县教育引导退休老干部发扬退休不褪色光荣传统，组织退休党支部书记学习6次、讲党课2次、退休党支部组织学习110次，举办政治教育和党务工作者培训。为4个退休党支部活动室翻修及购置设备，投入资金20万元；制作发放“三会一课”、主题党日活动台账20本，开展专题调研3次，退休支部基础设施不断完善、组织生活不断规范。健全定期向老干部通报情况制度，认真执行月诉求排查制度，主动电话联系老干部51名，排查诉求13件，帮助解决13件。看望慰问3人，涉及资金0.3万元。设立8万元特困帮扶资金，计划帮扶困难老干部及家属8人。落实党组织书记工作补贴及党支部党建经费4.8万元、护工费17.2万元。开展“三大节日”慰问活动，走访慰问176人，落实慰问资金14.08万元、座谈费4万元，让老干部深切感受到党和政府的关心重视。

（靳旭艳）

2021年8月18日，县委书记、县委机构编制委员会主任布多（后排左二）主持召开中共浪卡子县委机构编制委员会2021年第二次会议

## 宣传工作

【概况】 1984年，机构改革，撤销县委组宣部，分别设立县委组织部和县委宣传部。1997年11月，文化、广播、电影、电视工作职能划归县委宣传部，下设县文化和电影管理站，为股级事业单位。2002年3月，机构改革，县精神文明办公室并入县委宣传部。2002年7月，县文化和电影管理站改称县文化广播电影电视局，与县委宣传部合署办公，为副科级建制。2004年，县委宣传部升格副县级建制，部长入县委常委。2010年3月，县文化广播电视局从县委宣传部分离，单独设立。2019年，党政机构改革，县委宣传部统一管理新闻出版、电影和广播电视工作，将县文化新闻出版广播电视局的出版、电影和广播电视管理职责划入县委宣传部，对外加挂县新闻出版局、县政府新闻办公室、县广播电视局、县互联网信息办公室牌子，组建浪卡子广播电视台，作为县政府直属正科级事业单位，归口县委宣传部领导。截至2021年年底，中共浪卡子县委员会宣传部实有工作人员12人、行政工作人员7人、

事业单位专业技术人员5人、公益性工作人员2人。

【意识形态工作】 2021年，浪卡子县委宣传部突出抓好中央第十巡视组、区党委第三巡视组巡视“回头看”关于意识形态工作反馈意见问题整改工作，全年召开2次意识形态工作专题会，听取各党委（党组）落实意识形态工作责任制情况报告，真正把意识形态工作责任扛在肩上、放在心上，落实在行动上，在全县上下形成党政主要负责同志主抓、主管分管领导统筹协调、宣传部门统筹实施、各级各部门同频共振的工作局面，形成“一盘棋”“大合唱”的工作格局，真正做到守土有责、守土负责、守土尽责。

【理论中心组学习】 2021年，浪卡子县委宣传部坚持以习近平新时代中国特色社会主义思想为指导，深入学习中共十九届六中全会、中央第七次西藏工作座谈会、习近平总书记“七一”重要讲话精神和视察西藏时的重要讲话精神和自治区第十次党代会、市第二次党代会和县第十次党代会精神，推动各级党委（党组）理论学习常态化、制度化，落实理论学习巡听旁听制度，把广大党员干部的理论学习抓具体、抓出成效，着力推动习近平新时代中国特色社会主义思想入心入脑，自觉用以武装头脑、指导实践，全年共组织开展县委理论中心组学习15场次。

【党史学习教育】 2021年，浪卡子县委宣传部始终把党史学习教育作为一项重大政治任务，与“政治标准要更高，党性要求要更严，组织纪律性要更强”专题教育紧密结合起来，把学党史、悟思想、办实事、开新局贯彻到党史学习教育全过程，通过专题学习、政治引领、教育培训，组织实施好党史学习教育，进一步教育引导广大党员干部群众学习党史、铭记历史，做到学史明理、学史增信、学史崇德、学史力行，做到知史爱党、知史爱国。同时创造性实施党史学习教育“123工作法”，打造一块平台（读书班）、抓好两个结合（考学与赛学、线上与线下）、强化三支队伍（“百灵号”宣讲队、“百姓号”文演队、“志愿号”服务队）。截至年底，全县各级党组织共开展专题学习、研讨530余次，开展调研走访93次，征集群众困难问题126件，现已解决48件，正在协调解决78件。开展“永远跟党走”群众性主题宣传教育活动350余场次，受众14500余人次；全县围绕庆祝中国共产党成立100周年、西藏和平解放70周年，共开展文艺会演、收听收看直播、专题讨论等系列活动400余场次，参众2.7万余人次。

【庆祝活动】 2021年，浪卡子县委宣传部以庆祝中国共产党成立100周年和西藏和平解放70周年宣传教育为主线，牢牢把握“党的盛典　人民的节日”的基调定位，开展了“奋斗百年路　启航新征程”重大主题宣传活动。开展“永远跟党走”“四讲四爱”群众教育实践活动。充分利用各类媒体及时转播转发中央媒体、自治区媒体关于中国共产党成立100周年和西藏和平解放70周年庆祝活动系列报道，举办“5·23”文艺会演、庆祝中国共产党成立100周年文艺会演暨“三优一先”表彰仪式。把握重要节点，突出聚焦主线，对县城及各农户国旗进行全覆盖更新，在主城区主要路段

2021年4月3日，浪卡子县委宣传部组织干部参观党史纪念馆

悬挂彩旗、灯笼，对辖区内的大型广告牌内容进行更换。大力唱响共产党好、社会主义好、改革开放好、伟大祖国好、各族人民好的时代主旋律。

【精神文明建设】 2021 年，浪卡子县委宣传部坚持把培育、选树先进典型作为弘扬社会文明风尚的重要抓手，大力开展“文明家庭、文明村镇、文明单位、感动人物、道德模范”评选活动，推出一批有重要影响的先进典型。1 月，浪卡子县普玛江塘乡边境派出所索朗达杰荣获“全国公安系统二级英雄模范”称号，4 月荣获“全区五四青年奖章”（个人）、“全区优秀退役军人”称号等。依托乡镇综合文化服务中心，扎实推进新时代文明实践中心（所、站）建设，进一步健全组织体系、培育志愿队伍、加大业务培训、规范阵地标准、强化活动保障、丰富活动载体，从根本上解决基层思想文化宣传工作和精神文明建设工作“谁来做、做什么、怎么做”的问题，着力打通宣传群众、教育群众、引领群众、服务群众的“最后一公里”，不断提高广大群众思想觉悟、道德水准、文明素养、法治观念，以新时代文明实践推进全县精神文明建设工作。

2021年5月24日，浪卡子县庆祝西藏和平解放70周年

【宣讲及宣传队伍建设】 2021 年，浪卡子县委宣传部开展理论宣讲“讲”起来、小喇叭“响”起来、爱国歌曲“唱”起来、党史电影“放”起来、志愿服务“动”起来“五个起来”活动。紧密结合广大干部群众普遍关心关注的理论政策，发挥各级宣讲组、宣讲员，各驻村工作队，新时代文明实践中心（所、站）作用，通过政策“口袋书”、志愿服务、送教上门、集中宣讲、巡回宣讲、夜校等形式，促进党的创新理论在基层宣传普及，确保理论宣讲在干部群众中入心入脑。全县共开展各类宣讲 1500 余场次，受教育人数 10.6 万余人次；进行文演、影映 260 余场次，参与群众 41000 余人次；开展志愿服务和“我为群众办实事”活动 1200 余场次，参与群众 37000 余人次，办理实事 960 余件。紧扣党员干部教育培训，采取“走出去、请进来”的方式，组织选派宣传思想文化战线工作人员和各级宣讲员参加区内外培训班 7 次，组织 10 个乡（镇）宣传委员采取“以干代训”的形式，在全县范围内开展宣传思想工作和意识形态工作督导检查，不断加强宣传思想工作队伍建设。

【宣传工作】 2021 年，浪卡子县委宣传部围绕中心、服务全县大局，着力做好经济宣传和民生宣传，及时报道全县各级各部门的生动实践，全面展示好广大干部群众的精神风貌，为浪卡子内聚人心、外树形象，营造网上良好环境，不断发展壮大主流媒体舆论阵地。2021 年，官方微信公众号“羊湖之声”发布新闻信息 356 期 2199 条，阅读量累计 129 万余人次，全区 1000 多个政务微信公众号排名 41 位、81 个网信微信公众号排名前五。《浪卡子县党的十九届六中全会精神文艺宣讲拉开帷幕》《浪卡子县举办“奋进新时代　启航新征程”主题演讲比赛》《浪卡子县扶贫产业行稳致远》等 30 余条稿件被《人民日报》、新华网等中央级主流媒体采用，《浪卡子县开展“五下乡”宣传服务活动》《浪卡子县采取“三个措施”推动新时代文明实践中心建设工作做出实效》等 60 余条稿件被《西藏日报》、西藏新闻网、“学习强国”西藏平台等自治区主流媒体采用，市级媒体采用78条。县电视台自办节目《浪卡子新闻》安全播出80期267条，上报电视台新闻143条，山南电视台采用88条、西藏电视台采用9条、中央台采用2条(《惠民康养暖人心 守土固边增信心——浪卡子普玛江塘农牧民群众康养中心正式投入使用》《国庆黄金周 羊湖旅游再掀高潮》)。

【“五下乡”及文化市场监督】 2021年，浪卡子县委宣传部依托县乡村三级文化文艺志愿服务组织，紧紧围绕中国共产党成立100周年、西藏和平解放70周年，以“永远跟党走”群众性教育实践活动为主题，广泛开展形式多样、内容丰富的宣传宣讲活动；积极开展“童心向党”教育实践活动、党史电影“放”起来活动、以“奋斗百年路 启航新征程”为主题的西藏和平解放70周年专场文艺会演、第30届打隆边贸物资文化交流会、“五下乡”宣传服务活动、“文化润边”理论+文艺宣讲活动、新时代文明实践推动日活动等，进一步增强广大群众“听党话、感党恩、永远跟党走”信心和决心。是年，“百姓号”文演队共开展文演活动550余场次，受众人数达10.2万余人次。

【党建工作】 2021年，浪卡子县委宣传部党支部探索加强和改进思想作风建设的方法和思路，结合党史学习教育，开展支部学习活动、主题党日活动，加强党员学习教育培养。结合习近平总书记提出的“四力”要求，激发广大党员活力，提高广大党员政治素质、业务本领，打造一支政治过硬、本领高强、求实创新、能打胜仗的宣传思想工作队伍，开创浪卡子县思想工作新局面。

【党风廉政建设】 2021年，浪卡子县委宣传部以习近平新时代中国特色社会主义思想为指导，全面从严治党，推进反腐倡廉，落实中共中央关于党风廉政建设和反腐倡廉工作的决策部署，全年召开党风廉政会议1次，坚持标本兼治、综合治理、惩防并举、注重预防的方针，加强以完善惩治和预防腐败体系为重点的反腐倡廉建设，推进反腐倡廉制度建设。围绕中心、服务大局，开拓创新、狠抓落实，严格政治纪律规矩，维护净化政治生态，营造风清气正的良好环境。加大党风廉政建设和反腐败工作力度，树立廉洁勤政高效、作风过硬的干部形象。

（谢复忠）

2021年4月26日，浪卡子县旅游发展大会召开

## 统一战线（民族宗教）

【概况】 1984年9月，设立中共浪卡子县委员会统一战线工作部。1995年，县民族宗教事务管理局并入县委统战部，县委统战部、县民族宗教事务管理局合署办公，两个机构，一套人员。2002年3月，县民族宗教事务管理局从县委统战部分离，单独设立。2006年，县委统战部升格副县级建制，部长入县委常委。2019年，党政机构改革，县委统战部统一领导民族宗教工作，县民族宗教事务管理局归口县委统战部领导，实行合署办公。将县宗教领导小组改为县委宗教领导小组，作为县委议事协调机构。县委宗教领导小组办公室设在县民族宗教事务管理局。不再保留单设的县民族宗教事务管理局、县宗教领导小组办公室。县委统战部统

一管理侨务工作。

2021 年，中共浪卡子县委员会统一战线工作部贯彻习近平新时代中国特色社会主义思想和习近平总书记关于治边稳藏、统一战线、民族宗教重要论述，学习贯彻习近平总书记“七一”重要讲话精神、在西藏视察调研时的讲话，特别是在拉萨市哲蚌寺调研时的指示批示精神，贯彻县委第十次党代会、十届县委二次全会、全面从严治党专题会议、宣传思想暨意识形态工作会议、党史学习教育专题会议、基层党建工作推进会议等重点会议作出的安排部署，贯彻中央、自治区、山南市统战民族宗教工作会议精神，有效推动浪卡子县统一战线和民族宗教各项工作。截至 2021 年年底，浪卡子县有 9 个民族。有 33 座寺庙、拉康和日追。其中，宁玛派 12 座，噶举派 7 座，博东派 6 座，格鲁派 4 座，萨迦派 1 座，其他 3 座。县委统战部实有工作人员 9 人。

2021年9月28日，中央统战部调研组到浪卡子县调研指导宗教领域工作

【教育实践活动】 2021 年，县委统战部积极宣传党和国家政策、法律，充分发挥寺管会和寺庙派出所的的作用，以党的基本路线方针政策、国家法律法规、民族宗教政策、藏传佛教优良传统等为重点，大力开展爱国主义、反分裂斗争及安全常识教育等工作，与宗教领域常态化推进“遵行四条标准、争做先进僧尼”教育实践活动、新修订《宗教事务条例》和《中华人民共和国民法典》结合起来，对 4 月 20 日召开全县宗教领域常态化推进“四条标准”教育实践活动的动员部署会进行全面细致的部署，并先后 3 次深入各寺管会，对教育活动常态化推进情况进行督导检查；9 月 10 日召开 2021 年“四条标准”教育实践活动工作观摩交流推进会，推进会以“观摩 + 交流 + 督导”的方式，组织各参会人员前往两座寺管会，就“四条标准”教育实践活动工作开展情况进行现场观摩交流，并安排部署下一阶段工作。全年，县委统战部开展“遵行四条标准、争做先进僧尼”宣传活动达 240 场次，受教僧尼 3700 余人次，县级宣讲 2 场次，受教僧尼 190 余人次。结合实际，有效开展实践活动。各寺管会组织僧尼观看爱国主义影片，开展藏文书法比赛、知识竞赛、活佛宣讲、升国旗、唱国歌、我为大庆做贡献等系列实践活动 52 场次。强化督导，确保教育实践活动取得实效。按照结合实际制定的督导方案要求，县委统战部成立督导组，先后 4 次对 12 个寺管会开展教育实践活动、基层党建、维护稳定、疫情防控业务工作，通过“查、看、听、问”的方式进行督导，当场反馈 12 项问题并要求限期整改。

【宗教领域清理清查】 2021 年，县委统战部充分协调动员乡镇、村居、驻寺、驻村等基层一线力量在全县范围内开展清理和规范宗教标志物工作，全县上下共同努力下，共对 54 处传统宗教标志物进行规范，对 30 处非传统点乱拉乱挂经幡、哈达进行清理，清理清除旧经幡、哈达、隆达纸等影响生态环境的宗教标志物垃圾 12.55 吨。7 月 12 日，市委主要领导在浪卡子县打隆镇推瓦村推拉康调研工作时发现，推拉康围墙、大门、挡墙、商店等建筑设施存在未批先建的问题。对此，县委、县政府高度重视，第一时间由统战部带领打隆镇党委政府以及所属寺管会、村“两委”班子等相关人员，组成专项工作组，深入推拉康进行实地调查。通过两个教育引导小组持续不间断地对僧尼、群众教育引导，最大限度获取僧尼、群众的支持和理解，顺利推进拆除整治工作。7月22日，5个违建整治工作专班各尽其责，通过狠抓现场全面指挥、教育引导、拆除整治清理、安全稳控以及后勤保障等措施，实现1天之内违建拆除整治工作安全、迅速、顺利完成。

【宗教事务管理】 2021年，县委统战部以习近平新时代中国特色社会主义思想为指导，深入学习中共十九大、十九届六中全会和自治区第十次党代会、市第二次党代会精神，学习全国统战部长会议、全国宗教工作会议和自治区、市统战民族宗教工作会议精神以及新修订《宗教事务条例》、自治区“五项”宗教领域管理工作意见等文件精神，特别是习近平总书记关于统战民族宗教工作的重要论述，把统战民宗工作纳入支部集中学习。践行社会主义核心价值体系，组织学习关于统战工作有关政策和法律法规，通过宣传标语等方式集中开展宣传活动，积极向全县广大干部职工和社会群众普及统战知识。深入开展“六个一”活动，与僧尼广交朋友，俯下身、接地气，为僧尼朋友做实事、解难事，真正与僧尼打成一片，不留芥蒂。定期、不定期开展僧尼家访，加强与僧尼家庭的联系，时刻掌握僧尼及家庭的思想动态，做到情况明、底数清，对各类隐患预防做到不留盲区、死角。全年，走访慰问僧尼家庭197户，为僧尼办实事50余件，投入资金11.5972万元。开展“学党史 办实事”活动，为寺庙购置藏文版《习近平谈治国理政》第一、二、三卷及消防设备等，为饮水质量不达标的拥布多寺购置安装净水器、购买发电机等，投入资金10万元。

【民族团结】 2021年，县委统战部成立以县委书记为组长，统战、民宗等相关部门主要负责人为成员的民族团结进步创建活动领导小组，深入贯彻落实中央民族工作会议精神、习近平总书记关于民族工作重要论述，全县范围内牢牢把握“铸牢中华民族共同体意识”这个主题，充分利用综治宣传、打隆物交会、县“两会”、边境小康示范村“五下乡”以及各类培训，以民族团结“九进”活动为主线，广泛开展《西藏自治区民族团结模范区创建条例》及民族团结相关知识宣传、宣讲工作，按照“民族团结九进”要求，紧密联系各级党政机关、学校、企事业单位、乡(镇)、各寺管会、驻军部队等，在全县范围内督促开展了“共同团结奋斗，共同繁荣发展”“铸牢中华民族共同体意识”专题讲座等系列的宣传教育活动。2021年，在县民创办的具体安排部署下，全县各级各部门发放藏语、汉语《西藏自治区民族团结模范区创建条例》册子5600余本、宣传资料5800余册(张)，共创人人参与民族团结宣传活动的浓厚氛围。先后开展14场次宣传活动，受众人数达5800余人次，大力推进民族团结进步事业。

2021年1月5日，浪卡子县宗教领域（县级）巡回宣讲组开展宣讲工作

【疫情防控】 2021年，县委统战部严格按照全县疫情防控总体方案，及时成立相关工作专班，先后3次检查指导全县12个寺管会、27个宗教活动场所，坚决落实上级关于宗教领域疫情防控“三个暂停”措施，疫情防控期间坚决做到了各类佛事活动暂停、暂停举

办传统宗教佛事活动、宗教活动场所暂停对外开放“三个暂停”要求。全年，组织开展宗教活动场所及僧舍消杀消毒共920余次，疫情防控知识宣传360余场次，发放宣传单千余份，做到宗教活动场所、僧尼全覆盖，确保宗教活动场所安全稳定、清净无疫。及时发放疫情防控物资，全县12个寺管会、29座寺庙共发放一次性口罩5000只、电子体温枪30把、医用防护口罩200只、洗手液100瓶、医用外科手套40双、乳胶检查手套200双、84消毒液10桶以及消毒泡腾片2袋。采取强有力措施，力推宗教领域疫苗接种工作。截至年底，浪卡子县宗教领域干部除因住院等各种原因不宜接种5人外，第一针接种77人、第二针接种74人，接种率分别达93.9%、90.3%。僧尼除重病等原因不宜接种14人外，第一针接种189人、第二针接种186人，接种率分别达93.1%、91.6%。

【财税监管】 2021年，县委统战部深入全县8座开展财税监管工作的寺庙，以与僧尼座谈、依托寺管会开展政策宣传为基础，把握要求、标准和步骤，研究起草和下发了符合浪卡子县实际、具有针对性、操作性的工作实施方案和成立了以县委副书记为组长的工作领导小组。召开了2021年度全县藏传佛教寺庙财税监管工作动员部署会，全面安排部署财税监管工作，成立由藏传佛教寺庙财税监管领导小组各成员单位组成的指导督导组，负责参与8个寺庙财税监管全过程督导指导。按照职能职责、任务分工、工作步骤及完成时限，对标对表“十四项”重点任务，全面完成了信息采集审核、制证换证、信息备案、法人推选、开立账户、组建财务管理机构、资产登记造册、建立收支账目等各项任务，各职能部门主动认领任务，一步接着一步，一步一个脚印，扎实做好了每个环节、每个阶段的工作，确保高质量完成各项任务。截至年底，除了浪卡子县藏传佛教寺庙财税监管工作方案正在制定外，其余程序全部已按照预定时间完成。

（达杰曲旺）

## 巡察工作

【概况】 2017年7月，设立中共浪卡子县委员会巡察工作办公室，为正科级单位，下设中共浪卡子县委员会巡察一组和巡察二组，均为正科级机构。2019年，党政机构改革，将中共浪卡子县委员会巡察工作办公室更名为中共浪卡子县委员会巡察工作领导小组办公室。

2021年，中共浪卡子县委员会巡察工作领导小组办公室以习近平新时代中国特色社会主义思想为指导，坚决贯彻落实中央巡视工作方针和自治区党委、山南市委关于巡察工作作为推进全面从严治党的重要举措，以“发现问题、形成震慑”为主要任务，坚持推进县委巡察工作取得新成效。全年召开县委常委会会议2次，县委书记批示15次，召开书记专题会听取十届县委第一轮巡察工作1次，召开领导小组会研究巡察工作4次。是年5月，中共浪卡子县第九届委员会调整县委巡察机构，调整后巡察机构共有8人，其中，县委巡察办2人，巡察一组3人，巡察二组3人，均为正科级机构。

【政治巡察】 2021年，浪卡子县委巡察工作以习近平新时代中国特色社会主义思想为指导，深入贯彻中共十九大和十九届二中、三中、四中、五中、六中全会精神，增强“四个意识”、坚定“四个自信”、做到“两个维护”，坚守政治巡察定位，全面贯彻中央巡视工作方针，认真落实中共中央政治局常委、中央纪委书记赵乐际，中共中央政治局委员、中央纪委副书记、国家监察委主任杨晓渡在全国巡视工作会议暨十九届中央第七轮巡视动员部署会议上的讲话精神，吴英杰书记在听取九届区党委第十轮巡视情况汇报时的讲话精神，按照十届县委要求，把“两个维护”作为根本任务，围绕中心、服务大局，强化政治监督。统筹推进新冠肺炎疫情防控和经济社会发展各项决策部署以及自治区党委、市委和县委各项工作要求情况的监督，发挥监督保障执行、促进完善发展的重要作用，推动被巡察党组织认真践行“两个维护”，不断提升治理能力和治理水平，厚植党的执政基础。全年县委巡察工作严格按照市委巡察办统一部署，提前谋划巡察工

2021年7月5日，浪卡子十届县委巡察工作领导小组2021年第一次会议召开

作，对内容、时间、方法、对象、步骤等方面提出具体意见并报县委同意后实施，县委巡察工作领导小组组长亲自审定巡察工作方案，亲自谋划部署。切实保障巡察工作的顺利开展。换届后，十届县委巡察对象更定为179个，57个党政机关、17个事业单位、10个乡（镇）党委、95个村（社区）委会，已巡察16个，覆盖率8.9%。

【十届县委第一轮巡察工作】 十届县委第一轮巡察工作，在县委的统一安排部署下，在市委巡察办的指导下，选派38名干部组建4个巡察组，于11月1日至12月10日分别对打隆镇曲宗村、曲龙村、恩色社区、相达社区，张达乡扎玉村、康如村、帮龙村、巴多村，多却乡吉古扎村、洞加村、柔扎村、绒布村，白地乡多扎村、扎玛龙村，卡龙乡东嘎村、卡热乡章麦村等16个村（社区）党组织进行常规巡察，12月16日召开巡察工作领导小组会议听取巡察工作汇报，12月17日召开书记专题会，听取巡察情况综合汇报，12月21日集中进行反馈，此次巡察共计发现面上问题217个，进一步了解关注问题10个。

【巡察方式方法创新】 积极改进巡察工作方式方法，全面解决从严治党“最后一公里”的问题，巡察办结合实际制定巡察工作方案，积极发动宣传群众，要求入户率达到50%以上，拓宽信息收集渠道，深入田间地头听取群众意见，得到群众的一致好评。按照县委书记要求，巡察办对发现的问题进行了归类处理，对问题在下面，根子在上面的所涉及单位，分别进行反馈，限时进行整改，有效提升整改质量，取得良好的整改效果。

【队伍建设】 2021年，换届以来，县委高度重视巡察工作，调整完善人才库建设，积极选派巡察干部参加自治区党委跟班锻炼，举办巡察业务培训3期（含上海交通大学培训），培训人数7人次，开展单机系统运用培训1期，邀请市委巡察办、县纪委监委、县委组织部、县委宣传部、县审计局等相关单位开展培训1次，有效提升巡察干部的能力水平。结合党史学习教育，组织巡察干部积极开展主题党日活动，重温红色历史，激励广大党员干部继承和发扬“老西藏精神”，做到学史明理、增信、崇德、立行，以实际行动践行党的初心使命。

（边巴琼达）

## 强基础惠民生工作

【概况】 2021年，第十批强基惠民工作开展以来，在市委、市政府、县委、县政府的坚强领导和有力指导下，各项工作始终呈现出“推得动、办得来”的良好局面。

【教育学习宣讲活动】 一是扎实开展党史学习教育。第十批驻村工作队入驻以来，县强基办积极组织协调驻村工作队。全县各驻村工作队积极向所驻村（社区）开展党史学习教育，通过LED电子横幅、开辟宣传栏等形式，共宣讲586场次，受教育群众达到24565人次，用故事讲道理，讲打动人的故事，用好先烈们生动教材，让身边的群众从思想上发生转变。二是积极宣传中共十九大和十九届历次全会精神，截至目前，在驻村领域开展宣讲846场次，开展专题宣讲231场次，举办专题讲座75次，发放宣传资料8000多份，受教育群众45358人次。三是组织党员群众学习宣传习近平总书记在西藏视察时的重要讲话精神395场次，受教育党员群众23086人次。四是深入学习宣传习近平总书记关于西藏工作的重要论述和新时代党的治藏方略以及中央第七次西藏工作座谈会精神810场次，受教育群众33333人次，大力宣传习近平总书记对西藏各族群众的深情牵挂和特殊关爱。

【民族团结】 一是围绕重点，强化宣传。各驻村工作队先后大力开展党史、新中国史、改革开放史、社会主义发展史以及西藏地方和祖国关系史教育等，累计宣讲918场次，受教育人数达38366人次。二是增进民族团结，推动通用语言教育。各驻村工作队通过开办夜校、送教入户、结对帮学、发挥文艺演出队作用等形式，累计实施1287场次推广使用国家通用语言文字的培训，为进一步深化民族团结进步创建活动，加强村干部和党员群众国家通用语言文字教育奠定坚实的基础，进一步增强“五个认同”，树牢“三个离不开”思想，促进了各民族交往交流交融。

【维护社会稳定】 维护基层社会和谐稳定，确保社会大局安定有序。在“两节”、3月综治宣传月、萨嘎达瓦节以及“两个大庆”等重要节点，各驻村（居）工作队认真贯彻落实区党委、市委和县委关于维稳工作安排部署，切实统一思想和行动，确保社会局势持续和谐稳定。驻村工作队联合村“两委”定期不定期在村周边进行治安巡逻、制定24小时维稳值班制度、完善维稳方案、应急预案，健全群防群治工作制度。做好常态化疫情防控。协助配合村（社区）“两委”全面贯彻落实新冠肺炎疫情防控措施，协助开展常态化疫情防控知识宣传，全面做好外来人员的登记，确保疫情防控有关措施落实到位，并按照县疫情办相关要求，积极推进农牧区新冠疫苗接种工作。

【村级党组织建设】 扎实推进基层党组织标准化。驻村工作队认真贯彻新时代党的建设总要求和市委一届五次全会精神，帮助村级党组织认真学习贯彻《中国共产党支部工作条例（试行）》《中国共产党农村基层组织工作条例》《中共山南市委员会关于加强新时代党的建设的实施意见》，积极调动村级党组织工作积极性、主动性和创造性。协助村党组织加强“六个基本”建设，持续整顿软弱涣散基层党组织；推动落实党章党规和“三会一课”、主题党日等制度，加强党员教育管理和监督；管好用好村级组织活动场所，开展“党群活动日”活动；推广“五共五固”经验，大力实施边境党建红色长廊工程。积极开展中国共产党成立100周年、西藏和平解放70周年庆祝活动。驻村工作队联合村“两委”通过座谈会、文艺表演等形式，开展中国共产党成立100周年和西藏和平解放70周年庆祝活动，深入宣传中央特殊关怀、全国人民的无私援助和党的强农富农惠农政策，深入宣传在促进群众脱贫、基础设施建设、群众的生活改善等方面取得的巨大成就，引导群众切实增强道路自信、理论自信、制度自信、文化自信。

【乡村振兴】 积极推进巩固拓展脱贫攻坚成果同乡村振兴有效衔接。巩固脱贫攻坚成果，助力实施好“十四五”规划，把防止规模性返贫作为重中之重，加强易返贫户、易致贫户、边缘户动态的监测。充分利用好扶贫项目资产管理和监督等工作，助力实现巩固拓展脱贫攻坚成果同乡村振兴有效衔接，扶持发展壮大村级集体经济，加强农牧民实用技能培训，改善群众生活质量。深入开展人居环境整治。驻村工作队联合群众开展植树种草、整治脏乱差、建设美丽乡村活动973场次。严守生态保护红线，严格保护耕地和生态环境，参与种草植树、农村“四旁”植树，扎实推进美丽西藏建设。

【乡村治理】 积极推动乡村治理现代化体系建设。结合乡村治理体系，完善村规民约，落实“四议两公开”，强化村务监督；推进移风易俗，破除封建迷信。利用夜班，驻村工作队加强对《中华人民共和国宪法》《中华人民共和国民法典》《中华人民共和国国家安全法》等法律法规普法宣传教育；

利用综治宣传日等契机，积极在农牧民群众中宣传防范电信网络诈骗、禁毒知识教育等535场次，发放宣传资料4456份，受教育群众达22712人次；通过多渠道、举例子等方式让群众坚持和发展新时代“枫桥经验”，依法打击黑恶势力、宗族势力、“村霸”，严防侵蚀基层干部和基层政权。

【为民办事服务】 驻村工作队与村“两委”把为民办实事作为出发点和落脚点，紧盯群众关心的难点痛点问题，真抓实干，精准发力，实打实解决问题。坚持入户走访、问需于民，及时了解群众所需所盼，建立为民服务台账，2021年以来收集群众意见建议，解决村民各类诉求。截至年底，共为群众办实事101件，投入资金数量20.5472万元。

【队伍建设】 开展岗前培训。按照统一要求，浪卡子县积极组织第十批驻村工作队队长、第一书记、“村官”、各派驻单位分管强基惠民领导等共计97人，利用5天时间开展了全覆盖式强基惠民工作岗前业务培训。完成驻村干部健康体检。为切实体现和关爱驻村干部，于4月13—15日除市级派驻的驻村队员外，共组织150名驻村队员，开展健康体检工作。积极调整驻村布局。根据自治区、市两级统一要求，浪卡子县第十批驻村工作队由原来重点、难点村（居）1队4人，一般村（居）1队3人，统一调整为1队3人。全面强化驻村管理。为进一步提升强基惠民工作领域的管理和服务能力，着力解决浪卡子县驻村领域点多面广，服务半径大、管理盲区多的问题和困难，严格落实干部驻村“派得出、稳得住”的工作要求，自10月8日以来，全县驻村工作队中全面实行钉钉签到制，在全市范围内率先实现驻村工作队平台化精准管理。按时完成半年轮换。根据山南市强基办有关通知精神，结合浪卡子县实际，通过征求派驻单位意见，在充分尊重驻村队员意愿基础上，共对海拔4500米以上14名队员进行轮换和相关交接工作。落实驻村待遇。按照有关政策要求，根据工作进度，截至年底，共落实驻村取暖补助78.76万元、驻村生活补贴132.59万元、村居文艺演出队经费190万元、驻村办公经费20万元、第九批驻村奖励资金1.4万元。

（扎西仁增）

# 浪卡子县人民代表大会

## 综述

【概况】1963年5月，成立朗格则县人民代表大会，打隆县未能成立。1981年11月，设立浪卡子县人大常务委员会，作为浪卡子县人民代表大会的常设机构。1984年9月，浪卡子县人大常务委员会下设办公室。1989年12月，设立浪卡子县人大常委会党组。2019年3月，成立浪卡子县法制司法民族宗教委员会、浪卡子县财政经济和农牧城建环保委员会、浪卡子县教育科学文化卫生和社会建设委员会。

2021年，浪卡子县人大常委会以习近平新时代中国特色社会主义思想为指导，贯彻落实中共十九大，十九届二中、三中、四中全会精神，贯彻习近平总书记关于坚持和完善人民代表大会制度的重要思想、关于治边稳藏的重要论述和关于西藏工作的系列指示批示精神，围绕浪卡子县工作大局，依法履职尽责。全年共组织召开人民代表大会3次，人大常委会6次，主任会议15次，完成年初确定的各项任务。截至2021年年底，浪卡子县有人民代表大会常务委员会主任1人，副主任4人。

【议案交办会】2021年3月17日，浪卡子县召开代表意见建议和委员提案交办会。县政协主席扎西顿珠主持，县委副书记、人大常委会主任白江山出席会议并讲话。县人大常委会副主任索朗多吉、尼玛次仁，县人民政府副县长仁达，县政协副主席玉珍，相关承办单位的主要负责人参加会议。会议就人大代表、政协委员提出的意见建议、提案办理工作做出安排部署。

2021年7月15日，浪卡子县召开十三届人大会议代表意见建议和政协二届七次会议委员提案办理工作推进会暨县第十四届人大一次会议代表意见建议和政协三届一次会议委员提案交办会。县政协主席布琼主持，县委副书记、人大常委会主任白江山出席

2021年4月23日，县委副书记、人大常委会主任白江山（主席台左二）主持召开浪卡子县人民代表大会选举委员会第一次会议

会议并讲话。县人大常委会党组成员、政协浪卡子县委员会党组成员，县人大常委会办公室、县政协办公室以及各专委会主任，与代表意见建议和委员提案相关的承办单位负责人参加会议。会议就人大代表、政协委员提出的意见建议、提案办理工作做出安排部署。

【重要会议】 2021年2月23日，召开浪卡子县第十三届人大常委会第二十八次会议，审议通过《浪卡子县人大常委会工作报告》《浪卡子县第十三届人民代表大会第八次会议议程（草案）》《浪卡子县第十三届人民代表大会第八次会议主席团和秘书长名单（草案）》《浪卡子县第十三届人民代表大会第八次会议列席人员名单（草案）》。

2021年4月22日至23日，浪卡子县第十三届人民代表大会常务委员会第二十九次会议召开。会议听取《浪卡子县人民政府关于法治政府建设情况的报告》《浪卡子县人民政府关于2021年财政预算调整的报告》《浪卡子县人大财经经济委员会关于2021年财政预算调整报告的审查结果报告》；听取县人民政府对《山南市城市建设管理条例》《山南市实施河长制湖长制条例》《山南市羊卓雍错保护条例》《山南市文明行为促进条例》《山南市城乡绿化条例》《山南市砂石材料开采管理条例》等6份地方性法规学习宣传和贯彻执行情况的报告；听取县委组织部、县人民法院关于人事任职事项的说明。审议通过《浪卡子县人民代表大会常务委员会关于成立县、乡（镇）两级选举委员会的决定（草案）》、《浪卡子县人民代表大会常务委员会关于县、乡（镇）两级人民代表大会换届选举有关问题的决定（草案）》、《浪卡子县人民代表大会常务委员会关于各乡（镇）人民代表大会代表名额的决定（草案）》、《浪卡子县2021年财政预算调整报告的决定（草案）》和任职名单草案以及《关于曹成鹏代理浪卡子县人民法院院长的决定（草案）》；表决通过有关人事任免事宜。

2021年2月24日，浪卡子县第十三届人民代表大会第八次会议召开

2021年6月30日，召开浪卡子县第十三届人大常委会第三十次会议。会议审议通过浪卡子县第十四届人民代表大会第一次会议议程（草案）、浪卡子县第十四届人民代表大会第一次会议主席团和秘书长名单（草案）、浪卡子县第十四届人民代表大会第一次会议列席人员名单（草案）、浪卡子县人民政府关于浪卡子县创建西藏自治区生态文明建设示范县规划（2020—2025年），确认代表资格审查报告及公告稿。通过有关决定（草案），表决通过人事任免事宜。

2021年7月28日，召开浪卡子县第十四届人大常委会第一次会议，会议听取和审议浪卡子县人民政府关于2020年度环境状况和环境保护目标完成情况的报告、关于2021年上半年国民经济和社会发展计划执行情况的报告、关于2021年上半年财政预算执行情况的报告、关于全县退役军人保障工作开展情况的报告；听取县委组织部、县人民政府、县监察委员会关于人事任免事项的说明，表决通过人事任免相关事宜。

2021年10月28日，召开浪卡子县第十四届人大常委会第二次会议，会议听取和审议县人民政府关于全县各预算单位2019年度以来存量资金及往来款项管理情况专项审计调查报告、关于2021年自然资源管理情况的报告、浪卡子县贯彻落实《西藏自治区民族团结进步模范区创建条例》工作开展情况的报告，审议通过县十四届人大二次会议有关事宜，表决通过人事任免相关事宜。

2021年7月3日，浪卡子县第十四届人民代表大会第一次会议预备会议召开

【依法行使监督职权】 用监督促进高质量发展。2021年，县人大常委会听取和审议财政决算、预算执行及预算调整方案报告，依法批准财政预算及预算调整方案，提高预算的精准度和实效性。听取和审议部分审计查出问题整改情况报告，紧盯问题，压实责任，切实堵塞漏洞。听取和审议国有资产管理情况报告，把国有资产纳入法治化、规范化监督轨道。建成预算联网监督系统，不断加大财经监督力度，促进经济社会高质量发展。

用监督护航生态文明建设。2021年，县人大常委会以学习贯彻自治区国家生态文明高地建设条例为主题，积极开展"弘扬生态文明、建设美丽山南"活动，协助市人大常委会开展对森林法及自治区实施情况的执法检查。听取和审议浪卡子县政府关于2020年度环境状况和环境保护目标完成情况的报告，以"雅砻环保行"活动为切入点，持续开展"5·25"保护母亲湖活动，助推美丽浪卡子建设。

用监督力促民生改善。2021年，县人大常委会组织县、乡两级人大代表走访入户，广泛听取群众对乡村振兴工作的意见和建议。听取和审议县政府关于防止返贫工作情况的报告，牢牢守住不发生规模性返贫的底线。对2021年上半年经济运行情况以及脱贫攻坚工作与乡村振兴有效衔接、退役军人保障、民族团结进步创建工作等进行专题调研，查找问题，研究对策。全县各级人大代表把履行岗位职责和履行人大代表职责有机统一，带头参与所在单位、乡镇、村居、企业的疫情防控、维稳等重点工作。合力推动全县民生改善工作再上新台阶。

用监督助推法治政府建设。2021年，县人大常委会听取和审议法治政府建设情况的报告和相关县直部门对山南市地方性法规学习宣传和贯彻执行情况的报告。听取和审议县政府对2020年度12项决议决定办理情况的综合报告，保证审议意见得到根本落实。听取和审议县人民法院关于民事审判工作情况的报告、县人民检察院关于检察机关适用认罪认罚从宽制度情况的报告，协助市人大常委会完成对全县民事审判工作的专题调研，促进政府权力依法规范运行。

依法决定重大事项。2021年，县人大常委会围绕全县中心任务，聚焦发展、稳定、生态、强边"四件大事"，确定重点议题，通过组织代表视察、专题调研、专项执法检查、听取和审议"一府一委两院"专项工作报告等方式进行监督并作出决定，不断强化人大常委会决议决定和审议意见的法定约束力，着力推动解决事关浪卡子发展的全局性、基础性和长远性问题。

【依法行使人事任免权】 2021年，县人大常委会坚持党管干部与人大依法任免相统一，完善人事任免工作程序，严格把关任前资料审查、任前考试、任职表态发言、颁发任命书、被任命人员向宪法宣誓等环节的工作，确保人事任免工作的规范化、制度化和科学化。全年依法任免国家机关工作人员59人次，43名拟任命人员

2021年7月7日，县委副书记、人大常委会主任白江山（中）在伦布雪乡调研县委中心工作落实情况

参加法律考试并作表态发言，举行4次宪法宣誓仪式。

2021年4月23日，浪卡子县第十三届人民代表大会常务委员会第二次会议决定任命曹成鹏为浪卡子县人民法院副院长、代理院长、审判委员会委员、审判员，巴桑次仁、李怡媛、米玛卓玛3人为浪卡子县人民法院审判员。

2021年6月30日，浪卡子县第十三届人大常委会第三次会议免去扎西的浪卡子县人民政府副县长职务、斯嘎的浪卡子县人民政府副县长职务、贾锋的浪卡子县人民政府副县长职务、许文奎的浪卡子县人民政府副县长职务、罗布占堆的浪卡子县人民政府副县长职务、多布杰的浪卡子县旅游发展局局长职务、冉文龙的浪卡子县交通运输局局长职务、达娃次仁的浪卡子县民政局局长职务、多吉旦巴的浪卡子县应急管理局局长职务、任成龙的浪卡子县医疗保障局局长职务、旦增的浪卡子县水利局局长职务、扎西多杰的浪卡子县自然资源局局长职务、次仁的县人大常委会办公室主任职务，依法任命曲尼拉姆为县人大常委会办公室主任。

2021年7月28日，浪卡子县第十四届人大常委会第一次会议决定任命张华彬为浪卡子县人民政府办公室主任、旦增伟色为县发展和改革委员会（粮食和物资储备局、经济和信息化局）主任、局长、索朗扎西为县教育（体育）局局长、陈长义为县公安局局长、旦增加措为县民政局局长、杨丽菊为县司法局局长、罗布顿珠为县财政局局长、蒋建生为县人力资源和社会保障局局长、西绕加措为县住建局局长、扎西多杰为县水利局局长、林仙为县农业农村局（科学技术局、乡村产业发展局）局长、仁增多吉为县商务局局长、和耀武为县文化局（文物局）局长、白玛群宗为县卫生和健康委员会主任、次培为县旅游发展局局长、普布桑珠为县退役军人事务局局长、齐元熙为县应急管理局局长、王金亮为县审计局局长、次旺顿珠为县外事办主任、晋美为县市场监督管理局局长、明久为县统计局（经济调查队）局长（队长）、扎西顿珠为县林业和草原局（自然保护区管理局）局长、次仁为县信访局局长、次仁平措为县行政审批和便民服务局局长、次旺多吉为县城市管理和综合执法局局长、次仁为县藏语文工作委员会办公室（编译局）主任（局长）。依法免去顿珠罗布的浪卡子县县监察委员会副主任职务、贡桑曲吉的浪卡子县监察委员会委员职务，任命贡桑曲吉为县监察委员会副主任、邓兴为县监察委员会委员。

2021年10月28日，浪卡子县第十四届人大常委会第二次会议决定任命普布顿珠、旦增曲扎、格参扎西、次旺罗布4人为浪卡子县人民法院审判委员会委员。依法任命罗布、益西、扎西平措、胡圣龙、单松次仁、小巴桑、琼吉、强久江白、群培、达娃卓玛、米玛次仁11人为人民陪审员。

**【调研、视察和执法检查】** 2021年，县人大常委会围绕县委中心工作，常委会重点工作和人大代表、人民群众关心、关注的热点问题，组织常委会组成人员、人大代表开展视察和调研、执法检查。

2021年4月9日至14日，县人大常委会副主任索朗多吉围绕党史学习教育“我为群众办实事”实践活动，先后到张达乡、伦布雪乡、多却乡、白地乡、卡热乡和部分村居以及县司法局，就普法工作开展情况开展专题调研。

2021年4月12日至16日，县委副书记、县人大常委会主任白江山率相关单位负责人，先后到10个乡镇，采取听取汇报、实地查看等方式，对农牧民增收工作开展专题调研。

2021年6月21日，县人大常委会副主任尼玛次仁率相关单位负责人、部分县乡人大代表对全县重点项目建设情况开展代表视察工作。

2021年8月10日，县委副书记、县人大常委会主任白江山率相关工作负责人，先后对嘹亮超市、杰元食府、香满楼川菜、重庆大酒楼等餐饮场所落实《中华人民共和国食品安全法》情况进行执法检查。

【换届工作】 2021年4月13日，县委副书记、县人大常委会主任主持召开浪卡子县人大常委会县乡人大换届选举换届培训会。

2021年4月23日，县委副书记、县人大常委会主任主持召开浪卡子县人民代表大会选举委员会第一次会议。

2021年5月20日，县委副书记、县人大常委会主任主持召开浪卡子县县乡人大代表选举暨人代会召开工作推进视频会议。

2021年5月21日至24日，县委副书记、县人大常委会主任白江山赴10个乡（镇）指导乡（镇）人大换届工作。

2021年7月5日，浪卡子县第十届人民代表大会第一次会议召开第三次全体会议，会议选举产生了浪卡子县第十四届人民代表大会常务委员会主任、副主任、委员，浪卡子县人民政府县长、副县长，浪卡子县监察委员会主任，浪卡子县人民法院院长，浪卡子县人民检察院检察长等新一批的县级国家机关领导机构组成人员。

2021年10月29日，召开浪卡子县第十四届人民代表大会第二次会议，会议选举产生27名出席山南市第二届人民代表大会的代表。

2021年11月16日，县委副书记、人大常委会主任白江山（中）到普玛江塘乡调研人大、党建及增收工作

【代表履职服务】 2021年12月13—14日，县人大常委会举办浪卡子县县、乡两级人大代表专题培训班，县委副书记、人大常委会主任白江山主持培训会并作专题授课，县人大常委会副主任尼玛次仁围绕党的百年历史进程和取得的重大成就作专题党课报告。

2021年，县人大常委会对全县县、乡两级人大代表进行工作实绩考核，严格实绩考核结果，兑现代表履职补贴30.27万元。全年组织县乡两级人大代表列席常委会会议12人次，邀请23名人大专兼职人员旁听人大常委会会议，累计安排9名代表参加上级人大组织的视察、调研和执法检查等活动。

2021年，县人大常委会加强代表意见建议督办工作，明确由1名常委会副主任负责代表意见建议督办工作。全年，督办答复和办理情况2次，专题听取政府关于代表意见建议办理情况报告1次。

2021年，县人大常委会着力推进全县“人大代表之家”“人大代表联络站”规范化建设工作，全县11个“人大代表之家”、35个“人大代表联络站”全部完成规范化建设。县乡人大依托“人大代表之家”和“人大代表联络站”，以着力宣传党的政策，解决实际问题为主题，组织代表定期进“家”

2021年6月25日，县人大组织代表和办公室工作人员到山南烈士陵园祭拜先烈

入“站”接待群众，拓宽代表知情知政和主动履职的途径。持续开展“铸牢中华民族共同体意识”等活动，密切人大代表同人民群众的血肉联系，践行为民服务的承诺。

【自身建设】 提高履职能力。2021年，县人大常委会严格落实党组理论学习中心组学习制度，先后21次召开常委会党组理论学习中心组会议，开展理论宣讲、集体学习和专题研讨，组织法律法规、业务知识集体学习8次。鼓励支持机关党员干部参加各类学习培训，通过开展红色教育加强党性锻炼，采取传帮带形式加强年轻干部培养。持续开展“五查五增 质效提升”教育活动，引导机关党员干部把学习成果焕发出来的热情转化为攻坚克难、干事创业的实际成果。

推进作风转变。严格遵循法律规定和议事规则，学习借鉴自治区、市人大常委会经验做法，结合实际探索改进常委会会议各环节工作，综合运用会前围绕议题集中学习等各项措施，进一步增强会议审议的针对性和实效性。围绕事关全县经济社会发展的全局问题、人大工作的重要问题，确定重点题目，开展调研活动。聚焦纠治“四风”特别是形式主义、官僚主义，修订完善机关公文运转、会议管理、经费使用等规章制度，不断增强制度执行力，确保机关作风持续好转。

凝聚工作合力。注重加强与自治区、市人大常委会的日常联系，自觉接受法律监督和业务指导，配合开展各类调研、视察、执法检查活动。加强对乡镇人大的联系指导，推动基层人大规范化建设。强化上下联动，市、县人大常委会联合检查地方性法律法规贯彻执行情况，县、乡人大联合对政府重点工作开展情况进行调研，形成监督合力，努力将人大监督做深、做细、做透、做实。

（刘 峰）

## 办公室工作

【概况】 1984年9月，成立浪卡子县人大常委会办公室。1987年11月，县委办公室、县人大常委会办公室合署办公，一套人员，两块牌子。1989年，恢复人大常委会办公室，正科级建制。截至2021年年底，浪卡子县人大常委会办公室实有工作人员13人。

【主要工作】 2021年，县人大办筹备浪卡子县第十三届人民代表大会第八次会议，第十四届人民代表大会第一次会议、第二次会议。全年，共筹备人大常委会会议5次、主任会议15次、代表培训会1次，筹备其他事项会议10余次。撰写各类工作信息、简报、工作报告100余篇，编写《浪卡子县委员会关于贯彻落实新时代党的治藏方略加强新时代人大工作和建设的意见》。

（刘 峰）

# 浪卡子县人民政府

## 综述

【概况】 1959年7月，分别成立打隆县人民政府和朗格则县人民政府，均属江孜专区公署领导。1964年5月，撤销江孜专区，打隆县、朗格则县合并，定名为浪卡子县，隶属山南地区公署领导。“文化大革命”期间，县人民政府工作由县革命委员会取代。1979年12月，恢复县人民政府。2002年，机构改革，县人民政府工作部门共13个。2010年10月，机构改革，县人民政府设置正科级机构22个。2019年，党政机构改革，浪卡子县人民政府设37个正科级工作部门，分别为办公室、发展和改革委员会、教育局、公安局、民政局、司法局、财政局、人力资源和社会保障局、自然资源局、住房和城乡建设局、交通局、水利局、农业农村局、商务局、文化局、卫生健康委员会、旅游发展局、退役军人事务局、应急管理局、审计局、外事办、市场监督管理局、统计局、扶贫办、林业和草原局、医疗保障局、信访局、行政审批和便民服务局、城市管理和综合执法局等，其中，发展和改革委员会加挂粮食和物资储备局、经济和信息化局牌子；教育局加挂体育局牌子；财政局加挂政府国有资产监督管理委员会牌子；农业农村局加挂科学技术局、乡村产业发展局牌子；文化局加挂文物局牌子；外事办加挂边境事务协调办公室牌子；林业和草原局加挂自然资源保护区管理局牌子。

2021年10月16日，县委副书记、县长罗云（右二）实地调研萨梯塘生态治理工作

2021年，浪卡子县人民政府坚持以习近平新时代中国特色社会主义思想为指导，全面贯彻党的十九大和十九届历次全会及中央第七次西藏工作座谈会精神，开展党史学习教育和“三更”学习教育，坚持稳中求进工作总基调，立足新发展阶段，全面贯彻新发展理念，服务融入新发展格局，全面落实“三个赋予一个有利于”要求，统筹发展和安全，继续做好“六稳”“六保”工作，着力抓好“四件大事”、实现“四个确保”，全面做好稳增长、促改革、调结构、惠

民生、防风险、保稳定各项工作，较好地完成各项目标任务，保持经济稳中向好、社会大局和谐稳定。截至2021年年底，浪卡子县人民政府有县长1人，常务副县长1人，副县长8人。

2021年10月16日，县委副书记、县长罗云（中）以普通党员身份到县政府办公室驻村点普玛江塘乡萨藏村开展面向群众的主题党日活动

【产业结构】 农牧业。深入实施“藏粮于地、藏粮于技”战略，着力保障粮食安全，全年完成农作物播种4.13万亩，实施高标准农田1万亩，粮食产量稳定在5234.06吨，蔬菜产量785.43吨，肉产量2390吨，奶产量7542吨，蛋产量1.27吨；深化布局发展以羊湖相达牦牛、羊湖苏格绵羊养殖为主的高山畜牧业，推进特色牧业提质增效，稳步推进绵羊“两年三胎”试点、牲畜多季节出栏、黄改等工作，全年牲畜多季节出栏73022头(只、匹)，出栏率达27%，黄牛改良1603头，良种率达13%。完成羊湖相达牦牛、羊湖苏格绵羊地理标志证明商标认证和苏格绵羊国家遗传资源现场审定。截至2021年年底，全县牲畜存栏27.5万头(只、匹)，新生仔畜89931头(只、匹)，成活率94.4%。

第二产业。完成“四塘两原(园)两基地”生态治理规划编制工作，抢抓国家“双碳”发展机遇，重点推动风光互补、源网荷储一体的清洁能源项目，打造清洁能源培育区，逐步实现清洁能源有效开发、“三荒”土地合理利用、群众致富增收相统一。

第三产业。深化布局以雪山草原、湖泊冰川为主的生态旅游业，成功召开以“西藏风光·羊湖领秀”为主题的旅游发展大会，羊湖景区建设项目、普姆雍错·叶色村旅游边贸服务点建设项目、乃钦康桑综合旅游体建设项目完成建设。县域22家星级家庭旅馆和星级饭店在携程网和高德地图上展开线上运营。协助举办“一措再措”高原房车自驾露营节、“3+1”精品旅游线路采风活动，旅游资源得到大力推介。全年接待游客438684人次，创收37.85万元，同比分别增长36.13%、30.33%。电子商务高速发展，建成服务站点43个，实现电商交易额168.4万元，与中国邮政、圆通、中通、百世、韵达、极兔等快递公司达成合作，电商物流“最初一公里”和“最后一公里”问题得到有效解决。

【项目建设】 2021年，全县开复工项目93个，总投资10.84亿元，伦布雪乡等基础设施建设、新城区功能提升、县城污水处理厂、白地乡灌区、多却乡东西干渠、曲张线至巴多村、伦布雪乡曲果仲村至麦荣村、松拉村至门嘎村公路等一大批基础设施项目完成建设。全年投资1622万元，建成县城翁果路、新区市政道路，投资1499.98万元，建成县城污水处理厂，投资1599.91万元，新建保障性住房66套，投资22471万元，用于9个乡镇保障性住房、公路交通等基础设施建设项目。投资1.4亿元，推动多却乡东西干渠、张达灌区、卡巴灌区、白地灌区等项目，有序开展农村饮水安全工程后续管护，全力保障农村饮水安全。完成“十四五”规划储备项目508个，总投资320亿元，已衔接并初步列入自治区规划盘子132个，总投资30.5亿元，“十四五”规划投资26.94亿元；已录入国家重大项目库的项目56个，总投资22.8亿元；已办完前置手续的项目53个，总投资12.3亿元。坚持补短板、强弱项的工作思路，大力推进农村住房安全、道路交通、饮水灌溉、通信网络等基础设施建设改造项目。全年认定住房安全改造106户，完成率达到100%；新增公路通畅总里程14千米；农田水利有效灌溉率达100%，农村安全饮水供水覆盖率达100%；95个行政村居通电率达100%，无线信号覆盖率达100%。

【招商引资】 2021年，浪卡子组织召开全县招商引资大会，进一步修改完善《浪卡子县招商引资优惠政策》，打隆镇苗圃基地、多却乡加油站、浪卡子镇产业楼、县城加气站、恰央措景区、羊湖时代广场等6个招商引资项目均已建设完工。援藏工作稳步推进，产业援藏、技术援藏、组团式援藏持续深化，确定"十四五"对口援藏项目13个，总投资2.45亿元。市场准入、审批许可、经营管理、招投标、公平交易等方面得到整顿优化，减税降费政策得到严格落实，营商环境制度化法治化加快构建，各类市场主体公开、公平、公正地参与，竞争环境明显改善，市场活力得到有效激发，全县新增市场主体347家，同比增长9.2%。

【社会民生】 教育。积极支持教育事业发展，全年投入教育经费19382.03万元，全面改善办学条件。认真落实"三包"、营养改善等教育惠民政策，全力推进"控辍保学"、送教上门和"一考三评"等工作，教育教学质量逐年提高，"五个100%"目标任务得到长效巩固。"互联网＋教育"得到深入实施，县中学信息化建设项目全面完成并投入使用，浪卡子镇小学数字化校园项目开工建设，信息化教育成效显著。平安校园建设持续深化，实现校园学生专车接送。

医疗卫生。加强医务人员培养，全年组织396名医务人员参加培训；深入推进县乡村卫生一体化发展、"互联网＋医疗健康"项目，医疗服务水平明显提升。积极应对新冠肺炎疫情，坚持"外防输入、内防反弹"常态化防控机制，投入263万元，用于县人民医院实验室改建和设备采购，全力做好排查管控、核酸检测、疫苗接种等工作，全年疫苗接种70064针次，守护人民群众健康安全。完成藏医院整体升级改造，设置藏医综合住院部、药械科等5个藏医科目，打造乡镇藏医馆9家。

文化。稳步推进公共文化服务，加强人才培养，创作《民族团结的呼声》《羊卓女儿心向党》等文艺作品，为中国共产党建党100周年和西藏和平解放70周年献礼。非遗保护工作进一步加强，"康如达羌节""江塘吉仁节""甘扎赛马节"等特色乡土节日成功举办。文物得到有效保护，完成石窟寺调查、桑顶寺等8座寺庙的文物清查工作。

社会保障。全面落实就业创业政策，城镇登记失业率控制在3%以内，高校毕业生就业率达100%。社会保障体系不断健全，覆盖面进一步扩大，社保参保率和医保参保率分别达到99.7%和98%，为3632人发放养老金1149.7万元。城乡低保、医疗保障等工作有序开展，全年为城乡低保739人落实资金173.36万元、城乡居民医疗报销991人落实资金683.57万元、农村特困人员156人落实资金173.76万元、残疾人1602人落实"两项补贴"资金618.89万元、临时救助826人落实资金184.6万元、881人落实"两项补助"资金156.972万元、无人抚养儿童19人落实资金14.22万元；分级诊疗、爱国卫生运动、疾病预防、居民健康体检、妇幼保健等工作不断深化。退役军人服务保障体系得到健全，退役军人合法权益得到切实维护，发放退役军人各类优抚优待资金101.32万元。县乡村三级网格化就业服务体系进一步完善，成立13家"农民工之家"，开展农民工就业服务，全年转移就业9619人次，实现劳务总创收8755万元。结合市场需求和产业发展实际，完成农牧民技能培训31期970人。

【社会保险】 2021年，全县失业保险参保人数为36936人次，缴纳金额为190.38万元；生育保险参保人数为21912人次，缴纳金额为204.33万元；职工基本医疗保险参保人数为43824人次，缴纳金额为3236.34万元；公务员医疗补助参保人数为8796人次，缴纳金额为231.45万元；企业养老保险参保人数为5592人次，缴纳金额为996.66万元；工伤险参保人数为23738人次，缴纳金额为34.95万元；职业年金参保人数为21912人次，缴纳金额为1095.31万元；机关事业单位养老保险参保人数为43824人次，缴纳金额为6570.89万元；城乡居民养老保险应申报人数为21725人，实际申报人数为15547人，申报率为72%（税务申报率），申报金额为322.76万元，已全部入库，入库率为100%。政府代缴资金的人数为3650人，其中县人社局已申报人数为3605人，共申报人数为17803人。全年城乡居民基本医疗保险应申报人数为35481人，其中已申报人数为32994人，申报率为93%。申报的金额为494.1万元，已全部入库，入库率为100%。

2021年11月11日，县委常委、政府常务副县长格桑罗布（右三）带队到拉萨市当雄县调研学习养殖业发展

【乡村振兴】 2021年，浪卡子县持续巩固脱贫攻坚成果同乡村振兴有效衔接，严格落实"四个不摘"要求，全面落实防返贫监测帮扶机制，坚守不发生规模性返贫底线。持续加强23个扶贫产业项目运营管理，带动608人就业，发放就业工资365.03万元，享受分红4901人，分红资金210.35万元。深化中央部委定点帮扶，加强联系对接，拓展协作关系，提升帮扶成效，编制申报帮扶项目18个，涉及资金3.9亿元。编制完成《浪卡子县乡村振兴战略规划》，大力实施乡村振兴战略，完成52个村（居）乡村振兴建设项目规划设计，有序推动乡村振兴试点村建设工作，积极争取2022年财政衔接推进乡村振兴补助资金17750万元，涉及12个项目，其中乡村振兴建设项目5个，涉及资金14400万元。

深入开展村庄清洁行动，持续深化"12345"工作法，扎实推进"五清四改三推进"整治工作，农村环境"脏乱差"问题得到有效解决。深入开展人居环境整治工程，曲度村、曲色村等4个村居美丽乡村项目全面启动。科学谋划农村宅基地一户多宅、超面积建设问题的整治和人畜分离选址、建设等工作，美丽乡村建设水平明显提升。加快推进农村户厕改造，完成改厕1873户，完成率达100%。

重点围绕农牧民外出务工、农牧业、旅游业等方面，因村因户因人制定增收措施，全力保障农牧民人均可支配收入增长保持在13%以上。严格实施400万元以下项目，通过摇号发包形式交由具有施工资质的当地农牧民施工队，全年共计发包项目49个，涉及资金3160万元，吸纳农牧民就业2.8万人次，人均增收6325元。严格落实总投资1000万元以上项目，培养至少1名浪卡子籍技术工人，施工单位拨款审批单必须附当地农牧民带动就业和增收情况的要求，确保群众稳定增收。

【旅游事业】 2021年4月25日至26日，浪卡子县以"西藏风光羊湖领秀"为主题的全县旅游发展大会，通过景区实地考察及集中会议的方式，向旅游界人士宣传浪卡子县旅游资源，推介旅游路线和民族手工业产品；县政府和县旅发委组织县艺术团和群众演艺队，在羊湖景区各个观景台，为游客带来30多场羊卓文化特色歌曲和藏戏、锅庄等节目；县旅发委携浪卡子县民族手工业合作社艺人，参加2021年"文旅共创山南有礼"旅游商品大赛，雍错民族手艺首饰有限公司、浪卡子县张达乡雍错诚信民族传统手工培训有限公司分别荣获二等奖和三等奖；开展山南国道219"一措再措"高原房车自驾露营节、2021"冬游西藏"山南"3+1"精品旅游线路风采活动；完成羊湖相达牦牛和羊湖苏格绵羊地理标志证明商标认证和苏格绵羊国家遗传资源现场审定；完成普姆雍错、叶色旅游边贸服务点、乃钦康桑综合旅游体等旅游基础设施建设项目，全年接待游客 438684 人次，创收 37.85 万元，分别同比增长 36.13%、30.33%。

2021年12月15日，浪卡子县民营经济代表人士座谈会议召开

【生态环保】 2021 年，浪卡子县深入践行习近平生态文明思想，牢固树立“绿水青山就是金山银山、冰天雪地也是金山银山”理念，认真贯彻落实《羊卓雍错保护条例》《西藏自治区国家生态文明高地建设条例》，全县环境质量持续提升，重点生态功能区考核及全县生态环境考核连续五年保持“良好”等次以上，全县城镇环境空气质量优良率保持在 96% 以上、主要江河湖泊水质达标率保持在 100%。严格落实生态保护制度，坚持生态优先、绿色发展，依法加强生态保护，深入开展城乡私搭乱建、农村乱占耕地、项目违法用地等重点领域专项整治；实行最严格生态保护政策，严格执行“三线一单”生态环境分区管控要求，坚持“三高一低”企业和项目零审批、零引进。优化国土空间布局，科学划定生态红线 376194.85 公顷、基本农田 4163.74 公顷。坚持山水林田湖草沙冰系统保护和治理，全面实施生态修复治理、水土保持、退牧还草、环境整治等项目，防沙治沙、草场修复取得明显成效。谋划推动“四塘两原（园）两基地”规划，一大批生态修复和退牧还草等工程纳入“十四五”规划盘子。全面落实河（湖）长制，扎实开展砂石料专项整治行动，县域内重要河湖流域水质量环境达到 III 类标准以上。全面推进义务植树、“四旁”植树等国土绿化工作，全年植树 10 万余株、植草 1.2 万余千克，种植经济林树苗 3373 株，培育本地柳 100 亩。持续开展“六大专项整治行动”“禁白行动”、厕所革命等，投入 567.7 万元，实施乡村生活垃圾市场化托管运营模式，实现乡村生活垃圾统一收集、统一转运、统一处置。

【改革工作】 2021 年，浪卡子县优化和简化审批服务流程，压缩办理时限，承诺时间压缩比例达 53.3%。稳步推进“互联网 + 政务服务”，614 个事项实现网上审批，网办率达 55.2%。276 个事项实现最多跑一次，政务服务网上可办率达 85.2%，办结率、满意率均达 100%。大力推行政府部门电子印章，有序推进西南五省跨省通办。落实减税降费政策，为企业减负 2531.24 万元。继续推进“多证合一”“三十三证合一”“证照分离”等改革，全县注册市场主体达 3164 户，注册资金 148398 万元。

【平安创建】 2021 年，浪卡子县全面推进安全生产网格化管理，层层落实安全生产责任，全年召开安全生产工作会议 12 次，组建水上救援队伍，配备水上救援装备，组织开展处置校园踩踏、地质灾害等 6 项突发事件综合应急演练。加强地质灾害防范工作，委托四川省地质矿产勘查开发局 405 地质队对全县地灾隐患点开展汛前、汛期巡查，编制完成《西藏自治区山南市浪卡子县 2021 年汛前地灾隐患排查报告》，申报地质灾害防治项目 2 个，搬迁避让项目 1 个。

坚持稳定压倒一切的方针，全面加强社会面防控，严格落实信访接访工作机制，加强矛盾纠纷排查化解，强化登记化解来信来访，系统共登记办理来信来访 22 批（件），按期办结率达 100%。政法队伍教育整顿交出合格答卷，民族团结创建工作有序开展，应急管理和安全生产常抓不懈，市场监管和食品药品安全监管措施全面落实。

统筹推进强边固防和兴边富民，成功举办第30届打隆边贸物资交流会，“一乡两所”问题实现清零，普玛江塘乡边境派出所业务用房等一批固边能力建设项目有序推进，打隆镇边境小康村新建民房立面提升工程完成建设。普玛江塘农牧民群众康养中心运行良好，全年组织8批252人次疗养。为3972人兑现边民补助资金2181.9万元。

（魏德文）

## 办公室工作

【概况】 1989年2月，设立浪卡子县人民政府办公室，浪卡子县翻译科更名为浪卡子县翻译室，并入县人民政府办公室，属正科级事业单位。下设藏语委办，未配备藏语委专职人员。2004年，机构改革，县旅游局、县安全生产监督管理局并入县人民政府办公室。2005年1月，成立浪卡子县信访局，为县人民政府办公室管理的副科级机构。2006年5月，县招商引资局并入县人民政府办公室。2010年10月，机构改革，县旅游局、县安全生产监督管理局、县翻译室（藏语委办）脱离县人民政府办公室，单独设立正科级机构。县法制办并入县人民政府办公室，县人民政府办公室加挂县人民政府法制办公室、县信访局牌子。2017年4月，县信访局脱离县人民政府办公室，单独设立。同年6月，县人民政府办公室加挂外事侨务办公室牌子。2019年，党政机构改革，县人民政府不再保留县人民政府法制办公室、县外事侨务办公室牌子。

2021年，浪卡子县人民政府办落实精文减会制度，严控发文总量，以县政府和县政府办名义制发的文件适度调减，可发可不发文件一律不发，提高文件运转效率。全年，制发文件37份，同比减少40%。加大会议精减力度，实行会议计划管理，可开可不开的会议一律不开，积极推行“多会合一”制度，全年召开各类会议56次。截至2021年年底，县人民政府办公室实有工作人员18人。

【政务公开】 2021年，县政府办通过“羊湖之声”等政务微博、政务微信等新型信息渠道推动政府信息资源共享，方便群众查询信息。全年，浪卡子县政府新闻网发表信息4480条，网站用户总量1486人，羊湖之声公众号发表图文信息数达356期2199条，关注用户数达1.28万人。规范政府门户网站运行，全年共发布各类政府信息动态402条，网站总访问量达62336次。梳理政务服务事项3535项，注册西藏自治区政务服务网站个人用户达6498人，法人达1131个，办件量达5859条。

【督查督办】 2021年，县政府办加大对县政府重大决策部署、目标管理责任书完成情况、项目建设、创卫、脱贫攻坚等方面的督查力度，严格办理期限，确保督查时效和质量。全年，下发督查任务交办单26份，办理上级督查事项22件，形成督查专报48个。严格按照时限性、时效性进行督查，下发统一的督查任务交办单，保持督查工作的连续性。抓好人大代表意见建议和政协委员提案跟踪办理，意见建议和提案办结率得到明显提高。

2021年3月8日，县政府办党支部召开2021年度组织生活会暨党员民主评议会

2021年9月28日，县政府办工作人员到萨藏村驻村点开展为民办实事活动

【平安创建】 2021年，县政府办严格落实平安建设各项决策部署，制订三大节日及各重要节点期间机关大院值班应急预案和方案，每月按时更新值班表，完善值班登记、日志、巡逻登记、交接班登记表等，做到值班要素齐全，确保机关大院平安和谐。

【自身建设】 2021年，县政府办坚持以习近平新时代中国特色社会主义思想为指导，深入学习贯彻中共十九大、十九届历次全会精神，切实增强“四个意识”、坚定“四个自信”、做到“两个维护”，增强顾大局、识大体的岗位职责意识，强化干部队伍建设，提高自身能力水平；严格落实政府支部“三会一课”制度，组织学习党的各项理论、方针、政策和法律法规，加强各级各类会议文件精神的学习，提高工作质量和效率。按照职责分工，发挥参谋助手作用。完善政府督查机制，督促各个部门及时、高效地完成工作任务。

【机关事务管理】 2021年，县政府办加强办公耗材和办公用品的采购、保管及发放环节的管理。在办公耗材及用品的采购保管等环节，做到物有所用、价有所值、利旧存新，发放领用登记、进出库登记，物品专人保管、减少浪费、降低办公成本。加强印章管理。凡需加盖公章的都要经过领导审签后办理，并认真进行登记备案，确保印章安全使用。抓好文档管理及文件收发工作。办公室承担政府30多个部门的文件保管、分发工作，做到登记准确，保管安全，收发及时。各类文件的起草及报送，都经办公室主要领导的审核与指导，使发文做到语言精练、表达准确、数据真实，上报及时。

（魏德文）

## 行政审批和便民服务

【概况】 2019年，党政机构改革，将浪卡子县直相关部门行政审批、政务服务职责，以及公共资源、政府采购等职责整合，组建浪卡子县行政审批和便民服务局，为正科级行政单位。作为县人民政府工作部门，负责全县行政审批、便民服务相关工作。部门管理县“互联网+政务服务中心”。

2021年，浪卡子县行政审批和便民服务局积极与上级业务部门沟通衔接，加强“放管服”改革，着力打造优质、便捷、高效的政务服务环境；着力实现“只进一扇门”“最多跑一次”的要求，开展“一网、一门、一次”改革建设，逐步推进窗口组建和运转工作，不断提升政务服务水平。截至2021年年底，县行政审批和便民服务局实有工作人员7人，行政工作人员3人，事业单位专业技术人员4人。

【“放管服”改革】 2021年，浪卡子县行政审批和便民服务局持续深化行政审批“放管服”改革。及时梳理权责清单事项3535项，现有行政审批事项181项。加大行政审批改革力度。结合公开政务服务事项目录清单和实施清单工作要求，在梳理政务服务事项的基础上，进一步简化流程，精简审批材料，压缩办理时限，承诺时间压缩比例达57.38%。

【“互联网+政务服务”构建】 2021年，浪卡子县行政审批和便民服务局夯实电子政务网络服务基础，建立完善电子政务统一外网，全县67个部门全部接通电子政务外网，有效形成了上联区、市，横向到政府部门、纵向到乡

2021年9月14日，安徽省芜湖市人大常委会副主任、党组成员董萍（左三）率队到浪卡子县政务服务中心调研

（镇）的网络互连，“互联网＋政务服务”网络支撑能力显著增强。截至年底，全县已认领国家目录清单715条，认领比例84.56%，发布实施清单715条，实施清单发布比例100%，情形化事项梳理完成比例100%，网上可办率达96.32%。全年全县西藏一体化平台受理办件2493项，电子证照录入4186个、签发7350个；政务服务好评2363个；西藏政务网上个人注册6498人、法人注册1131个。县政务服务中心受理审批事项5859项，办结5859项，其中线上办理3980项、线下办理1879项，办结率为100%、满意率100%。

【政务服务向乡村级延伸】 2021年，浪卡子县行政审批和便民服务局为进一步提升全县政务服务整体水平，将政务服务工作延伸到村一级，把服务送到群众家门口，打通服务群众“最后一公里”。浪卡子县行政审批和便民服务局积极争取资金为各乡（镇）添置办公设备，保障政务服务中心实际需求，推动全县10个乡（镇）政务服务中心正常运行，各乡（镇）认领发布事项清单45条，并按要求统一建立政务服务窗口，设置“好差评”二维码评价牌，方便群众办事过程中对窗口人员进行满意度打分。另外，全县95个行政村（居）完成创建“互联网＋政务服务”账号，认领发布事项清单222条。通过驻村（居）工作队开展“互联网＋政务服务”宣传教学，指导并帮助群众了解手机移动端和电脑客户端办理西藏政务服务事项的方法和步骤，引导群众在西藏政务服务平台上办理相关事项。

【行政监督监察效能】 2021年，浪卡子县行政审批和便民服务局充分结合自身职责任务，严格按照县委、县政府要求，加强对政府采购工作事前、事中和事后监管，在练好“内功”的同时，全面接受纪检监督和行业监督，以有效降低采购成本为准绳，严把质量关和价格关，有效节约了政府采购成本。全年政府采购类交易项目35个，其中货物类29个、服务类6个，政府采购项目预计采购资金2017.8097万元，实际交易总额1997.3097万元，实现节资20.5万元。

【疫情防控】 2021年，浪卡子县行政审批和便民服务局严格落实区、市、县疫情防控各项工作要

2021年10月12日，浪卡子县行政审批和便民服务局局长次仁平措（左三）率队到多却乡洞加村开展基层政务服务宣传指导

求，多次召开学习会议，传达学习疫情防控文件精神，落实疫情防控工作责任，强化提升单位干部职工防控意识，叮嘱做好防控措施。着重细化县政务服务大厅疫情防控措施，积极宣传疫情防控知识，发放疫情防控手册，严格做好公共区域消毒、办事群众体温测量、外来人员登记等工作。疫情期间，为给群众、企业提供方便，浪卡子县行政审批和便民服务局及时通过微信公众号等媒介，倡议广大群众通过西藏政务服务网和服务电话等“不见面”途径办理业务，部分业务实现“网上办、掌上办”。

（姚良松）

## 外事工作

【概况】 2017年6月，县政府办公室加挂外事侨务办公室牌子，2019年4月，党政机构改革，成立西藏浪卡子县外事办公室。自成立以来，共接待三批外宾，涉8国23人。

【业务】 2021年，县外事办贯彻落实“外防输入、内防反弹”的防控策略，落实边境管控各项措施，做好边境（涉外）疫情防控工作，巩固境外输入性疫情防控成果，开展常态化下的疫情防控工作，确保境外疫情零输入。联合县边防管理大队、打隆边境派出所和普玛江塘边境派出所，每月开展两次巡边活动。

（桑旦卓嘎）

## 信访工作

【概况】 2005年1月，成立浪卡子县信访局，为县人民政府办公室管理的副科级机构，跟县人民政府办公室合署办公，一套人马。2017年4月，浪卡子县信访职责从县人民政府办公室剥离，单独设立浪卡子县信访局，为正科级机构。

2021年浪卡子县信访局坚持围绕中心、服务大局，牢固树立“四个意识”，严守“不出事、不添乱”的工作底线，坚持一手抓信访突出问题解决、一手抓信访工作机制创新，着力规范信访基础业务，全面开展涉访矛盾纠纷隐患排查。截至2021年年底，县信访局实有工作人员6人。

2021年4月22日，浪卡子县外事办工作人员到洛扎县开展红色教育活动

【矛盾纠纷排查】 2021年，浪卡子县信访局在全县范围内共排查出矛盾纠纷82件次。县信访工作联席会议领导小组针对排查出的问题，按照“属地管理、谁主管、谁负责”的原则，制定矛盾纠纷责任分解表，明确包案领导、责任单位、化解时限，信访工作联席会议领导小组办公室定期督办，全年办结66件，办结率81.8%。

【来信来访接待】 2021年，全县信访系统登记案件22件：本级自登记5批（件）5人次；上级转送件9批（件）9人次；上级交办8批（件）8人次。信访事项及时受理率达到100%，案件按期办结率达到100%。劳动和社会保障类占较大比重的为工程建设领域“双拖欠”问题，该问题成为浪卡子县信访攻坚战的主攻方向。

【信访联席会】 2021年，浪卡子县信访局及时调整充实信访联席会议领导小组，完善信访联席会议制度。全年召开信访联席会议3次。

【基层党建】 2021年，浪卡子县信访局认真履行党支部书记“第一责任人”的职责，不断总结和完善基层党建工作经验，做到党建工作经常性研究部署、重大问题亲自过问、重点事项亲自协调，切实增强抓好基层党建工作的政治自觉性。每月开展主题党日、讲党课活动，召开3次党支部大会。严格落实“两学一做”学习教育常态化各项举措，认真落实“三会一课”，加强“三支队伍”建设，教育引导党员干部增强“四个意识”，把思想和行动统一到县委部署的各项工作上来，进一步按照《中国共产党章程》《组织生活会制度》《党风廉政建设制度》、“三会一课”等工作制度，做到党建工作制度化、规范化。

【信访宣传】 2021年9月23日，在白地乡杂塘村开展“信访法制宣传月”主题宣传活动，广泛宣传国务院《信访条例》等相关信访工作法规制度。

（罗布曲珍）

## 应急管理

【概况】 2004年3月，成立浪卡子县安全生产监督管理局，是县人民政府办公室管理的副科级机构。2010年10月，机构改革，县安全生产监督管理局职能从县人民政府办公室剥离，单独设立县安全生产监督管理局，正科级建制。2019年，党政机构改革，将浪卡子县安全生产监督管理局的职责，以及县人民政府办公室的应急管理职责、县民政局的救灾职责、县国土资源和规划局的地质灾害防治、县水利局的水旱灾害防治和防汛抢险救援、县农牧局的草原防火、县林业局的森林防火等相关职责与县防汛抗旱、减灾、抗震救灾、抗火、森林防火等指挥部（委员会）的职责整合，组建浪卡子县应急管理局。按中央、自治区党委和山南市委有关改革部署实施，不再保留县安全生产监督管理局。

2021年，浪卡子县应急管理局以习近平新时代中国特色社会主义思想为指导，贯彻党的十九大和十九届历次全会精神、中央第七次西藏工作座谈会精神和习近平总书记在藏考察时的重要指示、重要讲话精神，落实中央、区、市、县各级党委政府决策部署，强化责任落实，细化措施，加大监管，不断增强底线意识和风险意识、忧患意识，各项工作取得较好成效，安全形势总体平稳。截至2021年年底，浪卡子县发生道路交通领域非经营性安全事故6起，死亡5人，受伤6人，直接经济损失8万元，与2020年同期相比事故起数增长100%、死亡人数增长100%、受伤人数增长100%、直接经济损失增长100%。浪卡子县应急管理局实有工作人员8人。

【安全生产监管】 2021年，县应急管理局牢固树立“人民至上、生命至上”理念，践行以人民为中心的发展思想，全面落实“党政同责、一岗双责、齐抓共管、失职追责”要求，进一步完善安全生产责任机制和监管体制，夯实基层监管基础，明确乡镇党政负责人为本地区安全生产第一责任人，相关部门负责人为本行业领域安全生产第一责任人。及时调整充实县委副书记、县长任主任，县委常委、常务副县长任副主任的安全生产委员会，推进全县安全生产工作，确保安全生产工作统一谋划、统一部署和统一推进。层层签订安全生产责任书，充分落实管行业必须管安全、管业务必须管安全、管生产必须管安全。制定印发《浪卡子县关于开展建党100周年西藏和平解放70周年庆祝活动期间安全生产专项整治工作方案》《关于印发安全生产任务分解方案的通知》《关于做好2021年度暑假期间学生安全防范的通知》《关于进一步加强汛期地质灾害防治工作的紧急通知》《关于抓好近期安全生产工作任务分解的通知》《关于进一步加强国庆及秋收期间安全生产工作的通知》《关于开展近期安全生产专项整治工作方案》等文件；与各乡镇、安委会各成员单位以及辖区企业签订《安全生产目标责任书》，落实安全生产责任，夯实安全生产基础，形成各部门各司其职、齐抓共管的局面；全年，政府投入300万余元用于公共安全基础设施建设与改善、安全生产宣传等方面。及时部署和解决安全生产工作中存在的重大问题，除召开季度全体扩大会议外，根据阶段重点工作，召开道路交通、消防安全、危化品、建筑施工、食品药品安全等专题会议；严格执行安全生产“一票否决制”、安全生产例行检查制度和干部到岗带班及关键岗位24小时值班制度。

【安全生产检查】 2021年，县安委会共召开安委会全体(扩大)会议4次，仅6月以来共召开安全生产专题会、调度会等8次，汇总近期工作阶段性进展情况，认真分析、层层部署安排工作。同时，坚持定期组织召开相关部门负责人碰头会，注重以“查找问题短板”为主题，针对近阶段工作进行研判，及时交流好的经验做法，切实加大安全隐患排查力度、增强整治成效。特别是根据市、县领导的安排部署，县安委办分别对“两个大庆”、雅砻文化节、中秋节、国庆节及秋收期间的安全生产工作进行了安排和任务分解，督促各牵头部门抓好落实。加强对执法检查的组织领导，坚持自查自纠和督促相结合，坚持全面排查和重点整治相结合，坚持联合执法检查结果与年度安全生产综合考评相结合。2021年，全县安全生产工作累计开展检查共22次，出动人员244人次、出动车辆28台次，检查单位383家次，共查处安全隐患346处，已整改332处，整改率达到95%，下发限期整改指令书23份。

【安全宣传教育】 2021年，县应急管理局在紧抓安全生产工作的同时，始终坚持把宣传工作放在突出位置，重点面向基层、面向群众，采取悬挂横幅、散发传单、播放音频、以案说法等形式，加大安全生产宣传力度，努力提高全民安全生产意识。着重宣传新修订的《中华人民共和国安全生产法》《西藏自治区安全生产条例》等法律法规和政策。进一步强化联系和服务群众工作质量，不断增强党群干群关系，巩固深化党在基层工作中的主导引领作用，深入基层、学校、非煤矿山、危险化学品点等领域进行宣讲活动，宣传了党和国家各项惠民利民政策和安全生产相关知识，并发放宣传资料。同时，在西藏自治区红十字会帮助和支持下，争取到价值9.3万元左右的应急救援急救包、博爱袋、暖瓶、洗眼液等物品，送到了群众和学生手中。全年共开展各类宣传活动4次，悬挂各类宣传横幅30余条，发放宣传资料1500余份，受教育群众达1200余人次。

【应急演练】 2021年，县应急管理局为进一步完善浪卡子县安全生产应急管理体系，规范突发事故处理流程，提高各应急救援队伍和干部群众对突发事故快速反应能力、应急救援能力和协同作战能力，浪卡子县应急管理局于4月27日开展2021年处置突发事故综合演练活动。县安委会各成员单位主要负责人、应急支援队伍、群众代表、学生代表等共3000余人参加现场观摩和演练。全年共开展设置突发性地震、踩踏事故综合应急演练、处置突发性火灾事故综合应急演练、处置突发性公共卫生事故(食物中毒)综合应急演练、处置水运交通事故综合应急演练等4项综合应急演练，演练取得良好效应，进一步提升快速应急处突能力。

【应急救援和物资保障】 2021年，浪卡子县部分乡镇先后发生冰雹、暴雨、洪涝等多种自然灾害，使全县农作物、草场、房屋、水利、道路交通设施等受到影响。全县受灾人口9996人，造成直接经济损失339.2万元。给农牧民群众生命财产安全和全县经济社会发展造成一定的损失，为做好本年度冬春生活需求救助和灾害救助，以上报灾情统计为准，上级部门解决242.7万元受灾群众冬春生活救助资金，确保受灾群众冬春救助工作落实，做到救助对象准确。同时，汛期应急管理局通过申请上级部门调拨救灾帐篷4顶应对各类灾害，能够及时抗灾减灾救灾，确保人民群众生命财产安全。

【党史学习教育】 2021年，县应急管理局党支部紧扣“学党史、悟思想、办实事、开新局”主题，及时征订完成党报党刊和其他学习资料的任务。结合县应急管理局实际，召开动员部署会，提前谋划，制订针对性强、操作性强的党史学习教育方案、研讨方案和计划，先后通过自学和集体学习，重点组织局党员干部深入学习习近平总书记在党史学习教育动员大会上的讲话精神和《论中国共产党历史》《毛泽东 邓小平 江泽民 胡锦涛关于中国共产党历史论述摘编》《习近平新时代中国特色社会主义思想学习问答》《中国共产党简史》等，同时，组织局党员干部集中观看《决胜时刻》《中国共产党为什么“能”》等专题片，积极参与县委组织部开展的各类先进典型为正面教材的党性教育，通过深入扎实地学习，深化认识、统一思想，进一步引导全局党员干部做到“学史明理、学史增信、学史崇德、学史力行”，增强“四个意识”、坚定“四个自信”、做到“两个维护”。全年学习习近平总书记在党史学习教育动员大会上的讲话精神3次，依托党史学习班学习党中央指定的4本学习材料11次，自学8次，开展党史知识竞赛3次，集中观看党史影片2场次、专题研讨5次、党史学习专题组织生活会1次，撰写党史学习教育心得体会7篇、习近平总书记视察西藏工作时重要讲话精神心得体会7篇、习近平总书记“七一”重要讲话精神心得体会7篇。

（扎西拉姆）

## 消防救援

【概况】 2007年8月，成立浪卡子县公安消防大队。2019年，党政机构改革，将浪卡子县公安消防大队改称浪卡子县消防救援大队。主要负责辖区灭火及各类抢险救援、具有火灾危险性场所举办活动时消防安全勤务、消防监督检查、公众聚集场所开业前消防安全检查、消防安全宣传、火灾事故调查等工作。

2021年，浪卡子县消防救援大队贯彻习近平总书记关于安全生产、应急管理工作的重要论述和训词精神，紧盯火灾形势和队伍管理“双稳定”的总目标，按照“思想不乱、队伍不散、工作不断、干劲不减、火灾不增”的工作要求，立足新起点、适应新常态、抢抓新机遇、展现新作为。截至2021年年底，浪卡子县消防救援大队共有车辆6台（其中抢险救援车1辆、6.5吨水罐消防车辆1辆、6.5吨水罐泡沫车1辆、生活保障车1辆、行政车2辆），辖区重点单位60家。

【政治工作】 2021年，大队党支部坚持以习近平总书记训词精神为根本遵循，以党史学习教育为重要载体，全面发挥政治工作生命线作用，扎实推进党史学习教育。深化“我为群众办实事”实践活动，组织慰问辖区孤寡老人、老党员，用实际行动为人民群众做好事、办实事、解难事。通过定期开放消防救援站让群众近距离地感受消防、认识消防。

【灭火救援】 2021年，消防大队共接处警30次，出动车辆76辆、出动救援人员380余次。其中火灾处置3次、社会救助1次、抢险救援2次、安保勤务24次。

火灾防控工作。2021年，大队以《庆祝建党100周年西藏和平解放70周年活动消防安保火灾防控工作方案》为总领，以“三年行动”为支撑，深刻吸取国内外火灾事故教训，紧盯辖区重点单位，保持火灾防控形势高度稳定。结合冬春及“双庆”火灾防控工作部署，为进一步净化辖区消防安全环境，大队采取专项检查与联合检查并举的方式，进一步提高监督检查的震慑力，以“两节”“两会”、萨嘎达瓦等重要会议和节庆为契机，严格按照“从严、从实、从细”的工作标准，深入人员密集场所、易燃易爆场所、“九小”场所等单位，开展每月双随机检查及“零点夜查”行动。持续深入推进打通“生命通道”消防安全治理工作，大队联合交警部门深入辖区

2021年1月21日，浪卡子消防大队在人民医院组织开展熟悉演练工作

开展消防车通道联合执法检查，着力解决消防车通道堵塞、占用等突出问题，使群众充分认识到占用和堵塞消防车通道的严重性和危险性，自觉摒弃占用、堵塞消防车通道的违法行为。2021年，大队共检查单位907家，发现火灾隐患或消防安全违法行为660处，督促整改火灾隐患或消防安全违法行为662处，下发责令改正通知书381份，下发行政处罚决定书7份，下发临时查封决定书1份，罚款4.5万元。

【消防宣传】 2021年，大队采取“请进来”的方式开展消防安全知识培训工作。开放消防站，拓宽群众消防安全教育形式，零距离感受消防，学习消防知识，提升消防安全意识。采取走出去的方式，开展消防宣传活动。大队多次联合相关职能部门深入辖区学校、寺庙、村委会等场所，开展消防安全知识宣传，以“开学第一课”“三月法治宣传月”“防灾减灾日”“安全生产月”等节点为契机，积极开展人民群众喜闻乐见、形式多样的消防宣传活动。同时，多次组织辖区各中小学校师生观看中小学消防公开课网络直播。2021年，大队共开展宣传70余次，开放消防站9次，参观人数达300余人，利用各种宣传模式发放宣传资料1000余份，播放典型火灾事故案例，受教育群众达1000余人。

【后勤保障】 2021年，县委县政府高度重视消防发展和基础建设，先后拨付专项经费143万余元，用于训练塔、健身房、车库项目改造，23万余元用于基础灭火救援装备购置，以及消防业务运行经费61.82万余元，大队营区环境和基础装备建设有长足进步。

（土登加措）

## 藏语文工作

【概况】 1984年9月，成立浪卡子县翻译科。1989年2月，设立浪卡子县人民政府办公室，浪卡子县翻译科更名为浪卡子县翻译室，并入县人民政府办公室，属正科级事业单位，下设藏语委办。2010年10月，机构改革，县翻译室（藏语委办）脱离县人民政府办公室，单独设立，正科级机构。2012年，更名为浪卡子县藏语文工作委员会办公室（编译局），为参照公务员单位。

2021年，县藏语文工作委员会办公室（编译局）指导全县藏语文工作，承办县藏语文工作委员会日常工作，宣传、贯彻、执行党和国家新时期民族语文方针政策，指导和监督检查全县学习、使用和发展藏语文工作和指导藏语文软件安装、使用工作；承担县委、人大、政府、政协等四家单位的“两会”大型材料和县直各部门的专题大型会议材料、领导讲话、宣传手册等翻译、校对审核等工作任务；负责全县8个乡2个镇及各行政村、学校、寺庙等社会用字规范管理工作。截至2021年年底，县藏语文工作委员会办公室（编译局）实有工作人员3人。

【藏语文工作宣传】 2021年，浪卡子县编译局贯彻落实藏语言文字“学习是前提、使用是核心、发展是生命”的科学理念，以“藏语言文字工作宣传周活动”和综治宣传月、周、日以及民族团结宣传月、各类法治宣传日等活动为契机，在全县开展学习、使用和发展藏语文和国家民族语言文字政策法规宣传活动，大力宣传《中华人民共和国宪法》《中华人民共和国民族区域自治法》《中华人民共和国国家通用语言文字法》《西藏自治区学习、使用、发展藏语文的规定》《山南市社会用字管理办法》等法律法规，共发放宣传手册280本、宣传布袋450个，营造良好的学习、使用和发展藏语言文字环境。

【社会用字】 2021年，浪卡子县编译局协同相关部门组成开展社会用字规范检查工作，对藏语文翻译服务及社会用字规范工作进行再检查，再整改，重点检查旅游景区标示标牌、公路沿线路标、广告牌、旅游指示牌、个体工商户招牌（牌匾）、单位门牌、LED屏、宣传牌等用字译文情况。共检查580个牌子，发现问题263处，未使用藏文156处，不规范路示标牌89处，翻译错误140处，漏字23处，重复48处，错字85处。对不规范的社会用字问题进行现场指导，并下发了整改通知书，责令在限定期限内整改完成，对个别藏语文用字不规范问题进行了现场纠正。

【藏汉翻译】 2021 年，浪卡子县编译局狠抓翻译效能，积极发挥编译职能，完成县委、人大、政府、政协大型会议材料及县直部门的专题重要会议、宣传、报告、政策文件、领导讲话等材料翻译。全年共翻译、校对审核各类手册 20 余份，宣传横幅 300 余条，材料 130 份，翻译字数总计 70 万余字，并对翻译材料进行分类汇编成册，入档保存。

【业务培训】 2021 年，浪卡子县编译局分批组织编译骨干、乡镇兼职人员共 5 人次，参加上级业务部门举办的翻译骨干业务培训班，进一步强化了系统人才队伍的素质提升。

（次　仁）

## 后勤服务

【概况】 2014 年 8 月，设立浪卡子县机关后勤服务中心，为副科级事业单位。2021 年，浪卡子县机关后勤服务中心严格按照“三定”方案要求，以后勤保障、物尽其用、杜绝浪费为原则，围绕机关后勤“管理、服务、保障”工作重点，不断提升机关后勤服务效能。截至 2021 年年底，浪卡子县机关后勤服务中心实有工作人员 44 人。

2021年12月10日，县委书记布多（右三），县委常委、常务副县长格桑罗布（前排左一），县委常委、统战部部长土登桑珠（右二），副县长边巴次仁（右一）到县机关后勤服务中心进行调研

【接待服务】 2021 年，浪卡子县机关后勤服务中心本着“勤俭节约，热情服务”的原则，实行公函接待制度，截至年底，机关后勤服务中心共完成接待 220 余次，接待 6400 余人次，其中接待自治区及地厅级领导干部 40 余人次、各单位上级部门 100 余次及各类接待。同时，县机关后勤服务中心不断改善基础设施，提高接待水平，保证完成各类接待任务，在接待过程中严格按照上级文件要求，遵守中央八项规定要求，无超规格接待。

【就餐服务】 2021 年，县机关后勤服务中心继续经营机关干部职工食堂，从单一的自助餐，增加各类小吃及卤菜。干部职工食堂提质不提价，饭菜多样化，得到干部职工的一致好评。

【素质教育】 2021 年，后勤服务中心认真组织全体干部职工，认真学习习近平总书记系列重要讲话精神以及上级部门的各项会议精神，专题学习习近平总书记关于厉行勤俭节约反对铺张浪费重要指示精神。在抓业务的同时，将日常学习列入重要日程。

（霍　飞）

# 中国人民政治协商会议浪卡子县委员会

## 综述

【概况】 2012年7月，成立中国人民政治协商会议浪卡子县委员会，设置中国人民政治协商会议浪卡子县委员会办公室。2019年10月，组建中国人民政治协商会议浪卡子县委员会综合委员会1个。

2021年，中国人民政治协商会议浪卡子县委员会以习近平新时代中国特色社会主义思想为指导，贯彻党的十九大及十九届历次全会和中央第七次西藏工作座谈会精神，贯彻落实习近平总书记关于西藏工作的重要论述和新时代党的治藏方略，贯彻落实习近平总书记在中国共产党成立100周年大会和西藏考察时的重要讲话重要指示精神，贯彻落实中央、区党委、市委、县委政协工作会议精神，牢牢把握团结和民主两大主题，切实履行政协职能，紧紧围绕全县中心工作，坚持发扬民主和增进团结相互贯通、建言资政和凝聚共识双向发力。全年召开全体会议2次、常委会会议4次、主席会议5次、各类专题会议10余次。截至2021年年底，浪卡子县有区级政协委员3人，市级政协委员11人，政协第三届浪卡子县委员会委员65人。中国人民政治协商会议浪卡子县委员会有主席1人，副主席3人；中国人民政治协商会议浪卡子县委员会办公室实有工作人员9人。

【政协履职】 协商议政。2021年6月9日，县政协组成专题调研组，先后到浪卡子镇完全小学、浪卡子县中学开展深化学校民族团结进步教育工作调研。调研组通过实地查看、听取汇报、查阅资料等方式详细了解学校办学规模、少数民族师生情况、学校基础设施建设及德育教育等内容，听取中小学民族团结创建工作汇报。召开座谈会，强调中小学民族团结教育活动存在的2条共性问题和5条个性问题，提出4条中小学民族团结教育活动意见和建议。

7月13—25日，县政协主席

2021年7月13日，浪卡子县政协主席布琼（左二）带队组织辖区政协委员到扶贫产业项目点调研

2021年10月21日，浪卡子县政协党组召开区党委第三巡视组巡视“回头看”反馈意见专题民主生活会

布琼带队的浪卡子县脱贫攻坚产业扶贫及后续发展专题调研组深入8个乡镇、16个村（社区）及23个产业项目点，了解扶贫产业项目及脱贫攻坚开展情况。听取县乡村振兴局和各乡镇、村（社区）情况汇报，广泛了解和征求基层干部、各界人士、广大农牧民群众对扶贫产业项目及后续管理、经营的相关情况及意见建议。县政协围绕“开展二十三个产业项目”专题协商议政，通过投资回报、运营情况、运行短板及打算3个方面的现状分析，发现存在的6条共性问题和23条个性问题，提出5条总体建议和5条按照产业分类建议。

11月15—19日，县政协主席布琼率政协委员前往错那、隆子两县，开展特定搬迁工作视察调研。通过集中对安置点面上调研、听取相关部门的情况介绍、深入已搬迁群众家中走访、实地考察自然地理环境等方式，详细调查安置点的就业、就学、就医、社会保障及建设等方面情况。通过对抵边搬迁工作基本现状及主要做法和成效分析，发现存在的4条问题，提出4条推进抵边工作的建议。

提案办理。2021年，广大政协委员、政协各参加单位和综合委员会认真履职、多维建言，共提交提案68件，立案的57件提案分别交由全县17个职能部门办理，县政协领导领衔全程督办57件，立案率100%。除政协三届一次会议立案的提案正在积极交办外，二届七次会议立案的32件提案全部已办复。

二届七次会议期间共收到提案34件，提案委员会按照《提案工作条例》的有关规定进行认真审查。经审查，共立案34件，立案率100%。对内容近似的4件合并为2件，并于2021年3月17日召开委员提案交办会议，将委员提出的提案32件和意见建议11条一并交办相关承办单位。三届一次会议期间共收到提案34件，提案委员会按照《提案工作条例》的有关规定进行认真审查。经审查，共立案34件，立案率100%。对内容近似的2件合并为1件，不符合提案条件，退回提案人说明解释8件，并于2021年7月15日召开委员提案交办会议，将委员提出的提案25件和意见建议29条一并交办相关承办单位。

参政议政。在重要时段、重要节点期间，县政协班子成员坚决服从县委统一部署，进驻联系乡镇、寺庙，全程督导维稳工作，竭力协助维护社会局势持续和谐稳定。县政协主席布琼深入拥布多寺管会，通过听取汇报、查阅资料、开展座谈会等方式，了解寺管会近期重点工作开展情况，并就岁末年初重点工作提出具体要求。

针对浪卡子县重大精神患者服务管理工作难的问题，县政协在前期通过开展调研、召开座谈会等形式了解重大精神疾病患者，4月23日邀请市政协副主席赤列央金等领导到多却乡卡东村召开座谈会，详细了解2名母女精神病人的基本情况。为解决两名精神病人无人照料的问题，经过协商和征求当事人的意见后，衔接上级相关部门，待自治区康复中心运营后，将母女二人送到康复中心接受治疗。利用市政协副主席赤列央金和市政协提案委员会主任朱斌等领导调研浪卡子县工作之际，深入打隆镇林西社区了解农牧业生产和生活情况，针对林西社区排洪沟存在的隐患问题，经实地查看，通过市政协协商并提请相关部门予以解决林西社区排洪沟项目经费。

开展红色基因传承活动。6月10日，县政协在家全体党员参观县中学德育室，踏寻红色遗迹、缅怀革命先烈、接受新旧西藏对比和革命传统教育。县政协在家全体党员赴浪卡子镇哈西居委会民族团结进步示范点参观学习，县政协主席人选布琼与浪卡子镇党政主要领导和哈西居委会“两委”班子及驻村工作队进行交流，对做好下一步民族团结示范点工作提出3条意见建议。

以政策宣传为切入口，积极开展“三包五带五促”活动。县政协全体党员深入驻村联系点打隆镇林西社区开展“三包五带五促”活动。通过新冠肺炎防治工作，大力宣传中国特色社会主义制度的优越性，同时结合脱贫攻坚和乡村振兴战略，宣传党的惠民政策，教育引导党员群众积极投身全县及社区经济社会建设。县政协副主席次仁央点围绕“如何做一名合格的共产党员”，为林西社区党员上了一堂生动的党课。党课内容联系农牧民党员实际和立足林西社区社会建设和发展，围绕强化党员政治意识和宗旨意识、加强党史学习教育和“五史”教育、推动乡村振兴战略实施和“十四五”规划这几个方面开展。

贯彻习近平生态文明思想，践行生态文明理念。村“两委”班子、驻林西社区工作队组织355名群众到才纳日苏荒地开展植树造林活动，共栽种当地柳1392株。

【民主监督】 2021年，县政协组织政协委员10余人次参加县内征求意见会、民主生活会、组织生活会、评议会、审判会和各类监督考查等。2月2日，政协委员监督浪卡子县人民政府党组班子2020年度民主生活会。5月27日，政协委员参加浪卡子县人民检察院开展的以“检爱同行，共护未来”为主题的检察开放日活动。6月底，县政协安排1名工作人员到浪卡子县中学、浪卡子镇完小全程参加中小考巡考。8月底，卡龙乡政协委员对全乡8个行政村2021年以来农牧业、劳务输出、人居环境整治、生态环保、村集体经济发展、重点项目建设、群众精神面貌等重点工作开展和任务完成情况进行全面检查和总结评比。9月12日，政协委员参加“浪卡子县宁金康桑景区、恰央错景区门票价格”听证会。

11月4日，县政协副主席次仁央点深入边境乡（镇）督查指导疫情防控工作。在打隆镇和普玛江塘乡，先后深入学校、寺管会和卫生院等地，实地了解市第二督导检查组反馈的13项问题整改等工作落实情况。

2021年2月23日，中国人民政治协商会议第二届浪卡子县委员会第七次会议召开

【委员工作】 调研考察。2021年4月24—26日，二届政协主席扎西顿珠深入林西社区开展牧业生产专题调研。分别与社区“两委”班子成员、各小组组长、“两代表一委员”等进行座谈交流，了解目前林西社区牧业生产方式和状况，听取牧业生产中存在的困难问题，并就牧业生产方式改革提出意见建议。

5月12—13日，按照《市政协赴浪卡子县开展“深化江河湖泊生态保护”专题调研行程安排方案》，由二届政协主席扎西顿珠带队的调研人员分别在张达乡、伦布雪乡、多却乡、普玛江塘乡、卡龙乡的部分村点进行相关生态修复调研。

5月25日，县政协组织部分县级政协委员深入浪卡子县个别乡镇幼儿园和县藏语汉语幼儿园，开展农牧民学前教育委托调研工作。

6月中旬，县政协主席人选布琼深入联系点阿扎乡及夏瓦村、康巴村、增巴村开展调研。调研中，布琼听取了乡党委政府和三个村相关工作汇报，详细了解经济社会发展和班子运行等有关工作情况。

7月12日，县政协主席布琼深入康如拉康管委会调研。布琼通过实地查看、听取汇报、召开座谈会等方式，详细了解寺庙管理工作和管委会日常工作以及康如拉康修缮等工作。

10月12日，县政协主席布琼深入阿扎乡部分村和学校开展调研，并在苏角村、亚龙村深入结对帮扶。

全年，先后接待广东省、陕西渭南市、安徽芜湖弋江县、日喀则市桑珠孜区、日喀则市岗巴县、桑日县、曲松县政协到浪卡子县开展调研考察活动。

【自身建设】 2021年，浪卡子县广大政协委员积极响应县委号召，投身到疫情防控工作中，联系界别群众，主动做好疫情期间值班检查检测等工作，宣传新冠肺炎防控知识，捐资捐物，坚守一线。细化《委员履职考核细则》，在政协换届时，结合履职情况对二届政协委员进行考核，对履职考核不合格的4名委员取消委员资格。强化委员学习培训力度，组织委员参加党性教育和素质提升培训班。政协常委会为进一步激发委员履职活力，联合相关部门和乡镇联络办建立完善了委员履职档案，给委员颁发证件，确认职责身份，履行委员使命，让委员"持证上岗"。7月3日，政协委员集中观看《镜鉴》《警钟》警示教育片。通过观看换届纪律警示教育片，进一步教育引导政协委员树牢纪律意识和规矩意识，切实增强政治敏锐性和政治鉴别力。11月23日，县政协组织县级政协委员、乡镇政协联络员召开专题会，传达学习中共十九届六中全会精神。11月23—25日，县政协举办新任政协委员及乡镇政协联络人员培训班。

## 重要会议

【政协第二届浪卡子县委员会第七次会议】 2021年2月22日，召开政协第二届浪卡子县委员会第七次会议预备会议。2月23日，政协第二届浪卡子县委员会第七次会议开幕，大会应出席委员57人，实到委员45人，符合《中国人民政治协商会议章程》。会议听取政协第二届浪卡子县委员会常务委员会工作报告、政协第二届浪卡子县委员会常务委员会关于二届六次会议以来提案工作报告。2月25日，中国人民政治协商会议第二届浪卡子县委员会第七次会议闭幕，大会应出席委员57人，实到委员43人，符合《中国人民政治协商会议章程》。大会通过政协第二届浪卡子县委员会第七次会议决议、政协第二届浪卡子县委员会第七次会议提案审查委员会关于二届七次会议提案审查情况的报告。委员们认真听取并讨论政协常委会工作报告、提案工作情况报告、政府工作报告、"十四五"规划和二〇三五年远景目标纲要等。

【政协第三届浪卡子县委员会第一次会议】 2021年7月2日，召开政协第三届浪卡子县委员会第一次会议预备会。7月3日，政协第三届浪卡子县委员会第一次会议开幕，大会应出席委员65名，实到委员60名，符合《中国人民政治协商会议章程》。会议听取并审议二届政协常委会工作报告、提案工作情况报告；召开小组讨论会，酝酿《政协第三届浪卡子县委员会主席、副主席、常委建议人选名单》。7月4日，政协委员分组讨论政府工作报告；举行选举大会，会议通过《县政协三届一次会议选举办法》《政协三届一次会议总监票人和监票人名单》，成功选举布琼为政协第三届委员会主席，次仁央点、杨鹏、桑珠次仁为政协第三届委员会副主席，土旦桑珠、普琼、旦增列单、拉顿、索朗曲珍、普布次仁、坚参曲久等同志为政协第三届委员会常务委员；政协第三届浪卡子县委员会第一次会议在皖江剧院闭幕，大会应出席委员65人，实到委员59人，符合《中国人民政治协商会议章程》。会议通过二届政协常委会工作报告决议、二届政协常委会关于提案工作报告决议、政协三届一次会议政治决议和提案审查情况报告。

【政协常委会会议】 2021年2月22日，县政协召开第二届十三次常委会会议，会议应到11人，实到8人。会议听取并审议通过县政协二届第十三次常委会会议程（草案）、关于召开县政协二届七次会议的决定（草案）、县政协二届七次会议议程（草案）、县政协二届七次会议日程（草案）、政协常委会工作报告（草案）及报告人、政协提案工作报告（草案）及报告人。

2021年2月24日，县政协召开第二届十四次常委会会议，会议应到11人，实到8人。会议听取各小组讨论情况汇报；听取并审议通过政协第二届浪卡子县委员会常委会二届六次会议以来工作报告决议（草案）、政协第二届浪卡子县委员会常委会二届六次会议以来提案工作情况报告决议（草案）、政协第二届浪卡子县委员会第七次会议政治决议（草案）、政协第二届浪卡子县委员会第七次会议提案审查情况报告（草案）。

2021年6月29日，县政协召开第二届十五次常委会会议，会议应到11人，实到7人。会议听取并审议通过第二届浪卡子县委员会常务委员会第十五次会议议程、关于召开政协第三届浪卡子县委员会第一次会议决定、政协第三届浪卡子县委员会第一次会议议程（草案）和日程（草案）；听取政协第二届浪卡子县委员会常务委员会工作报告（草案）起草情况的说明、政协第二届浪卡子县委员会常务委员会关于提案工作情况的报告（草案）起草情况的说明、县委统战部关于政协第三届浪卡子县委员会委员推荐人选建议名单及界别情况的说明；听取并审议通过政协第二届浪卡子县委员会常务委员会工作报告及报告人、政协第二届浪卡子县委员会常务委员会关于提案工作情况的报告及报告人、政协第三届浪卡子县委员会委员推荐人选建议名单及界别情况、政协第二届浪卡子县委员会常务委员会第十五次会议关于委托主席会议处理未尽事宜的决定。

2021年7月5日，县政协召开第三届一次常委会会议，会议应到11人，实到9人。会议听取并审议通过政协第三届浪卡子县委员会常务委员会关于设立专门委员会的决定；听取县委组织部负责人作人事事项说明；听取并审议通过政协第三届浪卡子县委员会综合委员会主任名单。

【政协主席会议】 2021年2月22日，县政协召开第二届第十六次主席会议，审议关于召开政协第二届浪卡子县委员会第七次会议的决定（草案）、政协第二届浪卡子县委员会第七次会议议程（草案）、政协第二届浪卡子县委员会第七次会议日程（草案）、政协第二届浪卡子县委员会第七次会议主席团成员名单（草案）、政协第二届浪卡子县委员会常务委员会二届六次会议以来的工作报告（草案）、政协第二届浪卡子县委员会常务委员会关于二届六次会议以来提案工作报告的报告人（草案）、政协第二届浪卡子县委员会第七次会议提案审查委员会组成人员名单（草案）。

2021年2月24日，县政协召开第二届第十七次主席会议，审议通过政协第二届浪卡子县委员会常务会工作报告决议（草案）、政协第二届浪卡子县委员会常委会关于二届六次会议以来提案工

2021年7月3日，浪卡子县召开中国人民政治协商会议第三届浪卡子县委员会第一次会议

2021年11月23日，浪卡子县政协举办新任政协委员及乡镇政协联络人员培训

作情况报告决议（草案）、政协第二届浪卡子县委员会第七次会议政治决议（草案）、政协第二届浪卡子县委员会第七次会议提案审查情况报告（草案）。

2021年6月28日，县政协召开第二届第十八次主席会议，审议县政协二届常委会工作报告（草案）、县政协二届常委会提案工作情况报告（草案）、关于召开政协二届常务委员会第十五次会议的建议、关于召开政协第三届浪卡子县委员会第一次会议的决定（草案）、政协第三届浪卡子县委员会第一次会议议程（草案）、政协第三届浪卡子县委员会第一次会议日程（草案）、常委会工作报告和提案工作情况报告的报告人名单（草案）、政协第二届浪卡子县委员会常务委员会第十五次会议关于委托主席会议处理未尽事宜的决定（草案）；听取县委统战部关于政协第三届浪卡子县委员会委员推荐人选建议名单及界别情况的说明；审议通过政协第三届浪卡子县委员会委员推荐人选建议名单及界别情况。

2021年6月29日，县政协召开第二届第十九次主席会议，听取县委组织部负责同志作有关人事安排的说明；审议通过政协第三届浪卡子县委员会第一次会议主席团组成人员、主席团常务主席、常务主席会议主持人及秘书长、副秘书长名单（草案）、政协第三届浪卡子县委员会第一次会议提案审查委员会组成人员名单（草案）、政协第三届浪卡子县委员会第一次会议分组办法（草案）和委员小组召集人名单（草案）。

2021年7月8日，县政协召开第三届第一次主席会议，审议通过政协第三届浪卡子县委员会常务委员会关于设立专门委员会的决定；听取县委组织部负责人作人事事项说明；审议通过政协第三届浪卡子县委员会专门委员会主任名单。

【党史学习教育专题组织生活会】

2021年7月21日，县政协召开以“学党史、悟思想、办实事、开新局”为主题的党史学习教育专题组织生活会，党史教育办指导组德庆全程参会并予以指导。会上通报上半年党史教育工作开展情况及会前筹备工作情况，支部班子和7名党员撰写对照检查材料，逐一进行交流发言，开展批评和自我批评，并有针对性提出整改措施，制定班子和7份个人检视问题整改方案。

【巡视“回头看”专题民主生活会】

2021年10月21日，县政协召开区党委第三巡视组巡视“回头看”反馈意见整改专题民主生活会，县纪委副书记、监委副主任贡桑曲吉和组织部洛桑曲宗全程参会并予以指导，邀请政协委员列席会议。会议通报了区党委第三巡视组巡视“回头看”反馈意见整改专题民主生活会会前筹备情况，由政协主席布琼代表党组班子作对照检查，班子成员们逐一作了发言，作出自我批评并开展相互批评，提出了具体的整改措施，制定了班子和6份个人整改方案。

（黄志豪）

# 纪检监察

## 综述

【概况】1979年7月，成立中共浪卡子县委纪律检查委员会。1985年12月，中共浪卡子县委纪律检查委员会改称中共浪卡子县纪律检查委员会，同时升格为副县级机构。1995年2月，浪卡子县监察局成立，县纪委、县监察局实行合署办公，一套人员。2017年，成立纪检监察综合办公室。2018年1月，将县监察局的职责，以及县人民检察院查处反贪贿赂、失职渎职、预防职务犯罪等反腐败相关职责整合，组建县监察委员会，同县纪律检查委员会合署办公，履行纪检、监察两项职责，实行一套工作机构，两个机关名称。不再保留县监察局。

2021年，中共浪卡子县纪律检查委员会（监察委员会）在以习近平同志为核心的党中央坚强领导下，在山南市纪委监委和浪卡子县委的有力领导下，县纪委常委会和浪卡子县各级纪检监察机关贯彻习近平新时代中国特色社会主义思想和党的十九大精神，落实十九届中央纪委五次全会、九届自治区纪委六次全会、一届山南市纪委六次全会的各项部署要求，忠实履行党章和宪法赋予的职责，把党的全面领导和稳中求进工作总基调落实到纪检监察工作全过程，夺取了反腐败斗争压倒性胜利，为全县长治久安和高质量发展提供了有力保证。截至2021年年底，县纪律检查委员会（监察委员会）内设机构6个：综合办公室（信息中心）、党风政风监督室、信访室（案管室）、督查检查室、审查调查室、案件审查室，实有人员21人，行政工作人员18人，事业单位专业技术人员3人。

【自身建设】2021年，浪卡子县纪委监委坚持“打铁还需自身硬”，不断强化自我监督，全年召开15次纪委常委（扩大）会、38次支部理论学习会，及时跟进学习习近平总书记系列重要讲话和重要指示批示精神，学深悟透党

2021年6月9日，浪卡子县委常委、纪委书记、监委主任杨志军（前排右一）就深入学习十九届中央纪委五次全会精神进行专题授课

的十九届六中全会精神，认真落实请示报告制度，向市纪委监委、县委请示报告20余次。扎实开展党史学习教育，开展交流研讨、知识测试、观看党史影片等有效活动，提高全县纪检监察干部的"学史明理、学史增信、学史崇德、学史力行"的政治水平和工作能力。顺利完成县、乡纪委换届相关工作。从纪检监察和巡察系统、乡（镇）选取政治素质高、品德兼优的7名干部提拔到乡（镇）担任纪委书记，4名乡（镇）纪委书记在系统内交流，3名乡（镇）纪委书记到系统外交流。全年共组织27名纪检监察干部到自治区、市、县纪委监委跟班跟案，逐步提高纪检监察干部业务素质能力和工作水平；充分发挥片区乡（镇）交叉检查和案件查办优势，逐步形成县乡纪检监察统一运行机制，打破"熟人社会"监督壁垒。严格执行纪检监察干部每月工作报告制度，全年共撰写纪检监察干部队伍分析研究报告12篇，做到早分析、早提醒、早治疗，严防"灯下黑"。

【党史学习教育】 2021年，浪卡子县纪委监委将节点监督与过程监督相统一，强化日常提醒和警示教育，在各类节假日前发布廉洁提醒和公告30余次，利用"羊湖之声""羊卓清风"微信公众号、党内通报等形式，通报各类典型案例20余次，以党史学习教育和"三更"专题教育活动为契机，向全县县处级以上党员领导干部和乡（镇）党政主要领导发放《忏悔录选编》70余本，受到警示教育达100余人次；组织1000余名党员干部及职工参加普某某仁、吉某某巴违纪违法直播庭审和现场庭审活动，撰写观后感200余篇，报送全县纪检监察信息简报130余篇，及时传递全县党风廉政建设和反腐败斗争新动态。组织开展观看《警示教育片合辑》活动8场次，受到警示教育达4000余人次；开展政法队伍廉政教育和党规党纪培训5场次，向全县村居干部廉政授课5场次，开展干部任前廉政谈话3场次，县乡纪委书记对县直部门一把手、乡（镇）主要领导、村（社区）班子成员开展廉政谈话144人。对27名受处分人员开展回访教育27次，制作被处分人员处分执行档案一人一卡40份。

2021年7月16日，浪卡子县纪委监委召开2021年度县委反腐败工作协调领导小组第一次会议

【作风建设】 2021年，浪卡子县纪委监委对制止餐饮浪费、寺管会党组织工作开展情况、多却乡绒布砂石厂和浪卡子镇翁果采石场余料未处理、阿扎乡提灌站问题等开展监督检查58次，发现问题并督促整改问题18个，主动提醒谈话32人次，进一步压紧压实"两个责任"。聚焦公车私用、违规公款吃喝、违规公务接待、违规发放津贴补贴、落实中央八项规定精神等问题开展监督检查17次，收缴违规违纪资金67.28万元。查处违反中央八项规定精神问题案件2起3人，给予党纪政务处分1人、谈话提醒1人、批评教育1人，督促整改违纪资金1.4万元。全县开展"私车公养"突出问题专项治理，发现并督促整改问题4件，谈话提醒3人，整改违规资金2.19万元。整治单位和领导干部违规出借财政资金问题，督促整改违规资金655.05万元，其中，单位违规资金615.4万元、个人违规资金39.65万元。整治环保领域私挖乱采问题，责令检查2人、给予批评教育2人。整治疫情防控工作落实不到位问题，发现并督促整改问题21个。对全县党代会、

2021年7月1日，浪卡子县纪委监委组织全体党员开展重温入党誓词活动

"两会"等各类重要会议进行会风会纪专项监督检查达50余次，责令作出书面检查1人，坚决落实换届期间有关部署要求及作风建设，营造风清气正的换届环境。

## 主要工作

【净化政治生态】 2021年，浪卡子县纪委监委坚持有腐必反、有案必查，全年受理处置信访举报2件次；处置问题线索28件，同比减少18%；立案审查8件，同比减少5%；立案审结6件，同比减少5%；给予党纪政务处分11人，同比减少45%；移送检察机关1人，同比增长100%，运用"四种形态"处置35人次；"四种形态"依次占比68.6%、25.7%、0、5.7%。严肃查处了严重违纪违法案，追缴违纪违法资金104.12万元。受理处置审计和巡察发现问题线索2件、县委反腐败工作协调领导小组成员单位移送问题线索5件。

【监督检查】 2021年，浪卡子县纪委监委按照《关于加强专项监督促进巩固拓展脱贫攻坚成果同乡村振兴有效衔接的实施意见》要求，坚守"监督的再监督"政治定位，紧盯10项重点任务，深入开展社保资金管理、温室大棚使用、"菜篮子"项目建设、民生资金"一卡通"等问题专项监督检查；处置群众身边"微腐败"问题线索4件，办结4件，立案审查调查2件，给予党纪政务处分2人，组织处理5人；持续深化巩固脱贫攻坚成果，受理处置乡村振兴领域问题线索3件，办结3件，组织处理10人；推进专项治理向专项监督转换，确保做好脱贫攻坚与乡村振兴"接力棒"的有序交接。

【政治巡察】 2021年，县委巡察工作领导小组坚持问题导向，深化政治巡察，有效发挥巡察政治功能和利剑作用，稳步推进村级政治巡察全覆盖任务，启动十届县委第一轮巡察工作，组建4个组，对林西社区等16个村（社区）党组织开展常规巡察，发现面上问题217个，提出意见建议43条，移交问题线索7件5人，有效推进十届县委巡察全覆盖任务。

【执纪检查】 2021年，浪卡子县纪检监察机关共处置问题线索28件，初核了结14件，立案审查5件。给予党纪政务处分11人，其中乡科级干部1人，一般干部6人，农村、企业等其他人员4人。

2021年，浪卡子县纪检监察机关运用"四种形态"批评教育和处理共35人次，其中，运用第一种形态批评教育帮助24人次，占总人次的68.6%；运用第二种形态处理9人次，占总人次25.7%；运用第四种形态处理2人次，占5.7%。

（朱　耀）

# 军 事

## 人民武装

【概况】 浪卡子县人民武装部（以下简称县人武部）隶属山南军分区，由中国共产党山南市浪卡子县委员会、浪卡子县人民政府双重领导。下设军事科、政治工作科、后勤保障科。2021年，县人武部坚持以习近平新时代中国特色社会主义思想和习近平强军思想为指导，增强“四个意识”、坚定“四个自信”、做到“两个维护”，严格贯彻军委主席负责制。在分区党委和县委、县政府坚强领导下，依据《军队基层建设纲要》和《新时代西藏人民武装部建设规范》，全面加强党的领导，夯实思想根基，聚力练兵备战，狠抓国防动员和后备力量建设，单位全面建设呈现向上向好稳步发展的良好态势。

【民兵训练】 2021年，县人武部按计划组织民兵训练演练，完成民兵年度训练任务的100%。

【国防教育】 2021年，县人武部按照年度民兵政治教育工作安排部署，深入学习贯彻习近平新时代中国特色社会主义思想和习近平强军思想，聚焦“传承红色基因、担当强军重任”主题教育，开展民兵形势战备教育和国防教育。同时，按照上级指示要求，利用民兵整组和训练机会，向民兵队伍大力宣讲党的创新理论和国防动员法规等，进一步打牢民兵听党指挥的思想基础，教育引导民兵认清形势，自觉增强国防意识，牢固树立长期备战的思想。

【民兵组织整顿】 4月份起，县人武部采取实地走访采集数据和乡镇统计上报数据等方式，展开民兵整组工作。根据上级统一部署和要求，2021年浪卡子县民兵在保持总体人数不变、分队性质不变的情况下，依据大集中、小交叉原则进行整组，通过结构优化和队员重新编配，实现了既便于快速集结，又便于日常管理的目标。

【兵员征集】 2021年是“一年两征”实际实施的第一年。1月起，展开兵役登记和征兵宣传。全年累计下乡宣传4次，举办征兵政策解读专题讲座5次，各乡镇人武部采取集中宣传和入户宣传等方式，累计宣传30余次。在各级武装部门的共同努力下，2021年全县兵役登记率达到100%。

【疫情防控】 2021年，县人武部严格落实自治区、山南市和军区、分区疫情防控要求，建立疫情防控值班制度，每日向上级汇报疫情防控工作开展情况，特别是做好在外人员的疫情防控工作，严控人员向中、高风险地区流动。

（周革程）

## 边境管理

【概况】 2021年，浪卡子边境管理大队始终坚持以习近平新时代中国特色社会主义思想为指导，始终坚持增强“四个意识”、坚定“四个自信”、做到“两个维护”，不断强化各级领导班子建设，始终紧随党中央的重大决策部署，严守主责主业，严密边境管控，严抓疫情防控，强化后勤保障，高标准完成各项重大政治任务，以实际行动维护边境地区和谐稳定。

【思想政治建设】 2021年，浪卡子边境管理大队不断朝着建设“学习型”党组织迈进。党委理论学习中心组共组织集体学习11次、学习重要讲话精神42篇；各支部集体学习27次，主题研讨会9次，撰写心得体会48篇；组织民警观看党和国家重大活动新闻直播12次，参加县委组织专题学习会14次，开展党史学习教育、政法队伍教育整顿、“三更”教育、“五共五固”专题学习223次、260课时，民警撰写心得体会共156篇、理论文章12篇。参加支队组织的党史理论知识竞赛，荣获二等奖。

【党风廉政建设】 2021年，浪卡子边境管理大队党委及各支部始终坚持定期自查自纠，狠抓日常作风养成，严抓节假日期间作风建设。是年，各单位共查摆问题8个，责令整改3人，开展理想信念教育20次，开展党风廉政教育18次，撰写节假日期间廉政报告25份，开展警示集中教育1次，参观县纪委廉政警示教育基地2次，开展队伍作风专项整治1次，参观普玛江塘党员艰苦奋斗教育基地4次，邀请党龄50周岁以上的老党员讲党课1次。切实画好政治“红线”和廉政“高压线”，防范化解党员干部廉政风险。

2021年4月6日，浪卡子县边境管理大队打隆边境检查站民警在雪中执勤

【典型培树】 2021年，浪卡子边境管理大队在山南边境管理支队党委的坚强领导下，积极开展宣传，将单位打造为优质的“国门名片”，推出索朗达杰以及优秀转改民警杨敬臣先进典型。全年撰写新闻简报300余份，其中90余篇文章在支队网页报道。“世界之巅”普玛江塘边境派出所多次得到央视等国家级媒体报道，大队民警参加湖南卫视“微光者”、四川卫视“向上吧青春”、中国诗词大会等媒体节目，为西藏移民管理队伍形象增光添彩。切实发挥先进典型的模范带头作用，先后多次利用下班时间组织大队新警与先进典型杨敬臣进行视频通话，交流工作、学习等各方面经验，切实做好“火炬传递”工作，进一步助力新警能力提升。

【边境管控】 2021年，浪卡子边境管理大队顺利完成全年维稳安保任务，大队共出动警力2100余人次，安保会场5个，完成“两会”、庆祝中国共产党成立100周年、西藏和平解放70周年、中共十九届六中全会、自治区党代会、各类佛事活动、打隆物交会及江塘吉仁文化节等重大安保任务，实现全年安保期间突发情况“零发生”。

“一乡两所”制度理顺以来，各派出所全面承接了辖区内的户籍管理业务，全年累计设置“一村一警”驻村民警17名，开展居民普法教育宣传40次、边境管控宣传19次；开展辖区人员摸排共计2253人次，排查重点人口、流动人口71人次，及时发现整改治安隐患22处，疏导民间纠纷25起，移交公安机关案件29起，办理户口本业务64人次，治安巡逻304次，辖区全年未发生重大刑事案件。

大队办证室共办理边境管理区通行证2980张。打隆边境检

2021年12月25日，浪卡子县边境管理大队普玛江塘边境派出所进行边境巡逻

查站严格落实24小时双向“四必查”工作，共验放出入边境地区人员32230人、12307车次，劝返人员348人、156车次，查获管制刀具2把，破获非法冒用他人证件4起、非法运送无证人员进出边境管理区案件3起，普玛江塘边境派出所临时执勤点劝返人员104人、42车次。

【疫情防控】 2021年，浪卡子边境管理大队党委始终紧盯疫情发展形势，健全机制，靠前指挥，协调县疾控中心在大队辖区设置防疫方舱2处，依托打隆边境检查站二线查缉、过滤、堵截作用，坚持对进出边境管理区人员落实行程码、核算查验及体温测量工作，同时组织打隆、普玛江塘边境派出所常态开展辖区走访、摸排，对外来人员进行严格登记、管控，健全检查站、派出所联合防疫体系。各单位坚持开展执勤场所每日消杀制度，对外来人员查验其核酸检测报告和行程码，对辖区开展疫情防控宣传30余次，实现境内外涉疫人员“零输入”。

【法制规范化建设】 2021年，浪卡子边境管理大队精心制定全体民警学习规划，在考试前2个月每周组织不少于3次的执法资格模拟考试，并充分利用周末、节假日等休息时间组织民警学习。2021年，大队全体民警执法资格考试通过率达到100%。

大队党委充分发挥班子成员进入地方政府的优势，邀请县公安局法治大队民警到各单位开展执法规范化授课6次，组织民警前往县公安局治安大队跟岗学习4人，前往总站、支队参与法治培训4人，现场进行执法执勤规范化教学8次，观看执法执勤规范化教育影片10部，切实增强民警执法能力，让一线民警“敢于执法，敢于用法，严格守法”。

（索朗达杰）

## 武警中队

【概况】 武警山南支队执勤三大队浪卡子中队（以下简称浪卡子中队）为正连级单位。近年来，中队始终坚持以上级指示精神为指导，坚持依法治军、按纲抓建，确立“边远抓自建、边境抓实战”的抓建理念，各项建设按照细化的标准，力求争一流、创特色。

浪卡子中队以习近平新时代中国特色社会主义思想为指导，牢记全心全意为人民服务的宗旨，按照建设一支“听党指挥、能打胜仗、作风优良”的人民军队要求，有效履行党和人民赋予的神圣使命，赢得驻地人民群众的拥护和爱戴。

【学习党史军史】 2021年，浪卡子中队坚持用习近平强军思想铸魂育人，围绕庆祝中国共产党成立100周年和西藏和平解放70周年，认真落实全军思想政治教育工作会议精神，贯穿强化坚持党对军队绝对领导这条红线，按照年度学习教育总体部署，结合驻地文化底蕴传承的实际，根据支队下发“传承红色基因、担当强军重任”活动实施方案，加强中队营区文化建设，营造蓬勃向上的文化气息。坚持目标导向、问题导向、实践导向、结果导向，以思想理论武装打头提领、以专题集中教育拎纲带目、以经常性教育引导深化巩固、以教育实践活动淬火砥砺，着力在坚定理想信念、坚决听党指挥上下功夫，在激发战斗血性、增强打赢信心上下功夫，在强化改革创新、提高建设效益上下功夫，在赓续血脉传承、坚守精神高地上下功夫，引导官兵增强“四个意识”、坚定“四个自信”、做到“两个维护”，贯彻军委主席负责制，为忠实履行新时代使命任务、开创中队建设新局面提供坚强思想保证和强大精神动力。

【夯实思想根基】 2021年，浪卡子中队聚焦强军目标，把培育新一代革命军人放在重要位置，突出政治工作是军队生命线地位。注重从理论武装、教育引导、传统熏陶、文化感染入手，校正官兵价值取向，夯实官兵思想根基。形成以文化促进部队发展、以活动丰富业余生活的良好局面，营造团结和谐的军营氛围。节假日广泛开展各种文体活动，丰富官兵文化生活。

【建设军营文化】 2021年，浪卡子中队以“人无精神则不立，国无精神则不强”的中心理念，认真的传承延安精神、老西藏精神。根据政治工作举旗铸魂的要求，围绕强军目标，积极开展向英模人物学习活动，深化老西藏精神在官兵心中的当代印象。因地制宜开展训练场“武化”建设，营造“当兵练武”的训练氛围，培育军人虎气、血性。

【纯正部队风气】 2021年，浪卡子中队坚持喊响“带班子、带风气、带士气”的口号，始终做到求真务实树导向、以人为本聚兵心、风清气正树形象，在涉及官兵切身利益的热点问题上，做到重工作实绩、重群众评议意见，体现公平、公正、公开。

【执勤处突】 2021年，浪卡子中队抓好专勤专训、专哨专训和方案演练等重点，打牢执勤和“处突”的军事训练基础，切实提高训练水平和质量，强化官兵执勤处突能力，为执勤、处突提供支撑。完成浪卡子公安综合检查站执勤和县城两警联勤武装巡逻等任务。坚持以处置突发事件为重点，按时到位、控制现场、平息事态，形成处置社会突发事件和中小规模恐怖事件的能力。

【后勤管理】 2021年，浪卡子中队坚持以服务为中心、服务官兵为目标。结合实际和各项规章制度，确保用制度来管钱、管人、管物，切实打牢后勤法治化管理基础，严格经费管理，严格落实各项制度责任，突出抓好各类经费预算和使用。认真落实伙食管理的五项制度。重点加强炊事人员技能培训，提高烹调技术，提高后勤队伍业务水平。搞好农副业生产，提高自给自足能力。

（索 朗）

# 人民团体

## 总工会

【概况】 1990年11月，成立浪卡子县总工会，为正科级建制。截至2021年年底，浪卡子县总工会工会有2925名会员。组建73个（不含县教育系统和中直系统）工会组织。县总工会实有工作人员有4人。

【组织建设】 2021年，浪卡子县总工会严格按照“哪里有职工，哪里就要建立工会组织”的原则，以不断创新思路，强化措施，加大基层工会组建力度，采取多种形式开展宣传，动员广大职工、农民工、非公有制企业自愿加入工会组织。充分发挥县总工会、工商联的协调联动作用，对非公有制企业组织和社会组织进行梳理，建立台账。是年，全县组建非公有制企业40家、社会组织2个。

【法治宣传】 2021年，浪卡子县总工会安排专人在综治宣传月、宣传周、宣传日开展法治宣传教育活动。并发放《中华人民共和国宪法》《中华人民共和国劳动合同法》《中华人民共和国工会法》《女职工劳动保护特别规定》《中华人民共和国职业病防治法》等法律法规宣传资料和册子2600余份，提高广大女职工权益保护意识。组织1000余名干部职工和企事业单位职工开展线上“遵法守法·携手筑梦”服务农民工公益法律服务行动答题活动。

【慰问帮扶】 2021年，浪卡子县总工会根据具体要求，实际出发的工作格局，在“三大节日”开展“送温暖”活动。年初，组建贫困户机制建设工作小组，从年头开始定期不定期进村、入户，摸底调查困难职工核对登记工作，认真对照标准，严格把关，掌握了他们的困难原因，了解他们的实际困难，做到困难职工有进有出，对困难职工实行动态管理，有针对性地实施救助的一项基础性工作。对每户困难职工家庭切实做到“九知”，即知家庭住址、知生

2021年10月10日，浪卡子县总工会组织安排51名干部职工参加的为期15天的区内疗修养活动

活状况、知贫困原因、知患病用药情况、知进低保情况、知子女就学情况、知子女就业需求、知住房情况、知救助措施等，为全县各级党政及企事业单位进一步做好扶贫帮困工作提供翔实的基础资料，并建立困难职工档案。

大力开展慰问活动，提高困难职工救助工作。浪卡子县总工会始终重视困难职工的送温暖工作，将此项工作列入当前的重要议事日程，作出全面安排部署，积极争取县政府的支持，开展职工慰问活动，积极主动向党委和政府全面汇报困难职工情况，争取浪卡子县党政部门的大力支持，加大送温暖的工作力度，多渠道、多形式地筹措送温暖资金，确保困难职工资金上的援助，全年发放慰问资金共40674元。

【职工活动】 为热烈庆祝中国共产党成立100周年、西藏和平解放70周年，进一步弘扬新时代文明实践服务精神，根据县委、县政府统一安排部署，4月23日，以世界读书日为契机，县总工会联合县妇联、团县委到县中学、白地乡小学、县中学举办“4·23”世界读书日系列活动。开展“知识共享、爱心飞扬”图书捐赠仪式，为两所学校学生发放价值2023.4元的书包、文具盒、笔记本、钢笔、铅笔，书籍579本。

4月29日，疫情期间对县中学送去洗手消毒液共价值1782元。

6月22日，由县总工会会同相关单位依托新时代文明实践中心志愿服务活动，举办“永远跟党走”青年歌手大赛。10月11日，在普法办的统一安排部署下，联合各单位，宣传习近平总书记对网络安全工作“四个坚持”的重要指示，以及网络隐私安全。活动现场送政策、送文艺、送医疗、提供法律援助等志愿服务分别设立咨询服务台，通过现场讲解咨询、发放宣传册子300余册、展板宣传、赠送图书及宣传礼品等群众喜闻乐见的形式开展现场服务活动。

【职工福利】 2021年，浪卡子县总工会为积极调动干部职工工作热情及充分发挥工会组织作用，县总工会切实加强职工疗养工作，密切联系县委、县政府，认真贯彻落实工作，组织职工疗休工作，根据实际情况安排2批51人（其中10人预算外人员为教育系统），每人疗养经费标准6853元，投入资金349503元，为期15天，疗养地主要在拉萨、林芝等地。被安排疗养对象为基层一线干部职工，在高海拔艰苦环境工作贡献的老干部为重点安排对象。

为增强干部职工的凝聚力和向心力，县总工会紧抓职工集体过生日活动，过生日每人按规定要求拨付300元经费为标准，集中在县后勤服务中心举办集体生日会，并发放生日礼物，投入资金约23.1万元。

（索朗央宗）

## 共青团

【概况】 1964年7月，中国共产主义青年团浪卡子县委员会成立。“文化大革命”期间，团县委职能由县革命委员会政工组取代。1973年4月，恢复团县委。1987年7月，机构改革，团县委和县妇联合并为县青妇办公室，对外挂两块牌子。1990年5月，撤销县青妇办公室，分别设立团县委和县妇联。

2021年，团县委以“服务青年、教育青年”为原则，结合实际，加强基层团组织建设，创新活动载体，深化青年品牌，针对青少年身心成长特点，探索新阶段青年思想道德建设的新模式。截至2021年年底，团县委有基层团委11个，建立团组织168个、团支部127个、团员1926人、少先大队16个、少先队员3372人。团县委实有工作人员4人。

【思想教育】 2021年，浪卡子县团县委以重大纪念日和节庆日活动为契机，加强对广大青少年的思想引领，深入推进“青年大学习”网上主题团课活动。3月17日，在县中学组织学生开展以“学党史 感党恩 跟党走”为主题的团课活动，抓紧抓实抓好广大青年的党史学习教育，加深学生对团的认识，培养学生的团员意识，增强学生的责任感和使命感。3月28日，组织各级团组织开展庆祝“3·28”西藏百万农奴解放纪念日活动，引导青少年、干部群众铭记历史，感恩奋进新时代。6月22日，联合县妇联、县总工会、县委宣传部、县文化局举办庆祝中国共产党成立100周年青年歌手大赛，唱响红色经典，放飞金色梦想。7月8日，在县委宣传部的指导下，联合县文化综合服务中心、县新时代文明实践中心、县总工会、县妇联共同举办“奋斗百年路　启航新征程”主题演讲比赛，回顾党的奋斗历史，讴歌党的光辉业绩。9月24日，邀请自治区青年宣讲团到县中学开展学习习近平总书记“七一”重要讲话和视察西藏时的重要讲话精神，共发放《西藏自治区民族团结进步创建条例》等知识问答宣传单500张，发放《预防青少年违法犯罪法》知识册100本，此次宣传，受益学生人数达1670余人。12月29日，承办西藏自治区“西藏青年五四奖章”获得者(集体)事迹分享会，有力引导浪卡子县青年向榜样学习，从榜样的事迹中汲取精神力量和前进动力，让青年人深知青年一代肩负历史使命，坚定前进信心，激励青年干部深入基层、扎根一线、磨砺自身。持续开展少先队员文化交流活动，推进“对党说句心里话”“小小石榴籽　殷殷中华情”“请党放心　强国有我”“书信手拉手”“民族团结代代传”等系列活动，引导广大少年儿童和家庭厚植爱党爱国爱社会主义情怀，培育和践行社会主义核心价值观，不断增强民族团结意识，铸牢中华民族共同体意识。

【学雷锋活动】 2021年，浪卡子县团县委根据《关于开展第58个全国“学雷锋纪念日”志愿服务系列活动的通知》文件精神，联合宣传部、县妇联、县总工会开展以“践行雷锋精神·弘扬时代新风”为主题的志愿宣传服务活动和关爱行动，引导广大干部群众和青少年增强“四个意识”、坚定“四个自信”、做到“两个维护”，不断提高政治判断力、政治领悟力、政治执行力，践行雷锋精神和“奉献、友爱、互助、进步”的志愿者精神，发挥志愿者在助力疫情防控工作中的生力军作用，营造创建文明城市的浓厚氛围。活动共发放价值500元的消毒液、口罩、杯子等生活用品，为浪卡子县中学60名贫困学生送去价值5280元的书包和香皂。

【志愿者服务活动】 2021年，浪卡子县团县委组织动员70余名机关女性干部职工、巾帼志愿者开展“巾帼心向党　奋斗新征程”清理白色垃圾活动，做好机关单位周边和县城死角环境卫生整治。3月31日，浪卡子县团县委积极响应县委、县政府的号召，组织青年志愿者在接种点开展助力疫苗接种志愿服务活动，“青”力“青”为推进浪卡子县新冠疫苗接种工作。8月3日至9月5日，浪卡子县团县委组织西部计划志愿者参与疫情防控工作，坚决守护好疫情防控进出通道，为人民群众的生命健康保驾护航，为建设平安浪卡子、打赢疫情防控阻击战贡献青春力量，以实际行动诠释志愿者的使命与担当。9月29日，浪卡子县团县委组织40余名青年志愿者开展“美丽中国·青春行动——保护母亲湖”净滩志愿服务活动，助力营造争做湖小青、保护母亲湖的良好氛围。

【基层团组织建设】 2021年，浪卡子县团县委严格按照团中央十八大和历次全会精神，认真履职尽责。组织各乡镇团委、团支部积极开展各项工作，为10个乡镇团委下拨20万元团建经费和10万元预青工作专项经费。认真抓好团员发展需求，严把入口关，全年共发展新团员112名。联合各乡镇团委组建宣讲队，向广大团员青年宣讲和深入解读习近平总书记“七一”重要讲话、中共十九届六中全会精神和西藏自治区第十次党代会精神、山南市第二次党代会精神，督促各乡镇团支部开展对标定级工作，及时录入“智慧团建”系统。加大团干部和少先队辅导员培训力度，共选派9名基层团干部前往山南党校参加理论学习培训，选派7名少先队辅导员和少先队工作者赴山南市参加少先队辅导员培训班学习交流，选派2名优秀青年赴拉萨参加第十六期西藏自治区“青年马克思主义者培养工程”培训班交流。

【基层服务】 2021年4月23日，浪卡子县团县委联合县文化局、县妇联、县总工会以及县委宣传部深入浪卡子县中学、白地乡小学开展“知识共享　爱心飞扬”赠书活动和“读一本红色书籍”活动，发放文具盒、笔记本、书包、钢笔等价值2900余元的学习用品，向两所学校赠送价值1万余元的各类书籍519册。12月1日至2日，浪卡子县团县委组织浪卡子县优秀青年创业者代表、农村青年致富带头人、驻县高校大学生创业者8人赴拉萨市开展考察学习交流活动，积极搭建与先进地区创业青年之间学习对接、交流创意、开放合作的平台。12月10日，组织各乡镇团委开展“闻书香·听天下”云图书馆标牌悬挂活动，全县8个乡镇机关、14所学校、83个村居共悬挂112个“闻书香·听天下”云图书馆标牌，群众可以扫码领取属于自己的电子图书馆。

【希望工程和爱心捐赠活动】 2021年，浪卡子县团县委深入浪卡子镇完小开展以“童心向党 快乐成长”庆“六一”·“我为群众办实事”关爱困难儿童为主题的走访慰问活动，为10名困难儿童送去精心准备的上衣、裤子、袜子等共计2460元的生活用品。先后争取“第二十四届芙蓉学子”“国酒茅台·国之栋梁”等助学资助，共争取助学金3万元，帮助贫困大学生6名，为3名青少年争取共计6600元的“向阳花少儿医疗救助基金”2021年度青少年医疗救助资金。联合其他单位深入村居和学校送去价值上万元的生活用品和学习用品，表达对青少年的关心关怀，切实帮助青少年解决实际困难。在山南市团委的牵头下，对接社会组织湖南芒果V基金，参与“快乐图书室”项目，为卡龙乡小学争取650本学生课外读物和书架，进一步满足学生的阅读需求，为学生搭建一个能满足求知欲、开阔视野、拓展兴趣的读书平台。向山南市团委争取为浪卡子镇小学和白地乡小学筹建2间“红领巾快乐空间”，共计64万余元，为开展丰富的少先队活动、加强队伍和特色阵地建设提供充足空间。

【预防青少年违法犯罪】 2021年6月2日至3日，浪卡子县团县委联合司法局深入浪卡子县中学和多却乡小学开展《中华人民共和国未成年人保护法》法治宣讲进校园系列活动，向各学校赠送《中华人民共和国未成年人保护法》知识读本。10月16日，浪卡子县团县委深入校园开展浪卡子县青少年日活动，组织青少年观看《维护网络安全 从我做起》等宣传视频，为青少年普及网络安全知识，讲解常见的网络安全问题和网络诈骗危害，积极引导青少年树立正确的网络安全观，自觉遵守网络安全法律法规，争当“四有”网民。11月27日，浪卡子县团县委联合县人民法院开展“法伴青春‘零距离’学法”青少年模拟法庭活动，30名县中学学生代表参加活动。

【党建工作】 2021年，浪卡子县团县委党支部严肃党内政治生活，严格落实“三会一课”制度和组织生活会制度，切实规范主题党日活动，认真排查党员信教情况，加大发展党员违规违纪排查整顿工作，扎实推进支部标准化规范化建设，竭力提升支部党建工作质量。全年共召开5次党员大会，开展党课活动4次，书记讲党课2次，召开组织生活会2次，开展民主评议党员工作1次、主题党日活动12次，每季度开展结对帮扶慰问活动，违规违纪发展党员1人，通过开展集中学习、交流研讨、重温入党誓词、签订党员不信仰宗教承诺书、学习英模事迹、参观红色基地、志愿服务活动等教育实践活动，持续抓好党员的思想政治教育，大力推进“八星党支部”创建工作，强化党员队伍建设，全面提升基层党组织凝聚力和战斗力。

【党风廉政建设】 2021年，浪卡子县团县委党支部按照县委、县政府党风廉政建设和反腐败斗争工作安排部署，于7月20日召开党风廉政建设动员部署会议，学习领会中共十九大及十九届历次全会精神，贯彻习近平总书记关于廉政建设的重要讲话精神，落实习近平总书记关于纠正“四风”的重要指示，严格落实中央八项规定精神，引导党员干部加强政治理论学习，提高自身综合素质，牢固树立“四个意识，自觉抵制不正之风，筑牢反腐倡廉思想防线，全力打造一支风清气正的团干队伍。观看警示教育片2次，开展党风廉政典型案例学习。

（周秀莲）

## 妇联

【概况】 1964年1月，朗格则县妇女联合委员会成立。1964年4月，改称浪卡子县妇女联合委员会。“文化大革命”期间，县妇联职能由县革命委员会政工组取代。1973年，恢复县妇联。1987年7月，机构改革，县妇联和团县委合并为浪卡子县青妇办公室，对外挂两个牌子。1990年5月，撤销县青妇办公室，分别设立县妇联和团县委。

2021年，县妇联围绕“党政所急、妇女所需、妇联所能”的工作定位，充分发挥妇联作为党和政府联系妇女群众的桥梁纽带作用，在浪卡子县经济和社会发展中作出积极贡献。截至2021年年底，县妇联实有工作人员3人。

2021年3月5日，县妇联开展学雷锋宣传活动

【党建工作】 2021年，各级妇联和广大妇女自觉维护以习近平同志为核心的党中央权威和集中统一领导，把深入学习宣传贯彻习近平新时代中国特色社会主义思想和全国、自治区、市妇联召开的系列会议重要讲话精神以及学习党史作为当前和今后一个时期首要政治任务，把对妇女群众的思想政治引领体现到妇联工作的方方面面，推动习近平新时代中国特色社会主义思想在妇女群众中入脑入心，并加强对优秀的传统文化和本职业务知识学习，不断增强修为、提高素养，拓宽视野、提升境界，在实现人生价值中，不断提高自我发展的能力，全面展示女性的新风采。是年，支部组织学习共50次，支部讲党课2次，召开组织生活会2次，开展主题党日活动12次，撰写学习心得体会6篇，办实事共19件。6月30日，浪卡子县妇联组织各级各界妇女结合自身实际，开展“向党说句心里话”微拍活动。7月1日，浪卡子县妇联党支部组织全体党员集中观看庆祝中国共产党成立100周年大会直播实况，之后开展观后感的讨论、重温入党誓词、签订党员不信教承诺书、共唱《唱支山歌给党听》、党员集中交纳党费等系列活动。

【换届工作】 2021年，县妇联积极推动女性进“两委”、妇联主席进“两委”工作，同年4月底全县84个村，11个社区完成“妇联换届”工作，村妇联主席进村“两委”班子比例达到100%。选举产生执行委员会委员613名，其中主席95名（100%进入村“两委”班子），专（兼）职副主席154名、委员364名；平均年龄为38岁；中共党员297人；具有大学以上文化程度的4名，高中及中专文化的21名，初中文化程度176人，文化程度比上一届有所提高。截至年底，全县10个乡妇联完成“妇联换届”工作，选举产生乡（镇）妇联主席10名，副主席37名，执行委员会委员150名。

【党风廉政建设】 2021年，县妇联结合党史学习教育，深入学习领会十九届中央纪委五次全会精神，深刻把握党中央对党风廉政建设和反腐败斗争的部署要求，以习近平新时代中国特色社会主义思想为指导，强化思想政治引领，全面加强党的领导和党的建设，弘扬干事创业、风清气正的机关氛围，推进县妇联全面从严治党和党风廉政建设不断走向深入。是年，县妇联干部积极参与观看《镜鉴》《反腐倡廉在西藏》等警示教育片9场次，坚定不移深化反腐败斗争，一体推进不敢腐、不能腐、不想腐。持续强化“不敢腐”的震慑，推动完善“不能腐”的制度建设，进一步强化“不想腐”的思想建设。

【环境保护】 2021年，浪卡子县各级妇联组织积极响应号召，组织巾帼志愿者、妇女群众参加“5·25”保护母亲湖行动日活动，充分发挥妇联组织模范带头作用。广大妇女群众对主干道公路沿线、旅游景区和羊湖周围进行全面环境卫生综合整治。此次活动由3000余名妇女参与，清理垃圾90余吨，悬挂横幅20余条。开展巾帼心向党，建功新时代活动。卡龙乡加珠村妇联以建设“美丽庭院”为抓手，在村内种植7亩的“巾帼林”绿色基地，县妇联为加珠村提供价值1万元的树苗，为妇女群众树立正确的人生观价值观，教育妇女群众自己动手劳动，养成自己动手，自给自足的好习惯，引导妇女群众植绿、爱绿、携手共建绿色家园。3月8日，浪卡子县妇联结合县实际和疫情防控工作的需要，开展“巾帼心向党 奋斗新征程”清理白色垃圾活动，积极组织动员广大妇女干部职工、巾帼志愿者做好单位周边和县城死角环境卫生整治。此次卫生环境清理活动，共有70多名机关女性干部职工和巾帼志愿者参加，发放垃圾编织袋30个和手套70余个。

【推优评先】 2021年，县妇联持续开展寻找全国、自治区、市妇联三级“最美家庭”“巾帼建功标兵”等活动。浪卡子县1人荣获“全国维护妇女儿童权益先进个人”称号；1户被评为全国最美家庭；1人被评为自治区级“巾帼建功标兵”；7户被评选为市级“最美家庭”；12月24日至30日，为8户山南市“美丽家园、幸福人家”示范户举行授牌、挂牌仪式。

【妇女儿童工作】 2021年，县妇联坚持“党建带妇建、妇建服务党建”的原则，积极推动“两新”组织建立妇女组织，全县建立29家“三有”企业妇女组织，占“两新”组织64.4%。建设2个妇女之家示范点和1个儿童之家示范点，为开展好基层妇女儿童工作，建设有力的平台。7月8日在多却乡完小和伦布雪乡完小开展“春蕾计划——佑未来护成长”女童关爱行动，为两所学校的322名女童送去322份“女童关爱礼包”。积极组织各级妇联倡议“春蕾计划——梦想未来”捐款活动。活动共募集爱心捐款131067元。

2021年6月1日，县妇联工作人员到县幼儿园开展慰问活动

【妇女健康工作】 2021年，县妇联为贯彻落实习近平总书记“没有全民健康，就没有全面小康”的重要指示精神，全面提升浪卡子县健康教育工作水平，县妇联、县卫健委和疾控中心联合举办浪卡子县2021年健康教育培训班，组织各乡(镇)分管卫生领导、卫生院院长、村医、村(社区)妇联主席、县中学全体师生、县直各单位爱国卫生运动志愿者参加培训。培训于4月14日至16日举办，邀请自治区防治艾滋病协会、市疾控中心和市中心血站专家老师进行授课。

紧密结合疫情防控、包虫病防治、女性健康常识、健康饮食、鼠疫疫情防控处置、14项基本公共卫生服务项目政策等专业知识展开培训。组织宣讲员在浪卡子县中学、浪卡子镇道布龙居委会开展健康教育宣讲，此次活动受益群众达2000余人，发放宣传手册225本。

【妇女儿童权益保护】 2021年，县、乡妇联以“三八”维权周、3月综治宣传月活动、6月综治宣传周活动及国家安全教育日和安全生产月宣传活动为契机，通过现场咨询、发放宣传材料等形式，宣传男女平等基本国策、《西藏自治区实施〈中华人民共和国妇女权益保障法〉办法》、《中华人民共和国反家庭暴力法》、《中华人民共和国未成年人保护法》、《创建“平安家庭”指导手册》、《中华人民共和国民法典》（婚姻家庭编）、《浪卡子县预防青少年违法犯罪之致家长的一封信》以及禁毒相关法律法规等，在广大妇女儿童中加强法律意识的教育；积极参与送法下乡活动。为热烈庆祝中国共产党成立100周年、西藏和平解放70周年，4月27日，妇联积极参加新时代文明实践中心志愿服务活动，结合“永远跟党走”群众性主题宣传活动，在打隆镇启动2021年“五下乡”活动，此次活动妇联主要宣传《婚姻家庭篇》《创建“平安家庭”指导手册》《民族团结一家亲》《中华人民共和国反家庭暴力法》《女性健康知识手册》《防范打击拐卖妇女儿童犯罪》等内容；5月19日，同县司法局、县国安办、团县委到张达乡张达村开展“浪卡子县村居法律顾问送法下乡宣传活动”，活动邀请了西藏子产律师事务所法律顾问，结合宪法、民法典，讲解了通俗易懂的国家安全、婚姻家庭、妇女儿童权益保护、预防青少年犯罪、劳务纠纷、网络安全、使用微信等方面的法律法规和注意事项，并当场回答参与者提出的相关法律问题，给参与群众发放《中华人民共和国民法典》（婚姻家庭编）、《中华人民共和国妇女权益保障法》等宣传资料。5月27日，在县城开展“美好生活 民法典相伴”主题宣传活动；共发放各类宣传手册1500余份，参与人数2000余人次。自治区妇联联合山南市妇联、浪卡子妇联、打隆镇妇联和多却乡妇联于12月10日和11日在打隆镇和多却乡柔扎村开展以“党的光辉照边疆 边疆人民心向党”为主题的“阿佳讲堂乡村行”宣讲活动，共700余妇女参加了活动；各级妇联组织观看线上“阿佳讲堂”次数达8次，受益群众4000余人次。

【慰问活动】 2021年，浪卡子县妇联开展“三大节日”送温暖活动。县妇联重点关注困难妇女儿童等弱势群体，以“三大节日”慰问活动为契机，为孤寡老人、困难留守儿童、女西部志愿者、困难女公益性等特殊群体共74名进行慰问，送去慰问金共计37000元。

3月5日，开展“践行雷锋精神 弘扬时代新风”为主题的志愿宣传服务活动。活动中为县中学60名贫困学生进行关爱慰问，送上价值9000余元的书包和香皂。各级妇联组织开展形式多样的“把爱带回家”2021寒假儿童关爱服务“四送”活动，活动参与学生达125人，共发放价值6000余元的学习用品和奖状等。

4月23日，县妇联联合县文化局、县委党史办、团县委、总工会、县“扫黄打非”办等单位联合在全县开展“读书日 读党史”系列活动，并对县中学和白地乡完小赠送价值1万元的书籍和2900余元的书包、文具盒、笔记本、钢笔、铅笔等学习用品。为进一步弘扬中华民族的传统美德，树立感恩母亲，弘扬美德的良好风尚，

2021年2月2日，浪卡子县妇女联合会开展“三大节日”慰问活动，重点慰问孤寡老人、困难留守儿童、女西部志愿者、困难女性公益性等共74人，送去慰问金3.7万元

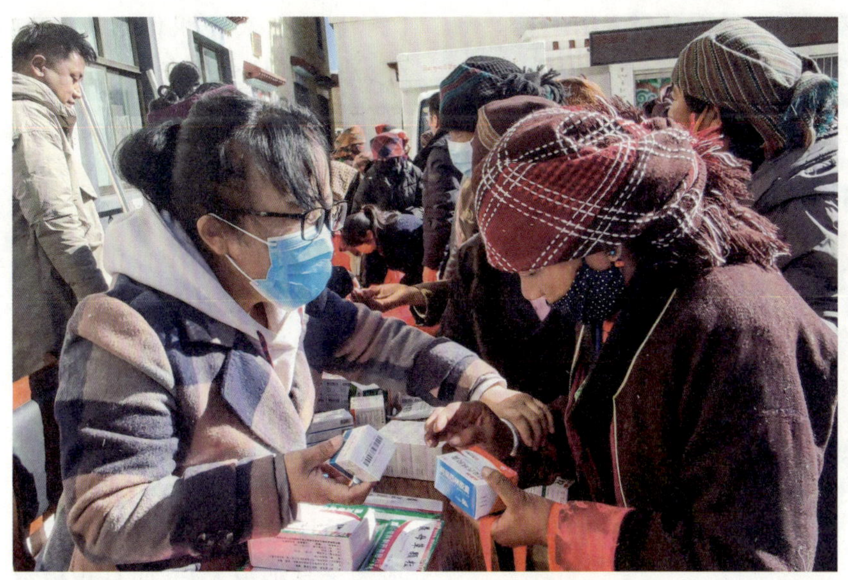

2021年12月5日，“巾帼心向党　永远跟党走”阿佳乡村行活动

县妇联开展“献礼母亲节·母亲邮包把爱带回家”活动，此次活动共发放10个“母亲邮包”。

5月9日，浪卡子县妇联深入到浪卡子镇哈西社区开展党史学习教育之“我为群众办实事”母亲节关爱活动，为8名单亲困难母亲送去价值2650元的节日慰问品。

5月31日和6月2日，县妇联同团县委分别深入到县藏语汉语幼儿园和普玛江塘乡3所藏语汉语幼儿园，开展童心向党　快乐成长——庆“六一”慰问活动，为4所藏语汉语幼儿园200名幼儿送去价值9000元的彩笔、彩泥等慰问品。并为浪卡子镇完小10名困难儿童（1名孤儿和9名残疾儿童）送去价值2460元的服装（衣服、裤子、袜子等）；协助市妇联开展中国共产党成立100周年及西藏和平解放70周年慰问活动。为老妇干、女性老党员、女性困难党员、女性获得党内功勋荣誉、巾帼建功标兵、“老三八红旗手”发放慰问金4500元。

（桑吉曲宗）

## 工商联

【概况】 2014年4月，成立浪卡子县工商业联合会，由县委员会统战部管理。2017年6月，设立浪卡子县工商业联合会机关，为正科级行政单位。截至2021年年底，浪卡子县民营经济市场主体达到2844户，注册资金达11.43亿元。其中登记注册私营企业204户、注册资金4.48亿元，内资企业56户、注册资金3.47亿元，登记注册个体工商户2401户、注册资金2.64亿元，登记注册农牧民专业合作社183户、出资额0.83亿元。以上经营类型中注册较高的分别为建筑业91户、注册资金1.88亿元；制造业349户、注册资金1.82亿元；批发和零售业1035户、注册资金1.31亿元；交通运输及仓储邮政业339户、注册资金1.25亿元，应对新冠肺炎疫情，为小微企业和个体工商户减免房租99.54万元。县工商业联合会实有工作人员2人。

【民营企业队伍建设】 2021年，浪卡子县工商联牢牢把握“两个健康”主题，坚持“政治建会、团结立会、服务兴会、改革强会”的方针，围绕中心、服务大局，突出“为会员服务、为国家尽责、为社会担当”的职责，充分发挥桥梁纽带作用，为促进民营企业健康发展和民营经济人士健康成长出谋策划，在维护社会稳定、服务经济发展、助推精准扶贫、生态文明建设、疫情防控等方面做出应有的贡献。是年，加强工商联（商会）作风建设，认真开展党史学习、“四讲四爱”等专题教育实践活动，建立健全各项规章制度，学习习近平总书记在民营企业座谈会上的重要讲话精神、民营企业复工复产政策汇编、“两新”组织、民族团结等针对性应知应会知识，不断强化民营经济人士政治理论素养和经营管理能力，促进工商联（商会）工作作风大转变。聚焦政治引领好、队伍建设好、服务发展好、自律规范好、工作保障好的“五好”标准和要求，对标对表，全面调查民营企业，探索转型思路，分类分级制定民营企业培养规划，充分发挥引领作用，不断创新工作新局面，积极打造“五好”县级工商联。坚持政策鞭策、狠抓职责落实，加快推动经济发展能力。2021年，浪卡子县工商联（商会）深入贯彻落实《西藏自治区委

2021年6月27日，安徽省芜湖市民营企业家为浪卡子县捐款20万元

员会、自治区人民政府关于推进民营企业跨越式发展的意见》和《山南市委、市政府关于“十四五”时期推进民营企业跨越式发展的若干规定》精神，促进民营企业积极融入经济市场，把握机遇、跟进步伐，进一步增强市场能力和对外发展能力，实现民营企业健康平稳、快速持续发展。截至年底，浪卡子县注册登记个体工商户3169户，从业人员769人，注册资金31696万元，年增长率10.2%；会员注册企业64户，注册资金26526万元，灵活从业人员14000多人，税收收入达到3808.2万元。

【民营经济人士培养】 2021年，县工商联（商会）始终把政治标准放在首位，对准文明企业标准和民营经济代表人士“三强一好”标准加强培养。“3·28”西藏百万农奴解放纪念日”、中国共产党成立100周年纪念活动等，切实用党的理论武装头脑，进一步增强民营经济人士的增强“四个意识”、坚定“四个自信”、做到“两个维护”。以“守法诚信、坚定信心、开拓创新”为主线，积极开展世情、国情、党情教育、爱国主义教育、社会责任教育、警示教育等系列教育实践活动，有效提升民营经济人士思想政治素质和道德操守，教育引导民营经济人士增强对中国特色社会主义的信念、对党和政府的信任、对企业发展的信心、对社会事业的信誉，促进民营经济人士健康成长。截至年底，羊湖集团等3家会员企业成立党支部，共有党员113名。

【民营企业家履职情况】 2021年，浪卡子县会员企业担任自治区级人大代表1人，市级人大代表2人，市级政协委员1人，县级党代表2人、人大代表1人、政协委员5人。此外，还有相当一部分民营经济人士在各级工商联（商会）及社会团体担任一些社会职务，履行社会责任。

【民营企业社会责任】 2021年，浪卡子县工商联各会员企业不仅成为全县纳税大户，而且积极参与社会光彩事业。民营企业结对提供贫困户和大学毕业生就业岗位，实现浪卡子县贫困户劳力就近就便就业，促进家庭增收，解决大学毕业生就业困难，同时有力提高了企业人才水平，全县各会员企业为400多家贫困户劳力和84名大学生提供就业岗位，其中，羊湖集团作为本土一家领头企业，为全县300多家贫困户及33名大学生提供就业岗位，引导会员企业参与自治区工商联“百企帮百村”精准扶贫行动，助力浪卡子县打赢脱贫攻坚战，各会员企业承包结对帮扶18户，投入产业帮扶资金5170.51万元、监测302人。此外，还有部分民营经济人士自主自发持续不断地热心于社会慈善事业，帮助村居修缮水渠、公路，发放物资，带动困难群众、关心孤寡老人等，在群众中建立良好的口碑。

（益　西）

# 法 治

## 政法委及综治

【概况】 1990年7月，中共浪卡子县委员会政法委员会成立。1991年8月，浪卡子县社会治安综合治理委员会成立，县委政法委员会、县社会治安综合治理委员会合署办公。2019年，党政机构改革，县委员会政法委员会不再设立县社会治安综合治理委员会及其办公室、维护稳定工作领导小组及其办公室，有关职责交由县委员会政法委员会承担，将县防范和处理邪教问题领导小组及其办公室职责交由县委员会政法委员会、县公安局承担。

2021年，中共浪卡子县委员会政法委员会以习近平新时代中国特色社会主义思想为指导，贯彻落实党的十九大及十九届二中、三中、四中、五中、六中全会精神，全面落实自治区、山南市、浪卡子县三级政法工作会议精神，推进“四个全面”战略布局，围绕重点工作，把创新社会治理，完善社会服务、化解社会矛盾、和谐社会关系、推进平安法治浪卡子建设，加强常态化扫黑除恶工作，加快建设“雪亮工程”、推进市域社会治理现代化工作等摆在更加突出位置，勇于担责、精准发力，不断推动平安建设工作和平安浪卡子建设纵深发展。截至2021年年底，中共浪卡子县委员会政法委员会实有工作人员6人。

2021年3月29日，浪卡子县委副书记、县教育整顿领导小组副组长米玛次仁（前排左四）主持召开浪卡子县政法队伍教育整顿意见征求座谈会

【社会治安综合治理】 2021年，县委政法委坚持把“先进双联户”创建活动作为促进社会和谐、筑牢维稳防线的有力抓手，积极组织村“两委”班子、双联户、红袖标、四护队等群防群治队伍，开展矛盾纠纷调解、安全隐患整治、治安巡逻、流动人口服务管理等工作。

【双联户服务管理】 2021年，全县双联户服务管理工作在县委的统一指导下开展各项工作，全面加强组织领导，配备配齐全县双联户长，共计1119名，全面发挥双联户服务管理工作优势，尤其是在疫情期间，严格按照自治区、市、县相关疫情防控工作要求，加强社会面管控，加大维稳力量投入，认真做好防疫工作，扎实推进工作部署，实现全县疫情防控工作措施落实到位，群众思想平稳，社会局势持续稳定。通过充分发挥基层综治中心和网格员、“双联户”、四护队等基层群防群治队伍作用，发挥各自特点优势，多形式广泛宣传发动群众，紧紧依靠群众，齐心协力构筑群防群治严密防线，用实际行动展现工作的责任和担当。全年全县发动基层群防群治队伍 544 个，涉及人数 8443 人，开展每日疫情隐患排查 105 人次，知识宣讲 12496 次，卫生消毒 1953 次。

2021年3月30日，浪卡子县政法队伍教育整顿汇报会召开

【平安创建】 2021 年，县委政法委继续深化平安乡镇、平安村居、平安单位、平安寺庙、平安学校、平安家庭、平安医院等平安“细胞”工程。进一步强化综合治理协作配合。继续依托“双联户入校园”活动，教育学生、带动家长，扎实开展创建平安家庭。各学校通过法制副校长讲平安课、知识竞赛等形式多样的校园文化活动，营造创建平安校园的良好氛围。

【网格化服务管理】 2021 年，县委政法委全面铺开网格化服务管理工作。以乡镇行政区域为界，全县范围内加强网格化建设，按照“1+2+X”的要求，配备农牧区网格员。制订《网格化工作人员管理办法》（试行）和《浪卡子县网格化管理和网格员队伍建设实施方案》。网格化服务管理工作在维护社会稳定、深化平安创建、提供便民服务等方面发挥着积极作用，为浪卡子县网格化服务管理和社会治安综合治理打下坚实的基础。

【“先进双联户”创建】 深化认识。要站在维护国家安全和祖国统一的高度，站在推进经济社会又好又快发展、维护和谐稳定和长治久安的高度，站在保障改善民生、提高各族群众生活水平的高度，充分认识开展“先进双联户”创建活动的重大意义，进一步把思想认识统一到区（市）党委、政府和县委、县政府的部署要求上来，深入扎实地做好创建工作，夯实全县科学发展、团结稳定的群众基础和社会基础。

突出主体。突出各族群众这个创建活动的主体，使各族群众既是创建活动的积极参与者，又是创建活动成果的直接受益者。一方面，要牢牢把握为了群众、服务群众这个关键，确保各族群众在“双联户”工作中得到更多实惠；另一方面，要紧紧抓住联户增收、联户平安这个核心，引导联户群众之间优势互补、互帮互助、加快发展、共同增收致富，引导联户群众之间相互监督、相互约束、联防联治、同创平安和谐。

加强培训。坚持把联户长培训工作作为重点，加强思想政治教育，在思想上政治上行动上同以习近平同志为核心的党中央保持高度一致，在反分裂斗争、维护祖国统一这个重大原则问题上旗帜鲜明、立场坚定；加强法律知识教育、增强法律意识、提高法律素质和依法解决问题能力，加强工作能力培训，不断提高联户长的政策理论水平和服务群众能力。

强化组织保障。充实加强各级创建活动领导小组和创建工作办公室的力量，强化经费保障，加大财政投入，积极协调金融部门（县农行）安排好小额信贷资金，引导更多的社会资金投向农牧区、为农牧民致富奔小康提供资金支持，要强化项目保障，把项目向基层倾斜、向农牧区倾斜、向贫困农牧民倾斜，让各族群众得到更多的实惠。

落实任务。与干部驻村工作相结合，与村组织建设相结合，与巩固党史学习教育实践活动成果相结合，拓宽“双联户”工作内涵，延伸“双联户”工作领域。广大“双联户”以“联户平安、联户增收”为主要内容，进一步强化落实“10+1”任务，将矛盾纠纷联排联调、安全隐患联防联控、重点人员联管联教、困难家庭联帮联扶、环境卫生联管联治、致富项目联建联营等重点工作做实、做到位。

【矛盾纠纷化解】 2021 年，县委政法委以县、乡镇、村居人民调委会为基础，辅助以交通事故纠纷、医疗纠纷、草场纠纷等专业性、行业性矛盾纠纷调解组织，充分发挥人大代表、政协委员、联户长和社会组织等第三方力量的作用，扎实开展大排查、大走访、大调处专项行动，集中力量、时间，集中排查、调处。基本实现“小事不出村、大事不出县、矛盾不上交”，全年各乡镇矛盾纠纷共 34 起，均已成功调解。

【扫黑除恶专项斗争】 2021 年，常态化扫黑除恶专项斗争工作在自治区党委政府，市委、市政府和市委政法委的有力指导下，在县委、县政府的坚强领导下，认真贯彻各级党委政府要求，全面加强常态化扫黑除恶专项斗争工作，强化线索清零等重点工作，继续抓好专项斗争工作：宣传方面，进行张贴宣传海报、悬挂横幅、LED 显屏、发放宣传资料等方式覆盖县城周边和各乡镇，利用 3 月综治宣传月、6 月宣传周、9 月宣传日，“八五”普法、“12·4”宪法日、“4·15”国家安全日，打隆物交会等多种活动，传播常态化扫黑除恶相关知识，通过讲述真实案件、劳务纠纷等方式，向广大农牧民群众讲解学习法律知识、增强法律意识、强调以法律途径维护自身合法权益的重要性。截至年底，全县共召开专题推进会 1 次，安排部署会议 1 次，召开行业乱象整治会议 1 次，研究行业乱象反馈问题整改方案 1 次。开展宣传 100 余次，发放宣传资料 2000 余份，宣传受教群众 2 万余人次。

线索摸排，确保实现全覆盖。各乡镇、各成员单位认真搞好线索摸排，对每月的线索摸排情况定期核查，据统计，全年线索摸排 150 余次。

持续深化常态化扫黑除恶暨四大行业领域推进、深入学习贯彻学习习近平总书记“七一”重要讲话精神和习近平法治思想，贯彻落实中央、自治区、市、县重要指示精神，研究加快推进信息网络、自然资源、交通运输、工程建设四大行业领域整治。

（普布琼达）

## 公安

【概 况】 1959 年 7 月，成立朗格则县公安局和打隆县公安局。1964 年 5 月，朗格则县公安局、打隆县公安局合并，改称浪卡子县公安局，业务上由中共山南分工委社会部指导。1970 年 10 月，县公安局职能被县革命委员会人民保卫组取代。1973 年 8 月，恢复县公安局，设局长、副局长、教导员。1976 年，成立县公安局看守所。1990 年，县公安局增设刑侦

2021年7月30日，浪卡子县召开第十三届打隆边贸物资文化交流会。图为开幕式公安民警升国旗

2021年9月2日，浪卡子县公安局召开“和谐便民始于心，文明执法践于行”专项教育活动动员部署会

股、治安股、户政股、政保外事股、办公室5个股级科室。1995年，县公安局教导员改称政治委员。2004年，成立县公安局交警大队，为县公安局管理的副科级机构。2009年，刑侦科改称刑警大队，治安股改称治安大队，政保外事股改称国保大队，户政股改为户籍股。

2021年，浪卡子县公安局以习近平新时代中国特色社会主义思想为指导，贯彻落实中共十九大，十九届二中、三中、四中、五中、六中全会精神，全国政法工作会议和全国公安工作会议精神，扎实开展党史学习教育、政法队伍教育整顿和“三更”专题教育，推进平安浪卡子建设，顺利完成各项重大安保维稳任务和重点公安工作，确保浪卡子县社会大局持续和谐稳定。

【政治建警】 2021年，浪卡子县公安局党委班子切实履行主体责任，严格落实“三重一大”议事制度，切实为全县公安工作和队伍建设把好舵、掌好航。全年共召开党委会议10次，党委理论中心组学习36次，召开年度民主生活会1次、专题民主生活会1次，召开基层党建工作会议2次、意识形态工作会议2次，撰写各类学习心得体会1000余篇，开展各类专题研讨交流15场次，组织开展和参加各级政治轮训180人次，切实提高全体党员民警的政治判断力、政治领悟力、政治执行力，增强“四个意识”、坚定“四个自觉”、做到“两个维护”。是年，以政法队伍教育整顿为依托，紧盯行业领域突出问题，狠抓“六大顽瘴痼疾”专项整治，严格落实“自查从宽、被查从严”政策策略，开展谈心谈话3轮次570人，填写政法干警自查事项报告表490份，签订公开承诺书308份，组织观看警示教育片15场次，28名民警主动交代问题，12名民警被提醒谈话。严格落实点名和请销假制度，围绕民警执法执勤、警容风纪、重点专项工作等开展现场督察130余次，提出督察意见建议200余条，持续释放管党治警强烈信号，不断唱响正风肃纪主旋律。始终将从优待警措施落到实处，全年兑现民警包干路费65.36万元；兑现派出所、驻寺及驻村人员伙食补助24.57万元；兑现2020年度民警节假日加班补助资金69.9万元；积极争取县委、县政府支持落实2021年度民警节假日加班补助资金；落实民警增资补发201.69万元、辅警增资补发11.32万元；列支4.45万元，制作从警荣誉牌，并发放到全体民警及退休老民警手中；严格落实民辅警节假日调休制度，及时上调民辅警下乡出差伙食补助费标准；列支6万余元，在春节、藏历新年、人民警察节和中国共产党成立100周年、习近平总书记视察西藏、西藏和平解放70周年期间慰问一线民辅警、退休老干部，不断激发民警干事创业的激情。

【打击刑事犯罪】 2021年，浪卡子县公安局严格落实上级部署要求，年初制定全年维稳工作总体方案，以“三节”、“两会”、村（社区）换届、萨嘎达瓦节，特别是庆祝中国共产党成立100周年、习近平总书记视察西藏和西藏和平解放70周年活动以及各类重大活动安保任务为重点，严格落实维稳值班带班制度，及时启动应急相应勤务模式，强化社会面巡逻防控，强化重点要害部位、重要民生设施、人员密集场所等区域的管控，完善各类应急方案预案 12 份，组织开展应急处突训练演练 10 场次，投入维稳力量 8000 余人次、车辆 2000 余台次，确保全县社会大局持续和谐稳定。

2021 年，持续推进扫黑除恶打非治乱专项斗争，深入开展旅游市场乱象专项整治行动，重点围绕全县村（社区）组织换届、疫情防控、脱贫攻坚、乡村振兴等重点行业领域为突破口，持续摸排线索，严厉打击整治，特别是结合“净边 2021”“昆仑 2021”等专项行动，始终保持对涉黑涉恶犯罪、严重暴力犯罪、多发性侵财犯罪的高压打击态势。全年累计刑事案件立案 19 起（电信诈骗案 10 起、盗窃案 8 起、故意毁坏财物案 1 起），同比上升 73%；破案 9 起，破案率 47%；在查 10 起，挽回经济损失 9 万余元，刑事拘留 8 人。

严格按照“四个必查”等工作要求，加大过境人员、物品、车辆、疑情的盘查力度，坚决堵塞输入型隐患。全年累计出动警力 1300 余人次，盘查过往车辆 15 万余台次、人员 45 万余人次、物品 1.2 万余件，劝返 92 人，收缴管制刀具 2 把，查处违规携带零散成品油 1 起。

【户口清理整顿】 2021 年，浪卡子县公安局持续推进户口清理整顿工作和户籍业务管理权限下放。截至年底，共清理重户 1 人、公职人员未迁户 12 人、死亡未注销 10 人、身份证照片关联错误 5 人，完成易地搬迁群众户口迁移 15 户 50 人，办理辖区籍群众身份证 3253 张，办理区外异地身份证 10张，办理区内异地身份证22张，办理临时身份证 56 张。

【疫情防控】 2021 年，浪卡子县公安局严格落实“外防输入、内防反弹”总体防控策略，紧盯全国疫情走向，及时调整一线警力，在加强进出县城综合检查站警力部署的同时，在通往江孜方向设立临时卡点，每天安排 2 名警力配合医护人员轮值轮勤，对过往车辆和人员开展疫情防控检查。

【法治宣传】 2021 年，浪卡子县公安局坚持网上网下联动原则，紧紧抓住公安新闻宣传这条“生命线”，围绕公安重点工作任务、重大活动安保、重点专项行动，在树典型、推经验、讲故事中释放羊卓公安正能量，牢牢把握公安舆论宣传阵地。全年召开意识形态等专题会议 2 次，在“学习强国”、《人民公安报》发布信息 2 条，《西藏日报》《西藏法制报》、网信西藏、法治西藏等媒体平台上发布信息 46 条，在《山南报》、山南网、山南政法等媒体平台上发布信息 124 条，“羊湖之声”、浪卡子县新闻网等媒体上发布信息 102 条，利用“羊卓公安”微信公众号平台对外发布信息 383 条，最大限度地发布好羊卓公安声音，持续引领守好意识形态主阵地。按照“谁执法、谁普法”的普法责任制，针对网络电信诈骗案频发、道路交通安全事故高发等特点，依托“110”宣传日、3 月综治宣传月、“5·15”经侦宣传日、6 月综治宣传周、“6·26”禁毒宣传日和“百万警进千万家”“我为群众办实事”实践活动等，开展系列防范电信网络诈骗、道路交通安全、未成年人保护法、禁毒拒毒等宣传活动。全年共开展各类普法宣传活动 200 余场次，张贴标语、横幅等 30 余条，印发各类宣传资料 1 万余份、宣传礼品 2000 份，受教人数 9000 余人。

【执法规范化建设】 2021 年，浪卡

2021年11月17日，浪卡子县公安局民警上门为外来务工人员办理居住登记

子县公安局深入推进执法规范化建设，包括受立案改革、四级审批制度、执法办案中心改造建设，加大普法宣传教育工作、深入查摆案件办理中存在的突出问题、共性问题，提出整改意见书，确保整改到位。全年，法制部门共审核刑事案件31起，刑事拘留12人，提请逮捕8人，取保候审5人，起诉5起6人。审核行政案件60起，行政拘留16人，罚款43人。

2021年6月29日，浪卡子县公安局交警大队羊湖交警为旅游遇困者提供帮助

【治安管理】 2021年，县治安大队共受理治安类案件15起，办结15起，拘留17人，上缴国库罚款11600元；赌博、殴打他人、扰乱公共秩序等案件，相比往年呈现下降趋势。深化缉枪治爆专项行动，强化对危爆物品、枪支弹药、管制刀具、剧毒化学等危险品的监督管理。全年累计开展危爆安全隐患排查80余次，隐患排查整治50余处；收缴小口径气枪1支，弹药162发；检查销售刀具点350余次，收缴管制刀具25把。

【道路交通安全】 2021年，浪卡子县公安局强化道路交通安全监管不放松。结合“减量控大”和“百日行动”，大力开展“一盔一带”和“零酒驾创建”宣传活动，突出以国道349沿线和省、县道路为重点，严厉查处“三超一疲劳”、酒后驾驶、无证驾驶等违法行为。同时，重点强化对白地乡扎玛龙渡口和阿扎乡雍布多渡口的安全监管力度，积极争取县政府支持，从上交罚没款中返还资金26万元，用于全县道路交通安全隐患整改工作。截至年底，全县道路交通事故发案160起，同比上升17%。其中，死亡事故7起，一般事故14起，简易事故139起。排查各类安全隐患64处，上缴罚没款611017元，查处各类交通违法行为1500起。

【基层基础建设】 2021年，浪卡子县公安局打隆镇派出所、伦布雪乡派出所业务用房项目建设已竣工验收，并投入使用。卡龙、张达等6个公安派出所业务用房建设项目已列入“十四五”规划，浪卡子县公安局特警大队、浪卡子县公安局二级公安检查站、浪卡子县公安局扎马龙便民警务站新增机构编制请示报告已上报上级有关部门。按照上级公安机关统一部署要求，6月29日打隆镇公安派出所、便民警务站职能任务全部移交至打隆边境派出所，实现“一乡两所”问题清零。投入8万元完成张达、阿扎、卡龙等8个乡镇公安派出所党员活动室的建设，基层党支部逐步走向规范，战斗堡垒作用发挥明显；列支30万元，完成交警大队办公场所、县局档案室、党员活动室建设；列支3.5万元，完成刑警大队办公场所改造；列支95.8万元，采购4辆执法执勤车辆；列支38.66万元，采购民警个人防护和公用防护装备，并发放到基层一线；列支24万元，为伦布雪乡派出所采购办公设备，基层基础建设得到明显改善和加强。

【矛盾纠纷排查】 2021年，浪卡子县公安局结合“百万警进千万家”和“我为群众办实事”实践活动，深入开展矛盾纠纷调解、普法宣传、送证上门等各项实践活动，切实解决人民群众急难愁盼等问题，全年共开展矛盾纠纷排查200余次，化解各类矛盾纠纷70余起，为群众办实事、解难事、做好事100余件，开展各类扶贫消费、扶贫捐款共计10万余元。

【科技引领警务】 2021年7月，经浪卡子县公安局党委会议研究决定，由指挥中心牵头、在警务保障室的大力配合下，采用公开招投标的形式引进第三方公司维护公司，对全县长期故障、头像不清晰、前端问题较多的视频监控进行全面维修改造，截至年底，维修工作已全部完成，维修后视频监控点位在线率稳定保持在77%左右，在维护社会面治安状况、打击违法犯罪、案件侦破等方面发挥重要作用。

完成“雪亮工程”视频监控公安分平台建设。指挥中心积极对接市局科信支队和“雪亮工程”视频监控建设方，加快推进公安分平台建设，截至年底，该分平台已建设完成。“雪亮工程”公安分平台的建设完成改变传统视频监控运用模式，进一步提升公安视频监控运用质效。

新一代移动警务终端项目建设有序推动。2021年，在县局警务保障室的大力配合下，该项目招投标等工作已全部完成，就等装备配发到位下发使用。该项目的建设完成可支撑全区各级公安机关、各部门、各警种摆脱地域、空间、网线束缚、随时随地开展信息采集、查询比对、办公、办案等移动警务应用，有效解决信息应用系统与公安实战之间“最后一公里”问题。

【“110”指挥中心】 2021年，浪卡子县公安局“110”指挥中心共接警258起，有效接警228起。其中，刑事治安类16起，交通类132起，求助类39起，纠纷类40起，其他类1起。接处警回访228起，群众满意度达98.6%。

（杨 平）

## 检察

【概况】 1978年12月，成立浪卡子县人民检察院。1987年，县检察院升为副县级单位。1998年，正式实行检察官等级制度。2007年，县检察院下设办公室、刑检科、自侦科。2008年5月，成立县检察院党支部，党支部书记1人和支部委员3人。同年7月，成立县检察院党组，党组书记1人和党组成员2人。2013年3月，设立办公室（法警大队）、侦查监督科、公诉科、民事行政检察科（控告申诉检察科）、刑事执行局、反贪污贿赂局（反渎职侵权局）等6个科室。2021年11月，内设机构改革工作要求，撤销之前的内设机构，重新设立检察业务部和检察综合部。

2021年，浪卡子人民县检察院以习近平新时代中国特色社会主义思想为指导，贯彻党的十九大和十九届历次全会精神，贯彻落实习近平法治思想和新时代党的治藏方略以及视察西藏时的重要指示批示精神，推动检察工作深度融入“稳定、发展、生态、强边”四件大事，认真践行“讲政治、顾大局、谋发展、重自强”新时代检察工作总体要求，依法忠实履行法律监督职责，统筹推进“四大检察”“十大业务”全面协调充分发展，竭力服务保障浪卡子长治久安和高质量发展。截至2021年年底，受理各类案件17件19人，同比分别上升54.5%和5.5%，其中受理审查逮捕、审查起诉案件同比分别上升100%和11.1%。浪卡子县人民检察院实有工作人员10人

【严打刑事犯罪】 2021年，浪卡子县人民检察院依法严厉打击各

2021年8月11日，西藏自治区人民检察院党组副书记、常务副检察长占堆（中）一行到浪卡子县人民检察院调研指导工作

2021年10月29日，浪卡子县人民检察院党组书记、检察长格桑（右四）深入张达乡康如村开展走访调研，并看望慰问驻村工作队

类严重危害社会治安和人民群众获得感、幸福感、安全感的犯罪，切实履行好维护社会安全稳定的政治责任。全年共受理提请批准逮捕6件8人，批准逮捕6件7人，受理移送审查起诉10件10人，提起公诉8件8人，不起诉2件2人。着力保障交通安全，起诉危险驾驶、交通肇事案3件3人。深入推进“断卡行动”，审查批准逮捕帮助信息网络犯罪活动案2件3人，起诉1件1人，1件办理中。不断加大查办司法工作人员职务犯罪力度，自侦“5·13”专案系列案件1件1人，被全国教育整顿办和最高检列为挂牌督办案件。

【公益诉讼监督】 2021年，浪卡子县人民检察院切实履行“公共利益代表”的职责使命，聚焦公益保护，全力发挥依职权主动监督作用，加强与县政府及行政执法机关的沟通协调，争取重视、理解和支持。是年，浪卡子县人民检察院共开展摸排线索10次，公益诉讼立案3件，下发检察建议1份，行政公益诉讼诉前审查1件，使用诉前磋商程序2件。

【刑事民事监督】 2021年，浪卡子县人民检察院审查监督县人民法院民事裁判文书和民事执行活动卷宗10册，针对存在程序瑕疵的问题，浪卡子县人民检察院依法向县人民法院下发检察建议2份。同时不断加强社区矫正监督，刑事执检部门对社区矫正情况开展监督检查共计6次。截至年底，县司法局社区矫正相关台账齐全，未存在脱管漏管现象。通过对社区矫正相关情况的法律监督，确保社区矫正人员管控到位，刑罚执行到位。

【强化未成年人保护】 2021年，浪卡子县人民检察院深入贯彻习近平法治思想，贯彻践行新时代未成年人检察工作要求，开展“检爱同行，共护未来”主题检察开放日活动，向县人大代表、政协委员、相关单位以及师生代表通报近两年未成年人检察工作开展情况，与会人员对浪卡子县人民检察院未检工作开展给予充分肯定，并从各自单位角度，为浪卡子县人民检察院今后如何更好开展未检工作提出宝贵的意见和建议。同时为进一步做好未成年保护工作，浪卡子县人民检察院深入各乡镇学校开展未成年人保护工作开展情况进行摸排调查5次，着重从学校疫情防控工作开展、学生食堂卫生、食品安全、重点区域监控覆盖情况、男女寝室管理、自护教育开展等内容进行调查。经调查，学校对于学生就餐就寝安全以及爱国主义教育、卫生自护教育、法治安全教育等方面工作开展成效较好，存在宿舍管理不妥当等问题，对此提出相关完善建议。

【政法队伍教育整顿】 2021年，浪卡子县人民检察院深入贯彻落实全国政法队伍教育动员部署会议精神，准确把握政法队伍教育整顿总体要求，以学习教育为主线，将学深悟透习近平新时代中国特色社会主义思想特别是习近平法治思想作为根本任务，在学习党的创新理论中，不断增强“四个意识”、坚定“四个自信”、做到“两个维护”，筑牢对党绝对忠诚的思想根基。在英模教育中，树立崇尚英模、学习英模的良好风尚；在警示教育中，不断强化干警廉洁自律意识，筑牢拒腐防变能力。是年，通过党组理论学习中心组、支部集中学习会等方式集中学习27次，警示教育交流研讨会5次，开展英模学习5次，“找差距”交流研讨2次，撰写心得体会共30余篇；以查纠整改为中心，用“自查从宽”的案例示范引导，用“被查从严”的案例警示倒逼，深入整治“六大顽瘴痼疾”和六类突出问题，全院主动交代问题共13件，其中顽瘴痼疾3件、问题10件，核实认定13件。以总结提升为导向，通过“开门纳谏”征求意见座谈会收集的意见建议和顽瘴痼疾整治中查摆出的突出问题，针对性地制定浪卡子县人民检察院考勤管理制度、“两微一端一站”新媒体管理制度、落实“三个规定”辅助机制、禁酒令制度、为民办实事机制等11项顽瘴痼疾整治长效机制。

【社会治安综合治理】 2021年，浪卡子县人民检察院立足检察职能，着眼全县社会治安状况，进一步拓宽普法对象，创新普法形式，丰富普法内容。利用3月综治宣传月、“3·28”西藏百万农奴解放纪念日、6月综治宣传周等宣传时段，开展法治宣传12次，出动警力22人次、受教育群众达1500余人次，以开展法治讲座、发放宣传资料、设置法律咨询台、悬挂横幅等形式，结合办理的新型典型案件，大力宣传《中华人民共和国国家安全法》《中华人民共和国宪法》《中华人民共和国刑法》《中华人民共和国民法典》《中华人民共和国未成年人保护法》以及新时代检察机关开展公益诉讼职责等相关内容，引导群众共同参与社会治安综合治理，营造人人学法、人人懂法、人人用法、人人守法的氛围。

【维护社会稳定】 2021年，浪卡子县人民检察院牢牢把握稳定压倒一切总要求，始终坚决贯彻习近平总书记治边稳藏重要论述，牢固树立总体国家安全观，自觉扛起维护稳定第一责任，敢于担当、善于作为，狠抓既定维稳部署要求，做到思想上的弦绷得紧而又紧、对策上的准备细而又细、工作上的力度强而又强，使社会大局保持持续和谐稳定，“我要稳定”的社会根基也进一步得到巩固。截至年底，浪卡子县人民检察院对单位内部和周围共开展安全隐患集中排查百余次，巡逻检查30余次，出动警力60余人次。

2021年7月4日，浪卡子县第十四届人民代表大会第一次会议第二次全体会议上，院党组副书记、副检察长桑杰（宣讲台）受院党组委托向大会作检察工作报告

【党风廉政建设】 2021年，浪卡子县人民检察院认真贯彻十九届中央纪委五次全会精神及党中央、自治区党委、市委、县委关于全面从严治党决策部署，坚持注重预防、惩治并举的方针，着眼于提高反腐倡廉能力，以政法队伍教育整顿、党风廉政宣教月活动为契机，组织开展讲廉政党课、观看警示教育片、在线廉政考试、参观廉政教育基地活动。依托党组理论学习中心组，组织学习《关于新形势下党内政治生活的若干准则》《中国共产党党内监督条例》《中国共产党问责条例》等党纪党规，每逢节假日前，学习各类违纪违规通报文件，教育引导全院干警在工作、生活上从严要求自己。严格按照最高人民检察院关于严格落实检察机关“三个规定”及“实施办法”的工作要求，院党组组织干警，认真学习“三个规定”及“实施办法”，引导检察人员依法独立公正行使检察权，坚持把检察人员干预、插手、违反规定过问司法办案活动纳入党风廉政建设责任制体系内，对违反“三个规定”和“实施办法”的行为

坚决“零容忍”，严肃监督执纪问责。全年共填报过问案件情况2份，相关信息已及时报告送至上级院。切实承担起检察环节反腐败工作职责，对监察委移送的某公职人员涉嫌贪污罪一案，依法向浪卡子县人民法院提起公诉，并作出有罪判决。

（仁增平措）

2021年7月26日，县委书记布多到法院开展调研

## 法院

【概况】 1975年4月7日，成立浪卡子县人民法院。1987年，县人民法院升格为副县级单位，并开始选举产生人民陪审员。1997年，成立县法院刑事审判庭、民事审判庭、经济审判庭及执行庭4个机构。2001年2月，撤销经济审判庭，经济合同纠纷案件由民事审判庭审理，新增立案庭和行政审判庭。2006年1月，成立浪卡子县打隆镇人民法庭，为股级机构。2008年7月，成立县法院党组。2011年，设立办公室，所有的内设机构（办公室、立案庭、刑事审判庭、民事审判庭、行政审判庭、执行局）升格为副科级机构。2015年6月，成立普玛江塘乡中心人民法庭。2021年3月，撤销之前的内设机构，重新设立综合审判庭、立案庭（诉讼服务中心）、执行局（司法警察大队）、政治部（综合办公室）等4个内设机构。

2021年，浪卡子县人民法院以习近平新时代中国特色社会主义思想为指导，贯彻党的十九大及十九届历次全会和中央政法工作会议、中央第七次西藏工作座谈会及中央依法治国工作会议精神，学习习近平总书记“七一”重要讲话精神及习近平总书记在西藏考察时的重要指示精神，贯彻落实习近平总书记关于西藏工作的重要论述和新时代党的治藏方略，围绕“努力让人民群众在每一个司法案件中都感受到公平正义”的工作目标，积极践行司法为民公正司法主线，牢牢把握政法队伍教育整顿契机，不断加强审判执行工作和自身建设，努力打造一支忠于宪法和法律赋予职责的党员干部队伍，为维护浪卡子县社会大局持续和谐稳定，推动地方经济健康高质量发展，保障人民群众合理诉求和合法权益，促进社会各项事业进步作出了应有贡献。截至2021年年底，受理各类案件132（含旧存5）件，审执结124件，综合结案率93.94%。浪卡子县人民法院实有工作人员16人。

【案件受理】 2021年，浪卡子县人民法院共受理各类案件132件，同比上升127.59%，其中刑事案件6件，占4.55%；民商事案件77件，占58.33%；执行案件49件，占37.12%。审执结124件，同比上升133.96%；收、结案均创历史新高，综合结案率达93.94%，法定审限内结案率达100%。

【刑事审判】 2021年，浪卡子县人民法院共受理刑事案件6件6人，审结6件，结案率100%，其中，在所审理的案件中，危险驾驶罪2件2人、盗窃罪2件2人、故意毁坏财物罪1件1人、贪污罪1件1人。对6名被告人依法判处，10年以上有期徒刑1人、4年以下有期徒刑2人、缓刑3人。适用简易、速裁程序5件，普通程序1件；为2名被告人指定辩护人。适用认罪认罚从宽程序公开审理6起刑事案件，被告人当庭认罪服判率达100%。

【民商事审判】 2021 年，浪卡子县人民法院共受理民商事案件 77 件，审结 73 件，结案率 94.81%，结案标的额 705.49 余万元。调撤各类民事矛盾纠纷案件 46 件，调撤率 63.01%，调解标的额 305.39 万元；以保护弱势群体合法权益为出发点，妥善审理家事纠纷类案件共 15 件；以尊重合同契约自由为原则，依法公平公正审理合同类纠纷案件 50 件；其他类案件 12 起，努力做到廉洁、高效、便民，案结、事了、人和，有效促进社会和谐健康发展。

【执行工作】 2021 年，浪卡子县人民法院共受理执行案件 49 件，执结 45 件，执结率达 91.84%，执行到位金额 145.99 万元。纳入失信被执行人名单 1 件 1 人，限制高消费 3 件 4 人，布控 5 件 5 人，公安机关、金融机构等积极协助人民法院查控被执行人及其财产 49 次，查控资金达 80 余万元。

【司法体制改革】 2021 年 8 月，根据《西藏自治区法官职务套改实施办法》及《中共西藏自治区高级人民法院党组关于印发西藏自治区第三批拟任员额法官的决议》，3 名法官助理套转为员额法官。2021 年 10 月，根据《中华人民共和国地方各级人民代表大会和地方各级人民政府组织法》有关规定，经 2021 年 10 月 28 日召开浪卡子县第十四届人民代表大会常务委员会第二次会议研究，决定任命普布顿珠、旦增曲扎、格参扎西、次旺罗布为人民法院审判委员会委员。

【社会治理】 2021 年，浪卡子县人民法院紧紧围绕中心服务大局，主动融入党委领导的社会治理体系，坚持和发展新时代“枫桥经验”，坚持把非诉纠纷解决机制挺在前面，以法治思维和法治方式主动融入基层治理，实行法官联系乡镇村居制度，加强与乡镇政法委员、司法所、基层调解组织的协调联动，强化诉源治理，积极参与社会治理大格局，全年共调解化解各类矛盾纠纷 48 件。充分发挥车载科技流动法庭广覆盖、宽服务、机动快捷的优势，深入开展“上门立案”“法官巡回办案、上门诉前调解”等“诉讼绿色通道”，真正将司法工作置于群众家门口，方便当事人行使诉讼权利。通过车载科技流动法庭巡回受理审理案件 93 件，占总案件数的 70.5%。

2021年3月9日，浪卡子县人民法院执行联动联席会议召开

【思想政治建设】 2021 年，浪卡子县人民法院坚持把学习贯彻习近平新时代中国特色社会主义思想和中共十九大、十九届历次全会和中央政法工作会议、中央第七次西藏工作座谈会及中央依法治国工作会议精神作为首要政治任务，牢牢坚持党对法院工作的绝对领导，结合法院党组理论中心组学习会、法院党员“夜校”大学习等活动，先后开展政治教育、警示教育、廉政教育、英模教育，“六大顽瘴痼疾”专项整治活动，严格落实党内政治生活制度，开展党组理论学习中心组学习会 14 次、专题党课 4 次、主题党日活动 12 次，研讨交流学习 6 次 35 人，观看 5 次警示教育片、3 次英模宣传片，参观 2 次廉政教育基地，集中学习 45 次，撰写信息简报 108 条。

【值班备勤】 2021 年，浪卡子县人民法院以中国共产党成立 100 周年大庆及自治区成立 70 周年大庆等重大节点的绝对安全为重点，积极参与巡逻联防、矛盾联调等各项维稳中心工作，有效防控社会稳定风险，筑牢维护社会和谐稳定的铜墙铁壁。全年投入警力参加值班备勤、巡逻420余人次，出动车辆135次，行程达3.4万余千米。

【法治宣传】 2021年，浪卡子县人民法院坚持“谁执法谁普法、谁主管谁普法、谁服务谁普法”责任制要求，树牢“法治宣传就是办案，办案就是法治宣传”理念，把普法工作作为建设法治社会的重要工作来抓。坚持以“普法下乡”、打隆物交会、“八五”普法、国家宪法日等为契机，以实用、有用、能用为出发点，以会用为落脚点，延伸司法服务功能，拓宽宣传领域大力开展普法宣传，宣讲《中华人民共和国宪法》《中华人民共和国民法典》等法律法规，不断增强法律知识、提升法律意识。全年开展普法宣传16场次，讲座4场次，发放法律宣传手册8500余份，受教育群众15000人次。

【阳光司法】 2021年，浪卡子县人民法院全面落实司法公开要求，进一步推进审判流程公开，加强立案公开，当场立案登记率达100%，公开审判信息132条，推送短信87条，进一步推进裁判文书公开，依法在中国裁判文书网上公开各类裁判文书68份；进一步推进执行信息公开，建立完善网络查控系统，建立失信被执行人制度，增强执行威慑力，全年累计发布失信被执行人1件1人，采取限制高消费4人次；进一步推进庭审直播公开，加强庭审直播工作，对庭审直播工作实现流程化管理，累计在庭审直播网上公开庭审73场次。严格按照《中华人民共和国人民陪审员法》要求，加大从基层群众中选任陪审员力度，实现对审判实体和程序方面的监督作用，并进一步加深人民群众对司法审判的认同感，共选任人民陪审员30人，其中农牧民陪审员22人，占73.33%，通过普通程序审结案件数23件，人民陪审员参审案件数15件，陪审率为65.22%，有效保障人民陪审员工作的有序开展。

【接受监督】 2021年，浪卡子县人民法院牢固树立监督就是支持的工作理念，自觉接受人大及其常委会监督，坚持重大问题、重大案件向县委、人大、政法委汇报，认真办理好人大代表建议、政协委员提案；积极主动邀请代表委员座谈、视察法院建设、指导法院工作，并对具有重大影响、社会关切、人大代表关注的重大案件，邀请人大代表旁听案件审理，促进司法的公开、公平、正义。是年，主动邀请人大代表、政协委员检查指导法院工作3次，旁听重大案件审理4次，始终坚持党对法院工作的绝对领导，积极主动向县委、县委政法委、县人大专题汇报法院各项工作8次，确保法院工作的正确方向，切实推进法院各项工作公平、公正、廉洁、高效开展。

【诉讼服务】 2021年，浪卡子县人民法院始终坚持“两手抓、两不误”，畅通立案诉讼服务渠道，不断深化和巩固立案登记制度改革成果，全面落实网上立案、跨域立案、网络调解、电子送达、网上查询、网上办理等措施，做到有案必立、有诉必理，当场受理各类矛盾纠纷案件128件，立案121件，当场立案率94.53%，开通网上、邮寄、跨域立案新渠道，受理网上、邮寄、跨域立案案件21件，充分利用调解平台，发挥诉前调解优势，积极推行导诉服务、“12368”服务热线平台，确保诉讼服务体系全流程在线，通过导诉服务接待群众100余人次。

【党建工作】 2021年，浪卡子县人民法院党组始终树立“抓党建带队建促审判”工作思路，坚持党建工作与审判执行工作齐抓共管，齐头并进，促使党建思想认识到位，党组织决策落实到位，党建责任落实到位，开展党建工作调研2次，听取分管领导党建工作汇报。严格落实“三重一大”议事规则，认真落实“三会一课”、双重生活会、谈心谈话、民主评议党员和主题党日等制度。截至年底，院党组集中民主研究“三重一大”事项11次，开展专题党课5次、主题党日11次，召开专题生活会各3次，谈心谈话3次58人。始终把党风廉政建设责任制的贯彻落实作为一项政治任务摆在重要位置，与审判执行工作同安排、同部署、同考核，确保党风廉政建设和反腐败斗争工作落到实处。研究制定《浪卡子县人民法院2021

年度党风廉政建设和反腐败工作方案》《浪卡子县人民法院党风廉政建设任务分解表》,实行“一把手”负总责,院班子成员分工负责制,层层签订党风廉政建设责任状,形成了分工明确,专人负责,层层抓落实的工作机制,强化作风建设的重要性,全年组织干警观看警示教育片5场次、专题传达违反中央八项规定典型案例通报6次,英模宣传片3次,参观廉政教育基地2次,干警撰写心得体会6篇,组织干警集中学习45次。

【政法教育整顿】 2021年,浪卡子县人民法院深入开展政法队伍教育整顿工作,召开教育整顿动员部署会,制定实施方案,成立工作专班,第一环节共开展教育整顿专题学习18次,自学11次,会上干警交流发言10人次,个人撰写学习心得体会16篇;集中观看宣传教育片6次;参加县委政法委组织队伍教育整顿应知应会考试1次,自行组织考试1次;开展“大接访、大走访”“开门整顿、公开纳谏1次;成立队伍教育整顿领导小组办公室1个;组织开展“我想对党说”活动,开展我身边的榜样活动,选树先进典型及身边的榜样1人;开展政法干警“谈认识、说体会、讲收获”微分享4人次;开展大研讨15人次;围绕“政法干警如何做到绝对忠诚、绝对纯洁、绝对可靠”开展研讨3人次,围绕“红船精神”“老西藏精神”“两路”精神、孔繁森精神开展研讨交流3人次,全院干警撰写《永远在路上》的心得体会、警示教育心得体会、习近平法治思想心得体会。在微信公众号上推送宣传文章7篇。组织干警全面开展个人自查,对照“六大顽瘴痼疾”内容,逐条进行自我检视和剖析,对检视出的问题,逐个明确自我整改措施并撰写个人自查自纠报告16人次;组织全院干警填报浪卡子县县人民法院干警自查事项报告表,对标对表对内查纠,激发自查自纠内力,形成主动、严格、全面的自查形势。组织全院16名干警开展3轮填报35人次。聚焦顽瘴痼疾“6+3+N”,以排查影响司法公正的隐患、梳理违法违纪的线索为抓手,召开专题民主生活会和组织生活会,重点围绕六大顽瘴痼疾方面问题进行自我检视剖析,剖析存在的问题,研究提出务实管用的整改措施。共自查报告顽瘴痼疾问题9件6人。填写个人事项报告表、撰写民主生活会个人剖析材料等,开展批评与自我批评,班子成员带头查纠问题。全年班子成员谈心谈话三轮58人次;共制作并悬挂队伍教育整顿横幅5个,设置举报箱1个,张贴举报公告5张。

(达娃卓玛)

## 司法行政

【概况】 2005年9月,成立浪卡子县司法局,正科级建制。2019年,党政机构改革,将县司法局、县人民政府法制办公室的职责整合,重新组建县司法局,为正科级行政单位。

2021年,浪卡子县司法局以习近平新时代中国特色社会主义思想为指导,贯彻落实习近平法治思想,贯彻落实吴英杰书记在区党委政法工作动员部署会上的讲话精神,各项工作稳步推进。截至2021年年底,浪卡子县司法局实有工作人员8人。

【法治宣传】 2021年,浪卡子县各乡镇,村(社区),普法成员单位,以“法律八进”为载体,结合“12·4”宪法宣传日,3月、6月、9月综治宣传月等节点,开展普法宣传。全年,县普法办(县司法局)开展各类法律宣传活动共47场次,悬挂各类横幅24条,向群众僧尼、学生发放各类法律宣传资料5400余份(册),受教育人数达6950人次。

【依法行政】 依法治县委员会办公室工作。由县司法局牵头组织召开了浪卡子县依法治县委员会第一次会议,会上通过《浪卡子县委全面依法治县委员会2021年工作要点》和《浪卡子县委全面依法治县委员会2021年工作要点》主要任务分工方案,会后印发给各成员单位,按照各自任务分解内容,落实此项工作。

法治政府建设领导小组办公室工作。县司法局向法治政府建设领导小组汇报《浪卡子县2020年度法治政府建设工作报告》,全面总结2020年的工作,并对下一步工作指明方向。草拟印发《浪卡子县2021年法治政府建

2021年3月15日，浪卡子县司法局党支部开展主题党日活动

设工作要点》和《浪卡子县2021年法治政府建设工作要点任务分工方案》。

【行政执法监督】 2021年，县司法局在全县所有行政执法部门发放《西藏自治区全面推行行政执法三项制度资料汇编》，书中详细讲解如何去执法，如何制作执法文书，对提高行政执法部门的执法水平有较好的帮助。同时，严格要求各行政执法部门按照相关法律法规公正执法。积极协调山南市行政执法监督科，对全县19个行政执法部门的工作人员开展执法证换证、补办等工作，为全县各行政执法部门开展好执法工作奠定良好氛围。

【社区矫正】 2021年，浪卡子县司法局严格落实社区矫正管控措施，做好社区矫正人员教育、学习、管控工作。全年，累计接收社区矫正人员4人、解矫2人，居住地变更1人、全县有在册社区矫正人员2人（都属于缓刑人员）。矫正对象落实重点期间的每日报平安制度，落实每月公益劳动及法治宣传教育活动。7月，县司法局制定《浪卡子县司法局社区矫正工作制度》，进一步明确社区矫正工作人员的职责。

【安置帮教】 2021年，浪卡子县司法局认真贯彻落实刑满释放人员安置帮教工作，严格落实帮教措施。自安置帮教工作开展以来，全县累计接受39名安帮对象，针对不同类型的帮教对象实行分类管理。同时，对每名安帮人员都定期或不定期地开展电话走访和实地走访，了解其现状和困难，有针对性地实施帮教。特别是在重大节点，安排专人对全县安帮对象进行抽查走访，全年，县司法局工作人员共电话抽查39人次，委托各乡（镇）司法助理员电话抽查共5次、184人次，实地走访抽查12人次。截至年底，解教3人，现帮教对象共有36人。

【法律服务】 2021年，浪卡子县援藏律师利用“法律进学校”活动，对全县各中、小学开展“法律进学校”活动共计16次，对全县各级群众开展法治咨询118次，代写法律文书52份，结合3月综治宣传月、6月综治宣传周、9月综治宣传日等“七五”普法宣传活动契机，宣传法律援助工作及法律法规内容192次，制作并发放宣传册及宣传资料2万余份。

【人民调解】 2021年，浪卡子县建立健全人民调解组织体系，调整充实人民调解组织133个（其中，村（社区）调解组织95个、乡镇10个、专业性行业性4个、企事业单位19个、县人民调解中心1个），调解员共703人。组织各级各类调解员开展矛盾纠纷排查化解工作。全年，调解组织共调处各类矛盾纠纷19起，成功调解18起，调解成功率94.74%，年度规范整理人民调解案件卷宗。

【行政复议】 2021年，浪卡子县司法局开始启动行政复议工作，全年全县行政复议案件为0，受理案件为0。

（米　玛）

# 综合管理与监督

## 发展和改革

【概况】 1978年12月，组建县计划委员会。1981年2月，撤销县计划委员会、县财政科，合并组建县计财科。1984年10月，县计财科部分职能剥离，分别组建县计划委员会与县财政局。1987年6月，县交通局并入县计划委员会，更名为县计划经济委员会。1996年6月，县劳动局并入县计划经济委员会。2002年3月，机构改革，县交通局职能剥离分设县交通局，县计划经济委员会更名为县发展计划委员会。2004年4月，机构改革，县劳动局职能从县发展计划委员会分离。县发展计划委员会改名为县发展和改革委员会，正科级建制，县劳动就业和社会保障局并入县发展和改革委员会。2005年5月，县统计局并入发展和改革委员会。2010年10月，县劳动就业和社会保障局职能剥离县发展和改革委员会，县工业和信息化局、县粮食局并入县发展和改革委员会。2019年，党政机构改革，工业和信息化局更名为县经济和信息化局，在浪卡子县发展和改革委员会加挂县粮食局和物资储备局牌子、县经济和信息化局牌子。

2021年，县发展和改革委员会以坚持以习近平新时代中国特色社会主义思想为指导，贯彻党的十九大和十九届历次全会精神和中央第七次西藏工作座谈会精神，贯彻习近平总书记在西藏视察调研时的重要指示精神，按照增强“四个意识”、坚定“四个自信”、做到“两个维护”，贯彻落实自治区第十次党代会精神、市第二次党代会精神和自治区党委、山南市委、浪卡子县委经济工作会议精神，统筹推进“五位一体”总体布局，协调推进“四个全面”战略布局，坚持以人民为中心的发展思想，坚持稳中求进工作总基调，坚持新发展理念，坚持高质量发展要求，落实稳增长、促改革、调结构、惠民生、防风险、保稳定各项措施，坚持稳中求进、补齐短板工作总基调，浪卡子县主要经济指标增速明显，经济发展活力和内生动力明显增强，经济运行呈现出总体平稳、稳中有进的良好态势，较好地完成年初确定的各项目标任务。截至2021年年底，浪卡子县发展和改革委员会实有人员9人。

【经济工作】 2021年，浪卡子县发改委坚持新发展理念，认真落实稳增长、保改革、调结构、惠民生、防风险、保稳定等各项要求和措施，编制《浪卡子县2020年国民经济和社会发展计划执行情况暨2021年国民经济和社会发展计划（草案）的报告》。加强季度经济形势分析与预测、预警，有效发挥政府的参谋助手作用。坚持稳中求进、补齐短板，狠抓各项工作落实，力促全县经济运行。全年实现一般公共预算收入同比增长28.3%、税收收入同比增长13.9%、全县完成地区生产总值同比增长6.8%、全社会固定资产投资同比增长22.3%、农牧民人均可支配收入同比增长14.7%、社会消费品零售总额同比增长5.5%。

【项目建设】 2021年,浪卡子县发改委严格落实项目基本建设程序,综合督导、量化通报等体系持续跟进,做到保进度、保质量。全年累计开复工项目93个,总投资10.84亿元,项目开复工率达到100%。积极谋划“十四五”规划项目盘子,储备项目508个,总投资320亿元。初步纳入自治区规划盘子项目129个,总投资29.52亿元。

【疫情防控】 2021年,浪卡子县发改委全面落实防控要求,强化疫情防控技能培训,做好防疫知识宣传,防人传与防物传相结合。全县严密检查防控,切实抓紧外防输入、内防疏忽,2021年共投入资金212余万元,采购两批物资,库存物资可支持满负荷运行30天。

【经信工作】 2021年,浪卡子县发改委协助县“互联网+政务服务”工作领导小组开展相关工作,加强与上级工信部门沟通衔接,化解在“互联网+政务服务”、中小企业发展工作中遇到的难点问题,为开展相关工作提供有力保障。

【粮食工作】 2021年,浪卡子县完成粮食播种面积2.51万亩,青稞2.44万亩;粮食总产量5234.07吨,其中青稞产量5039.46吨;蔬菜产量814.36吨。按照根据上级关于粮食储备相关要求,2021年县自治区粮食储备库粮油总库存764吨(大米1吨、精米200吨、精粉50吨、其他省市标粉0.2吨、青稞501.3吨、糌粑2.3吨、清油9.2吨),其中自治区储备粮750吨。

【援藏工作】 2021年,浪卡子县发改委围绕民生建设、社会事业等领域加强援藏项目建设工作,共实施包括浪卡子县教育信息化建设项目、浪卡子县浪卡子镇道布龙村人居环境整治项目等6个,完成资金总量3923万元。

【招商引资】 2021年,浪卡子县发改委立足本地资源和优势,开展招商引资工作,实施浪卡子县羊卓风景文化街建设项目,完成资金5048万元。

【党建工作】 2021年,浪卡子县发改委党支部全面落实党管一切、党建促动的工作总要求,严格执行“三会一课”等党内生活制度,从严党员管理,扎实开展党史学习教育。2021年荣获“先进基层党组织”称号。

(增林波)

## 审计

【概况】 2005年,根据县机构改革要求,浪卡子县财政局内设县审计局,属财政局下属股级单位,配备行政编制2人,其中副科级领导1名,实有人数2名。负责全县机关事业单位(不含县财政局)的审计监督工作。2008年,根据山南地区统一要求,撤销县审计局,审计局人员并入县财政局。2019年,党政机构改革,将山南市审计局承担的浪卡子县审计工作职责,以及县发展和改革委员会的重大项目稽查职责,县财政局的预算执行情况和其他财政收支情况的监督检查职责,县人民政府国有资产监督管理委员会国有企业领导干部经济责任审计职责等整合,组建浪卡子县审计局,为正科级行政单位,构建统一高效审计监督体系。

2021年,浪卡子县审计局主要负责对县财政收支和法律法规规定属于审计监督范围的财务收支的真实、合法和效益进行审计监督,对公共资金、国有资金、国有资源和领导干部履行经济责任情况进行审计,对领导干部实行自然资源资产离任审计,对国家各级政府有关重大政策措施贯彻落实情况进行跟踪审计。对审计、专项审计调查和核查社会审计机构相关审计报告的结果承担责任,并督促被审计单位整改审计查出问题,截至2021年年底,浪卡子县审计局实有工作人员8人。

【审计委员会第一次会议】 2021年12月16日,十届县委审计委员会召开第一次会议,传达学习中央、自治区、市审计委员会议精神和李克强总理在听取2021年全国审计工作汇报时的讲话精神,听取县审计局《关于2021年度工作开展情况暨2022年工作计划的报告》,研究部署全县审计工作。

【专项审计】 2021年,浪卡子县审计局成立专项审计组,先后完成全县10个乡镇(含村财乡管资

2021年1月10日，浪卡子县审计局局长王金亮（左一）到打隆镇政府检查乡（镇）财务清查整改情况

金）和51个县直预算单位存量资金和长期挂账资金专项审计和县羊卓投资有限责任公司财务收支专项审计、县卫生服务中心和藏医院大宗物资和药品采购专项审计工作，形成审计报告3篇，查出审计问题30项，提出审计建议15条。下发审计调查报告，督促相关单位完成审计整改工作。

【村（居）领导经济责任审计】 2021年，浪卡子县审计局根据工作实际，开展村（社区）组织换届离任经济责任审计，对全县95个行政村进行全覆盖离任经济责任审计，在此次审计中指出审计问题24个，提出审计建议24条，移送纪委审计重大问题线索1条。

【财务清查】 根据《中华人民共和国预算法》《会计基础工作规范化》及有关规定。2021年，浪卡子县审计局牵头及时成立乡（镇）财务清查组，对9个乡（镇）人民政府2016年1月至2021年1月财务收支情况、规章制度执行力度、财务审核把关等进行了全面清查，形成报告9篇、指出问题19个，提出审计建议19条。

【基层党建工作】 2021年，浪卡子县审计局认真贯彻基层党建工作会议精神，结合党建工作要点，落实党建各项工作措施。年初调整充实“审计局党建工作领导小组”，及时按照时间节点召开2021年度民主生活会及组织生活会。全年召开党组会议8次，同时严格落实“三会一课”制度，召开支部委员会9次、党员大会5次、讲党课2次，开展“主题党日”活动12次。

【党风廉政建设】 2021年，浪卡子县审计局按照党风廉政工作要求，召开2021年党风廉政工作部署会；制订党风廉政建设和反腐败工作计划并签订党风廉政责任书和党员干部廉政承诺书；同时开展干部职工宿舍、私家车、办公区域清查摆放宗教标准物品自查和清查工作。先后参加县纪委组织的廉政教育活动，将具有警示教育的党员违纪违规典型案例纳入支部学习议程，原文传达学习，做到警钟长鸣。

【党史学习教育】 2021年，浪卡子县审计局按照县委、县政府的党史学习教育动员部署会的要求，及时召开支部党员大会，专题研究安排部署审计局党史学习教育工作，安排专人负责，明确党史学习教育的内容、制订学习计划；全年开展专题学习（理论中心组学习、专题读书班）11场次、专题党课2场次、专题调研1次、专题研讨4场次，开展“办实事活动”2次，形成周报15次、月报3次，组织开展党史考试1次，召开专题民主生活会1次。

【干部培养】 2021年，浪卡子县审计局在加强干部职工党性修养的同时，注重提升干部职工审计业务能力，在学习《中华人民共和国宪法》《中华人民共和国审计法》《中华人民共和国民法典》等相关的法律法规的基础上，通过选派干部到上级部门跟班审计、巡查等方式学习提升业务能力。是年，县审计局为新任职的领导干部尽快熟悉审计工作，提升审计能力，先后选派2名干部到山南市审计局开展跟班审计项目，通过现场项目审计，熟悉审计工作的程序、锻炼审计能力、积累审计经验，为审计工作奠定扎实基础。

（美　多）

## 统计

【概况】 2005年5月，成立浪卡子县统计局，是县发展和改革委员会管理的副科级机构。2010年10月，机构改革，县统计局升格为正科级建制，县统计局和县发改委合署办公，“两个机构，一套人马”。2017年5月，单独设立浪卡子县统计局（县社会经济调查队），为正科级行政单位，部门管理县社会经济调查队。

2021年，浪卡子县统计局围绕中心，服务大局，坚持依法统计、科学统计，以优质服务助推浪卡子县经济社会发展。截至2021年年底，浪卡子县统计局实有人员6人（事业普查中心2人）。

【主要经济指标完成情况】 2021年各项指标完成情况。地区生产总值完成108244.1万元，增速6.8%。第一产业6527.1万元，同比增长4.2%；第二产业48294.4万元，同比下降5.1%；第三产业53422.6万元，同比增长20.9%。农村居民人均可支配收入16201元，同比增长14.7%；固定资产同比增长22.3%；社会消费品零售总额22230.2万元，同比增长5.5%。2021年粮食产量5234.07吨。

【统计工作开展情况】 工业企业方面。2021年，浪卡子县工业企业抽样调查104家，规模以上工业企业1家，规模以下工业企业103家，按照上级要求，4月、7月、10月进行每季度工业生产情况联网直报。

固定资产投资方面。积极入库新项目。2021年，浪卡子县500万元以上项目新增入库有29个。

社会消费品零售总额方面。2021年，浪卡子县对限额以上贸易企业1家，限额以下消费具有代表性的8家企业（个体户）进行抽样调查，并按季度联网直报，对消费零售总额增速进行监测。

劳动力调查方面。3月开始，浪卡子县城所在区域及打隆镇所在区域2个居委会进行劳动力调查工作，每月每个点抽查16户进行劳动力调查。为保证劳动力调查工作顺利推进，每个居委会确定2名调查员进行培训，为有效推进劳动力调查各项工作提供了人员保障。及时争取调查经费，保障调查按时保质保量完成。通过发放宣传单等方式，对调查对象面对面讲解劳动力调查的重要意义，提高调查配合程度及数据质量。

居民人均可支配方面。按照上级要求，县统计局设立2个村居20户可支配收入调查点，对设立点进行4月、7月、10月采集每个季度收入数据。

【基层业务提升】 2021年，县统计局为进一步提高乡镇、村居等基层统计人员业务素质，4月14日起，开始利用8天的时间深入基层，对乡镇统计员及村居乡村专干讲解统计法律法规及农牧业报表及农村居民人均可支配收入构成等指标进行讲解，主动为基层提供统计服务。增强了乡镇、村居统计人员的法治意识，对统计制度方法进一步巩固，对有关统计数据的口径、采集、报送流程进一步规范，应统尽统、业务技能和实际操作能力进一步提升，为下一步高质量完成各项统计工作任务夯实基础。

（边 片）

## 自然资源

【概况】 1997年7月，成立浪卡子县土地管理局，是县农牧局管理的副科级机构。2003年2月，县土地管理局职能从县农牧局剥离，单独设立，县土地管理局改称县国土资源局。2003年10月，县环境保护局职能并入县国土资源局，县国土资源局改称县国土资源环境保护局。2010年10月，县环境保护局从县国土资源环境保护局中独立出来，县国土资源环境保护局改称县国土资源局，正科级建制。2017年6月，设立浪卡子县国土资源和规划局（不动产登记局）。2019年，党政机构改革，将县国土资源和规划局的职责，以及县发展和改革委员会的实施主体功能规划职责，县水利局的水资源调查和确权登记管理职责，县林业局的森林、湿地等资源调查和确权登记管理职责整合，组建浪卡子县自然资源局，不再保留县国土资源和规划局（不动产登记局）。部门管理不动产登记中心和土地储备中心。截至2021年年底，浪卡子县自然资源局实有工作人员9人。

【土地资源概况】 2021年，浪卡子县土地总面积为796989.26公顷，其中，耕地面积为5275.60公顷、林地面积为23042.61公顷、牧草地面积622844.42公顷、其他农用地面积为790.92公顷、城乡建设用地面积为972.88公顷、交通水利用地面积411.72公顷、水域面积为103470.41公顷，其他建设用地面积为4.52公顷、自然保留地面积为78179.20公顷。

【耕地保护】 2021年，县自然资源局加强耕地保护责任，与乡（镇）、村（居）签订耕地保护目标责任书，把保护责任落实到村、户，明确责任，加强考核，完成市里下达的耕地、基本农田分别不低于7.9114万亩、6.2万亩的目标任务。

【项目用地】 2021年，区自然资源局上报城市第一及村镇第一、二、三批次共4个批次，总面积139.371亩，涉及农村宅基地21宗、基础设施建设项目8个、教育项目4个、扶贫合作社4个、交通运输项目1个、卫生项目1个、混凝土加工搅拌站1个、旅游基础设施项目1个，共计41个项目。

【不动产登记】 2021年，全年办理不动产权证书1162本，其中农村集体土地确权发证358宗，边境小康村农村宅基地房地一体证书803本，变更登记1本。

【地质灾害防治】 2021年，浪卡子县地质灾害隐患点共有129处，其中浪卡子镇11处、打隆镇12处、卡热乡13处、卡龙乡15处、白地乡22处、多却乡10处、阿扎乡28处、伦布雪乡10处、普玛江塘乡0处、张达乡8处。地质灾害类型为滑坡、崩塌、泥石流、不稳定斜坡，其中崩塌70处、泥石流52处、滑坡7处，地质灾害类型以崩塌为主，泥石流次之，滑坡最少。

4月，委托四川省地质矿产勘查开发局四〇五地质队对全县地灾隐患点开展汛前巡查，编制完成《西藏自治区山南市浪卡子县2021年汛前地灾隐患排查报告》。邀请市局领导和专家到浪卡子县实地查看地灾隐患点情况，并申报山南市浪卡子县卡热乡边据村滑坡治理项目、山南市浪卡子县卡热乡最堆村小型地质灾害治理项目和浪卡子镇浪卡子社区琼日山地质灾害搬迁避让项目。8月5日，开展浪卡子县2021年度地质灾害应急演练暨现场防灾避险知识宣传培训活动。培训会上，首先由2021年度地质灾害"三查"工作技术服务单位四川省地质勘查开发局四〇五地质队专业技术人员以理论联系实际、举例等方式，向群众科普地质灾害应急避险、自救、互救知识，县自然资源局副局长罗桑次仁对其进行"一对一"翻译，让群众充分认识到地质灾害防灾避险知识的重要性，加深防灾知识的印象，力争在关键时刻得到充分利用。此次培训共发放宣传手册120余份。

2021年10月8日，山南市自然资源局副局长潘尔龙（左一）到浪卡子县增减挂钩项目点查看工作开展情况

【违法用地整治】 2021年，县自然资源局按照相关要求对2015年以来历年违法用地4宗〔浪卡子县曲色景点乡村旅游建设项目、浪卡子县白地乡派出所建设项目、浪卡子县2015年干部职工周转房（白地乡）、浪卡子县多却乡热玛瓦村幼儿园建设项目〕，共用地面积为19.05亩，下发责令停止违法行为通知书4份。该4宗项目因占用基本农田，厅层面于2021年4月28日到实地踏勘论证，按照要求编制基本农田补划方案，7月30日

补划方案通过评审，于8月30日组织报件上报至市局。

【卫片执法】 2021年，县自然资源局充分利用动态巡查，开展土地矿产执法巡查，发现违法违规用地15宗，共下发《责令停止违法行为通知书》《责令改正违法行为通知书》30份，其中立案1宗，处罚21.3467万元，发现非法采石取土行为3宗，共下发《责令停止违法行为通知书》《责令改正违法行为通知书》6份，其中立案1宗，没收非法所得3万元，整改2宗。2021年8月18日至20日，县自然资源局联合相关部门，对全县范围乱采乱挖、水泥砖加工场、砂石场、土地未批先建、新增乱占耕地建房等领域开展现场检查，共发现违法行为11处，下发《责令停止违法行为通知书》《责令改正违法行为通知书》4份，要求限期整改9处，现场教育10人次。

【国土空间规划编制】 2021年，县自然资源局已基本形成初步方案和三线划定初稿。生态红线划定情况。依据2021年3月22日自治区自然资源厅下发的浪卡子县生态保护红线评估调整成果，浪卡子县生态保护红线共计376194.85公顷。基本农田保护红线划定情况。全县永久基本农田保护面积不低于4160.36公顷，根据基本农田划定成果，全县实际划定永久基本农田面积4163.74公顷，超出规划目标3.38公顷。根据最新的基本农田核实整改补划要求核实稳定耕地，后面根据部里最新要求统筹划定。

城镇开发边界划定情况。已完成中心城区用地布局（初稿）和9个乡镇国土空间用地布局图（初稿），初步划定全县域乡镇开发边界。已征询各乡（镇）领导班子和各部门意见，按照沟通反馈意见修改完善成果。2021年7月21日县人民政府召开专题会议初步审议《浪卡子县国土空间总体规划（2020—2035）（初稿）》。

2021年7月1日，浪卡子县自然资源局党支部召开党史学习教育专题组织生活会

【城乡建设用地增减挂钩项目】 2018年度城乡建设用地增减挂钩项目448.05亩，到位资金6455万元，截至年底，已完成复垦复绿工作。2019年度城乡建设用地增减挂钩项目250.17亩，到位资金3613.47万元，已完成工程总量的90%。对全县脱贫攻坚基础设施建设提供资金保障，全县2020城乡建设用地增减挂钩项目面积90.09亩，到位资金686.7080万元。

【国有土地出让】 2021年，工业用地出让1宗，出让金25.68万元，全部已上缴至县级国库。

【党建工作】 2021年，县自然资源局按照年初制订的党支部学习计划，结合党史学习教育工作的开展，以集中学习和自学相结合的方式，坚持每周集中学习一次，认真学习习近平新时代中国特色社会主义思想及中共十九届四中、五中全会和中央第七次西藏工作座谈会精神、党中央指定的教材内容，深刻领会习近平总书记对西藏工作的重要指示批示、学习宣传习近平总书记在中国共产党成立100周年大会上的讲话精神和在西藏视察时的讲话精神，以及上级下发的各类文件精神，跟进学习习近平总书记系列讲话和各大类会议精神，增强“四个意识”、坚定“四个自信”、做到“两个维护”。全年共计组织集中学习23次，专题研讨2次，召开专题组织生活会1次，召开支部委员会11次，支部党员大会7次，党支部副书记上党课3次，召开

2021年10月7日，浪卡子县自然资源局组织开展2021年地质灾害应急演练

局党组会议5次，开展“主题党日”活动12次。对2012年11月以来发展的党员情况进行自查，经排查，支部自2012年11月以来发展的党员共2名，其中自然资源局发展的1名、其他单位转入的1名，支部严格按照程序，补齐相关材料，符合党员条件的认可身份。2021年，县自然资源局党支部发展1名优秀的年轻同志成为正式党员。

【党风廉政建设】 2021年，浪卡子县自然资源局结合工作实际，加强党风廉政建设，单位主要负责人与每名党员干部签订廉政责任书，日常工作中结合主题教育，开展反腐倡廉工作、观看警示教育片、学习典型案例等。执行党风廉政建设责任制，制订年度工作计划。按照党风廉政建设责任制的规定以及中央和西藏自治区党委、山南市委、浪卡子县委及山南市自然资源局关于党风廉政建设工作部署要求，抓好主体责任落实。

（桑旦白姆）

## 市场监督管理

【概况】 1984年，成立浪卡子县工商行政管理所，隶属县商业科管理，业务由山南地区工商局领导。1993年3月，县工商所改称县工商行政管理局，正科级建制，业务由山南地区工商局领导。2019年，党政机构改革，将县食品药品监督管理局的职责，以及县发展和改革委员会的价格监督检查、依法查处价格垄断行为职责，县商务局的整顿和规范市场秩序职责等整合，组建浪卡子县市场监督管理局，县食品安全委员会的具体工作由县市场监督管理局承担。不再保留县工商行政管理局、县食品药品监督管理局（县食品安全委员会办公室）。截至2021年年底，浪卡子县市场监督管理局实有工作人员9人。

【党史学习教育】 2021年，浪卡子县市场监督管理局深入学习贯彻习近平总书记在党史学习教育动员大会上的重要讲话精神，认真贯彻落实对全局开展党史学习教育工作，开展集中学习22次、研讨5次、早读22次，实地参观学习红色基地1次，集中观看红色传承纪录片6次，为民办实事14次，党员联系群众服务4次，共解决农产品滞销问题价值达5000余元。

【疫情防控】 2021年，浪卡子县市场监督管理局开展对部分进口乳清粉、奶枣产品、冷链食品、新冠疫苗及疫苗的冷藏设施设备进行检查。全年累计出动检查人员30人次，检查食品经营单位130余家；检查餐饮企业70余户；检查药品、医疗器械经营企业6家；开展“应检必检”工作，对辖区内邮政物流包裹3个、进口食品17类、从业人员26人进行新冠肺炎核酸检测采样。推进市场主体新冠疫苗接种工作，截至年底，共出动人员12人次，排查312户、接种第1针商户371人；接种第2针商户140人；未接种商户10人（其中孕妇3人、备孕2人、医院建议暂时不宜接种人员5人）。开展口罩等疫情防控物资检查，严厉打击哄抬物价、串通涨价、不执行政府价格干预政策等违法行为，为打赢防疫战“保价护航”；联合县疫情防控办、卫生监督对县域内的各诊所、药店“四类药”、疫苗、过期药品进行专项督导检查。全年共出动执法人员14人次，

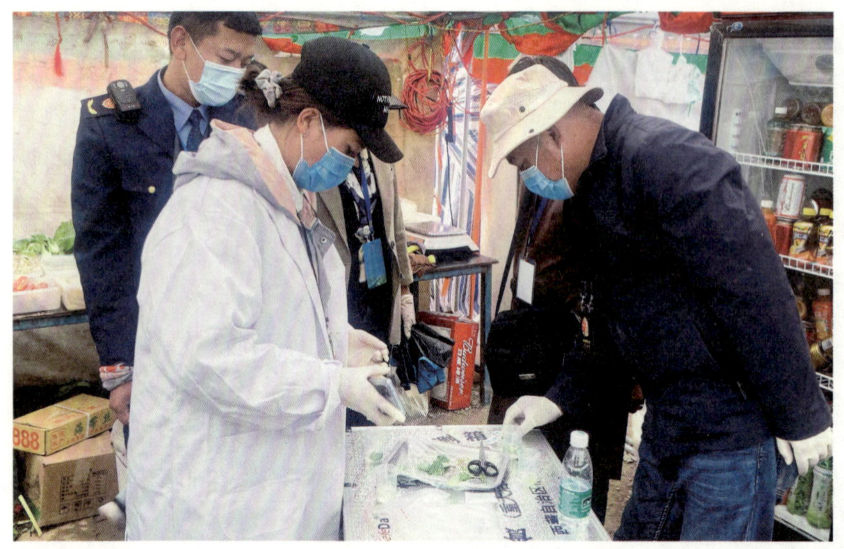

2021年7月30日，浪卡子县市场监督管理局工作组在打隆镇开展第30届打隆边贸物资文化交流会期间食品保障工作

检查11家次药店、11家次诊所、38家次乡镇(村)卫生院(室),对检查中存在的各类问题均下发责令整改通知书,截至年底,所有存在问题均已整改到位。

【市场主体发展情况】 2021年,浪卡子县市场主体共有3111户,从业人员9429人,注册资金140006.97322万元,分别同比增长10.4%、10.5%、21.1%,其中,个体工商户2599户(新增221户),从业人员4891人(新增432人),注册资金30696.17万元(新增3468.7万元),分别同比增长9.3%、9.6%、12.7%;企业310户(新增52户),从业人员3637人(新增360人),注册资金99762.88万元(新增19809万元),分别同比增长20.2%、11%、24.8%;农民专业合作社202户(新增19户),从业人员901人(新增106人),注册资金9547.92322万元(新增1134.99542万元),分别同比增长10.4%、13.3%、13.5%。是年,办理食品经营许可证25张,小作坊证2张,办理从业人员健康证706张。

【市场综合监管】 2021年,浪卡子县市场监督管理局加强食品药品监管检查力度,建立完善食品药品安全监管责任体系;在重点区域、重点单位,深入开展各类食品药品安全专项整治,加强食品生产加工、经营、消费等环节全过程监管;完善食品药品诚信体系建设,加大食品药品宣传力度,努力营造“人人关心食药安全,人人参与食药安全”的良好社会氛围。为保障农村食品安全及幼儿园、小学、初中学生食品安全,对县城、乡镇以及下辖95个行政村所有食品经营户,开展禁止销售“辣条”及过期食品、假冒伪劣食品、使用一次性发泡塑料餐具、一次性不可降解塑料购物袋等情况全面检查、专项检查工作。加大特种设备安全监察工作力度,建立完善特种设备安全监察工作平台。加大执法工作力度,加强联动机制,层层落实责任,对重点设备(电梯、压力管道)实施安全监察全覆盖,排除特种设备安全隐患,确保无重大事故发生。以消费品、农畜产品相关产品为重点,做好产品质量监督抽查工作,加强不合格产品的处理工作。严厉打击侵犯消费者合法权益、不正当竞争、商标侵权、无照经营和传销等违法行为,进一步规范和治理格式合同中存在霸王条款的行为。为确保各类佛事活动、考试、物交会、羊湖骑行赛等重大活动期间食品安全,严防食物中毒事件和食源性疾患的发生,组织执法人员到活动现场及周边商户进行食品安全检查及指导,确保各类重大活动顺利进行。截至年底,浪卡子县市场监督管理局共开展各类检查119次,出动执法人员500余人次,出动执法车辆98台次,累计检查各所学校50余家次,卫生院、卫生室等药品经营单位90余户次,各类市场主体1900余户次,宾馆15家次,建筑工地食堂30余家次,奶渣(酥油)加工销售小作坊20余家次,娱乐场所30余家次,打字复印店10余家次,音像制品销售店5家次,下达监督检查意见书200余份。现场监督销毁问题食品1900余包(袋);没收辣条15000余包(袋),折合人民币0.87万余元;没收不符合环保规定的一次性塑料袋13大袋(包),共计价值1万余元;没收过期食品(主要为印度饼干、方便面),折合人民币4635余元。

【法治宣传】 2021 年，浪卡子县市场监督管理局以“宽进严管”的市场监管理念，积极利用 3 月综治宣传月、6 月安全生产月、“9 · 16”平安浪卡子宣传日”和打隆物交会等各类宣传为契机，联合应急管理局、公安局、商务局、文广局、卫健委、消防大队等职能部门，举办“3 · 15”国际消费者权益日、“12315”投诉举报宣传日、3 月综治宣传月、“6 月安全生产月”“9 · 16”平安浪卡子宣传日和打隆物交会等宣传活动。向群众主要宣传《中华人民共和国消费者权益保护法》《打击传销规范直销宣传手册》《中华人民共和国商标法》《无照经营查处取缔办法》《中华人民共和国食品安全法》《中华人民共和国药品管理法》《中华人民共和国疫苗管理法》等相关法律法规，全年共发放宣传资料 2500 余份，宣传物品 450 余份，出动宣传车辆 12 台次，出动宣传人员 50 余人次，悬挂横幅、张贴标语 7 条，回答群众咨询 70 余条，接受宣传教育群众 990 余人，处理消费、乱收费投诉 4 起。

（格桑顿珠）

## 乡村振兴

【概况】 2002 年 3 月，浪卡子县扶贫开发办公室和县财政局合署办公。2017 年 6 月，单独设立浪卡子县扶贫开发办公室（农业综合开发办公室），为浪卡子县人民政府直属正科级事业单位。2019 年，党政机构改革，县扶贫开发办公室不再加挂县农业综合开发办公室牌子。2021 年 5 月，浪卡子县扶贫开发办公室重组为浪卡子县乡村振兴局，隶属浪卡子县人民政府正科级单位，由浪卡子县农业农村局统一领导和管理，主要负责巩固拓展脱贫攻坚成果、统筹推进实施乡村振兴战略有关具体工作。

2021 年，浪卡子县乡村振兴局以习近平新时代中国特色社会主义思想为指导，立足新发展阶段、贯彻新发展理念、构建新发展格局，坚持“四个不摘”，在持续巩固拓展脱贫攻坚成果基础上，坚持以人民为中心的发展思想，围绕“产业兴旺、生态宜居、乡风文明、治理有效、生活富裕”总要求，再接再厉，乘势而上，全面抓好“两不愁三保障”政策落实、扶贫资产管理、基础设施建设和乡村振兴等工作，逐步实现“两个转向”，充分体现“三个赋予一个有利于”的要求，全力推动脱贫攻坚与乡村振兴战略实现政策并轨、机制互融、力量统筹，不断增强人民群众的获得感和幸福感。截至 2021 年年底，浪卡子县共有建档立卡脱贫户 1405 户 5380 人，脱贫群众人均纯收入达到 16001.26 元。同比 2020 年收入增长 2325.97 元，增长率 17.01%。浪卡子县乡村振兴局实有工作人员 12 人，其中乡村振兴信息中心事业技术人员 4 人。

【组织领导】 2021 年，浪卡子县委、县政府高度重视，把巩固拓展脱贫攻坚成果同乡村振兴有效衔接作为当前重要的工作任务。按照“五级书记抓乡村振兴”的总要求，成立以布多书记、罗云县长为组长的县委农村工作领导小组（县委实施乡村振兴战略领导小组），下设办公室及 10 个工作专项组，各乡（镇）和各村（社区）成立相应的领导小组，成立工作专班，明确职责任务，为统筹推动全县“三农”工作和乡村振兴各项工作奠定组织体系。研究制定出台《浪

2021年7月22日，浪卡子县委书记布多（中）到学庆村调研群众住房安全问题

2021年12月1日，浪卡子县委书记布多（右一）调研“四塘两原（园）两基地”规划进展情况

卡子县关于巩固拓展脱贫攻坚成果同乡村振兴有效衔接的工作方案》《浪卡子县健全防止返贫致贫动态监测和帮扶机制的工作方案》，为过渡期内巩固拓展脱贫攻坚成果同乡村振兴有效衔接各项工作提供工作依据。浪卡子县委、县人民政府主要领导多次深入基层调研巩固拓展脱贫攻坚成果同乡村振兴有效衔接情况，在编制浪卡子县乡村振兴战略规划和村（社区）乡村振兴项目设计中亲自参与、亲自谋划、亲自指导，提出工作思路和要求。

【饮水安全】 2021年，投入资金99.73万元，对全县7处存在饮水困难的村居进行维修，全县95个行政村饮水安全覆盖率达到100%，群众满意度达到100%。

【住房安全保障】 2021年，浪卡子县认定房屋改造户80户，截至年底，全部完成改造并通过验收，保障群众住有所居、居有所安。

【基本医疗保障】 2021年，浪卡子县建立健全县乡村三位一体医疗救治体系，实现县有卫生服务中心，乡有规范化卫生院，村有标准化卫生室，“一村两医”全覆盖。继续实行“一对一”的家庭医生签约服务，并实现全覆盖。脱贫人口新农合参合率达100%。2021年，医疗报销893人次，兑现报销资金607.92万元。医疗救助320人次，兑现资金181.56万元。

【义务教育】 2021年，浪卡子县本级财政投入教育经费698万元，占本级财政总收入25%。截至年底，落实“三包”经费1593.58万元，学生营养改善经费292.03万元，计划外大学生补助资金464.1万元，建档立卡大学生资助资金20.27万元。

【民生资金落实】 2021年，浪卡子县落实城乡低保和“十大民心”资金181.69万元、特困人员供养资金173.76万元、残疾人“两项补贴”618.895万元、临时救助资金122.3万元。上半年安排生态岗位1582人，下半年安排生态岗位1743人，兑现生态岗位资金581.875万元。

【返贫致贫动态监测】 2021年，浪卡子县始终把防止返贫致贫动态监测和帮扶工作摆在突出位置。全县纳入监测户共有19户76人，其中脱贫不稳定户4户13人、边缘易致贫户12户52人、突发严重困难户3户11人。是年制定出台《浪卡子县防止返贫监测和帮扶机制实施办法》《关于调整充实脱贫不稳定户和边缘易致贫户帮扶责任的通知》《浪卡子县健全防止返贫致贫动态监测和帮扶机制的工作方案》，将浪卡子县所有农村人口纳入常态化监测机制范围，重点监测脱贫不稳定户、边缘已致贫户、突发严重困难户的家庭收支变化，特别是因病因意外等刚性支出较大或家庭收入大幅度缩减的情况。合理安排19名县级领导干部和17家企业作为帮扶责任人进行重点帮扶。浪卡子县利用历年社会各界捐助资金和年度财政本级预算资金，设立防止返贫专项资金账户，共计资金52.16万元，为守住规模性返贫致贫工作提供资金保障。

【培训就业】 2021年，按照群众需要、市场需求的“双需”原则，整合各方面的培训资源，完善技能培训体系，大力实施“百千万”工程。全年投入435.5万元，组织1050名农牧民群众开展培训

38期。转移就业9619名,劳务创收8755.3万元,人均创收9102.09元;举办3期招聘会,成功就业42人,建立13个基层劳动就业社会保障服务平台,发布就业岗位771个,接受政策咨询353人次,发放宣传资料227人。2021年全县大学毕业生378人,实现全部就业。

【结对帮扶】 2021年,浪卡子县按照“摘帽不摘帮扶”的工作要求,结合干部人事调整等因素,按照“大稳定小调整”的工作原则,于2021年8月调整完善全县结对帮扶责任人,并下发《浪卡子县结对帮扶工作方案》,共安排2737名干部职工结对1406户建档立卡脱贫户进行帮扶。

【消费帮扶】 2021年,浪卡子县申报扶贫产品供应商1家,帮扶产品2款。设立消费帮扶专店1个,全年累计销售额101.33万元。鼓励县直各部门、企事业单位、驻村工作队以及干部职工在群众家中及合作社购买或代销牛羊肉、蔬菜、酥油、奶渣、氆氇等农畜产品,共计金额202.67万元。芜湖市直属机关工会助销浪卡子县特色农副产品7800余个,累计助销金额157.02万元。

【民生项目】 2021年,浪卡子县实施统筹整合项目共计24个,总投资14637.15万元。累计吸纳当地民工2100余人次,带动增收1700余万元,人均增收8095元。2021年,根据乡村振兴“二十字”方针要求和“五大振兴”总目标,浪卡子县完成编制浪卡子县“十四五”乡村振兴战略总体规划,申报“十四五”时期衔接推进乡村振兴项目78个,投资109556.148万元。

【问题整改】 2021年,浪卡子县坚持把抓好国家乡村振兴局通报问题、自治区党委第三巡视组关于巡视“回头看”涉及脱贫攻坚方面反馈问题整改作为巩固拓展脱贫攻坚成果提质量、促平衡的着力点。对国家乡村振兴局通报问题、自治区党委第三巡视组关于巡视“回头看”涉及脱贫攻坚方面问题全盘接收,全部纳入整改范围,逐级逐部门分解整改任务,根据问题明确整改责任单位、责任人,确保问题交办不漏项、不漏乡、不漏村、不漏部门。对反馈问题逐一对照,举一反三。排查类似问题,真正把问题查清找透,一并列入问题整改台账管理。截至年底,各级各类反馈问题共计12项问题,均已整改到位。

2021年12月16日,浪卡子县委副书记、人大常委会主任白江山(主席台左)主持召开县委农村工作(乡村振兴战略)领导小组会议

【扶贫资产后续管理】 2021年,浪卡子县根据国家乡村振兴局、中央农办、财政部《关于加强扶贫项目资产后续管理的指导意见》和西藏自治区乡村振兴局、区党委农办、区财政厅《关于加强扶贫项目资产后续管理工作实施意见》等文件要求。7月14日全面启动扶贫项目资产后续管理各项工作。全县2013—2020年度确定纳入扶贫项目资产后续管理范畴的124个项目形成扶贫项目资产262个,涉及资金49047.72万元,其中,到户类资产7个,涉及资金2870.44万元;公益性资产160个,涉及资金17267.72万元;经营性资产95个,涉及资金28909.56万元。已确定纳入扶贫项目资产的各类信息全部录入到全国防返贫监测信息系统并完成移交工作。

【易地扶贫搬迁后续扶持】 2021

2021年11月8日，浪卡子县政府副县长边巴次仁（后排左三）主持召开乡村振兴项目设计评审会

年，浪卡子县继续按照原有的结对帮扶户安排结对帮扶工作，对易地搬迁建档立卡脱贫227户704人，开展结对帮扶工作，同时与迁入地县（区）持续沟通衔接，共同解决搬迁群众“急、难、愁、盼”的问题。

【产业振兴】 2021年，全县“十三五”时期产业项目共23个，总投资28236.58万元。截至年底，已全部建成并产生效益。是年，对23个产业项目的利益联结机制进行充实完善，并下发《浪卡子县精准扶贫产业项目利益联结机制职责分工》。2021年，扶贫产业项目销售额1137.3万元，兑现岗位工资365.04万元，解决就业岗位642个；分红增收210.35万元，享受分红4908人。依托传统农牧业优势，大力实施品牌带动战略，打造以“苏格绵羊”“相达牦牛”等为代表的龙头品牌，建成苏格肉羊扶贫养殖基地和相达千头牦牛短期育肥基地、吉古扎饲草基地建设项目。

【人才振兴】 2021年，浪卡子县共选派第四批驻村（社区）党组织第一书记95名、大学生村官11名、驻村工作人员193名。以县乡村换届选举工作为契机，选派村党组织带头人512名，农村社会工作人才356名，农村经营管理人才58名，农村法律人才队伍建设191人，聘用542名科技特派员，配齐以村党支部书记为核心、村“两委”班子、驻村工作队、第一书记、乡村振兴专干、科技特派员为主要成员的乡村振兴人才队伍。

2021年，浪卡子县加大国家通用语言教育培训力度，制定出台《浪卡子县农牧民党员干部中全面实施国家通用语言文字教育培训工作方案》，举办为期30天的村居干部学习国家通用语言文字教育暨素质能力提升培训班，通过文化夜校、流动党员结对帮学等方式开展集中授课376场次，受教人数3760人次。在巩固拓展脱贫攻坚成果的基础上，继续加大对村中有劳动能力的人进行技能培训，不断增强人民群众的积极主动性，培养出一批能够致力于农村发展的新型职业农牧民、农村专业技术、致富能手、农牧民经济人等各类“不走”的人才。

2021年，成功举办装载机、挖掘机、电焊、机械维修、汽车驾驶、计算机、民族手工艺品制作等技能培训22期683人；举办黄牛改良、兽医、种养殖技术等农村实用技术培训6期1070人次。

【文化振兴】 自创建第二批国家公共文化服务体系以来，浪卡子县形成以康如达羌节、招财望果节、甘扎赛马节、苏格牧人节、江塘吉仁节等为主要载体的“一乡一品”乡土节庆活动，极大地丰富农牧民群众的精神文化生活。2021年，浪卡子县结合党史学习教育，各村居持续开展移风易俗、感党恩、扶志扶智、政策宣传等活动共计800余场次，受教育群众4万余人次。针对边境乡镇，统筹安排51万元，对17个村居公共文化服务设施进行巩固提升，不断增强边境群众生活的幸福感和满意感。以中国共产党成立100周年和西藏和平解放70周年为契机，着力文艺创作，创作表演剧《民族团结的呼声》《宣讲特派员》、女声四重唱《羊卓儿女心向党》、折嘎《双喜临门》等10部形式多样、内容丰富的文艺作品。不断深化新时代文明实践活动，紧扣“凝聚群众、引导群众，以文化人、成风化俗”的目标，聚焦打通宣传群众、教育群众、服务群众的“最后一公里”，扎实推动新时代文明实践中心建设工作。截至年底，浪卡子县共开展各类宣讲1500余场次，受教人数10.6万余人次，开展实践活动共700余场次，受教人数11.4万余人次。通过一系列活动营造出敬老爱幼、邻里互助、团结和睦、崇德向善的浓厚乡风文明，全面提升农牧民群众的“精气神”。

【生态环境】 2021年，结合浪卡子县实际制定出台《浪卡子县关于开展村庄清洁行动　建设美丽家园工作实施方案》，进一步明确工作职责、工作内容和工作要求，确保浪卡子县人居环境整治和生态文明建设工作落准落实落细。大力推进“四塘两原(园)两基地”生态修复治理工作，巩固提升县域生态环境质量。牢固树立“绿水青山就是金山银山、冰山雪地也是金山银山”的生态理念，进一步做好草地、湿地等生态保护工程，促使群众就地就业。完成西藏羊卓雍错生态环境保护项目中的“生态修复与保护、水土流失治理、清洁能源(阳光棚)、移动式生态厕所五大工程项目可行性研究报告编制工作，涉及总投资9927.25万元。2021年，投入资金571.28万元，用于乡村生活垃圾统一收集、统一转运、统一处置，形成市场化托管运营模式。投资3880万元，对白地村、卓热村、曲果冲村和次湖龙村实施人居环境整治工程。

【基层组织建设】 2021年，选举出新一届村(社区)“两委”班子512名，实现党员比例100%和年龄、学历“一降一升”的目标。大力推进基层组织建设，新建的95个活动场所已全部投入使用，为规范党的组织生活制度，制作发放“三会一课”、主题党日活动台账200本，基层党建应知应会700本。大力推广“党群活动日”，切实提高村级组织活动场所使用率。全年开展活动387场次，参与人数1.3万余人次。

(扎　堆)

# 农业农村

## 综述

【概况】 1962年，分别成立打隆县农牧科、朗格则县农牧科。1964年5月，打隆县农牧科和朗格则县农牧科合并改称浪卡子县农牧科。1970年12月开始，全县农牧业工作由县生产指挥组管理。1973年8月，恢复县农牧科。1984年9月，县农牧科改为县农牧局，下设县兽防站和县牧场两个股级单位。1987年7月，机构改革，县林管站、县水电局、县多种经营管理局合并到县农牧局。1996年6月，县乡镇企业管理局并入县农牧局。1997年7月，县土地管理局并入县农牧局。2002年3月，机构改革，县水电局职能从县农牧局剥离出去，单独设立。2002年8月，县林业局并入县农牧局。2003年2月，县土地管理局职能从县农牧局剥离出去，单独设立。2010年10月，机构改革，县林业局和县乡镇企业管理局职能剥离县农牧局，县科学技术局并入县农牧局。2019年，党政机构改革，组建浪卡子县农业农村局，保留县科学技术局牌子，加挂县乡村产业发展局牌子，部门管理县农牧综合服务中心。

2021年6月24日，浪卡子县农业农村局举办全区基层动物防疫员轮训（浪卡子县）培训班

2021年，浪卡子县农业农村局坚持把解决好“三农”问题作为全局工作重中之重，坚持以“六个走在前列”统领“十四五”农业农村高质量发展各环节，谋篇“四塘两原（园）两基地”布局，构建形成了“一牛、一羊、一草、一蜜、一园”五大优势产业体系，“羊卓”区域品牌初具成效，农牧区改革成效明显，农村集体经济逐步发展壮大，农牧民群众增收水平不断提高，农村基础得到持续夯实，努力谱写浪卡子农业农村高质量发展的历史新篇章。截至2021年年底，浪卡子县农业农村局实有工作人员33个，其中县农牧综合服务中心专业技术人员25人。

【农业生产】 2021年，全县完成农作物播种面积4.13万亩，其中，粮食播种面积2.51万亩，经济作物播种面积0.65万亩，饲草播种面积0.97万亩，粮经饲比例61∶16∶23。粮食总产量5234.07吨，经济作物产量1298.72吨，饲草总产量15000余吨，全面完成市级下达目标任务。

粮食生产保障。成立由县委副书记、县长任组长，县(直)相关部门为成员的粮食生产领导小组，下设粮食生产工作考核办公室。办公室主要负责日常粮食安全各项考核和目标任务分解工作，从上到下形成齐抓粮食生产的良好局面。

农用物资保障。按照早谋划、早部署、早行动的要求，2021年，浪卡子县农业农村局采购青稞良种11.645万千克、调运化肥342吨、农药0.153吨，积造农家肥2.6万吨，采购商品有机肥220吨，保障粮食生产物资供应工作。

技术服务保障。采取专技人员包片要求，深入开展科技服务工作，扎实开展种子精选、种子包衣、备种，积造农家肥等工作，充分发挥技术能力；做好农田水渠、水塘、水库维修加固、水渠清淤等工作，确保水利设施正常运行；突出成效，调整结构，继续推广优良品种0.85万亩，提高粮食单产；以“新型农牧民技能培训”为主题，全力开展良种推广、农作物病虫害防治、青稞良种栽培、药剂拌种技术和农业补贴政策为主要内容的培训活动，全年共开展5期，参训农牧民达317人次，进一步提高全县农牧民种植技能水平和政策知晓度。积极动员群众，在全县范围内开展为期21天的农田“除草日”主题活动，进一步提升了农牧民对田间管理工作的重视程度。

2021年4月19日，浪卡子县农业农村局举办浪卡子县农牧专干饲草种植技能培训

饲草产业发展。全面启动朗杰塘、吉古扎饲草基地灌溉、深松、种植等各项工作，全年完成饲草种植0.97万亩，产量15000余吨。

【畜牧业】 2021年，浪卡子县牲畜存栏27.5万头(只、匹)，适龄母畜12.18万头(只、匹)，占牲畜总量的44%。新生仔畜89931头(只)，成活84966头(只、匹)，成活率94.4%，成畜死亡控制在3%以内。全年牲畜出栏7.3万头(只、匹)，其中暖季出栏11107头(只、匹)。全年肉产量0.239万吨、奶产量0.7542万吨、蛋产量1.27吨，肉奶蛋产量同比稳中有增。发放接羔药物109箱、发放牛羊口蹄疫二价灭活疫苗97.4箱、猪口蹄疫O型灭活疫苗16瓶、猪瘟活疫苗25瓶、猪瘟稀释液25瓶、禽流感二次强化疫苗12瓶。完成配种1603头，配种完成率100.1%；淘汰劣质母畜304头、去势公牛352头。完成小反刍疫苗注射444108只，免疫率达到100%；完成口蹄疫疫苗注射275597头(只)，免疫密度达98%；采集绵羊山羊血清200份，猪粪、眼、鼻、肛棉拭子样品各6份。全县牲畜布病筛查(采血)4批次，共采血黄牛454头、绵羊300只。是年，安排专业技术人员在苏格村蹲点，进行绵羊管理与技术指导，完成品种选育、生产性能分析、人工授精设备组装等工作，确保科技项目尽早落地见效。全年农畜产品检测98次，检测品种19类(蔬菜、鸡蛋、肉类)，检测结果均合格。

【技能培训】 2021年，浪卡子县农业农村局结合“新型农牧民培训”任务，采取专技人员包乡包片的形式，下沉基层持续开展科技服务活动，同时举办全区基层动物防疫员轮训(浪卡子县)培训班1期，拉萨市培训1期、县级培训2期，稳步提升基层科技服务

2021年7月13日，浪卡子县农业农村局在朗杰塘组织开展饲草收割工作

水平。

【群众增收】 2021年，浪卡子县认真贯彻落实区、市经济工作会议、农村工作会议、增收工作会议精神，千方百计增加农牧民收入，群众增收成效明显。截至年底，浪卡子县农牧民人均可支配收入达16201元，比上年增长2076元，增速达14.7%，其中经营性收入6399.4元，占比39.5%，增速18.1%；工资性收入6172.58元、占比38.1%，增速18.6%；转移性收入3499.42元，占比21.6%、增速3.2%；财产性收入129.6元，占比0.8%，增速14.7%。

【环境整治】 2021年，浪卡子县委、县政府高度重视人居环境整治工作，成立了县、乡（镇）、村（居）三级抓农村人居环境整治组织构架，推动形成了县委、县政府统筹，乡（镇）主抓，村（居）落实，人人有责任、层层抓落实的综合整治格局。县农业农村局深化"12345"工作法，扎实推进"五清四改三推进"整治工作，进一步细化工作任务，强化工作措施，有序推动农村人居环境整治工作。2021年户厕改造分配任务1942户，截至年底，实际完成738户，完成率38%，全县户厕普及率达59%，力争到2022年年底，户厕普及率达85%，为实现乡村振兴奠定良好基础。

【项目建设】 2021年，浪卡子县农业农村局实施农牧业项目3个，项目总投资达8849.2643万元，截至年底，完成建设2个，建设中1个，已完成前置手续。全面建成羊湖宾馆装修改造、朗杰塘饲草基地改造、智能牧草工厂、普莫雍错观景台、白地村旅游基础设施、边境乡镇采购生产资料、打隆镇相达居委会牦牛养殖示范基地、打隆农用机械购置、打隆林西青石板加工厂，有力促进边境地区产业发展。

【合作社】 2021年，全县各类农牧民专业合作社共有175家，总注册资金7682.65万元，拥有社员1214人，辐射带动建档立卡贫困户352人，就业人数387人，截至年底，完成培育创建各级示范社2家、农畜产品加工企业3家，有效带动当地群众增收致富。

【牧业改革】 2021年，浪卡子县农业农村局按照市农业农村局牧业改革工作具体部署要求，由分管县长边巴次仁任组长，组成调研组，在各乡（镇）就群众思想教育、草场流转、示范合作社创建、优惠政策制定、劳务输出、利益联结机制、带动贫困户增收等方面开展牧业改革前期基础数据调研与统计工作，全面掌握采集牧业改革的所有资料。根据浪卡子县整体牧业发展情况和草畜平衡总体要求，由县农业农村局制定浪卡子县牧业改革实施方案（试行），是年，完成召开农牧业改革专题会、成立农牧业改革工作小组、签订目标责任书、制定乡（镇）农牧业改革工作方案、暖季出栏、固定放牧人员等工作。从县农牧综合服务中心抽调精干力量，深入各村（居），从村（居）干部和牧户分层次制订思想教育和草场流转工作计划，把牧业改革的主动权牢牢抓在手上。

【科技推广】 2021年，全县基层农牧科技从业人员达315人，其中，兽医194人，农业推广专技人员78人，农业科技特派员43人，覆盖率100%，较2015年科技从业人员净增41人,建设乡级综合农技推广服务中心10个,村级兽防站34个,有效助推全县农牧业提质增效,实现转型升级。截至年底,全县农作物新品种推广1.56万亩、牲畜改良(奶牛)19384头。全县未发生重大动物疫情,有效防控常规动物疾病1起,科技对农牧业贡献率15%。

【区域品牌打造】 2021年,浪卡子县农业农村局完成羊湖苏格绵羊、相达牦牛地理标志证明商标认证和苏格绵羊国家遗传资源现场审定工作,标志着浪卡子县苏格绵羊具备全国范围内种羊推广的资格和标签,对全县乃至自治区内外发展藏羊产业产生较大影响。深度开展羊湖相达牦牛肉罐头、肉酱等系列产品包装设计及产品研发工作,由商务局负责产品研制及推介工作。完成对接西藏广播电视台广告部,在西藏广播都市汉语频道和藏语频道开展近三个月的苏格绵羊品牌宣传推介工作。以“苏格绵羊本品种选育课题”为契机,浪卡子县苏格绵羊科研团队联合区市畜牧兽医指导专家,在完成前期选购优质苏格绵羊种公羊20只、种母羊600只,采购组装配套科技设备,种植优质饲草等工作任务的基础上,顺利开展苏格绵羊发情鉴定、精液采集、精液处理、精液输入为主的人工授精科研试点工作,填补浪卡子县绵羊领域人工授精技术的空白。

(徐荣荣)

## 水利

【概况】 1984年10月,成立浪卡子县水电局。1987年7月,县水电局职能划归县农牧局。2002年3月,机构改革,县水电局职能从县农牧局剥离,县水电局改称县水利局,正科级建制。

2021年,浪卡子县水利局贯彻党的十九大,十九届二中、三中、四中、五中全会精神,努力践行“节水优先、空间均衡、系统治理、两手发力”的治水方针,推动水利工程补短板、水利行业强监管工作,全力做好水利脱贫攻坚、重点水利工程建设,全面推进河长制、有效改进水生态环境,做好水旱灾害防御、民生保障工作,为浪卡子县域经济发展提供坚实水利保障。截至2021年年底,浪卡子县水利局实有工作人员有7人。

【重点项目建设】 2021年,浪卡子县水利局共争取项目5个,总投资1.4亿元:张达灌区工程总投资1827.78万元,进度达60%;卡巴灌区工程总投资1135.18万元,进度达65%;白地乡灌区总投资2160万元,进入收尾阶段;多却乡东西干渠投资8600万元,进入收尾阶段;卡龙村水塘维修等7处维修养护工程总投资360万元,已完工,开始投入使用。

【规划项目】 2021年,浪卡子县水利局“十四五”规划项目共计10个,总投资6.71亿元。中小型水库工程2处,总投资48646万元,分别是浪卡子县绒布水库工程投资16000万元,浪卡子县打隆水库工程投资32646万元,推进项目前期工作,可行性研究报告已审查,待批复;重点灌区与节水增效工程3处,总投资5142.78万元,分别是浪卡子县打隆灌区续建配套与节水改造工程投资2180万元,项目前期工作已完成。浪卡子县张达乡张达村灌区工程投资1827.78万元,浪卡子县卡巴灌区工程投资1135万元;200—3000平方千米中小河流治理工程3处,总投资5262万元,其中浪卡子县嘎马林曲河道治理工程投资2577万元,前期工作开展中;浪卡子县打隆镇林西村防洪堤工程投资1390万元,前期工作已完成;浪卡子县卡热乡山洪灾害治理工程投资1295万元,可行性研究报告已审,待批复;饲草料基地和草场灌溉工程2处(“四塘两原两基地”规划项目),总投资8070万元,分别是浪卡子县伦布雪乡苏格村草场灌溉水源工程投资4180万元,浪卡子县浪卡子镇饲草料基地灌溉水源工程投资3890万元,推进以上2个项目前期工作。

【灾害防御】 2021年,浪卡子县水利局按照“防大汛、抗大旱、抢大险、救大灾”的总体要求,周密部署,扎实推进了防汛抗旱工作的各项措施,严格落实以行政首长负责制为核心内容的防汛责任制,对在建和已建水利工程开展安全大检查,全县所有水库和在建工程都编制度汛方案和应急预案，准备充足的防汛抢险物资，确保安全度汛。全面开展全国自然灾害综合风险普查（水旱灾害）工作，并成立领导小组和办公场所，完成水旱灾害数据信息录入工作。是年，储备防汛物资编织袋5.9万条、铅丝笼174圈、铁丝358圈、铁锹142个、雨衣114套、雨鞋123双、十字镐11个。全年发放救灾物资编织袋2.25万条、铅丝笼125圈、铁丝37圈。2021年，据统计核实，全县9个乡（镇）共25个村居受灾，受灾群众9965人，因灾受损房屋14间，农田受灾面积5651.122亩，草场受灾面积4141.91亩，水利设施及交通设施不同程度受损，死亡牲畜5头，造成直接经济损失约339.2万元。

【落实河长制工作】 2021年，浪卡子县水利局深入贯彻习近平生态文明思想，认真学习习近平总书记在黄河流域生态保护和高质量发展座谈会上的讲话精神，解决河湖问题，强化综合施策，推动自治区、市、县级河湖工作任务落实，扎实开展“清四乱”和“携手保护母亲湖”行动，推进河湖水域岸线管理保护，创建美丽的河湖，维护河湖健康生命，全县河湖出境断面水质稳定达标，水环境质量进一步改善；完善河湖长各项规章制度和一湖一策、一河一策手册工作；初步完成河湖水域岸线管理保护工作，及时调整河湖长制工作领导小组和更新更换河湖公示牌；按照河湖长相关要求，各级河长积极开展巡河，县级河长巡河完成率100%。

【农村饮水工作】 2021年，浪卡子县水利局持续巩固拓展脱贫攻坚成果同乡村振兴有效衔接，争取维修养护资金100万元，对季节性缺水的村居，修建饮水工程。对哈西村等水质不达标的村居，对接上级业务部门，给予资金和技术层面的指导工作。

【水资源管理】 2021年，浪卡子县水利局积极开展2021年世界水日和“中国水周”宣传活动，通过悬挂横幅标语、散发宣传资料等形式进行全方位宣传，印发宣传手册400多册，发放宣传单500余份。群众水法意识和参与用水节水的责任意识不断增强。严把水资源论证审查、取水工程验收、许可审批“三个关口”，进一步规范取水许可和水资源论证管理，加大水资源费征收力度。加大执法巡查力度，全县水事发展环境进一步得到改善，同时对全县新建的开发建设项目，加大水土保持监督管理力度，确保施工项目严格按照水土保持方案中的水保措施落实到位。成立“清四乱”专项行动工作领导小组。县级河长亲自抓所管理河流的清四乱工作，各单位及乡镇分工协作，运用宣传、巡查、处罚等方式，对全县河流、水库乱占、乱排、乱堆、乱建行为进行详细地摸底调查和清理整治。

【党建工作】 2021年，浪卡子县水利局在上级组织部门的正确领导下，认真贯彻习近平新时代中国特色社会主义思想，中共十九大精神，十九届二中、三中、四中全会精神，按照组织部门对新形势下加强党建工作的部署要求，以加强党的政治建设为统领，以助力发展水利事业为目标，以推动全面从严治党为核心，以夯实党建工作基础为关键，聚焦中心任务、坚定工作方向，围绕服务发展、提高工作水平，推动党组织的向心力、组织力、战斗力、凝聚力不断提升，有力推动各项工作的发展。

（旦珍次旦）

## 林业和草原

【概况】 1979年，设立浪卡子县林管站，股级建制。1987年7月，机构改革，县林管站职能划归县农牧局。2002年8月，县林管站改称县林业局，是县农牧局管理的副科级机构。2010年10月，机构改革，县林业局职能从县农牧局剥离，单独设立县林业局，正科级建制。2019年，党政机构改革，组建浪卡子县林业和草原局，不再保留浪卡子县林业局，加挂浪卡子县自然保护区管理局牌子。截至2021年年底，浪卡子县林业和草原局实有工作人员有8人（雅江黑颈鹤管理分局2人）。

【林草资源】 2021年，根据浪卡子县森林草原二类调查报告，浪卡子县林地面积66769.005公顷，占土地面积的8.38%。森林面积65330.167公顷，占林地面积的97.85%，森林覆盖率8.2%。全县天然牧草地面积为8612361亩。

【经济林种植】 根据浪卡子县村集体经济发展有关会议精神及主要领导指示精神，县林草局于2021年年初积极与卡热乡人民政府及有关苗圃基地沟通衔接，根据卡热乡各村（居）实际需求，种植桃树和核桃等经济林树苗共3373株。

【树种培育】 为切实提高造林成活率，根据县委、县政府主要领导有关指示精神，2021年县林草局在朗杰塘育苗基地培育本地柳苗木100亩。

【义务植树】 为扎实推进浪卡子县国土绿化行动及群众"四旁"植树行动，切实巩固海拔4300米以下"无树户、无树村"消除成果，本着"宜林则林，宜草则草"的原则，结合全县实际，积极开展2021年全县义务植树活动，全县共种植当地柳及北京杨等树苗7万余株，种植披碱草及组合草2.4万余千克，完成"四旁"植树年度种植任务2.51万株（实际种植达3万株）。

【项目建设】

续建项目。浪卡子县2020年草原生态修复治理项目，主要内容是草原生态修复治理4万亩，分别实行封育措施，修建封育围栏27500米，自然修复模式6856.7亩，补播治理32818亩，植物再生沙障治理325.30亩，采用铺设生态沙障的方式防治草地继续沙化，在沙障中栽植沙棘，共栽植沙棘17430株。项目建设地点为麦荣村，项目总投资为1200万元，8月底已全部完工。

新建项目。2020年天然草原退牧还草项目，主要是实施天然草原退牧还草39万亩，其中休牧围栏建设30万亩，种草改良3万亩，黑土滩治理4万亩，毒草害治理2万亩。项目建设点为浪卡子县多却乡、阿扎乡、普玛江唐乡等7个乡镇，总投资为1200万元，9月底已全部完工。

2021年，县林草局局长扎西顿珠（左三）实地检查指导退牧还草工程

【林草执法】 2021年，浪卡子县林草局通过加大日常执法频率及力度，严厉打击非法侵占和破坏森林、林地、草地、湿地和沙区植被等行为，严厉打击各种乱捕滥猎、乱采滥挖、乱食滥用野生动植物等违法行为。2021年，查处一起原生植物采伐事件，没收原生植物25袋。

【林草手续办理服务】 2021年，浪卡子县林草局针对境内建设人工设施等项目需占用林地、草地及保护区的情况，严格按照职责分工，安排业务精干人员专门负责有关核查及办理手续服务；组织专人积极参加自治区、市组织的有关提升征占手续办理能力的培训，切实提高服务能力；积极衔接上级有关部门及领导，及时化解在办理有关手续中遇到的问题与困难。2021年，服务办理草原、林地征占用及保护区用地手续10余件。

【自然保护区管护】 2021年，浪卡子县林草局安排专人协同市生态环境局针对2020年生态环境部卫星遥感监测数据提供的181处人工设施开展核实工作。经核实，1处为打隆镇8个村（居）取料用于覆盖原有的垃圾，7处为铁塔，下发整改通知1份。加强自然保护区日常监管工作，2021年在保护区内先后开展多次排查行动，共排查出1处违规行为，对此下发整改通知书1份。积极推进自然保护区调整规划工作。根据上级有关要求，分管副县长与

2021年6月2日，浪卡子县林草局局长扎西顿珠（左二）到麦荣村项目点实地指导生态修复工程

局主要领导积极参加自治区、市两级关于保护区调整规划相关会议，并根据县实际情况进一步完善保护区调整规划有关材料，有力推动保护区调规工作进展。

【灾害防治】 2021年，浪卡子县林草局加大森林草原防火及病虫害防治工作力度，进一步检查完善县、乡、村三级森林草原防火及病虫害目标管理责任制，层层签订目标责任书，加强野外火源和病虫害防治管理，严格落实森林草原防火期火情"日报告"及护林员日巡护措施，努力保障全县森林草原资源和人民群众人身财产安全，2021年未发生大范围的森林草原火灾及林草病虫害事件。

【公益林管护】 2021年，浪卡子县林草局实施《〈西藏自治区重点公益林管护办法〉浪卡子县实施细则（试行）》；对卡东村、堆日村等4个村（居）涉及到的有关违规资金进行收缴，共收缴管护资金10.7万元。签订2021年重点公益林管护目标责任书，进一步明确有关管护责任。落实2021年公益林管护工资，共计414.54万元。

【疫源疫病监测】 2021年，浪卡子县林草局全力做好野生候鸟疫源疫病监测工作，安排8名专职监测人员和1名自然保护区管理站管理人员，在黑颈鹤等野生候鸟重要栖息地开展疫源疫病监测工作，并严格执行"日报告、零报告"制度，做到"早发现、早报告、早处置"。2021年落实监测工资6.4万元，落实救治受伤野生动物兽医工资及医药费1.2万元。

【林业生态岗位】 2021年，浪卡子县林草局严格落实生态脱贫岗位职责，按照市、县生态岗位政策落实要求，积极配合县生态岗位组，开展2021年全县林业生态脱贫岗位统计与审核工作，2021年上半年安排621个岗位，落实上半年岗位工资108.675万元；下半年安排616个岗位，落实岗位工资107.8万元。

（边 巴）

# 旅游业

## 综述

2021年5月19日，浪卡子县旅发局组织开展"5·19"中国旅游日主题活动

【概况】 2004年，成立浪卡子县旅游局，是县人民政府办公室管理的副科级机构。2010年10月，机构改革，县旅游局职能剥离县人民政府办公室，单独设立县旅游局，正科级建制。2017年6月，浪卡子县旅游局更名为浪卡子县旅游发展委员会。2019年，党政机构改革，浪卡子县旅游发展委员会更名为浪卡子县旅游发展局，为正科级行政单位。

2021年，浪卡子县旅游发展局贯彻习近平新时代中国特色社会主义思想和党的十九大、十九届三中、四中、五中、六中全会精神、习近平总书记在"中国共产党成立100周年庆祝大会"上的重要讲话精神、习近平总书记在西藏考察调研时的重要指示精神，以加强机关政治建设为统领，加强旅游行业监管、加快旅游产业项目建设、加大旅游对外宣传力度，促进旅游行业快速、健康、协调发展。截至2021年年底，浪卡子县旅游发展局实有工作人员7人。

【景区资源】 浪卡子县旅游资源丰富，各旅游资源空间分布相对集中，且有县内主干道相连，组合性较好。拥有优质自然旅游资源，有羊卓雍错、普姆雍错、岗布冰川（措嘉冰川、40冰川）、宁金康桑、恰央错、嘎玛林草原、珍错、空母错、甘扎温泉、马蹄岛、藏曲千年古柏、久普久姆神山等。优质人文旅游资源有桑顶寺、拥布多寺、岗布日追、推寺、打隆边贸物资文化交流会等。自然旅游资源比人文旅游资源多，其中羊卓雍错—普姆雍错—宁金康桑—岗布冰川（40冰川）—恰羊错—嘎玛林草场—甘扎温泉具有很大的开发潜力和旅游吸引力。整个自然旅游资源由国道、县道相连，贯穿性、流通性强。

【旅游开发】 境内知名度较高、开发程度较完善的旅游景点仅有羊卓雍错和普姆雍错。羊卓雍错、普姆雍错均为国家级AAA级景区。羊卓雍错景区自2007年开始，由西藏珠穆朗玛旅游开发有限公司经营管理，当地扎玛龙村、曲色村群众主要通过在观景平台销售旅游纪念品、牦牛藏獒拍照等实现旅游创收。普姆雍错因暂无成立专门旅游管理机构，由推瓦村返乡大学生创业开办酒店，带动当地群众、村集体经济收入。全年，接待游客43.86万人次，同比增长36.13%；旅游综合收入37.85万元，同比增长30.33%。

2021年9月16日，浪卡子县旅发局组织开展民族团结进景区活动

【旅游产业化发展】 2021年，县旅发局编制《浪卡子县"十四五"旅游发展暨2035年远景目标方案》，为进一步巩固浪卡子县旅游业发展成果，大力发展全域旅游，解决旅游发展短板，推进旅游业高质量发展，加快构建"大旅游、大产业、大发展"新格局，努力开创全县旅游发展新局面，提供根本指导。同时按照《羊卓雍错全域旅游发展规划》节点布局和国家《旅游景区(点)质量等级申请评定和评分细则》，完善旅游景区基础设施，收集整理普姆雍错景区、岗布冰川(40冰川)景区创A相关资料，申报《旅游景区(点)质量等级申请评定报告》，并于3月25日获得山南市旅发局《关于普姆雍错评定为国家AAA级旅游景区的批复》(山旅发〔2021〕19号)、《关于岗布冰川(40冰川)评定为国家AAA级旅游景区的批复》(山旅发〔2021〕18号)。

【旅游基础设施建设】 2021年，浪卡子县旅发局按照《羊卓雍错全域旅游发展规划》，完成"宁金康桑(岗布沟)综合旅游体建设项目""普姆雍错·叶色村旅游边贸服务点建设项目""羊湖景区(内环线扎岗村旅游接待站)项目"建设，着力打造以雍错景区为核心的鲁日拉观景平台—嘎玛林草场旅游体验区—曲增温泉—宁金康桑—恰羊措景区羊湖外环线产业带，推动以旅游主导、多点产业发展的格局，进而推动浪卡子县全域旅游发展，深化旅游产业的支柱性作用，带动当地旅游产业的快速发展，快速提升当地居民的收入和生活水平。

【旅游宣传】 2021年，浪卡子县旅发局以"西藏风光·羊湖领秀"为主题的全县旅游发展大会顺利召开，4月25—26日，以讲好羊卓故事为着力点，创新旅游信息传播为手段。通过景区实地考察及集中会议的方式，向旅游界人士深度宣传浪卡子县旅游资源，推介旅游线路、民族手工艺产品，持续扩大羊卓旅游品牌影响力。全区41家旅行社代表，浪卡子县10家家庭旅馆和13家农牧民合作社代表参会；以中国旅游日、"9·16"国际保护臭氧层日活动为契机，开展旅游宣传活动，倡导文明旅游，充分发挥旅游业在传承文化、提升素质等方面的积极作用；在全县营造关注旅游、参与旅游、支持旅游、推动旅游发展的良好氛围；5月，联合县文化局，积极动员组织县艺术团、群众演绎队，走进羊湖景区各个观景平台，深入开展民族传统文艺演出进景区活动，为游客带来30多场富有羊卓文化特色的歌曲、藏戏等节目，精彩的演绎吸引不少人驻足观看，以丰富的文化旅游内涵，提升文化旅游品质；积极组织动员境内民族手工艺合作社，参加2021年"文旅共创·山南有礼"旅游商品大赛。在活动中，浪卡子县雍错民族手艺首饰有限公司、浪卡子县张达乡雍错诚信民族传统手工培训有限公司分别荣获活动二等奖、三等奖，县旅发局荣获优秀组织奖；县域内22家星级家庭旅馆和星级宾馆（酒店）在携程网和高德地图成功入驻，推动线上、线下双运营模式；积极配合开展山南国道219“一措再措”高原房车自驾露营节、2021“冬游西藏”山南“3+1”精品旅游线路采风活动，大力向区内外旅行社宣传展示推广浪卡子县旅游资源，助力全域旅游发展；7月，组织羊湖景区负责人到县电子商务农牧民产品展销点实地查看农牧民手工艺产品，初步选定产品，并于7月中旬开始，符合在景区上展销的14种农牧民手工艺产品在羊湖景区游客中心正式展销。

【旅游疫情防控】 2021年，按照中央、自治区、市、县关于疫情防控工作部署及相关要求，县旅发局高度重视，将疫情防控工作作为当前头等大事，周密部署、迅速行动、强力推进，确保系统及管辖行业不出问题，建立周密的防控组织架构。年初成立由局党组书记、局长任组长，一名副局长任副组长的局疫情防控工作领导小组，结合工作实际，制定下发《浪卡子县旅游局疫情防控工作方案》，确保防控责任落细、落实；督促落实旅游领域疫情防控措施。根据各级疫情防控会议精神，通过电话、微信以及现场督导的方式安排部署旅游领域疫情防控工作。并根据旅游景区疫情防控工作需要，向县疫情办申请84消毒液12桶，发放给人流量较大的旅游观景平台，并向各旅游观景平台发放疫情防控措施提醒小喇叭；加大市场检查力度。局疫情防控领导小组加大景区、酒店、饭店、家庭旅馆的疫情防控工作督导检查力度。截至年底，共检查12次，共计检查旅游景点景区和旅游经营单位40家次；在景区大门入口、酒店、饭店等经营场所悬挂宣传条幅、张贴宣传标语等多种形式，广泛宣传，树立正确舆论导向，引导社会大众合理应对疫情；成立旅游景区“红袖标”队伍，成立旅游安全志愿者、文明旅游劝导员“红袖标”队伍，引导教育广大游客安全、文明旅游，并提供旅游咨询服务。羊湖景区有旅游安全志愿者、文明旅游劝导员各9名。

## 景点简介

【羊卓雍错】 简称羊湖，是西藏三大圣湖之一。藏语意为“上面牧区的碧玉湖”。湖面海拔4441米，湖岸线总长250千米，总面积638平方千米，湖水均深20—40米，是喜马拉雅山北麓最大的内陆湖。湖内分布有10余个小岛，大的可容五六户居住，小的则仅有1平方米。湖中盛产无鳞鱼（羊湖裸鲤）、裂腹鱼等。这里还是藏南最大的水鸟栖息地，每逢冬季群鸟南徙至此，在湖岸及湖心岛一带，黑颈鹤、黄鸭、鱼鹰以及斑头雁数不胜数。

【普姆雍错】 位于浪卡子县打隆镇境内，是喜马拉雅山脉间的一个淡水湖，海拔约5010米，是世界海拔最高、中国最大的蓝冰湖。湖泊为东西走向，湖岸线长约94千米，为藏南海拔最高的大湖，有着国内“贝加尔湖”的美誉。湖中东北部有3座石质小岛，湖滨水草较丰茂，周围是一望无际的草原和连绵的雪山，景色美不胜收。冬日的普姆雍错湖面会凝结成蓝色冰面，湖边垒起层层冰浪。

【宁金康桑】 位于浪卡子县浪卡子镇境内，距县城21千米。景区主要有雪山、湖泊、瀑布、莲花生大师修行洞、寺庙、草地、野生动物等自然人文景观。雪山与卡若拉冰川一脉相承，分属宁金康桑雪峰的两侧，整个雪山保存良好。在雪山脚下是天然湖“卡盯寺米”，也叫岗布错。

（强巴雷谢）

# 商贸

## 综述

【概况】 1996年6月,成立浪卡子县贸易局。2004年3月,县贸易局改称县商务局,正科级建制。2017年6月,设县立经济合作局。2019年,党政机构改革,不再保留县经济合作局牌子,管理部门县供销联合社。截至2021年年底,浪卡子县商务局实有工作人员7人。

【电商进农村示范项目稳步推进】 2021年,浪卡子县国家电子商务进农村综合示范项目总投资1500万元,后续奖补资金500万元,合同期限为2019年1月22日至2022年1月22日,其中3年建设期,1年服务期。截至年底,已建设完成1个县级电子商务公共服务中心,10个乡镇级站点,43个村级服务站点,60个物流站点。已建设完成农村电子商务“一中心、五体系”各项工作,各功能版块正在发挥着应有的作用。2021年,浪卡子县电商公共服务中心线下销售62万元,线上销售101.8万元,带动当地10家合作社增收。开展培训44场次,参加培训人员共计760人次。

【消费扶贫建设项目】 2021年,浪卡子县消费扶贫建设项目(高原农牧特色产业实体店),该项目总投资250万元,主要建设内容为高原农牧特色产业实体店,以互联网为主要销售平台,以及附属工程。

【推进“藏货出藏”工程】 2021年,浪卡子县商务局精心组织货源,对接援藏省市消费市场,通过推进“藏货出藏,”推动本土产品进入援藏省市市场,逐步拓宽其他省市市场,截至年底安徽芜湖市助销羊湖礼包7851份,共销售资金1570200元。

【疫情防控物资保障】 2021年,浪卡子县商务局面对新型冠状病毒感染的肺炎疫情加快蔓延的严重形势,开展疫情防控工作。组

2021年7月26日,浪卡子县组织召开第30届打隆边贸物资文化交流会前期筹备调度会

织引导羊卓兄弟批发、乐斗超市、嘹亮超市、金塔超市等8家超市，积极组织货源，适当增加重要生活必需品库存，提早备足生活必需品和节日热销商品。重点保障粮、蔬菜、油、干果、糖果、水果、饮品、奶粉、边销茶等主要生活必需品市场供应。依托县“菜篮子”温室大棚基地等蔬菜供货点的衔接力度，保障县内和10个乡镇、各完小、寺管会蔬菜、肉类、粮食货源充足。依托县生活必需品储备库（民间投资）来运行生活必需品。做好定期商场供应监测工作，出现市场供应不足时，及时对接企业做好调运等相关工作。

【行业监管】 2021年，县商务局联合应急管理局、市场监督管理局、消防救援大队等相关部门对全县商贸流通领域安全生产情况进行了专项大检查，检查次数18次，出动执法人员25人次，发现问题56处，当场整改43处，限期整改13处，发现加油站和超市、小店等工作人员流动性大，安全意识不够强，部分小店消防器材不全等问题，针对问题加强安全意识宣传和培训工作，同时，县安委会集中开展安全应急演练，确保浪卡子县商贸流通领域没有发生安全事故。

## 招商引资

【概况】 2021年，浪卡子县商务局为了能够解决偏远乡镇农牧群众加油困难问题，商务局围绕市委、县委经济工作安排部署会要求，积极参与招商引资工作，与西藏中骏石油销售有限公司沟通衔接，成功招商，在多却乡柔吾扎村与色玛村（自然村）之间新建一座加油站，项目总投资960余万元，该项目已完成，预计2022年6月投入运营。

【第三十届打隆边贸物资文化交流会】 2021年7月30日至8月3日，第三十届打隆边贸物资文化交流会在打隆镇打隆边贸广场召开，此次物交会的主题是“盛世欢歌·锦绣羊卓”，主要目的是依托丰富的文化旅游资源，开展民族手工艺品、土特产品展销、活畜交易等物资、文化交流活动，参会商户达1102户，上市商品品种2100余种，参会人数达2.267万余人次，上市商品总额6500万元，累计成交额达3342.69万余元。

【商贸体系建设】 经现场指挥部统计数据显示，2021年上市商品总额1654万元，同比增长42.3%；累计销售额达1611.93万元，销售额占上市商品总额的97.46%，共兑现抵扣券资金258700元。

（达 桑）

# 财税·金融

## 财政

【概况】 1959年8月，成立朗格则县财贸部和打隆县财贸部，负责两县财政工作。1962年9月，朗格则县财贸部、打隆县财贸部撤销，新设立朗格则县财粮科、打隆县财粮科，朗格则县财贸部的业务归朗格则县财粮科，打隆县财贸部的业务归打隆县财粮科。1964年5月，朗格则县财粮科和打隆县财粮科合并，设立浪卡子县财经粮食科。1974年11月，县财经粮食科改称县财政科。1976年6月，县财政科和县支行合并组建县财政金融科。1978年，撤销县财政金融科，分别成立县财政科和中国人民银行浪卡子县支行。1981年2月，县财政科和县计划委员会合并，组建县计财科。1984年10月，县计财科部分职能剥离，分别组建县财政局与县计划委员会。2002年3月，机构改革，县扶贫开发办公室并入县财政局，县财政局和县扶贫开发办公室合署办公。2010年10月，机构改革，国有资产监督管理委员会职能划归县财政局。2017年6月，设立国有资产监督管理委员会。2019年，党政机构改革，县财政局挂县政府国有资产监督管理委员会牌子。

2021年1月4日，县财政局党支部书记、局长罗布顿珠（中），召开党员大会

2021年，浪卡子县财政局围绕浪卡子县委、县人民政府确定的年度财政工作任务，强化财政收入管理，优化财政支出结构，坚持财政政策更加积极有为，坚决兜牢“三保”底线，着力服务“六稳”“六保”，财政运行情况总体平稳趋好，为促进浪卡子县经济发展与社会和谐稳定提供了强有力的财力支撑。深入贯彻落实中央八项规定，厉行节约，严格控制和压缩“三公”经费，努力降低行政运行成本。截至2021年年底，浪卡子县财政局实有工作人员9人。

【一般公共预算财政收入】 2021年，浪卡子县完成公共财政预算收入3581万元，同比增长28.3%；完成税收收入1736万元，同比增长6.37%。全年支出

99294 万元，基金支出 6921 万元。

【财税收入】 2021 年，浪卡子县实现税收收入 1736 万元，其中增值税 1324 万元，企业所得税 131 万元，个人所得税 84 万元，资源税 1 万元，城市维护建设税 156 万元，印花税 35 万元，耕地占用税 5 万元。2021 年实现非税收入 1845 万元。

【民生保障】 2021 年，浪卡子县财政局积极优化财政支出结构，认真贯彻落实中央、自治区、市关于过“紧日子”的要求，年初预算严格控制一般性支出预算，优先保障“保工资、保运转、保基本民生”支出预算，继续实施好教育优先、卫生提升等民生工程，将上年本级财政收入的 5%、25%、4% 的比例分别投入到卫生和教育、扶贫等民生领域。县财政局落实各项财政扶贫政策，全县本级财政投入专项扶贫资金 128 万元，整合涉农资金 14745.18 万元。教育事业费投入 19307.85 万元（本级投入 698 万元），相比上年增长 1699 万元，增长 9.65%；医疗卫生与计划生育投入 1312.11 万元（本级投入 139.6 万元），同比上年同期增加 261.03 万元，增长 24.83%，大力支持农村卫生事业的发展，进一步解决看病难、看病贵的问题。确保全力打赢疫情防控阻击战，县财政局立足岗位职责，认真贯彻落实习近平总书记关于坚决打赢疫情防控阻击战的重要指示批示精神和区市县委的决策部署，及时足额拨付疫情防控专项资金，2021 年，全县新冠肺炎疫情防控投入 881.32 万元，其中，上级资金 601.72 万元，县级本级资金 279.6 万元。推动城乡统筹发展，在确保农业支出法定增长要求基础上，推进中央财政衔接乡村振兴的有效衔接力度，全面支持农村经济发展、社会发展；继续落实好粮食综合直补、良种补贴、农机具补贴的各项支农惠农政策，切实减轻农牧民负担；综合运用农业保险等财政手段，加快支持现代化农业发展，支持农业科技创新体系建设，改善农业装备条件，加强农田水利基础设施建设，提高农业防灾减灾能力，促进农民增收；加强农村基础设施和生态文明建设，支持农村清洁能源、给排水、污水和垃圾处理、农村厕所等设施建设，加快生态文明建设，加强农村人居环境综合整治，改善农村整体面貌。

2021年3月26日，举行2021年浪卡子县财政局公务替换车辆拍卖会

【存量资金盘活】 2021 年，浪卡子县财政局建立财政存量资金盘活常态机制，按照财政存量资金盘活的有关规定要求，县财政局对以前年度的部门结转结余资金进行梳理统计，共收回存量资金 2753 万元，盘活财政存量资金 2579 万元，优先兜住“三保”支出底线，切实保障和改善民生。

【财政管理改革与队伍建设】 2021 年，浪卡子县财政局强化预算管理、国库集中支付制度改革，遵循“谁使用、谁负责”的原则，完善编制科学、执行严格、监督有力、绩效考评、各环节有机衔接的预算管理体系，逐步完善财权与事权相统一的财政体制，提高预算编制的科学性、完整性和精细化水平，努力构建规范、高效的财政资金运行和监督机制；深化国库集中支付制度改革和稳步推进预算管理一体化改革，扩大纳入国库集中支付改革的财政性资金和财政直接支付范围，加强国库管理动态监控系统建设，确保财政资金安全、规范、高效运行。加强行政事业性国有资产及资本收益管理，健全资产配置标准，实现预算管理、资产管理、财务管理“三统一”；完善财政专项支出绩效评价体系，努力提高财政资金使用效益。创新载体，加强财政干部队伍建设，提升队伍的创新力、学习力、凝聚力，切实培养一支能干事、想干事、不出事的财政干部队伍，服从服务全县发展。强化培训指导，通过邀请上级部门业务精干和组织本县相关业务骨干人员，开展对全县所有财务工作人员进行全方位财务相关业务知识培训，培训围绕会计基础、预算管理、审计监督、惠民政策等内容，为规范全县各预算单位会计核算和财务行为，加强财务管理和监督奠定了坚实的基础。积极推动新政府会计制度的实施，持续规范财政资金支付和监管。

【党建工作】 2021 年，浪卡子县财政局始终牢牢抓住“全面从严治党”主线，坚决贯彻落实“管党治党”主业，狠抓基层党建工作，坚持以中共十九大精神、历次全会精神和习近平新时代中国特色社会主义思想为指导，紧紧围绕中央、自治区和市全面从严治党的精神及相关要求，规范组织生活，严明组织纪律，发挥党支部战斗堡垒作用。全年召开党建工作会议 40 余次，在党史学习教育中集中进行研讨交流 7 次。积极引导党员干部发挥先锋模范作用，组织 9 名党员干部职工进行公开承诺，4 名无职党员进行设岗定责，积极推行党员先锋岗、示范岗创建工作。

【主题教育】 2021 年，浪卡子县财政局在党史学习教育以来，共开展集中学习 10 次，对浪卡子县“村居财政”工作调研 1 次，专题党课 4 次，宣讲中共十九届六中全会、自治区第十次党代会和市委第二次党代会 4 次。在突出抓好规定篇目学习的同时，组织集中学习，开展交流研讨，深化个人自学。

（张 林）

## 税务

【概况】 1995 年 8 月，成立西藏浪卡子县国家税务局，由山南地区国税局领导。2018 年 6 月，机构改革正式改名为国家税务总局浪卡子县税务局，为正科级行政单位。

2021 年，国家税务总局浪卡子县税务局持续加强党对税收工作的领导，坚持“应收尽收”的工作原则，突出促进税收现代化，确保各项税制改革落地生根，以构建“纵合横通强党建”机制体系为目标，抓住党建与税收业务融合着力点，开展“党建 + 减税降费”“党建 + 优化税收营商环境”“学党史促发展”等活动。截至 2021 年年底，国家税务总局浪卡子县税务局各项收入 18936.42 万元，其中，税收收入 3808.2 万元，完成全年税收收入目标的 105.78%，同比增收 325.62 万元，增长 12%（中央级税收收入 2069.96 万元，同比增收 230.1 万元，增长 11.85%，占税收收入的 54.36%；地方级税收收入 1738.24 万元，同比增收 106.35 万元，增长 6.52%，占税收收入的 45.64%）；非税收入完成 211.75 万元，同比增收 179.79 万元，增长 103.678%；社保费收入完成 13178.23 万元，同比增收 1663.41 万元，同比增长 15.45%。

2021年4月21日，浪卡子县税务局与税务总局党史宣讲团开展“学党史 履使命 齐奋进”联合主题党日活动

【减税降费】 2021年，国家税务总局浪卡子县税务局根据年度出台的减税降费政策，2021年度享受减税降费政策，共减免2366.96万元，其中享受疫情防控政策12户次，累计减免税费额127万元。

【税收宣传】 2021年，国家税务总局浪卡子县税务局积极开展小规模纳税人起征点提高及税费优惠政策的宣传辅导，“一对一”上门辅导小微企业105户，纳税人政策辅导会6次，组织党员先锋队、青年志愿团队以浪卡子县旅游大会、综治宣传月、税收宣传月、浪卡子县打隆镇物交会为契机，开展上门送政策和解答纳税人咨询的宣传活动共10场次，确保辖区内纳税人缴费人对减税降费政策应知尽知、应享尽享。

（刘　兰）

## 农行浪卡子县支行

【概况】 1964年7月，成立中国人民银行浪卡子县支行。1970年1月开始，浪卡子县金融工作由县生产指挥组管理。1974年11月，恢复中国人民银行浪卡子县支行。1976年6月，中国人民银行浪卡子县支行和县财政科合并组建县财政金融科。1978年，撤销县财政金融科，分别成立中国人民银行浪卡子县支行和县财政科。1995年7月，中国人民银行浪卡子县支行改称中国农业银行浪卡子县支行，由中国农业银行山南地区中心支行领导。

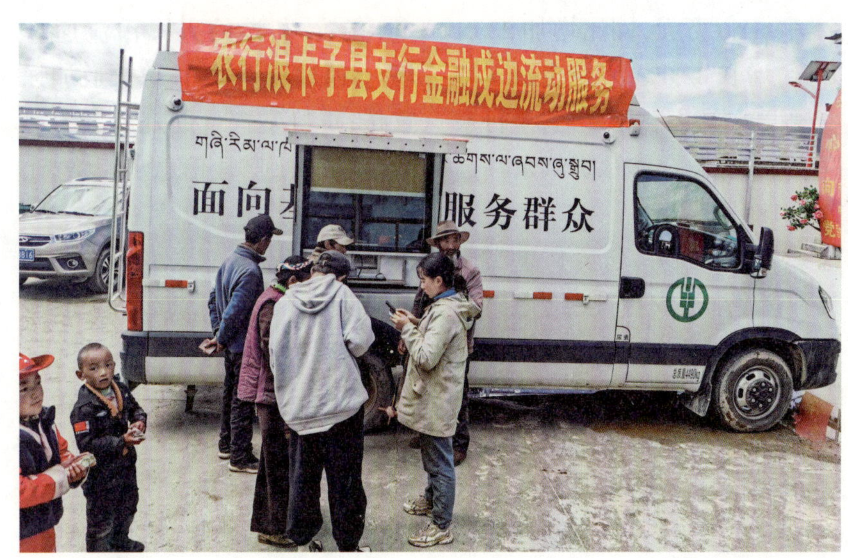


2021年8月20日，农行浪卡子县支行打隆营业所利用“3+2流动服务”前往普玛江塘乡开展金融戍边流动服务

2021年，农行浪卡子县支行围绕业务经营、服务“三农”、基层党建、社会综合治理、风险管理等内容，贯彻落实自治区和山南市两级农行2021年工作会议和浪卡子县经济工作会议精神，牢牢把握发挥优势、攻克不足、团结一心、共创辉煌的目标要求，所有工作人员上下齐心协力，紧紧围绕“稳中求快、快中求好”的工作总基调，学习党的十九大和十九届历次全会精神，积极推动各类惠民政策和中央减费让利要求，共同促进农行浪卡子县支行全面发展，全面提升服务水平、经营能力和组织能力，努力取得新的成效。

【指标完成】 2021年，农行浪卡子县支行各项存款余额为81126万元，其中储蓄存款余额为42209万元，对公存款余额为38917万元。

各项贷款余额为88360.9万元，较年初净增9502.3万元，其中，农户贷款余额为37577.2万元；个人贷款22320.1万元，较年初净增2988.7万元；对公贷款28463.6万元，较年初净增8235.1万元。

【重点工作开展】 突出政策传导，支持实体经济。大力支持受疫情影响的复工复产企业的贷款发放。在疫情发生后，及时给予当地企业发放2笔生产经营贷款180万元，保障企业能够有充足的流动性，恢复正常生产。其次，与西藏羊湖建设集团有限公司进一步加强合作共赢，支持其重点产业发展，将其公司应收账款作为抵押物，发放贷款9000万元，为该公司给予资金的支持。注重普惠与实惠，重点领域金融支持增强。发挥金融“输血供氧”作用，2021年农行浪卡子县支行共发放小微企业贷款金额156.6万元，解决小微企业融资难的问题，惠及小微企业共2户，有效促进浪卡子县普惠金融事业的发展。普惠口径小微企业贷款余额951.6万元，同比增加235.1万元，增长32.8%，发挥金融支持乡村振兴作用，截至年底，全行家庭农场、农民合作社贷款余额已突破180万元。

突出服务群众，力促民生改善。有序推进农村普惠金融服务点机具改造升级，推动线下机具终端新功能上线。同时，借助普惠金融服务点平台，增加“信用贷款咨询”功能，全年完成95个行政村的普惠金融服务点布设，切实解决农村地区小额取现难、生活类缴费难等问题。持续推进现金服务示范区创建工作，“六统一”标准落实到位，为人民群众提供规范化、标准化的现金服务；对各营业所网点小面额现金供应服务进行明察暗访，保障流通中人民币的质量；建立拒收人民币现金专项整治网格化管理体系，覆盖县城所有街道，开展以农行网点为主体，以街道商户为对象的宣传工作，截至年底，对县城100余家商铺进行宣传，着力营造安全、高效、和谐的人民币流通环境。通过网点、媒体等渠道加强宣传，更好发挥自助查询点的功效，真正做到“让信息多跑路，让群众少跑腿”。

脱贫攻坚成果与乡村振兴金融服务有效衔接。2021年，浪卡子县共有95个农村集体经济合作社，其中95个行政村各成立1个集体经济合作组织。为此，农行浪卡子县支行成立由行领导亲自挂帅的营销团队，加强与县农业农村局、村委会等农经部门的联系对接，畅通沟通渠道。同时深入各乡村召开产品宣讲会，详细介绍系统平台的功能，为相关经办人员进行答疑解惑。截至年底，为94个农村集体经济合作社办理开户业务，预计于2022年完成全部农村集体经济合作社的开户手续。根据年初区分行“三农”对公业务部、农户金融部下达的各项经营指标，县域业务各项经营指标，县域业务“提份额、增贡献、强基础”经营指标任务为主。截至年底，惠农e贷业务余额为9417万元，净增4736万元；“三农”对公业务贷款余额593万元，净增593万。自精准扶贫政策执行以来，农行浪卡子县支行共发放扶贫小额信贷资金11928万元，惠及建档立卡脱贫农牧民2533户；发放农户个人一般贷款资金137756万元，惠及农牧民12079人。农户信息建档工作开展情况。县域辖内有1个行政镇、7个行政乡，共95个行政村。根据服务范围，农行浪卡子县支行下设8个营业所及1个县支行，共9个服务网点。经核实调查，县域总体农户实际总数为8207户，按照“保质量、抢进度”的工作要求，通过“3+2流动服务”，走村入户开展信息建档，掌握农牧民群众真实家庭生产、生活情况。截至年底，农行浪卡子县支行建档行政村95个，建档户数2550户，建档率达31.07%。

突出金融稳定，防范化解风险。警银联动，严厉打击电信诈骗跨境赌博。2021年，农行浪卡子县支行加强同地方公安部门沟通联系，获取公安部门关于打击电信诈骗和跨境赌博的相关线索，开展打击电信诈骗宣传20余次，发放宣传折页1000余份。同时，进一步做好反洗钱工作，组织各营业所网点对100多个存疑账户开展调查，对200多个账户提高风险登记。进一步完善内部评级体系和重大事项管理制度，强化金融风险监测，提升识别、计量和管控风险的能力；督促所辖8个营业机构按照自律机制要求贯

2022年3月14日，农行浪卡子县支行组织青年员工开展青年员工征信宣传志愿活动

彻落实好各项利率政策，维护良好的存款市场竞争秩序。

【党建工作】 2021年，农行浪卡子县支行深入学习习近平总书记在党史学习教育动员大会上的讲话精神、“七一”重要讲话精神等；开展“学党史 明初心”线上道德讲堂活动，依托“金融服务党建联盟”开展金融系统党史学习教育专题宣讲。开展“我为群众办实事”实践活动，制定项目清单，晒出党员承诺，按时向地方报送周报，向上级行报送月度小结。全年共集中学习21次，专题学习研讨3次，党委书记讲党课1次，纪委书记讲纪律1次，实地参观爱国主义教育基地1次，座谈会8次。召开党史学习教育组织生活会，开展民主评议党员，按照规范流程发展1名预备党员。围绕庆祝中国共产党成立100周年，开展好“三会一课”、主题党日等，举办“过好政治生日 答好终身课题”“红色基地悟初心”“传承红色基因 赓续红色血脉”等活动。开展党委书记讲党课活动，激发全体党员干部“永远跟党走 奋进新征程”的热情。全年举办党日主题活动13次，党委书记讲合规1次，老干部讲合规讲座1次，员工合规演讲比赛1次，参加中国共产党成立100周年文艺会演1次。

2021年5月17日，农行浪卡子县支行卡热营业所利用“3+2流动服务”前往卡热乡章麦村开展金融流动服务

【党风廉政建设】 2021年，农行浪卡子县支行通过外部走访和内部摸排的形式对全体在职干部职工和退休干部开展“八小时以外”异常行为排查。以党史学习教育为契机，举办“弘扬新风正气 共建廉洁支行”主题警示教育活动，开展《金融案鉴》读书分享会，做到以案为鉴、以案明纪。开展纪检监察工作规范化建设试点工作，从机构设置、领导体制、人员配备、硬件设施、职责权限、履职方式、工作机制、工作保障等方面进行规范。开展“迎建党百年隐患排查治理月”暨安全生产月活动，对全行金库守卫管理、现金押运管理、队伍建设管理等方面进行全面摸排。2021年，农行浪卡子县支行以文明单位创建为抓手，发挥党团工组织的作用，联合相关部门、营业所先后开展学雷锋志愿服务活动、“缅怀革命先烈 追忆峥嵘岁月”主题祭扫活动、“深学党史悟初心，砥砺奋进新征程”银政企党建共建活动、“学百年党史观红色影片”主题活动和“永远跟党走”暨“我们的节日”青年理论学习实践活动等，将社会主义核心价值观内化于心、外化于行。规定每周天晚上为知识及业务例会，以腾讯云会议形式传达至全行每名员工，全年观看廉政反腐教育片4次。

（格桑扎西）

# 交通·邮政·通信

## 交通运输

【概况】 1984年9月，成立浪卡子县交通局。1986年10月，县交通局交通安全管理职能划归县公安局治安科。1987年6月，县交通局并入县计划经济委员会。2002年3月，机构改革，县交通局职能从县发展和计划委员会剥离，单独设立县交通局。2010年10月，机构改革，县交通局改称县交通运输局，正科级建制。2019年，党政机构改革，县交通运输局部门管理有县道路运输管理所。

2021年，县交通运输局围绕四好农村公路"建好、管好、护好、运营好"的总体目标，贯彻落实自治区党委政府、山南市委市政府、浪卡子县委县政府的决策部署，坚持生态优先、绿色发展的理念，抢抓机遇，推进项目建设。开展党史学习教育，筑牢思想之基、补足精神之钙，以建设人民满意交通为奋斗目标，勇于担当、努力拼搏、求真务实、锐意进取、狠抓落实，完成交通运输各项工作任务。浪卡子县8乡2镇已全部通水泥(油)路，通畅率100%，行政等级划分，95个行政村(居)，其中通畅72个行政村(居)，未通畅23个行政村(居)，农村公路通达率达到100%，通畅率达到75.79%，202个自然村已全部实现通达，其中149个自然组通畅，通达率达到100%，通畅率达到73.76%。截至2021年年底，浪卡子县公路总里程为1280.115千米。国道174.939千米、省道399.889千米、县道294.316千米、乡道179.141千米、村道169.485千米、专道62.345千米。浪卡子县交通运输局实有工作人员8人，县交通运输管理所有专业技术人员3人。

【党建工作】 2021年，县交通运输局加强政治建设，严明纪律规矩，严肃政治标准，始终把党建工作摆在重要位置，纳入本单位的重要议事日程，主要领导亲自安排部署、亲自督导检查、亲自跟踪问效，认真落实党建工作主体责任，贯彻落实《关于巩固深化"不

松拉村至门嘎村公路项目建设

忘初心、牢记使命”主题教育成果的意见》，组织党员干部读原著、学原文、悟原理，深入开展党史学习教育，紧密结合实际工作，坚持学习教育、检视问题、整改落实、为民办实事贯穿活动始终，确保活动向纵深发展，巩固活动成果。

【党风廉政】 2021年，县交通运输局把思想道德和社会诚信建设作为重点，把经常性的思想道德教育渗透到党员干部队伍的日常工作和生活中去，以落实《中国共产党廉洁自律准则》为重点，不断深化反腐倡廉教育，认真落实“一岗双责”，成立党风廉政工作领导小组，明确工作目标责任分工，分析廉政风险点、制定防范化解措施，组织干部群众观看反腐倡廉警示教育片，通过典型案例释纪说法、以案为戒，筑牢防腐拒变的思想防线。深入贯彻落实中央八项规定精神，订阅廉洁、清廉微信公众号，让党员能够经常性、便捷地学习廉政知识，营造风清气正的工作氛围。

【农村公路建设】 2021年，浪卡子县松拉村至门嘎村公路建设，路线长度4.119千米，投资规模1087.2万元，于3月22日开工，于7月30日竣工；浪卡子县曲增村至松拉村公路，路线长度6.699千米，投资规模1312.79万元，于3月22日开工，于9月30日竣工；山南市浪卡子县羊湖内环养护工程建设项目，投资规模153.56万元，于8月20日开工，11月18日竣工，山南市浪卡子县农村公路“最后一公里”项目，路线长度3.2159千米，投资规模667.8761万元，于9月30日开工，于2022年1月5日竣工。2020年续建项目：浪卡子县曲张线至巴多村公路建设，投资规模1753.4万元，于8月30日竣工；浪卡子县伦布雪乡至曲果仲村公路建设项目，投资规模1500万元，于12月26日竣工。

【农村公路养护】 2021年，紧扣“两不愁三保障”突出问题，认真落实“四个不摘”政策，结合部门工作实际，为脱贫户提供生态岗位，上半年承担交通生态岗位道路养护员90名，下半年承担交通生态岗位道路养护员92名，共落实生态岗位工资31.85万元，实现了群众就近就便增收，农村公路日常养护事关人民群众的出行安全，县交通运输局提前谋划、精心组织、合理安排，面向社会招聘3名机械操作员，于6月5日开工，对羊湖内环道路实施日常养护作业。按照浪卡子县小型基本建设项目滚动发包的方式投资303.81625万元，对16段农村公路进行日常养护，全年开展抢修保通8处，保障人民群众生命及财产安全。

【道路管理】 2020年，浪卡子县交通运输综合行政执法队（以下简称县交通运输综合行政执法队），为浪卡子县交通运输综合行政执法机构，实行“局队合一”体制，在县交通运输局加挂牌子。全年，县交通运输局按照“谁执法、谁普法”的要求，以安全生产月、国家安全日等活动为契机，在县委、县政府的组织下，在人员密集点开展普法宣传。加强农村公路的管理，切实做到权责一致、规范运行，依托“路（桥）长制”机制，对公路附属设施和路容路貌进行全方位综合管理，加大公路巡查力度。全年，出动公路巡查282人次，查处安全隐患登记造册，纳入养护计划中。开展“两危一客”检查执法、打击非法营运车辆，货车非法改装、超限超载，确保农村公路依法治理，打造“畅、安、舒、美”的通行环境。

【公交客运管理】 2021年，县交通局深入学习贯彻落实习近平总书记作出的“关于建设交通强国，必须补齐农村交通运输这块短板，加强农村交通基础设施建设，大力提升运输服务能力和水平”的重要指示批示精神，加快完善农村公路运输服务网络，全面实现全县建制村通客车，按照农民出行规律、市场规律、客运经营规律、因地制宜地发展农村客运经营模式，巩固村村通客车成果，提高服务质量，完善配套政策措施，保障稳定运行。2021年，全县有县际县内客运班线2条，营运车辆7辆，其中县际3辆，县内4辆，8个乡2个镇（通客车乡镇为7个，未通客车为3个），95个行政村（通客车建制村为55个，未通客车建制村为40个），通车率达58%，其次1个乡镇已建成客运站。

（格桑朗杰）

## 邮政

【概况】 1962年,成立朗格则县邮电所和打隆县邮电所。1964年,朗格则县邮电所更名为浪卡子县邮电所。1966年5月,浪卡子县邮电所和打隆邮电所合并,成立浪卡子县邮电局。1998年10月,县邮电局撤销,分别设立县邮政局和县电信局。2016年5月,县邮政局更名为浪卡子县邮政公司。2019年,浪卡子县邮政公司改称中国邮政集团有限公司西藏自治区浪卡子县分公司。截至2021年年底,中国邮政集团有限公司西藏自治区浪卡子县分公司从业人数8人,其中男职工4人,女职工4人。

【经营状况】 2021年全年总经营指标188万元,1—12月累计完成145万元,完成全年计划的78%,其中邮务类全年计划88万元,完成45万元,完成全年计划的51.13%,金融类全年计划25万元,完成26.3万元,完成全年计划的105.2%。

【普服业务】 2021年,全年收寄各类邮件7万余件,投递各类邮件10余万件,投递党报报刊137余万件、杂志3.5万余件,保障全县党政军群、企事业单位的用邮需求。投入地方经济发展,对接上级银行机构、办理相关扶贫贷款业务。同时不断完善职能职责,为广大客户提供金融服务的同时,开展金融普惠知识宣传、金融安全知识宣传、全年开展金融普惠政策,预防电信网络诈骗、反洗钱等宣传活动200余次,其中入户宣传100余次。

【经营举措】 2021年,浪卡子邮政公司从客户体验入手,狠抓服务质量提升。对内加强职工培训,提供职工的服务能力;对外规范服务礼仪,从客户接待、投递上门等环节对职工进行礼仪培训,全年共开展服务礼仪达150余次,规范职工服务行为,改善客户体验。

【邮储工作】 2021年,浪卡子县邮政公司积极下乡宣传业务,实现储蓄余额1530.25万元,储蓄补产目标完成年度计划的64%,正增长200万元,通过积极外拓宣传保险、理财中间业务,完成45万元,完成计划的103%;手机银行激活完成300户,完成计划的107%;手机银行活跃完成557户,完成计划的97%;收单业务完成77户,完成计划的123%。

【农村通信服务】 2021年,浪卡子县邮政分公司营业网点共计9个,其中县城网点1个,乡镇邮政所9个,乡邮邮路110条,汽车邮路4条(单程)360千米、摩托车邮路(单程)600千米,邮政服务网络覆盖全县8个乡2个镇76个行政村及边防驻军部队和驻村、驻寺工作队。为全县广大农牧民群众提供邮政通信、快递物流、便民金融业务服务及相关法律法规、普惠金融政策宣传等服务。全年共向乡(镇)、村(居)以及驻村、驻寺工作队以及边防部队投递党报党刊75万余份,投递各类邮件6.3万余件。各乡(镇)邮政所营业场所均按照邮政服务标准进行对外营业。

【强基惠民】 2021年,浪卡子邮政分公司根据县乡村振兴局工作要求安排,结对帮扶打隆镇林西村贫困群众,全年上门帮扶达12

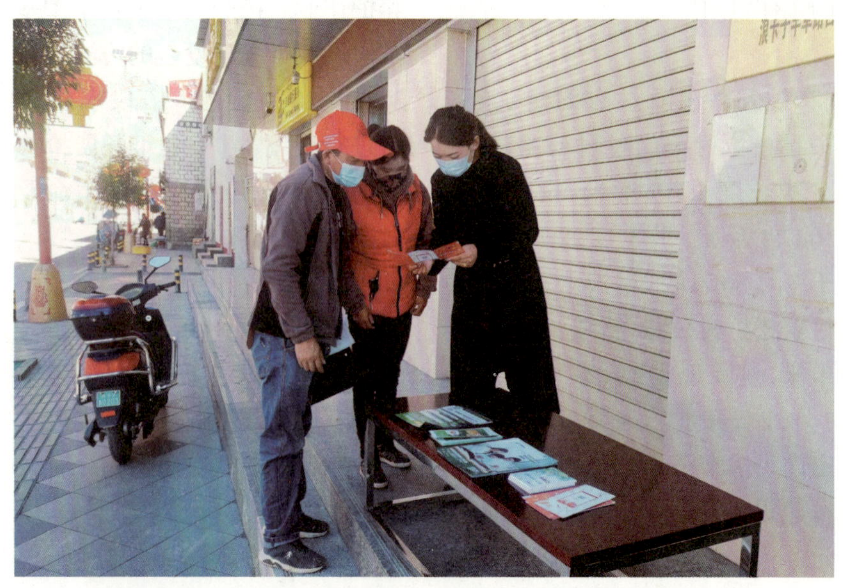

2021年5月12日,县邮政分公司工作人员为农牧民宣传金融知识

次，投入帮扶资金0.2万元。由县邮政分公司组织对原阿扎乡投递员扎西罗布捐款活动，募捐2万余元。

【农村电商】 2021年，浪卡子邮政分公司农村电商点建设并运营工作取得较好的成效，已建成9个乡镇农村电商示范点并对外运营，主要进行周边特色产品及民族工艺品线上销售、计算以及线下运输工作。

（阿　旺）

## 电信

【概况】 2021年，浪卡子电信局有员工5人，其中正式员工4名，派遣制1名，其中党员3名，积极分子1名，自聘员工13名，合作方员工5名，整个团队共计23人，2021年10月成立党支部，在分公司相关部门的组织和指导下，开展党建工作。2021年，浪卡子电信局在县委、县府及上级公司的正确领导和关心、帮助下，在团队的共同努力下，取得较好的成绩，95个行政村4G信号全部覆盖100%完成，乡村光宽带覆盖100%完成。

【经营状况】 浪卡子2021年收入完成1400万元，双线收入完成230万元。移动出账用户达9500户，宽带计费用户达4500户，移动过网份额达到50.38%。为了提升基层服务，坚持装维下沉到各乡镇营业厅，常驻，装维和乡镇承包单元合作承包，营业员业务优势和装维维护员优势互补，共同服务和共同分享业务发展成果和存量经营成果，不仅提高服务效率，缩短维护时间，同时为县局节约长途驱车维护费，提升服务效率和客户服务感知，对存量保有工作起到非常重要作用，同时很大程度上降低用户离网率和客户服务投诉。

（次仁罗布）

## 移动

【概况】 2021年，浪卡子县移动分公司在县委、县政府及市分公司的领导下，始终秉承“正德厚生，臻于至善”的核心价值观，致力于业务发展，扎实工作，强化，狠抓，真抓实干，马上就办的工作作风，强化生产经营管理；对外发扬艰苦奋斗的精神，努力开拓市场空间。截至2021年年底，有员工7人、2家县城渠道、3家乡镇渠道、5名直销员。

【网络建设】 浪卡子县移动分公司联合上级公司于2021年在浪卡子县普玛江唐乡沿线新建14个基站，进一步优化及完善边境乡镇的网络覆盖率。

【日常营销】 2021年，浪卡子县移动分公司针对营业厅客流量小，指标任务重等情况，组织全体员工利用下班和周末时间以地推、驻点、扫街等方式开展日常营销。走进群众当中宣传防电信诈骗相关安全知识，对相应的小区进行网络义诊，为群众切身利益提供有力的保障。其中发放宣传物料12000余件，共参与人数18人。2021年，移动手机用户10973户，宽带用户3359户。

【安全生产】 浪卡子县分公司定期组织员工进行安全生产培训；安全生产知识竞赛和灭火器材的使用演练等，认真推行安全生产责任制，定期对县公司各方面进行检查，安排专人对县公司存在的安全隐患及时上报并排除隐患，做好重要节日维稳值班工作，切实强化员工管理，确保公司安全。

【服务质量】 浪卡子县分公司优化营业员业务培训和考核制度，做好乡镇渠道每月帮扶指导工作，提高基础服务工作，及时处理客户投诉，套餐和其他营销活动推荐量身定制，套餐优势区别宣传，提升营业厅服务水平。积极树立“客户第一”的服务意识，加大重点集团驻点服务力度，提高客户感知。

（米玛央金）

# 城乡建设·环境保护

## 住房和城乡建设

【概况】2003年2月，成立浪卡子县城乡建设环境保护局。2003年10月，浪卡子县环境保护职能从县城乡建设环境保护局剥离，县城乡建设环境保护局改称县建设局。2010年10月，县建设局改称县住房和城乡建设局，正科级建制。截至2021年年底，浪卡子县住房和城乡建设局实有工作人员7人。

【乡镇基础设施建设项目】2021年，浪卡子县共实施乡镇基础设施9个，总投资22471万元。伦布雪乡、多却乡、白地乡、卡龙乡、阿扎乡、打隆镇、卡热乡基础设施已完工并通过竣工验收。为保证工程质量，张达乡、普玛江塘乡基础设施项目已停工，预计复工时间为2022年5月中旬。全年共拨付项目地勘费、设计费、监理费、招标代理费及项目工程款等合计资金13644.57万元。

【市政建设项目】2021年，浪卡子县实施县城市政项目2个，总投资3122万元。共拨付项目地勘费、设计费、监理费、招标代理费及项目工程款等合计资金2648.0357万元。截至年底，2个项目已完工并通过竣工验收。

【污水处理厂项目】项目总投资1499.98万元，共拨付项目地勘费、设计费、监理费、招标代理费及项目70%工程款等，合计资金964.8099万元。截至年底，污水处理厂项目已完工，由于施工单位在设备购置中存在问题，又无技术支撑，11月22日与施工单位对于污水处理厂设备参照设计图纸、招投标文件进行了对比，存在部分设备差异，已责成施工单位进行处理。

【农村住房改造】2021年，浪卡子县住房和城乡建设局通过对全县范围内的农村住房安全进行认定。认定住房安全改造106户，其中四类户11户、非四类户95

2021年12月1日，山南市住建局、环保局、旅发局等相关部门负责人陪同山南市环境督导组到浪卡子县污水处理厂检查建设项目工作

户。截至年底,实施改造完成106户,所需资金为170.588万元,其中四类户30万元、非四类户140.588万元,同比上年资金投入增长55.588万元,户数40户。

2021年6月8日,山南市浪卡子县住建局主任科员扎西群旦带队各乡镇主要负责人到卡龙乡开展农房改造户入户验收工作

【保障性住房建设】 浪卡子县2019年公租房建设项目116套,总建筑面积7171.19平方米及附属工程,总投资2919.39万元,县城部分已入住,白地、卡龙、多却、伦布雪4个乡镇进行初步竣工验收。是年,共拨付项目地勘费、设计费、监理费、招标代理费及项目85%工程款等,合计资金2264.8178万元,比上年度增长1141.2987万元。

浪卡子县直2021年周转房建设项目66套,总建筑面积4620平方米及附属工程,总投资1599.91万元。

浪卡子县2021年公租房建设项目28套,总建筑面积1401.12平方米及附属工程,总投资550万元。

【保障性住房分配】 2021年,浪卡子县住房和城乡建设局继续加强对全县住房管理和分配力度,对全县干部职工住房需求进行全面梳理和入住情况进行检查,对存在占用多套住房的情况,及时进行清退。截至年底,共清退房屋17套,清退后安排入住73套,安排入住后剩余闲置房8套。

【保障性住房管理】 2021年,浪卡子县住房和城乡建设局为尽快实现保障性住房的科学化、规范化管理,先后制定出台《浪卡子县公租房管理办法(暂行)》《浪卡子县党政事业单位干部职工周转房管理办法(暂行)》《浪卡子县干部职工住房分配方案》,填补浪卡子县保障性住房管理政策的空白。同时对保障性住房实行动态管理,对入住使用情况定期检查,对不符合条件的家庭,启动退出机制。

【建筑市场管理】 2021年,浪卡子县住房和城乡建设局加大建筑市场规范整顿工作。对建设单位资质进行全面清查,杜绝无资质进入和跨资质建设现象,同时,加大建设项目监察执法力度,通过宣传教育,进一步增强工程建设各方主体法治意识,推动文明施工。

【安全生产】 2021年,浪卡子县住房和城乡建设局认真贯彻执行《建设工程安全生产管理条例》和《中华人民共和国安全生产法》,明确安全生产责任人。同时强化安全生产大检查,查处杜绝各类事故隐患,并发出整改通知及工程停工令,确保安全生产无事故。

【质量监管】 2021年,浪卡子县住房和城乡建设局采取周报、月结的方式,对工程质量进行常规制度化监控。同时,加大对施工现场的巡查管理,加强建筑材料的检测监督工作,进一步完善工程竣工验收备案管理制度,工程竣工合格率达到100%。

【规范招标程序】 2021年,浪卡子县住房和城乡建设局对全县建设工程项目工作逐步规范化,所有符合招投标条件的工程项目全部实行招投标、议标等程序,并通过公告等形式向社会进行公开,增加工作的透明度,避免不正当竞争。

【市政设施管理】 2021年,浪卡子县住房和城乡建设局把抓好市政设施管理维护作为提高城市形象、方便群众生活的重要一环，加大对市政设施的管理力度。对县城给排水管道堵塞进行清理，给广大干部职工的正常生活提供方便。同时按照“建管并举、以管为主”的思想，逐步建立起县城管理的长效机制，对县城管理采取分片巡查、集中整治的管理模式。按照生态环境“六项专项整治”行动，积极推进县城管理综合执法，与县直有关部门等合作，对县城主要街道、城乡接合部“脏、乱、差”进行集中整治，着力解决占道经营、乱设摊点、乱贴乱画等群众关心的热点难点问题，以优美整洁的环境树立浪卡子良好的对外旅游形象。

【施工许可证办理】 2021年，浪卡子县住房和城乡建设局先后办理建设工程施工许可证17本、质量监督手续17本、安全监督手续17本。

【住房公积金管理】 2021年，浪卡子县住房和城乡建设局为解决干部职工住房贷款问题，在地区房改办下达贷款指标后，及时通知全县干部职工，宣传贷款相关业务及住房制度改革的新政策。截至年底，浪卡子县干部职工住房公积金申办贷款金额共计1985万元。办理住房公积金支取金额为2082万元。

【党建工作】 2021年，浪卡子县住房和城乡建设局召开会议，制定住建局党组(党支部)学习计划，并明确学习主持人选，通过班子领学、个人自学等方式重点学习习近平总书记系列重要讲话精神。同时结合住建局党支部年初制定的每周一学习例会制度和“三会一课”制度，先后以围绕中共十九大精神、习近平新时代中国特色社会主义思想为指导，认真贯彻落实自治区党委、市委的决策部署和县委、县政府党组的各项重点工作，住建局党组工作取得较好成绩。全年各类学习46次，开展党课学习5次，开展主题党日活动11次。

【理论学习】 2021年，浪卡子县住房和城乡建设局党组集中学习《习近平关于“不忘初心、牢记使命”论述摘编》《习近平新时代中国特色社会主义思想学习纲要》等书籍。

【廉政建设】 2021年，浪卡子县住房和城乡建设局从聚焦党的政治建设、全面从严治党、理想信念、宗旨意识、担当作为、政治纪律和政治规矩、党性修养、廉洁自律9个方面进行找差距，抓落实。同时按照“守初心、担使命、找差距、抓落实”的总要求，结合单位实际工作，对照党章党规逐一查摆问题，对自身查摆的问题进行整改，做到立行立改。并根据区住建厅关于漠视群众利益问题进行自查，截至年底，发现检视问题3条，已全部整改到位。

【强基惠民】 2021年，浪卡子县住房和城乡建设局按照上级关于强基惠民活动的总体要求和部署，要求全体干部职工高度重视，把此次活动摆在重要议事日程，把落脚点和出发点落实到服务农牧民群众上来。与此同时，成立了活动领导小组，并完成制订活动计划，布置活动任务等规定动作。通过活动的开展，全体职工精神风貌、工作作风都有进一步转变，服务意识得到进一步增强，各项工作也取得一定成效。在后续工作中，继续采取有力措施，进一步推动强基惠民活动深入开展，为服务农牧民群众做出不懈努力。

【自身建设】 2021年，浪卡子县住房和城乡建设局通过制定相关制度，强化内部管理，规范工作程序，完善服务措施，形成人人肩上有责任、千斤重担人人挑的格局。单位干部职工做到分工负责，密切配合，心往一处想，劲往一处使，竭尽全力，保证全局重点工作任务的完成，服务社会的职能得到进一步加强。

加强干部职工学习和培训。鼓励干部职工通过自学、单位集中学、继续教育等多种方式，学习专业技术、依法行政、行业管理等方面的知识，提高干部职工依法行政和履行岗位职责方面的技能。

完善制度，健全机构。制定建设系统财务管理制度，对建设行业法规和局内部管理制度进行收集整理，编制制度汇编和法规汇编，做到人手一册，有力地促进全县建设工作的健康发展。

（杜志辉）

## 生态环境保护

【概况】 2003年2月，成立浪卡子县城乡建设环境保护局。2003年10月，浪卡子县环境保护职能划归县国土资源环境保护局。2010年10月，浪卡子县环境保护职能剥离县国土资源环境保护局，单独设立县环境保护局，正科级建制。2019年，党政机构改革，将县环境保护局的职责，以及县发展和改革委员会应对气候变化和减排职责，县国土资源和规划局的监督防止地下水污染职责，县水利局的编制水功能区划、排污口设置管理、流域水环境保护职责，县农牧局的监督指导农业面源污染治理职责等整合，组建山南市生态环境局浪卡子县分局，作为山南市生态环境局的派出机构，不占机构限额。县委生态文明建设领导小组办公室设在山南市生态环境局浪卡子县分局。环保机构监测监察执法垂直管理体制改革具体工作，按照中央、自治区党委、山南市委有关改革部署实施。不再保留县环境保护局，部门管理环境监测站。2021年，山南市生态环境局浪卡子县分局围绕党中央、国务院关于“构建生态安全屏障、确保西藏生态环境良好”的刚性要求，始终坚守生态环保底线，狠抓环保督察整改。推进污染防治攻坚战，推进美丽浪卡子建设。截至2021年年底，山南市生态环境局浪卡子县分局实有工作人员6人。

【生态环保考核】 2021年，经自治区生态环境考核领导小组考核通报，浪卡子县在全区县(区)生态环境保护考核结果为优秀。

【环境综合整治】 2021年，各乡(镇)、村(居)、完小、寺管会拨付环境综合整治资金100.4万元，国道349、羊湖周围配套环境卫生整治专项资金28.1万元。为建立健全农村生活垃圾一体化处理体系，按照“城乡统筹，因地制宜、讲求实效、重点突破”的原则，生态环境分局制定《浪卡子县生活垃圾清运系统设备增补及运营方案》，投入资金571.28万元，实现乡村生活垃圾统一收集、统一转运、统一处置的市场化托管运营模式。结合“六大专项整治”行动，深入开展环境综合整治工作，根据已划分的责任区，突出公路沿线、旅游景区、羊湖周边、主要河道、县城周边、居民区等，定期开展生活垃圾、建筑垃圾、白色垃圾及河道清淤的清理整治工作，出动人数0.35万余人次，清理各类垃圾18吨。

2021年12月1日，生态环境部西南督察工作组一行到浪卡子县督导检查

【环境宣传】 2021年，浪卡子县生态环境局结合全县党史学习教育，邀请市生态环境局专家人员授课2场，县域内环保知识讲座及培训2场次，切实提升全县干部职工生态环境保护意识。深入各学校、企业、村居、旅游景区开展第50个“6·5”世界环境日宣传活动，通过现场小课堂讲解环保知识，发放价值8000余元奖品、500余环保知识手册、2000余环保袋，参与学生、群众达400余人。是年，开展第10届“5·25”保护母亲湖活动，全县上下、集中精力，突出重点、统一行动，对羊湖周边、道路沿线、旅游景区等区域开展环境卫生大整治，参与活动人数达8500余人，转运处理垃圾40余吨，出动车辆20余次。

【项目建设】 2021年，浪卡子县生态环境局制定《2021年度国家

2021年10月27日，浪卡子县生态环境分局执法人员到阿扎乡检查拦沙坝开展项目

重点生态功能区转移支付资金使用方案》提交人民政府审议批准，确定重点工作。并开展对策如那村水土保持项目、卡龙村水土保持项目、幸福水渠环境整治等5个项目，累计使用资金568万元；推进"三线一单"工作，先后开展对接会4次、汇报会2次、部门意见征求会3次，收集翔实的基础资料，有力推动全市"三线一单"编制工作的有序开展，对接调整优先管控单元工作。根据2021年县委常委会、县人民政府常务会议要求，2020年浪卡子县生态环境考核奖金300万元，用于实施浪卡子县阿扎乡扎岗村、亚龙村等生态修复和治理工程，浪卡子县"双创"孵化基地环境综合整治项目，浪卡子县伦布雪乡帮来村拦砂治理修复工程建设项目。扎实推进县城自来水水厂水源地保护和保护区划分工作，对《浪卡子县自来水厂饮用水源地保护区划分方案》进行评审，并提请市人民政府审议。

【生态文明创建】 2021年，浪卡子县生态环境局按照自治区生态文明建设示范县创建有关工作通知精神，完成编制《浪卡子县生态文明创建示范县规划（2020—2025年）》，并通过开始实施。完成《浪卡子县10个乡（镇）95个行政村（社区）提档创建自治区生态文明建设示范创建方案》，按照《创建自治区级生态文明建设示范村管理体系》，编制完成张达乡扎玉村等47个村（社区）建设方案、申报工作报告，并由市人民政府审核通过。

（旦 增）

## 城市管理和综合执法

【概况】 2019年，党政机构改革，组建浪卡子县城市管理和综合执法局，为浪卡子县人民政府正科级工作部门。主要负责市政公用事业、环境卫生、市容管理、道路交通等公共事务，2021年，浪卡子县城市管理和综合执法局以习近平总书记城市管理领域重要指示批示精神为指导，依托6月5日"环境日"、5月25日"保护母亲湖行动日"、综治宣传等法定时间节点，通过"羊湖之声"、抖音、快手等新兴媒体大力宣传城市管理法律法规，不断提高群众城市意识、环境意识、道德意识，营造一个整洁有序、文明和谐、生态宜居的城市环境。截至2021年年底，

2021年4月12日，浪卡子县城市管理和综合执法局工作人员到城区清理垃圾

2021年4月24日，浪卡子县城市管理和综合执法局在建筑工地开展环境整治

县城市管理和综合执法局实有工作人员5人。

【综合执法】 2021年，浪卡子县城市管理和综合执法局，本着接地气办实事，解决群众热点难点的问题为出发点，完成浪卡子居委会旅游文化广场至县藏医院路段及县武警中队对面路段停车位划分，着力解决群众停车难问题。开展全县环境整治活动8次，联合应急管理局、消防大队，对液化气站及大型餐馆、超市等液化气使用情况安全隐患排查6次；组织移动、电信、联通等县内通信公司，开展在浪卡子居委会农田上电线乱堆乱放、私搭乱接现象集中清理整治活动；及时有效整治某餐馆的生活污水渗入浪卡子县居委会农田上的问题。

【市容整治】 2021年，浪卡子县城市管理和综合执法局严厉整治城区主次干道上违法占道堆点、户外广告乱投乱放，规范临时摊点，累计整治占道摊点7处，清理户外墙体广告和“牛皮癣”80余处，横幅17处，清理乱堆乱放19处，宣传71家个体户，使城区内的环境秩序得到进一步改善。2021年，浪卡子县城市管理和综合执法局完成县城内7个乡（镇）垃圾收集处理转运工作，交由第三方县银硕物业公司托管运营。对整个城区的环境清扫的工作实行网格化管理，确保责任落实到人头，不出现垃圾死角和空白点。认真落实保洁人员和垃圾转运工作责任制，明确工作职责及责任区划分，实行包片制度、督查考评制度，联合市生态环境局浪卡子县分局，开展“禁限塑”专项整治行动，补签商铺门前五包责任书及“十不准”责任书，投入执法力量30余人次，检查个体工商户105家，发放环保购物袋450余份，累计受教育群众达835人，及时有效地改善辖区环境卫生脏乱差的状况。是年，浪卡子县城市管理和综合执法局针对扶贫建材市场公厕常年废弃，无法满足周围居民生活需求问题，从市政设施维护费用中列支41392.9元，全面完成维护维修工作。

（褚莉莉）

# 教育·体育

## 综述

【概况】 1964年8月，成立浪卡子县民教科，负责全县教育卫生工作。1981年11月，县民教科撤销，分别设立县民政科和县文教科。1984年8月，县文教科改称县文教局。1987年7月，县文教局改称县教育局。2010年10月，成立浪卡子县体育局，县教育局和县体育局合署办公。2019年，党政机构改革，县教育局挂体育局牌子，为正科级行政单位，部门管理县教研室。

2021年，浪卡子县教育局按照《山南市2021年度教育事业发展目标责任书》及浪卡子县人民政府工作任务分解要求，统筹推进疫情防控、乡村振兴、推进学前教育优质普惠发展、巩固义务教育成果、改善办学条件、持续锻造教育“铁军”队伍、教育质量稳步提升，全面贯彻党的教育方针、落实立德树人根本任务，着力转变观念、守正创新、攻坚克难、守住底线加快教育高质量发展，推进教育现代化，建设教育强县、办好人民满意的教育，培养德智体美劳全面发展的社会主义建设和接班人。截至2021年年底，浪卡子县各级各类学校51所，其中，初级中学1所，乡（镇）小学15所，幼儿园34所，附设幼儿班1个。小学在校生3022人，小学适龄儿童入学率100%；初中在校生1628人，初中阶段毛入学率101.56%，义务教育阶段无辍学生；学前教育阶段在园幼儿1010人，学前三年毛入园率75.15%，受办学条件约束未达到市级目标。浪卡子县初中专任教师134人，小学专任教师265人，学前专任教师104人，专任教师学历合格率100%。浪卡子县教育局内设办公室、教研室、信息室、财务室、规划室、师资办、安稳办、思政办等科室。

【疫情防控】 2021年，浪卡子县教育（体育）局严格落实“42256工作思路”“十个到位”“十个一律”等工作机制，成立以分管县长为组长的疫情防控工作领导小

2021年10月18日，浪卡子县教育考察团到芜湖市弋江区开展交流学习

组，制定实施《浪卡子县教育系统新冠肺炎疫情常态化防控工作方案》《浪卡子县教育系统新冠肺炎疫情防控工作应急处置预案》，协调县卫健委制定出台实施《浪卡子县各级各类学校应对新冠肺炎就诊流程》《浪卡子县各级各类学校新冠肺炎防控医疗保障工作方案》。全面加强信息统计工作，准确把握每名师生员工去向、健康状况，做到底数清、情况明。积极储备一次性口罩、体温枪、喷雾器、消毒液等疫情防控物资。及时调整疫情防控常态化措施，春、秋季学期全面开学、正常开学、安全开学，学校教学计划、物资筹备、后勤保障，疫情防控等工作井然有序，教育教学秩序全面恢复。各学校按照防控流程，每天定时对校园重点场所进行消毒消杀；每天对学生进行晨检、午检，晚检，一日三次实时监测学生体温及健康状况。根据市应对新型冠状病毒感染肺炎疫情工作领导小组办公室关于《山南市2021年下半年新冠病毒疫苗接种实施方案》（山疫控办发〔2021〕46号）文件精神，按照适龄无禁忌人群“应接尽接”要求，重点做好12—17岁人群新冠病毒疫苗接种工作，积极发挥联防联控作用，加强与卫生、医疗机构等部门沟通衔接。截至年底，全县12岁至17岁在校生有2011人，其中已接种第一针为1943人，完成率96.6%。第二针接种人数为1915人，完成率95%。全县中小学幼儿园教职工、全县教育系统教职员工共531人，其中接种第三针人数为504人，接种率为94.9%。

2021年9月10日，浪卡子县召开第37个教师节表彰大会

【党建工作】 2021年，全县教育系统共设有19个党支部，党总支1个，党的基层组织覆盖全县所有中小学、幼儿园。教育系统党员人数达334人，其中教师党员占教师总数的65%。实行支部书记和校长一肩挑，除了县幼儿园和甘扎小学外，其余各党支部均配有支部书记，副书记、组织委员、纪检委员、宣传委员各1名。是年，召开教育系统党风廉政部署会，调整充实党风廉政工作领导小组。坚持全面从严治党工作与业务工作同部署、同落实、同检查。分管县长与局长、局长与各班子成员、各学校负责人层层签订党风廉政建设目标责任书，按照“一岗双责”的要求，根据分工，具体抓好分管科室和联系学校的各项工作。通过专题“廉政党课”“警示教育活动”，廉政考试，“参观红色教育基地”等活动，以及充分利用LED显示屏、微信公众平台、宣传栏等进行广泛宣传，营造教育系统“处处见廉、人人倡廉”的浓厚氛围。认真组织开展民族团结教育、爱国主义教育、德育教育，把党史学习文化融入学校、融入课堂，打造廉洁从教、规范办学的良好风尚，有效提升社会对教育的满意度。

【立德树人】 2021年，全县各学校进一步改进德育工作，落实“育人为本、德育为先、全面发展”的工作原则，健全制度，创新举措，强化德育的地位，将德育贯穿到教育教学全过程；深化课程改革，实施国家课程、地方课程和校本课程，安排中小学品德与社会、道德与法制、思想政治等课程，每学期每周2节课，由学校业务骨干及学校中层干部、党员队伍专门担任学校思政教师，紧紧围绕“培养什么人、怎样培养人、为谁培养人”这一根本任务，深化思想认识、细化工作举措、强化工作保障，努力培养德智体美劳全面发

2021年10月29日，浪卡子县开展“党建促教学”现场交流会

展的社会主义合格建设者和可靠接班人。

【学前教育】 2021年，浪卡子县教育（体育）局加大学前教育投入，大力改善办园条件，切实规范幼儿园管理，不断提高学前教育水平。“十四五”规划中纳入新建2所幼儿园，其中下西村幼儿园、边嘎幼儿园年预计2022年竣工投入使用，进一步推进全县学前教育普及发展，开启浪卡子县学前教育的新篇章。组织开展幼儿教育“小学化”倾向专项治理，进一步规范常规管理，各幼儿园从严落实一日常规工作要求，课程开设、在园时间、保教工作等园务管理基本规范，运行正常。截至年底，全县有各级各类幼儿园33所，经山南市幼儿园分类定级评定，其中县级二类幼儿园1所、乡（镇）级一类幼儿园2所、乡（镇）级二类幼儿园1所、乡（镇）级三类幼儿园2所、村级一类幼儿园1所、村级三类幼儿园1所。截至年底，全县学前两年毛入园率为85.33%，学前三年毛入园率为75.15%。

【师资队伍建设】 2021年，浪卡子县教育（体育）局新增15名教师，其中公开招录14人、外地调入1人，安排到师资配备不足、力量不均、结构不合理的薄弱学校任教，有力加强队伍力量。教师待遇得到保障，完成53名教师的职称申报工作，其中高级教师6人、一级教师21人，二级教师24人。加强教师培养培训工作，组织选派40名教师参加区内外国培区培计划培训。顺利推进教师“一考三评”，全面考量教师综合素质。严格落实教师管理办法，全面加强师德师风建设，按时落实教师生活补助，按月足额发放教师工资，全面保障教师五险一金等教师待遇。教师综合能力进一步提升，队伍结构更加合理。

【项目建设】 2021年，浪卡子县教育（体育）局继续开展改善全县中小学、幼儿园校舍条件工作，继续13所学校学生浴室维修改造及新建项目工作。2021年开工建设项目有投资134.5万元的浪卡子县19个乡村幼儿园直饮净水系统建设项目、投资180万元的打隆镇小学等5所学校厕所革命建设项目；投资580万元的浪卡子县中学科技楼建设项目，争取市本级投入资金365万元；实施的伦布雪乡小学14所学校附属工程建设项目，争取市本级投入资金300万元；实施浪卡子镇小学教育信息化建设项目，并投入县本级资金188万元；开展伦布雪乡苏格小学食堂规范化建设项目等薄弱学校改造及能力提升工作。是年，及时更新校安系统数据，处理2016年以来建设项目违法用地，完成“十四五”规划项目申报工作。

2021年开工建设项目有投资350万元的浪卡子县张达乡扎玉小学改扩建项目、投资50万元的浪卡子县张达乡扎玉小学简易运动场建设项目、投资240万元的打隆镇曲宗村幼儿园建设项目、投资60万元的浪卡子县篮球场建设项目、投资107.4万元的边境小康村教育事业建设项目、投资130万元的多却乡小学天桥项目，开工竣工率达100%。

【经费管理】 2021年，浪卡子县教育（体育）局切实做到严明财经纪律，始终加强对资金管理使用的监管力度，严格落实各项惠民政策资金。落实“三包”经费16138185.7元、营养改善资金 3286203 元、学生公用经费 4125197.69 元；落实大学生资助金为 7957000 元，惠及 1174 个大学生；落实十大民心工程教师生活补助资金为县级投入 40%，共 1483360 元；市级投入 50%，共 2225040 元，落实乡村教师生活补助资金为 4769700 万元，做到每一笔资金用在刀刃上。同时积极推进历年坏账处理、教育经费审计，厅、市县审计局审改、三包督查整改等 2021 年重点工作，进一步规范了财务工作，提高经费使用效益。

2021年9月26日，安徽省芜湖市弋江区教育考察团到浪卡子县开展考察交流学习

【教研教改】 2021 年，浪卡子县教育（体育）局加强教研队伍建设，教育局每一名教研员牢固树立教研工作“为基层服务、为教学服务、为师生服务”的思想，加强学习型教研队伍建设，认真学习教育法规和教学理论知识、课程标准，学习研究新课改内容，深入基层了解教情与学情，有效提高教研员的自身修养。加强春秋季学期开学检查指导工作，常态开展教学常规督促检查，查看 125 名教师的备课完成情况及 23 名教师的听课工作完成情况、抽查 146 名学生作业留批情况、参与基层学校教研教改活动 3 次。针对一年级数学（汉文版）、幼儿园语言、数学与科学等薄弱学科，深入开展骨干教师“送教下乡”活动，其中示范课 9 场次，经验交流 4 场次，80 余名教师参加活动，充分发挥骨干教师的示范、引领、辐射作用。2021 年，初级中学考 800 分以上 2 人，最高分 817.7 分至 799.9 分的 27 人，这两项数据全市排第一，600 分至 699.9 分的 59 人，这两项数据全市排第二，各科总均分 370.8 分，全市 15 所初级中学排名第 5 名。高中升学率略有提升，整体升入高中的 369 人，高中升学率达 68.46%，与上年相比提高 1.56 个百分点。2021 年考入其他省市西藏班考生有 5 名，小学毕业统考成绩比上年有所提升，在 2020 年的总均分 160 分基础上提高到 173 分，提高 13 个百分点。

【教育信息化】 2021 年，浪卡子县教育（体育）局加大对偏远学校的信息化基础设施配备力度，16 所乡（镇）小学和部分幼儿园接通山南市教育城域网，投入援藏资金 300 万元，配齐教师一人一机，部分幼儿园幼教一体机，多却乡小学建设一间精品录播教室。举办全县中小学、幼儿园教师信息技术应用能力提升培训，提升教师信息化教学技能和素养。

【控辍保学】 2021 年，浪卡子县教育（体育）局严格落实控辍保学工作方案和“一校一册”“一生一案”控辍保学工作机制，认真执行义务教育控辍保学动态监测制度，压实各乡（镇）、职能部门控辍保学工作责任。成立控辍保学核查专项组，深入各乡镇、各村居，以走村入户的方式，通过学籍系统、户籍系统、残疾人信息系统的数据比对，逐村逐户逐人开展核查工作，精准掌握适龄儿童少年失学辍学数据。同时大力宣传义务教育法、未成年人保护法，让家长履行好职责，配合学校帮助子女完成义务教育。坚持因人施策，采取送教上门的方式，进一步完善并印发《浪卡子县控辍保学送教上门工作实施方案》，明确卫健委、教育、残联、民政、学校、驻村工作队等部门的职责，认真开展送医、送药、送文化、送康复、送温暖等“五送”活动，保证每月 2 次每次 4 学时，每学年 80 学时送教上门服务，切实保障因身体原因不能进校上学适龄儿童少年接受义务教育的权利。小学适龄儿童入学率持续保持100%，初中阶段毛入学率达101.56%。

【校园安全】2021年，浪卡子县教育（体育）局坚持把校园安全工作放在第一位，一切教育工作以安全稳定为中心，加强学校安全工作领导，建立维稳各项机制。制订维稳工作实施方案和应急预案，并按照县国安指挥部以及全县各类维稳工作会议的工作部署，加强维稳各项工作。春节、藏历新年、中国共产党成立100周年大庆、西藏和平解放70周年大庆等期间，局党组严格落实值班备勤制度，认真执行24小时值班带班制度，及时登记流动人员，记录翔实清楚，对于来路不明人员坚决制止进入校园和单位，并每天坚决执行“有事报事、没事报平安”，营造和谐稳定的社会环境。全面部署和加强校园饮食卫生安全、道路交通安全、消防安全、维护稳定等方面的工作并开展校园安全稳定自查工作，尤其认真部署了开学学生返校安全工作，切实抓好了返校道路交通安全。强化师生思想教育、强化矛盾纠纷排查、强化校园安全监管，强化校园内部及周边安全防范措施，严格执行校长、班主任维稳首责制，保证全县教育系统局势安全稳定，保证教育各项工作正常有序开展。

（吾金旦增）

## 浪卡子县中学

【概况】1974年11月，成立浪卡子县中学。

2021年，浪卡子县中学以习近平新时代中国特色社会主义思想为指导，贯彻落实中共十九大和十九届二中、三中、四中、五中、六中全会精神以及中央第七次西藏工作座谈会精神，贯彻落实自治区、山南市、浪卡子县年度教育工作会议精神，按照年初学校领导班子确定的工作思路和具体部署，以“创信息校园、抓教研工作、提教学质量”为工作目标，各项工作遵循有计划、有组织、有落实、有检查、有总结的既定程序，上下协调、精诚团结、共同努力，顺利完成各项工作。截至2021年年底，浪卡子县中学在校生1653人，教学班33个，教职工162人，其中专任教师142人。

【党建工作】2021年，浪卡子县中学坚持党建为基，积极发挥学校党组织的先锋模范和示范引领作用，推进教育教学科学发展。结合党史学习教育、民族团结教育、爱国主义教育、“两学一做”学习教育、“三包五带五促”等教育活动常态化常抓不懈，严格落实“三会一课”制度。认真组织开展广大教师职工学习党的理论知识、撰写心得体会、参加学习强国为活动载体，分层次开展学习党章、系列讲话、师德师风相关文件、学习贯彻中共十九大和十九届历次会议精神和习近平总书记系列讲话精神等，全年集中学习17次、自学11次，进一步提高了党员教师的理论水平。严格实施党建考核工作机制，接收3人为中共预备党员，4人转为正式党员，为校党总支注入新鲜的血液，发展学生新团员共96人，完成中学党总支换届选举，不断壮大组织建设。校各党组按照上级党史学习教育要求，结合学校实际、认真开展主题党日活动、民族团结教育、

2021年5月18日，山南市教育局党组副书记、局长赤列边巴（右二）一行4人督导组在浪卡子县中学检查指导义务教育基本均衡迎国检（抽查）工作

党史理论学习、表彰优秀党员、外出参观、知识竞赛、党员教师公开课、历史和思政党员教师上党课活动、党员教师进班级讲红色故事、卫生讲座、庆祝中国共产党成立100周年系列活动、西藏和平解放70周年系列活动等60余次,党员教师每周四晚坚持参加消毒消杀工作,每周二和周四坚持参加卫生强化工作,积极参与校内外结对帮扶活动,为全校253名贫困生发放过冬衣物,而且每一名党员深入基层开展结对帮扶工作,一年每名党员扶贫次数达到4次以上,组织党员开展爱心捐款2次,进一步增强党员教师的宗旨意识、大局意识和服务意识。通过开展师德师风、党风廉政等内容的学习,进一步加强意识形态工作,签订意识形态工作责任书、不赌博、不酒驾承诺书等,积极发挥党员教师的先锋引领作用,带领全体教职工,为学校发展做出积极的贡献。

【经费管理】 2021年,浪卡子县中学共召开37次党总支“三重一大”会议,专门对校园小型维修、采购、人事调整、调动、活动经费、参观学习、添置设备等117项议题上交到校支委“三重一大”进行研究,超出学校权限范围内的及时向县教育(体育)局请示,在第一时间内得到了有效落实,大大提高办事效率。拿出5318.3元工会会费,对离退休教师、生病住院等教师进行慰问;拿出30130元工会会费,开展趣味游戏、羊骨蹄腕、足球、篮球等比赛;拿出160800元工会会费,发放3次福利等活动。严格按照藏政发〔2005〕69号文件规定管理“三包”经费,“三包”经费中学生装备由县教育(体育)局统一采购,其他支出由学校“三包”领导小组统一领导下,定点公司采购。学校会计和出纳对每次采购和使用的物资作了详细的记录。“三包”开支须由经办人、物资验收人、会计、学校负责人四方签字后方可报销,杜绝克扣、截留“三包”经费现象发生,严格落实学生营养改善经费,增加学生副食品的供应次数,全面提高学生饮食质量,对“三包生”进行全面审核认定,保证每一笔钱都用在学生的身上。在经费使用上,根据学校发展状况,分轻重缓急,突出重点,对教学业务与管理、教师培训、德育活动、文体活动、水电、邮电、日常专用耗材、仪器设备购置等,严格按照文件精神,合理支配资金,保障做到专款专用,全部用于教育发展。

【校园管理】 2021年,浪卡子县中学拨付3万元专项资金,政教处在原有养成教育基础上,重点强化和巩固卫生、安全、文明行为的习惯养成教育及学生管理工作,把卫生强化工作、班主任选拔培训取经、主题班会、日报告、周报告、月统计、班主任月会、学生周会、6次量化检查、班级干部会议、学生会工作、一日八项考核等工作常抓不懈,取得显著成效。充分发挥宿管科的职能作用,带动生活老师,全校积极参与强化学生宿舍卫生工作,及时维修公物、定期开放澡堂,每周坚持学生宿舍消毒、宿舍量化检查等,使得学生宿舍卫生、内务整理、公物保管都有一定的进步。

【校园活动】 2021年,浪卡子县中学各处室、各功能室、各兴趣社团紧紧围绕学校年初确定的活动目标,从各自的实际出发,开展兴趣社团活动:“黑板报比赛”“知识竞赛”“疫情防控知识讲座”“征文比赛”“书法比赛”“第22届运动会”“班主任管理经验交流会”“班主任节”“学考百日誓师大会”“防控疫情宣传培训”“学考答题纸训练”“学考冲刺研讨会”“保护母亲湖活动”“美术展览”“党史学习”“外出参观学习”“毕业班座谈会”“毕业生集体过生日”“毕业典礼”“庆祝中国共产党成立100周年暨年度优秀党员表彰大会”“庆祝中国共产党成立100周年文艺会演”“八年级生物地理学业水平测试”“综治宣传”“拔河比赛”“足球比赛”“校园十大歌手比赛”等形式多样,内容丰富多彩的活动使学生在各种活动中,能够发挥各自的才能,锻炼自己,增强班集体的凝聚力,不断提高学生参与活动的兴趣爱好,为学生的全面发展打下良好基础。

【平安校园】 2021年,浪卡子县中学始终把学生安全和德育工作摆在突出位置,常抓不懈,为教育教学常规管理提供良好的安全保障。着重从学生德育教育入手,以思想品德课为主,通过开学第一课、唱国歌、升国旗，主题班会，专题讲座，黑板报、参观德育室、观看新闻联播等形式，开展内容丰富多彩的德育活动。政教处定期组织召开专题会议，开展行之有效的安全教育、爱国主义教育、常规教育、法治教育、疫情防控教育、控辍保学教育、纪律整治教育，使学生受到良好的德育教育，使得学生的诚信意识不断增强。在高危敏感、节假日、疫情防控期间，从学期开始到结束，在重要节点，学校安排校门口 3 人制值班制度，严格管控学生的日常行为，坚持实行封闭式管理，校内专门成立消毒配药人员，以党员志愿者和班主任分两组，在校内进行每周 2 次消毒消杀工作，隔五天给学生发放一次口罩，详细登记外来人员，检查其体温，无异常方可入校。在特殊时期，加大校内外值班力度，执行 24 小时值班工作，积极开展维护稳定、平安校园建设、狠抓校园安全、全年开展 3 次防灾减灾应急疏散演练、严格管理学生自带食品、管制刀具、MP3、手机、垃圾食品、禁毒宣传等，强化和提高班主任安全意识等有效措施。2021 年，校园没有发生过任何安全事故，社会管理综治工作上无任何漏洞，实现“三不出”工作目标。在县委政府的大力支持下，2021 年开始实现客车接送学生，学生接送安全工作得到保障。

【教学管理】 2021 年，浪卡子县中学教研室始终以“抓教研工作，促教学质量”为重点，以听课、评课、试卷分析、教学质量评估、检查教师备课作业留批及听课记录等内容为活动载体，全面注重教研教改过程，不断改进校本教研工作，促进教师专业成长，全面提高教学质量。根据“一考三评”考核要求，结合教师队伍建设和工作实际，从思想政治、师德师风，信息技术应用能力，课堂教学能力出发，制定教师“一考三评”考核方案。其中主要开展的活动：学科内部听评课活动、开学教学检查、寒假作业检查、各学科学考研讨会、常规教学检查、教研工作会、集体备课、遴选推荐参加市区级赛课等活动。坚持严格实施《浪卡子县中学任课教师考核办法》。教务处年终认真分析整个学年的教学质量，从中考到七八年级各学科、从自治区外到内、从兄弟学校之间作比较，认真分析、找出差距，存在问题加以强调，提出具体要求，不断提高教师工作积极性和热情。对九年级教育教学工作放在摆在特殊的位置，加强监督管理，星期六实行补课制，安排九年级教师培优工作，原则上冻结九年级教师请销假制，多次召开九年级师生学考动员大会，激励九年级教师全身心地投入到教育教学工作中，年初开始对七年级学生实行弹性化管理，不断强化学风建设，形成你追我赶的良好学习氛围。对上学期期末考试和寒假复习检测考试、九年级 1 次学考摸底考试、九年级 1 次学考模拟测试及表彰，获奖班团体 18 个，获奖学生高达 365 人，发放奖金共计 54540 元。针对学考模拟答题中存在的问题，对学生进行学考作答专题培训，顺利通过八年级学业水平测试报名和中考网上报名工作等。召开 2021 年学考暨 2020—2021 年度第二学期期末考试成绩分析总结表彰大会，学校拿出 1 万元，对 16 个先进教学班集体进行表彰，对 2021 年学考暨 2020 至 2021 年度第二学期期末考试中取得突出成绩的 74 名优秀教师颁发荣誉证书。2021 年学考成绩，

2021年6月24日，浪卡子县中学举办“首届班主任节 做学生健康成长的引路人”活动

800分以上2人,700—800分27人,600—700分59人。德庆白珍同学以总分817分的成绩荣获首届学考山南市状元。高分段学生人数位于全市名列前茅,学考总均分为455.7分,12个县(区)13所中学中排第5名。制定计划,有组织,有步骤地开展了新增教师岗前培训工作,落实"师徒结对"工作,进行新增教师跟踪性听评课活动,帮助新增教师快速成长。从这学期开始为了推动教研教改工作,学期初课程安排时,特意为每个科目每周留出2节课的时间来开展教研活动。

【校园信息化建设】 2021年,浪卡子县中学信息办紧紧围绕"创信息校园,促教学质量"为工作目标,为全面提高教育教学质量保驾护航。积极衔接数字化校园建设援藏项目,结合数字化校园建设项目,更换智慧黑板35套,校园广播升级为数字广播,建设一套精品录播教室,新增一套云桌面机房实现云端备课、线上教研等,为学校数字化校园和校园安全管理打下坚实的基础。加强电教设备的"护、管、用、修"工作。每月定期对电教设备进行检测维修,加强网络安全工作,对存在的问题进行及时维修,保障设备的正常运转,有效降低设备和软件系统的故障,进一步促进教师应用信息的能力,努力为教育教学提供技术支撑。不断强化学校资源库建设,积极倡导教师上传各学科的优质资源为全校共享,为全校教师提供方便,该学期成功举办首届信息技术深度融合课堂教学技能赛课和示范课活动,为全校教师树立好榜样。

【项目建设】 2021年,浪卡子县中学想方设法从现有的条件出发,多方筹措资金,积极改善办学条件。积极与西藏自治区教育厅、山南市教育体育局、县人民政府、县教体局衔接,争取项目资金和教师职称名额。在项目建设和职称名额上得到倾斜,学校科技楼和数字校园已建成,下一步要开工建设教职工周转房和维修足球场。对在寒假内风灾引起的设施破损、漏水等情况,在雨季来临之前,全部维修完毕,及时解决师生员工面临的困难。从学生公用经费中拿出一定的经费,进行学生食堂改造、学生食堂专线电缆入地、临时工买保险、购买生物物理化学实验器材和药品、更换部分LED显示屏等。

(索朗次仁)

# 气 象

## 综述

【概况】 1961年4月,成立朗格则县气象服务站。1964年5月,朗格则县气象服务站改称浪卡子县气象服务站。1977年6月,县气象服务站改称县气象站。1981年7月,实行上级气象部门与地方政府双重领导,以气象部门领导为主的管理体制。1996年4月,县气象站改称县气象局,升格为区级单位。

2021年,浪卡子县气象局以习近平新时代中国特色社会主义思想为指导,学习中共十九大和十九届二中、三中、四中、五中全会精神,落实浪卡子县委、县人民政府和山南市气象局党组的决策部署,以党的政治建设为统领,细化工作举措,强化责任落实,全面推进思想、组织、作风和制度建设,全年修建一座气象灾害监测平台。截至2021年年底,浪卡子县年平均气压591.5百帕;年日照时数2815.3小时,年太阳总辐射6489.5兆焦/平方米;年平均气温为4.6℃,年极端最高气温21.1℃,年极端最低气温-16.3℃;年降水量434.2毫米,日最大降水量30.5毫米,年蒸发量1936.1毫米,年平均相对湿度42%;年平均风速2.6米/秒,最多风向为西南风,年大风日数42天,年最大冻土深度35厘米。

【气象防灾减灾及气象服务】 2021年8月,建立浪卡子县气象局防灾减灾指挥部。同时,建设X波段雷达监测平台、卫星彩色云图平台、领导驾驶舱系统和MICAPS(气象信息综合分析处理系统)这四大平台。开展常态化的岗位练兵活动,完成市局预报业务课题研究,开展有针对性的预报预测业务和气象灾害风险预警业务等。24小时晴雨预报准确率达到95%以上,灾害性天气预警发布准确率提升至90%,各类预警信号时效性提前至30分钟。通过短信平台、微信平台向县里主要领导、单位负责人及群众发送每日预报、气象服务周报等气象服务产品。截至年底,共发布降

2021年10月20日,浪卡子县气象局局长普琼向县委书记布多(右二)介绍气象业务综合平台

水消息6期、羊湖生态旅游专报18期、节日天气预报5期、通过县级公众气象服务平台发送每日预报334期,通过微信公众平台发布未来24小时预报及乡镇预报334期,旬天气预报33期、月天气预报10期、汛期气象预报1期、农业气象旬报17期等。稳步推进气象观测质量管理体系建设,完成国家迎检,并取得优异的成绩。顺利实施8套区域自动气象站社会化保障工作,上半年完成3轮区域自动站日常巡检工作,确保监测数据及时准确。入汛之前,浪卡子县气象局结合该局实际情况,编制《2021年汛期服务手册》,进一步完善预警信息发布机制制度。入汛以来5个作业点共开展人影消雹作业19次、用弹79枚。同时还参加浪卡子县第30届打隆物资交流会、西藏自治区成立70周年庆祝活动和山南市雅砻文化节开幕式人工消雨保障作业任务,消雨保障任务中,共实施消雨作业6次,用弹18枚。健全气象预警发布机制,持续提升灾害预警信息发布与转播能力,加强乡镇信息员培训,为实现预警信息"到村到户到人"奠定良好基础。加大气象防灾减灾宣传力度。结合"3·23"世界气象日、3月综治宣传月等活动,积极开展宣传活动,向群众宣讲气象法规、雷电及各种气象灾害的自救方法。截至年底,宣传活动开展6次,宣传手册已发放700余册。

【疫情防控】 2021年,浪卡子县气象局做到一切行动听党指挥,积极配合各部门开展工作。做好单位疫情防控工作,引导全体职工接种新冠疫苗。截至年底,全体职工都已接种新冠疫苗第一针、第二针,引导可以接种第三针的人员及时接种。

## 自身建设

【党建工作】 年初制定《2021年度党建学习计划》,每月开展集中学习不低于4次。党支部领导班子成员以身作则读原著、学原文、悟原理,带头学习习近平新时代中国特色社会主义思想、《习近平谈治国理政》一、二、三卷,中共十九大,十九届二中、三中、四中、五中全会精神以及自治区、市、县委各级决策部署。通过学习,引导党员干部增强"四个意识",坚定"四个自信",做到"两个维护",不断提高思想教育的质量。党支部常态化坚持好"三会一课"制度,以集中学习和个人学习相结合的方式,引导全体党员适应新时代、新形势,贯彻新任务、新要求。全年组织党员开展重温入党誓词活动、党建知识竞赛活动等共计3场次。

【党史学习教育】 2021年,浪卡子县气象局把学党史、悟思想、办实事、开新局贯穿到学习教育全过程。认真学习《论中国共产党历史》《中国共产党简史》等4本书。结合《浪卡子县气象局党支部党史学习教育实施方案》,先后举办"新春送温暖"、慰问贫困户、党史知识竞赛、"喜迎建党百年"、召开党史专题组织生活会等活动。开展"七一"主题党日活动;组织开展新老党员重温入党誓词活动;集中收听收看党中央庆祝中国共产党成立100周年大会,并集中学习领会习近平总书记在大会上的重要讲话精神;召开"七一"座谈会,深入开展交流讨论学习。按照要求完善党支部的学习制度、工作制度、发展党员和交纳党费制度、"三会一课"制度、建立和执行党支部书记"一岗双责"制度及组织生活会等各项规章制度。全年组织生活会共召开2次。

【党风廉政建设】 2021年,浪卡子县气象局通过参观红色教育基地、学习廉洁自律的反面教材等,时刻警示支部党员干部,筑牢思想防线,时时刻刻严格要求自己。自觉遵守中央八项规定和领导干部廉洁从政行为规范等各项规定,自觉做到廉政承诺和践诺。严于律己,讲实话,干实事,不搞形式主义,不摆花架子,扎实推动党支部工作的全面开展。结合主题党日活动,深入帮扶户中,开展政策宣传工作,定期走访联系贫困户,切实帮助贫困户解决生产和生活上的困难。支部班子成员签订《党风廉政建设责任制责任书》,各司其职、各负其责,一级抓一级,层层抓落实,形成以支部书记为第一责任人、支部班子成员都是直接责任人的齐抓共管的党建工作格局。

(徐莉蓉)

# 文化·广播电视

## 文化(文物)

【概况】 2002年7月,成立浪卡子县文化广播电影电视局,是县委宣传部管理的副科级机构,下辖电影管理站1个、广播电视转播台1座,民间艺术团1个,业余文艺宣传队26支队,村文化室30个。2010年10月,机构改革,县文化广播电影电视局职能从县委宣传部剥离,单独设立县文化广播电影电视局,正科级建制,县新闻出版局和县文物局并入县文化广播电影电视局。2017年6月,县文化广播电影电视局改称浪卡子县文化新闻出版广电局,保留县文物局。2019年,党政机构改革,组建浪卡子县文化局,保留县文物局牌子。不再保留县文化新闻出版广电局,部门管理县文化综合服务中心。截至2021年年底,浪卡子县文化局下设县文化市场综合行政执法队、县文化综合服务中心、县艺术团。实有工作人员有17人,事业单位专业技术人员13人。

2021年8月27日,浪卡子县文化综合服务中心举办的少儿舞蹈公益培训班圆满结业

【文化惠民】 2021年,浪卡子县文化局(文物局)持续加大惠民力度,相继举办少儿舞蹈公益培训班、浪卡子县扎念琴公益培训班,诚邀农牧民群众共享文化成果,更好地满足不同层次群众的文化需求;组织县艺术团下乡演出60场次,观众人数达4.285万余人次;组织县艺术团、行政村文艺演出队,走进观景台送文艺33场;开展广场舞95场次,参与群众达3750人次;联合自治区文联、山南市文联在打隆镇开展书法艺术送基层活动,赠送书法作品100余幅,现场展出优秀书法作品70余幅、优秀摄影作品18幅;开展送图书进校园、进茶馆、进酒店活动,赠送图书550册、杂志45册、报刊70份;以"5·23"全民艺术普及月、"七一"中国共产党建党日、"康如达羌节"、甘扎赛马节等重大节庆节点为主,在全县组织开展文艺会演、理论文章征稿、书法、摄影、红歌比赛等精彩纷呈的庆祝活动490场次,受益群众达

2021年8月30日，浪卡子县扎念琴公益培训班在县文化综合服务中心乐器室开班授课培训

4.8万余人次，多角度展示新时代羊卓儿女积极向上的精神追求和健康文明的生活方式。

【文艺创作】 2021年，浪卡子县文化局（文物局）着力加强文艺创作，表演剧《民族团结的呼声》《宣讲特派员》、女生四重唱《羊卓儿女心向党》、折嘎《双喜临门》、相声《节约粮食》、舞蹈《雪域欢歌》均已搬上舞台，深受观众喜爱。

【文物保护】 2021年，浪卡子县文化局（文物局）多措并举为文物事业保驾护航，文保事业又上新台阶。为自治区、县重点文物单位精心选派看管人员12名（其中区级8名、县级4名），切实提升了浪卡子县文物安全人防能力。以"文物安全三年行"专项整治行动为抓手，健全完善联合安全检查工作机制，全年对文物保护单位开展专项检查19次，出动人员40人次，跟踪整改问题11个；完成对桑顶寺、达隆寺等8座涉及西藏藏传佛教寺庙财税监管工作、寺庙的文物清查工作。

【非遗保护】 2021年，浪卡子县文化局（文物局）坚持"保护为主、抢救第一、合理利用、传承发展"的方针，狠抓非物质文化遗产保护工作。依托文化和自然遗产日、打隆边贸物资文化交流会、江塘吉仁节、雅砻文化节等特色节庆活动，为非遗搭建展示、展演、展销平台，向外界完美展示浪卡子县丰富的非遗资源；邀请羊卓姜谐、张达果谐传承人实施"非遗进校园"活动，受益学生达1966人次；推荐浪卡子县雍错民族手艺首饰有限公司的文创产品《男士耳环》《女士耳环》参加第三批"文创西藏"区域公用品牌认证；推荐羊卓服饰申报2021年自治区非物质文化遗产专项资金；推荐藏戏《文成公主》申报抢救藏戏剧目补助资金，现已获批10万元；推荐阿扎金银锻制技艺申报保护传承资金，获批15万元；顺利完成35名非遗传承人考核工作（全县共有非遗传承人37人，2人因病去世未进行考核）；投入2.25万元，鼓励阿扎金银锻制技艺传承人开展学徒培训，规范非遗传承人的管理工作，提升非遗保护基层工作者的业务能力。

【文化市场】 2021年，浪卡子县文化局（文物局）严格落实常态化疫情防控要求，狠抓文化经营场所及违规经营整治工作，不定期联合公安局、疫情办、网信办等单位对县域内3家宗教用品店、5家歌舞娱乐场所、1家网咖开展执法检查24次，出动154人次，确保全县文化市场安全、平稳、有序。

（李丹丹）

## 广播电视

【概况】 2019年，党政机构改革，组建浪卡子广播电视台，作为县政府直属正科级事业单位，归口县委宣传部领导。2021年12月，成立浪卡子县融媒体中心。截至2021年年底，浪卡子县融媒体中心实有工作人员15人。

【党建工作】 2021年，浪卡子县广播电视台始终把党的政治建设放在首位，以习近平新时代中国特色社会主义思想为指导，深入学习习近平总书记关于宣传思想工作方面的指示批示精神等，引导全体党员干部坚定政治信仰，夯实思想根基，坚定不移执行党

2021年12月10日，浪卡子县融媒体中心挂牌

的政治路线，坚决贯彻落实党中央各项决策部署，勇于担当作为，以实际行动做到“两个维护”。严肃党内政治生活，着力提高党内政治生活质量，提高“三会一课”质量，落实谈心谈话、个人重大事项报告等制度，使党内政治生活庄重严肃规范；丰富支部组织生活，创新活动形式，按月开展主题党日活动，增进队伍凝聚力；强化党员队伍建设，吸纳更多优秀干部人才加入党组织。扎实开展廉洁自律教育工作，不断强化廉洁意识和纪律观念；加大明查暗访力度和干部职工对各项工作的监督力度；抓好精神文明建设。积极开展创先争优，规范党员示范岗，扎实开展结对帮扶和“三包五带五促”活动，推动支部全体党员干部职工争做“听党话、跟党走，善团结、会发展，能致富、保稳定，遇事不糊涂、关键时刻起作用”的新时代好干部。

【安全播出】 2021年，浪卡子广播电视台以安全播出责任重于泰山的理念，抓好安全播出的各项工作，完善安全播出岗位责任制，狠抓安全播出规程和制度的贯彻执行，确保正常情况下广播电视停播为零秒。各设备正常运行，达到“三满”（满功率、满调幅、满时间）要求，确保全县16套无线数字和120套有线数字电视节目，4套调频广播节目以及3套无线数字广播电视节目的正常播出，完成中国共产党成立100周年、西藏和平解放70周年、全国两会以及其他重要保障期广播电视安全播出任务。

【制播能力建设】 浪卡子广播电视台制播能力建设是2018年10月建成并投入使用。截至2021年年底，该套设备运行稳定，已使用该套设备采编播浪卡子新闻290余期1000余条，存储素材4万余条，上报山南市电视台新闻400余条。

【融媒体中心建设】 2021年，浪卡子县广播电视台按照习近平总书记在宣传思想工作会上关于“要扎实抓好县级融媒体中心建设，更好引领群众、服务群众”讲话精神，结合实际，2021年12月浪卡子县融媒体中心正式挂牌成立，实现媒体融合，有效推动广电新闻宣传工作再上新台阶，为建设美丽幸福的浪卡子营造良好舆论氛围。

2021年9月28日，浪卡子县广电先锋浪卡子分队开展“我为群众办实事”宣讲活动

2021年5月18日，浪卡子县电视台工作人员入户为居民安装调试直播卫星设备

【广电设施建设】 2021年，浪卡子县实现广播电视县城全覆盖，广播电视乡村覆盖率分别达到98.4%、99.6%，开创浪卡子县广电工作的新局面。为保障广大农牧民群众更好地收听收看广播电视节目，确保把党和国家的声音传到千家万户，浪卡子广播电视台成立广电先锋浪卡子分队，深入打隆镇推瓦、曲龙、曲宗、德杰以及白地乡白地、叶色等村居开展我为群众办实事活动，并安装调试第四代“北斗直播卫星”设备475套；为全县新增户发放广播电视直播卫星设备325套。截至年底，全县共有“村村通广播电视站129座、寺庙“寺寺通”24座。全县广播电视直播卫星“户户通”10337户（其中农牧民9396户、乡镇干部职工695户、“舍舍通”僧尼246户）。县城有线数字电视用户600余户。浪卡子广播电视台平均每月组织技术人员开展1—2次走村入户、入寺提供技术服务活动，进行广播电视设备的安装、调试、维护工作，保证设备完好率99%以上。

【应急广播体系建设】 2021年，浪卡子县应急广播体系，加强运维管理，做到县上有机构、乡镇有网点、村（居）有服务人员，保证问题有人管、故障有人修。同时，围绕县委、县政府中心工作，与气象、国土、安监、扶贫、农牧等部门合作，结合农村实际，及时发布预警信息、播报时政新闻、宣讲方针政策、普及科学知识、丰富文化生活，助力美丽和谐幸福新村建设。

【新闻工作】 2021年，浪卡子广播电视台完成广播电视安全播出各项工作任务目标的同时，结合党和政府主要方针政策和战略，围绕县委、县政府中心工作，发挥新闻媒体作用，完成各项报道工作任务。利用自办新闻节目平台，向浪卡子县居民宣传浪卡子的经济社会发展。截至年底，自办节目播出新闻110期440余条，上报自治区、市新闻素材125条，被采用92条。

（巴　桑）

# 卫生健康

## 综述

【概况】 1980年12月，成立浪卡子县卫生科，负责全县卫生管理工作。1981年5月，成立浪卡子县计划生育领导小组，并入县卫生科。1984年9月，县卫生科改称县卫生局。1991年7月，县计划生育领导小组改称县人口和计划生育领导小组，其职能划归县卫生局。1996年6月，机构改革，县人口和计划生育领导小组改称县计划生育委员会，并入县卫生局。2004年4月，机构改革，县计划生育委员会改称县人口和计划生育委员会，是县卫生局管理的副科级机构。2019年，党政机构改革，组建浪卡子县卫生健康委员会，不再保留县卫生局、人口和计划生育委员会，为正科级行政单位，部门管理县藏医院和县卫生服务中心。截至2021年年底，浪卡子县卫生健康委员会实有工作人员6人。

【组织保障】 2021年县委、县政府高度重视医疗卫生工作，召开2021年卫生健康暨党风廉政建设工作会议，深入学习习近平总书记关于卫生健康工作的一系列重要指示批示精神，贯彻落实中共十九届五中全会以及自治区、市卫生健康工作会议精神，总结2020年卫生健康工作，安排部署2021年卫生健康重点工作任务，表彰2020年先进集体和先进个人，签订《浪卡子县2020年卫生健康工作目标责任书》。每季度召开卫生健康系统工作调度会，听取各乡(镇)卫生院工作中存在的困难问题和下一步工作打算，同时深入各乡镇卫生院实地查看藏医馆建设、家庭医生签约履职服务情况等工作进行取长补短学习，为各乡镇卫生院找准各自亮点奠定良好基础；完善县、乡、村医疗卫生一体化管理领导小组，专题研究部署相关会议。每月组织各乡镇、各部门开展爱国卫生运动活动。

【宣传与培训】 2021年，县卫

2021年8月25日，浪卡子县卫健委组织援藏专家和县级业务骨干医务人员开展2021年基层巡回诊疗服务和健康教育宣传活动

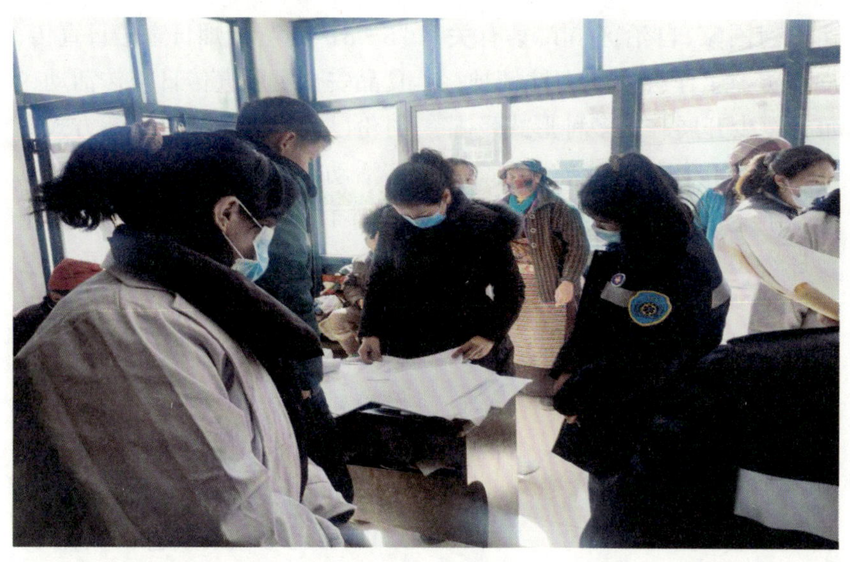

2021年1月19日，浪卡子县卫健委主任白玛群宗（前排左三）带队组成的督导检查组到乡镇卫生院开展督导检查

健委利用主题教育、综治宣传、卫生健康宣传日、周、月累计开展各类宣传活动30余次，发放宣传资料及物品5500余份，参与群众达到2万余人次；通过完成健康羊卓微信公众号注册，截至年底共发布145篇卫生健康工作动态和疫情防控等相关信息。2021年，开展免费义诊活动4次，免费发放药品折合人民币3.2万余元；开展卫生健康集中培训4次，覆盖疫情防控、卫生监督、医疗废物管理、妇幼保健、藏医药等方面；组织2批次选派20名村级医务人员和2020年招聘大学生村级医务人员到西藏自治区母子协会参加4个月的村医提高班学习培训；选派打隆镇、白地乡、多却乡、卡龙乡卫生院共4名医务人员到安徽省合肥市公立医院进行为期3个月的B超专科培训。

【优生优育】 2021年，县卫健委完成2021年“两项补助”：“一孩双女”712人，“特别扶助”169人，共兑现“两项补助”资金1569720元。2021年全县共有“寿星老人”1416人。截至年底，共兑现753人425200元。“两降一升”工作成效显著，2021年全县产妇数434例，活产数433例，住院分娩活产数431例，住院分娩率达到99.54%；5岁以下儿童死亡3例，死亡率6.93‰；婴儿死亡数2例，死亡率4.62‰；新生儿死亡2例，死亡率4.62‰；死胎死产5例；孕产妇死亡1例，死亡率230.95/10万；途中分娩2例；双胞胎4例。2021年，农牧民孕产妇住院分娩补助兑现人数314人，资金795330元。

【疾病防控】 2021年，每天按时上报传染病“零”报告制度；加强麻疹、急性弛缓性麻痹等重点传染病的动态监测；按时上报计划免疫接种月报。开展梅毒、艾滋病、布病采集血清工作，66名严重精神障碍患者季度随访情况网上录入工作以及慢性病第三版（高血压、糖尿病、65岁以上老年人）随访管理和信息更新工作，完成55个医学死亡推断书审核并及时网上录入工作。2021年，各乡镇卫生院和疾控中心签订鼠疫目标责任书和严重精神障碍患者随访管理责任书。

【全民体检】 2021年4月6日，全面开展，由县卫生服务中心、县藏医院2个检查组深入乡镇村社区开展健康体检工作，体检21149人。

【基础设施建设】 3月25日，色康村、果巴村卫生室建设项目开复工，2个点共投入资金100万元，截至年底已竣工验收；按照“互联网+医疗健康”项目和乡村医生远程培训能力建设提升要求，投入近100万元实施县域内“互联网+医疗健康”项目，该系统安装在县卫生服务中心及10个乡镇卫生院；伦布雪乡和普玛江塘乡卫生院阳光棚项目建设，于8月正式竣工投入使用；共投入42.9万元用于新建9个乡镇卫生院和藏医院建设预检分诊板房，截至年底已验收并投入使用；4月投入资金460万元，新建县卫生服务中心发热门诊，10月15日竣工验收通过并投入使用；按照县、乡、村一体化管理工作要求，完成县藏医院挂牌独立运行，2020年投入509.86万余元整体升级改造，已竣工验收。

【卫生监督】 2021年4月26日、

8月12日疾控中心对枯水期和丰水期共采样的水源点有农村44份、市政水8份、学校6份，共送样58份水样，各乡镇监测点覆盖率达到100%。将所采集的水样本及时送往山南市疾控中心实验室，对微生物指标、理化指标进行监测。对全县娱乐场所、学校、诊所等开展20余次卫生监督执法检查，重点监督诊所药店接诊发热患者和医务人员有无资质经营情况，对医疗垃圾分类存储、管理运转和“四类药品”实名制登记管理，是否落实发热患者实名登记和转诊机制等常态化疫情防控各项措施落实情况。

【疫情防控】 2021年，县卫健委调整充实疫情应急预案、工作领导小组；多次开展医院内部应急演练、客运站突击演练，提高疫情防范意识和应急处置水平；规范设置发热门诊、预检分诊，严格落实24小时值班带班制度；对县域进出部位严格查验进藏人员的“双码”、核酸检测证明，并详细登记人员行程，严格落实日报告、零报告制度；有序推进新冠病毒疫苗接种工作；对重点、进口物品、邮政包裹以及环境样本进行核酸检测。截至年底，已培养19名具备资质核酸检测实验室工作人员；在全县各级医疗机构、公共场所显著位置张贴《浪卡子县常态化疫情防控公共区域人员科学佩戴口罩指南》、《村卫生室人员接诊十须知》、公共场所扫码温馨提示、各项工作流程图；全县各级医疗机构定期组织工作人员集中传达学习国家、自治区、市、县有关疫情防控工作会议和文件精神；每月至少开展一次多种形式爱国卫生运动和环境综合整治活动，提高卫生健康意识，不断改善县乡环境卫生面貌，普及卫生健康知识。

（扎西拉姆）

## 疾病预防控制

【概况】 2021年，浪卡子县疾病预防控制中心在县委、县政府的正确领导和精心布置疫情防控各项工作任务下，累计出动30名工作人员在县域内重点场所（超市、邮政、菜店、宾馆、皖江剧院、县委政府会议）等6个场所消杀消毒10余次，对返藏人员及时做好区域协查流行病学调查，对群众、公安、医护人员、返藏人员等6309名做了核酸检测工作，其中应检5254人、愿检1055人，在卫生宣传日，重点宣传新冠肺炎疫情防控的卫生健康知识并且发放宣传海报、宣传单1500张左右。

【健康教育宣传】 2021年，浪卡子县疾病预防控制中心在卫生健康知识主题宣传日，在全县范围内开展卫生健康知识宣传宣讲工作（“3·24”结核病宣传日、“4·25”计划免疫宣传日、“4·25”肿瘤宣传日宣传、“5·1”职业病宣传日宣传、“5·15”碘缺乏病宣传日宣传、全民营养周暨“5·20”中国学生营养日主题宣传活动、“5·31”世界无烟日宣传日宣传、食品安全主题宣传日宣传活动、9月份已开展全民健康生活方式宣传活动、“10·8”高血压宣传日、12月1日艾滋病宣传日），累计出动30人在县域内的5个重点公共场所开展健康知识宣传，参与群众达400余人。2021年，县卫健委和疾控中心联合在浪卡子县皖江剧院举办全县村、乡、县级医护人员和村级妇联主席健康教育培训，参与培训人数达200余人；卫健委牵头县卫生服务中心和疾控中心，联合8个乡2个镇农牧民群众巡回免费义诊和健康教育，参与群众达500余人。

【疾病筛查】 2021年，浪卡子县疾病预防控制中心对辖区内2个乡镇（伦布雪乡、多却乡）开展艾滋病、梅毒人群筛查工作，筛查人数200人。

【慢性疾病防治】 12月20—29日，县疾病预防控制中心2名工作人员，带领林芝侨仁医院医生到辖区内8个乡、2个镇、71个行政村（居）的精神障碍患者家中进行入户走访及征求住院治疗方面家属及监护人的意见，15名患者在家属及监护人的同意下，前往林芝侨仁医院进行住院治疗。

【包虫病防治】 5月15—21日，在浪卡子县卫健委统一安排部署下，县卫生服务中心和县疾控中心工作人员到辖区内8个乡2个镇开展包虫病免费筛查工作，其中包括2016名农牧民群众和517

名在校学生。犬粪检测：收集109份家犬犬粪到自治区疾控中心进行抗原检测工作。

【农村义务教育学生营养监测】 2021年，浪卡子县疾病预防控制中心为贯彻落实《国务院办公厅关于实施农村义务教育学生营养改善计划的意见》和《西藏农村义务教育学生营养改善计划学生营养健康状况监测评估项目工作方案》要求，联合各乡镇卫生院，对辖区内10所学校（县中学、9所小学）1847名学生开展学生营养监测工作。

【地方病防治】 2021年，浪卡子县疾病预防控制中心首次在县疾控中心地方病科实验室开展碘盐实验室检测工作，共检测300份盐样，全部盐样均为合格。县域内处理6起不明原因死亡的自毙旱獭，开展4次鼠疫疫情监测工作和3次保护性灭獭工作，按照上级工作任务指标要求，完成2021年旱獭50份、狗150份、羊50份采样血清及送检工作。

【水质检测】 2021年，浪卡子县疾病预防控制中心在县域内枯水期和丰水期水质采样的水源点各有农村22份、市政4份、学校3份，共送样29份，各乡镇监测点覆盖率达到100%。将所采集的水样本及时送往山南市疾控中心实验室，对微生物指标、理化指标进行监测，检测结果已反馈相关单位。

（岳　媛）

## 新冠肺炎疫情防控

【概况】 2021年，浪卡子县严格执行“外防输入、内防反弹”总体防控策略，始终站在维护国家安全、维护边境稳定、维护人民群众生命安全的高度，始终以“疫情不退我不退”的战斗姿态昼夜奋战在疫情防控第一线和守护稳定最前沿，有效防范了新冠肺炎疫情输入浪卡子县境内。2021年，先后14次召开浪卡子县常态化疫情防控专题会、疫情防控工作领导小组会议、严防境外输入、秋冬季疫情防控等专题会议，进一步安排相关工作，坚定不移把各项决策部署和工作要求落到实处。

【疫情防控演练】 10月14日，浪卡子县应对疫情防控工作领导小组在县城体育场内开展新冠肺炎防控应急处置演练。演练由政协副主席次仁央点主持，政府副县长马静现场指导，县卫健委、公安局、旅发局、人民医院、疾控中心以及各乡镇疫情工作负责人、各乡镇卫生院有关人员参加此次演练。此次应急演练模拟到浪卡子县旅游人员体温出现异常，健康码呈黄码，并伴随发热、干咳、乏力、气喘等典型症状，浪卡子县应对疫情防控工作领导小组从组织指挥、应急反应、排查封控、流行病学调查、密切接触者判定和管理区域性全员核酸检测、现场消杀、个人防护等方面全方位检验了浪卡子县新冠肺炎疫情防控应急准备情况和现场处置能力。

【常态化防控排查】 浪卡子县作为边境县，虽无边境通道，但为进一步应对严峻的疫情防控形势，在通往洛扎县、康马县的主要路段以及通往日喀则江孜县增设2个疫情防控检查点，由公安民警和医务人员进行24小时值班备勤，县人民医院和藏医院安排正式医护人员开展一线防疫工作。对中高风险地区进藏、返藏人员

2021年8月2日，浪卡子县召开应对新型冠状病毒感染肺炎工作领导小组第十次专题会议

进行严格排查，实行日报告、零报告制度，同时进一步细化和充实边境检查站和边境旅游劝返卡点疫情防控工作方案和应急预案，严把公安检查站、边防检查站、客运站入口关。2021 年，全县累计出动警力 0.3 万人次，检查车辆 5.5 万台次、人员 6.8 万人次。

【督导检查】 2021 年，浪卡子县坚持常态化督导和突击式检查相结合，对乡（镇）以及检查卡点进行督导检查 8 次，当场反馈问题 73 条，下发整改文件 6 份，均已整改到位。对超市、农贸市场、药店诊所、旅游景点等地开展疫情防控督导检查 17 次，所有问题均现场反馈、限时整改。对公共场所、医疗机构、诊所、宾旅馆等开展卫生监督检查 19 次，同时加大对院感、预检分诊、发热门诊、核酸检测、医疗废物、四类药品监管检查力度。对部分进口乳清粉、奶枣产品、冷链食品、新冠疫苗及疫苗的冷藏设施设备等进行检查，建立监管台账。截至年底，共检查冷链食品经营单位 86 家次，未发现进口冷链食品。全年累计出动检查人员 56 人次，检查食品经营单位 240 余家次；检查餐饮企业 160 余户；检查药品、医药器械经营企业 16 家；对寺庙及僧尼，先后 4 次检查指导全县 12 座寺管会、27 座宗教活动场所，对检查中存在的各类问题均下发责令整改通知书。截至年底，所有问题均已整改到位。

【防控体系建设】 由县委书记布多、县委副书记、政府县长罗云为双组长的领导小组，下设综合协调组、防控医疗组、物资保障组、宗教领域组、社会稳定组、宣传引导组、督导检查组、物防组以及外事组九个专项组，浪卡子县应对疫情工作领导小组办公室人员由之前的 5 人调整充实至 6 人。

【宣传教育】 2021 年，浪卡子县官方微信公众平台“羊湖之声”发布（转发、原创）稿件 221 条，累计阅读量达 20 万余人次，其中 10 余条在中国西藏新闻网、山南网等媒体刊载。县广播电视台专题播出视频 4 期，被山南广播电视台转载播出 2 期。利用 5600 余名新时代文明实践中心（所、站）志愿者和 190 名自治区级基层农牧民宣讲员在乡（镇）、村（居）、学校、寺庙等地通过采取集中宣讲、多对一宣讲、一对一宣讲、入户宣讲等方式，开展疫情防控相关知识，并教育引导广大干部群众做好个人防护，少出行、少聚集、勤洗手、戴口罩，聚餐聚会控制人数、婚丧嫁娶移风易俗以及不大操大办等相关内容。做到疫情防控相关知识家喻户晓、人人皆知。全年共宣讲 8400 余场次，受众人数达 18.5 万余人次。各乡（镇）、村（居）利用应急广播系统、农村喇叭、移动音响和发放宣传单等各种形式对广大农牧民群众进行新型冠状病毒肺炎疫情防控相关知识的讲解。全年广播播放次数 12.3 万余次，发放宣传单 4.1 万余册（份）。浪卡子县电视台每日不定期播放新型冠状病毒肺炎疫情防控相关新闻及知识，每次播放时长 15 分钟。

2021年7月30日，浪卡子县疫情防控工作人员到打隆镇向群众开展疫情防控知识宣讲

【物资储备】 2021 年，浪卡子县共投入资金 563.23 万元，用于应急物资采购，口罩、防护服、核酸试剂等储备充足。防疫物资基本满足满负荷运行 1 个月的需求。

口罩类 252301 只，其中医用外科口罩 83190 只、医用防护口罩 6081 只、一次性医用口罩

2021年10月14日，浪卡子县开展全县疫情防控应急演练

140980只、一次性医用儿童口罩20000只、一次性口罩2050只。

防护类50868个(双、件)，其中护目镜1146个、防护面屏780个、防护鞋套4105双、医用防护服4860件、医用隔离衣6702件、医用外科手套1160双、乳胶检查手套7650双、一次性医用帽14355顶、一次性鞋套10110双。

消杀类6084瓶(升、个)，其中速干手消液1337瓶、次氯酸钠溶液84消毒液4446升、喷雾器91个，75%消毒酒精210瓶。

监测类547把(根)，其中电子体温枪429把、水银体温计118根。

【核酸检测能力】 2021年，浪卡子县根据区、市疫情防控工作会议精神，组织开展新版防控指南培训3次60余人次、核酸采样人员巡回培训12次110余人次，20名医务人员具备核酸检测资质；组织县、乡、村三级医务人员、公安民警、乡镇工作人员及重点村医队伍共计185人(县级医疗机构55人，乡镇卫生院27人，村级医疗机构103人)进行核酸采样及流行病学调查相关知识培训，对重点人员开展日常防控培训15人次，培训达到全覆盖。对打隆、普玛江塘乡2个边境乡(镇)重点人群，全县边民、公安、医务人员、诊所药店人员等核酸检测共计6706人份，其中应检尽检5759人份、愿检尽检947人份。环境样本检测3次22个样本。同时，对印度香皂、印度香、进口饮料以及邮政包裹等20种商品先后2批次进行核酸抽样检测，结果均显示为阴性。

【疫苗接种】 2021年，浪卡子县3岁至11岁应接种人数4774人，已接种第一剂4248人，接种率达88.98%；已接种第二剂3739人，接种率78.32%。12岁至17岁应接种人数为3160人，已接种第一剂2885人，接种率达91.30%；已接种第二剂2414人，接种率达76.39%。18岁以上应接种人数为23558人，已接种第一剂22258人，接种率达94.48%；已接种第二剂22412人，接种率95.13%；第二针脱漏152人，脱漏率为0.52%；已接种第三针12043人，接种率51.12%。

(余　水)

## 卫生服务

【概况】 1972年10月，成立浪卡子县卫生院。1982年5月，县卫生院改称县人民医院。2005年11月，县人民医院改称县卫生服务中心，同时成立县疾病预防控制中心，县卫生服务中心和县疾病预防控制中心合署办公，一个机构，两块牌子。

2021年，浪卡子县卫生服务中心贯彻习近平新时代中国特色社会主义思想，把握党的十九大对医疗工作提出的新目标，提升医疗技术人员的服务能力、改进服务流程、方便病人就医、落实便民措施、规范内部管理。截至2021年年底，浪卡子县卫生服务中心下设31个临床科室及职能部门，医院设有临床一级科室13个，二级科室4个，行政职能科室11个，其他科室3个。实有工作人员82人(包括疾控中心工作人员)。

【医院医疗】 2021年，浪卡子县卫生服务中心(疾病预防控制中心)门急诊就诊11182人次，住院患者312人次。实际开放30张床位，平均住院日8.09天，床位周转次数 9.47 次。数字拍片 3012 人次，CT（电子计算机断层扫描）拍片 674 人次。检验 18111 人次。超声检查 2065 人次，手术 6 例。全年完成危重患者上报 13 例，疑难病例讨论 3 次，护理应急演练 4 次。

【疫情防控】 2021 年，浪卡子县卫生服务中心（疾病预防控制中心）成立了新冠肺炎救治领导小组和工作组，任务分工明确，责任落实到人，使疫情防控的组织领导工作得到有力保障。同时制定完善和优化疫情防控相关各类应急预案、方案和流程等 20 余份。是年，所有一线临床医生、护士均积极参与疫情防控工作。防控物资储备情况满足单位疫情防控需求，各类医疗设备器械均处于备用状态。负压救护车、疫苗冷链车等运行状态良好。在预检分诊，坚持对所有进入医院的人员查验健康码、行程码、检测体温、要求佩戴口罩；严格落实预检分诊制度，一旦发现发热、咳嗽、乏力等症状的患者，在做好防护的条件下，由专人引导，按规定路径前往发热门诊就诊，发热门诊患者一律进行新冠病毒核酸检测及辅助检查。

加强全院工作人员的培训和演练工作，全年组织疫情防控知识培训 6 次，组织演练 4 次。

【医学教研】 2021 年，浪卡子县卫生服务中心（疾病预防控制中心）在县委、县政府的大力扶持下，坚持"医疗技术是基础，人才培养是关键"的理念，克服卫生人才紧缺困难，积极开展人才培养策略。采用"请进来、走出去"的方法，邀请上级医院的专家到院开展手术、会诊病人，并选派出技术骨干，外出学习先进技术，不断拓宽医院服务领域。2021 年，派出中长期培训 7 人次，涵盖麻醉、普外、精神、传染、妇产、护理等专业，同时派遣专业技术人员到帮扶医院或医联体医院进行短期培训 5 人次，涵盖放射、检验、超声、传染病、妇幼保健等专业。与此同时，还加强对全体医务人员的岗前培训和学习 10 余次；认真开展"县—乡—村"一体化建设，累计培训乡村医生 100 余人次，下乡业务指导 3 次，进一步缓解"县域医疗卫生资源总体欠发达、城乡医疗卫生发展不平衡"的问题；为 2 个乡镇卫生院开展"优质服务基层行"创建工作进行指导，接收 5 名村医为期半年的培训进修，范围涵盖临床、护理和超声等领域，提升乡村基层的医疗服务能力和水平；进行岗前教育，使新入职职工全面熟悉相关法律法规及单位各项规章制度，明确义务和责任，巩固专业知识，掌握工作技能，尽快适应医院工作要求。2021 年开展岗前培训 9 次，累计培训 80 余人次；2021 年援藏专家 2 人，山南市对口帮扶专家 5 人，通过上级医院的专家授课、骨干跟班学习和"传、帮、带、教"等方式，培养 7 名卫生专业人员。

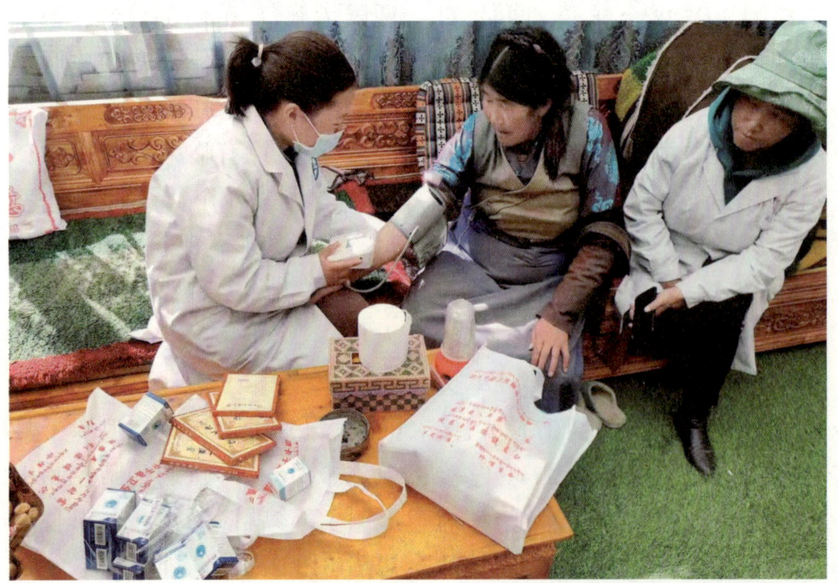

2021年4月5日，浪卡子县卫生服务中心医生入户走访慢性病病人

【党建工作】 2021 年，浪卡子县卫生服务中心（疾病预防控制中心）认真履行主体责任，积极组织干部职工认真学习习近平新时代中国特色社会主义思想、中共十九大会议精神、中央第七次西藏工作座谈会精神、习近平总书记在西藏视察时的重要讲话指示精神和党史学习教育等，全年累计组织学习 20 余次，讲党课 2 次，开展支部主题党日活动 12 次。

【基础设施建设】 2021 年，浪卡子县卫生服务中心（疾病预防控

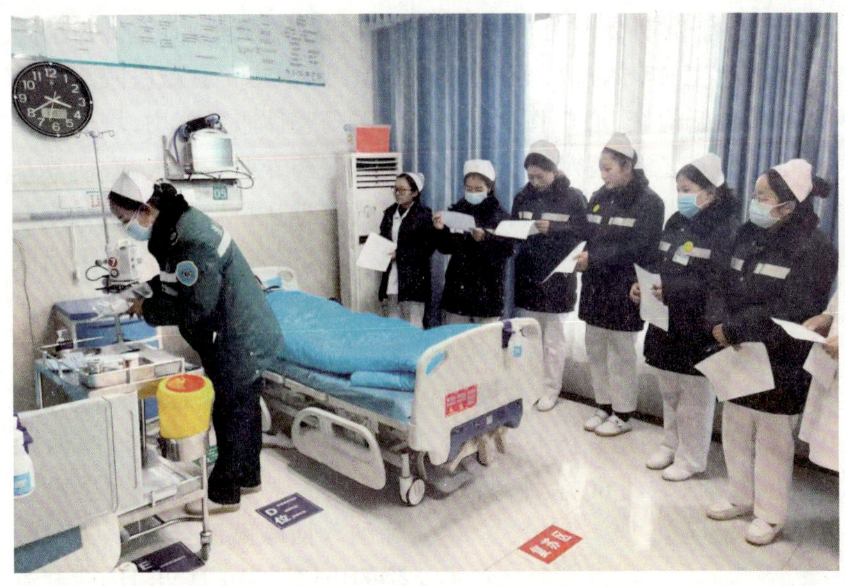

2021年12月10日，浪卡子县人民医院开展护士操作培训

制中心）在浪卡子县委、县人民政府的高度重视和支持下，按照国家发热门诊常态化管理要求，进一步规范设置发热门诊，规划建设一栋新发热门诊（投入460万元，总建筑面积608.97平方米）。新发热门诊设有独立的实验室、影像检查室和收费室等。

根据要求浪卡子县卫生服务中心（疾病预防控制中心）在检验科规划建设“生物安全二级病原微生物实验室”改扩建项目（总建筑面积110平方米），该项目已于7月29日验收合格，仪器设备耗材配备完成后正式投入使用，截至年底运行良好。

【健康体检】 2021年，浪卡子县卫生服务中心（疾病预防控制中心）在县委、县政府的正确领导下，城乡居民暨在编僧尼健康体检工作推进顺利，7月顺利完成全县居民健康体检工作。

【义诊健康宣教】 2021年4月28日、7月16日、8月25日、10月12日县卫生服务中心（疾病预防控制中心）分别派出医疗技术人员开展各种义诊健康宣教活动，覆盖群众3000余人，发放免费药品、宣传资料等价值超2万元。

【慢性病管理】 2021年，浪卡子县卫生服务中心（疾病预防控制中心）结合居民健康体检工作的顺利开展，对全县城乡居民的高血压、白内障、心脏病等慢性病患者建立健康档案，落实家庭医生签约服务工作，为高血压、心脏病等慢性病患者进行随访管理、康复指导等服务。通过分级系统管理，基本掌握慢性病患者群体的基本情况。

【重症精神病管理】 2021年，浪卡子县卫生服务中心（疾病预防控制中心）以居民健康档案为依据，对确诊重症精神病患者进行登记管理，尽量提供面对面的随访，对用药、饮食、运动、心理等提供健康指导。

（岳　媛）

## 藏医院

【概况】 2020年1月，成立浪卡子县藏医院，县藏医院是一所集藏医医疗，预防、保健、科研、教学为一体的民族医院。截至2021年年底，浪卡子县藏医院实有工作人员19人，在每个乡镇卫生院（除浪卡子镇卫生院）建立藏医馆，并配备1名藏医药专业技术人员和相关的医疗设施设备。

【藏医服务】 浪卡子县藏医院内设专家门诊、综合门诊、住院病区、藏医外治科、药浴中心、康复理疗、收费室、药械科、检验、B超等科室。开展藏医特色放血、推拿、拔罐、火灸、艾灸、温针、金针、药浴、足浴、涂擦、针灸、霍梅、热敷、冷敷等30余种藏医药适宜技术。2021年，门诊就诊人数2102人次，外治1537人次（其中放血121人次、针灸352人次、按摩推拿301人次、涂擦132人、霍梅灸法73人次、拔罐56人次、金针3人次、艾灸21人次、温灸142人次、热敷47人次、足浴170人次、全身药浴119人次），收治住院病人15人，业务收入总计达1505780.83元。2021年，实施了药品网上集中采购工作，完成了医保系统全面升级更新、医疗药品项目清理、医保完善工作和医生、护士电子化注册工作。

【疫情防控】 2021年，浪卡子县

藏医院秉承“疫情防控无小事”的工作理念，强化责任意识，提高警惕思维，在县委、县政府、卫健委及疫情办的指导下，深入浪卡子县2个公安检查站体温检测点、积极参与全县农牧民及全县干部职工新冠疫苗接种工作、严格做好医院预检分诊进出人员的体温检测、信息登记等相关工作，认真学习新冠肺炎预防及诊疗指南、核酸检测采样知识，最大力度做好疫情防控工作；安排部署全体干部职工在限期内接种新冠疫苗，干部职工接种率达95%；积极参加核酸检测采样培训，2人考核合格；积极参与新冠肺炎疫情防控应急演练2次，参与6人。认真开展院感防控工作，制定院感工作制度及应急预案，派1名专技人员到山南参加为期5天的院感知识培训，并在县藏医院开展3次院感知识培训，参训37人次。

【健康体检】 2021年4月，县藏医院一行11人，前往多却等4个乡镇，进行为期2个月的居民健康体检工作，体检项目包括常规的B超检查、心电图、血常规、尿常规、乙肝两对半、肝包虫、艾滋病、梅毒、先心病筛查等检查，为多却乡、打隆镇、阿扎乡、卡热乡、县中学等9132名农牧民群众进行免费体检，并且为急需治疗的468名农牧民进行藏医特色适宜技术免费治疗，免费发放藏药60余种，共计金额26488元。

【乡镇卫生院藏医馆工作】 2021年，全县9个乡镇卫生院已建立了藏医馆，并配备相关的医疗设施设备。每个乡镇均配备1—2名藏医药专业技术人员，县藏医院负责对乡镇藏医药专业人员进行培训及临床指导工作。是年，针对乡镇卫生院短缺的操作技能，8月，开始对打隆镇、阿扎乡、白地乡3名藏医专业技术人员进行为期3个月的藏医实践技术跟班培训。

2021年12月15日，浪卡子县藏医院在推瓦村开展“藏医药文化传播活动”

【西藏藏医药大学实习基地初验】 2021年，浪卡子县藏医院为提升藏医药整体服务能力，培养更多的藏医药专业技能人才，使县基层藏医药卫生人才培养更加规范化、科学化、合理化，提升主治医师及住院医师的科研及授课能力，为浪卡子县卫生系统培养更多理论与实践兼备的藏医专业技术人员，于4月26日向西藏藏医药大学提交“浪卡子县藏医院纳入西藏藏医药大学实习医院的申请”。10月28日，西藏藏医药大学领导到县藏医院进行藏医药大学实习基地初验工作，并通过初审。

【人才培养】 2021年，浪卡子县藏医院经请示县委、县政府，并在县委、县政府大力支持下，配备5名专业技术人员，解决人员紧缺的困难；为提升藏医药整体服务能力，培养更多的藏医药专业技能人才，使基层藏医药卫生人才培养更加规范化、科学化、合理化，县藏医院选派1名年轻专技人员到山南市藏医院进行为期3年的藏医住院医师规范化培训。2021年，先后派4人到山南市藏医院、自治区藏医院进行藏医短期培训。全年组织在岗医务人员专业业务培训达16次（含科室内部培训）。

为提高医护人员的理论水平和实践能力，增强运用藏医药的业务能力，充分发挥藏医药的特色和优势，更好地为群众健康服务，12月15日，开展为期3天的制作“巴桑姆酥油丸”培训。此次

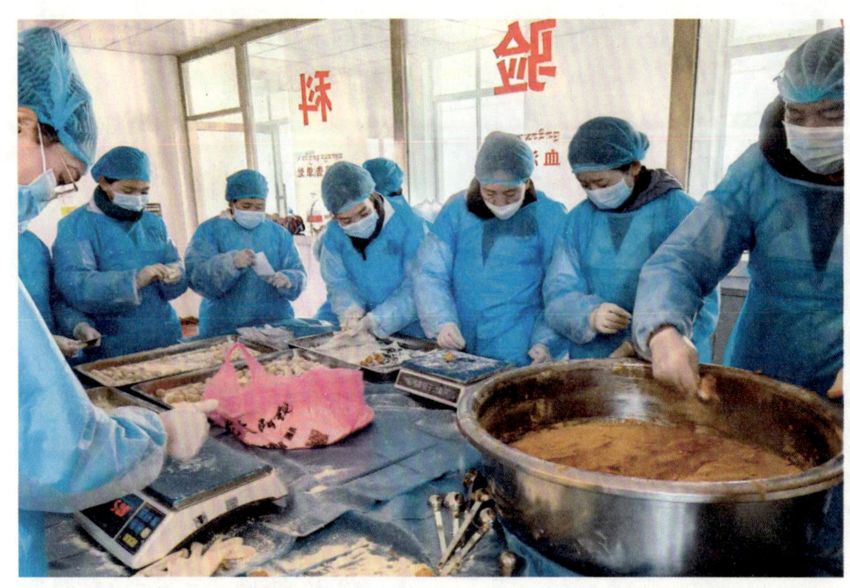

2021年12月15日，浪卡子县藏医院开展“巴桑姆酥油丸”制作培训

培训共13人参训（含3个乡镇的跟班学习人员）。

以西藏自治区卫生健康委员会万名医师支援农村卫生工程项目（支援医院山南市藏医院）为契机，邀请山南市藏医院B超室和检验科2名专业技术人员，为专技人员进行现场指导及跟班培训。

充分利用深度贫困县三级中医医院（安徽省阜阳市太和县中医医院）对口帮扶资源，积极与对口帮扶医院沟通，通过“请进来”方式开展人才队伍培养。安徽省阜阳市太和县中医医院选派专业技术强、临床经验丰富的2名医疗援藏工作队派驻浪卡子县，开展为期6个月的医疗健康帮扶工作。

【项目建设】 2020年，投资509.86万元资金用于县藏医院业务用房升级改造和院子绿化硬化等建设。于2021年6月30日竣工验收，并已投入使用，实现信息化医院的服务功能；投资140万元用于院内信息化及远程医疗服务建设。于2021年9月30日竣工验收，并已投入使用；投资65.59万元建设藏医风湿骨病（药浴）和外治理疗特色专科，添置两大专科建设医疗设施设备，投资9.87万元添置急需办公设备；投资20万元资金，用于医院各类制度、科室简介、标识标牌、医学展板、宣传栏等医院文化建设；顺利完成国家医保接口改造和信息维护，与医院信息化系统的对接工作。

【健康扶贫】 2021年，浪卡子县藏医院干部职工四次深入结对帮扶户进行宣传惠民政策、免费送医送药解决结对户热点难点问题，帮助农产品消费，为贫困户出谋划策，教育引导提高思想观念。到县集中供养中心、学校、增巴和曲色村等十几个村开展免费义诊及健康教育宣传活动，受益人次达1300余人。为认真贯彻落实市卫健委、市藏医院“大力开展藏医药文化传播活动”，11月，县藏医院组织到高海拔村居推瓦村开展把脉问诊、制作展板、健康知识讲解、藏医特色治疗等系列活动，受益120余人。

（旺　扎）

## 医疗保障

【概况】 2019年，党政机构改革，将县人力资源和社会保障局的城镇职工和城镇居民基本医疗保险、生育保险职责，县卫生局农牧区新型合作医疗职责，县发展和改革委员会的药品和医疗服务价格管理职责，县民政局的医疗救助职责整合，组建浪卡子县医疗保障局，作为县人民政府工作部门，为正科级行政单位。

2021年，浪卡子县医疗保障局以习近平新时代中国特色社会主义思想为指导，贯彻落实总书记关于医疗保障扶贫的重要指示批示精神，以及上级医保部门对医疗保障各项工作的决策部署要求，全力围绕党的建设、党史学习教育、党风廉政和意识形态等重点工作来推进城乡居民“基本医疗保险、大病保险、医疗救助”三重制度和城镇职工医疗待遇、生育包干等政策执行工作，以实现全民医疗保障为目标，做到严制度、强机制、抓落实、促规范的工作形势。截至2021年年底，浪卡子县医疗保障局实有工作人员9人，其中医疗保障服务中心2人。

【医保参保】 2021年，浪卡子县医疗保障局积极与县民政局、扶贫办对接，提供重度残疾、特困人员、孤儿、低保和建档立卡等免缴

2021年4月2日，浪卡子县工作人员学习医保业务经办流程

医疗保险费的证明材料，按时完成建档立卡和特殊人群参保录入工作。在参保缴费时对建档立卡4024名个人缴费60元的基础上，由医疗救助资金每人每年定额补缴220元为最高档次，共补缴88.52万余元；特殊人群1113人，由医疗救助资金每人每年代缴280元为最高档次，共代缴31.16万余元；城乡居民女满60周岁、男满65周岁的2669人，由自治区、市财政每人每年代缴280元为最高档次。2021年全县参保人数达到34664人，参保率达到98%。

【医保政策落实】 2021年，浪卡子县医疗保障局以“党史学习教育”活动为契机，在局干部职工中设立党员先锋岗、服务岗，认真开展为民办实事活动，大力推进党建促医保工作，切实保障参保群众在“基本医疗、大病保险、医疗救助”三种医疗政策上的待遇，及时落实惠民政策。2021年城乡居民基本医疗报销893人次，兑现报销资金607.92万元；上报大病保险88人次，得到保险赔付93.25万元；医疗救助320人次，兑现救助资金181.56万元；干部职工医疗报销128人次，兑现报销资金146.18万元；干部职工调出和退休（长期居住其他省市）人员医保账户资金支现10人次，支现资金11.2万元；长期援藏干部2020年体检费兑现8人次，兑现资金0.78万元；在职干部2021年体检费发放1307人次，兑现资金172.56万元；退休干部2021年体检费发放267人次，兑现36.84万元。

【医保政策宣传】 2021年，浪卡子县医疗保障局结合党支部“主题党日”活动，以走村入户、悬挂横幅、发放政策解读资料等方式，在全县10个乡镇全力开展城乡居民基本医疗保险新政策宣传解释工作，重点对城乡居民参保缴费、报销比例和医院等级等方面，讲解群众应享受的优惠政策和看病就医时需要注意的事项，进一步提高群众对医保新政策的知晓率和参与率，营造“人人参与医保、人人共享医保、人人满意医保”的良好氛围。

【“一站式”结算】 2021年，浪卡子县医疗保障局为参保群众提供更加便利快捷的医疗报销服务，精简优化经办流程，保障参保群众及时得到救治，缩短报销周期，以便民为民为原则，在全区各级定点医疗机构执行“先住院后结算”政策，实施“一站式”结算服务，患者群众出院时按各自参保缴费档次直接报销结算，群众只付个人自付部分。同时县医保局与乡镇营业所医保待办人员衔接，要求每月统一收集上报参保群众医疗票据，参保群众将各自票据上交到乡镇营业所即可，切实做到参保群众“零跑腿”，解决参保群众报销程序繁琐问题。

【新旧政策对接】 2021年，浪卡子县医疗保障局针对群众在原政策合作医疗家庭账户余额资金使用方面存在疑问的情况，县医保局按照山南市《关于农牧区医疗保险家庭账户资金使用事宜的通知》文件要求，及时通知乡镇，明确合作医疗家庭账户余额资金继续用于报销参保群众门诊个人自负医疗费用，并及时报销群众门诊医疗费用。2021年在全县合作医疗家庭账户余额中已报销2771户，兑现报销资金205万余元。切实解决群众在新老政策的过渡期存在的疑问。

（次仁卓嘎）

# 社会生活

## 民政

【概况】 1964年5月，成立县民教科。1981年10月，县民教科撤销，分设县民政科和县文教科。1984年7月，县民政科改为县民政局，正科级建制。主要负责境内的行政区划、勘界、赈灾救济、拥军优属、社会福利、婚姻登记、社会安置、农村扶贫、残疾人事业等工作。2019年，党政机构改革，将实施老龄事业相关职责、医疗救助职责、双拥优抚工作、救灾职责、重要物资和应急储备物资收储、轮换和日常管理职责等划出。部门下设申请救助居民家庭经济状况核对指导中心和浪卡子县社会福利院（特困人员集中供养中心）。

2021年，浪卡子县民政局以“以民为本，为民解困、为民服务”为工作宗旨，围绕保障和改善民生，加强和创新社会管理，提升基层服务能力，确保民政各项工作顺利推进。截至2021年年底，浪卡子县民政局实有工作人员15人，其中事业单位专业技术人员9人（残联办公室2人、县社会福利院4人、申请救助居民家庭经济状况核对指导中心3人）。

2021年11月8日，浪卡子县民政局工作人员在贫困大学生家中了解情况

【妇女儿童权益保障】 2021年，浪卡子县民政局深入贯彻落实男女平等基本国策，以维护妇女儿童合法权益为重点，认真履行民政工作职责，创新工作思路和工作方法，提升妇女儿童生存发展环境，维护妇女儿童的合法权益。全年共救助流浪乞讨人员5人、发放救助资金1285元，全县全年20名事实无人抚养儿童与监护人签订了监护协议书，同时，按照标准及时兑现基本生活费14.23万元，“三大节日”兑现事实无人抚养儿童慰问金8000元，下发2020年临时价格补贴0.35万元。并随时对其进行回访，孤儿及事实无人抚养儿童基本生活得到保障。为助残儿童发放价值1万余元的救孤学习用品，受益儿童20名。28名孤儿由市福利院集中管理。是年，县民政局协调市民政局福利科，积极对接，实现新增孤儿集

2021年7月1日，浪卡子县特困集中供养中心组织开展中国共产党建党100周年和西藏和平解放70周年文艺会演

中率100%。

【社会保障】 2021年，浪卡子县民政局把城乡低保工作作为关注民生的头等大事来抓，严格管理、规范操作，做到应保尽保、应退尽退、动态管理、分类施保的工作原则，形成低保对象有进有出。浪卡子县城镇低保从2003年开始实行，在城镇低保上，为管好用好保障金，提高保障资金的社会效益，狠抓责任落实，严格落实登记造册、建账制卡、张榜公布、群众评议、审核、审批等工作，在工作中坚持“一不批”“两把关”“一监督”制度，“一不批”即审批表内容填写不清楚的不批，“两把关”即严把收入关、户口关；“一监督”即张榜公布，自觉接受广大群众的监督，实现“应保尽保、规范化管理、社会化发放”的目标；按照《民政部、财政部关于进一步做好困难群众基本生活保障工作的通知》，适度扩大低保覆盖范围，对低收入家庭重病、重残人员按“单人户”纳入低保。通过核查，重残重病“单人户”纳入有17户17人。2021年，全县现有农村低保237户706人，兑现低保及“十大民心”资金120.13万元；有城镇低保26户33人，兑现城镇低保及“十大民心”资金24.97万元。边境县城乡低保增发10%，农村低保落实237户706人，共计资金33.19万元；增发城镇低保26户33人，共计资金3.39万元，增发共计36.59万元。

【婚姻登记管理】 2021年，浪卡子县民政局为保证婚姻登记质量，在婚姻登记工作中，始终严格按照《中华人民共和国民法典》《中华人民共和国婚姻登记条例》《婚姻登记工作暂行规范》的要求，坚决执行“五不办”：当事人不到法定年龄不办、当事人不到场不办、当事人不履行声明不办、当事人手续不齐或不符不办、当事人无民事行为能力或限制民事行为能力的不办。是年，县民政局认真整理各类文件，规范办件要求，简化办事流程，缩短办事时间；增强主动服务意识，凡是在窗口受理后，一律把后台处理工作前移，落实首问责任制、责任追究制为核心的婚姻登记工作制度，切实提高婚姻登记员为民、便民、利民的责任感和使命感，主动为群众提供服务；转变服务方式，窗口先受理后审查及时补遗缺，围绕办事群众转，把服务好办事群众放在首位，让群众不跑冤枉路。2021年，浪卡子县民政局共登记结婚345对、登记离婚49对、补发证件39对。

【地名管理】 2021年，浪卡子县民政局为了不断推进地名工作规范化管理，强化地名标志设置，优化地名公共服务，多举措规范地名服务，发挥地名对社会经济发展、方便人民生活的服务效能。严格执行国家、自治区、市制定下发的有关地名的各种法规及规范性文件；明确地名申请的受理、审核、审批、办结的办理时限和要求。为确保地名标牌质量，工作人员深入实地检查巡查地名设标工作，确保地名标志标准符合国家标准和城乡规划发展规定要求。严格执行《中国地名汉语拼音字母拼写规则（汉语地名部分）》规定，将地名拼写作为一项重要内容认真审核，并在地名批复件中明确地名的具体拼写；在地名标志设置中，对道路牌、门（楼）牌予以明确，并要求申请单位必须按照规范拼写地名。

【区域勘界】 2021年，浪卡子县民政局根据全区县级行政区域界线联合检查工作要求，组织与贡嘎县进行联合勘界检查，行政区域界限清晰，原有界桩完好无损，交界处群众和睦相处，无任何争议。

【社会组织管理】 2021年，浪卡子县民政局根据《社会团体登记管理条例》和民政部《社会团体年度检查办法》以及自治区民政厅和市民政局相关文件要求，对全县社会团体开展全面自查清理，依法登记的社会团体3家。

【社会福利】 特困人员救助。2021年，浪卡子县供养服务中心集中供养92人，分散供养73人，全年兑现供养资金173.7634万元，其中全年分散特困人员供养资金和集中特困人员零花钱957637.5元，其他生活支出779996.28元。

2021年全县共救助临时困难对象201户826人次，发放临时救助金额126.6万元。同时为10个乡镇下拨58万元的临时救助备用金，有效解决困难群众遭遇突发性、临时性、紧迫性的急难事项。

【残疾人事业】 2021年，浪卡子县委、县政府重视和支持残疾人事业，在残疾人就业、教育、医疗、康复、文化等方面实行特殊政策，逐步提高残疾人的生活水平、生活质量和社会地位。按照《西藏自治区巩固拓展残疾人脱贫攻坚成果服务乡村振兴“阳光照耀感恩奋进”行动实施意见》（藏残联字〔2021〕45号），县民政局结合实际工作，按“低门槛、高标准、广覆盖”的原则，将符合条件的残疾对象纳入城乡低保保障范围。为切实了解困难残疾人生活补贴和重度残疾人护理补贴资金发放与使用情况，维护残疾人合法权益，进一步做好残疾人“两项补贴”发放审批工作，实现应补尽补、应退尽退的动态管理。截至年底，浪卡子县持证残疾人总数为1672人，其中肢体残疾831人、听力残疾257人、言语残疾17人、智力残疾24人、视力残疾302人、精神残疾93人、多重残疾148人，按照户口类别来分，浪卡子县农村残疾人数1655人，城镇户口残疾人数16人。2021年，在自治区及市残联对残疾人就业技能的关心关爱下，结合残疾人意愿和需求，县残联安排1名残疾人到拉萨进行盲人按摩培训，培训时间为10天。

县残联工作人员带领50名疑似残疾人在藏医院进行集中残疾鉴定工作，鉴定过程中工作人员全程服务，方便疑似残疾人能够顺利鉴定。

认真开展视力、听力、肢体等各项检查，根据残疾人的身体状况及需求精准适配，此次活动共筛查55人，适配辅助器具40人，经检查无需适配或需要到医院治疗的14人，为40名持证残疾人精准适配轮椅、腋拐、手杖、滤光镜、中距离眼镜助视器、放大镜、助听器等价值10万余元残疾辅助器具。

组织开展全国第五次残疾预防日宣传活动，享受此次活动福利的人数13人，发放坐便器2个、手动轮椅6个、儿童轮椅1个、手杖4个，通过“残疾预防、人人有责”“残疾预防、从我做起”的理念，增强农牧民从我做起、自觉预防的意识，营造全社会残疾预防的浓厚氛围。

为卡龙乡8户一、二级重度

2020年7月1日，浪卡子县民政局组织党员重温入党誓词

残疾家庭开展无障碍改造工作，更好更实地为残疾人提供生活便利条件，让更多的残疾人感受到党的恩情，每户落实资金为3500元。2021年符合享受条件的持证残疾人1—12月“两项补贴”及“十大民心工程”补贴人数1602人，落实资金6188950元。

【项目建设】 2021年，续建项目浪卡子县未成年保护中心竣工验收，建筑结构为三层框架混凝土，项目另含主体、围墙、晒衣场、道路等，共计投资700万元，于年底完成中心的主体建设、室内装饰和设备安装。

【党建工作】 2021年，浪卡子县民政局强化组织领导，坚持领导带头垂范，统一干部职工的思想认识，“三包五带五促”活动有序开展。进一步改进干部作风，落实精细化管理，切实提高管理水平。2021年，组织讨论学习，充分认识到实施精细化管理的必要性、重要性，切实解决在作风方面存在的突出问题，有力推进各项工作的顺利开展，坚持每周四开展党员学党章党规及党史学习教育，突出党建引领作用。

（林 敏）

## 人力资源和社会保障

【概况】 1983年4月，浪卡子县劳动人事科成立。1984年9月，县劳动人事科改称县劳动人事局。1987年7月，县劳动人事局撤销，新设立县人事局，县人事局和县委组织部合署办公，浪卡子县劳动职能划归县计划经济委员会。1996年6月，机构改革，成立县劳动局，是县计划经济委员会管理的副科级机构。2004年4月，撤销县劳动局，设立县劳动就业和社会保障局，是县发展和改革委员会管理的副科级机构。2006年8月，县劳动就业和社会保障局升格为正科级建制。2010年10月，机构改革，县人事局、县劳动就业和社会保障局合并，设立县人力资源和社会保障局（公务员局）。2019年，党政机构改革，将公务员局职责划入县委员会组织部，将城镇职工和城镇居民基本医疗保险、生育保险职责划入县医保局，县人力资源和社会保障局加挂劳动保障监察大队牌子。

2021年，浪卡子县人力资源和社会保障局贯彻落实习近平新时代中国特色社会主义思想，牢固树立全心全意为人民服务的宗旨意识，执行浪卡子县委、县政府的决策部署，全局上下团结一心、攻坚克难，围绕中心、服务大局，努力克服疫情影响，坚持就业优先，聚焦浪卡子县籍应届高校毕业生这个重点，全力以赴稳就业、惠民生、保稳定、促和谐，着力打造群众满意的优质服务窗口，努力开创人社工作新局面。是年，荣获自治区级就业创业先进集体。截至2021年年底，浪卡子县人力资源和社会保障局实有工作人员22人。

【党建工作】 2021年，浪卡子县人力资源和社会保障局始终坚持把抓好党建工作作为一切工作的基础，研究制定《人社党建工作要点》《人社党组2021年学习计划》《人社党支部2021年学习计划》，召开专题会议进行安排部署，将党建工作与业务工作同安排、同部署，把抓好党建工作作为一切工作的根本，树牢党建示范引领作用。组织党员干部认真学习贯彻习近平新时代中国特色社会主

2021年6月16日，浪卡子县人社局劳动监察大队工作人员在工地检查拖欠工人工资情况

2021年12月8日，浪卡子县张达乡夏西村康桑民族家具加工专业合作社毪氇编织培训班结业

义思想，中共十九大及历次全会精神，学习习近平总书记重要讲话精神及中央第七次西藏工作座谈会精神，教育引导党员干部坚持以人为本、执政为民，把人民对美好生活的向往作为奋斗目标。全年共开展集中学习 26 次、专题党课 2 次，开展党史理论学习 19 次，党史理论测试 1 次，联合税务等单位开展庆祝中国共产党 100 周年主题活动 1 次，开展重温入党誓词 1 次，开展知识竞赛 1 次，参观红色基地 1 次，每名党员公开承诺践诺 1 次，持续推进“我为群众办实事”活动，为民办实事 36 人次，解决实际问题 21 件。

【党风廉政建设】 2021 年，浪卡子县人力资源和社会保障局认真履行党风廉政建设责任制，执行责任考核和责任追究，将党风廉政建设工作与业务工作同部署、同落实、同考核，确保党风廉政建设工作的全面落实。组织开展关于反腐倡廉相关工作，观看警示教育纪律片、学习典型案例等，从思想上深刻认识党风廉政的重要性。严格风险防控，落实规章制度，始终维护纪律的严肃性，严格执行集体决策制度，充分发扬民主，营造良好的干事创业环境。

【就业创业】 2021 年，浪卡子县人力资源和社会保障局坚持以人民为中心的发展理念，始终把“稳就业”“保就业”摆在突出位置，及时研究、专题部署、狠抓落实；创新成立“农民工之家”，建立完善就业服务平台，健全县、乡、村三级网格化就业服务体系和一体化信息联动机制，全面掌握劳动力信息，实行精准对接、动态管理，有序开展求职登记、职业指导、职业介绍、岗位开发、劳动维权等就业服务工作，形成政府推动与市场运作的有效衔接，全力破解用工难与就业难的结构性难题。加快推进转移就业“实体化”基地建设步伐，以电子商务示范基地、精准扶贫“双业”藏式家具厂、民族手工业加工厂建设为依托，建成集培训、就业、创业、孵化为一体的多功能“双创”孵化基地，带动就业 141 人，人均年增收 2.1 万元。优选羊湖集团、打隆苗圃基地等 14 家典型代表，分别建立自治区、市、县三级农牧民转移就业基地，吸纳带动 3512 人稳定就业。依托项目带动，强化“点对点”服务，精准对接重点项目和 400 万元以下项目就业岗位，引导农牧民参与项目建设。成功举办浪卡子县“全民创业创新暨旅游商品创意大赛”，评选出浪卡子县五大必买旅游商品，进一步激发创业创新活力。紧密结合群众意愿、市场需求和浪卡子县特色产业发展实际，统筹培训资源，提前开发就业岗位，分批分类开展“订单式”“定岗式”技能培训，培训后定向输送，实现培训与就业的有机结合。全年登记劳动力 19409 人，实现农牧民转移就业 9619 人，创收 8755.31 万元，人均创收 9102 元，分别完成年度目标任务的 101% 和 130.67%，组织农牧民技能培训 970 人，实现就业 720 人；城镇失业率和城镇登记失业率控制在 5% 和 3.5% 以内。

【高校毕业生就业】 2021 年，浪卡子县人力资源和社会保障局坚持县乡协作，提前谋划部署，对 2021 年 378 名应届高校毕业生进行全面摸底核实，制定完善高校毕业生就业创业工作方案。强化结对帮扶，结合专业分类，有针对性地制定浪卡子县高校毕业生结对帮扶工作方案，按照“一对一”“一对多”的帮扶机制，对367名高校毕业生进行结对帮扶，落实“六个一”帮扶工作措施。协调各方，多渠道开发就业岗位，主动优化就业服务，及时向浪卡子县籍高校毕业生推送全区内623条招聘信息、岗位开发925个，援藏岗位40个，其中政府岗位27个，公益性岗位6个，市场岗位856个。大力开展“五进一送”宣讲服务，进村入户，与大学生面对面交谈、讲解优惠政策，不断加强毕业学生及家庭成员思想转变工作，帮助毕业生调整心态、降低预期、合理定位，多重选择，引导毕业生返乡创业、到基层就业、灵活就业，树立“先就业、再择业、后创业”的就业观念。有效发挥“农民工之家”的促进作用，对未就业高校毕业生和岗位稳定性不高的就业学生实现周调度，安排专人进行电话回访，掌握就业动态，推荐就业岗位。全年共开展政策宣讲12场次，电话回访8次，召开招聘活动3次，推荐就业岗位771个，接受政策咨询312人次，发放宣传资料277份；全县378名高校毕业生全部就业，初次就业率达到100%，累计成功创业30家，合计带动就业42人。

【社会保障】 2021年，浪卡子县人力资源和社会保障局加大政策宣传力度，提升群众知晓率，推进全民参保扩面，做到应保尽保，参保率达到99.7%；建立数据动态更新机制，完成农牧民基本养老保险参保信息核对24958人次，清除错误信息数据2972条，问题数据治理完成100%。精准推进机关事业单位养老保险清算工作，有序推进干部职工和城乡职工有序参保。加强资金监管，按月及时兑现城乡居民基本养老金，对全县60岁以上人员3612人，发放率100%；落实十大民心工程养老保险提标资金104.54万元，涉及人数3217人，发放率100%，全年共兑现基本养老保险资金1140.9万元；

【劳动监察】 2021年，浪卡子县人力资源和社会保障局突出源头治理，认真抓好《保障农民工工资支付条例》的贯彻落实，把农民工工资保证金、建筑工人实名制管理和银行分账管理制度作为项目开工前的先行条件。大力推行企业“黑名单”制度，先后将2家恶意拖欠农民工工资违法建筑施工企业作为重大违法行为，上报上级业务部门，在建筑领域形成有效震慑。坚持预防为主，创新制作了“浪卡子县农民工服务联系卡”，变被动受理为主动预防。强化联合协调，挂牌成立“浪卡子县农民工法律援助工作站”，帮助提供法律援助，提升办案效率。是年，新增缴纳保证金项目2家，开具保函47家，严格按照《浪卡子县项目建设管理规定》要求，以项目中标价的4%缴纳保证金，共计缴纳60.7万元；续建完工建设项目，退还保证金38家，退款金额1052.58万元，保函金额1438.53万元，民工工资保证金缴纳率100%。全年共受理调处欠薪案件23起，涉及农民工406人，帮助追讨农民工工资682.574万余元，结案率100%。

【法制宣传】 2021年，浪卡子县人力资源和社会保障局（劳动保障监察大队）通过走工地、入村庄以及利用各种节点时期，宣传相关法律法规以及清欠方面的工作成效和典型经验，引导企业诚信用工、主动守法，并向农民工普及宣传维权法律知识，提高利用

2021年4月1日，浪卡子县人社局召开年度职业技能培训项目评审会

法律武器维护自身合法权益的能力，引导依法理性维权。全年，共开展各类宣传活动110场次，出动宣传人员44人次，接待法律和政策咨询238人次，发放各种宣传材料220份。

【疫情防控】2021年，浪卡子县人力资源和社会保障局成立以局长为组长、副局长为副组长、其他干部职工为成员的人社领域预防新冠肺炎疫情工作防控领导小组，狠抓责任落实。通过支部学习会和专题会议，安排疫情防控各项工作，并传达学习常态化疫情防控各类文件和会议精神，及时了解干部职工对疫情防控知识和政策，提高干部职工对常态化疫情防控工作的思想认识。

【人才保障】2021年，浪卡子县人力资源和社会保障局建立完善人才分类评价机制，畅通专业技术人才职业发展通道和人才评价渠道；有序开展事业人员和工人提前退休和正常退休申报。与组织部门衔接，加大对卫生、教育等紧缺人才引进力度，做好事业单位专业技术人员调配工作，促进人才合理流动。与文化、农牧、卫生等部门衔接，组织实施专业技术人员知识更新工程，创新培训载体，扩大培训规模，提升能力素质。是年，派专人到市人社局进行新工资系统的跟班学习，完成对全县干部职工工资清算补发；完成新晋职和岗位调整干部工资调标和对半脱产、聘用干部的工资调标工作，完成干部职工增资补发。全年，共计完成各级职称聘任97人，其中正高级1人，中级46人，初级50人；人员调入2人，招录派遣22人，调整13人，处分事业干部和工勤人员6人。

（次拉姆）

## 退役军人事务

【概况】2019年，党政机构改革，将军地相关部门的退役军人优抚安置、军队转业干部服务安置职责整合，组建浪卡子县退役军人事务局，（以下简称县退役军人事务局）为正科级行政单位，管理浪卡子县退役军人服务中心。截至2021年年底，县退役军人事务局实有工作人员8人，其中县退役军人服务中心有事业单位专业技术人员3人。

【党建工作】2021年1月，召开党建工作会议，研究制订2021年党建工作要点和工作计划，对党建工作进行安排部署，明确全年党建工作的目标和任务。年内，党支部共开展支部主题党日活动11次，组织党员开展“三会一课”12次、参加志愿服务活动10次；开展党史学习教育集中学习20次，分期安排5个专题研讨交流，撰写心得体会11篇；党组书记讲党课7次，组织观看“七一”庆祝中国共产党成立100周年大会实况，深入热玛瓦村开展“七一”活动1次，集中观看红色电影3次、纪录片2次。

【就业增收】2021年，县退役军人事务局严格按照市局通知要求，积极开展退役军人就业创业、技能培训、学历再教育、招聘等方面信息的宣传，让全县广大退役军人了解悉知，截至年底共计宣传14次，接受学历再教育提升1人，接受市局组织的培训1人次。制定未就业退役军人帮扶计划，按照一对多联系制度，联系帮扶退役军人，在退役军人就业创业方面给予政策方面的支持，帮助他们尽快就业创业，全年开展3次常态化联系退役军人走访慰问活动。开展我为群众办实事主题实践活动，共完成7个实践活动项目，受益群众22人。建立退役军人就业创业工作台账，全面摸清全县退役军人就业创业数据信息。

【教育培训】1月6日，县召开县委退役军人事务工作领导小组2021年度第一次会议，研究部署当前和今后一段时期全县退役军人工作，推动退役军人工作高效落实。会议研究审议并通过《关于举办2021年基层退役军人服务工作人员培训会议的报告》《关于解决配备基层退役军人服务站办公设备资金的报告》《浪卡子县关于为立功受奖现役军人家庭庆送喜报工作的实施办法（试行）》《浪卡子县关于困难退役军人帮扶援助工作实施办法（试行）》等4份报告。

1月27—28日，组织8个乡2个镇退役军人工作分管领导及工作人员、县委退役军人工作领导小组部分成员单位共27人，在县城举办为期2天的基层退役军人工作业务培训班。此次培训班邀请自治区退役军人服务中心工作人员、市退役军人就业创业科、拥军优抚和褒扬纪念科、服务中心等科室负责人授课，主要从理论政策、业务办理、2021年重点工作方面对全县基层退役军人工作人员进行全面、细致、深入的培训。

【双拥工作】 2021年，县退役军人事务局为深入贯彻落实拥军优属活动，努力创建"全国双拥模范县城"，进一步营造关心支持国防和军队建设、增强军人荣誉感、尊重和优待军人军属的良好风尚，激励广大官兵积极投身强军兴军伟大实践。县退役军人事务局党组书记、局长普布桑珠同服务中心工作人员前往县武警中队进行走访调研。围绕拥军优属、军人荣誉体系建设、退役军人服务保障工作、社会化拥军、维护军人合法权益等方面召开座谈会。"三大节日"、庆祝西藏自治区成立70周年、"八一"中国人民解放军建军节等节点，走进军营开展丰富多彩的"双拥"活动。通过听、问、看等方式，深入了解退役军人生活生产等各方面情况。现场讲解国家退役军人有关政策，让他们更全面更深入地了解党的各项政策，明白惠在何处，惠从何来，引导退役军人增强知党恩、感党恩、听党话、跟党走的行动自觉。解决武警中队学习桌椅短缺问题，涉及资金33600元。结合3月综治宣传月，利用羊湖之声、悬挂横幅、发放宣传手册、开展《中华人民共和国退役军人保障法》《中华人民共和国军人地位和权益保障法》进军营、进村居等形式开展宣传。年内，开展立功受奖送喜报，建立退役军人法律援助站、对烈士遗属走访慰问等活动。

【优待抚恤】 2021年，县退役军人事务局发放2020年度退役士兵家庭优待金及一次性自主就业经济补助共计57.8万元；按月发放60岁农村籍退役士兵生活补贴及伤残人员、"三属"人员抚恤金；10月，发放浪卡子县2011年以来政府安置退役士兵家庭优待金9600元。发放2018年度边防、消防集体转制人员家庭优待金12.4万元。

（旦增欧珠）

# 乡（镇）概况

## 浪卡子镇

【概况】 浪卡子镇，藏语意为“白色鼻尖”。位于北纬28° 58′ 、东经90° 30′ ，海拔4454米，行政区域总面积为577.06平方千米。属高山谷地温凉半干旱气候区，年平均气温3℃—5℃，年降水量270—340毫米，年均日照为2983小时；野生动物主要有藏原羚、藏野驴、水獭等；野生植物有贝母、蒲公英、天门冬等；特色产品有羊卓干酥、风干肉、羊卓藏被、银质茶碗盖、卡垫、佛龛等；自然灾害主要为雪灾、霜灾、冰雹、洪涝和旱灾等。浪卡子镇是县人民政府驻地，东与卡龙乡、阿扎乡相邻，南与打隆镇交界，西与日喀则江孜县、仁布县相连，北与白地乡接壤，距拉萨164千米，距山南地区行署所在地泽当镇227千米。省道307线穿境而过，交通便利。

浪卡子镇属于半农半牧区，是农牧并举的大镇。牲畜种类有牦牛、黄牛、马、骡、驴、绵羊、山羊等，畜产品有牦牛肉、羊肉、牛奶、酥油、奶渣等，种植少量青稞、油菜、土豆、豌豆等作物。境内有桑顶寺、盟嘎曲德寺、岗布日追。旅游资源有国家AAA级风景名胜区——羊卓雍错，海拔7191米的宁金康桑雪峰，果林村藏木觉千年柏。

2021年11月12日，县委常委格桑罗布到浪卡子镇砂石料加工厂检查指导工作

1959年12月，成立朗格则区委和区公所，下辖翁果、道龙、浪卡子、古穷4个乡。1968年10月，成立浪卡子乡党支部。1970年1月，浪卡子乡改称浪卡子人民公社。1984年9月，改为浪卡子乡人民政府。1987年9月，撤销浪卡子区委，将浪卡子乡、古穷乡、翁果乡和柯来乡合并为浪卡子乡。1999年7月，道龙乡和浪卡子乡合并为浪卡子镇。2007年7月至2008年12月，浪卡子镇陈真村和柯来村合并为柯来村、果琼村和藏曲村、林麦村合并为果林村。截至2021年年底，浪卡子镇下辖3个社区居民委员会和4个村民委员会，即浪卡子居委会、道布龙居委会、哈西居委会、曲度村、翁果村、柯来村、果琼村。全

镇总户数1000户3636人，劳动力2237人。全年实现农村经济总收入9519.57万元。全年农牧民人均可支配收入19915.9元，同比增长17.99%。

【农牧业】 2021年，全镇耕地总面积6916.1亩，其中青稞播种面积3492.87亩（其中喜拉22号550亩、本地青稞2942.87亩）、油菜播种面积1713.5亩、蔬菜播种面积174.79亩、饲草播种面积1534.98亩，粮经饲比例为50.5∶24.8∶24.7。经统计，浪卡子镇2021年青稞产量71.546万千克，比上年减产1.687万千克，油菜产量18.22275万千克，比上年增产1.60275万千克，蔬菜产量39.22465万千克，比上年增产11.01365万千克，饲草产量243.42715万千克，比上年增产4.29315万千克。年初调运化肥46吨（尿素37吨，二胺9吨），积造农家肥1万多吨。2021年，全镇共计购置农机具48台，购置总价81.266万元，国家补贴16.502万元、省补9.48万元、自筹资金55.284万元。

【项目建设】 2021年，浪卡子镇共有开复工项目3个：卡鲁雄曲治理工程建设项目，总投资2160万元，2021年度吸纳当地农牧民投工投劳100人次，实现增收17780元；浪卡子社区农田灌溉渠道建设项目，总投资250.62万元，2021年度吸纳当地农牧民投工投劳1660人次，实现增收41.5万元；浪卡子镇办公楼维修工程建设项目，总投资70万元，2021年度吸纳当地农牧民投工投劳1247人次，实现增收9万元。

2021年6月26日，政府副县长梅国斌在哈西对大庆安保工作进行指导

【脱贫攻坚】 2021年，浪卡子镇努力实现巩固拓展脱贫攻坚成果同乡村振兴有效衔接。2021年验收第二批危房改造15户，5月共落实资金22.5万元。对2014年至2020年期间农户自建房79户进行验收，验收合格50户，共落实资金81万元；未合格29户，主要原因是一户多宅、已享受相关政策、局部改造。开展2021年农村住房改造情况核实，组织专人到各村实地核实，并鉴定出13户，共补贴资金19.5万元。2021年浪卡子镇待办手续农村宅基地异址新建、原址新建、改扩建共有56户，其中原址新建（改建）房屋47户、正在建设8户、未建1户。根据7个村（社区）居民每户实际情况制定"一户一策"增收工作方案，因户施策，促进农牧民群众增收。2021年第一、二季度安排生态岗位281人，落实岗位补助资金491750元，三季度安排生态岗位280人，落实岗位补助资金245000元。

【民生改善】 2021年，浪卡子镇对涉及残疾人、特困人员、城乡低保、"十大民心"工程、医疗救助等的各类民生政策全面落实，为年满60周岁及以上人员发放1—10月养老金99.11万元，落实民政低保资金第一、二、三季度22户59人，共计61698元，第四季度23户63人，共计34317.4元，残疾人"两项补贴"1—7月有204人，已落实资金459700万元，兑现临时救助资金3万元，落实五保户分散供养费7人5.313万元，兑现1—10月"十大民心"工程资金12.033万元，落实草原生态奖励机制补助153.24万元，兑现"一孩双女"两项补助10.656万元和特别补助资金14.34万元。

教育事业。浪卡子镇严格落实国家各项资助政策，完善各类教育资助方式，确保每一名义务教育阶段学生顺利完成学业。“藏语汉语”幼儿园入园率达100%、小学适龄儿童入学率达100%，九年义务教育阶段无辍学学生，2021年应届高校毕业生52人，已就业50人，就业率达96.15%，兑现大学生资助131人97.8万元。

文化事业。村级农家书屋、文化活动场所、文化活动设备等合理利用，浪卡子镇文化服务中心始终坚持按制度要求开放活动室，坚持每周开放56个小时，尽最大的努力为广大文体爱好者提供优质的服务。一年来，多功能厅使用频繁，在多功能厅开展会议、培训达91场次，电子阅览室使用达51人次；图书阅览室藏书量达3416册，借阅书籍67人次；娱乐室使用达157人次；健身房使用达243人次。全年全镇范围内以镇、村（社区）为单位共计开展文艺活动42场次，受益群众达6600余人，夏季广场舞开展88场次，参与人数达1798人。

医疗卫生。积极开展医疗和公共卫生服务工作，2021年，共接诊患者772人。扎实做好“两降一升”工作，全年共有孕产妇12人，新生婴儿7人，全部为住院分娩，分娩率达100%。为全镇慢性病及包虫病患者建立病历档案一式两份，已完成季度随访工作。积极开展疫情防控工作，儿童免疫工作三季度共接种403针次，目前无重大疫情发生。农村新型合作医疗运行状况良好，参合率100%。

【生态文明建设】 浪卡子镇以创造良好的人居环境作为推动乡村经济发展、实现乡村振兴的重大举措和重要载体，努力在“富裕、美丽、幸福”上做文章。持续加大人居环境整治工作力度，全面落实“路长制”工作机制。2021年，开展专项整治工作，排查辖区内砂石厂、砖厂、建筑施工地等有无私搭乱建、违规建设、违规用电等问题。全年共开展环境综合整治工作28次，共清理垃圾185.18吨，清理疏通沟渠177.1千米，清理河道、湖泊64.5千米，发动群众投工投劳5221人次，开展宣传教育77场次，受教育群众达4511人次，发放宣传资料129份，张贴宣传标语55条。积极践行“两山”理念，全面落实“林长制”，加大林地、草场保护力度，生态环境实现持续好转；严格落实“河湖长制”，积极开展羊湖流域环境整治，督促辖区内各河湖长做好每周巡河湖工作。倡导绿色、低碳、节约型消费观，让文明绿色生态的生产生活方式成为大家的自觉行动。

2021年6月15日，浪卡子镇邀请市委党校老师给全镇党员开展党员政治教育培训

【社会治理】 2021年，浪卡子镇利用综治宣传月、宣传周、宣传日，积极宣传建设“平安浪卡子镇”，设立举报箱8个，悬挂横幅25条，发放宣传资料3000余份，认真落实上级扫黑除恶专项斗争会议精神，加强社会治安管理，坚持打防结合的方针，深入开展扫黑除恶专项斗争工作，强化线索摸排，突出重点精准打击，对重点人员加强管理，以开展扫黑除恶专项斗争优化工作环境，促进浪卡子镇稳定发展。积极处理信访及纠纷，积极预防和有效化解矛盾纠纷，依法按照政策及时排查，全面落实维稳全员责任制，规范信访工作程序，妥善解决群众合理诉求，纠正损害群众利益的突发性问题。全年共调处化解各类社会矛盾纠纷零起，畅通来访渠道，接待群众来访，基层基础工作进一步加强，稳控体系进一步完善。

【党建工作】 2021年，浪卡子镇

认真贯彻落实《2021 年浪卡子县基层党建工作要点》,坚持和加强党的全面领导,坚持党要管党、全面从严治党,在以习近平新时代中国特色社会主义思想指导下,以党的政治建设为统领,以增强政治功能、提升组织力为重点,以开展党史学习教育和党员政治教育为抓手,全年组织党员集中学习 80 余次,人数达 2000 余人次,支部书记讲党课 12 次。把抓党的政治建设作为党员教育管理的重中之重,坚持不懈强化政治建设,加强党员经常性政治教育,督促辖区各党支部主抓党员教育,提升党员素养,通过邀请市委党校老师开展党员政治教育培训 1 期,进一步深化学习型党组织建设。以打造“六个基本”示范点为契机,组织党员群众开展“党群活动日”,有效地用活动场所,丰富党员群众业余生活,淡化宗教消极影响。开展“党群活动日”29 次,参加人数达 1200 余人次。

切实抓好发展党员工作。按照《发展党员实施细则》,做好党员、预备党员、入党积极分子确认工作,上半年,全镇共发展党员 15 名。在全县率先完成 2012 年以来发展党员违纪违规排查工作,并对所属 12 个党支部党员的组织关系进行了再次排查梳理,完成了所有党员的“党员管理信息系统”录入和党内统计工作;不断加大党务工作者培训力度,组织新任党支部书记、组织委员、第一书记等开展党务知识培训,不断提高全镇党建工作水平。截至年底,共开展业务培训 3 次,参训 30 余人。以文化补习班、“夜校”等形式开展村干部文化素质提升暨国家通用语言培训,共 99 期,受益人数达 2900 余人次。充分发挥党建示范带动作用,严格落实党建带团建、党建带妇建、党建带共建工作,通过组织开展三八妇女节、五四青年节、七一等活动,全面提升全镇团建、妇建、共建工作。制度建设。坚持把基层党建工作列入重要日程中,定期召开专题会议研究部署党建工作。认真执行“三会一课”、组织生活会、民主评议党员、主题党日和党员领导干部民主生活会等制度,结合《浪卡子县党员积分制管理办法(试行)》,制定浪卡子镇机关党支部党员奖惩办法,进一步细化考核标准,加强党员日常管理。

【党风廉政建设】 2021 年,浪卡子镇组织开展党风廉政专题学习 15 次,研讨 5 次,撰写学习心得体会 60 余篇。组织浪卡子镇党员干部、各村(社区)、寺管会、学校集中观看警示教育片《正风反腐在身边》《镜鉴》《警钟》等,共播放 12 场次,有 768 人次参加观看。邀请党校老师、镇党委书记、包村领导上党课,举办 4 期党员培训班,共计 568 人次参加学习。组织党员干部重点学习《中国共产党廉洁自律准则》《中国共产党党内监督条例》《中国共产党纪律处分条例》等,从思想上教育引导党员干部“有所为有所不为”。

【疫情防控】 2021 年,浪卡子镇成立疫情防控领导小组,统筹领导全镇疫情防控工作,构建“镇村一体、条块联动、多网合一”的工作架构,疫情防控取得实效。织密一张网,排查到边到角。动员村(社区)两委成员、网格员、党员代表等全面开展拉网式、地毯式排摸,疫情防控应急响应期间,严格核查外地返乡人员,同时加大疫苗接种宣传,动员群众积极参与疫苗接种,按期完成新冠疫苗接种任务。浪卡子镇 3636 人中 12 岁及以上人员 2990 人,除禁忌症人员外,接种第一针疫苗 2983 人,接种第二针疫苗 2960 人,截至年底,符合接种第三针疫苗人员 245 人均已就近接种。

【换届工作】 2021 年,浪卡子镇认真开展换届风气监督,对换届选举前期、动员部署、换届培训工作和初步人员的选定等各个环节进行监督,同时镇党委和纪委对领导班子严肃换届纪律进行谈心谈话,并对“换届纪律十个严禁”落实情况进行监督检查。7 个村(社区)产生新一届村(社区)“两委”班子 40 名,实现党员比例 100% 和年龄、学历“一降一升”的目标。选举产生 61 名镇党代会代表和 11 名县党代会代表,圆满完成村领导班子换届工作。

## 打隆镇

【概况】 打隆镇,藏语意为老虎生息的地方,传说历史上在打隆一带有大面积的原始森林,众多的老虎在这里繁衍生息,故得名。也曾名达隆等。位于北纬 28° 52′、东经 90° 32′，海拔 4497 米，行政区域总面积 1339.77 平方千米。属高原温带半干旱季风气候区，光照充足，辐射强，冬春寒冷多大风，夏秋温凉多雨水，干湿季分明，年日照时数为 2903.6 小时，年平均气温 3.6℃，年降水量为 378 毫米，年平均蒸发量 202 毫米，降水主要集中在 5 月至 9 月下旬，雨季占全年降水总量的 80%，年无霜期 60 天；野生动物有黑颈鹤、雪豹、藏野驴、水獭、猞猁、盘羊、狼、狐狸等；野生植物有藏沙蒿、江孜沙棘、三蕊草等；自然灾害主要有雹灾、霜灾、雪灾及虫灾等。打隆镇地处县政府驻地浪卡子镇西南 25 千米，东与多却乡相连，南与洛扎县、普玛江塘乡相连，西与日喀则江孜县相邻，北与浪卡子镇毗邻、与阿扎乡隔湖相望。拉（萨）洛（扎）公路贯穿打隆镇。

打隆镇是半农半牧，以牧为主的牧业大镇。牲畜种类有牦牛、黄牛、马、骡、驴、绵羊、山羊等，畜产品有牦牛肉、羊肉、牛奶、酥油、奶渣等，种植少量青稞、油菜、土豆、豌豆等作物。境内有塔林曲德寺、扎热桑旦曲林寺、谢珠达杰曲林寺、推拉康。曲括子寺遗址是羊卓“曲括子巴藏戏”文化的发祥地。

1959 年 11 月，成立打隆区委和区公所，下辖曲龙、曲宗、林西、相达 4 个乡。1960 年 6 月，成立曲宗乡党支部和曲龙乡党支部。1969 年 3 月，打隆区下辖的曲宗乡和曲龙乡合并成立打隆人民公社。1984 年 9 月，改为打隆乡人民政府。1999 年 7 月，打隆乡和推乡合并为打隆镇。截至 2021 年年底，打隆镇下辖 8 个社区居民委员会和 3 个村民委员会，即林西居委会、相达居委会、念果居委会、绒嘎居委会、安色居委会、康沙居委会、德改居委会、达加居委会，曲龙村、推瓦村、卡东村。全镇总户数 1292 户 5269 人，劳动力 2815。全年实现农村经济总收入 1.2 亿元，同比增长 17%，其中，2021 年第一产业收入 34880917.02 元，第二产业收入 5193123 元，第三产业收入 20755014.5 元。全年农牧民人均可支配收入 17567.35 元。

2021年10月1日，打隆镇党委组织周边6个社区群众、僧尼、机关所有干部职工开展升国旗仪式

【党建工作】 2021 年，打隆镇政府坚持把学习宣传贯彻习近平新时代中国特色社会主义思想作为首要政治任务，继续巩固“不忘初心、牢记使命”主题教育成果。认真抓好党委理论中心组学习、持续开展党史学习教育。按照上级换届选举有关方案和各类指示批示精神，深入贯彻落实。按期开展村、镇两级换届选举工作，在换届人事上，做到“两降一升”，把一批德才兼备的优秀年轻干部充实到村、镇班子中，为进一步加强打隆镇农村基层组织建设奠定基础。通过共学党的理论，固理想信念、共建基层党组织，固战斗堡垒、共促乡村振兴，固脱贫成果、共谱双拥新篇，固军民团结、共守边境家园，固神圣国土，着力提升边境地区军（警）底基层党组织的战斗力、凝聚力、向心力。开展每月 1 日“同升一面旗”活动日，打隆镇各个村居党支部按时组织党员群众在村委会开展升国旗活动，镇周边 6 个社区统一在镇广场参加升国旗仪式，升旗仪式由镇和边境派出所轮流执行。是年，开展“党的恩情似海深　团结奋进新征程”“党的光辉照边疆　边疆人民心向党”等大型红色文艺演出 4 次，举行庆祝中国共产党成立 100 周年暨“七一”表彰大会

2021年5月25日，打隆镇推瓦村组织开展一年一度“保护母亲湖”行动日暨主题党日活动

1次；结合各村（社区）特色和亮点工作，打造党建示范点和边境党建红色长廊；通过党史学习教育与“我为群众办实事”实践活动相结合，着力巩固夯实基础，不断提升服务水平，在用心、用情、用力解决基层困难事、群众烦心事的实际行动中，推动党史学习教育走深走实，坚持把“我为群众办实事”实践活动作为党史学习教育落到实处的重要载体，深入开展“党旗在一线高高飘扬”教育实践活动，引导党员、干部为群众办实事解难题，更好地联系服务群众，深化开展新时代文明实践志愿服务和党员志愿服务，组织开展“环境保护”“疫情防控”等系列志愿服务活动，积极组织党员参与“爱心捐赠”活动。

【疫情防控】 2021年，打隆镇政府按照“疫情就是命令、防控就是责任”的要求，扎实做好疫情防控工作，通过党员包片、包户、包人的“三包五带五促”措施，充分调动打隆镇力量，有效遏制外来疫情输入，全力做好疫情期间打隆镇疫情防控工作，全力维护社会和谐稳定。围绕重点人群“应接必接”、一般人群“应接尽接”目标，有序推进打隆镇群众疫苗接种工作，构筑边境人群免疫屏障，从而达到“外防输入、内防反弹”的目标。疫情防控期间共设立集中隔离点1个，临时卡点3个，卡点累计检查车辆80240辆，人员240720人。全镇12岁以上应接种人数4130人，截至年底，接种第一针人数4130人，接种第二针人数4112人，接种第三针人数75人。

【发展壮大村集体经济】 2021年，按照浪卡子县委政府的统一安排部署，打隆镇党委召开专题会议对11个村（社区）发展壮大村集体经济进行了研究。按照《浪卡子县发展壮大村集体经济任务分解方案》，稳步推进边境集体经济建设，实现6个村（社区）集体经济达5万元以上、3个村（社区）集体经济达10万至20万元、2个村（社区）集体经济达20万元以上。林西牦牛短期育肥基地通过开办牦牛肉直销店、出售活畜等方式，全年共计出售牦牛55头，收入达到48.5万元。基地提供稳定就业岗位10个，其中，建档立卡贫困群众8人，非贫困群众2人，并按半年发放工资，累计发放工资6.9万元。相达饲草储备库采用出租给相达养牛专业合作社的形式于2019年12月投入运营，年租金3万元。于2021年11月将年租金3万元按照利益联结机制，发放岗位工资1.8万元和分红1.2万元；曲宗砖厂2021全年销售1.2万块砖，金额达到3.6万元。曲龙牦牛养殖合作社2021年牦牛存栏178头，年底出栏26头，收入达到20余万元，并于2021年9月将收入中的18.2万元，按利益联结机制，从本村购买牦牛41头。康萨藏鸡养殖场共有藏鸡156只，运营以来，共生产及出售鸡蛋4113个，总销售额16452元，发放贫困户1户，务工补贴7000元。绒嘎农业合作社以整租形式运营，年租金3.5万元。相达专业养牛合作社采用“合作社＋村集体＋贫困户”的经营模式，其中村集体提供草场6万多亩，并为合作社提供会计、管理、技术指导等服务；为脱贫户1人和一般农户提供3个固定就业岗位。合作社主要生产酥油、牛奶、奶渣、酸奶等产品，并创立西藏羊卓相达甜奶渣品牌。2021年总收入24万元，发放工资9.5万元。同时按照利益联结机制，将2019年至2021

年收入中的50%资金23.6万元进行分红。推瓦村旅游接待中心于2019年以每年13万元的价格租赁给推瓦村返乡创业高校毕业生，且于2021年8月23日经过村“三委”班子成员与承租方洽谈后，决定按延长租赁时间提高租金方式，一次性签订10年合同，前5年每年15万元，后5年每年租金在15万元基础上递增13%，即每年16.95万元。旅游接待中心提供2个固定和4个轮流就业岗位，供推瓦村贫困户就业。相达牦牛养殖示范基地，牦牛存栏389头，同时按照利益联结机制，对2020年至2021年收入中的50%资金21万元进行分红。浪卡子县卓玉苗圃种植有限公司，全年带动长期务工58人，累计发放务工工资32万元，同时增加村集体年均收入5.75万元。达加苏格绵羊繁育基地，共有绵羊250只，运营以来共出售绵羊140只，收入共计达到15.75万元。同时由致富带头人创建了相达砖厂、林西农副产品加工合作社、相达家具加工厂、念果奶牛合作社等，进一步丰富了打隆镇产业体系，有效带动群众增收。

【农牧业】 2021年，打隆镇全年完成总播种面积5514亩，粮精饲比例74∶12∶14，粮食比例逐年增加，粮食产量达到912.56吨，林西社区、曲龙村高标准农田建设项目顺利通过验收，并投入使用；牧业稳步提升，仔畜成活率达94.4%，反季节性畜出栏创收504.452万元。

【城乡建设】 2021年，打隆镇城镇化建设加速推进，实施投资3261.5801万元的农房外立面提升改造及投资2180万元的供水工程，完成368亩复垦复绿建设项目，共计兑现162户安置补偿金243万元；扎实开展生态环境“六大”专项整治和小康村旧房拆除工作，实施一户多宅、乱堆乱放整治工作，完成283户小康村同步搬迁旧房拆除工作；完成总投资700.54万元的打隆镇推瓦村旅游扶贫开发建设项目。

【生态环保】 2021年，打隆镇加强对保护区和公路沿线环境卫生的整治工作，定期按照各村（社区）划分区域及时整治环境卫生。继续实施门前“四包”机制，划分区域，使各农户、餐饮单位等主动参与门前包抓安全、包抓卫生、包不乱停车辆、包不乱堆杂物。大力开展植树造林活动，严格按照“未活一棵，补种两棵”的制度，开展植树造林活动，全年共计植树7600株。认真落实河湖长制工作，打隆镇共有河流9条，小型湖泊5个，大型湖泊有羊湖和普姆雍错，安排镇、村河湖长23名。全年组织干部和群众1000余人次，开展“5·25”保护母亲湖和打隆镇河域垃圾清理整治行动，对水源点淤泥、河流、湖泊、湿地及周边的垃圾进行彻底的清理，解决源头水域污染问题。

【社会事业】 2021年，打隆镇医疗卫生体系逐步健全，在镇卫生院和各卫生室的共同努力下，落实医疗政策和不断提高服务水平，全年共接诊5237人次，孕妇60人，新生儿42人；打隆镇下辖3所完小、4所幼儿园，3所完全小学共招生87人，打隆附属幼儿园入园共计82人。文化传承。打隆镇有非遗项目7个，其中区级3个、县级4个；文物保护点有13个，区级3个、县级10个，均得到有效保护和利用。各村均成立了文艺队，通过演出、服务相结合，

2021年6月7日，打隆镇人民政府举办庆祝中国共产党成立100周年、西藏和平解放70周年文艺会演活动

大力满足广大群众精神文明需求。全民参保。新型农村养老保险参保人数达2608人，参保率达100%，2021年落实养老保险资金1234609.99元。全民体检。由县藏医院和市藏医院组成的体检组在打隆镇范围内开展2021年全民体检工作，对打隆镇共计3008人进行体检，并教育引导群众养成良好的生活习惯。退役军人工作。2021年，对重点优抚对象、困难退役军人、60岁及以上退役军人进行慰问。

【人大工作】 2021年，打隆镇人大主席团紧紧围绕镇党委的中心工作部署，认真落实“三联系制度”，镇人大主席团组成人员联系人大代表、人大代表联系选民制度，充分听取和吸纳代表提出的意见建议，扩大代表对打隆镇政府工作的参与，安排代表参加视察、调研和执法检查等活动，拓宽代表知情知政渠道，提升代表履职能力和水平。对2021年上半年经济运行情况以及脱贫攻坚工作与乡村振兴有效衔接、退役军人保障、民族团结进步创建工作等进行专题调研，查找问题，研究对策。打隆镇各级人大代表把履行岗位职责和履行人大代表职责有机统一，带头参与所在村居的疫情防控、维稳等重点工作，在县十三届人大八次会议上打隆镇代表提出的25条建议、批评和意见，经过认真梳理，整理归纳，交由政府部门认真办理，督促有关部门在规定时间内做出答复，所提25条建议已解决或列入3年计划内解决的占88%，答复率达到100%。

【党风廉政建设】 2021年，打隆镇纪委不断提升纪检干部的专业水平，组织干部职工开展警示教育专题学习，并针对自治区纪委书记王卫东在全区纪检监察系统中央专项巡视“回头看”反馈意见整改暨脱贫攻坚监督检查工作动员部署会上的讲话精神，对乡、村两级换届后纪律检查工作进行了专题监督检查；对存在的隐患进行督导整改，确保整改工作得到有效落实。2021年，打隆镇纪委深入11个村（社区）督导检查新冠肺炎疫情防控措施落实情况，对疫情防控期间干部职工是否存在不作为、慢作为的问题，特别是党员干部是否能够站在疫情一线带头履职的问题进行督导。对下辖村（社区）“三会一课”“四议两公开”“三务公开”等落实情况进行监督检查，2021年未发现违纪、违法问题。

【综治维稳】 2021年，打隆镇政府创新社会治理理念和治理方式，加强对重点人群、重点团体、重点部位、易燃易爆物品的管理，做到全面监管和重点监管相结合，维护安定有序的社会环境，切实加强人口管理，加强对易燃易爆物品的管理，定期对重点部位开展安全隐患排查工作。围绕自治区“十项维稳措施”和市维稳“十条规定”，全面调动“维稳三支队伍”“四护队”“红袖标工程”等群防群治组织及“双联户”和驻村、公安和边防派出所等力量，在中国共产党成立100周年和西藏自治区和平解放70周年、春节、藏历新年、两会、萨嘎达瓦、打隆物交会和重大佛事活动、当地节日期间充分展现出各级的维稳力量，完成各项维稳任务，确保辖区的和谐稳定，一年来共出动群防群治217次1972人，对各类大小事故、婚姻等各类纠纷和矛盾进行有效处理和化解。

（益西桑珠）

## 张达乡

【概况】 张达，藏语意为卵石之滩，因隶属于张达村而得名。位于北纬28°55′、东经91°02′，海拔4450米，行政区域总面积为317.93平方千米。属于高原温带半干旱季风气候区，光照充足，辐射强，冬春寒冷多大风，夏秋温凉多雨水，干湿季分明，年降水量353.7毫米，年日照时间2933.5小时，年蒸发量1896.2毫米，年最高平均气温18.9℃。最低气温-19.5℃，昼夜平均温差6.0℃—7.0℃，年无霜期56天。野生动物有黑颈鹤、雪豹、藏野驴、水獭、猞猁、盘羊、狼、狐狸等；野生植物有香柏、红景天、小檗、茶藨子、黄麻等。自然灾害主要有雹灾、霜灾、雪灾、虫灾。张达乡地处县驻地浪卡子镇西南138千米，东北与贡嘎相连，西、南与伦布雪乡相邻。

张达乡主要以牧业为主、农业为辅。牲畜种类有牦牛、黄牛、马、骡、驴、绵羊、山羊等，畜产品有牦牛肉、羊肉、牛奶、酥油、奶渣等，种植少量青稞、油菜、土豆、豌豆等作物。境内的羊卓果谐是一种民间流行的歌舞，迄今有1000多年的历史，2009年，列入自治区级非物质文化遗产名录。每年藏历4月15日，举行一年一度的达羌赛马艺术节，迄今已有1000多年历史。

1959年11月，成立张达区委和区公所，下辖扎于、张达2个乡。1960年5月，合建扎于、张达乡党支部。1970年3月，张达乡改称张达人民公社。1972年6月，单独成立张达公社党支部。1984年9月，改为张达乡人民政府。1987年9月，扎于乡和张达乡合并为张达乡。截至2021年年底，张达乡下辖7个村民委员会，即张达村、康玛村、扎玉村、巴多村、康如村、帮龙村、下西村。全乡总户数754户3818人。农牧民人均可支配收入达14673.69元。

【农业方面】 2021年，张达乡通过引进优良品种，调整优化农业结构，发挥高标准农田优势，全乡播种粮食作物2540亩，经济作物230亩（油菜130亩、蔬菜100亩），饲草作物630亩。为加大新品种推广力度，乡农牧综合服务中心向上级申请喜拉22号二级种子135袋，每袋50千克，共计6.75吨，根据实际派发到各村，其中下西村7袋、巴多村3袋、帮龙村13袋、康玛村9袋、康如村7袋、张达村56袋、扎玉村40袋。各村对各自辖区内的水渠、机耕道等进行整理维修工作，做好秋收相关工作，确保粮食颗粒回仓。2021年，全乡粮食产量共计1498.87吨，其中，油菜产量42吨，粮食产量552.01吨，蔬菜产量40.95吨、青饲料产量863.91吨。

【牧业方面】 2021年，张达乡共有牲畜存栏31343头（只、匹），适龄母畜13522头（只、匹），新生仔畜16439头（只、匹），发放饲料104.84吨。牧业发展作为张达乡农牧民增收的重要渠道，年初，张达乡党委召开5次会议，专题研究全乡牧业发展规划。张达乡共有接羔育幼点17个、暖棚圈314座、饲草房17座、固定放牧人71人，基础设施全部到位，有效满足全乡冬季适龄母畜的接羔育幼需求，保障全乡新生仔畜的成活率。2021年，张达乡仔畜成活数9619头（只、匹），成活率92.5%。同时，根据村集体经济工作安排部署，及时召开反季节超龄牲畜出栏工作会，在固定时间段出栏的基础上，不断加强思想教育，引导农牧民群众根据市场变化适时调整牲畜出栏。2021年牲畜总出栏8656头（只、匹），出栏率27.3%。2021年，共开展5次科技特派员和兽防工作业务培训，深入牧业生产第一线，查找防疫工作死角，对全乡25344只绵山羊、2235头牦牛、3764头黄牛、109只鸡开展免疫工作，免疫率达100%。认真做好羊三四联苗、小反刍、羊链球菌、羊大肠杆菌、牛出血性败血症、炭疽芽孢、羊痘等常规疫苗接种工作。

2021年7月，山南市人大常委会主任王德文（右五）到张达乡张达村调研人大换届前期工作开展情况

【劳务输出】 2021年，张达乡坚持农牧业生产和劳务经济两手抓，积极鼓励农牧民群众参加技能培训，努力为赋闲劳动力寻找就业岗位，全年共参加农牧民技能培训132人次，有效拓宽农牧民就业渠道。2021年，全乡各村建立完善的外出务工登记制度，成立民工联队，向村委会备案，登记务工时间、务工地点、联系电话等相关务工信息，确保村委会能

够及时了解相关情况。全年，张达乡外出务工人员974人，创收6445944元。

【村集体经济建设】 2021年，张达乡村集体产业以“村集体＋脱贫户”的方式运营，采取分红和就业的形式使农户受益。康玛村奶牛养殖场有奶牛14头，小牛8头，卖出酥油、奶渣共计创收78000元，纯利润37500元，带动1人就业，每天150元工资。张达村农机合作社、旅游接待室、澡堂等集体产业共计收入40万元，纯利润30余万元，带动1人就业，工资每月1万元。扎玉服装加工厂完成2021年校服缝纫及配送工作，创收13万元，其中员工工资5.5万元，材料费4万元，纯利润3.5万元。帮龙村羊养殖场创收10万余元，带动2人就业，工资每人每年4200元。其他村都积极争取资金以购置牦牛、绵羊，入股和改造老村委会等途径，发展壮大村集体经济。

2021年6月3日，山南市副市长曲巴（右三）到张达乡调研指导工作

【脱贫攻坚】 2021年，张达乡党委严格按照“三不摘”工作要求，进一步压实党委主体责任、政府主抓责任、干部主帮责任、基层主推责任、社会主扶责任，全乡230名干部对建档立卡贫困户进行结对帮扶，确保帮扶责任落实到位。2021年，张达乡根据生态岗位组要求，动态调整安排生态扶贫岗位111个，其中农牧岗位66个，林业岗位19个，水利岗位5个，交通岗位7个，环保岗位14个。农村低收入人口23人，建档立卡贫困户88人。兑现各类民生资金6692321.92元，其中今冬明春防抗灾饲草补贴共计73320元，购买种羊补贴共计180000元；1—9月养老保险资金发放908294.63元；危房改造94户，落实资金422500元；农牧民补助奖励资金2160896.59元，水利生态岗位17500元，环保生态岗位49000元，交通岗位24500元，林业生态岗位66500元，农牧生态岗位231000元，农机补贴304400元，种粮补贴27908.35元，残疾人“两项补贴”及“十大民心工程”补贴资664200元，农村低保资金181187.15元，特困户救助资金80715元，经济困难高龄老人补贴资金2400元（共4人），2021年共发放临时救助金50000元。2021年农村厕所改造户数16户。

【项目建设】 2021年，张达乡始终坚持以稳投资、抓项目为关键，持续加强基础设施领域补短板力度，着力提升基础设施供给水平，坚持巩固拓展脱贫攻坚成果同全面推进乡村振兴有效衔接。2021年，通过与上级部门沟通，张达乡开复工建设基础设施、灌溉、人居环境整治和水库维修等项目7个，总投资达6500万元，7个项目均在建设当中。竣工项目2个，涉及县人民政府和县民政局两家单位。

【教育方面】 2021年，张达乡按照义务教育工作要求，乡与学校、学校与村、村与家层层签订目标责任书，依法保障适龄儿童接受义务教育的权益。督促学校成立安全工作领导小组，校长为安全工作第一责任人。学校开学，警车护送学生返校，放假，学校车辆运送学生安全到家。2021年，全乡除4名学生需送教上门外，未发现适龄学生辍学情况。截至年底，全乡两所小学共有教职工36人，学生451人，入学率为100%。

【文化工作】 2021年，张达乡党

委、政府始终将农牧民文化工作放在首要位置，经常性召开会议，专题研究本乡文化工作的发展。为达到文化宣传的目的，是年，采取群众喜闻乐见的方式，深入开展以“巾帼心向党，礼赞新中国”为主题的第111届国际“三八”国际妇女节活动、以新旧西藏对比为主题内容的“3·28”西藏百万农奴解放纪念日系列活动、以“读圣贤书，做文明人”为主题的张达乡第一届品牌读书活动、以“我心向党，争做爱党、爱国的好青年”为主题的“五四”青年节系列活动、“六一”国际儿童节活动、以“我心向党，礼赞新中国”为主题的“七一”中国共产党成立100周年系列文体活动等具有爱国和历史教育性的庆祝活动。举办张达乡民族团结进步暨干部职工第一届秋季运动会，春节、藏历新年、第十届康如达羌赛马艺术节、第七届张达村望果节、第七届扎玉村望果节、第十届巴多村望果节等独具民族特色的优秀文化活动。2021年，全年各类大小型文体活动（包括各支部）共计开展55场次，受益10800余人次。以各种大小型文化活动为契机，采取群众喜爱的宣传方式，深入田间地头、山间牧场、寺庙、学校，以通俗易懂的语言深入开展宣传工作，2021年，乡层面共计宣传19场次，受益3925人次，实践活动共计开展28场次，受益4660人次，悬挂横幅20条，发放宣传资料230册。同时，加强文化市场管理，全面开展扫黄打非工作。全年专项排查共计7场次，涉及14个场所，均未发现相关问题。

【卫生医疗】 2021年，张达乡农村合作医疗参保人员3709人，资金234190元，参保率100%。采取定期安排专人到各村收取票据和主动上缴票据相结合的方式报销相关费用。截至年底，门诊核销86746.57元，处方1968张。是年，按照随访工作要求，大力开展随访工作，认真开展慢性病管理。通过随访发现，高血压患者180人，严重精神障碍患者4人，危险等级3级以上患者2人，危险等级1级1人，危险等级0级1人，结核病1例，均已按规定进行登记造册。全乡共有孕产妇总人数76人，建册50人，建册率达到66%。“两降一升”工作控制在指标范围。全乡0—6岁以下儿童382人，6岁以下儿童体检人数136人，高危儿管理10人。大力开展家庭医生签约工作，截至年底，全乡签约户数749户，人数3833人，签约率达到100%。严格落实和实施国家基本药物制度，实行药品零差价售药，即药品进价多少销售价格就多少，老百姓看病贵的问题得到进一步缓解。严格按照县委、县政府工作安排，认真落实各级疫情防控工作方案，充分发挥卫生院主体责任，重点围绕防控两个环节，坚持“六抓六到位”，扎实织密疫情防控网，全力以赴做好疫情防控工作，每周对2所学校及乡政府、营业所、工地等人员密集的地方开展2次消毒工作。

2021年7月18日，县委书记布多（主席台）到张达乡张达村调研农牧业生产情况

【社会治安综合治理】 2021年，张达乡为确保“双联户”服务管理工作的顺利开展，以乡党委书记任组长、乡长任副组长的张达乡“双联户”服务管理工作领导小组成立。为提高干部职工、农牧民群众的安全生产意识，是年，共召开安全生产会议5场，全乡226人参加了安全生产知识培训。为营造浓厚的普法氛围，增强群众法治意识，张达乡以法律“进学

校、进乡村、进寺庙、进机关”为抓手，共张挂横幅 10 条，发放宣传单 3800 余份，张贴宣传标语 100 余份。为切实增强全年社会治安综合治理工作，张达乡党委严格按照考核要求，每季度对辖区 7 个村、2 所学校、2 座寺管会进行考核，并将存在的问题及时反馈给各村。为扎实做好全乡扫黑除恶专项斗争工作，及时召开扫黑除恶专项斗争专题部署会及各时段推进会，传达中央、自治区、市、县扫黑除恶专项斗争文件和会议精神，对全乡扫黑除恶专项斗争进行安排部署。按照区、市、县相关要求继续开展反邪教警示教育活动，重点加强对青少年进行反邪教的教育。在活动中，共发放各种宣传资料 3000 余份，设置宣传栏 10 个，书写大小横幅标语 10 余幅，受教育人数达 3000 余人次。根据县政法委下发的《关于深化“先进双联户”创建评选活动实施方案的通知》，张达乡综治办严格按照文件内容进行评选。是年，共评选出 17 个村级“先进双联户”157 户，2 个先进集体分别为扎玉村和康玛村，3 个乡级“先进双联户”26 户，并将张达村第二六联户单位推荐为上一级“先进双联户”。

2021年7月1日，张达乡张达村望果节热烈庆祝中国共产党成立100周年活动现场

【环境保护】 2021 年，为扎实开展好环境保护工作，张达乡及时召开乡领导班子会议，研究谈论环境保护存在的问题，安排部署相关工作，并根据张达乡实际情况制定相应的巡查检查及督查监管制度，明确辖区各村委会对本村责任区范围内每天检查不少于 2 次，乡人民政府采取不定时间、不打招呼、不发通知、不听汇报、直奔现场的方式，每月深入各村督查不少于 1 次，对发现的问题现场拍照，下发整改函，限时整改。对没有在规定期限内整改，整改不到位的下发督办通知。结合“保护母亲湖”主题活动，定期不定期地清理村庄周边、道路两侧、沟渠、河道（湖面）积存的建筑和生产生活垃圾，彻底清理房前屋后的粪便堆、杂物堆，彻底解决垃圾“围村”和村内“脏乱差”问题，对各个垃圾填埋场周边存在的垃圾飘散现象进行合理整治，及时对部分垃圾进行填埋处理，避免因大风天气而出现垃圾飘散现象。全年共开展清理 5249 次，清理垃圾 214.5 吨。

【宅基地管理】 2021 年，为贯彻落实新修订的土地管理法相关要求，进一步规范张达乡农村宅基地管理，转变村庄建设风貌，加快改革创新发展，促进乡村振兴，深入贯彻农业农村部、自然资源部《关于规范农村宅基地审批管理的通知》（农经发〔2019〕6 号）精神，及时通知各村，按照文件要求开展张达乡农村宅基地审批各项工作。分管乡长与专职人员多次深入各村，实地勘察农村宅基地需求统计，并提交乡党委会研究通过。是年，张达乡申报审核农村宅基地建设户共有 40 户，其中上半年 27 户已办理相关审批手续，下半年申报 13 户乡级审核通过。2020 年 7 月 3 日以后，张达乡涉及县自然资源局土地卫片执法疑似涉嫌违规建设农村宅基地共有 22 户，其中乱占耕地建房问题确认 16 户。

【疫情防控】 2021 年，按照市、县有关疫情防控工作指示精神，张达乡始终保持高压态势，采取有效措施，全力以赴做好防控工作，以“疫情是命令、防控是责任”为中心，坚持生命至上，上下同心，维护农牧民群众生命安全和身体健康，确保疫情防控各项工作防患于未然。是年，接种第一针2918人、未接种31人，第二针接种2852人、未接种97人。

【基层党建】 2021年，张达乡党委周密研究部署，按照乡村换届工作要求，安排精干力量下沉各村，精心组织指导村“三委”换届选举工作，完成7个村“三委”换届工作，配齐配强村级干部队伍；推选县级党代表8名、人大代表14名。调整充实乡基层党建工作领导小组，并印发党建工作责任清单，乡党委班子成员执行包支部联系制度，每季度至少深入1次所包支部指导党建工作，压实主体责任和“一岗双责”。先后召开2次基层党建工作会议、2次基层党建工作领导小组会议，专题研究党建工作中存在的困难和问题，及2次党委会研究基层党建工作会议、1次党建工作者培训会，分析差距和不足，改变以往党建工作“两张皮”现象。以学习习近平新时代中国特色社会主义思想为重要政治任务，积极落实“三更”教育和党史学习教育，组织乡机关理论学习会30次、党史学习会24次、党史教育专题研讨6次、党史教育测试线上线下4次，开展主题党日活动10次，党委书记讲党课2次，并在《人民日报》发表《西藏浪卡子县开展“网络安全为人民、网络安全靠人民”宣传周系列活动》工作信息、“学习强国”发表《西藏浪卡子县全面推进“六个基本”建设》和《西藏浪卡子县第十届张达乡康如达羌赛马艺术节开幕》等文。是年，各党（总）支部书记讲党课13次，开展专题学习会219次、主题党日活动83次、党群活动53次，累计参加党员群众4542人次；各村通过办夜校、读书班等形式开展国家通用语言培训205次，参加2330人次。同时，组织开展中国共产党建党百年、西藏和平解放70周年、“3·28”西藏百万农奴解放纪念日等庆祝活动。通过宣讲教育学习，广大干部群众增强“四个意识”、坚定“四个自信”、做到“两个维护”。持续加大违规违纪发展党员排查力度，安排专人对各党支部党员档案进行核查，按照入党程序规范、档案规范齐全的要求，严格审核把关。按照“十六字”总要求，严把入党关，全年吸纳入党积极分子17名，接收预备党员11名。执行党费催缴机制，每月以短信形式提醒督促党员足额交纳党费，建立党费收缴台账，全乡303名党员未出现漏缴少缴现象。充分发挥党员先锋模范作用，完善“三包五带五促”工作机制，结合无职党员“设岗定责”、党员结对认亲等方式，加大包片力度，把责任落实到每名党员身上，及时做到解群众所思所想所盼，帮助解决群众生活中、思想上存在的问题。严格落实干部考勤制度，安排专人开展考勤工作，防止迟到早退，认真执行干部外出报批报备手续，推动村干部值班坐班制等，用制度管人管事。严格落实党建工作主体责任，执行“书记抓、抓书记”、班子成员“一岗双责”工作机制，加强班子成员包村联系党建工作，督促落实村“两委”主体责任和驻村干部、第一书记协办作用，联系点党建工作3次以上，对村支部存在的问题进行深查和总结，对存在问题的支部负责人进行约谈。组织支部书记、第一书记开展“互学互鉴互督”活动，取长补短、查漏补缺，切实提高党建水平。成立党建工作督导组，开展工作督导2次，印发督导通报，形成党建工作氛围。

【党风廉政建设】 2021年，张达乡学习贯彻落实各级纪委全会精神和区、市、县各级纪委工作部署要求，于年初召开党风廉政建设动员部署会，乡党委与班子成员、各党支部负责人均签订《党风廉政建设责任书》。组织乡党员干部职工学习《正风反腐就在身边》系列教育片和《国家监察》党风廉政警示教育片，并利用乡党委理论中心组学习的契机，组织学习《中国共产党章程》《中国共产党纪律处分条例》等内容。组织全体人员参加市纪委组织的廉政知识考试，合格率100%。坚持党委书记讲党课制度，确保党史学习教育的总要求贯彻到实处。部署乡纪委对巩固拓展脱贫攻坚成果同乡村振兴有效衔接情况进行监督检查。重要节点期间，乡纪委严肃督查违反中央八项规定精神及实施细则精神、违反“四风”等行为，确保党员干部廉洁过节，并实行公车封存制度。联合乡财政所对“一卡通”使用情况开展监督检查，确保民生资金切实落实到户、发放到人。

（许博远）

## 伦布雪乡

【概况】 伦布雪乡，藏语意为山下之城，因乡政府所在的雪宗村位于一座小山脚下而得名。曾用伦布雪、伦布学、隆布学等名。位于北纬28°30′、东经91°14′，海拔4450米，行政区域总面积1469.19平方千米。属于半干旱亚寒带高原气候，年平均气温3℃，年平均降水量360毫米，自然植被稀少。野生动物有雪豹、藏野驴、水獭、猞猁、盘羊、狼、狐狸、马麝、藏原羚、岩羊、斑头雁等。主要草场有羊卓嘎玛林草场、芭菊塘草场。境内还有鸟岛。自然灾害主要有风灾、旱灾、虫灾、冰雹、洪水、霜灾等。伦布雪乡处于县府驻地浪卡子镇西南108千米，东与措美县相邻，西与多却乡相连，北与张达乡、贡嘎县、扎囊县毗连，南与洛扎县连接。

伦布雪乡是畜牧业为主，兼有农业的大乡。牲畜种类有牦牛、黄牛、马、骡、驴、绵羊、山羊等，畜产品有牦牛肉、羊肉、牛奶、酥油、奶渣等，种植少量青稞、油菜、土豆、豌豆等作物。伦布雪乡服饰是羊卓一带最具有特色的牧民服饰，迄今有500多年历史，是自治区级非物质文化遗产。主要有加布丹——围裙、送巴或国多鞋、嘎热绣明——方格腰带、乌折帽等。每年藏历5—6月，伦布雪乡各村都会举行牧人节、赛马节等一系活动，其中苏格牧人节和甘扎赛马节最为有名。全乡境内有羊卓嘎玛林草原、巴纠草原、巴纠错、色多鸟岛等自然景观，有宗棍寺、新杂寺，苏格拉康、拉龙拉康、亩地拉康、色恰拉康，桑旦林日追。

1959年11月，成立伦布雪区委和区公所，下辖甘扎、苏格和伦布雪3个乡。1970年12月，伦布雪乡改称伦布雪人民公社。1973年5月，成立伦布雪党支部。1984年9月，改为伦布雪乡人民政府。1988年7月，苏格乡和伦布雪乡合并为伦布雪乡。1999年7月，甘扎乡和伦布雪乡合并为伦布雪乡，下辖20个村民委员会。2007年7月至2008年12月，伦布雪乡美多村和卡巴村合并为美朵村。截至2021年年底，伦布雪乡下辖17个村民委员会，即麦荣村、帮来村、拉岗秀村、堆日村、边嘎村、知达卡村、策如那村、门嘎村、曲增村、色康村、卓热村、曲果冲村、苏格村、次湖龙村、学宗村、美朵村、松拉村。全乡总户数1602户6523人，劳动力为4028人，占总人数的61%。全年实现农村经济总收入13185.4万元，其中，第一产业收入7230.4万元，第二产业收入2423.62万元，第三产业收入3531.33万元。农牧民人均可支配收入14143元。

【党建工作】 2021年，伦布雪乡坚持把“年初安排、年中督导、年终总结”贯穿基层党建的全过程、各方面，突出党建引领的主导地位，以“党建好、党建强”推动各项事业全面进步。4月，召开党委专题会议，专题研究全年基层党建任务，并调整充实全乡基层党建工作领导小组，明确主要职责和具体任务，结合本乡实际，指导制定年度党建工作要点，加强基层党建工作“顶层谋划”。5月，组织召开基层党建工作安排部署会，统一思想认识和严明工作要求，为抓好基层党建提供内在遵循；6月，组织召开基层党建工作领导小组专题会，全面梳理问题，系统研究对策，凝聚抓好党建合力；7月，组织召开基层党建“两优一先”表彰会，鼓励先进，鞭策后进，形成基层党建创先争优的良好局面；9月，组织召开基层党建工作推进会，专题听取各党组织负责人工作汇报，并一一作点评，适时跟踪问效；10月，组织召开基层党建工作考评通报会，深刻分析形势和全面总结经验，主动约谈后进组织，为松懈者“拧拧螺丝”，让红脸者“出出汗”；11月，组织开展村级党组织力量以及第一书记、大学生村官年度考核，任务安排到人，时间计划到点，责任压实到组，高效高质地完成年度考评。坚持党的建设为统领，按照“一降一升”的工作要求，严肃村级组织换届工作纪律，完成全乡17个行政村124名村干部换届选举工作。坚持好中选优、优中选强的原则，精准选派村党组织第一书记5名，驻村工作队队员4名，大学生村官2名。坚持严把发展党员“入口关”，落实发展党员5个大环节25个程序，发展入党积极分子11名，新发展党员28名。开展中共十八大以来违规违纪发展党员专项整治工作，梳理出“存在问题党员”351名，并逐一建立排查台账，严格按照《山南市违规违纪发展党员专项整治方案》和山南市委组织部2021年8月29日印发《关于排查整顿违规违纪发展党员工作有关问题的答复》，指导各党支部完成“存在问题党员”政治审查和发展对象短期培训整治工作。组织开展村干部任前培训暨党员政治教育2期，共90余人参加；乡级层面开展国家通用语言文字教育短训班1次，人数51人，各村开展文化夜校等280场次，参与人数1363人次。进一步做好党务信息系统数据更新完善、党费收缴管理、党员组织关系管理等工作，逐步完成县级部门派驻村第一书记、新任职党委领导干部、寺管会主任等党组织关系转接工作，有序完成新党员信息录入工作，落实党组织书记为党费收缴第一责任人职责，按时足额交纳党费，截至年底，全乡收缴党费18308.56元；严格和规范各项经费开支，2021年从党费返还经费中列支表彰资金18500元，为困难党员、“三老”人员购买物资1万元。落实浪卡子县农牧民党员分类管理办法、党员积分制管理办法以及谈心谈话制度，制定宣传展板，建立工作台账，逐步加强基层党员队伍建设。坚持走出去找差距与回到家求变化相结合，把党支部书记推到落实基层党建工作责任的最前沿，组织各党组织书记、党支部第一书记开展基层党建观摩交流活动。是年，在乡党委的正确领导下，积极开展伦布雪乡群团组织各项工作，换届选举妇联执行委员会共22人，组织妇女开展各类活动共28场次，共出动1870余人次，组织青少年开展党史学习知识竞赛1场次，下村开展法制宣传共3场次，受众人数达2123人。

【经济建设】 2021年，伦布雪乡组织召开党委经济工作会议，审议通过全乡2021年经济发展计划，明确党委工作“着眼点”和“落脚点”，充分发挥党委整体职能，推动经济稳步发展。2020年人均可支配收入12182元，2021年人均可支配收入14139元，同比增长16.06%，按照农牧民增收13%的工作目标，伦布雪乡农牧民增收工作已超预期。

坚持把促农牧民增收纳入到党委议事决策的首要位置，专题研究制定《伦布雪乡农牧民增收工作实施方案》，召开专题部署会、推进会3次，指导各村有针对性地制定农牧民增收方案和“一户一策、一人一措施”增收台账，适时进村蹲点指导农牧民增收工作，帮助开展“四项数据”的统计，对群众收入做到底数清情况明，对出现收入低的群体及时列为监测帮扶对象。

依托“农民工之家”平台与本地企业建立用工意愿需求，同羊湖集团、嘎玛林建筑公司、苏格农牧民施工队等本地企业签订用工合同，实现边培训、边就业、边增收。

成立工作专班下沉至各村各户，摸排劳力情况，对全乡6543人进行全面摸排，经摸排全乡现有劳力为3692人（其中，男1892人、女1800人，18岁以下1957人，60岁以上513人），掌握技能人数1961人，有意愿参加技能培训人数284人，求职意愿人数180人；长期外出务工1018人，平均日工资164元，务工收入达3642万余元；短期务工471人，平均日工资188元，务工收入达1081万余元；在家就业1913人，平均日工资243元，务工收入达233万余元。

抓好干部和社会企业帮扶，实施“党员微力量　献力助脱贫”和“党旗领航促脱贫　我为贫困户代言”等微活动，带动3家贫困户创收10余万元；深化“两新”组织企业帮扶作用，提供资金、岗位、技术、设备等方面的支持，带动30余户家贫困户增收80余万元。

抓好生态岗位安排增收，安排生态岗位46人，其中林业6人，农牧18人，水利8人，交通5人，环保9人（其中贫困户44人，监测2人）。

抓好本地项目工程劳务用工促增收，按照在浪卡子县注册资金400万元以下政府投资项目，农牧民总体用工量达80%以上的要求，乡党委深入项目点，督促各村、项目施工方落实总体用工量要求，促进本地农牧民群众就地就近增收。

大力开展户厕改革，全乡完成户厕改造1160户，户厕普及率99%，年度任务完成率100%，户均增收2000元。

按照稳粮优经扩饲草的思路，进一步调整优化种植业结构，全乡化肥用量为尿素12吨、二铵0.6吨、农家肥96吨，农作物播种面积为4206.65亩，其中粮食种植面积1933亩、经济作物播种面积126亩、饲草播种面积为2147.65亩,粮经饲比例为46∶3∶51,种植结构进一步趋于合理。

召开2021年重大动物疫病防控部署会议,制定工作方案及领导小组,与各行政村签订重大动物疫病防控工作责任书,发放春秋季口蹄疫二价灭活疫苗,开展春秋两季牲畜重大动物疫病防控工作,全乡共应免91491头(只),实免91491头(只),免疫率达到100%。

健全重点公益林管护,有效改善生态环境组织机构,签订管护合同。截至年底,伦布雪乡17个行政村有94名管护员,共计管护面积194780亩。

【平安建设】 2021年,伦布雪乡组织召开庆祝中国共产党成立100周年和西藏和平解放70周年"两个大庆"维稳动员部署会、推进会,严明工作要求和组织纪律,明确重要节点有人看、关键部位有人守、薄弱环节有人查。是年,调整充实平安建设领导工作小组,组织召开安全生产专题会议2次、推进会议2次,签订《安全生产责任书》,结合"3月综治宣传月、6月综治宣传周、"9·16"全国法制宣传日工作方案开展法制宣传,加强学校、商店、宾馆、卫生院等"重点领域"常态检查30余次,加强燃油等危险化学制品等常规检查30次,发现问题30件,立即整改17件,限期整改13件,切实把问题化解在基层,把苗头扼杀在摇篮。同时,联合乡派出所、各驻村工作队加强关键地段、重点领域道路交通安全强制管控和蹲点驻守,确保小事不出村、大事不出乡,为"两个大庆"营造和谐稳定环境。

【人大工作】 2021年,伦布雪乡依法开展换届选举,在人民中选举代表。5月22日,全乡15个县级代表选区和19个乡级代表选区开展换届选举工作,成功当选县级代表22名,乡级代表47名;5月27日,深入1个收口选区开展换届选举,成功当选县级人大代表1名、乡级人大代表2名。主动参与经济建设,在有为中实现有位,主席团牵头组织代表到各村、各企业调查10余次,提出在乡村振兴、村集体经济发展壮大、农牧民群众增收、人居环境整治、牧业生产改革等方面合理化建议20余条;积极鼓励人大代表走创业路,做致富带头人,吸收云旦杰布、白玛次仁等民营企业家或致富带头人,并推荐云旦杰布成功竞选为全县唯一一个农牧民身份的县级人大常委会成员,参与议事决策。

突出法治宣传教育。根据普法工作安排,督促政府相关部门加强《中华人民共和国人口与计划生育法》《中华人民共和国民法典》《中华人民共和国土地管理法》《中华人民共和国环境保护法》《中华人民共和国未成年人保护法》《中华人民共和国民法典》等法律法规的宣传教育工作共7次,组织人大干部和代表学习《中华人民共和国乡村振兴促进法》《中华人民共和国反食品浪费法》《中华人民共和国统计法》等最新法律法规3次,积极营造全社会学法、懂法、用法的浓烈氛围。

召开十四届一次会议及主席团会议。十四届一次会议听取和审议政府五年工作报告、人大五年工作报告及政府2016年至2020年财政预算执行情况报告;按照民主集中原则,采取代表分别提出、人大整理归纳、乡党委总体把关的形式提出切实可行或有实际需求的意见建议,梳理归纳十三届十次会议代表意见建议9条,反馈乡政府交办,梳理1条五个方面的建议提案,提交县十四届一次会议。

【廉政建设】 2021年,伦布雪乡坚持"党委统一领导、党政齐抓共管、纪委组织协调、部门各负其责、依靠群众支持和参与"的领导体制和工作机制,组织召开党风廉政专题报告会,明确当前工作重难点,梳理风险防控点。是年,开展内容丰富、形式多样的党风廉政宣传教育活动,节前廉政提醒3次,线上线下答题2次,进村宣讲2次。开展党风廉政建设专题学习会,"以案促改警示教育"10次,通报扶贫领域套取项目资金典型案例6次,专题理论学习12次,党员干部受教育125人次。抓好村级组织力量换届选举纪律作风检查,设置换届线索举报信箱,开展民意测评和民主谈话。成立信访工作领导小组,健全信访预警网络,安排专班开展信访排查4次。开展清查"小金库"、违规出借财政资金、公车私用、私车公养、聚众赌博、铺张浪费、滥发津补贴等专项整治行动。开展农村党风廉政专项检查，包括村医在岗履职情况专项检查、疫情防控工作专项检查、农村乱占耕地违规建房专项检查，生态环境“六大专项检查”，涉农资金的落实情况进行专项检查等。坚持以“零容忍”态度查处侵害群众利益、群众反映突出的问题，发挥办案在源头上预防和治理腐败的建设性作用，查办案件2件5人。为提升乡纪委办案能力，乡纪检监察干部先后选派到市纪委监委跟班跟案1次，县纪委监委跟班跟案1次。

【宣传工作】 2021年，伦布雪乡坚持把学“五史”、中共十九大精神、习近平新时代中国特色社会主义思想和新时代党的治藏方略、习近平总书记关于西藏工作的重要论述和在庆祝中国共产党成立100周年大会上的讲话以及视察西藏时的重要讲话、重要指示精神等纳入到全年各党组织理论学习安排中，结合党委理论学习日、支部“三会一课”“文化夜校”、学习强国App、西藏党员教育学习平台以及微信公众号等，紧跟任务形势学、联系实际问题学，全年共开展党委理论学习29次，专题学习17次，各支部理论学习123次，专题“三会一课”26次，撰写心得体会135篇，学习笔记达314篇，学习通报1次，党委书记谈话提醒1次。以西藏和平解放70周年和中国共产党成立100周年活动为契机的思想宣传、精神文明建设内涵不断丰富，形式载体不断创新，系列活动层出不穷、立意深远，积极配合区党委、市委组织部做好“七一勋章”、光荣在党50年纪念章颁发和全市、全县“三优一先”表彰对象的推荐工作，提升党员干部的荣誉感、归属感。以党史学习教育为主线，以西藏百万农奴解放日、甘扎赛马节、苏格牧人节、“七一”为载体，开展参观山南市烈士陵园、克松村红色教育基地、聆听红色小故事、“学雷锋纪念日”“妇女群众对党说”微拍活动、读书班、党委书记上党课、党委班子成员到联系点上党课、党史学习教育线上答题、党史学习教育第一阶段理论测试、党史学习教育知识竞赛、“奋进新时代、启航新征程”主题演讲等活动，进一步推动党史学习教育融入群众、走进生活，做到宣讲与实践相结合，党员与群众相结合，民族传统与时代新风相结合，党群干群关系更加紧密，意识形态阵地更加牢固，党的先进思想和社会主义核心价值观在农牧区得到生动实践、深远传播。发挥好伦布雪乡新时代文明所(站)职能作用，结合主题党日、党群活动日、“三八”国际妇女节、“5·25”保护母亲湖等，全年开展各类志愿服务活动37场次，累计参与人数2871人。推进文化“五下乡”服务活动，结合新时代文明志愿队下村开展农牧民科技培训、农村数字电影下村、图书下村、宣传法律法规知识、卫生健康、党的惠民政策宣传、党的理论精神等形式多样的文化服务活动。持续加强非物质文化遗产项目保护，组织传承保护单位和市级以上传承人开展活态传承活动，举办各类非遗展览展示活动。定期开展文物巡查工作，建立健全文物档案，加强各类文物安全工作，加大对辖区群众宣传教育力度，提高村民文物保护意识，使文物更好地得到保护。宣传《西藏自治区“扫黄打非”举报奖励办法》，有效提升文化市场防控意识能力，极大净化文化市场，确保意识形态领域的绝对安全。专门设立群众意见信箱，与广大干群架起沟通的桥梁，认真对待群众来访、群众投诉的意见有完整的记录，并实行限时回复制度，着力管控社会舆论。

【疫情防控】 2021年，伦布雪乡坚持人民至上、生命至上、健康至上的工作理念，践行全心全意为人民服务的宗旨，积极响应“在疫情防控阻击战中加强党的领导，充分发挥党组织战斗堡垒作用和党员先锋模范作用”，加强疫情防控常态化宣传和管控措施落实，商店、旅馆、茶馆、村委会等严格张贴健康码、场所码、行程码，重要节点、重点领域设置体温检测卡点，严格控制人员聚集性活动，开展核酸采样和防护作业培训，积极引导组织干部群众参与疫苗接种。截至年底，伦布雪乡18岁以上人群应接4572人，第一针已接种4569人，第二针已接种4540人，第三针加强针已接种8人；12—17岁人群应接630人，第一针已接种621人，第二针已接种

568人；3—11岁人群应接804人，第一针已接种746人。

【医疗卫生】 2021年门诊就诊人次11467人次；心电图检查36人次；小手术117人次（骨折固定，拔牙，脓肿切开，外伤缝合 ）；微波理疗114人次；救护接送病人81人次；出诊数187次；藏医理疗563人次；藏医火罐疗法520人次；藏医放血疗法250人次，藏医针灸疗法1024人次；藏医头药浴疗法113人次；按照国家儿童疫苗接种程序，以0—3岁儿童为重点，定期接种全乡0—7岁儿童的基础疫苗和扩大疫苗，以村为单位做好每月漏卡漏种疫苗的补种工作，全乡应接儿童五种疫苗的建卡建证率已达到100％；加强高血压、65岁以上老年人、其他慢性疾病、糖尿病及重症精神病的管理，覆盖率达99.3%；加强孕产妇及新生儿管理，产前、产期、产后三期筛选高危孕产妇3例，高危筛选率100%，高危住院分娩率100%，高危转正率100%；2021年新生儿人数109例，其中男孩55人，女孩54人；加强7岁以下儿童疾病综合管理，保健覆盖人数609人，覆盖率达90%。

【民族团结】 2021年，伦布雪乡组织开展“手拉手心连心”民族团结座谈联谊会，“凝心聚力思想齐 民族团结社会美 欢庆生日人心聚 畅谈百年奋斗路”干部职工生日会，“加强民族团结 争做先进僧尼”“手牵手 心连心 同心共筑中国梦”等主题宣讲活动以及各类民族团结主题的演讲比赛，促进民族团结的“根”扎得更牢，民族团结的“叶”散得更广，民族团结的“花”开得更艳。安排非少数民族干部到牧区担任第一书记、驻村工作人员，促进各族干部群众交流交融。鼓励和引导各民族之间通婚联姻，次湖龙村、曲果村等树立民族通婚典型7户，家庭和睦，生活美好。坚持把加强民族团结纳入村规民约，潜移默化地增强群众加强民族团结的思想自觉和认识自觉。组织开展国家通用语言培训，重点培训村干部，鼓励群众参与，实现语言互学、文化互鉴，民族团结的“同心圆”越画越大。张达乡被评为山南市团结进步“九进”试点单位和2021年第一批自治区级民族团结进步模范区单位。

【脱贫攻坚】 2021年，伦布雪乡坚持政府引导，群众参与的原则，落实自治区、市、县脱贫攻坚成果同乡村振兴有效衔接工作决策部署，召开伦布雪乡脱贫攻坚成果同乡村振兴有效衔接工作动员部署会议、推进会议4次。高度重视防返贫工作，成立工作专班，逐村召开座谈会，详细了解是否存在脱贫不稳定户、边缘易致贫户、突发严重困难户和认真讲解脱贫户“四类”收入计算方式方法，为科学决策提供保障。积极发挥临时救助托底线、救急难作用，对7户困难户发放临时救助金5万元，针对曲果村阿旺群旦“特别困难户”，组织开展爱心捐款活动，捐款资金11100元交至阿旺群旦手中。抓住村组织换届这一有利契机，带领新任村“两委”班子赴措美县哲古镇卓德村，开展“走出去看变化，回到家求新貌”进点参观学习活动。开展生活垃圾处理，定点收集、统一处理，村民慢慢养成好的习惯，并把每月的5日、15日、25日作为保护人居环境综合治理日，并纳入到村规民约制度管理中，划定卫生清洁区，建立奖惩机制，定期公布卫生评比结果，落实奖励资金，调动农户参与积极性。依托户厕改革建设项目，色康村组织人员逐户摸排动员，把全村39户全部纳入户厕改革中，并按照要求落实农村改厕“一户一档”“一村一档”建档立卡制度，做好后期信息公开、资料整治、竣工验收等，顺利通过乡级初验、县级审验；同时以色康村为厕所改革试点，主持召开人居环境整治现场会，逐步提升群众文明意识，养成文明习惯。

## 多却乡

【概况】 多却乡，藏语意为汇合处或交叉地，因乡政府驻地的多却村位于绒布藏布分叉处而得名。位于北纬28° 58′、东经90° 58′，海拔4440米，行政区域总面积为1409.34平方千米。属于高原半干旱季风性气候，年日照时间2933.5小时，年降水量353.7毫米，年最高平均气温18.9℃，最低气温-19.5℃，昼夜平均温差6.0—7.0℃，年无霜期56天。野生植物有爬地柏、金花鹃、三颗针，香逸

2021年7月2日，县委书记布多（左四）到多却乡堆日村了解外出务工，村集体经济收入，农牧业增收等情况

槭、山刺梨等；野生动物有藏野驴、马麝、白唇鹿、岩羊、盘羊、藏原羚、旱獭、狼、狐狸等；野生禽类有斑头雁、赤麻鸭、鹌鹑、藏雪鸡、乌鸦等。自然灾害主要有风灾、旱灾、虫灾、灾雹、洪水、霜灾。多却乡位于县府驻地浪卡子镇东南63千米，东与伦布雪相连，南与洛扎县毗邻，西与打隆镇接壤，北与贡嘎县、阿扎乡隔湖相望。

多却乡是半农半牧的大乡。牲畜种类有牦牛、黄牛、马、骡、驴、绵羊、山羊等，畜产品有牦牛肉、羊肉、牛奶、酥油、奶渣等，种植少量青稞、油菜、土豆、豌豆等作物。境内有羊卓甘丹寺、绒布拉康、热玛瓦拉康、吉吾扎拉康、甘丹龙巴拉康，自然景观有马蹄岛、吉古扎斑头鹰鸟岛。

1959年11月，成立多却和绒博2个区委、区公所，多却区下辖沙堆（多却）、九扎和特布拉3个乡，绒博区下辖绒博、柔扎、洞加3个村。1961年11月，多却区委和绒博区委合并为绒多区委，下辖沙堆（多却）、九扎、特布拉、绒博、洞加和柔扎6个乡。1962年3月，成立多却乡党支部。1970年3月，改称多却人民公社。1984年9月，改为多却乡人民政府。1988年7月，撤销多却区委，将沙堆（多却）乡和九扎乡合并为多却乡。1999年7月，将特布拉乡、多却乡和绒布乡合并为多却乡，下辖21个自然村，15个行政村。2007年7月至2008年12月，多却乡柔扎村和色玛村合并为柔扎村；上亚如村和下亚如村合并为亚如村。2021年年底，多却乡下辖13个村民委员会，即柔扎村、吉古扎村、下日村、多却村、亚如村、特布拉村、堆日村、尼玛龙村、洞热村、绒布村、洞加村、热玛瓦村、卡东村。全乡总户数1367户，5830人。全年实现农村经济总收入9910万元，同比增长5.32%，其中，第一产业收入3666万元，第二产业收入594.43万元，第三产业收入717.3万元。农牧民人均可支配收入15281.76元。

【农牧业】

农业。2021年完成粮食播种面积6339.6亩，其中青稞种植4238.10亩，同比增加3.06%；油菜种植152亩；蔬菜种植37亩，饲草种植1912.5亩，同比增加26.74%；完成粮经饲比70：3：27。青稞总产量875.15吨，同比下降10.06%；油菜总产量15.03吨，同比下降53.83%；蔬菜总产量6.33吨，同比下降30.67%；青饲料总产量1913.9吨，同比下降5.08%。下降主原因是8月份部分村居受到强降雨、冰雹灾害，9月21日全乡范围内所有耕地均出现冻霜现象。

牧业。2021年，适龄母畜21031头（只、匹），新生仔畜共20923头（只），仔畜成活20108头（只），仔畜成活率96%。全年牲畜出栏14749头，同比下降15.45%，其中牦牛529头、黄牛676头、绵羊13150只、山羊318只、马74匹、驴2头。2021年组织召开季节性牲畜疫病防控部署工作会议4次，参与人员52人次。乡农牧工作人员深入村居协同各村兽医开展牲畜疫病防疫工作，截至年底，应免58971头（只、匹），实免58971头（只、匹），覆盖率达100%，体内体外驱虫数量达到56843头（只、匹），免疫质量和密度均达到了上级部门要求。全乡肉类总产量311.99吨，其中绵羊肉产量170.09吨，山羊肉产量4.48吨，牛肉产量137.38吨，家禽肉产量0.04吨，禽蛋产量为20千克，全乡奶类产量942吨，羊毛产量35.74吨，牛毛产量0.54吨，牛绒产量1.34吨、牛皮产量1099张，羊皮产量12467张，羔皮824张。

【基础设施建设】2021年，投资8500万元，用于105千米东西干渠修建。投资2800万元，用于多却村基础设施升级改造项目、自来水厂、垃圾填埋场建设。投资50余万元，用于夏日村、堆日村、东热村、洞加村12千米的入村道路平整维修。高标准农田项目有序推进，完成客土改良968亩，其中绒布村768亩、柔扎村和热玛瓦村200亩。投资72万元，用于修建特布拉村饮用水水源点。投资96.1万元，用于夏日村修建农田灌溉设施。

【民生工作】2021年，多却乡住房安全隐患排查工作全面完成，共排查1320户，对存在部分隐患户29户，已衔接住建局争取房屋改造资金46.5万元。低保对象、特困供养人员、残疾人和孤儿等困难群体保障工作落实到位，落实低保资金29.91万元，惠及55户164人；落实残疾人补贴65.855万元，惠及234人；落实特困人员补贴资金146197.5元，惠及30人；帮助无人抚养儿童资金39600元，惠及5人；落实临时救助资金40000元，惠及9户，进一步增强了困难群众抗风险能力。全力做好城乡居民医疗保险工作，全乡城乡居民基本医疗保险应参保缴费人数5818人，已缴费5816人，顺利完成县政府下达的参保缴费任务（其中政府代缴特殊群体参保率为100%）。全年

2021年11月20日，多却乡党委书记阿旺西若（左）到贫困户家中了解生产生活情况

完成城乡居民基本养老保险参保3243人，落实养老资金124.7万元，惠及4872人。2021年，藏西医门诊就诊人数共3152人，B超检查174人次；血常规43人、尿常规56人、血糖26人、小手术23人；急诊救护接送病人20人，出诊数23次；急诊152人，藏医理疗50人；藏医火罐疗法58人；藏医放血疗法36人；藏医针灸疗法263人；藏医头浴疗法26人次；药浴30人；火炬疗法15人；热敷疗法39人；牛角吸管疗法45人；霍玫疗法32人；家庭医生签约率达99.6%，慢性病规范管理及大病专项救治率达100%。儿童、孕产妇、慢性病患者等人员重点管理，7岁以下儿童建卡705人，建卡率达到100%，孕产妇总人数81人，无孕产妇死亡，无新生儿死亡，高血压患者284人，随访920次，精神病患者23人，随访101次，糖尿病患者2人，随访8次。学前藏语汉语教育入园率76%，小学适龄儿童入学和巩固率100%，初中入学率和巩固率100%，义务教育入学率100%，2所完小在校学生523人，在岗教职工33人。幼儿园学生170人，幼教老师15人，2021年落实大学生资助资金121.3万元，惠及170人。

【环境整治】2021年，多却乡积极开展爱国卫生运动和村庄清洁行动，全年开展爱国卫生运动和村庄清洁行动86起，参与人员4000余人，清理生活垃圾300余吨，清理道路沿线、河湖垃圾80余吨，劝阻纠正破坏环境行为8起，发现制止乱堆乱放行为32起。大力推进户厕改造工作，小厕所关乎“大民生”，一头牵着百姓，一头连着文明，全年完成户厕改造448户，切实填补这块影响群众生活品质的短板，着力提升农村社会文明。做好人居环境示范点建设工作，在特布拉村试点人居环境整治工作，有效改善村居人居环境。同时，积极申报美丽村庄示范点建设项目，努力打造干净、

整洁、有序的村容村貌。

【疫情防控】 2021年，多却乡及时调整充实多却乡新冠肺炎疫情防控工作各项领导小组，明确各村、寺管会、学校疫情联络员，确保疫情防控工作组织到位。及时召开各项疫情防控工作会议，传达区市县会议精神，部署多却乡疫情防控各项工作。全年共召开疫情防控会议20次，有力推动了全乡疫情防控各项工作。强化13个行政村网格化管理，持续做好国内中、高风险地区等疫情重点地区返乡人员、寒暑假其他省市学生返乡情况等的摸排、报备工作。同时加强督查指导，对该乡超市、茶馆、民宿和行政村常态化疫情防控措施落实情况进行23次督导检查，确保常态化疫情防控措施落实到位。严格按照上级文件工作要求，积极做好新冠疫苗接种工作，通过召开专题会议、包村领导下村蹲点、村“两委”“联户长”具体负责入户走访、电话摸排、逐人督促等方式推动疫苗接种工作并建立疫苗接种摸排台账，切实做好疫苗接种工作，为建立全民免疫屏障奠定坚实基础。截至年底，已基本完成3岁以上人群，一针、二针新冠疫苗应接尽接工作，全面开展符合加强针接种条件人员的督促、接种工作。坚持传统媒体和新媒体相结合，多形式扎实做好防疫知识及新冠疫苗接种的宣传引导，发放多却乡常态化疫情防控提示卡53份，悬挂《浪卡子县应对新型冠状病毒肺炎疫情通告》23次，与商铺签订《疫情防控期间餐饮食品安全承诺书》85份，申请张贴“藏易通”场所码100张，帮助群众注册“藏易通”170人次，引导群众在常态化疫情防控时期，配合好疫情防控举措，养成良好卫生习惯，维护良好的社会秩序。

【脱贫攻坚】 2021年，多却乡继续推进巩固拓展脱贫攻坚成果同乡村振兴有效衔接工作，形成一级抓一级层层抓落实的工作格局，成立以乡党委书记为组长，各村党支部书记、村委会主任、第一书记、乡村振兴专干为成员的工作领导小组，设立乡村振兴办。是年，组织各村“两委”班子，第一支部书记、乡村振兴专干参加区外学习交流达7人次，参加县级组织培训达45次，参加乡级培训25次，激励基层干部努力做到事争一流，全力以赴做好乡村振兴这项全乡重点工作。严格落实“四个不摘”要求，保持帮扶政策总体稳定，筑牢返贫致贫防线，确保不出现规模性返贫，坚持每月跟踪监测，对重点对象定期检查，动态管理，持续跟踪收支、“两不愁三保障”及饮水安全变动状况，有问题及时发现、快速响应、动态清零。2021年，全乡脱贫户290户1155人，安排帮扶责任人414人，是年，全乡各帮扶责任人通过购买酥油、奶渣、菜、藏式羊毛编织品、牛羊等，累计购买脱贫户农畜产品335558.5元，帮扶达80人次。

2021年5月28日，多却乡召开第十四届人民代表大会第一次会议

【综治维稳】 2021年，多却乡调整充实社会治安综合治理、维护稳定等各项领导小组，制定《多却乡维稳工作方案》《应急预案》等各类方案，在节假日召开综治专题会议，安排部署综治、维护稳定工作。利用3月综治宣传月、6月综治宣传周、9月综治宣传日等宣传契机，采用多种形式宣传，全年开展宣传活动5次，制作13幅横幅，发放400余份宣传资料、受教育人数达1400余人次。是

年，强化社会治安综合治理，加强社会治安综合治理，严厉打击各类刑事犯罪，切实维护社会公共安全，营造良好的社会秩序。健全完善突发公共事件应急处置预案，宣传普及防灾减灾知识，提高灾害处置能力和农民避灾自救能力。强化“党政同责、一岗双责、齐抓共管”责任，坚守“生命红线意识”和“底线思维”，全力抓好安全生产隐患大排查大整治，突出抓好道路交通、草场防火、烟花爆竹、食品安全等领域监管力度，打击安全生产非法违法行为。继续开展安全生产月宣传教育活动和安全文化建设，开展安全应急演练，提高民众安全第一的意识，层层签订责任状，预防和减少安全事故，坚决杜绝重特大伤亡事故的发生。持续坚持矛盾纠纷排查，有问题早处理，有纠纷早解决，不推脱，不掩盖，切实做到复杂矛盾、陈旧积怨底数清、情况明。全年，排查矛盾纠纷5起，做到“小事不出村，大事不出乡”，开展道路交通安全检查152次，出动警力456人次。截至年底，未出现重大交通事故，确保了辖区内道路交通安全。

2021年9月30日，多却乡机关党支部组织全体党员干部到山南市昌珠镇民主改革第一村克松村、市博物馆和市烈士陵园开展“爱国主义教育”主题党日活动

【文化建设】 2021年，多却乡深入开展党史学习教育，依托新时代文明实践所、站，组织骨干宣讲员开展习近平总书记系列重要讲话精神和“五史”宣讲，全年开展宣讲152场次，受教群众达8949人次。结合中国共产党成立100周年、西藏和平解放70周年，组织文艺队开展各类文艺活动，丰富群众业余生活。开展“扫黄打非”专项整治活动，严厉打击盗版及反动宣传品、淫秽读物等非法出版物，维护全乡群众身心健康和文化市场健康运行。开展电影下乡活动，全年播放量156场次，丰富群众的业余文化生活。结合世界读书日，开展读书班活动，充分发挥农（牧）家书屋作用，提升群众对理论政策和科学技术的知晓度。鼓励和帮助民间文艺人才自编自演，积极参与到弘扬时代主旋律和丰富农村文化生活的公益性文艺活动中来。利用入户走访等形式规范群众言谈举止、待人接物等习惯的养成，逐渐让群众树立“贫穷落后可耻、勤劳致富光荣”“等靠要可耻、不等不靠光荣”的新风正气。

【党的建设】 2021年，多却乡深入学习习近平新时代中国特色社会主义思想在全乡党员干部群众的贯彻落实，将学习融入日常、抓在经常，规范乡党委理论中心组学习制度，开展常规化学习，并及时组织学习研讨，自身带头研讨，推动理论学习向深里走、向实里走。是年，主持召开乡党委理论中心组学习39次，认真开展党史学习教育，紧扣中国共产党成立100周年，按照党史学习教育的要求，及时推动各党组织按节点学习，及时开展各项学习教育活动，尤其是认真组织开展“七一”重要讲话、“习近平总书记视察西藏重要讲话精神”的学习，广大党员谈体会、讲心得，确保学习教育效果；推动党内重要法规的学习，认真学习《党委（党组）落实全面从严治党主体责任规定》《中共中央关于加强对“一把手”和领导班子监督意见》等重要法规制度的学习，推动党要管党、全面从严治党在该乡落实。

强化督促引导，狠抓责任落实。乡党委书记主动扛起抓党的建设工作的主体责任，及时召开党委会，先后调整干部职工分工、党建工作联系点及党建工作领导小组，修订完善《乡党委会议事规则》，明确“三重一大”事项，严格执行民主集中制，严格执行末位表态，规范乡党委会会议召开程序。全年主持召开乡党委会23次，及时听取党建工作汇报，研究解决党建工作存在的相关问题，召开2次党建工作领导小组暨党建重点工作会议，认真总结党建工作开展情况，对各项工作进行安排部署，带头深入党建工作联系点开展工作，每季度按时参加联系点党内组织活动，各班子成员按照责任分工认真履行“一岗双责”责任，开展好联系点工作，精心组织换届后村“两委”班子党建工作业务培训，详细讲解党建工作要点、方案及各项党建业务知识，解决党组织书记怎么干、干什么的问题。推动每月开展一次党建工作指导督促，做好督促整改意见，在督促指导中不断提高党组织书记抓党建的责任意识和使命意识。

强化制度建设，巩固党建根基。根据“八星党支部”创建要求及《关于贯彻落实〈中国共产党农村基层组织工作条例〉的工作措施》，认真对照创建要求，逐项规范党组织建设，严格落实各项制度，认真做好各党组织“三会一课”“四议两公开”“组织生活会”“主题党日”“民主评议党员”“党费收缴”等基本制度的执行，要求各党组织对党内事务、重要事项、重要经费及时研究做好各项记录，规范工作流程，保障支委成员、党员的民主权利和议事权利，有效提高党组织一班人参与党内事务的积极性和参与度，按照基层党组织组织场所标准化建设要求，合理划分利用办公及活动场所，并将相关工作制度上墙，明确各场所管理责任人，积极发挥基层党组织活动场所阵地作用，开展“六个基本”示范点建设工作，确定乡吉古扎村党支部，为“六个基本”示范点，加强吉古扎村党支部工作指导，努力打造全乡“六个基本”示范支部，认真落实“党群活动日”活动，按照党群活动日的要求，利用各类节假日、节庆日，组织党员群众开展形式多样、内容丰富的党群活动，进一步发挥村级组织活动场所在农牧区的主阵地作用，提升村级党组织组织力，夯实党在基层的执政基础。强化教育管理，狠抓干部队伍。认真开展党史学习为民办实事活动，深入推进“三包五带五促”活动，全乡党员立足于工作生活实际，在宣讲党的政策、反对分裂、扶危济困、疫情防控、推动村集体经济发展方面做出较大贡献。以自身力量帮助群众办实事、解难事，办理实事200余件。多却乡卡东村党支部开展的“助残送温暖”“假期辅导班”“为民理发店”“话费充值点”、促销增收举措、“维修改造道路”“新建暖棚圈”等活动赢得广大党员群众的一致好评。认真开展违规违纪发展党员专项整治工作，对2012年11月以后发展的254人进行自查，对存在问题的106人，按照纠正程序及时纠正，组织党员政治教育培训102人，政审函调6人，严格按照函调，民主测评党员。严格落实《浪卡子县党员积分制管理办法》《浪卡子县农牧民流动党员分类管理办法》《谈心谈话》等制度，开展无职党员设岗定责、党员先锋岗、党员承诺践诺等活动，有效提高党员党性意识。严格发展党员程序，坚持党章规定的党员标准，始终把政治标准放在首位，严格把握各个环节的审批要求，把握发展党员的严肃性和规范性，2021年发展党员16人。严肃党规党纪，及时开除涉嫌触犯法律党员2人，对长期不交纳党费党员1人进行除名，严肃党纪党规。组织全体党员干部群众在5月23日、7月1日、8月29日等重点节点举行升国旗，收听收看大会盛况。在9月8日举行西藏和平解放70周年纪念品发放仪式，让广大党员干部群众感受党中央似海恩情，进一步学习贯彻习近平总书记重要讲话精神，广泛走访慰问“三老人员”，做好光荣在党50年纪念章颁发，开展全乡优秀党员、优秀党务工作者的表彰活动。开展多却乡“迎华诞、践初心、履使命”主题座谈会，邀请老党员开展“感党恩教育”。组织开展中国共产党成立100周年文艺会演。

党建引领，推动社会经济健康发展。注重发挥党组织在推动中心工作的引领作用，认真贯彻新发展理念，按照县委、县政府“四塘两原两基地”的部署，不断调整全乡经济发展结构。按照责任不减、要求不降、机制不变、措施不松的要求，对照《2021年浪卡子县发展壮大村集体经济任务分解方案》，对涉及多却乡13个村39项措施，及时进行跟进，全乡13个行政村村集体经济收入均能达到5万元以上，及时做好新建农贸市场的招租工作。将产业发展作为带动乡村振兴和助力群众增收的出发点和落脚点，持续发挥各产业效益，优化吉古扎饲草基地经营模式，选育高原优良牧草品种，提升亩产量；改良热玛瓦饲料加工厂饲料配方，提高饲料营养成分；扩大洞加牦牛短期育肥、尼玛龙绵羊短期育肥、亚如藏鸡养殖规模，提高反季节出栏率，拓宽销售渠道，有力地带动村集体经济发展和群众增收致富。

（云旦白姆）

2021年11月15日，中共山南市委副书记、市政府党组副书记、常务副市长，湖南省第九批援藏工作队领队杨昶（右四）到普玛江塘乡调研

## 普玛江塘乡

【概况】 普玛江塘乡，藏语意为“男女北派”。普玛江塘乡原本是一片草原，当时西藏地方政权为了更好地利用这里得天独厚的草原资源，从藏北草原选派一男一女在此放牧而得名。位于北纬28° 52′、东经90° 24′，海拔5050米，行政区域总面积为1511.01平方千米，属高原温带半干旱季风气候区。光照充足，辐射强，四季不分明，寒冷多大风，年日照时数为3113.7小时，年降水量为376毫米，降水多集中在6月下旬至9月中旬，属山地抬升形成的抬升雨，年无霜期只有45天。野生动物有水旱獭、藏野驴、雪豹、盘羊、藏原羚、赤麻鸭、藏雪鸡等；野生植物种有虫草、贝母、雪莲花等。自然灾害主要有风灾、旱灾、冰雹、洪水、雪空、霜冻、地震和泥石流等。普玛江塘乡位于县府驻地浪卡子镇西南75千米处，东北与打隆镇相连，西与日喀则市康马县、江孜县毗邻，南与洛扎县、不丹王国接壤，是全区海拔最高的边境乡之一。

普玛江塘乡周边山峰众多，境内海拔6000米以上的山峰就达5座。还有大量冰川存在。岗布沟附近现代冰川发育，有冰川约50多条，冰川面积达129平方千米，其中以岗布冰川最为著名。境内普莫雍错，位于北纬28° 30′—28° 38′、东经90° 13′—90° 33′，湖面海拔5010米，面积292平方千米，估算贮水量约110.1亿立方米，总流域面积1500平方千米。

普玛江塘属于纯牧业区，牲畜养殖主要有牦牛、黄牛、犏牛、绵羊为主。畜产品有牛肉、羊肉、牛奶、酥油、奶渣等。

1959年11月，成立普玛江塘区委和区公所，下辖推乡和普玛江塘2个乡。1962年11月，撤销普玛江塘区委，将推乡划归林西区委、普玛江塘乡划归打隆区委。1970年5月，改称普玛江塘人民公社。1975年7月，成立普玛江塘党支部。1984年9月，改为普玛江塘乡人民政府。截至2021年年底，普玛江塘乡下辖6个村民委员会，即那木其村、措果村、萨藏村、沙空村、查布村、下索村。全乡总户数283户，1054人，劳力755人。全年实现农村经济总收入2730.44万元。农牧民人均可支配收入19796元。

【经济发展】 2021年，普玛江塘乡经济平稳发展，牧业经济得到快速发展。同时，在提升牧业发展的前提下，分别从资源承载和系统功能整合两个方面兼顾牧业的可持续发展。凭借全乡得天独厚的草原优势，全乡大力抓高原特色牧业发展，扎实开展疫病防治，做好接羔育幼，抓好防抗灾饲草料储备等工作，进一步优化畜群结构，推动牧业生产持续健康发展。截至年底，全乡牲畜存栏15829头（只）。2021年，新生仔畜3519绵羊，存活3343只，存活率95%；成畜死亡184头（只），死亡率1.12%；出栏634头（只），存栏15829头（只），其中牦牛8520头、绵羊6983只、山羊326只。通过国家政策扶持和项目带动，普玛江塘乡其他收入成分占比明显提升，主要是交通运输收入和群众务工性收入明显提高，截至年底共兑现政策性收入540万元，其中，边民补助617人370.02万元，草奖资金180余万元，“两保一星”及50—59岁县级养老金等20万余元等其他政策性补助。

【脱贫攻坚】 2021年，普玛江塘乡党委制定《普玛江塘乡2021年脱贫攻坚巩固与乡村振兴有效衔接实施方案》，结合市级干部包乡、县级干部包村、乡级干部包户及“四讲四爱”、党史学习教育、扶贫政策宣传活动，组织各村举办夜校、开展政策明白人培养、国家通用语言培训等，进一步丰富群众的思想生活，增强群众的脱贫意识。借脱贫与乡村振兴有效衔接之机，在包村县级干部的深入指导下，全乡主动与县扶贫办对接，把准吃透扶贫政策，针对各类检查反馈的问题，制定整改措施，立行立改。严格按照政策要求，及时调整生态岗位人员，把不符合政策规定和本人无意愿履行岗位职责的贫困户人员清退出生态岗位，确保生态岗位安排精准。2021年共安排各类生态岗位114人，其中贫困户62户96人，边缘户18户18人。按季度兑现岗位资金，截至年底，生态岗位人员稳定增收3500元，共为75名贫困群众发放产业分红3万余元。

【环境保护】 2021年，普玛江塘乡党委、政府高度重视生态环境保护，积极动员群众和党员干部参与，规范制度，推广落实“12345”工作法，聚焦“五清四改三推进”重点任务，通过“5·25”保护母亲湖环境专项整治活动、“庆祝中国共产党成立100周年”环境卫生大整治、河湖长制等时机，加强对环保知识的重点宣传。2021年，全乡共出动车辆65台次，收集转运填埋垃圾38吨，联合派出所设立交通检查点2个，悬挂横幅15条，制作喷绘5条，设置环境宣传标识9处，开展集中宣讲场次15场，累计参加干部群众1000人次。同时各村积极开展环境卫生大评比活动，全乡干部群众积极参与、主动作为，用实际行动积极践行生态文明、绿色发展的理念，共同守护好普玛江塘乡的“金山银山”。

【民生改善】 教育。2021年，通过加大宣传教育力度，全乡9年义务教育入学率达到100%（除2名因身体残疾、患病无法入学外），高中入学率达到100%，2021年全乡在校大学生29人，贫困户中大学生7人，2021年毕业大学生3人，均全部实现就业。严格落实“三包”政策和大学生补助政策，让学生学习无后顾之忧。

就业。2021年，通过加大科技培训力度，共参加各类培训人员6人，引导外出务工和自主就业成效明显，通过生态补偿转移就业，已实现就地就业114人。

社会保障。通过建立村级卫生室，加大医疗卫生保障力度，不断解决农牧民群众看病救医的问题。2021年，“双降一升”同比去年服务保障能力增强，住院分娩

2021年10月22日，中共浪卡子县委副书记、县长罗云（后排左一）在普玛江塘乡卫生院调研指导基层医疗卫生健康工作

16人,无新生儿及生产死亡;全乡农牧民合作医疗参保1033人,缴费66840元,参合率达到100%,上半年已核销621074.55元,门诊报销9484.19元,基层医疗服务水平明显提升。各村建立标准化卫生室,每村配备村医2人,每年至少举行2期业务培训,开展慢性病家庭医生签约服务(由1名县级医生、1名乡卫生院医生、1名村医),进行定期上门或门诊医疗服务,不断提升农牧民群众健康保健服务水平,全面落实健康扶贫要求。全乡新农保参保497人(不含特殊人员),新增5人,共缴费99400元,参保率达到100%,其中60岁以上人员正常领取养老金60人,截至年底,兑现养老金125439.18元。

文化娱乐。全乡进一步配备完善乡和各村文化娱乐设施,丰富干部群众的业余文化生活。组织各村参加打隆物交会并取得优异成绩,各村"牧人节"活动丰富,并结合藏历新年、"吉仁"文化节、"四讲四爱"群众教育实践活动、开展"庆国庆、升国旗、唱国歌"以及以"神圣国土守护者、幸福家园建设者"为中国共产党成立100年为契机,广泛开展文艺演出,群众参与积极,反响强烈。

【平安建设】 2021年,普玛江塘乡加强对安全生产、边境一线防控、应急处突工作的组织领导,健全应急预案、方案11份。成立专项工作领导小组,使平安建设工作有了组织保障。边境派出所设立联防队,负责全乡范围内的保卫和每天的值班巡逻。发动各村驻村工作队、双联户长,在重要的时间节点进行巡逻。始终坚持每月召开综治工作会议,指导各村委会开展工作,调处各村上报的疑难纠纷,并将矛盾纠纷情况及时上报县人民调解委员会。全乡有7个人民调解委员会、7个调解小组,开展人民委员会调解工作,矛盾纠纷调解群众满意度100%,开展各类安全隐患排查整治工作,尤其是道路交通安全隐患、消防安全隐患、建筑施工领域安全和食品药品安全隐患,累计排查120余次,全部整改到位。充分利用宣传标语、横幅、微信群等深入广泛宣传,全力做好扫黑除恶专项斗争宣传工作,营造良好的社会治安氛围。全年全乡发放扫黑除恶专项斗争宣传资料共计260余份,宣传标语、横幅5条,并且公开举报电话,设置举报信箱,拓展信息渠道。

【党建工作】 2021年,普玛江塘乡党委以突出实效为前提,巩固深化党史学习教育成果,制定《普玛江塘乡机关党支部学习计划》及《习近平总书记视察西藏重要指示、中央第七次西藏工作座谈会、党史学习教育、十九届六中全会、市委两会学习方案》,明确学习内容、方式方法。通过严肃"三会一课"、主题党日、党委理论中心组等党内政治生活,确保学习抓在日常、学在日常。截至年底,全乡各级党组织开展主题活动20场次,参加党员200余名,领导干部讲党课7次,基层党组织书记上党课30余次,受教育党员200余名。是年,乡党委高度重视意识形态工作,制定下发意识形态工作责任制度,牢牢把握意识形态工作的领导权和主动权,做到党委政府工作重点在哪里,宣传教育工作就跟到哪里,乡党委理论中心组先后开展集中学习40余次,邀请专家及领导干部专题讲座1次、深入开展"四讲四爱"群众教育实践活动12次、先后开展各类演出活动2次。结合中国共产党成立100周年,以"党的光辉照边疆、边疆人民心向党"为主题宣传宣讲及文艺演出40余次,教育引导群众坚决感党恩、跟党走。全乡以各村党支部为单位,在边境放牧点上建立服务型党小组,使之成为党员战斗的第一线和宣传政策的第一窗口,做到能致富、保稳定,遇事不糊涂、关键时刻起作用。

【党风廉政】 2021年,普玛江塘乡严格落实"两个责任"。党委带头履行主体责任,召开党风廉政部署会与推进会,建立乡党委廉政建设主体责任清单,将落实"两个责任"纳入年度责任目标管理,通过下村调研、督导检查等形式层层传导压力,持续加大执纪审查力度,全年共受理群众来访1起,协助上级查办案件5起,党政纪处分1人。严格落实中央八项规定精神,加强教育宣传力度,充分利用身边案件(多却乡案件)"以案明纪""以案释纪"等形式多样、内容丰富、通俗易懂的各类主题活动,进一步加深干部职工的廉洁自律意识；建立完善《普玛江塘乡党风廉政建设述职述廉》等各项制度，进一步织密制度之网，扎紧权利之笼。

【疫情防控】 2021年，坚持党员、双联户、领导干部、医务人员包村、包户、包人的“三包”工作机制，对中高风险返藏人员实行最为严格的管理制度，一天一消毒、一天一检查、一天一报告。建立党员先锋岗12个、招募党员志愿者6人、群众志愿者56人、同时组织干部职工21人、边境派出所民警4人、联户长33人、在本乡辖区路口设置9个疫情监测点，进行全天候不间断体温检测和信息登记，制作横幅2条、展板1个、向所在辖区群众发放宣传手册500余份。

（邓太兵）

## 卡龙乡

【概况】 卡龙乡，藏语意为嘴边之城，因乡政府所在地形像一只蝎子走下坡路，卡龙乡刚好位于蝎子嘴边而得名。位于北纬29° 02′、东经90° 34′，海拔4480米，行政区域总面积为264.20平方千米。属于高原温带半干旱季风气候区，光照充足，辐射强，冬季寒冷多大风，夏秋温凉多雨水、干湿季分明，年日照数为2903.6小时，年平均气温3.6℃，年降水量为378毫米，降水主要集中在5月至9月下旬，雨季占全年降水总量的80%，年无霜期60天。野生动物有黑颈鹤、雪豹、白唇鹿、猞猁、狼、狐狸。自然灾主要有雹灾、霜灾、雪灾、虫灾等。卡龙乡处于县府驻地浪卡子镇东北22千米，东、南与阿扎乡相连，西与浪卡子镇毗邻，北与白地乡相邻。

卡龙乡是半农半牧，以牧业为主的牧业乡。牲畜种类有牦牛、黄牛、马、骡、驴、绵羊、山羊等，畜产品有牦牛肉、羊肉、牛奶、酥油、奶渣等，种植少量青稞、油菜、土豆、豌豆等作物。卡龙乡学瓦自然村的桑嘎宅院和巴结村碉楼遗址、知巴自然村的碉楼遗址都是文物保护单位。

1959年12月，成立东嘎区委和区公所，下辖卡龙、东巴、东嘎3个乡。1962年10月，东嘎区委搬到卡龙村；11月，东巴村划归阿扎区。1963年2月，朗格则县成立学瓦村，划归东嘎区。1972年2月，卡龙乡改称卡龙人民公社。1984年9月，改为卡龙乡人民政府。1988年7月，卡龙乡、学瓦乡和东嘎乡合并为卡龙乡。1999年，卡龙乡增加增巴村和加瓦村。2007年7月至2008年12月，卡龙乡贡热村和米巴村合并为贡米村，珠巴村和加瓦村合并为加珠村。截至2021年年底，卡龙乡下辖8个村民委员会，即卡龙村、果巴村、巴结村、东嘎村、贡米村、学庆村、加珠村、宗巴村。全乡总户数503户，2004人。

【经济发展】 卡龙乡总面积约679平方千米，草场面积30.1万亩，耕地总面积为3706.5亩，下辖8个村。2021年，全乡农牧民群众共503户2009人（其中劳力1207人，男636人、女571人）。

农业。2021年，粮食产量29.395万千克（其中青稞25.1385万千克，油菜籽4.2565万千克），创近几年新高纪录。2021年新推广品种：卡龙乡果巴村推广喜拉22号，种植面积为150亩；卡龙村推广藏青“2000号”，种植面积为300亩，长势良好（秸秆高度1.6米左右）。

牧业。2021年，牦牛数量2909头；绵羊数量2021年实现正增长，2020年7764只；2021年7794只，增加30只，开始呈现上增趋势；黄牛1076头，平均每户2头，较2020年上增66头；新生仔畜共3349头（只、匹），成活3279头（只、匹），成活率达98%；年底出栏3075头（只、匹）（其中牦牛414头、黄牛262头、绵羊2328只、山羊70只、马1匹），其中牲畜反季节出栏646头（只、匹）（牦牛116头、黄牛195头、绵山羊334只、马1匹）；黄牛改良任务207头，实际完成248头，完成率为119.8%。

饲料储备。2021年，农户储备青饲草产量为300.44吨；干草（秸秆）产量为1174吨；乡政府仓库储备饲料12吨；分发饲料20吨、饲草1万捆。

劳务输出。2021年，累计外出务工551人次（占总劳力的52%），有劳力的家庭外出务工率达到50%以上，大部分外出务工人员外出时间在5个月以上，比2020年（476人次）增加75人次。

惠民政策。2021年，全年累计落实各种补贴10325480.2元，其中养老保险801240.85元、残疾人补贴6169550元、粮食补贴164725.1元、农机具补贴174110元、大学生补贴132000元、住房改造补贴170000元、“三包”经费767600、中小学生营养补贴64400元、“三老”人员补贴152400元、医保报销330436.12元、农补奖784951.84元、受灾群众生活补贴400700元、医疗救助65824.24元、经济困难高龄老人补贴7200元等。落实低保资金83764.1元，3户享受到县级临时救助金共计22000元，21户享受到乡级临时救助金共计5万元；全乡8户重度残疾人房门无障碍化改造工作全部完成。

【脱贫攻坚】 2021年，卡龙乡及时建立防止返贫监测和帮扶机制，明确监测对象，监测范围，及时排查返贫隐患。截至年底，未发现脱贫不稳定户和边缘易致贫的户以及严重困难户，不存在应纳未纳，应帮未帮的现象；对脱贫户和低收入人群在公益性岗位方面做到应纳尽纳，脱贫户做到脱贫不脱政策，全年共安排生态岗位60人（其中环保局城镇保洁员49人、水生态保护及村级水管员1人、草原监督员10人）。2021年，脱贫户人均可支配收入达到16128.02元，同比增长14.05%，保质保量完成乡级目标。2021年，卡龙乡建档立卡脱贫户48户165人，其中一般贫困户30户122人、低保户13户38人、分散特困供养户5户5人（县集中供养3户3人），插花式搬迁2户7人。全乡安排生态岗位共60人（其中环保局城镇保洁员49人，水生态保护及村级水管员1人，草原监督员10人），另异地扶贫搬迁9户27人。

【群众增收】 2021年，卡龙乡牲畜反季节出栏699头（只、匹），其中牦牛139头、黄牛215头、绵山羊344只、马1匹，累计创收3282100元；组织动员群众外出务工551人次，创收10061543元。全年累计落实各种补贴10325480.2元。

【疫情防控】 2021年，卡龙乡党委、乡政府始终绷紧疫情防控这根弦，坚决贯彻落实区党委、市委、县委关于疫情防控工作的重要指示批示精神，积极稳妥有序推进各项决策部署，牢牢守住人民群众生命安全和身体健康。乡疫情防控办多次组织开展疫情防控知识宣传活动，发放宣传资料，做到疫情防控知识人人知晓，防控行动人人参与的良好局面；强化外来人员排查。在重点时期，对重点区域、重点人群开展摸底排查登记工作，努力守牢安全防线，确保群众身体健康。

【综治维稳】 2021年，卡龙乡集中开展30余次矛盾纠纷和信访案件大排查活动，对每一起矛盾纠纷问题认真研究解决，努力提出针对性强的解决举措，集中开展安全隐患大排查活动。全年累计监督检查8次，共销毁超保质期食品300余例，监督检查助推营销秩序改善，进一步营造良好的生产销售环境。严管危险化学品，认真完善加油逐级审批制度，按照要求办理成品油购买手续，并进行认真登记。

【环境整治】 2021年，卡龙乡持续开展村庄清洁行动129场次、4320人次，共清洁垃圾11吨；农村户厕改造指标为38座，完成27座，完成率约71%，对未完成的改厕农户进行督促指导，并严格要求改厕标准及宣传相关政策；全年完成植树造林5200棵，消除无树村，无树户。

【文化惠民】 2021年，卡龙乡利用农闲、寒暑假引导群众、青少年学生通过文化服务平台学习各类知识，增进其服务功能和实效。通过文化辅导、法治宣传、党日活动等，满足群众精神文化需求；乡农家书屋藏书量共达3146册，人均藏书量达1.6册，借阅人数比上年有所提高，乡文化润民功能进一步凸显。

（丁 勇）

## 阿扎乡

【概况】 阿扎乡，藏语意为甘甜的白岩，因乡政府附近香甜的泉水和白岩而得名，位于北纬28° 58′、东经90° 35′，海拔高度4440米，行政区域总面积为557.96平方千米。属于半干旱亚寒带高原气候，光照充足，辐射强，冬季寒冷多大风，夏秋温凉多雨水，全年光照充足，年降水量350毫米。羊湖纵横境内，湖内鱼类资源蕴藏量达3亿千克。野生动物有黑颈鹤、白唇鹿、斑头雁、野驴、狼等；野生植物有雪莲花、红景天等。自然灾害主要有风灾、旱灾、虫灾、雹灾、洪水、霜灾。阿扎乡地处县人民政府驻地浪卡子镇向东27千米，东与山南地区的贡嘎县隔湖相望，南与打隆镇、多却乡隔湖相望，西与浪卡子镇、卡龙乡毗邻，北与白地乡隔湖相望。

阿扎乡是半农半牧区，主要以种植业为主。牲畜种类有牦牛、黄牛、马、骡、驴、绵羊、山羊等，畜产品有牦牛肉、羊肉、牛奶、酥油、奶渣等，种植少量青稞、油菜、土豆、豌豆等作物。阿扎乡羊卓姜谐一打狼歌，迄今有700多年的历史，2006年，被列入自治区级非物质文化遗产。另外阿扎乡金银加工历史也比较悠久，主要加工金银首饰、藏刀、金银碗、金银杯子等。

1959年12月，成立阿扎区委和区公所，下辖阿扎和下瓦2个乡。1962年11月，东嘎区的东巴乡划归阿扎区。1972年7月，成立阿扎乡党支部。1974年5月，阿扎乡改称阿扎公社。1984年9月，改为阿扎乡人民政府。1988年7月，撤销阿扎区，将阿扎乡和下瓦乡合并为阿扎乡。1999年7月，将东巴乡和阿扎乡合并为阿扎乡。2007年7月至2008年12月，阿扎乡亚龙村和念巴村合并为亚龙村。截至2021年年底，阿扎乡下辖12个村民委员会，即夏瓦村、康巴村、增巴村、阿扎村、玉龙村、顶巴村、亚龙村、洞巴村、知巴村、吾巴村、扎岗村、苏角村。全乡总户数494户，2035人。全年实现农村经济总收入4839.36万元，增长17.7%。农牧民人均可支配收入18074.5元，增长14.1%。

【党建工作】 2021年，阿扎乡召开党委会议38次，研究“三重一大”事项19次，召开专题会议4次，听取各党支部党建工作汇报2次。建立完善党委书记负总责，分管领导具体抓，党委成员联系基层党组织，调整党委党建工作领导小组。班子成员严格“一岗双责”，乡党委书记李庆国带头在乡机关党支部、联系村讲党课，压实基层党建责任。各党支部严格落实“三会一课”、主题党日、组织生活会、民主评议党员等党内制度，结合党史学习教育，广泛开展学习讨论，并组织党员干部开展承诺践诺、“党在我心中”演讲比赛、重温入党誓词、政治承诺和为民办实事等活动，教育引导广大党员干部感党恩、听党话、跟党走。按照“控制总量、优化结构、提高质量、发挥作用”的总要求，严格发展党员程序的5个环节25个步骤，层层把关。全年，阿扎乡共发展党员14名，扎实开展违规违纪发展党员排查整改工作，完成整改107名党员档案；乡党委书记李庆国，乡党委副书记陈文鹏共计10余次深入各党支部调研督导党建工作，各党支部抓党建意识逐步提升。

2021年6月，县政协主席布琼（右三）到阿扎乡拥布岛寺庙考查

【精准扶贫】 2021年，阿扎乡严格落实“四个不摘”要求，巩固“两不愁三保障”成果，切实做好有效衔接各项工作。全乡脱贫户88户390人。上半年79人、下半年84人安排生态岗位工作（兼职护林员、保洁员、草监员等岗位），全年安排落实岗位工资每人875元，共计285250元。

【基础设施建设】 2021年，阿扎

乡党委、政府积极对接阿扎村基础设施建设项目在阿扎乡顺利落成，共投入资金2000万元，全面提升了阿扎乡基础设施条件。同时，阿扎乡积极组织党员干部在乡政府所在地开展了环境整治和房屋亮化提升行动，并将此项活动逐步在全乡范围内推广全面改善村容风貌；阿扎乡党委、政府积极争取资金，对扎岗村、知巴村、亚龙村和乡机关4处阳光棚进行建设改造，对7个行政村的水塘进行维修，对12个行政村的村内道路进行修复，使农牧民群众的生产生活条件得到大幅改善。

【农牧业生产】 2021年，阿扎乡有确权耕地面积3239.67亩（标准亩）、草场面积46.65万亩。是年，实际播种面积为3317.54亩，农作物总播种面积为3359.7亩，其中，青稞播种面积为2008.9亩，总产量26.425万千克，亩产量131.5千克，同比增长3.58%；油菜播种面积为541.6亩，总产量3.75万千克，亩产量69.5千克，同比增长14%；蔬菜类播种面积102.6亩，总产量4.475万千克，亩产量436.35千克，同比增长0.27%；青饲草710.95亩。全乡草场面积46.65万亩，2021年实现草畜平衡农户共计410户，共发放草原生态补助奖励资金共计115.91万元，同时，乡党委、政府充分利用市农牧推广中心专业技术力量，在阿扎乡康巴、增巴两村分别试种“藏青17号”“喜拉23号”和黑青稞等青稞良种，青稞亩产量达到131.5千克，同比增长3.58%，有效提升了粮食产量，带动群众增收。是年，阿扎乡总牲畜存栏15945头（只、匹），新生仔畜4772头（只、匹），死亡384头（只、匹），新生存活率98%；成畜死亡14头（只、匹），死亡率控制在1%以内，牲畜出栏5103头（只、匹），自宰4331头，出栏率30.8%以上。

【合作社产业】 2021年，阿扎乡有个体经济9个，其中阿扎乡金银加工合作社、阿扎乡羊卓牧人特色裁缝农牧民专业合作社、阿扎乡民族缝纫专业合作社、阿扎乡金鹤缝纫合作社先后带动全乡115户118人，辐射带动37户37人。是年，阿扎乡七只狼民族缝纫合作社组织开展为期28天的缝纫技能培训，培训人数15人（其中贫困户6人）。

【脱贫增收】 2021年乡党委、政府扎实推进农牧业工作改革，以强化草场保护为基础，转变牧业生产模式，各村积极转变传统观念，推进全年出栏工作有序开展，有效拓宽农牧民群众增收渠道。是年，乡政府采取民工联队、致富带头人帮带等多种形式，多方位、多渠道拓宽劳务输出门路，鼓励农牧民走出家门，拓展劳务输出市场和农牧民就业渠道。截至年底，阿扎乡外出务工人员645人，主要从事建筑业、运输业、打零工、木匠和开茶馆，外出务工总收入711.9万元，人均收入11037.2元。

【项目建设】 2021年，阿扎乡为大力推进全乡旅游业发展，顺利完成了扎岗村羊湖内环线旅游基础设施建设项目，并通过县级初验。同时，阿扎乡政府积极拓宽旅游思路，先后两次特邀“世界第三极”自驾旅游团队到阿扎乡开展羊湖内环线实地考察，进一步规划自驾游项目，并将打造羊湖内环线旅游专线列入到乡村振兴重要规划内容中，积极打造文旅

中国共产党阿扎乡第三次党员代表大会第二次全体会议召开

一体化旅游专线，逐步打响“姜谐之乡”“湖心之乡”的旅游品牌，让农牧民群众吃上“旅游饭”。

【文化、教育、医疗保障】 2021年，阿扎乡加强对乡卫生院和村医护人员的医术、医德、医风建设，做好疾病的预报、防控和治疗工作，提高改善医疗条件，2021年，全乡产妇总数为30人，待产13人，活产15人，住院分娩15人，高危孕产妇7人，系统管理6人，实现管理率100%，高危转诊率100%，住院分娩率达100%。乡党委、政府始终把健康教育、身体素质放在突出位置，不断提升教育教学水平。落实建档立卡贫困家庭大学生资助，充分利用浪卡子籍农牧民大学生资助、计划外大学生资助等政策。对阿扎乡学龄儿童在校情况全面排查，做到精准信息并建立精准数据库，并提高学前儿童入学率，适龄儿童入学率达100%；乡文化站配合上级文化艺术团，开展文艺下乡活动。全年，开展各级各类文艺下乡活动3次，各村共计400余人次参加。

【生态文明建设】 2021年，阿扎乡党委、政府高度重视环境保护与治理工作，根据“绿水青山就是金山银山”的理念，开展了“5·25”保护母亲湖行动、爱国卫生运动等大型环境整治工作。对各村、乡机关、学校等实施常态化卫生管理制度，每星期定时举办保护环境卫生活动，动员全乡干部群众积极参与环境卫生清理行动；在10个村设置固定保洁人员共计20人，负责做好日常生活垃圾和白色垃圾的清理工作；扎实推进农村户厕改造和宣传工作，截至年底，全乡农村户厕改造共计151户，已通过县级验收50户，资金落实10万元；积极争取资金，扎实做好生态保护项目建设，先后投资150万元修建亚龙村防洪坝项目、投资210万元修建亚龙村拦沙坝项目、完成玉龙村250亩人工种草项目，为改善全乡自然生态和人居环境做出积极努力。

2021年6月29日，阿扎乡在阿扎乡文化服务中心开展阿扎乡庆祝中国共产党成立百年暨“七一”表彰活动

【安全生产】 2021年，阿扎乡召开安全生产工作会议4次，分别对各季度安全生产工作进行总结，安排部署下季度工作，特别是拥布多渡口管理，积极协调上级部门，并召开2次专题会议，制定渡口管理规定21条；积极联合阿扎乡派出所在全乡范围内开展安全隐患排查24次，发现安全隐患6起，立即进行整改；对乡内2个施工点进行6次全方位检查，并同施工点签订安全责任书；与12个行政村、寺管会、学校签订安全生产目标责任书。通过采取多种工作方式，确保2021年阿扎乡安全生产工作领域的全面稳定。

【党风廉政建设】 2021年，阿扎乡党委严格落实新时代全面从严治党要求，不断推进惩治和预防腐败体系建设，扎实做好党风廉政建设宣传教育工作，提升党员领导干部廉洁从政的政治意识和纪律意识，营造风清气正的良好政治生态。乡党委书记李庆国带头深入各村调研党风廉政建设，各班子成员严格落实“一岗双责”，深入各联系点讲党风廉政党课并开展调研工作，撰写调研报告22份，乡党委召开专题党委会2次，听取各党委班子成员落实“一岗双责”情况及各联系点落实党风廉政建设工作开展情况，安排部署全乡党风廉政建设工作。

（多布杰）

# 白地乡

【概况】 白地乡,藏语意为吉祥小丘,因该乡所处地有一座小土丘而得名。位于北纬29° 02′、东经90° 26′,海拔4440米,行政区域总面积为344.88平方千米。属于半干旱亚寒带高原气候,全年光照充足,年降水量350毫米;野生动物有藏野驴、狼、藏原羚、岩羊等;野生植物有雪莲花、贝母等。自然灾害主要有风灾、旱灾、虫灾、雹灾、洪水、霜灾。白地乡地处县府驻地浪卡子镇北25千米。北与卡热乡相连,南与浪卡子镇毗邻,东与贡嘎县相邻、与阿扎乡、卡龙乡隔湖相望,西与日喀则仁布县接壤。

白地乡属半农半牧区,牲畜种类有牦牛、黄牛、马、骡、驴、绵羊、山羊等,畜产品有牦牛肉、羊肉、牛奶、酥油、奶渣等,种植少量青稞、油菜、土豆、豌豆等作物。境内有羊卓雍错湖、岗巴拉山、羊湖民俗村、羊湖观景台等名胜景观。

1959年12月,成立白地区委和区公所,下辖白地、叶色、扎玛龙3个乡,区委府驻地为白地村。1962年5月,成立白地乡党支部。1968年6月,扎玛龙乡、白地乡合并成立白地人民公社。1984年9月,改为白地乡人民政府。1987年9月,叶色乡和白地乡合并为白地乡,乡府驻地搬迁到叶色村。截至2021年年底,白地乡下辖8个村民委员会,即白地村、扎塘村、叶色村、扎玛龙村、曲色村、格瓦村、柔扎村、多扎村。全乡总户数541户,2208人。全年实现农村经济总收入4797万元,同比增加17%。农牧民人均可支配收入17589.8元,同比增长17%。

【党建工作】 2021年,白地乡党委、政府始终把理论学习和宣讲作为党的政治建设头号工程和领会上级决策意图的有效抓手,真正做到"学思用、悟践行",确保各级政策执行在基层落地生根、开花结果。先后召开党委会37次、理论中心组学习会13次、意识形态领域专题会1次,完善规章制度6篇,班子成员带头深入联系点宣讲22场次,辖区内各级党组织学习381次,实现党的政策知识学习及宣讲全覆盖、无遗漏。组织开展党史教育早读班30期,开展主题鲜明、形式不一的研讨活动18次、专题学习21次、宣讲活动90次,撰写心得体会120余篇,观看红色影片20场次,参观红色基地2次,聆听中国共产党成立100周年,西藏和平解放70周年直播大会494人,组织开展为民办实事50余起。有序组织大庆礼品发放工作,让干部群众深刻领会到习近平总书记的关心与牵挂,进一步感受党中央的温暖和光辉,共计发放领袖像589面、调音音响8个、电饼铛26个、图书8套、贺幛572块。

【经济发展】 2021年,全乡经济总收入4797万元,同比增长17%;第一产业收入1425万元,同比增长21.45%;第二产业收入203.86万元,同比增长16.5%;第三产业收入700万元,同比增长14.2%;旅游服务业收入495.3万元,同比增加22.6%;农牧民人均收入17589.8元,同比增长17%;全乡53户213人脱贫群众人均纯收入达15425.77元,同比增长13.1%。完成粮、经、饲农作物播种面积4092.92亩,总产量达93.5万千克,同比增长32.6%;牲畜存

2021年8月17日,山南市委组织部考察团一行到白地乡检查指导基层党建工作

栏11497头（只、匹），新生仔畜成活率91.56%以上，成畜死亡率控制在3%以内，牲畜出栏达446头（只、匹）；完成动物疫病防控和免疫工作，免疫率100%；完成8个行政村成员身份确定及登记赋码工作，挂牌成立村集体经济发展合作社，股权量化、赋码登记完成率均为100%。

2021年4月30日，白地乡选举产生新一届党委班子，书记旦增次仁（右二）代表上一届班子献哈达

【换届选举】 乡级党代会胜利召开，高质量完成乡村两级换届选举，高标准实现党员比例100%和年龄学历“一降一升”目标，选举产生乡干部6人、村班子成员42人、县级党代表10人、人大代表28人。

【基础设施建设】 2021年，白地乡在上级领导的关怀下和业务部门的大力支持下，落地实施项目8个，其中，总投资256.44万元的4个村600余亩高标准农田建设项目，已到专家评审阶段；浪卡子至亚东国防战略迂回通道建设工作；投资2169.58万元叶色村基础设施升级改造项目，已完成基建部分验收；投资2170万元的3200米农田灌渠水利工程建设项目，已到竣工收尾阶段；投资761万元的白地村人居环境整治项目，已竣工验收；投资约169万元的群众“最后一公里”的基础设施建设项目，已竣工验收使用；白地村旅游休闲体验区已全面验收；叶色村旅游接待中心竣工验收，按年租金10万元对外承租。另，2018年新建的扶贫产业叶色村温室大棚产业项目在往年租金2万元的基础上，以年租金9万元对外承租，投资回报期从以往的50年缩短至现在20年。

【民生改善】 2021年，白地乡城乡居民基本医疗保险参保人数2163人，参保率100%；城乡居民基本养老保险参保1163人，参保率100%。

有序推进“两癌”“三病”筛查、白内障免费救治工作全面落实，住院分娩率稳步提升，婴幼儿死亡率持续下降，无孕产妇死亡。完成9个新时代文明实践所（站）和13支志愿服务队组建任务，开展志愿服务活动53场次405人；开展“春蕾计划—梦想未来”等系列捐款活动，筹集资金3600元；文化站和农家书屋新增各类图书800余册；村级文艺演出队覆盖全乡8个村，播放80余次；文物和非物质文化遗产保护工作扎实推进，思想道德和社会诚信建设持续巩固。教育事业稳步提升。以“推进义务教育均衡发展”为重点，以“规范教育教学常规管理”为中心，全面深化素质教育，持续加强控辍保学力度，推进残疾人儿童送教上门服务和平安校园创建活动。

【脱贫增收】 2021年，白地乡调整充实增收工作领导小组，制定年度增收工作计划，按月调度增收工作，倡导群众加大牲畜出栏力度，鼓励群众外出务工，多方位、多角度帮助群众解决就业，试点推行牧业改革，各类惠民政策资金及时兑现到位，通过“一卡通”形式，兑现民生资金446.98万元。

【社会救助】 2021年，白地乡提高低保、五保保障水平，加强重度残疾人护理、孤儿生活保障等工作，为8户困难群众解决临时救助资金4万元。常态化做好“双拥”工作，挂牌成立人武部，工会、共青团、妇联，群团组织建设得到加强，民族宗教、防汛抗旱、残疾人救助等工作深入开展。

【转移就业】 2021年，白地乡全年转移就业输送601人次，创收420余万元，同比增长31.25%；高校毕业生21人全部实现就业，全乡400万元以上项目3个，解决就业群众300余人，实现创收90余万元。

【脱贫攻坚】 2021年，白地乡严格按照“四个不摘”的要求，全乡上下齐心协力、齐抓共管，共同推进巩固脱贫成果与乡村振兴有效衔接。压实工作责任，组建领导小组，挂牌乡村振兴办，配齐配强工作人员，同时加大外出培训组织力度，组织乡村振兴专干参加培训38人次。健全防止返贫致贫监测和帮扶机制，完善扶贫产业利益联结机制，及时更新全国扶贫开发监测系统数据，掌控脱贫群众动态信息，持续跟踪收支、“两不愁三保障”及饮水安全变动状况，有效防范返贫。谋划布局乡村振兴产业项目，加大与上级部门对接统筹村庄规划建设，做好乡村振兴项目与人居环境整治的紧密衔接工作。是年，安排帮扶责任人109人，累计帮扶200人次，开展消费扶贫折算资金3.2万元。易地扶贫搬迁后续帮扶与乡村振兴深度衔接，派遣1名工作人员长期蹲点多坡章安置点，实施全程帮扶。

【综治维稳】 2021年，白地乡制定乡村两级维稳工作总体方案和处置预案，特别是在庆祝中国共产党成立100周年和西藏和平解放70周年之际，强化矛盾纠纷调处，落实维稳值班带班和“零”报告制度。深入开展扫黑除恶专项斗争，加大道路交通违法行为专项治理，持续推进反分裂斗争教育、爱国主义教育、民族团结教育和社会主义法治教育等。开展以“实施依法治理，推进平安建设”和提升群众安全感满意度为主题的宣传活动，提升人民群众的安全感。截至年底，全乡召开维稳部署会7次，排查化解涉访隐患3起、办结3起，调处矛盾纠纷2起、解决2起，调解率100%，8个村均已完成平安村居创建工作。

2021年4月29日，中国共产党白地乡第三次党员代表大会召开

【民族宗教】 2021年，白地乡持续推进民创工作，集中宣传《西藏自治区民族团结进步模范区创建条例》，铸牢中华民族共同体意识，营造民族团结浓厚氛围，有效确保顺利通过自治区初验和国家终验。大力推进民族团结进步事业，扎实开展“遵行四条标准、争做先进僧尼”“民族团结一家亲、政策宣传我先行”“加强民族团结 珍惜幸福生活”等教育活动，组织开展“学习百年党史、感恩奋进，铸牢中华民族共同体意识”暨《民族团结进步创新条例》专题学习会，不断巩固和发展平等、团结、互助、和谐的社会主义民族关系。截至年底，全乡举办民族团结宣讲活动67场次，受教育群众1600人次，悬挂各类宣传标语及横幅16条，发放藏语汉语宣传资料100余册（张）。

【安全生产】 2021年，白地乡全面贯彻落实习近平总书记关于安全生产工作系列重要指示批示精神和“生命重于泰山”专题安全生产教育片的警示启示精神，持续不懈地抓好安全生产工作，确保辖区各领域、各环节安全事故“零”发生目标的实现，有效保障人民群众生命财产安全。强化“党政同责、一岗双责、齐抓共管”责任，坚守“生命红线意识”和“底线思维”，健全安全生产工作责任体系和监管机制，制定《白地乡突发事件应急处置预案》，开展安全应急演练，持续推进“安全生产月”宣传教育活动和安全文化建设。严格落实“三必须”要求，组织辖区各村、学校、寺管会、派出所深入开展“三紧盯、三发挥”安全生产专项行动，突出抓好道路交通、草场防火、烟花爆竹、食品安全等领域监管力度，打击安全生产违法行为。是年，共排查安全隐患2处，整改2处，整改率100%；坚持把安全隐患当做安全事故处理的原则，深入开展地质灾害、防洪设施、住房安全排查。宣传普及防灾减灾知识，提高灾害处置能力和农牧民避灾自救能力，积极储备过冬防抗灾饲草，提前预防，减少群众财产损失。

【疫情防控】 2021年，白地乡严格落实疫情防控举措，按照外防输入、内防疏忽的要求，形成疫情防控长期作战的思想防线。调整充实疫情防控工作领导小组，召开疫情防控工作会议，落实网格化管理机制，聚焦国内中、高风险地区等疫情重点地区返乡人员、寒暑假其他省市学生返乡情况等的摸排、报备工作，精心组织开展疫情防控演练，保障充足物资储备；持续加大管辖超市、茶馆、民宿和行政村常态化疫情防控措施落实情况的督导检查。是年，累计召开疫情防控会8次，开展督导检查9次、应急演练1次，推动了疫情防控走深走实。扎实推进疫苗接种工作，开展定点接种和流动接种，全年，完成第一针、第二针应接尽接人数1729人，接种率97%，3岁至11岁接种工作已完成83%，第三针推进中。

【生态环保】 2021年，白地乡研究制定《白地乡人民政府关于出台新时代文明村居社会治理“乡域五规”的工作制度》，进一步规范新时代新农村建设。积极开展爱国卫生运动和村庄清洁行动，全年开展爱国卫生运动和村庄清洁行动86起，参与人员3000余人，清理生活垃圾100余吨，清理国道沿线、河湖垃圾40余吨，劝阻纠正破坏环境行为4起，发现制止乱堆乱放行为32起。积极申报美丽村庄示范点建设项目，努力打造干净、整洁、有序的村容村貌。深入开展“六大专项整治行动”，彻底整治G349、沿路景区环境、羊湖（河道）水域边缘、国道沿街民房（商铺）白色垃圾多、牛羊粪便多、边沟淤泥多、石头乱堆多、杂物堆放多等“五多”现象。

2021年，白地乡全面开展G349沿线环境卫生清理整治专项行动，重点解决长期久治不决的环境问题，进一步美化沿线村庄；加大村内环境卫生整治力度，组织各村群众统一购买卫生用具，解决垃圾乱丢弃现象。同时，全力推进户厕改造，改善人居环境，全年完成户厕改造76户；不断深化国土绿化行动，大力开展植树造林工作，加强公益林管护和森林防火措施落实，定期对扎玛龙村、杂塘村、龙桑村林地进行监督检查；全力推进乡村垃圾托管运营模式，组织开展8村废弃垃圾场填埋清理，指定专人负责进行定期清运；进一步加大辖区内羊湖线的白色垃圾清理整治工作，于每周一号召各村自行在区域内进行集中清理。同时，组织召开“门前五包”卫生整治推进会，与所辖44家临街商铺签订目标责任书；严格按照县委政府提出的“四塘两原两基地”布局，主动融入、主动谋划，推进山水林田湖草沙冰生态环境一体化保护工程建设，稳步推进草原生态防火各项工作。

【党风廉政建设】 2021年，白地乡召开党风廉政和反腐败工作安排部署会2次、专题党委会研究党风廉政建设和反腐败工作2次，与村委会、学校、寺管会、乡班子成员签订责任书11份；组织党员干部学习纪委相关文件、违反中央八项规定精神典型问题的通报和违反政治纪律典型案例20次，组织观看《说案明纪》《赌输的人生》《镜鉴》等多部警示教育片，干部职工撰写心得体会20余份，开展执纪监督检查10余次。

（邓　康）

## 卡热乡

【概况】 卡热乡，藏语意为顶天或触天，因该乡著名的卡热“觉布”“觉姆”山耸立如触天而得名，位于北纬29°05′、东经90°26′，海拔3960米，行政区域总面积为

178.54 平方千米。属于半干旱亚寒带高原气候，年平均气温 2℃。野生动物有盘羊、狼、狐狸、獐、黄羊、青羊等；野生植物有桃、雪莲、贝母、虫草、雪山一枝蒿等。自然灾害主要有风灾、旱灾、虫灾、冰雹、洪水、霜灾。卡热乡地处雅鲁藏布江沿岸，距县府驻地浪卡子镇 105 千米，南与白地乡相邻，西与日喀则市仁布县帕当乡相连，北与拉萨市尼木县、曲水县隔江相望，东与贡嘎县江塘镇毗连。

卡热乡以农业为主，兼有牧业。牲畜种类有牦牛、黄牛、马、骡、驴、绵羊、山羊等，畜产品有牦牛肉、羊肉、牛奶、酥油、奶渣等，种植少量青稞、油菜、土豆、豌豆等作物。境内有珠地寺和色瓦坚日追。自然景观有卡热“觉布”“觉姆”山。卡热乡的卓舞—萨卓，相传历史悠久，服装和动作比较独特。

1959 年 12 月，成立卡热区委和区公所，下辖章和帕巴 2 个乡。1964 年 5 月成立帕巴乡党支部。1970 年 5 月，卡热乡改称帕巴公人民社。1984 年 9 月，改为卡热乡人民政府。1987 年 9 月，帕巴乡和章乡合并为卡热乡。2007 年 7 月至 2008 年 12 月，卡热乡学巴村和布旺村合并为张普村、嘎丹村和江热村合并为江热村、边据村和罗林村合并为边据村、岗布村和江巴村合并为卡普村。截至 2021 年年底，卡热乡下辖 6 个村民委运会，即张麦村、江热村、边据村、卡普村、彭珠村、最堆村。全乡总户数 569 户，2051 人，劳动力 1040 人。全年实现农村经济总收入 3959.76 万元，其中，第一产业收入 14313745.84 元，第二产业收入 1251918 元，第三产业收入 3297700 元。农牧民人均可支配收入 14580.35 元，同比增长 14%。

【农牧业】 2021 年，卡热乡坚持“农业增产牧业增效”并举，积极推进农牧业结构调整，坚持“稳粮、增牧，创收、调结构”的原则，按照“面向市场、因地制宜、突出特色”的要求，坚持把结构调整、促进农牧民增收作为牵头冠总的工作，牢牢抓住不放。继续种植稳产品种“藏青 2000”379.45 亩和“喜拉 22 号”471.12 亩等优质农作物品种，完成农作物总播种面积 3161.96 亩，其中粮食播种面积 2469.08 亩，经济作物播种面积 693 亩，饲草料播种面积 21 亩，复种饲草面积 662.14 亩。粮经饲播种面积约为 3.61 ∶ 1.01 ∶ 1。粮食产量 590.52 万吨，经济作物产量约 246.61 吨，其中蔬菜 236.14 吨，较上年增长约 25%；扎实推进牧业增效工作，按照牧业改革工作举措要求；认真做好接羔育幼和黄牛改良工作，新生仔畜 951 头，成活率 83%，完成黄牛改良 272 头，完成率 100%；年末牲畜存栏数 4805 头，其中牛 1103 头、羊 2689 头，完成引进优质种羊 50 头。畜牧业的商品化程度不断提高，超龄牲畜出栏工作如火如荼，牲畜出栏 788 头，肉类产量达 59.92 吨，与往年略有提升；奶类产量达 92.52 吨，皮类产量达 1200 张。大力开展牲畜疾病防控工作，2021 年未发生重大牲畜疫情，2021 年年底牲畜总头数 4911 头（匹），其中，黄牛 1218 头、牦牛 731 头、犏牛 4 头、绵羊 2311 头、山羊 546 头、马 8 匹、驴 22 头、猪 71 头；鸡 267 羽。

【党建工作】 2021 年，卡热乡党委政府以“五项行动”为工作思路，立足乡域实际，从政治忠诚担当、人才队伍培养、组织建设保障三个方面下功夫，坚持发挥党建

2021年10月19日，县长罗云（右二）到卡热乡小学检查指导工作

2021年4月30日，中国共产党卡热乡第三次代表大会第二次全体会议召开

引领作用，不断推动全乡各项事业的发展进步。

在铸牢政治忠诚方面。结合党史学习教育，党建工作突出“五项行动”，坚持用习近平新时代中国特色社会主义思想铸魂，以习近平总书记“七一”讲话精神、在视察西藏时的重要讲话重要指示精神和关于西藏工作的重要论述和新时期党的治藏方略为重点，采取线上和线下学习并举的思路，定期开展“党史故事人人讲”“微型党课周周上”和国家通用语言文字教育培训，落实党史学习教育“十个一”举措，进一步提高全乡党员干部的政治意识和思想觉悟，铸牢政治忠诚，不断增强“四个意识”、坚定“四个自信”、做到“两个维护”。全年开展理论中心组学习30次，党史学习教育28次，各村党支部做到每月至少组织学习2次。

在党员队伍建设方面。坚持高标准、严要求做好党员发展工作，主动发现培养有文化、懂经济、会管理、敢担当的优秀人才，作为重点培养对象，推选入党积极分子16名，确定党员发展对象7名，接收预备党员7名，如期转为正式党员12名。“三包五带五促”工作热火朝天，全乡11个党支部317名党员实现全乡604户2193人全覆盖，截至年底，全乡党员为民办实事142件，惠及群众5642人次。

在基层组织建设方面。牢固树立“抓好党建是本职，不抓党建是失职，抓不好党建是渎职”的思想观念，先后召开6次党委会议、通过“政治标准要更高，党性要求要更严，组织纪律性要更强”专题教育、全面从严治党座谈会、党建工作专题会议、“七一”表彰会议等不同形式会议研究部署党建工作，制定《卡热乡2021年党建工作要点》强化村级“领头雁”作用，全力推进“八星党支部”建设，江热村党支部达到7星，其余各村均在6星以上。邀请市直属工委、县委组织部送党建业务培训下乡，组织各村第一书记进行互督互学互鉴活动，开展半年党建督导检查、班子成员定期深入各村调研指导党建工作、参加组织生活、讲党课活动，全乡党建基础不断夯实。

【生态环保】 2021年，卡热乡大力开展“绿水青山就是金山银山、冰天雪地也是金山银山”的环保教育，积极开展自治区级生态村的申报工作，教育引导群众转变观念，养成讲卫生、护环境的好习惯，以“5·25”保护母亲湖行动日、“绿色积分兑换商店”、“村庄清洁行动”等活动为契机，加大植树造林工作，开展人居环境综合治理行动50余次、植树造林6780余株。水资源保护工作推进有效，严格落实饮水池一年清洗2次要求，从源头解决饮用水池存在的大肠杆菌污染的问题。打造生态农业，2021年使用农家肥2854吨，较2020年同期增长8%，使用化肥96.40吨，较上年减少3%。加快完成全乡厕所革命，截至年底，已完成349户改厕任务，完成率达到85%。加深群众环保意识，针对群众普遍存在环保意识不足、垃圾处理方式差的情况，开设乡绿色积分兑换商店，多措并举提高群众环保意识和环保能力。2021年参与绿色积分兑换活动135户，兑换生活用品价值19806元。

【社会事业】 2021年，卡热乡文化站运行有序，农家书屋、寺庙书屋按时开放，卡热卓舞基地使用有序，农村电影放映工作扎实推进，开展首届农牧民运动会、庆祝西藏和平解放70周年文艺演出等农牧民演出活动30余场，农牧民群众业余文化生活不断丰富。“一村两医”目标全面巩固，“两降一升”工作成效显著，2021年住院分娩产妇21人，出生新生儿21人，新生儿成活率100%，新增救治包虫病1人，药物治疗3人，完成全民健康体检1075人、适龄儿童常规疫苗接种323针次、常态化疫情防控工作和新型冠状病毒疫苗接种工作扎实推进，共设置2个疫情防控点，动员农牧民党员执行24小时值班制度100余人次，在疫情防控点开展登记排查321人次。教育事业蓬勃发展，适龄儿童均已入学，义务教育阶段无适龄学生辍学，针对1名重残儿童，乡小学制定送教上门方案，定期开展送教服务，结合乡域实际以乡小学为平台，开展“小手拉大手”“滇湘藏”三地民族书信互通互联等特色活动。农村低保差额补差、城镇低保清退等工作顺利完成，特殊人群、低收入家庭的权益得到全面保障；扎实开展全民参保工作，2021年居民新农保、养老保险、医疗保险、农业保险等社会保险参保率达100%。2021年足额兑现养老资金1076392.37元、低保资金150229.4元、五保资金75900元、困难高龄老人救助资金6600元，向128名发放70岁以上老人补贴64300元，兑现“两项补贴”及“十大民心工程”资金563100元，兑现新入学16名大学生补助资金116000元，兑现草补资金173115.9元、草场监督员工资32400元，各村“三委”班子工资按月发放，2021年到账的各类民生资金已全部落实。

**【党风廉政建设】** 2021年，卡热乡按照“高效、规范、务实、清廉”的要求，结合党史学习教育，在作风建设和效能建设，提升为民服务水平。自觉接受人大监督和群众监督，积极采纳相关建议，加强政务公开和信息公开，公开政务信息12次，民生资金兑现实现“一卡通”、资金公示。2021年，召开卡热乡党委党风廉政建设和反腐败斗争动员部署会1次，乡党委研究党风廉政建设和反腐败斗争2次，召开党委班子成员专题工作汇报会2次，听取纪委履行党风廉政建设和反腐败斗争监督情况报告2次，上廉政党课1次，集体约谈1次，召开述职述廉评议会1次。监督执纪持续发力，2021年对各党支部开展监督检查7次；对学校、各村、乡机关疫情防控工作开展监督检查12次；围绕民生资金落实、惠民政策兑现情况开展监督检查17次；对公益林管护人员履职开展监督检查6次；对中央八项规定精神遵守情况开展监督检查8次。

**【项目建设】** 2021年，卡热乡投资1950万元的卡热乡基础设施建设项目顺利通过验收，卡热乡垃圾填埋场及配套设施、新购置垃圾转运车1台投入使用、新装太阳能路灯85座，完成江热村入户硬化道路1.4千米，乡饮用水池除沙过滤装置和排污沉淀池完成升级改造；拉日高等级公路在乡境内施工顺利进行，解决临时岗位3个，乡政府所在地十五年国土空间设计规划项目正在论证。

**【社会治理】** 2021年，卡热乡党委政府认真落实习近平总书记治边稳藏重要指示精神和自治区维稳十条规定，结合乡域实际，探索开展各村“五大员”制度建设，制

2021年5月13日，卡热乡召开庆祝西藏和平解放70周年文艺会演

定《卡热乡各类风险管控清单》，排查各类矛盾纠纷4起，调解成功4起，调解成功率达到100%，召开3次扫黑除恶打非治乱专题会议，组织各村综治工作站负责人培训2次，开展各类宣传23场次，受教育群众达1180人次，重点摸排2次；开展各类宣讲550场次，悬挂横幅8条，发放各类宣传单2010份，受教育人数达0.975万人次，共组织宣传活动5场次，受教育群众达1180余人，发放宣传资料1800余份；先后开展14次春秋征兵宣传，在规定时间完成兵役对象全登记，登记率为100%；组织对工地和学校安全督导19次，开展食品卫生安全排查12次，定期开展地质灾害监管排查8次；立足生态环境“六大专项整治”，开展“卫生标兵户”流动红旗评选和乡绿色商店兑换评优活动，充分调动联户单位内成员爱护环境、清洁卫生的积极性，开展各类排查、清洁等联户活动6790次，参与群众2.08万人次。组织对全乡三轮车张贴车辆识别号牌290张，设置专用停车场4个，车辆乱停乱放的问题取得阶段性成果，全乡社会和谐稳定水平上新台阶、新高度。

【人大政协工作】 2021年，卡热乡新一届人大代表的换届选举和县政协委员的推选顺利完成，乡人大代表和政协委员从宣传、监督和调研三个方面积极履职尽责，参与到全乡各项事业发展各个环节，为全乡经济社会发展积极建言献策、贡献力量。

宣传工作以点带面。以人大制度、红色文化资源保护条例、“5·25”保护母亲湖行动和铸牢中华民族共同体意识为重点，开展教育实践活动9次，代表参与人数90余人次，人大代表和政协委员发挥宣传作用成效显著。

监督工作突出重点。对全乡开展的基础设施建设项目，积极发挥人大代表和政协委员在基层一线优势，参与监督摸排，衔接施工队维修因施工造成损坏的水塘水渠，并继续在食品安全和交通安全等方面发挥人大代表和政协委员监督作用。调研献策履职尽责。将职责放在心头，工作做在前面。6月开展全乡农牧业生产情况调研，11月召开乡级致富带头人座谈会，为全乡农牧民群众增收工作夯实基础。收集上报人大代表和政协委员议案建议7条，当年完成答复工作。

（比高峰）

# 附 录

## 坚定不移全面从严治党 正风肃纪反腐 为迎接党的二十大胜利召开 提供良好的政治生态

### ——在中国共产党浪卡子县第十届纪律检查委员会第二次全体会议上的工作报告

（审议稿）

同志们：

现在，我代表中国共产党浪卡子县第十届纪律检查委员会常务委员会向第二次全体会议作工作报告，请予审议。

### 一、2021 年工作回顾

2021 年，在以习近平同志为核心的党中央坚强领导下，在市纪委监委和县委的有力领导下，县纪委常委会和全县各级纪检监察机关深入学习贯彻习近平新时代中国特色社会主义思想和党的十九大精神，认真落实十九届中央纪委五次全会、九届自治区纪委六次全会、一届市纪委六次全会的各项部署要求，忠实履行党章和宪法赋予的职责，把党的全面领导和稳中求进工作总基调落实到纪检监察工作全过程，夺取了反腐败斗争压倒性胜利，为全县长治久安和高质量发展提供了有力保证。

（一）坚持政治标准，全力保障“十四五”规划实施。加强对习近平总书记重要讲话指示精神、党的路线方针政策和党中央重大决策部署贯彻落实、党史学习教育、“十四五”规划等重大部署以及常态化新冠肺炎疫情防控、政法队伍教育整顿开展监督检查，对贯彻落实不到位、搞形式、走过场的严肃查处，及时发现问题并推动整改。加强对巡视巡察反馈问题整改情况监督检查，组建九届县委第七、八轮巡察反馈问题整改情况督查组，对 24 家单位及乡（镇）进行巡察整改情况督查，发现并督促整改问题 9 个，提出整改意见 7 条，对巡察整改不力的 2 名乡（镇）主要负责人进行约谈；成立工作专班，加强对市委涉粮专项巡察组反馈给我县的 22 个涉粮方面问题整改情况开展监督检查6次,已整改完成并需长期坚持问题21个,确保巡察整改取得实效。主动认领中央第十巡视组和区党委第三巡视组巡视“回头看”反馈的关于全面从严治党6个方面25项问题均已整改完成,整改率达100%。

(二)坚持把监督挺在前面,汇聚净化政治生态的强大动能。一是坚持有腐必反、有案必查,全年受理处置信访举报2件次;处置问题线索28件、同比减少18%,立案审查8件、同比减少5%,立案审结6件,同比减少5%,给予党纪政务处分11人、同比减少45%,移送检察机关1人、同比增长100%,运用“四种形态”处置35人次,“四种形态”依次占比68%、25%、0%、7%。严肃查处了普某某仁严重违纪违法案,追缴违纪违法资金104.12万元。二是受理处置审计和巡察发现问题线索2件、县委反腐败工作协调领导小组成员单位移送问题线索5件。三是将节点监督与过程监督相统一,强化日常提醒和警示教育,在各类节假日前发布廉洁提醒和公告30余次,利用“羊湖之声”“羊卓清风”微信公众号、党内通报等形式,通报各类典型案例20余次,以党史学习教育和“三更”专题教育活动为契机,向全县县处级以上党员领导干部和乡(镇)党政主要领导发放《忏悔录选编》70余本,受到警示教育达100余人次;组织1000余名党员干部及职工参加普某某仁、吉某某巴违纪违法直播庭审和现场庭审活动,撰写观后感200余篇,报送全县纪检监察信息简报130余篇,及时传递全县党风廉政建设和反腐败斗争新动态。组织开展观看《警示教育片合辑》活动8场次,受到警示教育达4000余人次;开展政法队伍廉政教育和党规党纪培训5场次,向全县村居干部廉政授课5场次,开展干部任前廉政谈话3场次,县乡纪委书记对县直部门一把手、乡(镇)主要领导、村(社区)班子成员开展廉政谈话144人。对27名受处分人员开展回访教育27次,制作被处分人员处分执行档案一人一卡40份。

(三)坚持从严惩戒与溯源整改相统一,做到标本兼治。一是对党员信仰、参与宗教活动、制止餐饮浪费、寺管会党组织工作开展情况、多却乡绒布砂石厂和浪卡子镇翁果采石场余料未处理、阿扎乡提灌站问题等开展监督检查58次,发现问题并督促整改问题18个,主动提醒谈话32人次,进一步压紧压实“两个责任”。二是聚焦公车私用、违规公款吃喝、违规公务接待、违规发放津补贴、落实中央八项规定精神等问题开展监督检查17次,收缴违规违纪资金67.28万元。查处违反中央八项规定精神问题案件2起3人,给予党纪政务处分1人、谈话提醒1人、批评教育1人,督促整改违纪资金1.4万元。全县开展“私车公养”突出问题专项治理,发现并督促整改问题4件,谈话提醒3人,整改违规资金2.19万元。三是整治单位和领导干部违规出借财政资金问题,督促整改违规资金655.05万元,其中,单位违规资金615.4万元、个人违规资金39.65万元。四是整治环保领域私挖乱采问题,责令检查2人、给予批评教育2人。五是整治疫情防控工作落实不到位问题,发现并督促整改问题21个。六是对全县党代会、两会等各类重要会议进行会风会纪专项监督检查达50余次,责令作出书面检查1人,坚决落实换届期间有关部署要求及作风建设,营造风清气正的换届环境。

(四)坚持人民至上,以净化政治生态的实际成效厚植党执政的政治基础。按照《关于加强专项监督促进巩固拓展脱贫攻坚成果同乡村振兴有效衔接的实施意见》要求,坚守“监督的再监督”政治定位,紧盯10项重点任务,深入开展社保资金管理、温室大棚使用、“菜篮子”项目建设、民生资金“一卡通”等问题专项监督检查;处置群众身边“微腐败”问题线索4件,办结4件,立案审查调查2件,给予党纪政务处分2人,组织处理5人;持续深化巩固脱贫攻坚成果,受理处置乡村振兴领域问题线索3件,办结3件,组织处理10人;推进专项治理向专项监督转换,确保做好脱贫攻坚与乡村振兴“接力棒”的有序交接。

(五)坚持以人民为中心的价值取向,发挥巡察密切联系群众的桥梁纽带作用。坚持问题导向,深化政治巡察,有效发挥巡察政治功能和利剑作用,稳步推进村级政治巡察全覆盖任务,启动十届县委第一轮巡察工作,组建4个组,对林西社区等16个村(社区)党组织开展常规巡察,发现面上问题217

个，提出意见建议 43 条，移交问题线索 7 件 5 人，有效推进十届县委巡察全覆盖任务。

（六）坚持打铁必须自身硬，不断强化自我监督。一是县纪委常委会加强自身建设，全年召开 15 次纪委常委（扩大）会，38 次支部理论学习会，及时跟进学习习近平总书记系列重要讲话和重要指示批示精神，学深悟透党的十九届六中全会精神。认真落实请示报告制度，向市纪委监委、县委请示报告 20 余次。扎实开展党史学习教育，开展交流研讨、知识测试、观看党史影片等有效活动，提高全县纪检监察干部的“学史明理，学史增信，学史崇德，学史力行”的政治水平和工作能力。二是顺利完成县、乡纪委换届相关工作。从纪检监察和巡察系统、乡（镇）选取政治素质高、品德兼优的 7 名干部提拔到乡（镇）担任纪委书记，4 名乡（镇）纪委书记在系统内交流，3 名乡（镇）纪委书记到系统外交流。全年共组织 27 名纪检监察干部到区、市、县纪委监委跟班跟案，逐步提高纪检监察干部业务素质能力和工作水平；充分发挥片区乡（镇）交叉检查和案件查办优势，逐步形成县乡纪检监察统一运行机制，打破“熟人社会”监督壁垒。三是严格执行纪检监察干部每月工作报告制度，全年共撰写纪检监察干部队伍分析研究报告 12 篇，做到早分析、早提醒、早治疗，严防“灯下黑”。

## 二、我县全面从严治党工作面临的形势任务

当前，浪卡子县正处在自我加压、紧跟步伐，扬长避短、奋勇争先，着力打造“一心三带三区”的区域发展新格局，奋力推动高原经济高质量发展，固边兴边富民行动和党建工作走在全市前列的重要发展阶段。由于历史发展、自然资源条件、宗教影响、维稳态势、治边任务、群众观念和发展基础、产业布局、市场发育、营商环境以及党员干部学习成长经历、思维行为方式，经验作风能力等方面因素影响制约，浪卡子县全面从严治党任务依然艰巨繁重，党风廉政建设和反腐败斗争形势依然严峻复杂。一是从政治建设上看。个别党员干部政治纪律和政治规矩不强，贯彻落实党中央和区党委决策部署以及市委、县委工作要求不用心、不用力，当面一套背后一套。政治判断力、政治领悟力、政治执行力不强，对各种问题“首先从政治上看”的意识能力不强，加强政治监督的措施不多、效果不佳。二是从作风建设上看。有的党员干部深陷赌博、醉酒酗酒等不良嗜好；有的存在“躺平”“等靠要”“等退休”等心态，遇到问题讲特殊、找理由，工作落实拖着干、推着走，有的社交圈、生活圈、朋友圈过度泛滥；有的单位违反中央八项规定精神和“四风”问题时有发生，形式主义官僚主义问题依然存在。三是从廉政风险上看。有的党员干部党性观念和宗旨意识淡薄、理想信念缺失，不知敬畏、不知收敛、不知悔改，顶风违纪；有的心存侥幸，觉得小心一点、隐蔽一点就不会被发现；有的长期与商人老板吃喝玩乐，甘于被“围猎”。四是从民生反腐上看。有的在扶贫专项资金、惠农专项资金、集体“资金、资产、资源”管理中贪污挪用、虚报冒领；有的在民生项目中“雁过拔毛”、优亲厚友、吃拿卡要；个别乡镇、村居会计出纳“小官大贪”；有的对待民生疾苦态度冷漠、推诿扯皮、门好进、脸好看、事难办。五是从责任落实上看。有的党委（党组）对主体责任认识不清、落实工作流于形式，存在说起来重要、干起来次要、忙起来不要的现象；有的党委（党组）对党员干部缺少日常教育管理和监督，重业务安排、轻思想教育；个别主要负责同志和班子成员习惯当老好人、打太极，对干部职工身上出现的一些苗头性、倾向性问题没有抓早抓小、动辄则咎，个别单位对照中央决策和区市县党委工作安排打折扣、作选择、搞变通。六是从自身能力上看。全县各级纪检监察机关对推进新时代纪检监察工作高质量发展的历史任务、内涵规律、实践要求的深入思考、主动作为不力。对由风变腐、风腐一体规律缺乏研究，对“四风”问题隐形变异、反弹抬头缺乏敏锐性和警惕性。开展监督检查审查调查理念思路局限，缺乏从党的纪律特别是政治纪律和政治规矩查起的意识，受人情社会熟人社会影响，不愿监督不敢监督问题不同程度存在，信息化建设相对滞后。“三项监督”贯通协同不力、联动监督不够顺畅。对上述存在的问题和不足，我们要高度重视、认真研究解决。

## 三、2022 年主要工作

2022 年是党的二十大胜利召开之年，是全县贯彻落实自治区第十次党代会、市第二次党代会、十届县委四次全会精神的开局之年，做好纪检监察工作意义重大。总体要求是：坚持以习近平新时代中国特色社会主义思想为指导，全面贯彻落实党的十九大和十九届历次全会及中央第七次西藏工作座谈会精神，深入学习贯彻习近平总书记关于西藏工作的重要论述和新时代党的治藏方略，全面落实自治区第十次党代会、市第二次党代会和十届县委四次全会部署精神，按照十九届中央纪委六次全会、自治区纪委十届二次全会和市纪委二届二次全会要求，增强“四个意识”、坚定“四个自信”、做到“两个维护”，围绕“四件大事”，立足新发展阶段，完整准确全面贯彻新发展理念，服务融入新发展格局，自觉运用党的百年奋斗历史经验，忠实履行党章和宪法赋予的职责，坚持全面从严治党战略方针，坚持稳中求进工作总基调，紧扣中心工作大局发挥监督保障执行、促进完善发展作用，突出政治监督、加强日常监督，深化不敢腐、不能腐、不想腐一体推进，深化纪检监察体制改革，扎实推进规范化法治化建设，更好发挥监督保障执行、促进完善发展作用，努力取得更多制度性成果和更大治理成效，为推进长治久安和高质量发展提供坚强保障。

（一）从深刻领悟百年自我革命宝贵经验中，准确把握围绕“两个维护”强化政治监督的根本任务，更好担负起维护党中央权威和集中统一领导的政治使命。持之以恒学懂弄通做实习近平新时代中国特色社会主义思想，跟进学习贯彻习近平总书记重要讲话重要指示批示精神，坚定捍卫“两个确立”，更加自觉肩负起“两个维护”政治责任，以高度的政治自觉思想自觉行动自觉，履行好职责使命，坚定正确的政治方向，胸怀两个大局，心系“国之大者”，聚焦“四件大事”全面落实，聚焦“十四五”规划，发挥全面从严治党引领保障作用强化政治监督，贯彻落实党的路线方针政策和党中央重大决策部署等方面的监督检查，督促各级党委（党组）在坚决拥护“两个确立”、忠诚践行“两个维护”上走在前、作表率。紧扣迎接和开好党的二十大工作主线，切实履行协助职责和监督责任，发挥监督保障执行、促进完善发展作用，深刻领会推进“四个创建”、努力做到“四个走在前列”、山南“六个走在全区前列”、浪卡子县“三个走在全市前列”部署要求，督促各级各部门不折不扣贯彻落实自治区第十次党代会、市第二次党代会、县第十次党代会精神，确保全面建设社会主义现代化浪卡子县提供坚强的政治保障。

（二）从深刻领悟百年自我革命宝贵经验中，准确把握服从服务党的政治路线的政治责任，更好发挥监督保障执行、促进完善发展作用。坚定不移加强政治建设，坚持好、巩固好、维护好党的领导，把坚持党的全面领导、做到“两个维护”作为根本政治原则贯穿纪检监察工作全过程，对习近平总书记关于西藏工作的每个重要指示批示都专项督办落实，在政治立场、政治方向、政治原则、政治道路上同党中央保持高度一致，进一步引导党员干部特别是领导干部善于从政治上分析和把握问题，在坚定政治方向上领好路、在站稳政治立场上掌好舵、在严守政治纪律和政治规矩上带好头，在维护祖国统一、维护民族团结、反对分裂等重大政治原则问题上，始终做到旗帜鲜明、立场坚定。严格执行新形势下党内政治生活若干准则，党员领导干部带头执行制度，带头开展批评和自我批评，营造风清气正的党内政治生态。坚持把各级书记抓乡村振兴落实情况纳入政治监督范畴，坚决惩治形象工程、政绩工程以及劳民伤财、盲目决策造成资金浪费或贪污挪用、重建设轻管理、违规举债等违背新发展理念行为。聚焦决策权、审批权、监管权及执法司法权，强化对“一把手”和领导班子履行全面从严治党责任、执行民主集中制、落实重大事项请示报告制度、依规依纪依法履职用权等情况监督。严把党风廉政意见回复关，严防“带病提拔”“带病上岗”。严肃查处拉帮结派、搞小圈子以及违反反分裂斗争纪律的问题，严肃查处对党不忠诚、与党离心离德的“两面人”“两面派”。坚持新时期好干部标准和民族地区干部“四个特别”要求，强化对年轻干部教育管理监督，引导年轻干部扣好廉洁从政的“第一粒扣子”，知敬畏、存戒惧、守底线、善作为。

（三）从深刻领悟百年自我革命宝贵经验中，准确把握正风肃纪反腐的政治要求，更好履行维护党的肌体健康的职责使命。聚焦政策支持力度大、权力集中、资金密集、资源富集的部门、行业、领域，持续抓好工程建设、基层财务管理、招商引资亲清政商关系、公平公正执法司法等领域突出问题专项治理，坚决查处基础设施建设、公共资源交易、执法司法、政府采购、粮食购销等领域的腐败问题，重点查处“关键少数”“关键岗位”特别是“一把手”和年轻干部腐败问题。建立健全行贿人“黑名单”制度，探索行贿人信息库建设，加强与审判机关、检察机关的协作配合，做到行贿受贿一起查，不法利益和国家损失一起追，持续强化不敢腐的震慑。健全落实反腐败协调工作机制，定期分析研判反腐败工作。重点以多却乡原会计严重违纪违法案为警醒，加大违纪违法典型案例通报力度，以案促改、以案促治，扎紧不能腐的篱笆。通过党风廉政宣传月活动，有效发挥警示教育片、忏悔录等廉政资源优势，办好日常分层分类的警示教育和廉政提醒，引导党员干部坚定理想信念、增强纪法意识，注重家教家风建设，营造崇廉拒腐的良好氛围。在监督执纪中落实好“三个区分开来”，加大容错纠错力度，精准有序有力问责，旗帜鲜明地为担当者担当、为负责者负责、为干事者撑腰。加强对检举控告分析甄别，严肃追查处理诬告陷害行为，惩办失职渎职者，支持勇于探索者，激励干部在新时代展现新担当、实现新作为，让求真务实、清正廉洁的新风正气不断充盈。

（四）持之以恒落实中央八项规定精神，纠“四风”树新风并举深化作风建设。持续坚守“监督的再监督”政治定位，扭住主体责任、行业监管责任不放，坚持到位不越位、推动不代替，找准监督检查切入点，围绕各级党委政府的决策部署和群众的痛点难点，持续纠治教育医疗、就业创业、养老社保、生态环保、安全生产、食品药品安全等领域腐败和作风问题，加强对惠民利民、安民富民各项政策落实情况的监督，坚决纠正群众反映强烈的党员干部赌博、工作期间饮酒、酒驾醉驾以及损害群众利益、优亲厚友、吃拿卡要等问题。紧扣过渡期各项目标任务，扎实开展过渡期专项监督，对乡村振兴项目建设、资金使用实行全程监督、跟进监督、精准监督，以23个产业项目运营为切入口，严肃整治民生工程“建而不管、建而不用、沦为摆设”等背后的腐败和作风问题，产业项目运营分红、村（居）集体“三资”管理使用、农牧民专业合作社经营中的腐败和作风问题，严肃查处在落实乡村振兴政策不力和违规违纪行为。持续深化惠民惠农财政补贴资金“一卡通”问题专项治理工作，推动资金发放和监督管理体系进一步完善。推动粮食购销领域腐败问题专项整治，深挖细查涉粮乱象，以有力监督守护粮食安全。统筹抓好常态化疫情防控监督，推进各项防控措施落实落地，始终保持力度不减、劲头不松。常态化开展扫黑除恶专项斗争监督检查，巩固深化政法队伍教育整顿成果，深挖彻查涉黑涉恶腐败和“保护伞”问题。推动农村乱占耕地建房整治，督促职能部门履行好耕地保护的主体责任和监管责任，保障耕地安全。持续加固中央八项规定及其实施细则精神堤坝，坚守重要节点，紧盯薄弱环节，严查享乐主义、奢靡之风，对公款吃喝、公车私用、滥发津补贴等歪风陋习露头就打、反复敲打，坚决防反弹回潮、打擦边球、隐形变异、疲劳厌战。深入开展转变作风狠抓落实“四查四问”整治活动，督促各级各部门认真自查自纠、立行立改、常查常改。持之以恒纠治“四风”，坚决破除在贯彻新发展理念、构建新发展格局中空泛表、敷衍应付、运动造势等形式主义、官僚主义，坚决纠正贯彻党中央重大决策部署、自治区党委和市委、县委工作要求表态多、落实差，讲特殊、慢半拍，不作为、慢作为等突出问题特别是“把说了当做了，把做了当做好了，把做了一点当做了全部”等形式主义官僚主义突出表现，加大查处问责和通报曝光力度。深入纠治严肃查处政府采购价格虚高、公车过度保养装饰、“三包”费用管理使用乱象以及食堂餐饮浪费的问题。

（五）坚持有形覆盖与有效覆盖相统一，着力实现巡察全覆盖任务。坚持巡察工作的政治定位，深入贯彻中央巡视工作方针，精准落实政治巡察要求，抓牢严的主基调，严查主责、严格追责、严肃问责，修订完善十届县委巡察工作规划，坚持有形覆盖和有效覆盖相统一，按照上级统一部署要求，认真谋划2022年巡察工作，加强对重点单位、领域的巡察力度。聚焦巡察监督重点，精准落实政治巡察要求，将“一把手”履行第一责任人职责和廉洁自律情况纳入巡察重要内容，紧盯权力和责任，紧盯全面从严治党阶段性特征，紧盯领导班子和关键少数，紧盯人民群众反映强烈的突出问题。围绕推进“十四五”规划、自治区党委、市委和县委重大工作安排，聚焦党的十九届六中全会精神贯彻落实情况、自治区第十次党代会、市第二次党代会、县委第四次全会、县委经济工作会议精神贯彻落实等加强监督检查，深入查找被巡察党组织履行党的领导责任存在的政治偏差、影响制约发展的突出问题。强化巡察整改落实和成果运用，加强对巡视巡察整改后半篇的日常监督，打造涉粮领域巡察反馈问题整改日常监督标杆，建立健全听取巡察整改监督情况汇报，探索符合基层实际的整改机制。突出以巡促改、以巡促建、以巡促治，视情向县委政府报告，向分管领导、行业主管部门通报，推动把解决共性问题、突出问题与健全完善制度机制、深化改革等有机结合，推进标本兼治，实现监督、整改、治理有机贯通。

（六）持续深化纪检监察体制改革，切实推动制度优势更好向治理效能转化和释放。加快推进县纪委监委机关内设机构改革，建立健全乡（镇）纪检监察协作片区工作机制，推动监督力量下沉落地。探索“县乡”联合办案模式，大胆向乡（镇）纪委（派出监察室）交办问题线索，提升乡（镇）纪委（派出监察室）办案水平。推进“三项监督”统筹衔接，运用好人大法律监督、政府行政监督、政协民主监督、司法监督、审计监督、群众监督、舆论监督等资源和力量。

（七）从深刻领悟百年自我革命宝贵经验中，准确把握党的“纪律部队”自身建设的优良传统，更好建设政治过硬、本领高强的纪检监察铁军。全面准确贯彻执行《中国共产党纪律检查委员会工作条例》，认真践行区党委“六个表率”和市委“七个表率”要求，不断提高县纪委常委会班子及成员政治判断力、政治领悟力、政治执行力。按照上级要求稳妥有序组织开展监察官等级确定工作，优化干部队伍配置，畅通干部交流渠道，加强纪法训练和实践锻炼。实施村务监督委员会能力素质提升培训班，提高村务监督委员会履职能力。坚持严管与厚爱相结合，有效发挥干部监督室直接监督和社会各项监督“探照灯”作用，做好“打铁必须自身硬”，严防“灯下黑”。严格落实西藏纪检监察干部行为规范以及规范饮酒、禁止参与赌博行为规定。推行“四边”工作法，开展案件质量评查，加强处分执行情况检查，强化案件安全管理。管好用好检举举报平台，畅通线索来源渠道。

同志们，砥砺奋进正当时、乘风破浪再扬帆。让我们更加紧密团结在以习近平同志为核心的党中央周围，在市纪委监委和县委的坚强领导下，弘扬伟大建党精神，坚定信心、忠诚履职，团结奋斗、勇毅前行，坚决把反腐败斗争进行到底，为建设社会主义现代化浪卡子不懈奋斗，为党的二十大胜利召开营造风清气正的政治生态环境。

# 浪卡子县人民检察院工作报告

## ——在浪卡子县第十四届人民代表大会第三次会议上

浪卡子县人民检察院检察长 格 桑

（2022 年 1 月 17 日）

各位代表：

现在，我代表县人民检察院向大会报告工作，请予审议，并请政协各位委员和其他列席人员提出意见。

### 2021 年工作回顾

2021 年，我院在县委和上级院的正确领导下，在人大及其常委会的有力监督、政府的大力支持和政协的民主监督下，坚持以习近平新时代中国特色社会主义思想为指导，深入贯彻党的十九大和十九届历次全会精神，贯彻落实习近平法治思想和新时代党的治藏方略，推动检察工作深度融入“稳定、发展、生态、强边”四件大事，认真践行“讲政治、顾大局、谋发展、重自强”新时代检察工作总体要求，依法忠实履行法律监督职责，统筹推进“四大检察”“十大业务”全面协调充分发展，竭力服务保障浪卡子长治久安和高质量发展。全年受理各类案件 17 件 19 人，同比分别上升 54.5% 和 5.5%。其中受理审查逮捕、审查起诉案件同比分别上升 100% 和 11.1%。

**一、坚决贯彻习近平总书记关于把党的政治建设摆在首位的重要指示，提高政治站位，增强政治三力，确保检察工作沿着正确方向前进**

秉持“只有推动政治建设和业务建设深度融合，政治建设才有力量，业务建设才有灵魂”的理念，全面加强新时代党的政治建设，以政法队伍教育整顿、党史学习教育、“三更”教育活动为契机，深入学习习近平新时代中国特色社会主义思想，党的十九大、十九届历次全会精神，中央第七次西藏工作座谈会精神，习近平总书记“七一”重要讲话精神和在藏考察时的重要讲话精神，以实际行动增强“四个意识”、坚定“四个自信”、做到“两个维护”，进一步提高政治判断力、政治领悟力、政治执行力，把开展党的创新理论学习教育中迸发出的激情转化为主动服务大局、提升监督质效、锻造过硬队伍的实际成果。坚决执行《中国共产党政法工作条例》和自治区实施细则，及时向县委、上级院和县委政法委请示报告检察工作重大事项，坚持自觉把党的领导落实到检察工作全过程各环节，不断筑牢新时代检察工作转型创新发展的政治根基。

**二、坚决贯彻落实习近平总书记关于政法队伍教育整顿重要指示批示精神，坚持以刀刃向内的勇气，扎实开展政法队伍教育整顿。**

坚持全面从严管党治检，准确把握政法队伍教育整顿总体要求，以学习教育为主线，将学深悟透习近平新时代中国特色社会主义思想特别是习近平法治思想作为根本任务，在学习党的创新理论中，不断增强“四个意识”、坚定“四个自信”、做到“两个维护”，筑牢对党绝对忠诚的思想根基。在英模教育中，树立崇尚英模、学习英模的良好风尚；在警示教育中，不断强化干警廉洁自律意识，筑牢拒腐防变能力。通过党组理论学习中心组、支部集中学习会等方式集中学习 27 次，警示教育交流研讨会5次，开展英模学习5次、“找差距”交流研讨2次，撰写心得体会共30余篇；以查纠整改为中心，用“自查从宽”的案例示范引导，用“被查从严”的案例警示倒逼，深入整治“六大顽瘴痼疾”和六类突出问题，全院主动交代问题共13件，其中顽瘴痼疾3件，N类问题10件，核实认定13件。以总结提升为导向，通过“开门纳谏”征求意见座谈会收集的意见建议和顽瘴痼疾整治中查摆出的突出问题，针对性地制定了浪卡子县人民检察院考勤管理制度、“两微一端一站”新媒体管理制度、落实“三个规定”辅助机制、禁酒令制度、为民办实事机制等11项顽瘴痼疾整治长效机制。

三、坚决贯彻落实习近平总书记关于党史学习教育动员部署会议上的讲话精神，切实做到学史明理、学史增信、学史崇德、学史力行

坚持把开展党史学习教育作为重大政治任务摆到突出位置、作为头等大事，第一时间开展动员部署，下好“先手棋”，打好“主动仗”，推动学习教育全面开展、迅速升温。强化宣传引导。在“两微一端”及门户网站上转发推送“跟着总书记学党史”系列文章及本院学习党史的各类动态，在全社会广泛营造学党史的浓厚氛围，共发布信息30余篇。强化学习教育。通过党组理论学习中心组、支部集中学习会等方式，组织学习《论中国共产党历史》《习近平新时代中国特色社会主义思想学习问答》《毛泽东 邓小平 江泽民 胡锦涛关于中国共产党历史论述摘编》《中国共产党简史》等学习科目，截至目前，结合政法队伍教育整顿共集中学习41次；组织观看爱国主义影片5场次；警示教育7场次；学习英模3场次；参观红色基地2场次；参观警示教育基地1场次。强化研讨学习。围绕“学史明理、学史增信、学史崇德、学史力行”、习近平总书记在建党100周年大庆上的讲话精神，组织干警召开研讨学习会议，截止目前已开展学习研讨4次。强化为民办实事。全年共开展为民办事实活动20余次，其中政策宣讲、法治宣传7次；为康如村解决购买维修村集体磨面机、梳毛机、榨油机的资金近5万元；全年帮扶慰问物资达7万余元；消费扶贫达6000余元。

四、坚决贯彻习近平总书记法治思想，守住司法底线、防范冤假错案，努力让人民群众在每一个司法案件中感受到公平正义

坚持以司法办案为中心，全面履行检察职责，加大监督力度，强化办案质效，保证了各项检察业务工作平稳、务实、协调发展。

充分发挥刑事检察职能。依法严厉打击各类严重危害社会治安和人民群众获得感幸福感安全感的犯罪，切实履行好维护社会安全稳定的政治责任。共受理提请批准逮捕6件8人，批准逮捕6件7人，受理移送审查起诉10件10人，提起公诉8件8人，不起诉2件2人。着力保障交通安全，起诉危险驾驶、交通肇事案3件3人。深入推进“断卡行动”，审查批准逮捕帮助信息网络犯罪活动案2件3人，起诉1件1人，1件正在办理中。不断加大查办司法工作人员职务犯罪力度，自侦“5·13”专案系列案件1件1人，被全国教育整顿办和最高检列为挂牌督办案件。

全面推进认罪认罚从宽制度适用。持续抓好认罪认罚从宽制度落实，依法可用尽用，将适用率纳入刑事检察绩效评价指标体系。办理的16件18人，均向被告人告知认罪认罚从宽制度，告知率达100%。

依法开展公益诉讼检察工作。切实履行“公共利益代表”的职责使命，聚焦公益保护，全力发挥依职权主动监督作用，加强与县政府及行政执法机关的沟通协调，争取重视、理解和支持。今年，我院摸排线索10次，公益诉讼立案3件，下发检察建议1份，行政公益诉讼诉前审查1件，使用诉前磋商程序2件。

着力加强法律监督。今年，审查监督县人民法院民事裁判文书和民事执行活动卷宗10册，针对存在程序瑕疵的问题，我院依法向县人民法院下发检察建议2份。同时不断加强社区矫正监督，刑事执检部门对社区矫正情况开展监督检查共计6次。截至目前，我县司法局社区矫正相关台账齐全，未存在脱管漏管现象。通过对社区矫正相关情况的法律监督，确保了社区矫正人员管控到位，刑罚执行到位。

强化未成年人权益保障上贡献检察智慧。为

深入贯彻习近平法治思想，贯彻践行新时代未成年人检察工作要求，我院开展“检爱同行，共护未来”主题检察开放日活动，向县人大代表、政协委员、相关单位以及师生代表通报近两年未成年人检察工作开展情况，与会人员对我院未检工作开展给予了充分肯定，并从各自单位角度，为我院今后如何更好开展未检工作提出了宝贵的意见和建议。同时为进一步做好未成年保护工作，我院深入各乡镇学校开展未成年人保护工作开展情况进行摸排调查5次，着重从学校疫情防控工作开展、学生食堂卫生、食品安全、重点区域监控覆盖情况、男女寝室管理、自护教育开展等内容进行调查。经调查，学校对于学生就餐就寝安全以及爱国主义教育、卫生自护教育、法治安全教育等方面工作开展成效较好，存在宿舍管理不妥当等问题，对此提出了相关完善建议。

积极参与社会治安综合治理。立足检察职能，着眼全县社会治安状况，进一步拓宽普法对象，创新普法形式，丰富普法内容。利用“三月综治宣传月”“3·28”“六月综治宣传周”等宣传时段，开展法治宣传12次，出动警力22人次、受教育群众达1500余人次，以开展法治讲座、发放宣传资料、设置法律咨询台、悬挂横幅等形式，结合我院办理的新型典型案件，大力宣传国家安全法、宪法、刑法、民法典、未成年人保护法以及新时代检察机关开展公益诉讼职责等相关内容，引导群众共同参与社会治安综合治理，营造人人学法、人人懂法、人人用法、人人守法的氛围。

### 五、坚决贯彻习近平总书记关于司法体制改革的重要指示精神，扎实推进司法体制改革，坚定不移走中国特色社会主义法治道路

强化责任担当，扎实推进司法体制改革和检察改革工作任务，全面提升检察工作司法效能和司法公信力。

推进内设机构改革。落实“三定”方案，根据中共西藏自治区委员会机构编制委员会办公室及西藏自治区人民检察院关于基层人民检察院内设机构改革的相关工作要求，设立检察业务部和综合业务保障部，突出扁平化管理和专业化建设，实行检察官单独职务序列管理。落实司法办案责任制。建立检察官办案组和独任检察官两种新型办案组织，深化司法规范化、专业化建设。落实“捕诉一体”办案新机制。突出检察官在司法办案中的主体地位，进一步完善检察权配置和运行机制，减少办案环节，压实办案责任，提升办案质效。贯彻认罪认罚从宽制度。切实履行检察机关在刑事诉讼认罪认罚从宽制度中的主导责任，着力保障当事人合法权利，修复社会关系，促进社会和谐。推进以审判为中心的诉讼制度改革。充分发挥检察机关在刑事诉讼中的主导作用，推进速裁程序、简易程序和普通程序有效衔接，实行简案快办、繁案精办。

### 六、坚决贯彻习近平总书记关于强化监督的重要指示要求，深化检务公开、自觉接受监督，努力让检察权在阳光下运行

主动接受人大监督。坚持重要工作部署、重大执法活动及时向县人大报告制度。今年，向人大报告检察工作4次，书面报告检察工作4次，上报检察信息81期。今年市人大常委会调研认罪认罚从宽制度落实情况时对我院开展的各项工作和提出的意见建议给予了充分肯定。

着力打造阳光检察。积极运用“两微一端、门户网站”构建检察“新兴媒体”宣传格局，全方位多角度宣传检务工作，传递检察资讯，发布检务信息，打造便民服务通道。截至目前，通过“新兴媒体”平台共发布检察动态200余条，同时通过各种途径推广“浪卡子检察”公众号，增加阅读量和点击率。

全面深化检务公开。为进一步深化检务公开，提升检察机关执法办案透明度，今年我院召开了一起危险驾驶案拟不起诉公开听证会，县人大代表、政协委员3人作为听证员，侦查机关办案人员、犯罪嫌疑人、值班律师等4人作为听证参与人的身份参加，广泛听取听证人、听证参与人的相关意见，确保不起诉权公平公正行使，切实保障当事人的合法权益。另外，依托案件信息公开系统发布公开生效法律文书6份，进一步增强检察工作的透明度。

### 七、坚决贯彻习近平总书记关于党风廉政建设和反腐败斗争的重要论述，把严的基调长期坚持下去，以系统施治，标本兼治的理念正风肃纪反腐。

院党组认真贯彻十九届中央纪委五次全会精

神及党中央、区党委、市委、县委关于全面从严治党决策部署，坚持注重预防、惩治并举的方针，着眼于提高反腐倡廉能力，以政法队伍教育整顿、党风廉政宣教月活动为契机，组织开展讲廉政党课、观看警示教育片、在线廉政考试、参观廉政教育基地活动。一是依托党组理论学习中心组，组织学习了《关于新形势下党内政治生活的若干准则》《中国共产党党内监督条例》《中国共产党问责条例》等党纪党规，每逢节假日前，学习各类违纪违规通报文件，教育引导全院干警在工作生活上从严要求自己。二是严格按照高检院关于严格落实检察机关“三个规定”及“实施办法”的工作要求，院党组组织干警，认真学习“三个规定”及“实施办法”，引导检察人员依法独立公正行使检察权，坚持把检察人员干预、插手、违反规定过问司法办案活动纳入党风廉政建设责任制体系内，对违反“三个规定”和“实施办法”的行为坚决“零容忍”，严肃监督执纪问责。今年共填报过问案件情况2份，相关信息已及时报告送至上级院。三是切实承担起检察环节反腐败工作职责，对监察委移送的普某某涉嫌贪污罪一案，依法向浪卡子县人民法院提起公诉，并作出有罪判决。

八、坚决贯彻习近平总书记关于维护社会大局稳定要切实落实保安全、护稳定各项措施的指示要求，自觉扛起责任、落实维稳措施，努力确保社会大局持续和谐稳定

我院紧紧围绕确保3月综治宣传月、萨嘎达瓦、“两个大庆”期间安全稳定总目标，牢牢把握稳定压倒一切总要求，始终坚决贯彻习近平总书记治边稳藏重要论述，牢固树立总体国家安全观，自觉扛起维护稳定第一责任，敢于担当、善于作为，狠抓既定维稳部署要求，做到思想上的弦绷得紧而又紧、对策上的准备细而又细、工作上的力度强而又强，使社会大局保持持续和谐稳定，“我要稳定”的社会根基也进一步得到牢固。今年，我院对单位内部和周围共开展安全隐患集中排查百余次，巡逻检查30余次，出动警力60余人次。

各位代表，回顾过去的一年，我们深切体会到，做好新时代检察工作，最根本在于习近平总书记领航掌舵，在于以习近平同志为核心的党中央坚强领导，在于习近平新时代中国特色社会主义思想科学指引；最关键在于坚持以人民为中心，适应人民日益增长的美好生活的需求，肩负起维护国家政治安全、确保社会大局和谐稳定、促进社会公平正义、保证人民安居乐业的职责任务；最重要在于主动融入大局，自觉担当作为。

在总结成绩的同时，我们也清醒地认识到，检察工作还存在一些短板和弱项，与党的要求、人民群众的期待还有不少差距，主要存在以下几个问题：一是新时代检察理念的更新落实还有差距，服务经济社会发展大局还欠主动欠深入；二是“四大检察”发展还不够充分与平衡，民事检察、行政检察短板仍待补齐；三是检察队伍法律素养和司法能力还有差距，复合型人才短缺的问题尚未有效解决，留人难的问题依旧比较突出。对此，我们将坚持问题导向，努力加以解决。

## 2022年工作安排

2022年，我院将在县委、上级院的坚强领导和县人大及其常委会的有力监督下，坚持习近平新时代中国特色社会主义思想和法治思想为指导，深入贯彻习近平法治思想，全面贯彻党十九届六中全会、中央第七西藏工作座谈会精神，落实《中共中央关于加强新时代检察机关法律监督工作的意见》，对标自治区第十次党代会、市委第二党代会部署，聚焦“四件大事”，突出“四个创建”“四个走在前列”，牢牢把握“讲政治、顾大局、谋发展、重自强”新时代检察工作总体要求，以为大局服务、为人民司法为己任，依法忠诚履行法律监督职责，为推进浪卡子长治久安和高质量发展提供检察智慧和检察保障。

（一）提高政治站位，贯彻落实习近平法治思想。全面学习贯彻党的十九届六中全会精神和习近平法治思想，坚持党对检察工作的绝对领导，坚持以人民为中心，切实用习近平法治思想武装头脑、指导实践、推动工作，在提高站位上展现新作为。贯彻“少捕少押慎诉”司法理念，坚持依法平等全面

保护，着力服务保障民营经济健康发展，优化法治化营商环境，推动经济高质量发展，为服务做好“六稳”工作，推动落实“六保”任务贡献检察力量。

（二）服务中心大局，依法保障社会稳定发展。紧紧围绕“四件大事”、实现“四个确保”、全面落实“三个赋予一个有利于”要求，不断丰富“依法履职尽责服务保障大局”这条主线的内涵，全面推进检察工作与大局工作深度融合，以更加精准的切入点、更加扎实的举措，在维护政治安全和社会稳定、预防和化解社会矛盾、扫黑除恶、保障民生以及反腐败斗争等工作中贡献检察力量，展示检察机关服务发展的担当作为。

（三）维护司法公正，推动“四大检察”全面协调充分发展。进一步增强责任感、使命感，积极适应新时代新要求，增强工作创造性和主动性，推动法律监督机制不断创新，努力打造新的品牌和亮点。全面加强对刑事、民事、行政诉讼活动的监督，加大司法工作人员职务犯罪侦查力度，着力解决执法突出问题，以检察担当维护司法公正。大力开展公益诉讼，积极稳妥办理公益诉讼“4+1”领域案件，当好公益代表。

（四）强化队伍建设，打造忠诚干净担当检察铁军。深入贯彻落实《中共西藏自治区委员会关于进一步改进工作作风狠抓落实的意见》精神，持续巩固拓展教育整顿成果，依托“五大专项行动”，进一步强化干警综合素能、提高执法司法质效，切实转变工作作风。贯彻落实从优待警工作要求，持续加大基础设施的建设力度，积极争取业务培训和挂职锻炼的机会，努力锻造一支信念坚定、执法为民、敢于担当、清正廉洁的新时代检察队伍。

各位代表，“功崇惟志、业广惟勤”。新的一年，我们将更加紧密地团结在以习近平同志为核心的党中央周围，深入学习贯彻习近平法治思想，贯彻落实县委和上级院的决策部署，按照本次会议的决议要求，加强法律监督、维护公平正义，努力让人民群众有更多获得感、幸福感、安全感，为建设团结富裕文明和谐美丽的社会主义现代化新浪卡子作出新的更大贡献，以优异的成绩迎接党的二十大胜利召开。

# 浪卡子县人民法院工作报告

## ——在浪卡子县第十四届人民代表大会第三次会议上

浪卡子县人民法院院长 曹成鹏

（2022 年 1 月 17 日）

各位代表：

现在，我受浪卡子县人民法院委托，向大会报告工作，请人大代表和列席的各位政协委员予以审议。

### 2021 年的工作回顾

2021 年，在县委的坚强领导、人大及其常委会有力监督、上级法院正确指导和县政府、政协及社会各界关心支持下，以习近平新时代中国特色社会主义思想为指导，深入学习贯彻党的十九大及十九届历次全会和中央政法工作会议、中央第七次西藏工作座谈会及中央依法治国工作会议精神，深入学习习近平总书记“七一”重要讲话精神及习近平总书记在西藏考察时的重要指示精神，贯彻落实习近平总书记关于西藏工作的重要论述和新时代党的治藏方略，紧紧围绕“努力让人民群众在每一个司法案件中都感受到公平正义”的工作目标，积极践行司法为民公正司法主线，牢牢把握政法队伍教育整顿契机，不断加强审判执行工作和自身建设，努力打造一支忠于宪法和法律赋予职责的党员干部队伍，为维护全县社会大局持续和谐稳定，推动地方经济健康高质量发展，保障人民群众合理诉求和合法权益，促进社会各项事业进步作出了应有贡献。一年来，共受理各类案件 132（含旧存 5）件，审执结 124 件，综合结案率 93.94%。其中，刑事案件 6 件，民商事案件 77 件，执行案件 49 件。

#### 一、以习近平新时代中国特色社会主义思想为统领，确保人民法院正确政治方向

坚持党对法院工作的绝对领导。认真落实习近平总书记“反分裂斗争形势越是尖锐复杂，改革发展稳定任务越是艰巨繁重，越要加强党对西藏工作的全面领导”的重要指示。坚持不懈用习近平新时代中国特色社会主义思想武装头脑，自觉在思想上政治上行动上同以习近平同志为核心的党中央保持高度一致，确保司法审判事业沿着正确的政治方向前进，充分发挥审判职能作用，坚持以人民为中心的发展思想，切实承担起人民法院践行新时代中国特色社会主义司法事业建设者和捍卫者的责任，不断提升人民群众的获得感、幸福感和安全感，努力让人民群众在每一个司法案件中感受到公平正义。扎实开展维护社会稳定工作。牢固树立稳定压倒一切的政治意识，始终按照“思想不放松、责任不放松、措施不放松”的要求，以建党 100 周年大庆及自治区成立 70 周年大庆等重大敏感节点的绝对安全为重点，积极参与巡逻联防、矛盾联调等各项维稳中心工作，有效防控社会稳定风险，筑牢维护社会和谐稳定的铜墙铁壁。一年以来，投入警力参加值班备勤、巡逻 420 余人次，出动车辆 135 次，行程达 3.4 万余千米。积极助力脱贫攻坚工作。始终把脱贫攻坚工作作为一项重要任务，严格按照县委强基办要求，积极选派 2 名优秀干警驻村并担任村党支部第一书记，以“两不愁三保障”为重点，

认真贯彻落实脱贫攻坚向乡村振兴工作有效衔接，院党组先后8次26人深入驻村点检查指导驻村工作、慰问驻村干警、开展结对帮扶及"三包五带五促"活动，经院党组、驻村工作队积极作为，先后为村委会及驻村点解决修路资金、党建活动经费、饲料等，并捐赠办公、生活等用品价值12.4万余元。全院17名干警结对认亲贫困户10户32人，深入开展扶贫调研及帮扶工作，宣传国家扶贫政策并通过结对帮扶慰问及消费扶贫方式购买结对帮扶户价值18500元农畜产品。统筹做好疫情防控工作。在疫情防控的特殊时期，始终坚持两手抓、两不误，畅通立案诉讼服务渠道，绝不让群众无处申诉，绝不让群众诉求置之不理。建立一站式多元解纷和诉讼服务工作机制，推进案件繁简分流、轻重分离、快慢分道，积极借助网络信息化平台，全面落实网上立案、跨域立案、网络调解、电子送达、网上查询、网上办理等措施，为广大人民群众提供了便利、灵活、多元的线上诉讼服务。

二、以改善民生、凝聚人心为出发点，确保司法服务保障有为有力

（一）依法审理刑事案件，努力提升人民群众安全感。以贯彻总体国家安全观为着眼点，确保社会大局持续全面稳定，认真落实习近平总书记"西藏工作关键是做好反分裂工作、维护国家安全"的重要指示。坚决维护国家政治安全，维护社会安全稳定，始终保持反分裂斗争和重大刑事犯罪的严打态势，坚持惩罚犯罪与保障人权并重，积极落实认罪认罚从宽制度，完善刑事辩护全覆盖，严格落实宽严相济的刑事政策，坚持打击与教育并重，力求政治效果、法律效果、社会效果有机统一。一年来，共受理各类刑事案件6件6人，审结认罪认罚案6件，结案率100%。审结危险驾驶案2件2人、盗窃案2件2人，故意毁坏财物案1件1人；审结贪污贿赂等犯罪案1件1人。依法适用简易、速裁程序5件，普通程序1件；为2名被告人指定辩护人。

（二）依法审理民商事纠纷，服务经济社会发展新常态。认真落实习近平总书记"三个赋予、一个有利于"的重要指示，贯彻新发展理念。围绕服务"双循环"新发展格局，正确处理"十三对关系"，把营造稳定公平透明、可预期的法治化营商环境作为服务大局的结合点、切入点，充分发挥司法审判促发展、稳预期、保民生作用，主动适应经济发展新常态。一年来，共受理民商事案件77件（含旧存4件），审结73件，结案率94.81%，结案标的额705.49万元。调撤各类民事矛盾纠纷案件46件，调撤率63.01%，调解标的额305.39万元；以保护弱势群体合法权益为出发点，妥善审理家事纠纷类案件共15件；以尊重合同契约自由为原则，依法公平公正审理合同类纠纷案件50件；努力做到了廉洁、高效、便民，案结、事了、人和，有效促进了社会和谐健康发展。

（三）依法推进执行工作，巩固"基本解决执行难"成果。一是持续加大执行力度，充分发挥执行工作职能，认真做好"六稳"工作，落实"六保"任务，全面加强对民商事案件的执行，对有履行能力的被执行人，依法及时采取查封、扣押、拍卖、变卖等强制执行措施；对暂无财产可供执行的，积极采取限制高消费、纳入失信被执行人名单、公开曝光等措施。二是建立完善失信被执行人信用监督警示和惩戒机制等执行工作体制机制，建设完成了执行指挥中心，初步建立了公安、检察、司法、银行等相关单位的联动机制，凝聚了解决执行难的社会合力，形成了"执行难"问题综合治理的格局。一年来，共受理执行案件49件（含旧存1件），执结45件，执解率达91.84%，执行到位金额145.99万元。纳入失信被执行人名单1件1人，限制高消费3件4人，布控5件5人，公安机关、金融机构等积极协助人民法院查控被执行人及其财产49次，查控资金达80余万元。

三、以践行司法为民宗旨为落脚点，确保人民群众的司法获得感成色更足

积极参与社会基层综合治理。认真落实习近平总书记"努力提供普惠均等、便捷高效、智能精准的公共服务"的重要指示，坚持走出去，服务基层社会治理现代化。始终紧紧围绕中心服务大局，主动融入党委领导的社会治理体系，坚持把非诉纠纷解决机制挺在前面，以法治思维和法治方式主动融入基层治理，让人民内部矛盾得到更快更有效化解。一

年来，共调解化解各类矛盾纠纷48件，切实将矛盾纠纷预防在源头、化解在萌芽、解决在基层。推动司法审判更贴近人民群众。充分发挥车载流动法庭广覆盖、宽服务、机动快捷的优势，深入开展“上门立案”“法官巡回办案、上门诉前调解”等“诉讼绿色通道”，真正让车载流动法庭成为司法为民的主阵地，将司法工作置于群众家门口，方便当事人行使诉讼权利。通过车载流动法庭巡回受理审理案件93件，占总案件数的70.5%左右。加大普法宣传教育力度。始终坚持以“普法下乡”、“打隆物交会”、“八五”普法、“宪法日”等为契机，以实用、有用、能用为出发点，以会用为落脚点，延伸司法服务功能，拓宽宣传领域大力开展普法宣传，宣讲宪法、民法典等法律法规，不断增强法律知识、提升法律意识。一年来，开展普法宣传16场次、讲座4场次，发放法律宣传手册8500余份，受教育群众15000人次。同时充分利用羊卓法苑微信公众平台、法院官方微博、LED显示屏等网络媒体，及时推送典型案例以案释法、大力宣传与人民群众生产生活相关的法律知识，不断深化普法宣传工作。强化网络平台服务工作。立足于人民法院的司法实践和新媒体的发展趋势，为不断满足人民群众司法新需求，我院羊卓法苑微信公众平台及官方微博，作为推进司法公开公正、实现司法为民便民利民的重要载体，及时推送法院工作动态，接受社会监督，提供诉讼服务，建立了法院与群众互动交流的便捷新通道。截至目前，平台点击量达6万人次，推送法院工作动态125条，普法宣传45次，为人民群众办理诉讼服务答疑解惑39条。扎实开展“我为群众办实事”实践活动，以便捷立案、减少诉累、提升审判质效、快速执行、法治宣传为载体，为民办实事51件，坚持以人民为中心的发展思想，把改善民生、凝聚人心作为法院一切工作的出发点和落脚点，努力办实事、纾民忧、解民困。

## 四、以司法改革和智慧法院建设为动能，确保司法公正高效权威

深化司法体制综合配套改革。认真落实习近平总书记“深化司法责任制综合配套改革，加强司法制约监督”“让人民群众在信息化发展中有更多获得感、幸福感、安全感”的重要指示。以问题为导向，不断深化和巩固立案登记制度改革成果，采取当场立案、邮寄立案、网上立案等措施，对依法应当受理的案件，做到有案必立、有诉必理，当场受理各类矛盾纠纷案件73件，立案60件，当场立案率82.2%，开通网上、邮寄、跨域立案新渠道，受理网上、邮寄、跨域立案案件17件，开启了“家门口起诉”新模式，减轻了当事人诉讼负累，坚决杜绝了“有案不立、有诉不理、拖延立案”等现象。并实现院庭长办案常态化，积极推动领导“回归”法官本色，全年院庭长承办案件88件，参与案件庭审率66.67%。建立一站式诉讼服务机制。从多元解纷、分调裁审、立案服务、审判辅助、涉诉信访等方面着手，建立调解、速裁、快审一站式解纷机制，推进案件繁简分流、轻重分离、快慢分道，充分利用调解平台，发挥诉前调解优势，积极推行导诉服务、“12368”服务热线平台，确保诉讼服务体系全流程在线，通过导诉服务接待群众100余人次。让司法体制改革更加专业化。始终坚持“积极、稳妥、有序、顺利”的改革思路，全面深入推进司法体制机制改革。一年来，通过严格的考试、考核等程序，完成3名法官助理入额员额法官工作，完成2名员额法官等级晋升工作，全部投入审判一线，健全审判权运行机制，探索“1名员额法官+1名法官助理+1名书记员”审判模式，组建专业化审判团队，严格落实司法责任制，推进以审判为中心的诉讼制度，确保让审理者裁判、由裁判者负责。深化智慧法院建设。全面落实司法公开要求，积极推进审判流程公开、裁判文书公开、执行信息公开、庭审直播公开，一年来，公开审判流程信息132条，公开各类裁判文书68份，公开执行信息46例，公开庭审直播73场。

## 五、以推进全面从严治党为牵引，确保干警队伍忠诚干净担当

深化全面从严管党治院。始终把政治建设摆在首位，突出抓好党的建设、党风廉政建设重点工作并齐抓共管，齐头并进，促使党建思想认识到位，党组织决策落实到位，党风廉政责任落实到位。始终树立“抓党建党风廉政建设，促审判带队伍”工作思路，研究制定《2021年法院党建工作计划》《浪卡

子县人民法院2019—2021年党风廉政工作方案》。“一把手”开展党风廉政建设工作调研2次，听取分管领导党风廉政建设工作汇报2次，给干警上廉政党课2次，组织召开民主生活会及组织生活会各3次，开展廉政谈心谈话3次58人。深化政治理论学习。坚持以政法队伍教育整顿为契机，深入开展党史学习教育、“三更”专题教育、法院法律大学习、执法大培训、作风大整顿、素质大提升、为民大服务“五大专项行动”，结合法院党组理论中心组学习会、法院党员“夜校”大学习等活动，先后开展政治教育、警示教育、廉政教育、英模教育，“六大顽瘴痼疾”专项整治活动，严格落实党内政治生活制度，开展党组理论学习中心组学习会14次，专题党课4次，主题党日活动12次，研讨交流学习6次35人，观看5次警示教育片、3次英模宣传片，参观2次廉政教育基地，集中学习49次、撰写信息简报112条。通过深入学习“四项教育”内容，有力引导了全体干警把好理想信念“总开关”，使干警进一步筑牢信仰之基，补足精神之钙，把稳思想之舵。深化司法业务能力建设。以提升法官队伍的法律适用能力、庭审驾驭能力及案件执行能力为出发点，突出政治学习为根本，法律业务知识学习为重点，积极组织参加各级各类学习培训，提高干警的理论水平和业务素质，选派干警参加各级各类学习培训共13次27人。同时大力加强干部选拔任用工作，坚持“三个牢固树立”，坚持新时代好干部标准和民族地区“三个特别”要求，完成3名法官助理入额员额法官和2名员额法官等级晋升工作。

六、主动接受监督，打造阳光司法，司法水平得到新提升

（一）优化人民陪审员结构，加强人民陪审员工作。严格按照《中华人民共和国人民陪审员法》要求，加大从基层群众中选任陪审员力度，实现对审判实体和程序方面的监督作用，并进一步加深人民群众对司法审判的认同感。截至目前，共选任人民陪审员30人，其中农牧民陪审员22人，占73.33%，我院普通程序审结案件数23件，人民陪审员参审案件数15件，陪审率为65.22%，有效保障了人民陪审员工作的有序开展。

（二）自觉接受监督，主动请示汇报。牢固树立“党对法院工作的绝对领导及监督就是支持”的工作理念，自觉接受人大及其常委会监督，坚持重大问题、重大案件向县委、人大、政法委汇报，认真办理好人大代表建议、政协委员提案；积极主动邀请代表委员座谈、视察法院建设、指导法院工作，并对具有重大影响、社会关切、人大代表关注的重大案件，邀请人大代表旁听案件审理，促进司法的公开、公平、正义。一年来，主动邀请人大代表、政协委员检查指导法院工作3余次，旁听重大案件审理2次，始终坚持党对法院工作的绝对领导，积极主动向县委、县委政法委、县人大专题汇报法院各项工作8次，确保法院工作的正确方向，切实推进法院各项工作公平、公正、廉洁、高效开展。

各位代表，过去的一年，浪卡子县法院发展根基更加厚实，发展后劲愈发有力，各项工作取得的成效显著，根本在于党对法院工作的绝对领导，根本在于习近平新时代中国特色社会主义思想的科学指引。人民法院工作成绩的取得，是县委坚强领导、人大有力监督、上级法院正确指导和县政府、政协及社会各界关心支持的结果，凝结着人大代表、政协委员的关心支持。在此，我代表浪卡子县人民法院表示衷心的感谢，并致以崇高的敬意！

在看到成绩的同时，我们也清醒地认识到，法院工作仍存在着一些不完善的方面和亟待解决的问题。一是对习近平新时代中国特色社会主义思想的学思践悟特别是与司法审判工作的融会贯通还有欠缺；二是司法服务“四个确保”大局的措施还不够精准，对反分裂斗争形势等重大风险研判还不够系统，案件办理“三个效果”还有待加强；三是社会解纷融入一站式多元解纷和诉讼服务体系建设，助力基层社会治理新格局能力有待提升，成效与各族群众期待还有差距；四是受理案件数量持续增长，法官办案压力增大，人少事多的矛盾日益突出；五是对新类型案件的审理，尺度把握不够准确，干警司法业务能力水平亟待加强，司法服务能力和整体素质有待进一步提升。对此，我们将努力加强自身建设，积极争取各方支持予以改进。

## 2022年工作思路

2022年浪卡子县法院总体工作思路是：坚持以习近平新时代中国特色社会主义思想为指导，坚持党对法院工作的绝对领导，坚持以人民为中心的发展思想，全面贯彻党的十九大和十九届历次全会精神、中央第七次西藏工作座谈会精神，认真贯彻落实习近平法治思想和党的新时代治藏方略，增强“四个意识”、坚定“四个自信”、做到“两个维护”，聚焦“稳定、发展、生态、强边”四件大事，扎实做好服务大局各项工作，认真抓好执法办案第一要务，为建设社会主义现代化新浪卡子贡献司法审判智慧和力量。

（一）牢固树立“四个意识”，坚持正确政治方向。始终把讲政治作为法院各项工作的生命线，坚定不移为全县经济社会发展大局服务，切实承担起人民法院践行新时代中国特色社会主义司法事业建设者和捍卫者的政治责任，坚持党对法院工作的绝对领导，坚持把维护稳定作为第一任务，坚持以铸牢中华民族共同体意识为主线，切实将“努力让人民群众在每一个司法案件中感受到公平正义”的工作目标付诸于审判实践。

（二）履职尽责，在执法办案上有新提升。始终坚持着力服务改善民生，将“三个赋予、一个有利于”贯穿司法审判服务经济社会高质量发展始终。全面深化“一站式”建设，加大涉民生案件审判执行力度，坚持公正司法、依法审理“三农”领域违法犯罪和矛盾纠纷，深挖执行联动机制，加大信用联合惩戒力度，用更多的“真金白银”兑现当事人胜诉权益，推进民法典精神和规定落地生根，组织编发典型案例，发挥以案释法作用，以公正裁判树立行为规则、引领社会风尚，全方位保障群众各项民事权益。持续推进扫黑除恶专项斗争，依法惩治各类刑事犯罪，依法维护社会公平正义，使人民群众的司法获得感更足、幸福感更强、安全感更有保障。

（三）主动作为，在便民利民上有新突破。全面深化诉讼服务体制，推行诉讼引导、立案审查、咨询解答、诉前调解、网上立案、跨区域立案，推进诉讼服务体系建设，完善社会矛盾纠纷多元预防调处化解综合机制，不断提高化解矛盾纠纷和服务人民群众的能力水平。认真贯彻落实强边工作会议精神，紧扣加快边疆发展、确保边疆巩固边境安全这条主线，巩固拓展脱贫攻坚成果同乡村振兴有效衔接，依托车载科技流动法庭、巡回审判点等，把司法服务送到边境地区各族群众“家门口”，大力开展送法进军营活动，服务“五共五固”，促进军民团结和“双拥”工作新发展。认真谋划“八五”普法规划，发挥法院法治宣传主力军作用，大力宣传宪法、民法典及其他法律法规，增强群众的国家意识、法律意识、公民意识。

（四）从严治院，在作风建设上有新转变。坚持以党的政治建设为统领，旗帜鲜明讲政治，认真履行全面从严治党、全面从严治院“两个责任”，加快推进法院队伍正规化、专业化、职业化建设，使思想、能力、行动跟上党中央决策部署，跟上区党委、市委县委工作要求，跟上新时代司法审判事业发展需要。坚持把习近平法治思想作为做好法院工作的根本遵循，开展大学习大研讨活动，切实把习近平法治思想落实到审判执行工作全过程各方面，深入开展党史学习教育、“三更”专题教育和政法队伍教育整顿活动，提高政治判断力、政治领悟力、政治执行力，锤炼“七种能力”，确保忠于党、忠于国家、忠于人民、忠于法律。

各位代表，站在“十四五”规划、开启全面建设社会主义现代化国家新征程、向第二个百年奋斗目标进军的新起点上，我们将一如既往在县委坚强领导和人大有力监督下，以习近平新时代中国特色社会主义思想统揽法院工作，秉持以人民为中心的发展思想，把初心书写在司法实践中，将使命落实在工作岗位上，努力谱写新时代人民法院工作新篇章，以优异成绩迎接党的二十大胜利召开！

# 浪卡子县2021年国民经济和社会发展计划执行情况和2022年国民经济和社会发展计划（草案）的报告

## ——在浪卡子县第十四届人民代表大会第三次会议第一次全体会上

浪卡子县发展和改革委员会

（2022年1月17日）

各位代表：

受县人民政府委托，现将2021年国民经济和社会发展计划执行情况和2022年国民经济和社会发展计划（草案）提请大会审议，并请各位政协委员和列席人员提出意见。

2021年，在县委、县政府坚强领导下，在县人大常委会监督支持下，全县上下坚持以习近平新时代中国特色社会主义思想为指导，认真贯彻落实党的十九大和十九届历次全会精神和中央第七次西藏工作座谈会精神，贯彻落实习近平总书记关于西藏工作的重要论述和新时代党的治藏方略，深入贯彻习近平总书记在西藏视察调研时的重要指示精神，增强“四个意识”、坚定“四个自信”、做到“两个维护”，贯彻落实自治区第十次党代会精神、市第二次党代会精神和区党委、市委、县委经济工作会议精神，统筹推进“五位一体”总体布局，协调推进“四个全面”战略布局，坚持以人民为中心的发展思想，坚持稳中求进工作总基调，坚持新发展理念，坚持高质量发展要求，有力保障了全县经济健康平稳运行。

### 一、2021年国民经济和社会发展计划执行情况

2021年，全县一般公共预算收入同比增长28.26%；税收收入同比增长12%；全县完成地区生产总值同比增长9%；全社会固定资产投资同比增长17.6%；农牧民人均可支配收入同比增长14%；社会消费品零售总额同比增长1.6%。主要呈现以下几方面特点。

（一）疫情防控扎实有效。全面落实防控要求，强化疫情防控技能培训，做好防疫知识宣传，防人传与防物传相结合。全县严密检查防控，切实抓紧外防输入、内防疏忽，库存物资支持满负荷运行1个月。

（二）特色产业稳中向好。一是农牧业生产健康有序。着力保障粮食安全，深入实施“藏粮于地、藏粮于技”战略，农作物种植面积达到4.1万亩，粮经饲比例为61∶16∶23，新生仔畜成活率94.4%，牲畜出栏7.3万头（只/匹）。二是旅游业平稳发展。严格落实“拉萨山南一体化发展行动”，旅游基础设施进一步完善，以“西藏风光、羊湖领秀”为主题的全县旅游发展大会成功召开。全年共接待国内外游客43.87万人次，同比增长36.13%；实现旅游创收37.85万元，同比增长36.13%。三是清洁能源基地建设开头良好。共有4家清洁能源企业对与我县合作意向强烈，并开展深入交流。

（三）项目建设成效显著。一是全面加强项目调度。严格落实项目基本建设程序，综合督导、量化通报等体系持续跟进，做到了保进度、保质量。

二是全力推进项目建设。全年累计开复工项目93个，总投资10.84亿元，项目开复工率达到100%。三是全力抓好项目储备。积极谋划“十四五”规划项目盘子，储备项目508个，总投资320亿元。初步纳入自治区规划盘子项目129个，总投资29.52亿元。

（四）乡村振兴工作全面发展。持续落实“四不摘”要求和“两不愁三保障”巩固工作，有效防止返贫。充实完善23个产业项目利益联结机制，打隆镇林西社区乡村振兴试点项目开工建设，全县乡村振兴规划编制工作进展顺利。

（五）民生保障水平明显提升。一是教育事业加快发展。依法落实“三包”、免费教育、学生营养改善等惠民政策，深入推进均衡发展义务教育，持续加强“控辍保学”力度，长效巩固“五个100%”目标任务。二是健康浪卡子稳步推进。常态化推动疫情防控，开展核酸检测8508人，新冠疫苗第一、二、三剂接种率分别为89.60%、87.46%、44.22%。为314人兑现农牧民孕产妇住院分娩补助79.533万元，“两降一升”数据控制在指标范围内。三是社会保障扎实有效。向3578名60岁以上农牧民群众发放养老金1055.63万元；落实临时救助资金184.6万元，落实低保资金145.1万元，残疾人福利补贴618.895万元。城乡居民医疗报销991人次，兑现金额683.57万元；医疗救助320人次，兑现金额181.56万元。四是就业增收保持稳定。378名大学生全部就业，初次就业率100%；对970名农牧民开展技能培训，完成转移就业9619人，创收8736万元，城镇登记失业率控制在3%以内。

（六）改革开放持续深入。一是重点领域改革稳步推进。农村集体产权制度改革稳步推进，改革95个村居和21个组级，共确认集体经济组织成员38050人，量化资产总额达7397.344万元，成立农村集体资产股份经济合作社116个。二是扎实推进招商引资工作。按照年初预定的5000万元招商引资目标，超额完成预期目标，招商引资金额达到5048万元。三是对口援藏工作持续深化。持续深化与工信部、援藏省市对接，完成浪卡子县“十四五”对口援藏规划编制工作，已确定“十四五”对口援藏工作项目13个，总投资2.14亿元，浪卡子镇道布龙人居环境整治项目等对口援藏项目顺利开工。

（七）生态文明建设扎实有力。全面推进美丽浪卡子建设。积极落实《羊卓雍错保护条例》，稳步筑牢县域重点生态环境屏障。严守生态环境保护底线红线高压线，严禁“三高一低”项目准入，不断强化水、大气、土壤三大污染防治，全面落实河湖长制。

（八）要素保障能力不断提升。一是电油气运供需平衡。认真落实要素协调保障措施，加大综合协调力度，加强行业管理和动态监测，全县电、油、气、运等要素基本得到保障。二是要素价格总体稳定。持续推进价格监测预警工作，及时分析上报市场价格态势，准确掌握物价走势，市场货源充足，品种丰富，价格稳定。

（九）底线红线坚守持续有力。一是扎实维护社会稳定底线。坚持把维护社会稳定作为第一任务，严格落实各项维稳措施，切实为经济社会发展营造了良好社会环境。二是全面落实生态发展红线。深入开展生态环境“六大”专项整治行动，加强生活垃圾填埋场等监管力度。三是不断巩固安全生产底线。组织开展应急救援演练，不断提升全县应对突发事故和自然灾害应急救援处置能力，安全生产形势总体稳定。

今年以来，虽然取得了一定成绩，但高质量发展的基础还不牢固、经济增长面临“三重压力”、产业结构仍不合理、民生基础短板较突出等问题仍然存在。这些问题我们必须高度重视，采取行之有效的措施妥善解决。

## 二、2022年全县经济社会发展主要预期目标及重点任务

2022年是党的二十大召开之年，也是全面实施“十四五”规划的重要之年、加快县域经济高质量发展的关键之年，更是我县推动实施“四塘两原（园）两基地”发展规划的起航之年。我们要坚持以习近平新时代中国特色社会主义思想为指导，深

入贯彻党的十九大和十九届历次全会精神及中央第七次西藏工作座谈会精神，全面贯彻习近平总书记关于西藏工作重要论述和新时代党的治藏方略，深入贯彻习近平总书记在西藏视察调研时的重要指示精神，增强“四个意识”、坚定“四个自信”、做到“两个维护”，全面贯彻自治区第十次党代会、市第二次党代会精神和区、市、县委经济工作会议精神，坚持统筹推进“五位一体”总体布局、协调推进“四个全面”战略布局，立足新发展阶段，全面贯彻新发展理念，服务融入新发展格局，全面落实“三个赋予一个有利于”要求，推动高原经济高质量发展，改善和保障民生，推进生态文明建设，加强边境地区建设，抓好稳定、发展、生态、强边“四件大事”，准确把握“五先”目标思路，加快构建“一心三带三区”发展格局，以优异成绩迎接党的二十大胜利召开。

2022 年全县经济社会发展主要预期目标是：力争地区生产总值增长 8% 以上，农村居民人均可支配收入增长 13%、城镇居民人均可支配收入增长 10%，力争固定资产投资增长 20% 以上，招商引资增长 5%，社会消费品零售总额增长 7%，居民消费价格指数涨幅控制在 3% 以内，城镇调查失业率控制在 5% 以内。

为圆满完成目标任务，重点抓好以下几个方面的工作。

（一）全力加强经济运行调度。围绕“五城同创、三个走在全市前列”目标，全力发展高原经济，推动我县高原经济高质量发展在全市 4 个高寒县中走在前列，扎实推进经济运行分析调度，切实抓好主要指标、重点项目、重大政策落地落实，确保年度经济社会发展目标顺利完成。

（二）全力抓好项目建设。一是加强项目谋划。深刻领会项目是点、产业是线、经济是面的辩证统一关系，重点围绕把握中央经济工作会议的“七大政策取向”、区党委第十次党代会明确的“四个创建”“四个走在前列”、市第二次党代会提出的“六个走在前列”，以及区党委、市委和县委经济工作会议释放出的投资方向谋划项目。紧盯自治区、市“十四五”规划项目库和年度项目计划，不断加大对上衔接跑办，争取一大批项目打基础、谋长远、增动力、强支撑的重点项目，进一步充实全县项目计划，切实为“十四五”中期调整做好准备。二是加大项目管理。按照谋划项目抓前期、在建项目抓进度、竣工项目抓投产、问题项目抓整改、投产项目抓效益的工作要求，紧盯年度目标任务，围绕 2022 年项目计划，在 2022 年 2 月底前完成项目前期工作，确保项目资金到位可以立马开工建设。三是加大边境基础设施建设。全力推进固边兴边富民行动示范县走在全市前列，坚持屯兵与安民并举、固边与兴边并重的边境建设工作思路，对接落实国家工信部定点帮扶举措，认真做好边境基础设施建设。围绕边境一线水路电讯“四通工程”，以普玛江塘乡、打隆镇为主实施基础设施改善、新建工程，落实边境地区各项惠民政策，提升边民群众“五个认同”，实施边境党建红色长廊工程，全力确保边疆巩固、边境安全、边民安居。

（三）全力推动特色产业发展。一是继续发展农牧业。以大力实施乡村振兴战略为契机，紧紧围绕“四塘两原（原）两基地”规划，立足“一牛一羊一草”战略，不断推动牲畜多季节出栏、绵羊“两年三胎”工程，进一步提升全县优质农畜产品影响力；稳步推进高标准农田建设，牢牢守住耕地红线，切实保障粮食安全。二是大力发展特色旅游业。继续深化布局发展雪山草原、湖泊冰川为主的生态旅游业，积极打造、推介精品旅游线路，完善旅游基础设施建设，营造良好的旅游市场氛围，逐步解决游客“过境不过夜、打卡不刷卡”的局面。三是发展壮大民族手工业。推动民族手工业精品化、品牌化，稳步提高产品质量，打造精品。四是加快推进绿色工业和清洁能源业。立足“四塘两原（园）两基地”规划，重点发展清洁能源，扎实推进风力、光热发电项目落地。探索实施“牧风光互补”项目，实现风能、太阳能有效开发，“三荒”土地合理利用、群众致富增收相统一。

（四）全力提升民生保障水平。一是不断巩固脱贫攻坚成果。落实主体责任和“四不摘”政策，防止边缘人员致贫返贫。推进脱贫攻坚与乡村振兴战略有机结合，加大扶贫资金整合力度，加强项目运营管理，扩大扶贫产业规模，巩固利益联接机制，提高投资效益。二是抓好就业增收。持续加大劳动力转移和技能培训力度，继续落实产业扶持、项目建设、劳务输出等措施，切实增加群众收入。三是抓好教育事业发展。深化教育优先发展战略，加大教育支出，确保财政教育投入不低于 25%，加快发展现代化职业教育。四是抓好医疗卫生发展。加快健康浪卡子建设，深化医药卫生体制改革，推行县乡村一体化工作，推动医疗卫生信息化建设。五是继续加大疫情防控力度。严格落实常态化疫情防控措施，切实把“外防输入、内防疏忽”作为重点任务，严格执行防控工作机制。六是抓好文化发展。充分发挥新时代文明实践中心（所、站）作用，深入开展文艺下乡演出活动，精心举办“打隆物交会”，加大非物质文化遗产项目挖掘传承和保护利用，强化文物安全保护，繁荣文艺创作，丰富群众精神文化生活。七是抓好社会兜底保障。继续落实好党的强农惠农政策，及时落实民生资金，强化帮弱护幼扶残助孤养老等社会救助兜底保障。

（五）持续深化改革开放。一是深入推进重点领域改革。继续深“放管服”改革，努力实现事项最少、审批时限最短、审批效率最高、审批服务最好。二是继续加强招商引资力度。依托位处拉萨山南一体化和拉萨日喀则山南核心经济区交汇发展区的优势，主动服务融入自治区“一核一圈两带三区”区域发展格局，持续加大对外开放政策宣传力度，全力优化营商环境，把握和运用好国家工信部、援藏省市的帮扶契机，采取“飞地经济”模式，在拉萨山南周边合作建立产业园区，拓宽全县增收渠道，打造新经济增长点。三是不断强化受援工作。加快实施对口援藏项目进度，确保完成既定目标。

（六）加快实施乡村振兴战略。大力实施乡村振兴战略，持续实施农牧区人居环境整治行动，切实改善农牧区“脏乱差”问题。加快转变农牧业发展方式，延伸农牧产业链条，创新经营体系，推动农牧业与二、三产业融合发展。以社会主义核心价值观为引领，加强爱国主义、集体主义、社会主义、无神论宣传教育，破除封建迷信，淡化宗教消极影响。

（七）统筹区域协调发展。加快新型城镇化进程，持续完善城镇基础设施和公共服务体系，全面提升城市品位和辐射功能能力，加快形成城乡互补、全面融合、共同繁荣的新型城乡关系，促进城乡融合发展。

（八）持续加快生态文明建设。牢固树立“绿水青山就是金山银山、冰天雪地也是金山银山”理念，坚持山水林田湖草沙冰一体化保护，全力打好污染防治攻坚战。积极争取并落实“四塘两原（园）两基地”生态修复治理项目，持续推动生态修复与治理工程。全面落实落细河（湖）长制，加强农业农村污染治理，继续推进义务植树造林活动，坚持规划环评与项目环评联动，严厉打击污染环境和破坏生态的违法行为。

（九）全力保障社会和谐稳定。一是坚守好和谐稳定底线。深入开展反分裂斗争教育，严格落实各级维稳工作部署，确保社会长期稳定、全面稳定，为党的二十大胜利召开提供坚强保证。二是坚守安全生产底线。牢固树立“安全发展”思想，大力开展安全生产领域专项整治行动，坚决遏制重特大事故发生。三是坚守生态环保底线。统筹山水林田湖草沙冰系统治理，加强草原、湿地保护，落实生态补偿机制，加快生态文明建设步伐，打造生态文明建设标杆。

# 浪卡子县2021年财政预算执行情况和2022年财政预算(草案)的报告

## ——在浪卡子县第十四届人民代表大会第三次会议第一次全体会上

浪卡子县财政局局长 罗布顿珠

(2022年1月17日)

各位代表:

受县人民政府委托,我向大会作浪卡子县2021年财政预算执行情况和2022年财政预算(草案)的报告,请予以审议,并请各位人大代表和列席的政协委员提出意见。

2021年,在县委、县政府的正确领导和县人大的监督支持下,县财政局紧紧围绕县第十三届人大常委会第二十九次会议审议批准的财政预算,坚持稳中求进工作总基调,坚持新发展理念,落实高质量发展要求,全力以赴抓好各项措施的落实,财政运行情况总体平稳趋好,为促进全县经济发展与社会和谐稳定提供了强有力的财力支撑。

### 一、2021年财政预算执行情况

2021年一般预算安排的总财力为129026.36万元,同比减少35220.64万元,减少21.44%,其中:县级财政一般预算收入3581万元,同比增加789万元,增长28.26%,上级补助收入125445.36万元,同比减少36009.64万元,减少22.3%;财政总支出完成99294万元,同比减少64953万元,减少39.55%,安排稳定调节基金381万元,结转下年29351.36万元,保持收支平衡。

#### (一)财政收入完成情况

本级财政收入完成3581万元,其中:税费收入1736万元,占总收入的48.48%,非税收入1845万元,占总收入的51.52%。

上级补助收入125445.36万元,同比减少36009.64万元,减少22.30%。其中:(1)税收返还950万元(其中:增值税返还900万元,所得税返还50万元)。(2)一般性转移支付收入88447.29万元,包括:体制补助收入778万元,均衡性转移支付补助收入3514.06万元,边境地区转移支付收入4477万元,贫困地区转移支付收入7804.21万元,县级基本财力保障机制奖补资金收入3478万元,结算补助收入7348.72万元,义务教育等转移支付收入20293.69万元,重点生态功能区转移支付收入2295万元,固定数额补助收入9033.21万元,公共安全共同财政事权转移支付1312.16万元,文化旅游体育与传媒共同财政事权转移支付600.67万元,社会保障和就业共同财政转移支付446.84万元,医疗卫生共同财政事权转移支付1330.87万元,农林水共同财政事权转移支付15781.33万元,住房保障共同财政事权转移支付317万元,灾害防治及应急管理共同财政事权转移支付356万元,节能环保共同财政事权转移支付154万元,其他一般性转移支付收入3126.53万元;地方政府一般债券支付6000万元。(3)专项转移支付收入36048.07万元。

政府性基金收入完成情况。2021年政府性基金收入为13594.5万元,其中:本级政府性基金收入完成资金1671万元,上级补助收入1023.5万元,地方政府专项债券转贷收入10900万元。

（二）财政支出情况

1.2021 年全县预算内实际支出完成 99294 万元，同比减少 64953 万元，减少 39.55%。其中：一般公共服务支出完成 29783 万元，同比减少 12453 万元，减少 29.48%；公共安全支出完成 4274 万元，同比减少 1657 万元减少 27.94%；教育支出完成 23245 万元，同比增加 6921 万元，增加 42.4%；文化体育与传媒支出完成 1285 万元，同比减少 1100 万元，减少 46.24%；社会保障与就业支出完成 8685 万元，同比减少 4494 万元，减少 34.1%；医疗卫生支出完成 3190 万元，同比减少 3068 万元，减少 49.03%；节能环保支出完成 1557 万元，同比减少 3465 万元，减少 68.99%；城乡社区管理事务支出完成 590 万元，同比减少 29940 万元，减少 98.07%；农林水事务支出完成 20944 万元，同比减少 7661 万元，减少 9.72%；交通运输支出完成 1289 万元，同比减少 3951 万元，减少 75.4%；自然资源海洋气象等事务支出完成 539 万元，同比减少 1868 万元，减少 77.61%；住房保障支出完成 2696 万元，同比减少 2237 万元，减少 45.35%；粮油物资储备事务支出完成 2 万元，减少 6 万元，同比减少 75%；灾害防治应急管理支出 391 万元，同比减少 197 万元，减少 33.5%，其他支出 824 万元。2. 安排稳定调节基金 381 万元。3. 结转下年 29351.36 万元。

政府性基金支出完成情况。政府性基金支出完成 6921 万元，主要支出为：结转下年数为 6673.5 万元。

地方政府债券发行情况政府专项债券资金 6921 万元，2021 年我县财政总体运行正常，通过争取自治区、市补助资金和其他资金调入，实现了财政收支平衡。

## 二、2021 年财政工作及成效

（一）重点支出保障有力

2021 年，县财政进一步完善制度、守住底线，聚焦社会关注，精心做好各项民生工作，民生民利持续改善。坚持集中财力办大事、办急事、办难事，确保县委、县政府的中心工作顺利开展。一是全力支持巩固脱贫攻坚和乡村振兴建设。立足于现有财力水平，坚持优先保障、尽力而为、量力而行的原则，2021 年我县统筹整合涉农资金 14745.15 万元，其中：中央 12321.54 万元，自治区 2045.61 万元，市本级安排资金 250 万元，县本级安排 128 万元，按照“三年集中攻坚，两年巩固提升”的目标任务，以农村基础设施建设为重点，以“五个一批”帮扶为抓手，整合多方资源，强力推进巩固提升工作，确保巩固拓展脱贫攻坚成果与乡村振兴有效衔接目标任务。同时，继续强化整合资金的监管，实行整合资金支出月调度，确保整合资金的支出进度有序推进。二是全力保障民生工程。坚持把保障和改善民生作为一切工作的出发点和落脚点，集中财力，办好民生实事，继续实施好教育优先、卫生提升等民生工程。将上年本级财政收入的 5%、25%、4% 的比列分别投入到卫生和教育、扶贫等民生领域，2021 年县本级财政配套民生资金 2500 万元。三是全力支持边境地区发展。积极统筹财政资金，持续推进普玛江塘、打隆镇边境小康村项目建设；落实边民补助资金 2181.9 万元和边境联防员补助 96 万元，持续筑牢边境稳定发展。

（二）财政管理改革不断完善，管理水平持续提升

一是加强地方政府性债务管理。为切实做好防范化解地方政府隐性债务风险工作，严格按《预算法等要求，实施好地方政府隐性债务统计监测月报制，积极遏制隐形债务的形成，充分利用好地方政府债券，将结合自治区、市对我县安排的债务限额额度，合理申报需求规模，突出重点民生需要。二是深化国库集中收付制度改革和稳步推进预算管理一体化改革，对全县 86 家预算单位基础信息进行了完善，对预算管理业务流程、管理要素和控制规则等进行了规范和统一，切实加强了政府预算、部门预算、单位预算以及上下级预算之间的业务环节无缝衔接和有效控制。三是积极推进寺庙财税监管工作，完成对我县 8 个寺庙的财务人员的培训，建立健全财务管理制度及规范财务收支账本等工作。

总的来看，2021 年财政运行良好，改革发展迈上新的台阶，财政支持经济社会发展的基础和重要

支柱作用得到有效发挥，为完成全年各项经济社会发展主要目标任务提供了有力支撑。在肯定成绩的同时，我们也清醒地认识到预算执行和财政管理工作中仍存在一些矛盾和问题，主要表现在：一是财政收支矛盾日益突出。受经济下行压力加大、实施更大规模减税降费等因素影响和后续财源建设不突出等问题，财政持续增收困难，然而，民生支出、工资性支出等刚性支出不断增加，现有财力难以满足各方面的公共需求，收支矛盾依然十分突出。二是财政支出进度缓慢。个别项目主管部门前期准备不充分、招投标等前置手续滞后，工程进度缓慢，中央、区、市下达的部分专项资金滞留在支付平台上，没有及时形成实际支出。三是项目建设筹资压力大。边境建设、乡村振兴、城镇功能提升等方面涉及的项目资金需求大，带来政府隐性债务。

## 三、2022 年财政收支预算（草案）

根据中央、区、市、县有关要求，结合财政收支形势，2022 年我县预算编制指导思想为：以习近平新时代中国特色社会主义思想为指引，全面学习贯彻党的十九大，十九届二中、三中、四中、五中、六中全会精神以及全国、全自治区、全市经济工作会议和财政工作会议精神，落实预算法和改革完善预算管理制度意见要求，突出重点，狠抓增收，主动适应经济发展新常态，深化财税改革，不断调整和优化支出结构，压缩一般性支出，加大对重点领域支持力度，为促进全县经济发展与社会和谐稳定提供了强有力的财力支撑。

2022 年财政预算（草案）收支安排

2022 年财政年初预算安排的总财力为 86234.05 万元，同比增加 218.44 万元，增长 0.25%。

1. 上级补助收入 81699.05 万元，其中：增值税返还 900 万元；所得税基数返还 50 万元；原体制补助收入 777.62 万元；均衡性转移支付收入 21962 万元；县级基本财力保障机制奖补资金 4134 万元；结算收入 5162.97 万元；教育共同财政事权转移支付收入 21298.62 万元；国家重点生态功能区转移支付收入 1995 万元；固定数额补助收入 7920.93 万元；边境地区转移支付收入 4569.8 万元；；其他一般性转移支付收入 3043.86 万元；科学技术共同事权转移支付 62.64 万元；文化旅游体育与传媒共同财政事权转移支付 646.64 万元；社会保障和就业共同财政事权转移支付 2620.23 万元；医疗卫生共同财政事权转移支付 2911.53 万元，农林水共同财政事权转移支付 2710.83 万元；住房保障共同财政事权转移支付 209.16 万元；交通运输共同财政事权转移支付 417.55 万元；灾害防治及应急管理共同财政事权转移支付 160.52 万元，专项转移支付收入 145.15 万元。

2. 稳定调节基金 381 万元。

3.2022 年我县本级财政一般预算收入奋斗目标 4154 万元，增加 573 万元，同比增长 16%。其中：税收收入 2254 万元，增加 518 万元，同比增长 29.83%；非税收入 1900 万元，增加 55 万元，同比增长 2.98%。

根据新预算法关于地方财政收支平衡的规定，全县一般公共预算支出安排 86234.05 万元，同比增加 218.44 万元，增长 0.25%。具体安排如下：一般公共服务支出 41145.34 万元；外交支出 61.2 万元；国防支出 15 万元；公共安全支出 3214.74 万元，教育支出 21298.62 万元；科学技术支出 62.64 万元；文化体育与传媒支出 646.64 万元；社会保障与就业支出 2620.23 万元；卫生健康支出 2911.53 万元；节能环保支出 1995 万元；城乡社区管理事务支出 761.26 万元；农林水事务支出支出 2710.83 万元；交通运输支出 553.84 万元；自然资源海洋气象等事务支出 141.66 万元；住房保障支出 3000 万元；灾害防治及应急管理支出 160.52 万元；其他支出 4535 万元，预备费 400 万元。

目前，山南市 2022 年对下转移支付尚未告知到位，2022 年预算（草案）报告是根据市已下达的提前告知财力编制。

## 四、2022 年财政主要工作

2022 年，我们将认真贯彻落实县委、县政府决策部署，全面落实人大有关决议，着力深化财税改革，推动创新发展，提升依法理财水平，努力完成各项预算目标任务。

（一）强化收入分析预测。正确认识收入形势，把财政收入作为当前各项工作的重中之重来抓，加强对重点税源运行的分析研判，认真分析对我县经济和重点税源行业发展的影响，及时掌握税源变化对财政收入的影响，防止组织收入出现大起大落。

（二）优先保障重点支出。支出要统筹兼顾，突出“有保有压”，牢固树立“政府过紧日子、群众过好日子”思想，积极压缩一般性支出，压缩“三公”经费支出，确保每一分钱都花在刀刃上。坚持把“三保”放在财政支出的优先位置，支持保障以巩固脱贫攻坚和乡村振兴工作为主的基本民生支出，进一步推进资金动态监管工作，提高资金管理水平和使用效益。

（三）积极推进财政改革。坚持改革和创新理念，不断规范和完善财政管理，积极推进现代化财政制度建设。持续做好预算执行管理、政府会计制度改革、存量资金盘活、预算绩效管理、防控财政风险等工作，规范全县预算管理。

（四）积极争取上级补助资金。加强与上级财政部门的沟通协调工作，多汇报我县当前财政工作开展情况和面临的困难，积极对上争取转移支付等上级补助资金的倾斜力度，集中力量巩固脱贫攻坚成果和乡村振兴战略任务。同时，逐步消化我县财政在以前年度预调资金、养老保险、扶贫产业等方面出现的缺口。

（五）强化资金监管。一是进一步加大与审计部门和第三方中介机构的联合检查力度，继续配合好检查工作的同时，运用好各类检查结果，深入查找财政管理中存在的问题和不足，按规定逐项整改到位，并强化结果运用，力促我县理财管财水平的提升。二是进一步严肃财经纪律。针对预算执行法治观念不强、预算执行力差、执行不均衡、项目执行进度偏慢、预算追加调整频繁等问题，严肃财经纪律，切实加强预算执行管理，切实做到资金申请有法定依据，预算安排依法定程序，资金使用按法定步骤。

各位代表，新的一年财政工作面临任务更加艰巨、责任十分重大。我们将在县委、县政府的坚强领导下，自觉接受县人大、政协及其代表、委员们的有力监督，认真贯彻落实中央、区、市和县的决策部署，按照预算法的要求，努力增收节支，加强财政管理，保障县域经济健康平稳增长，为浪卡子的发展夯实财力基础。

# 组织机构及负责人

## 中共浪卡子县委员会

书 记
次 仁(藏族,6月免)
布 多(藏族,6月任)
常务副书记
陈 平(安徽省芜湖市援藏干部)
副书记
罗文金(6月免)
罗 云(6月任)
白江山
米玛次仁(藏族,6月免)
普 琼(藏族,6月任)
常 委
冉 啸
扎 西(藏族,6月免)
格桑罗布(藏族,6月任)
刘美胜(安徽省芜湖市援藏干部)
唐 静
杨志军
赵 永(6月任)
次仁旺堆(藏族,6月免)
土旦桑珠(藏族,6月任)
普布云旦(藏族,6月免)
陈长义(6月任)
汪 进(6月免)
常国星(6月任)

## 浪卡子县人民代表大会常务委员会

主 任
白江山
副主任
索朗多吉(藏族)
尼玛次仁(藏族)
张锁平
李晓勇(5月免)
小边巴(藏族,5月任)

## 浪卡子县人民政府

县 长
罗文金(6月免)
罗 云(6月任)
常务副县长
扎 西(藏族,6月免)
格桑罗布(藏族,6月任)
副县长
刘美胜(安徽省宣城市援藏干部,正县级)
斯 嘎(藏族,6月免)
仁 达(藏族)
贾 锋(6月免)
许文奎(6月免)
边巴次仁(藏族)
罗布占堆(藏族,6月免)
扎西顿珠(藏族)
李晓勇(5月任)
梅国斌(6月任)
吉国强(6月任)
马 静(女,6月任)

## 中国人民政治协商会议浪卡子县委员会

主 席
扎西顿珠(藏族,6月免)

布　　琼（藏族，6月任）

副主席

玉　　珍（女，藏族，6月免）

次仁央点（藏族）

杨　　鹏

桑珠次仁（藏族，6月任）

## 中共浪卡子县纪律检查委员会（监察委员会）

书记、监委主任

杨志军

副书记、监委副主任

顿珠罗布（藏族，6月免）

贺马建

刘登科（4月免）

贡桑曲吉（女，藏族，5月任）

监委委员

仓姆拉（女，藏族）

邓　　兴（5月任）

纪委常委

仓姆拉（女，藏族，5任）

张　　兵（6月任）

综合办公室主任

朱　　耀（5月任）

信访室主任

色　　珍（女，藏族，5月任，12月免）

次　　旦（藏族，12月任）

审查调查室主任

格尼旺久（藏族）

监督检查室主任

邓　　兴（5月免）

央金卓嘎（女，藏族，5月任，12月免）

王丽霞（女，12月任）

信息中心主任

云旦平措（藏族）

党风政风监督室主任

次　　吉（女，藏族）

## 中共浪卡子县委员会办公室（县委保密委员会办公室、县国家保密局、县委机要局、县密码管理局、县档案局）

县委常委、主任

赵　　永（5月任）

常务副主任

阳海林（7月任，11月免）

主　任

阳海林（7月免）

副主任

顿珠加措（藏族，11月免）

益西曲珍（女，藏族，12月免）

贡嘎边旦（藏族，12月任）

副主任、兼县国家保密局、机要局、密码管理局局长

洛桑达瓦（藏族，5月免）

索朗次仁（藏族，12月任）

## 浪卡子县人大常委会办公室

主　任

次　　仁（藏族，5月免）

曲尼拉姆（女，藏族，5月任，11月免）

德　　庆（女，藏族，12月任）

副主任

刘　　锋

法制司法民族宗教委员会主任委员

米玛旺久（藏族，5月免）

罗　　旦（藏族，5月任）

财政经济和农牧城建环保委员会主任委员

次仁更参（藏族）

教育科学文化卫生和社会建设委员会主任委员

曲尼拉姆（女，藏族，5月免）

曲　　久（藏族，5月任）

## 浪卡子县人民政府办公室

主　任

张华彬

副主任

多吉旺久(藏族,12 月免)

拉姆曲珍(女,藏族)

巴桑次仁(藏族)

魏 德 文(12 月任)

## 中国人民政治协商会议浪卡子县委员会办公室

主 任

措 姆(女,藏族)

副主任

商 晓 明(8 月免)

胡 圣 龙(12 月任)

综合委员会主任

普 琼(藏族)

## 中共浪卡子县委员会组织部(县公务员局、县委老干部局、县直属机关工作委员会)

部 长

唐 静

常务副部长

巴 桑(藏族)

副部长、公务员局局长

白玛曲尼(女,藏族)

副部长、老干部局副局长

贡嘎边旦(藏族,12 月免)

副部长

贺 传 鹏

德 庆(女,藏族,5 月任,12 月免)

王 庆(12 月任)

县直属机关工委书记

唐 静

## 中共浪卡子县委宣传部(县新闻出版局、县政府新闻办公室、县广播电视台、县互联网信息办公室)

部 长

汪 进(6 月免)

常 国 星(6 月任)

常务副部长、县互联网信息办公室主任

巴桑央金(女,藏族)

副部长、县互联网信息办公室副主任、县广播电视局局长

次 珍(女,藏族)

副部长、县政府新闻办公室主任

索朗旦增(藏族,5 月免)

副部长

董 治 刚(白族)

益西卓玛(女,藏族,5 月任)

互联网评论中心主任

姚 萌 豪(12 月任)

县广播电视台副台长

巴 桑(藏族)

郑 杰 文(12 月任)

## 中共浪卡子县委员会统一战线工作部(县民族宗教事务局)

部长、民宗局局长

次仁旺堆(藏族,6 月免)

土旦桑珠(藏族,6 月任)

常务副部长、民宗局副局长

次旺桑布(藏族)

副部长

拉姆次仁(女,藏族)

黄 守 龙

索朗扎西(藏族,5 月任)

桑顶寺管理委员会书记、主任

索朗平措(藏族)

盟嘎曲德寺管理委员会书记、主任

其米多吉(藏族)

嘎多寺管理委员会书记、主任

扎西罗布（藏族，12 月免）

乃　　旦（藏族，12 月任）

新杂寺管理委员会书记、主任

阿旺西若（藏族，5 月免）

格桑次仁（藏族，5 月任）

宗棍寺管理委员会书记、主任

白玛桑布（藏族，5 月免）

洛桑达瓦（藏族，5 月任）

塔林曲德寺管理委员会书记、主任

木 尔 甲（藏族）

扎热桑旦曲林寺管理委员会书记、主任

嘎玛次仁（藏族）

拥布多寺管理委员会书记、主任

吾金巴桑（藏族）

扎西归桑曲林寺管理委员会书记、主任

达娃琼达（女，藏族，5 月免）

卓玛拉姆（女，藏族，5 月任）

珠地寺管理委员会书记、主任

罗布旺杰（藏族）

康如拉康管理委员会书记、主任

次仁罗布（藏族，12 月免）

培青它吉（藏族，12 月任）

绒布拉康管理委员会书记、主任

拉　　巴（藏族）

## 中共浪卡子县委员会政法委员会

书　记

普布云丹（藏族，6 月免）

陈 长 义（6 月任）

常务副书记

洛桑旺久（藏族）

副书记

王　　杰

普布琼达（女，藏族）

## 中共浪卡子县委员会国家安全委员会办公室

主　任

雷 飞 龙

副主任

曲尼卓玛（女，藏族）

次仁达吉（藏族）

## 中共浪卡子县委员会巡察工作领导小组办公室

主　任

卓玛拉姆（女，藏族，5 月免）

张　　兵（5 月任）

副主任

朱　　耀（5 月免）

边巴琼达（女，藏族，5 月任）

巡察一组组长

米玛旺堆（藏族，5 月免）

白玛旺扎（藏族，5 月任）

副组长

扎西顿珠（藏族，5 月免）

崔 建 波（5 月任）

巡察二组组长

米玛桑珠（藏族）

副组长

巴桑次仁（藏族）

## 浪卡子县人民法院

院　长

西　　洛（藏族，3 月免）

曹 成 鹏（7 月任）

副院长

曹 成 鹏（代理院长，4 月任，7 月免）

普布顿珠（藏族）

杨 卫 国（12 月免）

执行局局长

次旺罗布（藏族）

刑事审判庭庭长

格参扎西(藏族,12 月免)

民事审判庭庭长

旦增曲扎(藏族,12 月免)

综合审判庭庭长

格参扎西(藏族,12 月任)

立案庭庭长、诉讼服务中心主任

旦增曲扎(藏族,12 月任)

政治部主任

杨 卫 国(12 月任)

政治部副主任、综合办公室主任

达瓦卓玛(女,藏族,12 月任)

## 浪卡子县人民检察院

检察长

洛桑次仁(藏族,6 月免)

格　　桑(藏族,6 月任)

副检察长

桑　　杰(藏族)

综合部主任

仁增平措(藏族,12 月任)

业务部主任

索朗扎西(藏族)

## 浪卡子县总工会

主　席

边巴桑珠(藏族,5 月免)

何　　彬(5 月任)

副主席

强巴卓嘎(女,藏族)

## 共青团浪卡子县委员会

书　记

次仁央宗(女,藏族)

副书记

达　　杰(藏族)

## 浪卡子县妇女联合会

主　席

桑旦曲宗(女,藏族)

副主席

王 梦 洁(女)

## 浪卡子县工商业联合会

主　席

尼　　玛(藏族,5 月免)

益　　西(藏族,5 月任)

副主席

季 小 荣(女)

## 浪卡子县发展和改革委员会(县粮食和物资储备局、县经济和信息化局)

主任、局长

旦增伟色(藏族,11 月免)

副主任、副局长

吾金群宗(女,藏族)

白玛单增(藏族)

曾　　琦(5 月免)

王　　霆(安徽省宣城市援藏干部)

曾 林 波(5 月任)

## 浪卡子县教育局(县体育局)

局　长

索朗扎西(藏族)

副局长

次仁卓玛(女,藏族)

旦增拉姆(女,藏族)

李 云 龙(12 月免)

李 雨 衡(12 月任)

## 浪卡子县公安局

县委常委、政法委书记、公安局局长、督察长
　　普布云丹(藏族,6月免)
　　陈 长 义(6月任)
政 委
　　吴 达 胜(5月免)
　　顿　　珠(藏族,12月任)
副局长
　　顿　　珠(藏族,12月免)
　　索朗加措(藏族)
　　王　　垚(12月任)
治安管理大队队长
　　格桑多吉(藏族)
指挥中心主任
　　夏 文 平
国保大队队长
　　达　　琼(藏族)
办公室主任
　　杨　　平(苗族)
刑事侦查大队队长
　　洛桑次仁(藏族)
交通警察大队队长
　　扎西平措(藏族)
公共信息网络安全监察室主任
　　朗杰旺堆(藏族)
看守所所长
　　克若拉旺(藏族)
浪卡子镇公安派出所所长
　　旦增桑布(藏族,12月免)
　　多阿旦增(藏族,12月任)
打隆镇公安派出所所长
　　多阿旦增(藏族,12月免)
　　旦增桑布(藏族,12月任)
张达乡公安派出所所长
　　论　　珠(藏族)
伦布雪乡公安派出所
所 长
　　布　　琼(藏族)
指导员
　　多吉格桑(藏族)
多却乡公安派出所所长
　　列　　桑(藏族)
卡龙乡公安派出所所长
　　索朗多布杰(藏族)
阿扎乡公安派出所所长
　　索朗扎西(藏族)
白地乡公安派出所所长
　　阿　　旺(藏族)
卡热乡公安派出所所长
　　次仁罗布(藏族)
桑顶寺公安派出所所长
　　索朗占堆(藏族)
塔林曲德寺公安派出所所长
　　单增平措(藏族)

## 浪卡子县边境管理大队

大队长
　　田 灵 巧
教导员
　　索朗达杰(藏族)
副大队长
　　王 重 睿(6月免)
　　汪 志 勇(6月任)

## 浪卡子县民政局

局 长
　　达娃次仁(藏族,5月免)
　　旦增加措(藏族,5月任)
副局长
　　李　　峰
　　益西措姆(女,藏族)
　　普布曲珍(女,藏族)
浪卡子县残疾人联合会理事长
　　云旦白玛(女,藏族)

副理事长

林　　敏(12月任)

浪卡子县社会福利院(特困人员集中供养中心)

院长、主任

洛桑曲珍(女,藏族)

## 浪卡子县司法局

局　长

杨丽菊(女)

副局长

米　　玛(藏族)

次仁措姆(女,藏族)

陈　　聪(5月任,11月免)

余　　水(12月任)

## 浪卡子县财政局(县政府国有资产监督管理委员会)

局长、主任

罗布顿珠(藏族)

副局长、副主任

旺　　堆(藏族)

刘　　波(8月免)

次仁拉吉(女,藏族,5月任)

张　　林(12月任)

## 浪卡子县人力资源和社会保障局

局　长

蒋建生

副局长

伍金措姆(女,藏族,12月免)

次拉姆(女,藏族)

嘎玛多吉(藏族)

宋保平(12月任)

## 浪卡子县自然资源局

局　长

扎西多杰(藏族,5月免)

田卫星(12月任)

副局长

罗桑次仁(藏族)

桑旦白姆(藏族)

汪文华(土家族)

## 山南市生态环境局浪卡子县分局

局　长

白玛曲扎(藏族)

副局长

加　　措(藏族)

张国伟

论　　珠(藏族)

## 浪卡子县住房和城乡建设局

局　长

西绕加措(藏族)

副局长

顿　　珠(藏族)

李彦宝

央　　宗(女,藏族,5月任)

## 浪卡子县消防救援大队

大队长

李　　静

教导员

土旦加措(藏族)

## 浪卡子县交通运输局

局　长

冉文龙(5月免)

德庆多吉(藏族,12 月任)

副局长

尹　　飞(安徽省芜湖市援藏干部)

德庆多吉(藏族,5 月免)

顿　　珠(藏族,4 月免)

格来朗杰(藏族,5 月任)

唐　　杰(12 月任)

县道路交通运输管理所所长

扎西明久(藏族,5 月任)

## 浪卡子县邮政分公司

总经理

贡觉旦增(藏族)

## 国网西藏电力有限公司浪卡子县供电公司

经　理

次　　桑(藏族)

## 中国电信集团有限公司浪卡子电信局

局　长

次仁罗布(藏族)

## 浪卡子县移动分公司

经　理

次仁曲桑(藏族)

## 浪卡子县水利局

局　长

旦　　增(藏族,5 月免)

扎西多杰(藏族,5 月任)

副局长

白玛曲达(藏族,12 月免)

白玛参旦(女,藏族)

周　　麒

旦珍次旦(藏族,12 月任)

## 浪卡子县农业农村局(县科学技术局、县乡村产业发展局)

局　长

林　　仙

副局长

次白拉姆(女,藏族,5 月免)

米玛次仁(藏族)

杨　　刚

达娃央宗(女,藏族,5 月任,12 月免)

吾金措姆(女,藏族,12 月任)

县农牧综合服务中心

主　任

米玛更才(藏族)

副主任

马 伟 元(回族)

益西次仁(藏族)

## 浪卡子县商务局

局　长

仁增多吉(藏族)

副局长

罗布群宗(女,藏族,5 月免)

李 万 盛

次仁卓嘎(女,藏族)

达　　桑(女,藏族,5 月任)

## 浪卡子县文化局(文物局)

局　长

和 耀 武(纳西族)

副局长

普布卓玛(女,藏族)

次仁央金(女,藏族,12 月免)

阿旺江白(藏族)

唐 文 杰(12 月任)

县文化综合服务中心

主　任

　　普布卓嘎（女，藏族）

副主任

　　葛　　军

## 浪卡子县卫生健康委员会

主　任

　　白玛群宗（女，藏族）

副主任

　　平措次仁（藏族）

　　贡　　嘎（藏族）

　　宋　　阳

## 浪卡子县旅游发展局

局　长

　　多 布 杰（藏族，5 月免）

　　次　　培（藏族 5 月任，12 月免）

副局长

　　强巴雷谢（藏族）

　　索朗旦增（藏族）

　　阎 金 秀（女）

## 浪卡子县退役军人事务局

局　长

　　普布桑珠（藏族）

副局长

　　拉　　巴（藏族，12 月免）

　　桑　　珍（女，藏族）

　　王　　东

　　旦增欧珠（藏族，12 月任）

县退役军人服务中心主任

　　王　　瑞（12 月任）

## 浪卡子县应急管理局

局　长

　　多吉旦巴（藏族，5 月免）

　　齐 元 熙（藏族，5 月任）

副局长

　　培青塔吉（藏族，12 月免）

　　罗　　追（藏族）

　　周 应 东

　　格桑多吉（藏族，12 月任）

## 浪卡子县审计局

局　长

　　王 金 亮（布依族）

副局长

　　贡　　觉（藏族，5 月免）

　　强巴次仁（藏族）

　　曲　　珍（女，藏族，12 月免）

　　美　　多（女，藏族，5 月任）

　　荣 维 鹏（12 月任）

## 浪卡县外事办公室（县边境事务协调办公室）

主　任

　　次旺顿珠（藏族，12 月免）

　　王 宏 宇（12 月任）

副主任

　　乃　　旦（藏族，12 月免）

　　陈　　磊

　　桑旦卓嘎（女，藏族，12 月任）

## 浪卡子县市场监督管理局

局　长

　　晋　　美（藏族）

副局长

　　琼　　吉（女，藏族，12 月免）

　　扎西旺久（藏族）

薛　　燕（女）
益西曲珍（女，藏族，12月任）

## 浪卡子县统计局

局　长
明　　久（藏族，12月免）
边　　片（女，藏族，12月任）
副局长
边　　片（女，藏族，12月免）
陈　　聘（12月任）

## 浪卡子县乡村振兴局

局　长
云　　旦（藏族）
副局长
扎　　堆（藏族）
吴 刚 团（4月免）
辛 茂 俊（安徽省巢湖市援藏干部）
孔 锁 平（5月任）

## 浪卡子县林业和草原局（县自然保护区管理局）

局　长
扎西顿珠（藏族）
副局长
曲　　珍（女，藏族，12月免）
边　　巴（女，藏族）
吴　　勋
县雅江黑颈鹤浪卡子县管理分局局长
格桑桑珠（藏族）

## 浪卡子县医疗保障局

局　长
任 成 龙（5月免）
陈　　亮（12月任）
副局长
次仁卓嘎（女，藏族）
色　　珍（女，藏族）
县医疗保障服务中心主任
德庆卓玛（女，藏族，12月任）

## 浪卡子县信访局

局　长
次　　仁（藏族，12月免）
多吉旺久（藏族，12月任）
副局长
金 瑞 平（女）
罗布次仁（藏族）

## 浪卡子县藏语文工作委员会办公室（编译局）

主任、局长
次　　仁（藏族，5月任）

## 浪卡子县行政审批和便民服务局

局　长
次仁平措（藏族）
副局长
桑杰次旦（藏族）
符 健 佳

## 浪卡子县城市管理和综合执法局

局　长
次旺多吉（藏族）
副局长
褚 莉 莉（女）
巴桑次仁（藏族）

## 浪卡子县机关后勤服务中心

副主任

霍 飞

拉姆次仁(女,藏族)

魏肇国

## 浪卡子县藏医院

院 长

白玛仁增(藏族)

副院长

益西平措(藏族)

次 旦(藏族)

## 浪卡子县卫生服务中心(疾病预防控制中心)

主 任

王立群

副主任

章新桥(安徽省援藏干部)

巴 珠(藏族)

米存福

## 浪卡子县中学

党总支书记

商晓明(8月任)

校 长

达 次(藏族)

副校长

小巴桑(藏族)

李波云(瑶族,8月免)

云丹次仁(藏族)

## 浪卡子县气象局

局 长

普 琼(藏族)

副局长

普布多吉(藏族)

索朗旺堆(藏族)

## 国家税务总局浪卡子县税务局

局 长

贡嘎平措(藏族)

纪检组长

杨夏菲(女)

## 农行浪卡子县支行

行 长

格 桑(藏族)

副行长

格桑扎西(藏族)

李德明(1月任)

党委委员、纪委书记

扎西罗布(藏族,1月任)

## 浪卡子镇

书 记

次仁央点(藏族,5月免)

王 海(5月任)

副书记、镇长

王 海(5月免)

达娃次仁(藏族,5月任)

副书记、人大主席

达娃扎西(藏族)

副书记

次仁卓嘎(女,藏族)

纪委书记

格桑次仁(藏族,5月免)

统战委员、副镇长

强巴卓玛(女,藏族,5月免)

政法委员

李雨衡(5月免)

宣传委员
　　普布卓玛(女,藏族,5月免)
宣传委员、统战委员、副镇长
　　扎西罗布(5月任,12月免)
　　达娃央吉(女,藏族,12月任)
组织委员
　　何　巍(5月免)
　　魏德文(5月任,12月免)
　　杨耀铝(12月任)
政法委员、副镇长
　　李雨衡(5月任)
　　余梦林(12月任)
党委委员、武装部部长
　　王　洪(5月任)
党委委员、纪委书记、监察室主任
　　次仁拉姆(女,藏族,5月任)
副镇长
　　次仁白玛(女,藏族,5月免)
　　伟　色(女,藏族,5月任)
　　江白洛桑(藏族,5月任)
司法所所长
　　张和波
农牧综合服务中心(畜牧兽医服务站)主任、站长
　　德　吉(女,藏族)
文化服务中心主任
　　旦增曲珍(女,藏族)
浪卡子镇卫生院(优生优育服务站)院长、站长
　　其米拉姆(女,藏族)

## 张达乡

书　记
　　张锁平
副书记、乡长
　　罗　旦(藏族,5月免)
　　尼　玛(藏族,5月任)
副书记、人大主席
　　巴桑顿珠(藏族)
副书记
　　边巴琼达(女,藏族,5月免)
　　王金龙(5月任)
纪委书记
　　罗成龙(5月免)
统战委员
　　普布卓玛(女,藏族,5月免)
政法委员
　　陈　伟(5月免)
宣传委员
　　曾林波(5月免)
宣传委员、统战委员、副乡长
　　普布卓玛(女,藏族,5月任)
组织委员
　　其米拉姆(女,藏族)
政法委员、副乡长
　　陈　伟(5月任)
党委委员
　　次仁洛旦(藏族,5月任)
党委委员、纪委书记、监察室主任
　　许博远(5月任)
副乡长
　　次仁洛旦(藏族,5月免)
　　次仁旺久(藏族)
　　普布顿珠(5月任)
农牧综合服务中心(畜牧兽医服务站)主任、站长
　　扎西次仁(藏族)
文化服务中心主任
　　格桑卓嘎(女,藏族)
张达乡卫生院(优生优育服务站)院长、站长
　　加　措(藏族)

## 伦布雪乡

书　记
　　桑珠次仁(藏族)
副书记、乡长
　　杨同波(5月免)
　　吴刚团(5月任)

副书记、人大主席

益 西(藏族,5 月免)

次 仁(藏族,5 月任)

副书记

田卫星(12 月免)

丁洋洋(12 月任)

纪委书记

贺 垚(5 月免)

统战委员、副乡长

加央次旦(藏族,5 月免)

政法委员

索朗玉珍(女,藏族,5 月免)

宣传委员

伟 色(女,藏族,5 月免)

宣传委员、统战委员、副乡长

沈亮亮(5 月任)

组织委员

贡觉卓玛(女,藏族)

政法委员、副乡长

张文龙(5 月任)

党委委员

索朗玉珍(女,藏族,5 月任)

党委委员、纪委书记、监察室主任

克热次仁(藏族,5 月任)

副乡长

次仁拉吉(女,藏族,5 月免)

晋美朗杰(藏族)

达瓦次仁(5 月任)

农牧综合服务中心(畜牧兽医服务站)主任、站长

尼玛央金(女,藏族)

文化服务中心主任

赤列平措(藏族)

伦布雪乡卫生院(优生优育服务站)院长、站长

顿珠朗杰(藏族)

## 多却乡

书 记

杨 鹏(5 月免)

阿旺西若(藏族,5 月任)

副书记、乡长

曲 久(藏族,5 月免)

任成龙(5 月任)

副书记、人大主席

云旦白姆(女,藏族)

副书记

次仁多吉(藏族,5 月免)

扎西罗布(藏族,12 月任)

纪委书记

嘎玛次珠(藏族,5 月免)

统战委员、副乡长

索朗扎西(藏族,5 月免)

政法委员

甭 琼(藏族,5 月免)

宣传委员

央 宗(女,藏族,5 月免)

宣传委员、统战委员、副乡长

晁 斌(5 月任)

组织委员

丁洋洋(5 月免)

罗 多(藏族,5 月任)

政法委员、副乡长

甭 琼(女,藏族,11 月任)

格桑罗布(藏族,12 月任)

党委委员

贺 垚(5 月任)

党委委员、纪委书记、监察室主任

陈军荣(藏族,5 月任)

副乡长

单增多吉(藏族)

边巴次仁(藏族,5 月任)

农牧综合服务中心(畜牧兽医服务站)主任、站长

其米朗珍(女,藏族)

文化服务中心主任

仓姆拉(女,藏族)

多却乡卫生院(优生优育服务站)院长、站长

普布次仁(藏族)

## 打隆镇

书 记

李 晓 勇

副书记、镇长

次　　培(藏族,5 月免)

多吉旦巴(藏族,5 月任)

副书记、人大主席

扎西巴珠(藏族)

副书记

齐 元 熙(藏族,5 月免)

益西桑珠(藏族,5 月任)

纪委书记

张　　兵(5 月免)

统战委员

李　　江(5 月免)

政法委员

美　　多(女,藏族,5 月免)

宣传委员

益西卓玛(女,藏族,5 月免)

宣传委员、统战委员、副镇长

索朗多杰(藏族,5 月任)

组织委员

洛桑久仍(藏族)

政法委员、副镇长

许 士 浩(5 月任)

党委委员

李　　江(5 月任)

党委委员、纪委书记、监察室主任

李 小 龙(5 月任)

副镇长

索朗多杰(藏族,5 月免)

张 和 波(5 月免)

尼　　玛(女,藏族,5 月任)

云丹次仁(藏族,5 月任)

农牧综合服务中心(畜牧兽医服务站)主任、站长

扎西坚才(藏族)

文化服务中心主任

多吉玉珍(女,藏族)

打隆镇卫生院(优生优育服务站)院长、站长

多　　杰(藏族)

## 普玛江塘乡

书 记

格桑确拉(藏族,5 月免)

杨 同 波(5 月任)

副书记、乡长

胡 风 宝(5 月免)

次仁多吉(藏族,5 月任)

副书记、人大主席

格桑罗布(藏族)

副书记

次　　仁(藏族,5 月免)

王 宏 宇(5 月任,12 月免)

李 云 龙(12 月任)

纪委书记

旦巴洛桑(藏族,5 月免)

统战委员

王　　欣(5 月免)

政法委员

扎　　西(藏族,5 月免)

宣传委员

旦真加措(藏族,5 月免)

宣传委员、统战委员、副乡长

巴　　珠(5 月任)

组织委员

王 宏 宇(5 月免)

旦真加措(藏族,5 月任)

政法委员、副乡长

尹 守 杰(5 月任)

党委委员

王　　欣(5 月任)

党委委员、纪委书记、监察室主任

旦巴格桑(藏族,5 月任)

副乡长

旦珍次旦(藏族,12 月免)

久美曲桑(藏族,5 月任)

格桑塔庆(5月任)
普玛江塘乡卫生院(优生优育服务站)院长、站长
格桑曲珠(藏族)

## 卡龙乡

书 记
米玛次仁(藏族)
副书记、乡长
何 彬(5月免)
冉文龙(5月任)
副书记、人大主席
格桑罗布(藏族)
副书记
达娃央宗(女,藏族,5月免)
扎 西(藏族,5月任)
纪委书记
央金卓嘎(女,藏族,5月免)
统战委员
潘 多(女,藏族,5月免)
政法委员
崔建波(5月免)
宣传委员
白玛央吉(女,藏族,5月免)
宣传委员、统战委员、副乡长
潘 多(女,藏族,5月任)
组织委员
罗 俊(5月免)
伟 色(女,藏族,5月任)
政法委员、副乡长
胡升龙(5月任,12月免)
林勇辉(12月任)
党委委员
白玛央吉(女,藏族,5月任)
党委委员、纪委书记、监察室主任
李虹亮(5月任)
副乡长
普 布(藏族)
张金涛(5月任)
司法所所长
旦增曲珍(女,藏族)
农牧综合服务中心(畜牧兽医服务站)主任、站长
德吉卓玛(女,藏族)
文化服务中心主任
阿旺措姆(女,藏族)
卡龙乡卫生院(优生优育服务站)院长、站长
仓 决(女,藏族)

## 阿扎乡

书 记
白玛旺扎(藏族,5月免)
李庆国(5月任)
副书记、乡长
李庆国(5月免)
多布杰(藏族,5月任)
副书记、人大主席
阿旺洛桑(女,藏族)
副书记
德 庆(女,藏族,5月免)
陈文鹏(5月任)
纪委书记
赵建策(5月免)
统战委员
王 磊(5月免)
政法委员
晋 美(藏族,5月免)
宣传委员
索朗旺姆(女,藏族,5月免)
宣传委员、统战委员、副乡长
格桑央宗(女,藏族,5月任)
组织委员
陈文鹏(5月免)
次仁央金(女,藏族,5月任)
政法委员、副乡长
李勇杰(5月任)
党委委员
索朗旺姆(女,藏族,5月任)

党委委员、纪委书记、监察室主任

赵 建 策(5月任)

副乡长

扎西明久(藏族,5月任)

边　　巴(藏族,5月任)

强巴次仁(藏族,5月任)

农牧综合服务中心(畜牧兽医服务站)主任,站长

扎桑拉姆(女,藏族)

文化服务中心主任

央金卓玛(女,藏族)

阿扎乡卫生院(优生优育服务站)院长、站长

次尼卓嘎(女,藏族)

## 白地乡

书　记

旦增次仁(藏族)

副书记、乡长

张 宗 宝(5月免)

曾　　琦(5月任)

副书记、人大主席

平措顿珠(藏族,5免)

扎西顿珠(藏族,5月任)

副书记

洛桑堂堆(藏族)

纪委书记

色　　珍(女,藏族,5月免)

统战委员

达　　桑(藏族,5月免)

政法委员

唐 文 杰(5月免)

宣传委员

拉巴卓玛(女,藏族,5月免)

宣传委员、统战委员、副乡长

白　　宗(女,藏族,5月任)

组织委员

王 金 龙(5月任)

邓　　康(5月任)

政法委员、副乡长

唐 文 杰(5月任,12月免)

陈　　毅(12月任)

党委委员

丹增顿珠(藏族,5月任)

党委委员、纪委书记、监察室主任

巴桑曲珍(女,藏族,5月任)

副乡长

丹增顿珠(藏族,5月免)

曾 贤 文

顿　　珠(藏族,5月任)

农牧综合服务中心(畜牧兽医服务站)主任、站长

德庆卓玛(女,藏族,12月免)

尼玛曲宗(女,藏族,12月任)

文化服务中心主任

平措次仁(藏族)

白地乡卫生院(优生优育服务站)院长、站长

平措觉旦(藏族)

## 卡热乡

书　记

旦增加措(藏族,5月免)

乔 小 明(5月任)

副书记、乡长

张 海 波(5月免)

嘎玛卓玛(女,藏族,5月任)

副书记、人大主席

嘎玛卓玛(女,藏族,5月免)

平措顿珠(藏族,5月任)

副书记

多吉占堆(藏族,5月免)

罗　　俊(5月任)

纪委书记

央　　吉(女,藏族,5月免)

统战委员

次仁卓嘎(女,藏族,5月免)

政法委员

何　　巍(5月免)

宣传委员

格来朗杰(藏族,5月免)

宣传委员、统战委员、副乡长

次仁卓嘎(女,藏族,5月任)

组织委员

王　召(5月免)

格　多(藏族,5月任)

政法委员、副乡长

罗成龙(5月任)

党委委员

何　巍(5月任)

党委委员、纪委书记、监察室主任

央　吉(女,藏族,5月任)

副乡长

陈　聪(5月免)

德吉卓玛(女,藏族)

钟洪瑞(5月任)

司法所所长

阿旺曲珍(女,藏族)

农牧综合服务中心(畜牧兽医服务站)主任、站长

桑杰曲珍(女,藏族)

文化服务中心主任

央　珍(女,藏族)

卡热乡卫生院(优生优育服务站)院长、站长

边巴顿珠(藏族)

# 先进名录

## 受县(区)级以上表彰的先进集体名录

表2

| 获奖单位 | 获奖名称 | 表彰时间 | 授予单位 |
|---|---|---|---|
| 中共浪卡子县委员会宣传部 | 第九届全国服务农民、服务基层文化建设先进集体 | 2021年 | 中共中央宣传部、文化和旅游部、国家广播电视总局 |
| 浪卡子县水利局 | 全区脱贫攻坚先进集体 | 2021年 | 中共西藏自治区委员会、区人民政府 |
| 山南市浪卡子县打隆镇曲宗村驻村工作队 | 2020年度西藏自治区级先进驻村(居)工作队 | 2021年 | 中共西藏自治区委员会、区人民政府 |
| 伦布雪乡人民政府 | 2021年自治区民族团结进步模范乡 | 2022年 | 中共西藏自治区委员会、区人民政府 |
| 浪卡子县人力资源和社会保障局 | 西藏自治区就业创业工作先进集体 | 2022年 | 中共西藏自治区委员会、区人民政府 |
| 伦布雪乡人民政府 | 2021年山南市民族团结进步模范乡 | 2022年 | 中共山南市委员会、市人民政府 |
| 白地乡人民政府 | 全市先进基层党组织 | 2021年 | 中共山南市委员会 |
| 浪卡子县中学 | 全市先进基层党建组织 | 2021年 | 中共山南市委员会 |
| 哈西社区 | 山南市民族团结示范点先进模范集体 | 2021年 | 中共山南市委员会统一战线工作部,山南市民族宗教事务局 |
| 中共浪卡子县委员会统一战线工作部 | 2021年度全市统战系统信息工作先进集体 | 2022年 | 中共山南市委员会统一战线工作部 |
| 浪卡子县工商业联合会 | 2021年度全市统战系统信息工作先进集体 | 2022年 | 中共山南市委员会统一战线工作部 |
| 国家税务总局浪卡子县税务局 | 西藏自治区精神文明建设单位 | 2021年 | 西藏自治区精神文明建设指导委员会 |
| 浪卡子镇哈西社区 | 2021年度山南市民族团结示范点先进模范集体 | 2021年 | 山南市民族宗教事务局 |
| 农行浪卡子县支行 | 2021年度“春天行动”对公业务优秀支行 | 2021年 | 农行西藏分行 |
| 农行浪卡子县分行 | 2021年度“四好”领导班子 | 2021年 | 农行山南分行 |
| 浪卡子县中学 | 2021年度浪卡子县教育教学质量先进集体 | 2021年 | 中共浪卡子县委员会、县人民政府 |

续表2

| 获奖单位 | 获奖名称 | 表彰时间 | 授予单位 |
|---|---|---|---|
| 浪卡子镇完小 | 2021年度浪卡子县教育教学质量先进集体 | 2021年 | 中共浪卡子县委员会、县人民政府 |
| 卡热乡小学 | 2021年度浪卡子县教育教学质量先进集体 | 2021年 | 中共浪卡子县委员会、县人民政府 |
| 张达乡扎玉小学 | 2021年度浪卡子县教育教学质量先进集体 | 2021年 | 中共浪卡子县委员会、县人民政府 |
| 打隆镇相达小学 | 2021年度浪卡子县教育教学质量先进集体 | 2021年 | 中共浪卡子县委员会、县人民政府 |
| 中共浪卡子镇委员会 | 2021年度浪卡子县先进基层党组织 | 2021年 | 中共浪卡子县委员会 |
| 中共阿扎乡增巴村党支部委员会 | 2021年度浪卡子县先进基层党组织 | 2021年 | 中共浪卡子县委员会 |
| 中共张达乡帮龙村党支部委员会 | 2021年度浪卡子县先进基层党组织 | 2021年 | 中共浪卡子县委员会 |
| 中共桑顶寺管理委员会党支部委员会 | 2021年度浪卡子县先进基层党组织 | 2021年 | 中共浪卡子县委员会 |
| 中共浪卡子县幼儿园党支部委员会 | 2021年度浪卡子县先进基层党组织 | 2021年 | 中共浪卡子县委员会 |
| 中共浪卡子县发展和改革委员会机关党支部委员会 | 2021年度浪卡子县先进基层党组织 | 2021年 | 中共浪卡子县委员会 |
| 中共国家税务局总局浪卡子县税务局机关党支部委员会 | 2021年度浪卡子县先进基层党组织 | 2021年 | 中共浪卡子县委员会 |

说明：由于各单位资料提供不全，可能有遗漏

# 受县(区)级以上表彰的先进个人名录

表 3

| 姓名 | 性别 | 民族 | 工作单位 | 获奖名称 | 表彰时间 | 授予单位 |
|---|---|---|---|---|---|---|
| 王　垚 | 男 | 藏族 | 浪卡子县公安局 | 全国公安机关成绩突出先进个人 | 2021 年 | 公安部 |
| 白玛曲达 | 男 | 藏族 | 浪卡子县水利局 | 全国水利扶贫先进个人 | 2021 年 | 水利部 |
| 扎西元旦 | 男 | 藏族 | 阿扎乡阿扎村村民委员会 | 西藏自治区级先进驻村(居)工作队员 | 2021 年 | 中共西藏自治区委员会、区人民政府 |
| 扎西仓决 | 女 | 藏族 | 白地乡扎玛龙村村民委员会 | 西藏自治区级先进驻村(居)工作队员 | 2021 年 | 中共西藏自治区委员会、区人民政府 |
| 曲　珍 | 女 | 藏族 | 多却乡柔扎村村民委员会 | 西藏自治区级先进驻村(居)工作队员 | 2021 年 | 中共西藏自治区委员会、区人民政府 |
| 晋　美 | 男 | 藏族 | 卡龙乡卡龙村村民委员会 | 西藏自治区级先进驻村(居)工作队员 | 2021 年 | 中共西藏自治区委员会、区人民政府 |
| 姚萌豪 | 男 | 汉族 | 普玛江塘乡萨藏村村民委员会 | 西藏自治区级先进驻村(居)工作队员 | 2021 年 | 中共西藏自治区委员会、区人民政府 |
| 嘎　吉 | 女 | 藏族 | 伦布雪乡曲果冲村村民委员会 | 西藏自治区级先进驻村(居)工作队员 | 2021 年 | 中共西藏自治区委员会、区人民政府 |
| 甲　竹 | 男 | 藏族 | 浪卡子镇社区居民委员会 | 西藏自治区级先进驻村(居)工作队员 | 2021 年 | 中共西藏自治区委员会、区人民政府 |
| 扎　堆 | 男 | 藏族 | 浪卡子县乡村振兴局 | 西藏自治区脱贫攻坚先进个人 | 2021 年 | 中共西藏自治区委员会、区人民政府 |
| 孔锁平 | 男 | 汉族 | 浪卡子县乡村振兴局 | 西藏自治区脱贫攻坚先进个人 | 2021 年 | 中共西藏自治区委员会、区人民政府 |
| 王　垚 | 男 | 藏族 | 浪卡子县公安局 | 2020 年全区公安机关全警实战大练兵先进个人 | 2021 年 | 西藏自治区公安厅 |
| 刘小平 | 男 | 汉族 | 浪卡子县公安局 | 2021 年全区晋督培训优秀学员 | 2021 年 | 西藏自治区公安厅 |
| 贡嘎平措 | 男 | 藏族 | 国家税务总局浪卡子县税务局 | 全区税务系统优秀共产党员 | 2021 年 | 国家税务总局西藏自治区税务局 |
| 尼　玛 | 男 | 藏族 | 浪卡子县工商业联合会 | 自治区普法先进个人 | 2021 年 | 西藏自治区党委宣传部、自治区司法厅、自治区普法办 |
| 伟　色 | 男 | 藏族 | 白地乡白地村村民委员会 | 西藏自治区第三批优秀村(社区)党组织第一书记 | 2021 年 | 中共西藏自治区委员会组织部 |
| 明　玛 | 男 | 藏族 | 打隆镇曲宗村村民委员会 | 西藏自治区第三批优秀村(社区)党组织第一书记 | 2021 年 | 中共西藏自治区委员会组织部 |
| 苏　海 | 男 | 汉族 | 普玛江塘乡措果村村民委员会 | 西藏自治区第三批优秀村(社区)党组织第一书记 | 2021 年 | 中共西藏自治区委员会组织部 |

续表3

| 姓名 | 性别 | 民族 | 工作单位 | 获奖名称 | 表彰时间 | 授予单位 |
|---|---|---|---|---|---|---|
| 格桑塔青 | 男 | 藏族 | 阿扎乡阿扎村村民委员会 | 西藏自治区第三批优秀村(社区)党组织第一书记 | 2021年 | 中共西藏自治区委员会组织部 |
| 德庆措姆 | 女 | 藏族 | 卡龙乡雪庆村村民委员会 | 西藏自治区第三批优秀村(社区)党组织第一书记 | 2021年 | 中共西藏自治区委员会组织部 |
| 云旦卓玛 | 女 | 藏族 | 打隆镇人民政府 | 先进个人 | 2021年 | 西藏自治区人民政府妇女儿童工作委员会 |
| 罗布次仁 | 女 | 藏族 | 浪卡子镇人民政府 | 2021年度西藏自治区示范型退役军人服务站优秀站长 | 2021年 | 西藏自治区退役军人事务厅 |
| 边巴扎西 | 男 | 藏族 | 农行浪卡子县支行 | 2021年全国金融五一劳动奖章 | 2021年 | 中国农业银行 |
| 边巴扎西 | 男 | 藏族 | 农行浪卡子县支行 | 2021年中国农业银行“饶才富奖”先进个人 | 2021年 | 中国农业银行 |
| 任钦达瓦扎西 | 男 | 藏族 | 浪卡子县公安局 | 先进个人 | 2021年 | 中共山南市委员会、市人民政府 |
| 贡嘎边旦 | 男 | 藏族 | 中共浪卡子县委员会办公室 | 中国共产党成立100周年山南市优秀党务工作者 | 2021年 | 中共山南市委员会 |
| 次仁卓嘎 | 女 | 藏族 | 浪卡子镇人民政府 | 2021年山南市优秀基层干部 | 2021年 | 中共山南市委员会 |
| 扎西罗宗 | 女 | 藏族 | 浪卡子镇人民政府 | 2021年山南市优秀共产党员 | 2021年 | 中共山南市委员会 |
| 次仁卓嘎 | 女 | 藏族 | 浪卡子镇人民政府 | 2021年山南市优秀基层干部 | 2021年 | 中共山南市委员会 |
| 扎西罗宗 | 女 | 藏族 | 浪卡子镇人民政府 | 2021年山南市优秀共产党员 | 2021年 | 中共山南市委员会 |
| 德吉卓玛 | 女 | 藏族 | 卡热乡人民政府 | 山南市第三批优秀村(社区)党组织第一书记 | 2021年 | 中共山南市委员会组织部 |
| 索朗白姆 | 女 | 藏族 | 打隆镇人民政府 | 山南市第三批优秀村(社区)党组织第一书记 | 2021年 | 中共山南市委员会组织部 |
| 尼玛扎西 | 男 | 藏族 | 浪卡子镇人民政府 | 山南市第三批优秀村(社区)党组织第一书记 | 2021年 | 中共山南市委员会组织部 |
| 王　摇 | 男 | 汉族 | 卡热乡人民政府 | 2020年度山南市组织系统“十佳网评员” | 2021年 | 中共山南市委员会组织部 |
| 白江山 | 男 | 汉族 | 浪卡子县人民代表大会常务委员会 | 2021年度优秀公务员 | 2021年 | 中共浪卡子县委员会、县人民政府 |
| 普　琼 | 男 | 藏族 | 中共浪卡子县委员会 | 2021年度优秀公务员 | 2021年 | 中共浪卡子县委员会、县人民政府 |
| 格桑罗布 | 男 | 藏族 | 浪卡子县人民政府 | 2021年度优秀公务员 | 2021年 | 中共浪卡子县委员会、县人民政府 |
| 唐　静 | 男 | 汉族 | 中共浪卡子县委员会组织部 | 2021年度优秀公务员 | 2021年 | 中共浪卡子县委员会、县人民政府 |

续表3

| 姓名 | 性别 | 民族 | 工作单位 | 获奖名称 | 表彰时间 | 授予单位 |
|---|---|---|---|---|---|---|
| 边巴次仁 | 男 | 藏族 | 浪卡子县人民政府 | 2021年度优秀公务员 | 2021年 | 中共浪卡子县委员会、县人民政府 |
| 次仁央点 | 男 | 藏族 | 中国人民政治协商会议浪卡子县委员会 | 2021年度优秀公务员 | 2021年 | 中共浪卡子县委员会、县人民政府 |
| 达娃次仁 | 男 | 藏族 | 浪卡子镇人民政府 | 2021年度优秀公务员 | 2021年 | 中共浪卡子县委员会、县人民政府 |
| 次仁卓嘎 | 女 | 藏族 | 浪卡子镇人民政府 | 2021年度优秀公务员 | 2021年 | 中共浪卡子县委员会、县人民政府 |
| 扎西罗布 | 男 | 藏族 | 多却乡人民政府 | 2021年度优秀公务员 | 2021年 | 中共浪卡子县委员会、县人民政府 |
| 余梦林 | 男 | 汉族 | 浪卡子镇人民政府 | 2021年度优秀公务员 | 2021年 | 中共浪卡子县委员会、县人民政府 |
| 江白洛桑 | 男 | 藏族 | 浪卡子镇人民政府 | 2021年度优秀公务员 | 2021年 | 中共浪卡子县委员会、县人民政府 |
| 崔成多吉 | 男 | 藏族 | 浪卡子镇公安派出所 | 2021年度优秀公务员 | 2021年 | 中共浪卡子县委员会、县人民政府 |
| 靳旭艳 | 女 | 藏族 | 浪卡子镇人民政府 | 2021年度优秀公务员 | 2021年 | 中共浪卡子县委员会、县人民政府 |
| 巴桑顿珠 | 男 | 藏族 | 张达乡人民政府 | 2021年度优秀公务员 | 2021年 | 中共浪卡子县委员会、县人民政府 |
| 次仁旺久 | 男 | 藏族 | 张达乡人民政府 | 2021年度优秀公务员 | 2021年 | 中共浪卡子县委员会、县人民政府 |
| 普布顿珠 | 男 | 藏族 | 张达乡康如村村民委员会 | 2021年度优秀公务员 | 2021年 | 中共浪卡子县委员会、县人民政府 |
| 论珠 | 男 | 藏族 | 张达乡公安派出所 | 2021年度优秀公务员 | 2021年 | 中共浪卡子县委员会、县人民政府 |
| 次仁 | 男 | 藏族 | 伦布雪乡人民政府 | 2021年度优秀公务员 | 2021年 | 中共浪卡子县委员会、县人民政府 |
| 贡觉卓玛 | 女 | 藏族 | 伦布雪乡人民政府 | 2021年度优秀公务员 | 2021年 | 中共浪卡子县委员会、县人民政府 |
| 张文龙 | 男 | 汉族 | 伦布雪乡人民政府 | 2021年度优秀公务员 | 2021年 | 中共浪卡子县委员会、县人民政府 |
| 次仁拉吉 | 女 | 藏族 | 伦布雪乡美朵村村民委员会 | 2021年度优秀公务员 | 2021年 | 中共浪卡子县委员会、县人民政府 |
| 李云龙 | 男 | 汉族 | 伦布雪乡卓热村 | 2021年度优秀公务员 | 2021年 | 中共浪卡子县委员会、县人民政府 |
| 何青桂 | 男 | 汉族 | 伦布雪乡麦荣村村民委员会 | 2021年度优秀公务员 | 2021年 | 中共浪卡子县委员会、县人民政府 |
| 吴刚团 | 男 | 汉族 | 伦布雪乡人民政府 | 2021年度优秀公务员 | 2021年 | 中共浪卡子县委员会、县人民政府 |

续表3

| 姓名 | 性别 | 民族 | 工作单位 | 获奖名称 | 表彰时间 | 授予单位 |
|---|---|---|---|---|---|---|
| 曾南京 | 男 | 汉族 | 伦布雪乡人民政府 | 2021年度优秀公务员 | 2021年 | 中共浪卡子县委员会、县人民政府 |
| 云旦白姆 | 女 | 藏族 | 多却乡人民政府 | 2021年度优秀公务员 | 2021年 | 中共浪卡子县委员会、县人民政府 |
| 边巴次仁 | 男 | 藏族 | 多却乡人民政府 | 2021年度优秀公务员 | 2021年 | 中共浪卡子县委员会、县人民政府 |
| 旦增曲扎 | 男 | 藏族 | 多却乡人民政府 | 2021年度优秀公务员 | 2021年 | 中共浪卡子县委员会、县人民政府 |
| 陈毅 | 男 | 汉族 | 多却乡吉古扎村村民委员会 | 2021年度优秀公务员 | 2021年 | 中共浪卡子县委员会、县人民政府 |
| 黄文波 | 男 | 汉族 | 多却乡人民政府 | 2021年度优秀公务员 | 2021年 | 中共浪卡子县委员会、县人民政府 |
| 多吉旦巴 | 男 | 藏族 | 打隆镇人民政府 | 2021年度优秀公务员 | 2021年 | 中共浪卡子县委员会、县人民政府 |
| 扎西巴珠 | 男 | 藏族 | 打隆镇人民政府 | 2021年度优秀公务员 | 2021年 | 中共浪卡子县委员会、县人民政府 |
| 廖旭东 | 男 | 汉族 | 打隆镇人民政府 | 2021年度优秀公务员 | 2021年 | 中共浪卡子县委员会、县人民政府 |
| 次仁卓玛 | 女 | 藏族 | 打隆镇绒嘎社区居民委员会 | 2021年度优秀公务员 | 2021年 | 中共浪卡子县委员会、县人民政府 |
| 陈骋 | 男 | 汉族 | 打隆镇曲龙村村民委员会 | 2021年度优秀公务员 | 2021年 | 中共浪卡子县委员会、县人民政府 |
| 落桑久仍 | 男 | 藏族 | 打隆镇人民政府 | 2021年度优秀公务员 | 2021年 | 中共浪卡子县委员会、县人民政府 |
| 次仁多吉 | 男 | 藏族 | 普玛江塘乡人民政府 | 2021年度优秀公务员 | 2021年 | 中共浪卡子县委员会、县人民政府 |
| 格桑罗布 | 男 | 藏族 | 普玛江塘乡人民政府 | 2021年度优秀公务员 | 2021年 | 中共浪卡子县委员会、县人民政府 |
| 王欣 | 男 | 汉族 | 普玛江塘乡人民政府 | 2021年度优秀公务员 | 2021年 | 中共浪卡子县委员会、县人民政府 |
| 洛桑堂堆 | 男 | 藏族 | 白地乡人民政府 | 2021年度优秀公务员 | 2021年 | 中共浪卡子县委员会、县人民政府 |
| 索朗扎西 | 男 | 藏族 | 白地乡公安派出所 | 2021年度优秀公务员 | 2021年 | 中共浪卡子县委员会、县人民政府 |
| 曾贤文 | 男 | 汉族 | 白地乡人民政府 | 2021年度优秀公务员 | 2021年 | 中共浪卡子县委员会、县人民政府 |
| 阿旺云丹 | 男 | 藏族 | 白地乡公安派出所 | 2021年度优秀公务员 | 2021年 | 中共浪卡子县委员会、县人民政府 |
| 扎桑 | 女 | 藏族 | 白地乡人民政府 | 2021年度优秀公务员 | 2021年 | 中共浪卡子县委员会、县人民政府 |

续表3

| 姓名 | 性别 | 民族 | 工作单位 | 获奖名称 | 表彰时间 | 授予单位 |
|---|---|---|---|---|---|---|
| 贡觉旦增 | 女 | 藏族 | 白地乡公安派出所 | 2021年度优秀公务员 | 2021年 | 中共浪卡子县委员会、县人民政府 |
| 阎金秀 | 女 | 汉族 | 白地乡扎玛龙村村民委委员会 | 2021年度优秀公务员 | 2021年 | 中共浪卡子县委员会、县人民政府 |
| 格桑罗布 | 男 | 藏族 | 卡龙乡人民政府 | 2021年度优秀公务员 | 2021年 | 中共浪卡子县委员会、县人民政府 |
| 旺庆罗布 | 男 | 藏族 | 卡龙乡公安派出所 | 2021年度优秀公务员 | 2021年 | 中共浪卡子县委员会、县人民政府 |
| 普布 | 男 | 藏族 | 卡龙乡人民政府 | 2021年度优秀公务员 | 2021年 | 中共浪卡子县委员会、县人民政府 |
| 闵体荃 | 男 | 汉族 | 卡龙乡人民政府 | 2021年度优秀公务员 | 2021年 | 中共浪卡子县委员会、县人民政府 |
| 黄守龙 | 男 | 汉族 | 卡龙乡宗巴村村民委员会 | 2021年度优秀公务员 | 2021年 | 中共浪卡子县委员会、县人民政府 |
| 多布杰 | 男 | 藏族 | 阿扎乡人民政府 | 2021年度优秀公务员 | 2021年 | 中共浪卡子县委员会、县人民政府 |
| 格桑央宗 | 女 | 藏族 | 阿扎乡人民政府 | 2021年度优秀公务员 | 2021年 | 中共浪卡子县委员会、县人民政府 |
| 索朗旺姆 | 女 | 藏族 | 阿扎乡人民政府 | 2021年度优秀公务员 | 2021年 | 中共浪卡子县委员会、县人民政府 |
| 朱城 | 男 | 汉族 | 阿扎乡人民政府 | 2021年度优秀公务员 | 2021年 | 中共浪卡子县委员会、县人民政府 |
| 平措顿珠 | 男 | 藏族 | 卡热乡人民政府 | 2021年度优秀公务员 | 2021年 | 中共浪卡子县委员会、县人民政府 |
| 唐超 | 男 | 汉族 | 卡热乡公安派出所 | 2021年度优秀公务员 | 2021年 | 中共浪卡子县委员会、县人民政府 |
| 毕高峰 | 男 | 汉族 | 卡热乡人民政府 | 2021年度优秀公务员 | 2021年 | 中共浪卡子县委员会、县人民政府 |
| 贡嘎边旦 | 男 | 藏族 | 中共浪卡子县委员会办公室 | 2021年度优秀公务员 | 2021年 | 中共浪卡子县委员会、县人民政府 |
| 平措旦增 | 男 | 藏族 | 浪卡子县机要局 | 2021年度优秀公务员 | 2021年 | 中共浪卡子县委员会、县人民政府 |
| 拉巴卓玛 | 女 | 藏族 | 中共浪卡子县委员会办公室 | 2021年度优秀公务员 | 2021年 | 中共浪卡子县委员会、县人民政府 |
| 倪焦 | 男 | 汉族 | 浪卡子县机要局 | 2021年度优秀公务员 | 2021年 | 中共浪卡子县委员会、县人民政府 |
| 巴桑次仁 | 男 | 藏族 | 浪卡子县人民政府办公室 | 2021年度优秀公务员 | 2021年 | 中共浪卡子县委员会、县人民政府 |
| 刘锋 | 男 | 汉族 | 浪卡子县人大常委会办公室 | 2021年度优秀公务员 | 2021年 | 中共浪卡子县委员会、县人民政府 |

续表3

| 姓名 | 性别 | 民族 | 工作单位 | 获奖名称 | 表彰时间 | 授予单位 |
| --- | --- | --- | --- | --- | --- | --- |
| 次　仁 | 男 | 藏族 | 浪卡子县藏族语文工作委员会办公室 | 2021年度优秀公务员 | 2021年 | 中共浪卡子县委员会、县人民政府 |
| 贡桑曲吉 | 女 | 藏族 | 中共浪卡子县纪律检查委员会 | 2021年度优秀公务员 | 2021年 | 中共浪卡子县委员会、县人民政府 |
| 王丽霞 | 女 | 汉族 | 中共浪卡子县纪律检查委员会 | 2021年度优秀公务员 | 2021年 | 中共浪卡子县委员会、县人民政府 |
| 刘占云 | 男 | 汉族 | 中共浪卡子县纪律检查委员会 | 2021年度优秀公务员 | 2021年 | 中共浪卡子县委员会、县人民政府 |
| 朱　耀 | 男 | 汉族 | 中共浪卡子县纪律检查委员会 | 2021年度优秀公务员 | 2021年 | 中共浪卡子县委员会、县人民政府 |
| 米玛桑珠 | 男 | 藏族 | 中共浪卡子县委员会巡察工作领导小组办公室 | 2021年度优秀公务员 | 2021年 | 中共浪卡子县委员会、县人民政府 |
| 达娃琼达 | 女 | 藏族 | 中共浪卡子县委员会巡察工作领导小组办公室 | 2021年度优秀公务员 | 2021年 | 中共浪卡子县委员会、县人民政府 |
| 央　啦 | 女 | 藏族 | 中共浪卡子县委员会政法委员会 | 2021年度优秀公务员 | 2021年 | 中共浪卡子县委员会、县人民政府 |
| 普布扎西 | 男 | 藏族 | 中共浪卡子县委员会国家安全委员会办公室 | 2021年度优秀公务员 | 2021年 | 中共浪卡子县委员会、县人民政府 |
| 次旺桑布 | 男 | 藏族 | 中共浪卡子县委员会统一战线工作部 | 2021年度优秀公务员 | 2021年 | 中共浪卡子县委员会、县人民政府 |
| 次旦曲珍 | 女 | 藏族 | 中共浪卡子县委员会统一战线工作部 | 2021年度优秀公务员 | 2021年 | 中共浪卡子县委员会、县人民政府 |
| 边　巴 | 女 | 藏族 | 浪卡子县妇女联合会 | 2021年度优秀公务员 | 2021年 | 中共浪卡子县委员会、县人民政府 |
| 强巴卓嘎 | 女 | 藏族 | 浪卡子县总工会 | 2021年度优秀公务员 | 2021年 | 中共浪卡子县委员会、县人民政府 |
| 旦增曲扎 | 男 | 藏族 | 浪卡子县人民法院 | 2021年度优秀公务员 | 2021年 | 中共浪卡子县委员会、县人民政府 |
| 次旺罗布 | 男 | 藏族 | 浪卡子县人民法院 | 2021年度优秀公务员 | 2021年 | 中共浪卡子县委员会、县人民政府 |
| 刘章章 | 男 | 汉族 | 浪卡子县人民法院 | 2021年度优秀公务员 | 2021年 | 中共浪卡子县委员会、县人民政府 |
| 仁增平措 | 男 | 藏族 | 浪卡子县人民法院 | 2021年度优秀公务员 | 2021年 | 中共浪卡子县委员会、县人民政府 |
| 拉　珍 | 女 | 藏族 | 浪卡子县人民法院 | 2021年度优秀公务员 | 2021年 | 中共浪卡子县委员会、县人民政府 |

续表3

| 姓名 | 性别 | 民族 | 工作单位 | 获奖名称 | 表彰时间 | 授予单位 |
|---|---|---|---|---|---|---|
| 曾林波 | 男 | 汉族 | 浪卡子县发展和改革委员会 | 2021年度优秀公务员 | 2021年 | 中共浪卡子县委员会、县人民政府 |
| 白玛单增 | 男 | 藏族 | 浪卡子县发展和改革委员会 | 2021年度优秀公务员 | 2021年 | 中共浪卡子县委员会、县人民政府 |
| 益西措姆 | 女 | 藏族 | 浪卡子县民政局 | 2021年度优秀公务员 | 2021年 | 中共浪卡子县委员会、县人民政府 |
| 格桑次仁 | 男 | 藏族 | 浪卡子县公安局 | 2021年度优秀公务员 | 2021年 | 中共浪卡子县委员会、县人民政府 |
| 夏　迪 | 男 | 汉族 | 浪卡子县公安局 | 2021年度优秀公务员 | 2021年 | 中共浪卡子县委员会、县人民政府 |
| 久米坚参 | 男 | 藏族 | 浪卡子县公安局 | 2021年度优秀公务员 | 2021年 | 中共浪卡子县委员会、县人民政府 |
| 巴桑欧珠 | 男 | 藏族 | 浪卡子县公安局 | 2021年度优秀公务员 | 2021年 | 中共浪卡子县委员会、县人民政府 |
| 达瓦扎西 | 男 | 藏族 | 浪卡子县公安局 | 2021年度优秀公务员 | 2021年 | 中共浪卡子县委员会、县人民政府 |
| 次仁平措 | 男 | 藏族 | 浪卡子县公安局 | 2021年度优秀公务员 | 2021年 | 中共浪卡子县委员会、县人民政府 |
| 其米拉旺 | 男 | 藏族 | 浪卡子县公安局 | 2021年度优秀公务员 | 2021年 | 中共浪卡子县委员会、县人民政府 |
| 晋美格桑 | 男 | 藏族 | 浪卡子县公安局 | 2021年度优秀公务员 | 2021年 | 中共浪卡子县委员会、县人民政府 |
| 索朗多吉 | 男 | 藏族 | 浪卡子县公安局 | 2021年度优秀公务员 | 2021年 | 中共浪卡子县委员会、县人民政府 |
| 米久伦珠 | 男 | 藏族 | 浪卡子县公安局 | 2021年度优秀公务员 | 2021年 | 中共浪卡子县委员会、县人民政府 |
| 扎西平措 | 男 | 藏族 | 浪卡子县公安局 | 2021年度优秀公务员 | 2021年 | 中共浪卡子县委员会、县人民政府 |
| 白玛扎西 | 男 | 汉族 | 浪卡子县公安局 | 2021年度优秀公务员 | 2021年 | 中共浪卡子县委员会、县人民政府 |
| 贡　布 | 男 | 藏族 | 浪卡子县公安局 | 2021年度优秀公务员 | 2021年 | 中共浪卡子县委员会、县人民政府 |
| 索朗益西 | 男 | 藏族 | 浪卡子县公安局 | 2021年度优秀公务员 | 2021年 | 中共浪卡子县委员会、县人民政府 |
| 次　珍 | 女 | 藏族 | 浪卡子县公安局 | 2021年度优秀公务员 | 2021年 | 中共浪卡子县委员会、县人民政府 |
| 嘎松措姆 | 女 | 藏族 | 浪卡子县公安局 | 2021年度优秀公务员 | 2021年 | 中共浪卡子县委员会、县人民政府 |
| 旦　真 | 男 | 藏族 | 浪卡子县公安局 | 2021年度优秀公务员 | 2021年 | 中共浪卡子县委员会、县人民政府 |

续表3

| 姓名 | 性别 | 民族 | 工作单位 | 获奖名称 | 表彰时间 | 授予单位 |
|---|---|---|---|---|---|---|
| 旦珍次旦 | 男 | 藏族 | 浪卡子县水利局 | 2021年度优秀公务员 | 2021年 | 中共浪卡子县委员会、县人民政府 |
| 仁增卓嘎 | 女 | 藏族 | 浪卡子县财政局 | 2021年度优秀公务员 | 2021年 | 中共浪卡子县委员会、县人民政府 |
| 达娃仓决 | 女 | 藏族 | 浪卡子县财政局 | 2021年度优秀公务员 | 2021年 | 中共浪卡子县委员会、县人民政府 |
| 张　林 | 男 | 汉族 | 浪卡子县财政局 | 2021年度优秀公务员 | 2021年 | 中共浪卡子县委员会、县人民政府 |
| 周应东 | 男 | 藏族 | 浪卡子县应急管理局 | 2021年度优秀公务员 | 2021年 | 中共浪卡子县委员会、县人民政府 |
| 扎西拉姆 | 女 | 藏族 | 浪卡子县应急管理局 | 2021年度优秀公务员 | 2021年 | 中共浪卡子县委员会、县人民政府 |
| 顿　珠 | 男 | 藏族 | 浪卡子县住房和城乡建设局 | 2021年度优秀公务员 | 2021年 | 中共浪卡子县委员会、县人民政府 |
| 田卫星 | 男 | 汉族 | 浪卡子县自然资源局 | 2021年度优秀公务员 | 2021年 | 中共浪卡子县委员会、县人民政府 |
| 罗桑次仁 | 男 | 藏族 | 浪卡子县自然资源局 | 2021年度优秀公务员 | 2021年 | 中共浪卡子县委员会、县人民政府 |
| 徐容容 | 女 | 汉族 | 浪卡子县农业农村局 | 2021年度优秀公务员 | 2021年 | 中共浪卡子县委员会、县人民政府 |
| 次仁卓玛 | 女 | 藏族 | 浪卡子县教育局 | 2021年度优秀公务员 | 2021年 | 中共浪卡子县委员会、县人民政府 |
| 曲尼仁增 | 男 | 藏族 | 浪卡子县交通运输局 | 2021年度优秀公务员 | 2021年 | 中共浪卡子县委员会、县人民政府 |
| 普布卓玛 | 女 | 藏族 | 浪卡子县文化局 | 2021年度优秀公务员 | 2021年 | 中共浪卡子县委员会、县人民政府 |
| 强巴雷谢 | 男 | 藏族 | 浪卡子县旅游发展局 | 2021年度优秀公务员 | 2021年 | 中共浪卡子县委员会、县人民政府 |
| 晋　美 | 男 | 藏族 | 浪卡子县市场监督管理局 | 2021年度优秀公务员 | 2021年 | 中共浪卡子县委员会、县人民政府 |
| 阿旺布琼 | 男 | 藏族 | 浪卡子县市场监督管理局 | 2021年度优秀公务员 | 2021年 | 中共浪卡子县委员会、县人民政府 |
| 强巴次仁 | 男 | 藏族 | 浪卡子县审计局 | 2021年度优秀公务员 | 2021年 | 中共浪卡子县委员会、县人民政府 |
| 央金卓玛 | 女 | 藏族 | 浪卡子县统计局 | 2021年度优秀公务员 | 2021年 | 中共浪卡子县委员会、县人民政府 |
| 元　旦 | 男 | 藏族 | 浪卡子县乡村振兴局 | 2021年度优秀公务员 | 2021年 | 中共浪卡子县委员会、县人民政府 |
| 扎　堆 | 男 | 藏族 | 浪卡子县乡村振兴局 | 2021年度优秀公务员 | 2021年 | 中共浪卡子县委员会、县人民政府 |

续表3

| 姓名 | 性别 | 民族 | 工作单位 | 获奖名称 | 表彰时间 | 授予单位 |
|---|---|---|---|---|---|---|
| 阿 珍 | 女 | 藏族 | 浪卡子县医疗保障局 | 2021年度优秀公务员 | 2021年 | 中共浪卡子县委员会、县人民政府 |
| 边 巴 | 女 | 藏族 | 浪卡子县林业和草原局 | 2021年度优秀公务员 | 2021年 | 中共浪卡子县委员会、县人民政府 |
| 彭 婷 | 女 | 汉族 | 浪卡子县林业和草原局 | 2021年度优秀公务员 | 2021年 | 中共浪卡子县委员会、县人民政府 |
| 次仁卓嘎 | 女 | 藏族 | 浪卡子县医疗保障局 | 2021年度优秀公务员 | 2021年 | 中共浪卡子县委员会、县人民政府 |
| 旺 扎 | 男 | 藏族 | 浪卡子县信访局 | 2021年度优秀公务员 | 2021年 | 中共浪卡子县委员会、县人民政府 |
| 洛桑卓玛 | 女 | 藏族 | 浪卡子县城市管理和综合执法局 | 2021年度优秀公务员 | 2021年 | 中共浪卡子县委员会、县人民政府 |
| 次仁措姆 | 女 | 藏族 | 浪卡子县司法局 | 2021年度优秀公务员 | 2021年 | 中共浪卡子县委员会、县人民政府 |
| 次仁卓嘎 | 女 | 藏族 | 浪卡子县商务局 | 2021年度优秀公务员 | 2021年 | 中共浪卡子县委员会、县人民政府 |
| 符健佳 | 男 | 汉族 | 浪卡子县行政审批和便民服务局 | 2021年度优秀公务员 | 2021年 | 中共浪卡子县委员会、县人民政府 |
| 巴桑央金 | 女 | 藏族 | 中共浪卡子县委员会宣传部 | 2021年度优秀公务员 | 2021年 | 中共浪卡子县委员会、县人民政府 |
| 蒋建生 | 男 | 汉族 | 浪卡子县人力资源和社会保障局 | 2021年度优秀公务员 | 2021年 | 中共浪卡子县委员会、县人民政府 |
| 巴桑玉珍 | 女 | 藏族 | 浪卡子县人力资源和社会保障局 | 2021年度优秀公务员 | 2021年 | 中共浪卡子县委员会、县人民政府 |
| 陈 磊 | 男 | 汉族 | 浪卡子县外事办公室 | 2021年度优秀公务员 | 2021年 | 中共浪卡子县委员会、县人民政府 |
| 桑旦卓嘎 | 女 | 藏族 | 浪卡子县外事办公室 | 2021年度优秀公务员 | 2021年 | 中共浪卡子县委员会、县人民政府 |
| 桑 珍 | 女 | 藏族 | 浪卡子县退役军人事务局 | 2021年度优秀公务员 | 2021年 | 中共浪卡子县委员会、县人民政府 |
| 吾金巴桑 | 男 | 藏族 | 浪卡子县拥布多寺管理委员会 | 2021年度优秀公务员 | 2021年 | 中共浪卡子县委员会、县人民政府 |
| 索朗次仁 | 男 | 藏族 | 浪卡子县拥布多寺管理委员会 | 2021年度优秀公务员 | 2021年 | 中共浪卡子县委员会、县人民政府 |
| 普布顿珠 | 男 | 藏族 | 浪卡子县盟嘎曲德寺管理委员会 | 2021年度优秀公务员 | 2021年 | 中共浪卡子县委员会、县人民政府 |
| 仓木拉 | 女 | 藏族 | 浪卡子县盟嘎曲德寺管理委员会 | 2021年度优秀公务员 | 2021年 | 中共浪卡子县委员会、县人民政府 |
| 索朗平措 | 男 | 藏族 | 浪卡子县桑顶寺管理委员会 | 2021年度优秀公务员 | 2021年 | 中共浪卡子县委员会、县人民政府 |

续表3

| 姓名 | 性别 | 民族 | 工作单位 | 获奖名称 | 表彰时间 | 授予单位 |
|---|---|---|---|---|---|---|
| 索朗占堆 | 男 | 藏族 | 浪卡子县桑顶寺管理委员会 | 2021年度优秀公务员 | 2021年 | 中共浪卡子县委员会、县人民政府 |
| 拉　巴 | 男 | 藏族 | 浪卡子县绒布拉康管理委员会 | 2021年度优秀公务员 | 2021年 | 中共浪卡子县委员会、县人民政府 |
| 拉巴扎西 | 男 | 藏族 | 浪卡子县绒布拉康管理委员会 | 2021年度优秀公务员 | 2021年 | 中共浪卡子县委员会、县人民政府 |
| 扎西罗布 | 男 | 藏族 | 张达乡人民政府 | 2021年度优秀公务员 | 2021年 | 中共浪卡子县委员会、县人民政府 |
| 扎西顿珠 | 男 | 藏族 | 浪卡子县康如拉康管理委员会 | 2021年度优秀公务员 | 2021年 | 中共浪卡子县委员会、县人民政府 |
| 木尔甲 | 男 | 藏族 | 浪卡子县塔林曲德寺管理委员会 | 2021年度优秀公务员 | 2021年 | 中共浪卡子县委员会、县人民政府 |
| 达娃扎西 | 男 | 藏族 | 浪卡子镇人民政府 | 2021年度记三等功 | 2021年 | 中共浪卡子县委员会、县人民政府 |
| 次德吉 | 女 | 藏族 | 张达乡人民政府 | 2021年度记三等功 | 2021年 | 中共浪卡子县委员会、县人民政府 |
| 杨耀铝 | 男 | 汉族 | 伦布雪乡盟嘎村村民委员会 | 2021年度记三等功 | 2021年 | 中共浪卡子县委员会、县人民政府 |
| 陈　亮 | 男 | 汉族 | 浪卡子县医疗保障局 | 2021年度记三等功 | 2021年 | 中共浪卡子县委员会、县人民政府 |
| 何洪诚 | 男 | 汉族 | 多却乡人民政府 | 2021年度记三等功 | 2021年 | 中共浪卡子县委员会、县人民政府 |
| 阿　旺 | 男 | 藏族 | 阿扎乡公安派出所 | 2021年度记三等功 | 2021年 | 中共浪卡子县委员会、县人民政府 |
| 王存来 | 男 | 汉族 | 阿扎乡亚龙村村民委员会 | 2021年度记三等功 | 2021年 | 中共浪卡子县委员会、县人民政府 |
| 阿旺曲珍 | 女 | 藏族 | 卡热乡江热村村民委员会 | 2021年度记三等功 | 2021年 | 中共浪卡子县委员会、县人民政府 |
| 旦增次白 | 女 | 藏族 | 浪卡子县公安局 | 2021年度记三等功 | 2021年 | 中共浪卡子县委员会、县人民政府 |
| 白玛群宗 | 女 | 藏族 | 浪卡子县卫生健康委员会 | 2021年度记三等功 | 2021年 | 中共浪卡子县委员会、县人民政府 |
| 其米多吉 | 男 | 藏族 | 浪卡子县盟嘎曲德寺管理委员会 | 2021年度记三等功 | 2021年 | 中共浪卡子县委员会、县人民政府 |
| 格桑次仁 | 男 | 藏族 | 浪卡子县盟嘎曲德寺管理委员会 | 2021年度记三等功 | 2021年 | 中共浪卡子县委员会、县人民政府 |
| 洛桑加央 | 男 | 藏族 | 浪卡子县桑顶寺管理委员会 | 2021年度记三等功 | 2021年 | 中共浪卡子县委员会、县人民政府 |
| 王　庆 | 男 | 汉族 | 中共浪卡子县委员会组织部 | 2021年度记三等功 | 2021年 | 中共浪卡子县委员会、县人民政府 |

续表3

| 姓名 | 性别 | 民族 | 工作单位 | 获奖名称 | 表彰时间 | 授予单位 |
|---|---|---|---|---|---|---|
| 扎西罗布 | 男 | 藏族 | 张达乡人民政府 | 2021年度记三等功 | 2021年 | 中共浪卡子县委员会、县人民政府 |
| 米玛桑珠 | 男 | 藏族 | 中共浪卡子县委员会巡察工作领导小组办公室 | 2021年度记三等功 | 2021年 | 中共浪卡子县委员会、县人民政府 |
| 达　　次 | 男 | 藏族 | 浪卡子县中学 | 优秀校长 | 2021年 | 中共浪卡子县委员会、县人民政府 |
| 罗布次仁 | 男 | 藏族 | 浪卡子镇完小 | 优秀校长 | 2021年 | 中共浪卡子县委员会、县人民政府 |
| 单松次仁 | 男 | 藏族 | 卡热乡小学 | 优秀校长 | 2021年 | 中共浪卡子县委员会、县人民政府 |
| 面巴伦珠 | 男 | 藏族 | 多却乡小学 | 优秀校长 | 2021年 | 中共浪卡子县委员会、县人民政府 |
| 格桑次仁 | 男 | 藏族 | 打隆镇小学 | 优秀校长 | 2021年 | 中共浪卡子县委员会、县人民政府 |
| 桑杰曲增 | 男 | 藏族 | 浪卡子县藏语汉语幼儿园 | 优秀园长 | 2021年 | 中共浪卡子县委员会、县人民政府 |
| 巴桑卓玛 | 女 | 藏族 | 卡热乡小学附设幼儿园 | 优秀园长 | 2021年 | 中共浪卡子县委员会、县人民政府 |
| 多吉索朗 | 男 | 藏族 | 打隆镇小学附设幼儿园 | 优秀园长 | 2021年 | 中共浪卡子县委员会、县人民政府 |
| 达瓦扎西 | 男 | 藏族 | 张达乡小学 | 优秀班主任 | 2021年 | 中共浪卡子县委员会、县人民政府 |
| 次仁旦巴 | 男 | 藏族 | 多却乡绒布小学 | 优秀班主任 | 2021年 | 中共浪卡子县委员会、县人民政府 |
| 拉巴次仁 | 男 | 藏族 | 打隆镇小学 | 优秀班主任 | 2021年 | 中共浪卡子县委员会、县人民政府 |
| 尼玛普赤 | 女 | 藏族 | 伦布雪乡小学 | 优秀班主任 | 2021年 | 中共浪卡子县委员会、县人民政府 |
| 阿旺旺姆 | 女 | 藏族 | 卡热乡小学 | 优秀班主任 | 2021年 | 中共浪卡子县委员会、县人民政府 |
| 索朗多吉 | 男 | 藏族 | 张达乡扎玉小学 | 优秀班主任 | 2021年 | 中共浪卡子县委员会、县人民政府 |
| 次　　仁 | 男 | 藏族 | 多却乡小学 | 优秀班主任 | 2021年 | 中共浪卡子县委员会、县人民政府 |
| 次仁央宗 | 女 | 藏族 | 阿扎乡小学 | 优秀班主任 | 2021年 | 中共浪卡子县委员会、县人民政府 |

续表3

| 姓名 | 性别 | 民族 | 工作单位 | 获奖名称 | 表彰时间 | 授予单位 |
|---|---|---|---|---|---|---|
| 扎西措姆 | 女 | 藏族 | 白地乡小学附设幼儿园 | 优秀班主任 | 2021年 | 中共浪卡子县委员会、县人民政府 |
| 普布央金 | 女 | 藏族 | 浪卡子县藏语汉语幼儿园 | 优秀班主任 | 2021年 | 中共浪卡子县委员会、县人民政府 |
| 桑　珠 | 男 | 藏族 | 卡龙乡小学 | 优秀班主任 | 2021年 | 中共浪卡子县委员会、县人民政府 |
| 白玛顿珠 | 男 | 藏族 | 浪卡子镇完小 | 优秀班主任 | 2021年 | 中共浪卡子县委员会、县人民政府 |
| 贡觉次仁 | 男 | 藏族 | 浪卡子县中学 | 优秀班主任 | 2021年 | 中共浪卡子县委员会、县人民政府 |
| 阿旺益西 | 男 | 藏族 | 浪卡子县中学 | 优秀班主任 | 2021年 | 中共浪卡子县委员会、县人民政府 |
| 罗　布 | 男 | 藏族 | 浪卡子县中学 | 优秀班主任 | 2021年 | 中共浪卡子县委员会、县人民政府 |
| 桑吉卓玛 | 女 | 藏族 | 打隆镇相达小学 | 优秀教师 | 2021年 | 中共浪卡子县委员会、县人民政府 |
| 格桑巴珠 | 男 | 藏族 | 张达乡小学 | 优秀教师 | 2021年 | 中共浪卡子县委员会、县人民政府 |
| 土旦丹增 | 男 | 藏族 | 多却乡绒布小学 | 优秀教师 | 2021年 | 中共浪卡子县委员会、县人民政府 |
| 德吉措姆 | 女 | 藏族 | 多却乡绒布小学附设幼儿园 | 优秀教师 | 2021年 | 中共浪卡子县委员会、县人民政府 |
| 达娃曲宗 | 女 | 藏族 | 打隆镇小学附设幼儿园 | 优秀教师 | 2021年 | 中共浪卡子县委员会、县人民政府 |
| 巴桑次仁 | 男 | 藏族 | 伦布雪乡小学 | 优秀教师 | 2021年 | 中共浪卡子县委员会、县人民政府 |
| 尼玛次仁 | 男 | 藏族 | 伦布雪乡小学附设幼儿园 | 优秀教师 | 2021年 | 中共浪卡子县委员会、县人民政府 |
| 仓　穷 | 女 | 藏族 | 卡热乡小学 | 优秀教师 | 2021年 | 中共浪卡子县委员会、县人民政府 |
| 明　久 | 男 | 藏族 | 打隆镇林西小学 | 优秀教师 | 2021年 | 中共浪卡子县委员会、县人民政府 |
| 扎西曲宗 | 女 | 藏族 | 张达乡扎玉小学附设幼儿园 | 优秀教师 | 2021年 | 中共浪卡子县委员会、县人民政府 |
| 次仁玉珍 | 女 | 藏族 | 多却乡小学 | 优秀教师 | 2021年 | 中共浪卡子县委员会、县人民政府 |
| 索朗德吉 | 女 | 藏族 | 多却乡小学附设幼儿园 | 优秀教师 | 2021年 | 中共浪卡子县委员会、县人民政府 |
| 曲尼卓玛 | 女 | 藏族 | 伦布雪乡甘扎小学附属幼儿园 | 优秀教师 | 2021年 | 中共浪卡子县委员会、县人民政府 |

续表3

| 姓名 | 性别 | 民族 | 工作单位 | 获奖名称 | 表彰时间 | 授予单位 |
|---|---|---|---|---|---|---|
| 索朗琼达 | 女 | 藏族 | 阿扎乡小学 | 优秀教师 | 2021年 | 中共浪卡子县委员会、县人民政府 |
| 德　吉 | 女 | 藏族 | 白地乡小学 | 优秀教师 | 2021年 | 中共浪卡子县委员会、县人民政府 |
| 央金卓嘎 | 女 | 藏族 | 浪卡子县藏语汉语幼儿园 | 优秀教师 | 2021年 | 中共浪卡子县委员会、县人民政府 |
| 旦增卓玛 | 女 | 藏族 | 伦布雪乡苏格小学 | 优秀教师 | 2021年 | 中共浪卡子县委员会、县人民政府 |
| 仁青曲培 | 男 | 藏族 | 卡龙乡小学附设幼儿园 | 优秀教师 | 2021年 | 中共浪卡子县委员会、县人民政府 |
| 邓增旺姆 | 女 | 藏族 | 浪卡子镇完小 | 优秀教师 | 2021年 | 中共浪卡子县委员会、县人民政府 |
| 格桑曲珍 | 女 | 藏族 | 浪卡子镇完小 | 优秀教师 | 2021年 | 中共浪卡子县委员会、县人民政府 |
| 西热伟色 | 男 | 藏族 | 浪卡子县中学 | 优秀教师 | 2021年 | 中共浪卡子县委员会、县人民政府 |
| 洛桑旦卓 | 男 | 藏族 | 浪卡子县中学 | 优秀教师 | 2021年 | 中共浪卡子县委员会、县人民政府 |
| 白玛欧珠 | 男 | 藏族 | 浪卡子县中学 | 优秀教师 | 2021年 | 中共浪卡子县委员会、县人民政府 |
| 多吉坚参 | 男 | 藏族 | 伦布雪乡小学 | 优秀教育工作者 | 2021年 | 中共浪卡子县委员会、县人民政府 |
| 嘎玛旺杰 | 男 | 藏族 | 浪卡子县教育局 | 优秀教育工作者 | 2021年 | 中共浪卡子县委员会、县人民政府 |
| 洛桑次仁 | 男 | 藏族 | 浪卡子县教育局 | 优秀教育工作者 | 2021年 | 中共浪卡子县委员会、县人民政府 |
| 洛追久米 | 男 | 藏族 | 浪卡子县教育局 | 优秀教育工作者 | 2021年 | 中共浪卡子县委员会、县人民政府 |
| 巴桑罗布 | 男 | 藏族 | 浪卡子县中学 | 优秀教育教学质量突出者 | 2021年 | 中共浪卡子县委员会、县人民政府 |
| 顿珠罗布 | 男 | 藏族 | 浪卡子县中学 | 优秀教育教学质量突出者 | 2021年 | 中共浪卡子县委员会、县人民政府 |
| 白玛欧珠 | 男 | 藏族 | 浪卡子县中学 | 优秀教育教学质量突出者 | 2021年 | 中共浪卡子县委员会、县人民政府 |
| 强巴央宗 | 女 | 藏族 | 浪卡子县中学 | 优秀教育教学质量突出者 | 2021年 | 中共浪卡子县委员会、县人民政府 |
| 王　传　锋 | 男 | 汉族 | 浪卡子县中学 | 优秀教育教学质量突出者 | 2021年 | 中共浪卡子县委员会、县人民政府 |
| 洛桑旦卓 | 男 | 藏族 | 浪卡子县中学 | 优秀教育教学质量突出者 | 2021年 | 中共浪卡子县委员会、县人民政府 |

续表3

| 姓名 | 性别 | 民族 | 工作单位 | 获奖名称 | 表彰时间 | 授予单位 |
|---|---|---|---|---|---|---|
| 刘　　杰 | 男 | 汉族 | 浪卡子县中学 | 优秀教育教学质量突出者 | 2021 年 | 中共浪卡子县委员会、县人民政府 |
| 阿旺边久 | 男 | 藏族 | 浪卡子县中学 | 优秀教育教学质量突出者 | 2021 年 | 中共浪卡子县委员会、县人民政府 |
| 洛　　桑 | 男 | 藏族 | 浪卡子县中学 | 优秀教育教学质量突出者 | 2021 年 | 中共浪卡子县委员会、县人民政府 |
| 明久卓玛 | 女 | 藏族 | 浪卡子县中学 | 优秀教育教学质量突出者 | 2021 年 | 中共浪卡子县委员会、县人民政府 |
| 罗　　珍 | 女 | 藏族 | 浪卡子县中学 | 优秀教育教学质量突出者 | 2021 年 | 中共浪卡子县委员会、县人民政府 |
| 尼玛德吉 | 女 | 藏族 | 浪卡子镇完小 | 优秀教育教学质量突出者 | 2021 年 | 中共浪卡子县委员会、县人民政府 |
| 扎西卓玛 | 女 | 藏族 | 浪卡子镇完小 | 优秀教育教学质量突出者 | 2021 年 | 中共浪卡子县委员会、县人民政府 |
| 次旦卓玛 | 女 | 藏族 | 浪卡子镇完小 | 优秀教育教学质量突出者 | 2021 年 | 中共浪卡子县委员会、县人民政府 |
| 吉　　宗 | 女 | 藏族 | 浪卡子镇完小 | 优秀教育教学质量突出者 | 2021 年 | 中共浪卡子县委员会、县人民政府 |
| 巴桑拉姆 | 女 | 藏族 | 浪卡子镇完小 | 优秀教育教学质量突出者 | 2021 年 | 中共浪卡子县委员会、县人民政府 |
| 王　　艳 | 女 | 汉族 | 浪卡子镇完小 | 优秀教育教学质量突出者 | 2021 年 | 中共浪卡子县委员会、县人民政府 |
| 嘎玛德庆 | 女 | 藏族 | 浪卡子镇完小 | 优秀教育教学质量突出者 | 2021 年 | 中共浪卡子县委员会、县人民政府 |
| 次仁旺堆 | 男 | 藏族 | 浪卡子镇完小 | 优秀教育教学质量突出者 | 2021 年 | 中共浪卡子县委员会、县人民政府 |
| 阿旺加措 | 男 | 藏族 | 浪卡子镇完小 | 优秀教育教学质量突出者 | 2021 年 | 中共浪卡子县委员会、县人民政府 |
| 白玛顿珠 | 男 | 藏族 | 浪卡子镇完小 | 优秀教育教学质量突出者 | 2021 年 | 中共浪卡子县委员会、县人民政府 |
| 其米次仁 | 男 | 藏族 | 浪卡子镇完小 | 优秀教育教学质量突出者 | 2021 年 | 中共浪卡子县委员会、县人民政府 |
| 旦增德列 | 男 | 藏族 | 浪卡子镇完小 | 优秀教育教学质量突出者 | 2021 年 | 中共浪卡子县委员会、县人民政府 |
| 罗布次仁 | 男 | 藏族 | 浪卡子镇完小 | 优秀教育教学质量突出者 | 2021 年 | 中共浪卡子县委员会、县人民政府 |
| 桑杰曲珍 | 女 | 藏族 | 浪卡子镇完小 | 优秀教育教学质量突出者 | 2021 年 | 中共浪卡子县委员会、县人民政府 |
| 次　　央 | 女 | 藏族 | 浪卡子镇完小 | 优秀教育教学质量突出者 | 2021 年 | 中共浪卡子县委员会、县人民政府 |

续表3

| 姓名 | 性别 | 民族 | 工作单位 | 获奖名称 | 表彰时间 | 授予单位 |
|---|---|---|---|---|---|---|
| 达　　嘎 | 女 | 藏族 | 浪卡子镇完小 | 优秀教育教学质量突出者 | 2021年 | 中共浪卡子县委员会、县人民政府 |
| 格桑曲珍 | 女 | 藏族 | 浪卡子镇完小 | 优秀教育教学质量突出者 | 2021年 | 中共浪卡子县委员会、县人民政府 |
| 普布卓嘎 | 女 | 藏族 | 浪卡子镇完小 | 优秀教育教学质量突出者 | 2021年 | 中共浪卡子县委员会、县人民政府 |
| 赤列桑布 | 男 | 藏族 | 打隆镇小学 | 优秀教育教学质量突出者 | 2021年 | 中共浪卡子县委员会、县人民政府 |
| 次仁扎西 | 男 | 藏族 | 打隆镇小学 | 优秀教育教学质量突出者 | 2021年 | 中共浪卡子县委员会、县人民政府 |
| 扎西顿珠 | 男 | 藏族 | 打隆镇小学 | 优秀教育教学质量突出者 | 2021年 | 中共浪卡子县委员会、县人民政府 |
| 其米卓嘎 | 女 | 藏族 | 打隆镇相达小学 | 优秀教育教学质量突出者 | 2021年 | 中共浪卡子县委员会、县人民政府 |
| 桑吉卓玛 | 女 | 藏族 | 打隆镇相达小学 | 优秀教育教学质量突出者 | 2021年 | 中共浪卡子县委员会、县人民政府 |
| 贡　　布 | 男 | 藏族 | 打隆镇相达小学 | 优秀教育教学质量突出者 | 2021年 | 中共浪卡子县委员会、县人民政府 |
| 加　　措 | 男 | 藏族 | 打隆镇林西小学 | 优秀教育教学质量突出者 | 2021年 | 中共浪卡子县委员会、县人民政府 |
| 明　　久 | 男 | 藏族 | 打隆镇林西小学 | 优秀教育教学质量突出者 | 2021年 | 中共浪卡子县委员会、县人民政府 |
| 达瓦扎西 | 男 | 藏族 | 张达乡小学 | 优秀教育教学质量突出者 | 2021年 | 中共浪卡子县委员会、县人民政府 |
| 达娃卓嘎 | 女 | 藏族 | 张达乡小学 | 优秀教育教学质量突出者 | 2021年 | 中共浪卡子县委员会、县人民政府 |
| 强久卓玛 | 女 | 藏族 | 张达乡小学 | 优秀教育教学质量突出者 | 2021年 | 中共浪卡子县委员会、县人民政府 |
| 美朵卓嘎 | 女 | 藏族 | 张达乡小学 | 优秀教育教学质量突出者 | 2021年 | 中共浪卡子县委员会、县人民政府 |
| 次　　松 | 男 | 藏族 | 张达乡小学 | 优秀教育教学质量突出者 | 2021年 | 中共浪卡子县委员会、县人民政府 |
| 罗布拉珍 | 女 | 藏族 | 张达乡扎玉小学 | 优秀教育教学质量突出者 | 2021年 | 中共浪卡子县委员会、县人民政府 |
| 论珠次旦 | 男 | 藏族 | 张达乡扎玉小学 | 优秀教育教学质量突出者 | 2021年 | 中共浪卡子县委员会、县人民政府 |
| 尼玛欧珠 | 男 | 藏族 | 张达乡扎玉小学 | 优秀教育教学质量突出者 | 2021年 | 中共浪卡子县委员会、县人民政府 |
| 索朗多吉 | 男 | 藏族 | 张达乡扎玉小学 | 优秀教育教学质量突出者 | 2021年 | 中共浪卡子县委员会、县人民政府 |

续表3

| 姓名 | 性别 | 民族 | 工作单位 | 获奖名称 | 表彰时间 | 授予单位 |
|---|---|---|---|---|---|---|
| 阿旺觉旦 | 男 | 藏族 | 张达乡扎玉小学 | 优秀教育教学质量突出者 | 2021年 | 中共浪卡子县委员会、县人民政府 |
| 多吉坚参 | 男 | 藏族 | 伦布雪乡小学 | 优秀教育教学质量突出者 | 2021年 | 中共浪卡子县委员会、县人民政府 |
| 布　琼 | 男 | 藏族 | 伦布雪乡小学 | 优秀教育教学质量突出者 | 2021年 | 中共浪卡子县委员会、县人民政府 |
| 普扎西 | 男 | 藏族 | 伦布雪乡小学 | 优秀教育教学质量突出者 | 2021年 | 中共浪卡子县委员会、县人民政府 |
| 达娃央宗 | 女 | 藏族 | 伦布雪乡小学 | 优秀教育教学质量突出者 | 2021年 | 中共浪卡子县委员会、县人民政府 |
| 达娃拉姆 | 女 | 藏族 | 伦布雪乡小学 | 优秀教育教学质量突出者 | 2021年 | 中共浪卡子县委员会、县人民政府 |
| 索朗多吉 | 男 | 藏族 | 伦布雪乡苏格小学 | 优秀教育教学质量突出者 | 2021年 | 中共浪卡子县委员会、县人民政府 |
| 格桑德吉 | 女 | 藏族 | 伦布雪乡苏格小学 | 优秀教育教学质量突出者 | 2021年 | 中共浪卡子县委员会、县人民政府 |
| 次仁玉珍 | 女 | 藏族 | 多却乡小学 | 优秀教育教学质量突出者 | 2021年 | 中共浪卡子县委员会、县人民政府 |
| 拉巴多吉 | 男 | 藏族 | 多却乡小学 | 优秀教育教学质量突出者 | 2021年 | 中共浪卡子县委员会、县人民政府 |
| 洛桑卓嘎 | 女 | 藏族 | 多却乡小学 | 优秀教育教学质量突出者 | 2021年 | 中共浪卡子县委员会、县人民政府 |
| 桑杰曲扎 | 男 | 藏族 | 多却乡小学 | 优秀教育教学质量突出者 | 2021年 | 中共浪卡子县委员会、县人民政府 |
| 索朗云单 | 男 | 藏族 | 多却乡小学 | 优秀教育教学质量突出者 | 2021年 | 中共浪卡子县委员会、县人民政府 |
| 洛追桑姆 | 女 | 藏族 | 多却乡小学 | 优秀教育教学质量突出者 | 2021年 | 中共浪卡子县委员会、县人民政府 |
| 扎西平措 | 男 | 藏族 | 多却乡小学 | 优秀教育教学质量突出者 | 2021年 | 中共浪卡子县委员会、县人民政府 |
| 罗布卓玛 | 女 | 藏族 | 多却乡小学 | 优秀教育教学质量突出者 | 2021年 | 中共浪卡子县委员会、县人民政府 |
| 拉巴玉珍 | 女 | 藏族 | 多却乡绒布小学 | 优秀教育教学质量突出者 | 2021年 | 中共浪卡子县委员会、县人民政府 |
| 强久卓玛 | 女 | 藏族 | 多却乡绒布小学 | 优秀教育教学质量突出者 | 2021年 | 中共浪卡子县委员会、县人民政府 |
| 索朗白玛 | 男 | 藏族 | 卡龙乡小学 | 优秀教育教学质量突出者 | 2021年 | 中共浪卡子县委员会、县人民政府 |
| 扎西热杰 | 男 | 藏族 | 卡龙乡小学 | 优秀教育教学质量突出者 | 2021年 | 中共浪卡子县委员会、县人民政府 |

续表3

| 姓名 | 性别 | 民族 | 工作单位 | 获奖名称 | 表彰时间 | 授予单位 |
|---|---|---|---|---|---|---|
| 朗杰措姆 | 女 | 藏族 | 卡龙乡小学 | 优秀教育教学质量突出者 | 2021年 | 中共浪卡子县委员会、县人民政府 |
| 米玛顿珠 | 男 | 藏族 | 卡龙乡小学 | 优秀教育教学质量突出者 | 2021年 | 中共浪卡子县委员会、县人民政府 |
| 格　桑 | 男 | 藏族 | 卡龙乡小学 | 优秀教育教学质量突出者 | 2021年 | 中共浪卡子县委员会、县人民政府 |
| 德　吉 | 女 | 藏族 | 白地乡小学 | 优秀教育教学质量突出者 | 2021年 | 中共浪卡子县委员会、县人民政府 |
| 巴桑卓嘎 | 女 | 藏族 | 白地乡小学 | 优秀教育教学质量突出者 | 2021年 | 中共浪卡子县委员会、县人民政府 |
| 仓　穷 | 女 | 藏族 | 卡热乡小学 | 优秀教育教学质量突出者 | 2021年 | 中共浪卡子县委员会、县人民政府 |
| 卓玛次仁 | 女 | 藏族 | 卡热乡小学 | 优秀教育教学质量突出者 | 2021年 | 中共浪卡子县委员会、县人民政府 |
| 索朗白玛 | 男 | 藏族 | 卡龙乡小学 | 优秀教育教学质量突出者 | 2021年 | 中共浪卡子县委员会、县人民政府 |
| 阿旺旺姆 | 女 | 藏族 | 卡热乡小学 | 优秀教育教学质量突出者 | 2021年 | 中共浪卡子县委员会、县人民政府 |
| 罗布格桑 | 男 | 藏族 | 卡热乡小学 | 优秀教育教学质量突出者 | 2021年 | 中共浪卡子县委员会、县人民政府 |
| 单松次仁 | 男 | 藏族 | 卡热乡小学 | 优秀教育教学质量突出者 | 2021年 | 中共浪卡子县委员会、县人民政府 |
| 朗　加 | 男 | 藏族 | 卡热乡小学 | 优秀教育教学质量突出者 | 2021年 | 中共浪卡子县委员会、县人民政府 |
| 高文元 | 男 | 汉族 | 卡热乡小学 | 优秀教育教学质量突出者 | 2021年 | 中共浪卡子县委员会、县人民政府 |
| 多吉仁增 | 男 | 藏族 | 阿扎乡阿扎村村民委员会 | 优秀共产党员 | 2021年 | 中共浪卡子县委员会 |
| 仁增多布杰 | 男 | 藏族 | 多却乡绒布村村民委员会 | 优秀共产党员 | 2021年 | 中共浪卡子县委员会 |
| 扎巴旺杰 | 男 | 藏族 | 多却乡热玛瓦村村民委员会 | 优秀共产党员 | 2021年 | 中共浪卡子县委员会 |
| 多　吉 | 男 | 藏族 | 浪卡子镇哈西社区居民委员会 | 优秀共产党员 | 2021年 | 中共浪卡子县委员会 |
| 普　布 | 男 | 藏族 | 张达乡下西村村民委员会 | 优秀共产党员 | 2021年 | 中共浪卡子县委员会 |
| 强　白 | 男 | 藏族 | 张达乡巴多村村民委员会 | 优秀共产党员 | 2021年 | 中共浪卡子县委员会 |
| 仁增巴桑 | 男 | 藏族 | 白地乡曲色村村民委员会 | 优秀共产党员 | 2021年 | 中共浪卡子县委员会 |

续表3

| 姓名 | 性别 | 民族 | 工作单位 | 获奖名称 | 表彰时间 | 授予单位 |
|---|---|---|---|---|---|---|
| 格桑德吉 | 女 | 藏族 | 浪卡子镇浪卡子社区居民委员 | 优秀共产党员 | 2021 年 | 中共浪卡子县委员会 |
| 白玛次仁 | 男 | 藏族 | 伦布雪乡学宗村村民委员会 | 优秀共产党员 | 2021 年 | 中共浪卡子县委员会 |
| 旦增多吉 | 男 | 藏族 | 卡龙乡加珠村村民委员会 | 优秀共产党员 | 2021 年 | 中共浪卡子县委员会 |
| 索朗多吉 | 男 | 藏族 | 普玛江塘乡萨藏村村民委员会 | 优秀共产党员 | 2021 年 | 中共浪卡子县委员会 |
| 拉巴次仁 | 男 | 藏族 | 打隆镇林西社区居民委员会 | 优秀共产党员 | 2021 年 | 中共浪卡子县委员会 |
| 其　　米 | 男 | 藏族 | 张达乡康玛村村民委员会 | 优秀共产党员 | 2021 年 | 中共浪卡子县委员会 |
| 曲　　桑 | 男 | 藏族 | 阿扎乡增巴村村民委员会 | 优秀共产党员 | 2021 年 | 中共浪卡子县委员会 |
| 米玛旦增 | 男 | 藏族 | 卡热乡边据村村民委员会 | 优秀共产党员 | 2021 年 | 中共浪卡子县委员会 |
| 姚萌豪 | 男 | 汉族 | 普玛江塘乡人民政府 | 优秀共产党员 | 2021 年 | 中共浪卡子县委员会 |
| 白玛措姆 | 男 | 藏族 | 阿扎乡人民政府 | 优秀共产党员 | 2021 年 | 中共浪卡子县委员会 |
| 米玛次仁 | 男 | 藏族 | 卡龙乡人民政府 | 优秀共产党员 | 2021 年 | 中共浪卡子县委员会 |
| 田卫星 | 男 | 汉族 | 伦布雪乡人民政府 | 优秀共产党员 | 2021 年 | 中共浪卡子县委员会 |
| 吾金多吉 | 男 | 藏族 | 伦布雪乡公安派出所 | 优秀共产党员 | 2021 年 | 中共浪卡子县委员会 |
| 扎西坚才 | 男 | 藏族 | 白地乡人民政府 | 优秀共产党员 | 2021 年 | 中共浪卡子县委员会 |
| 达娃卓嘎 | 女 | 藏族 | 浪卡子县疾控中心 | 优秀共产党员 | 2021 年 | 中共浪卡子县委员会 |
| 德　　吉 | 女 | 藏族 | 浪卡子镇人民政府 | 优秀共产党员 | 2021 年 | 中共浪卡子县委员会 |
| 颜登金 | 男 | 汉族 | 卡热乡人民政府 | 优秀共产党员 | 2021 年 | 中共浪卡子县委员会 |
| 米　　玛 | 男 | 藏族 | 卡热乡人民政府 | 优秀共产党员 | 2021 年 | 中共浪卡子县委员会 |
| 美　　朵 | 女 | 藏族 | 浪卡子县审计局 | 优秀共产党员 | 2021 年 | 中共浪卡子县委员会 |
| 格桑云旦 | 男 | 藏族 | 打隆镇人民政府 | 优秀共产党员 | 2021 年 | 中共浪卡子县委员会 |
| 商晓明 | 男 | 汉族 | 中国人民政治协商会议浪卡子县委员会办公室 | 优秀共产党员 | 2021 年 | 中共浪卡子县委员会 |
| 白玛仁增 | 男 | 藏族 | 浪卡子县藏医院 | 优秀共产党员 | 2021 年 | 中共浪卡子县委员会 |

续表3

| 姓名 | 性别 | 民族 | 工作单位 | 获奖名称 | 表彰时间 | 授予单位 |
|---|---|---|---|---|---|---|
| 云丹次仁 | 男 | 藏族 | 浪卡子县中学 | 优秀共产党员 | 2021年 | 中共浪卡子县委员会 |
| 巴　桑 | 男 | 藏族 | 阿扎乡小学 | 优秀共产党员 | 2021年 | 中共浪卡子县委员会 |
| 德吉次仁 | 女 | 藏族 | 中共浪卡子县委员会统一战线工作部 | 优秀共产党员 | 2021年 | 中共浪卡子县委员会 |
| 索朗平措 | 男 | 藏族 | 浪卡子县桑顶寺管理委员会 | 优秀共产党员 | 2021年 | 中共浪卡子县委员会 |
| 巴　珠 | 男 | 藏族 | 浪卡子县机关退休党支部 | 优秀共产党员 | 2021年 | 中共浪卡子县委员会 |
| 杨　平 | 男 | 汉族 | 浪卡子县嘎多寺管理委员会 | 优秀共产党员 | 2021年 | 中共浪卡子县委员会 |
| 赤列曲培 | 男 | 藏族 | 打隆镇人民政府 | 优秀共产党员 | 2021年 | 中共浪卡子县委员会 |
| 拉姆次仁 | 女 | 藏族 | 浪卡子县后勤服务中心 | 优秀共产党员 | 2021年 | 中共浪卡子县委员会 |
| 旦增格顿 | 男 | 藏族 | 普玛江塘乡人民政府 | 优秀党务工作者 | 2021年 | 中共浪卡子县委员会 |
| 曲尼多吉 | 男 | 藏族 | 普玛江塘乡查布村村民委员会 | 优秀党务工作者 | 2021年 | 中共浪卡子县委员会 |
| 扎西卓玛 | 女 | 藏族 | 阿扎乡人民政府 | 优秀党务工作者 | 2021年 | 中共浪卡子县委员会 |
| 林勇辉 | 男 | 汉族 | 阿扎乡人民政府 | 优秀党务工作者 | 2021年 | 中共浪卡子县委员会 |
| 陈　毅 | 男 | 汉族 | 多却乡人民政府 | 优秀党务工作者 | 2021年 | 中共浪卡子县委员会 |
| 尼玛国杰 | 男 | 藏族 | 多却乡人民政府 | 优秀党务工作者 | 2021年 | 中共浪卡子县委员会 |
| 达娃央宗 | 女 | 藏族 | 浪卡子县农业农村局 | 优秀党务工作者 | 2021年 | 中共浪卡子县委员会 |
| 罗　俊 | 男 | 汉族 | 卡热乡人民政府 | 优秀党务工作者 | 2021年 | 中共浪卡子县委员会 |
| 平措曲珍 | 女 | 藏族 | 伦布雪乡人民政府 | 优秀党务工作者 | 2021年 | 中共浪卡子县委员会 |
| 曾南京 | 男 | 汉族 | 伦布雪乡人民政府 | 优秀党务工作者 | 2021年 | 中共浪卡子县委员会 |
| 旦增白吉 | 女 | 藏族 | 白地乡人民政府 | 优秀党务工作者 | 2021年 | 中共浪卡子县委员会 |
| 顿珠卓玛 | 女 | 藏族 | 白地乡人民政府 | 优秀党务工作者 | 2021年 | 中共浪卡子县委员会 |
| 白玛曲尼 | 女 | 藏族 | 浪卡子镇人民政府 | 优秀党务工作者 | 2021年 | 中共浪卡子县委员会 |
| 德青卓嘎 | 女 | 藏族 | 浪卡子镇人民政府 | 优秀党务工作者 | 2021年 | 中共浪卡子县委员会 |

续表3

| 姓名 | 性别 | 民族 | 工作单位 | 获奖名称 | 表彰时间 | 授予单位 |
|---|---|---|---|---|---|---|
| 云旦平措 | 男 | 藏族 | 中共浪卡子县纪律检查委员会 | 优秀党务工作者 | 2021年 | 中共浪卡子县委员会 |
| 德吉卓玛 | 女 | 藏族 | 卡热乡人民政府 | 优秀党务工作者 | 2021年 | 中共浪卡子县委员会 |
| 洛桑久仍 | 男 | 藏族 | 打隆镇人民政府 | 优秀党务工作者 | 2021年 | 中共浪卡子县委员会 |
| 德吉央宗 | 女 | 藏族 | 打隆镇人民政府 | 优秀党务工作者 | 2021年 | 中共浪卡子县委员会 |
| 刘伟成 | 男 | 汉族 | 张达乡人民政府 | 优秀党务工作者 | 2021年 | 中共浪卡子县委员会 |
| 边巴琼达 | 女 | 藏族 | 中共浪卡子县委员会巡察工作领导小组办公室 | 优秀党务工作者 | 2021年 | 中共浪卡子县委员会 |
| 仁青措姆 | 女 | 藏族 | 浪卡子县教育局 | 优秀党务工作者 | 2021年 | 中共浪卡子县委员会 |
| 贡布 | 男 | 藏族 | 打隆镇相达小学 | 优秀党务工作者 | 2021年 | 中共浪卡子县委员会 |
| 其米多吉 | 男 | 藏族 | 浪卡子县盟嘎曲德寺管理委员会 | 优秀党务工作者 | 2021年 | 中共浪卡子县委员会 |
| 吾金巴桑 | 男 | 藏族 | 浪卡子县拥布多寺管理委员会 | 优秀党务工作者 | 2021年 | 中共浪卡子县委员会 |
| 达次 | 男 | 藏族 | 浪卡子县中学 | 优秀党务工作者 | 2021年 | 中共浪卡子县委员会 |
| 桑杰曲增 | 女 | 藏族 | 浪卡子县幼儿园 | 优秀党务工作者 | 2021年 | 中共浪卡子县委员会 |
| 旦增顿珠 | 男 | 藏族 | 浪卡子县直属机关党工委 | 优秀党务工作者 | 2021年 | 中共浪卡子县委员会 |
| 洛桑曲宗 | 女 | 藏族 | 浪卡子县委员会组织部 | 优秀党务工作者 | 2021年 | 中共浪卡子县委员会 |
| 普顿珠 | 男 | 藏族 | 普玛江塘乡人民政府 | 优秀基层干部 | 2021年 | 中共浪卡子县委员会 |
| 古桑旦增 | 男 | 藏族 | 普玛江塘乡人民政府 | 优秀基层干部 | 2021年 | 中共浪卡子县委员会 |
| 措曲珍 | 女 | 藏族 | 阿扎乡洞巴村村民委员会 | 优秀基层干部 | 2021年 | 中共浪卡子县委员会 |
| 何洪诚 | 男 | 汉族 | 多却乡人民政府 | 优秀基层干部 | 2021年 | 中共浪卡子县委员会 |
| 普布顿珠 | 男 | 藏族 | 多却乡人民政府 | 优秀基层干部 | 2021年 | 中共浪卡子县委员会 |
| 次尼 | 女 | 藏族 | 卡龙乡人民政府 | 优秀基层干部 | 2021年 | 中共浪卡子县委员会 |

续表3

| 姓名 | 性别 | 民族 | 工作单位 | 获奖名称 | 表彰时间 | 授予单位 |
|---|---|---|---|---|---|---|
| 刘文东 | 男 | 汉族 | 卡龙乡人民政府 | 优秀基层干部 | 2021 年 | 中共浪卡子县委员会 |
| 尼玛扎西 | 男 | 藏族 | 伦布雪乡人民政府 | 优秀基层干部 | 2021 年 | 中共浪卡子县委员会 |
| 顿珠朗杰 | 男 | 藏族 | 伦布雪乡卫生院 | 优秀基层干部 | 2021 年 | 中共浪卡子县委员会 |
| 桑旦拉姆 | 女 | 藏族 | 白地乡卫生院 | 优秀基层干部 | 2021 年 | 中共浪卡子县委员会 |
| 曾贤文 | 男 | 汉族 | 白地乡人民政府 | 优秀基层干部 | 2021 年 | 中共浪卡子县委员会 |
| 益西措姆 | 女 | 藏族 | 浪卡子镇人民政府 | 优秀基层干部 | 2021 年 | 中共浪卡子县委员会 |
| 嘎瓦多吉 | 男 | 藏族 | 浪卡子镇人民政府 | 优秀基层干部 | 2021 年 | 中共浪卡子县委员会 |
| 索朗卓嘎 | 女 | 藏族 | 卡热乡人民政府 | 优秀基层干部 | 2021 年 | 中共浪卡子县委员会 |
| 桑杰曲珍 | 女 | 藏族 | 卡热乡人民政府 | 优秀基层干部 | 2021 年 | 中共浪卡子县委员会 |
| 索朗多杰 | 男 | 藏族 | 打隆镇人民政府 | 优秀基层干部 | 2021 年 | 中共浪卡子县委员会 |
| 德吉 | 女 | 藏族 | 打隆镇人民政府 | 优秀基层干部 | 2021 年 | 中共浪卡子县委员会 |
| 归桑措姆 | 女 | 藏族 | 张达乡人民政政府 | 优秀基层干部 | 2021 年 | 中共浪卡子县委员会 |
| 格曲 | 女 | 藏族 | 张达乡人民政府 | 优秀基层干部 | 2021 年 | 中共浪卡子县委员会 |
| 次仁 | 男 | 藏族 | 卡龙乡小学 | 优秀基层干部 | 2021 年 | 中共浪卡子县委员会 |
| 扎西顿珠 | 男 | 藏族 | 打隆镇小学 | 优秀基层干部 | 2021 年 | 中共浪卡子县委员会 |
| 嘎玛次仁 | 男 | 藏族 | 浪卡子县扎热桑旦曲林寺管理委员会 | 优秀基层干部 | 2021 年 | 中共浪卡子县委员会 |
| 拉巴 | 男 | 藏族 | 浪卡子县绒布拉康管理委员会 | 优秀基层干部 | 2021 年 | 中共浪卡子县委员会 |
| 次仁罗布 | 男 | 藏族 | 卡热乡公安派出所 | 优秀基层干部 | 2021 年 | 中共浪卡子县委员会 |
| 央金 | 女 | 藏族 | 浪卡子县乡村振兴局 | 优秀基层干部 | 2021 年 | 中共浪卡子县委员会 |
| 边巴 | 男 | 藏族 | 白地乡曲色村村民委员会 | 优秀基层干部 | 2021 年 | 中共浪卡子县委员会 |
| 格桑曲珠 | 男 | 藏族 | 普玛江塘乡卫生院 | 优秀基层干部 | 2021 年 | 中共浪卡子县委员会 |
| 德央 | 女 | 藏族 | 阿扎乡苏角村村民委员会 | 优秀基层干部 | 2021 年 | 中共浪卡子县委员会 |

续表3

| 姓名 | 性别 | 民族 | 工作单位 | 获奖名称 | 表彰时间 | 授予单位 |
| --- | --- | --- | --- | --- | --- | --- |
| 甲　竹 | 男 | 藏族 | 浪卡子镇人民政府 | 2021年县级优秀村(社区)党组织第一书记 | 2021年 | 中共浪卡子县委员会 |
| 陈　毅 | 男 | 汉族 | 白地乡人民政府 | 2021年县级优秀村(社区)党组织第一书记 | 2021年 | 中共浪卡子县委员会 |
| 普　珍 | 女 | 藏族 | 白地乡人民政府 | 2021年县级优秀村(社区)党组织第一书记 | 2021年 | 中共浪卡子县委员会 |

说明：由于各单位资料提供不全,可能有遗漏

# 统计数据

## 浪卡子县行政区划代码一览表

表 4　　　　单位：个

| 单位 | 行政区划代码 | 乡镇合计 | 乡 | 镇 | 居、村民委员会合计 | 居民委员会 | 村民委员会 |
|---|---|---|---|---|---|---|---|
| 浪卡子县 | 540531 | 10 | 8 | 2 | 95 | 11 | 84 |
| 张达乡 | 540531200 | 1 | 1 | — | 7 | — | 7 |
| 伦布学乡 | 540531201 | 1 | 1 | — | 17 | — | 17 |
| 多却乡 | 540531202 | 1 | 1 | — | 13 | — | 13 |
| 打隆镇 | 540531101 | 1 | — | 1 | 11 | 8 | 3 |
| 普玛江塘乡 | 540531203 | 1 | 1 | — | 6 | — | 6 |
| 浪卡子镇 | 540531100 | 1 | — | 1 | 7 | 3 | 4 |
| 阿扎乡 | 540531204 | 1 | 1 | — | 12 | — | 12 |
| 卡龙乡 | 540531205 | 1 | 1 | — | 8 | — | 8 |
| 白地乡 | 540531206 | 1 | 1 | — | 8 | — | 8 |
| 卡热乡 | 540531207 | 1 | 1 | — | 6 | — | 6 |

# 浪卡子县行政区名称一览表

表 5

| 乡(镇)名 | 村居名称 |
| --- | --- |
| 张达乡 | 张达村 康玛村 扎玉村 巴多村 康如村 帮龙村 下西村 |
| 伦布学乡 | 麦荣村 帮来村 拉岗秀村 堆日村 边嘎村 知达卡村 策如那村 松拉村 曲增村 色康村 卓热村 曲果冲村 苏格村 次湖龙村 学宗村 美朵村 门嘎村 |
| 多却乡 | 柔扎村 吉古扎村 下日村 多却村 亚如村 特布拉村 堆日村 尼玛龙村 洞热村 绒布村 洞加村 热玛瓦村 卡东村 |
| 打隆镇 | 林西社区 相达社区 念果社区 绒嘎社区 安色社区 康沙社区 德改社区 达加社区 曲龙村 推瓦村 曲宗村 |
| 普玛江塘乡 | 那木其村 措果村 萨藏村 沙空村 查布村 下索村 |
| 浪卡子镇 | 道布龙社区 哈西居社区 浪卡子社区 曲度村 翁果村 柯来村 果林村 |
| 阿扎乡 | 夏瓦村 康巴村 增巴村 阿扎村 玉龙村 顶巴村 亚龙村 洞巴村 知巴村 吾巴村 扎岗村 苏角村 |
| 卡龙乡 | 卡龙村 果巴村 巴结村 东嘎村 贡米村 学庆村 加珠村 宗巴村 |
| 白地乡 | 白地村 杂塘村 杂塘村 叶色村 扎玛龙村 曲色村 格瓦村 龙桑村 多扎村 |
| 卡热乡 | 张麦村 江热村 边据村 卡普村 彭珠村 最堆村 |

# 浪卡子县地区生产总值一览表

表6 单位：万元

| 年份 | 地区生产总值 | 第一产业 | 第二产业 | | | 第三产业 | 人均生产总值（元） |
|---|---|---|---|---|---|---|---|
| | | | | 工业 | 建筑业 | | |
| 2012 | 34983 | 3786 | 14742 | 280 | 14462 | 16455 | 9403 |
| 2013 | 36832 | 4120 | 14949 | 479 | 14470 | 17763 | 9631 |
| 2014 | 44108 | 4429 | 19860 | 575 | 19285 | 19819 | 11505 |
| 2015 | 47175 | 4792 | 17438 | 649 | 16789 | 24945 | 12344 |
| 2016 | 53679 | 4730 | 19797 | 629 | 19168 | 29152 | 14048 |
| 2017 | 73510 | 4942 | 35387 | 553.5 | 34834 | 33181 | 19228 |
| 2018 | 80804 | 5276 | 46752 | 4134 | 42619 | 28776 | 20996 |
| 2019 | 87701.3 | 5722 | 42281 | 4744.5 | 37536.6 | 39698.3 | 22720 |
| 2020 | 100015.5 | 6053.4 | 53914.4 | 4685.5 | 49228.9 | 40047.7 | 26149 |

# 浪卡子县地区生产总值构成一览表

表 7　　　　单位：%

| 年份 | 地区生产总值 | 第一产业 | 第二产业 | | | 第三产业 |
|---|---|---|---|---|---|---|
| | | | | 工业 | 建筑业 | |
| 2012 | 100 | 10.80 | 42.20 | 1.90 | 98.10 | 47.00 |
| 2013 | 100 | 11.20 | 40.60 | 3.20 | 96.80 | 48.20 |
| 2014 | 100 | 10.10 | 45.00 | 2.90 | 97.10 | 44.90 |
| 2015 | 100 | 10.10 | 37.00 | 3.70 | 96.30 | 52.90 |
| 2016 | 100 | 8.80 | 36.90 | 3.20 | 96.80 | 54.30 |
| 2017 | 100 | 6.70 | 48.10 | 1.60 | 98.40 | 45.20 |
| 2018 | 100 | 6.60 | 57.80 | 8.80 | 91.20 | 35.60 |
| 2019 | 100 | 6.50 | 48.20 | 11.20 | 88.80 | 45.30 |
| 2020 | 100 | 6.10 | 53.90 | 8.70 | 91.30 | 40.00 |
| 2021 | 100 | 6.03 | 44.62 | 6.28 | 93.72 | 49.35 |

# 浪卡子县农村基本情况及农业生产条件一览表

表 8

| 项目 | 单位 | 对比 | 2020年 | 2021年 | 张达乡 | 工布学乡 | 多却乡 | 打隆镇 | 江塘乡 | 浪卡子镇 | 阿扎乡 | 卡龙乡 | 白地乡 | 卡热乡 |
|---|---|---|---|---|---|---|---|---|---|---|---|---|---|---|
| 一、农村基层组织情况 | | | | | | | | | | | | | | |
| 乡镇个数 | 个 | 0 | 10 | 10 | 1 | 1 | 1 | 1 | 1 | 1 | 1 | 1 | 1 | 1 |
| 其中：镇个数 | 个 | 0 | 2 | 2 | — | — | — | 1 | — | 1 | — | — | — | — |
| 村委会个数 | 个 | 0 | 84 | 84 | 7 | 17 | 13 | 3 | 6 | 4 | 12 | 8 | 8 | 6 |
| 自然村 | 个 | −2 | 138 | 136 | 9 | 21 | 21 | 16 | 7 | 13 | 15 | 12 | 12 | 10 |
| 居委会 | | 0 | 11 | 11 | — | — | — | 8 | — | 3 | — | — | — | — |
| 二、农村基础设施 | | 0 | 0 | 0 | — | — | — | — | — | — | — | — | — | — |
| 自来水受益村数 | 个 | 0 | 84 | 84 | 7 | 17 | 13 | 3 | 6 | 4 | 12 | 8 | 8 | 6 |
| 通汽车村数 | 个 | 0 | 84 | 84 | 7 | 17 | 13 | 3 | 6 | 4 | 12 | 8 | 8 | 6 |
| 通电话村数 | 个 | 0 | 84 | 84 | 7 | 17 | 13 | 3 | 6 | 4 | 12 | 8 | 8 | 6 |
| 通电的村 | | 0 | 84 | 84 | 7 | 17 | 13 | 3 | 6 | 4 | 12 | 8 | 8 | 6 |
| 通邮的村 | 个 | 0 | 84 | 84 | 7 | 17 | 13 | 3 | 6 | 4 | 12 | 8 | 8 | 6 |
| 能收看电视的村 | 个 | 0 | 84 | 84 | 7 | 17 | 13 | 3 | 6 | 4 | 12 | 8 | 8 | 6 |
| 通有线电视的村 | | — | — | 0 | 0 | 0 | 0 | 0 | 0 | 0 | 0 | 0 | 0 | 0 |
| 通宽带村 | 个 | — | 84 | 84 | 7 | 17 | 13 | 3 | 6 | 4 | 12 | 8 | 8 | 6 |
| 三、乡村人口与从业人员 | | 0 | — | — | — | — | — | — | — | — | — | — | — | — |
| 乡村户数 | 户 | −11 | 8416 | 8405 | 754 | 1602 | 1367 | 1292 | 283 | 1000 | 494 | 503 | 541 | 569 |
| 农业户 | 户 | −35 | 604 | 569 | — | 0 | — | — | — | — | — | — | — | 569 |
| 半农半牧 | 户 | 12 | 6625 | 6637 | 754 | 934 | 1159 | 1252 | — | 1000 | 494 | 503 | 541 | — |
| 牧业户 | 户 | 12 | 1187 | 1199 | — | 668 | 208 | 40 | 283 | — | — | — | — | — |
| 乡村人口数 | 人 | −193 | 34624 | 34431 | 3818 | 6526 | 5830 | 5269 | 1054 | 3636 | 2035 | 2004 | 2208 | 2051 |
| 1. 男 | 人 | 23 | 16934 | 16957 | 1897 | 3338 | 2863 | 2514 | 507 | 1783 | 995 | 995 | 1094 | 971 |
| 2. 女 | 人 | −216 | 17690 | 17474 | 1921 | 3188 | 2967 | 2755 | 547 | 1853 | 1040 | 1009 | 1114 | 1080 |
| 其中：农业人口 | 人 | −142 | 2193 | 2051 | — | 0 | — | — | — | — | — | — | — | 2051 |
| 牧业人口 | 人 | 45 | 4648 | 4693 | — | 2553 | 935 | 151 | 1054 | — | — | — | — | — |
| 半农半牧人口 | 人 | −96 | 27783 | 27687 | 3818 | 3973 | 4895 | 5118 | 0 | 3636 | 2035 | 2004 | 2208 | 0 |
| 乡村劳动力资源数 | 人 | 448 | 20270 | 20718 | 2241 | 4028 | 3406 | 2931 | 755 | 2371 | 1213 | 1207 | 1476 | 1090 |
| （二）主要农业机械与设备 | | 0 | 0 | 0 | — | — | — | — | — | — | — | — | — | — |
| 大中型拖拉机 | 台 | −42 | 1565 | 1523 | — | — | 304.00 | 488 | — | 322 | 94 | 93.00 | 222 | — |
| 大中型拖拉机 | 千瓦 | −617 | 23005.1 | 22388.10 | 0.00 | 0.00 | 4468.80 | 7173.60 | 0.00 | 4733.40 | 1381.80 | 1367.10 | 3263.40 | 0.00 |
| 小型拖拉机 | 台 | −110 | 3894.00 | 3784.00 | 596.00 | 999 | 753.00 | 271 | 151 | 162 | 265 | 268.00 | 32 | 287 |
| 小型拖拉机 | 千瓦 | −8760 | 34267.2 | 25507 | 5244.80 | 999.00 | 6626.40 | 2384.80 | 1328.80 | 1425.60 | 2332.00 | 2358.40 | 281.60 | 2525.60 |
| 大中型拖拉机配套农具 | 台 | 493 | 316.00 | 809 | 2.00 | 4 | 22.00 | 722 | — | — | 59 | — | — | — |
| 小型拖拉机配套农具 | 台 | −19 | 226 | 207 | — | — | 26.00 | — | — | — | 181 | — | — | — |

续表 8

| 项目 | 单位 | 对比 | 2020年 | 2021年 | 张达乡 | 工布学乡 | 多却乡 | 打隆镇 | 江塘乡 | 浪卡子镇 | 阿扎乡 | 卡龙乡 | 白地乡 | 卡热乡 |
|---|---|---|---|---|---|---|---|---|---|---|---|---|---|---|
| 农用排灌电动机 | 台 | −10 | 10 | 0 | — | — | — | — | — | — | — | — | — | — |
| 农用排灌电动机 | 千瓦 | 0 | 0 | 0 | — | — | — | — | — | — | — | — | — | — |
| 农用排灌柴油机 | 台 | 0 | 0 | 0 | — | — | — | — | — | — | — | — | — | — |
| 农用排灌柴油机 | 千瓦 | 0 | 0.00 | 0 | — | — | — | — | — | — | — | — | — | — |
| 联合收割机 | 台 | 8 | 9.00 | 17 | — | — | — | 15 | — | 2 | — | — | — | — |
| 联合收割机 | 千瓦 | 1499 | 0.00 | 1499.4 | — | — | — | 1323 | 0 | 176 | — | — | — | — |
| 自走式机动割晒机 | 台 | 0 | 0.00 | 0 | — | — | — | — | — | — | — | — | — | — |
| 自走式机动割晒机 | 千瓦 | 0 | 0.00 | 0 | — | — | — | — | — | — | — | — | — | — |
| 机动脱粒机 | 台 | 373 | 3296.00 | 3669 | 552.00 | 10 | 794.00 | 504 | — | 477 | 480 | 338.00 | 237 | 277 |
| 农用运输车 | 辆 | 119 | 1556.00 | 1675 | 2.00 | 524 | 187.00 | 182 | 66 | 351 | 122 | 117.00 | 118 | 6 |
| 农用运输车 | 千瓦 | 10924 | 142840.80 | 153765 | 183.60 | 48103.20 | 17166.60 | 16707.60 | 6058.80 | 32221.80 | 11199.60 | 10740.60 | 10832.40 | 550.80 |
| 机电井 | 眼 | −25 | 51.00 | 26 | — | 6 | 11 | — | — | — | 2 | 1 | — | 6 |
| 节水灌溉机械 | 套 | 0 | 0.00 | 0 | — | — | — | — | — | — | — | — | — | — |
| 农用水泵 | 台 | 0 | 6.00 | 6 | — | 4 | — | — | — | — | — | — | — | 2 |
| 3. 农用化肥施用量（折纯） | 吨 | 0.00 | 161.28 | 161.28 | 22.72 | 5.82 | 22.10 | 21.18 | 0.00 | 21.52 | 2.13 | 12.74 | 7.19 | 45.88 |
| 其中：氮肥 0.46 尿素 | 吨 | 0.00 | 111.78 | 111.78 | 14.72 | 5.52 | 16.10 | 15.18 | — | 17.02 | 1.38 | 8.74 | 6.44 | 26.68 |
| 磷肥 0.5 二胺 | 吨 | 0 | 49.50 | 49.5 | 8.00 | 0.30 | 6.00 | 6.00 | — | 4.50 | 0.75 | 4.00 | 0.75 | 19.20 |
| 钾肥 | 吨 | 0 | 0.00 | 0 | — | — | — | — | — | — | — | — | — | — |
| 复合肥 | 吨 | 0 | 0.00 | 0 | — | — | — | — | — | — | — | — | — | — |
| 4. 农用塑料薄膜使用量 | 吨 | 0 | 0 | 0 | — | — | — | — | — | — | — | — | — | — |
| 其中：地膜使用量 | 吨 | 0 | 0 | 0 | — | — | — | — | — | — | — | — | — | — |
| 地膜覆盖面积 | 公顷 | 0 | 0 | 0 | — | — | — | — | — | — | — | — | — | — |
| 5. 农用柴油使用量 | 吨 | −48 | 347.89 | 299.42 | 7.38 | 30.55 | 69.81 | 62.33 | — | 42.25 | 31.93 | 16.00 | 14.09 | 25.08 |
| 6. 农药使用量 | 吨 | 0.00 | 0.11 | 0.11 | | | | | | | | | | 0.11 |
| 十、农村人居环境建设和环境综合整治（不包括居委会） | | 0 | 0 | 0 | — | — | — | — | — | — | — | — | — | — |
| 有贸易市场的村 | 个 | 0 | 0 | 0 | — | — | — | — | — | — | — | — | — | — |
| 绿化建设的村 | 个 | 0 | 0 | 0 | — | — | — | — | — | — | — | — | — | — |
| 有农家书屋的村 | 个 | 0 | 84 | 84 | 7 | 17 | 13 | 3 | 6 | 4 | 12 | 8 | 8 | 6 |
| 有综合文化体育设施 | 个 | −2 | 81 | 79 | 7 | 17 | 13 | 3 | 6 | 1 | 10 | 8 | 8 | 6 |
| 村及广播站 | 个 | 0 | 84 | 84 | 7 | 17 | 13 | 3 | 6 | 4 | 12 | 8 | 8 | 6 |
| 观看流动电影村 | 个 | 0 | 84 | 84 | 7 | 17 | 13 | 3 | 6 | 4 | 12 | 8 | 8 | 6 |
| 有卫生站的村 | 个 | 0 | 84 | 84 | 7 | 17 | 13 | 3 | 6 | 4 | 12 | 8 | 8 | 6 |
| 有太阳能公共照明的村 | 个 | −1 | 84 | 83 | 7 | 17 | 12 | 3 | 6 | 4 | 12 | 8 | 8 | 6 |
| 有硬化道路的村 | 个 | −1 | 84 | 83 | 7 | 17 | 13 | 3 | 6 | 4 | 11 | 8 | 8 | 6 |
| 有农村垃圾污水治理的村 | 个 | 0 | 0 | 0 | 0 | 0 | 0 | 0 | 0 | 0 | 0 | 0 | 0 | 0 |

# 浪卡子县主要产品生产情况一览表

表 9

| 项目 | 单位 | 对比 | 2020 年 | 2021 年 | 张达乡 | 工布学乡 | 多却乡 |
|---|---|---|---|---|---|---|---|
| 农作物总播种面积 | 亩 | 38765.53 | 2742.95 | 41508.48 | 3399.95 | 4277.00 | 6339.55 |
| 一、粮食作物合计 | 亩 | 23410.47 | 1758.13 | 25168.60 | 2539.95 | 1933.00 | 4238.10 |
| 其中：夏收谷物 | 亩 | — | 0.00 | 0.00 | — | — | — |
| （一）谷物 | 亩 | 23406.66 | 1757.34 | 25164.00 | 2539.95 | 1933.00 | 4238.10 |
| 1. 稻谷 | 亩 | — | 0.00 | 0.00 | — | — | — |
| 2. 小麦 | 亩 | 679.14 | 51.60 | 730.74 | — | — | — |
| （1）春小麦 | 亩 | 135.40 | 15.30 | 150.70 | — | — | — |
| （2）冬小麦 | 亩 | 543.74 | 36.30 | 580.04 | — | — | — |
| 3. 玉米 | 亩 | 0.00 | 0.00 | 0.00 | — | — | — |
| 其中：杂交玉米 | 亩 | 0.00 | 0.00 | 0.00 | — | — | — |
| 4. 其他谷物 | 亩 | 22682.52 | 1750.74 | 24433.26 | 2539.95 | 1933.00 | 4238.10 |
| 其中：青稞 | 亩 | 22727.52 | 1705.74 | 24433.26 | 2539.95 | 1933.00 | 4238.10 |
| 大麦 | 亩 | 0.00 | 0.00 | 0.00 | — | — | — |
| 荞麦 | 亩 | 0.00 | 0.00 | 0.00 | — | — | — |
| （二）豆类合计 | 亩 | 3.81 | 0.79 | 4.60 | — | — | — |
| 其中：1. 大豆 | 亩 | 0.00 | 0.00 | 0.00 | — | — | — |
| 2. 杂豆 | 亩 | 0.00 | 0.00 | 0.00 | — | — | — |
| 3. 豌豆 | 亩 | — | 0.79 | 4.60 | — | — | — |
| （三）薯类：按折粮薯类计算 | 亩 | — | — | — | — | — | — |
| 其中：马铃薯 | 亩 | — | — | — | — | — | — |

续表 9

| 项目 | 单位 | 打隆镇 | 江塘乡 | 浪卡子镇 | 阿扎乡 | 卡龙乡 | 白地乡 | 卡热乡 |
|---|---|---|---|---|---|---|---|---|
| 农作物总播种面积 | 亩 | 5520.50 | 0.00 | 6959.17 | 3368.30 | 3720.66 | 4100.51 | 3822.84 |
| 一、粮食作物合计 | 亩 | 3915.90 | | 3492.87 | 2008.90 | 2146.05 | 2474.85 | 2418.98 |
| 其中：夏收谷物 | 亩 | — | — | — | — | — | — | — |
| (一)谷物 | 亩 | 3915.90 | — | 3492.87 | 2008.90 | 2146.05 | 2474.85 | 2414.38 |
| 1. 稻谷 | 亩 | — | — | — | — | — | — | — |
| 2. 小麦 | 亩 | — | — | — | — | — | — | 730.74 |
| (1)春小麦 | 亩 | — | — | — | — | — | — | 150.70 |
| (2)冬小麦 | 亩 | — | — | — | — | — | — | 580.04 |
| 3. 玉米 | 亩 | — | — | — | — | — | — | — |
| 其中：杂交玉米 | 亩 | — | — | — | — | — | — | — |
| 4. 其他谷物 | 亩 | 3915.90 | — | 3492.87 | 2008.90 | 2146.05 | 2474.85 | 1683.64 |
| 其中：青稞 | 亩 | 3915.90 | — | 3492.87 | 2008.90 | 2146.05 | 2474.85 | 1683.64 |
| 大麦 | 亩 | — | — | — | — | — | — | — |
| 荞麦 | 亩 | — | — | — | — | — | — | — |
| (二)豆类合计 | 亩 | — | — | — | — | — | — | 4.60 |
| 其中：1. 大豆 | 亩 | — | — | — | — | — | — | — |
| 2. 杂豆 | 亩 | — | — | — | — | — | — | — |
| 3. 豌豆 | 亩 | — | — | — | — | — | — | 4.60 |
| (三)薯类：按折粮薯类计算 | 亩 | — | — | — | — | — | — | — |
| 其中：马铃薯 | 亩 | — | — | — | — | — | — | — |

续表 9

| 项目 | 单位 | 对比 | 2020 年 | 2021 年 | 张达乡 | 工布学乡 | 多却乡 |
|---|---|---|---|---|---|---|---|
| 一、粮食作物合计 | 吨 | −142 | 5375.8 | 5234.06 | 552.01 | 424.00 | 875.15 |
| (一)谷物 | 吨 | −141 | 5374.72 | 5233.66 | 552.01 | 424.00 | 875.15 |
| 1. 小麦 | 吨 | −33 | 227.37 | 194.20 | | | |
| (1)春小麦 | 吨 | 27 | 58.85 | 32.25 | | | |
| (2)冬小麦 | 吨 | −7 | 168.55 | 161.95 | — | — | — |
| 2. 其他谷物 | 吨 | −108 | 5147.35 | 5039.46 | 552.01 | 424.00 | 875.15 |
| 其中：青稞 | 吨 | −108 | 5147.35 | 5039.46 | 552.01 | 424.00 | 875.15 |
| (二)豆类合计 | 吨 | −1 | 1.08 | 0.40 | — | — | — |
| (三)薯类：按折粮薯类计算 | 吨 | — | — | — | — | — | — |
| 其中；马铃薯 | 吨 | — | — | — | — | — | — |
| 其中：3. 豌豆 | 吨 | −1 | 1.08 | 0.40 | — | — | — |

续表 9

| 项目 | 单位 | 打隆镇 | 江塘乡 | 浪卡子镇 | 阿扎乡 | 卡龙乡 | 白地乡 | 卡热乡 |
|---|---|---|---|---|---|---|---|---|
| 一、粮食作物合计 | 吨 | 915.10 | — | 715.46 | 264.30 | 502.77 | 394.75 | 590.52 |
| (一)谷物 | 吨 | 915.10 | — | 715.46 | 264.30 | 502.77 | 394.75 | 590.12 |
| 1. 小麦 | 吨 | — | — | — | — | — | — | 194.20 |
| (1)春小麦 | 吨 | — | — | — | — | — | — | 32.25 |
| (2)冬小麦 | 吨 | — | — | — | — | — | — | 161.95 |
| 2. 其他谷物 | 吨 | 915.10 | — | 715.46 | 264.30 | 502.77 | 394.75 | 395.92 |
| 其中：青稞 | 吨 | 915.10 | — | 715.46 | 264.30 | 502.77 | 394.75 | 395.92 |
| (二)豆类合计 | 吨 | — | — | — | — | — | — | 0.40 |
| (三)薯类：按折粮薯类计算 | 吨 | — | — | — | — | — | — | — |
| 其中；马铃薯 | 吨 | — | — | — | — | — | — | — |
| 其中：3. 豌豆 | 吨 | — | — | — | — | — | — | 0.40 |

# 浪卡子县经济作物生产情况一览表

表 10

| 项目 | 单位 | 对比值 | 2020 年 | 2021 年 | 张达乡 | 工布学乡 | 多却乡 |
|---|---|---|---|---|---|---|---|
| 一、油料作物 | 亩 | 177.48 | 5388.45 | 5565.93 | 130 | 126 | 151.95 |
| 二、其他农作物 | 亩 | 1720.69 | 7952.40 | 9673.09 | 630.00 | 2147.65 | 1912.50 |
| 三、蔬菜合计 | 亩 | −330.59 | 1431.45 | 1100.86 | 100.00 | 70.35 | 37.00 |
| 八、瓜果类 | 亩 | 1.26 | 0.37 | 1.63 | — | — | — |
| 1. 西瓜 | 亩 | 1.26 | 0.37 | 1.63 | — | — | — |
| 2. 香瓜（甜瓜） | 亩 | 0 | — | 0.00 | — | — | — |
| 3. 草莓 | 亩 | 0 | — | 0.00 | — | — | — |
| 4. 其他瓜果 | 亩 | 0 | — | 0.00 | — | — | — |

续表10

| 项目 | 单位 | 打隆镇 | 江塘乡 | 浪卡子镇 | 阿扎乡 | 卡龙乡 | 白地乡 | 卡热乡 |
|---|---|---|---|---|---|---|---|---|
| 一、油料作物 | 亩 | 639.9 | 0 | 1713.46 | 541.55 | 723.15 | 832.92 | 707 |
| 二、其他农作物 | 亩 | 858.20 | 0.00 | 1534.98 | 710.95 | 688.50 | 626.80 | 563.51 |
| 三、蔬菜合计 | 亩 | 106.50 | 0.00 | 217.86 | 106.90 | 162.96 | 165.94 | 133.35 |
| 八、瓜果类 | 亩 | — | — | — | — | 1.00 | 0.63 | — |
| 1. 西瓜 | 亩 | — | — | — | — | 1.00 | 0.63 | — |
| 2. 香瓜（甜瓜） | 亩 | — | — | — | — | — | — | — |
| 3. 草莓 | 亩 | — | — | — | — | — | — | — |
| 4. 其他瓜果 | 亩 | — | — | — | — | — | — | — |

续表 10

| 项目 | 单位 | 对比值 | 2020 年 | 2021 年 | 张达乡 | 工布学乡 | 多却乡 |
|---|---|---|---|---|---|---|---|
| 一、油料作物 | 吨 | 92 | 615.01 | 706.88 | 32.50 | 16.32 | 15.03 |
| 二、其他农作物 | 吨 | −3270 | 15880.0 | 12609.78 | 863.91 | 4259.48 | 743.47 |
| 其中：青饲料 | 吨 | −3270 | 15879.96 | 12609.78 | 863.91 | 4259.48 | 743.47 |
| 三、蔬菜合计 | 吨 | 29 | 756.37 | 785.43 | 40.96 | 61.06 | 6.33 |
| 八、瓜果类 | 吨 | −2 | 3.67 | 1.52 | — | — | — |
| 1. 西瓜 | 吨 | −2 | 3.67 | 1.52 | — | — | — |
| | | — | — | 1865.03 | — | — | — |
| 2. 香瓜（甜瓜） | 吨 | 0 | — | 0.00 | — | — | — |
| 3. 草莓 | 吨 | 0 | — | 0.00 | — | — | — |
| 4. 其他瓜果 | 吨 | 0 | — | 0.00 | — | — | — |

续表10

| 项目 | 单位 | 打隆镇 | 江塘乡 | 浪卡子镇 | 阿扎乡 | 卡龙乡 | 白地乡 | 卡热乡 |
|---|---|---|---|---|---|---|---|---|
| 一、油料作物 | 吨 | 139.56 | 0.00 | 182.23 | 37.55 | 85.13 | 110.02 | 88.54 |
| 二、其他农作物 | 吨 | 2342.29 | 0.00 | 2434.27 | 586.26 | 300.44 | 347.60 | 732.06 |
| 其中：青饲料 | 吨 | 2342.29 | — | 2434.27 | 586.26 | 300.44 | 347.60 | 732.06 |
| 三、蔬菜合计 | 吨 | 31.71 | 0.00 | 234.04 | 44.77 | 67.16 | 87.99 | 212.33 |
| 八、瓜果类 | 吨 | — | — | — | — | 0.9 | 0.62 | — |
| 1. 西瓜 | 吨 | — | — | — | — | 0.9 | 0.62 | — |
| 2. 香瓜（甜瓜） | 吨 | — | — | — | — | — | — | — |
| 3. 草莓 | 吨 | — | — | — | — | — | — | — |
| 4. 其他瓜果 | 吨 | — | — | — | — | — | — | — |

# 茶叶、水果、生产情况

表 11

| 项目 | 单位 | 对比 | 2020 年 | 2021 年 | 张达乡 | 工布学乡 | 多却乡 |
|---|---|---|---|---|---|---|---|
| 二、园林水果 | 吨 | 1.5 | — | 1.5 | — | — | — |
| 1. 苹果 | 吨 | 1.5 | — | 1.5 | — | — | — |
| 其中：红富士苹果 | 吨 | — | — | — | — | — | — |
| 国光苹果 | 吨 | — | — | — | — | — | — |
| 2. 梨 | 吨 | — | — | — | — | — | — |
| 其中：雪花梨 | 吨 | — | — | — | — | — | — |
| 鸭梨 | 吨 | — | — | — | — | — | — |
| 3. 柑橘类 | 吨 | — | — | — | — | — | — |
| 其中：柑 | 吨 | — | — | — | — | — | — |
| 橘 | 吨 | — | — | — | — | — | — |
| 橙 | 吨 | — | — | — | — | — | — |
| 柚 | 吨 | — | — | — | — | — | — |
| 4. 其他园林水果 | 吨 | 0 | — | — | — | — | — |
| 其中：桃子 | 吨 | 0 | — | — | — | — | — |
| 葡萄 | 吨 | — | — | — | — | — | — |
| 食用坚果 | 吨 | 0 | — | — | — | — | — |
| 核桃 | 吨 | 0 | — | — | — | — | — |
| 三、年末实有茶圆面积合计 | 公顷 | — | — | — | — | — | — |
| 其中：本年采摘面积 | 公顷 | — | — | — | — | — | — |
| 四、年末果园面积合计 | 公顷 | 0.07 | — | 0.07 | — | — | — |
| 其中：苹果园 | 公顷 | 0.07 | — | 0.07 | — | — | — |
| 梨园 | 公顷 | — | — | — | — | — | — |
| 柑橘园 | 公顷 | — | — | — | — | — | — |
| 桃园 | 公顷 | 0 | — | — | — | — | — |
| 葡萄园 | 公顷 | — | — | — | — | — | — |

续表 11

| 项目 | 单位 | 打隆镇 | 江塘乡 | 浪卡子镇 | 阿扎乡 | 卡龙乡 | 白地乡 | 卡热乡 |
|---|---|---|---|---|---|---|---|---|
| 二、园林水果 | 吨 | — | — | — | — | — | — | — |
| 1. 苹果 | 吨 | — | — | — | — | — | — | 1.5 |
| 其中：红富士苹果 | 吨 | — | — | — | — | — | — | 1.5 |
| 国光苹果 | 吨 | — | — | — | — | — | — | — |
| 2. 梨 | 吨 | — | — | — | — | — | — | — |
| 其中：雪花梨 | 吨 | — | — | — | — | — | — | — |
| 鸭梨 | 吨 | — | — | — | — | — | — | — |
| 3. 柑橘类 | 吨 | — | — | — | — | — | — | — |
| 其中：柑 | 吨 | — | — | — | — | — | — | — |
| 橘 | 吨 | — | — | — | — | — | — | — |
| 橙 | 吨 | — | — | — | — | — | — | — |
| 柚 | 吨 | — | — | — | — | — | — | — |
| 4. 其他园林水果 | 吨 | — | — | — | — | — | — | — |
| 其中：桃子 | 吨 | — | — | — | — | — | — | — |
| 葡萄 | 吨 | — | — | — | — | — | — | — |
| 食用坚果 | 吨 | — | — | — | — | — | — | — |
| 核桃 | 吨 | — | — | — | — | — | — | — |
| 三、年末实有茶圃面积合计 | 公顷 | — | — | — | — | — | — | — |
| 其中：本年采摘面积 | 公顷 | — | — | — | — | — | — | — |
| 四、年末果园面积合计 | 公顷 | — | — | — | — | — | — | — |
| 其中：苹果园 | 公顷 | — | — | — | — | — | — | 0.07 |
| 梨园 | 公顷 | — | — | — | — | — | — | 0.07 |
| 柑橘园 | 公顷 | — | — | — | — | — | — | — |
| 桃园 | 公顷 | — | — | — | — | — | — | — |
| 葡萄园 | 公顷 | — | — | — | — | — | — | — |

# 浪卡子县林业生产情况一览表

表 12

| 项目 | 单位 | 对比 | 2020 年 | 2021 年 | 张达乡 | 工布学乡 | 多却乡 |
|---|---|---|---|---|---|---|---|
| 一、荒山荒(沙)地造林面积 | 公顷 | 0 | 0 | 0 | — | — | — |
| 1. 人工造林 | 公顷 | 0 | 0 | 0 | — | — | — |
| 其中：竹林面积 | 公顷 | — | 0 | 0 | — | — | — |
| 乔木林面积 | 公顷 | — | 0 | 0 | — | — | — |
| 2. 飞播造林 | 公顷 | — | 0 | 0 | — | — | — |
| 3. 无林地和疏林地新封 | 公顷 | — | 0 | | — | — | — |
| (1)公有经济造林 | 公顷 | 0 | 0 | 0 | — | — | — |
| 1. 国有经济造林 | 公顷 | 0 | 0 | 0 | — | — | — |
| 2. 集体经济造林 | 公顷 | 0 | 0 | | — | — | — |
| (2)非公有经济造林 | 公顷 | — | 0 | 0 | — | — | — |
| (1)用材林 | 公顷 | — | 0 | 0 | — | — | — |
| 其中：速生丰产林面积 | 公顷 | — | 0 | 0 | — | — | — |
| (2)经济林 | 公顷 | — | 0 | 0 | — | — | — |
| (3)防护林 | 公顷 | 0 | 0 | | — | — | — |
| (4)薪炭林 | 公顷 | — | — | — | — | — | — |
| (5)特种用材林 | 公顷 | — | — | — | — | — | — |
| 二、有林地造林面积 | 公顷 | — | — | — | — | — | — |
| 1. 林冠下造林 | 公顷 | — | — | — | — | — | — |
| 2. 飞机营林 | 公顷 | — | — | — | — | — | — |
| 3. 有林地和灌木林地新封 | 公顷 | — | — | — | — | — | — |
| 三、更新造林 | 公顷 | — | — | — | — | — | — |
| 四、低产低效林改造面积 | 株 | — | — | — | — | — | — |
| 五、四旁(零星)植树 | 株 | 8557 | 65422 | 73979 | 7500 | 7250 | 6582 |
| 六、年末实有封田(沙)育林面积 | 公顷 | — | — | 0 | — | — | — |
| 七、幼林抚育作业面积 | 公顷 | — | — | 0 | — | — | — |
| 八、幼林抚育实际面积 | 公顷 | — | — | 0 | — | — | — |
| 九、成林抚育面积 | 公顷 | — | — | 0 | — | — | — |
| 其中：中、幼龄林抚育面积 | 公顷 | — | — | 0 | — | — | — |
| 十、抚育改造出材量 | 公顷 | — | — | 0 | — | — | — |
| 其中：中、幼龄林抚育出材量 | 公顷 | — | — | 0 | — | — | — |
| 十一、林木种子采集量 | 公顷 | — | — | 0 | — | — | — |
| 十二、当年苗木产量 | 株 | 29940 | 1950 | 31890 | — | — | — |
| 十三、育苗面积 | 公顷 | 0 | 0.87 | 0.87 | — | — | — |
| 其中：本年新增育苗面积 | 公顷 | −0.2 | 0.2 | 0 | — | — | — |
| 十四、年末实有母树林面积 | 公顷 | — | — | 0 | — | — | — |
| 十五、年末实有种子园面积 | 公顷 | — | — | — | — | — | — |
| 十六、主要林产品产量 | 吨 | — | — | 0 | — | — | — |
| 1. 野生植物的采集 | 吨 | — | — | 0 | — | — | — |
| 2. 其他 | 吨 | — | — | 0 | — | — | — |
| 十七、竹木采伐 | 立方米 | 11 | 95 | 106 | — | — | — |
| 1. 全社会木材采运 | 立方米 | 11 | 95 | 106 | — | — | — |
| 其中：村及村以下 | 立方米 | 11 | 95 | 106 | — | — | — |
| 2. 全社会竹材采运 | 根 | — | — | 0 | — | — | — |
| 其中：村及村以下 | 根 | — | — | 0 | — | — | — |

表 12

| 项目 | 单位 | 打隆镇 | 江塘乡 | 浪卡子镇 | 阿扎乡 | 卡龙乡 | 白地乡 | 卡热乡 |
|---|---|---|---|---|---|---|---|---|
| 一、荒山荒(沙)地造林面积 | 公顷 | — | — | — | — | — | — | — |
| 1. 人工造林 | 公顷 | — | — | — | — | — | — | — |
| 其中：竹林面积 | 公顷 | — | — | — | — | — | — | — |
| 乔木林面积 | 公顷 | — | — | — | — | — | — | — |
| 2. 飞播造林 | 公顷 | — | — | — | — | — | — | — |
| 3. 无林地和疏林地新封 | 公顷 | — | — | — | — | — | — | — |
| (1)公有经济造林 | 公顷 | — | — | — | — | — | — | — |
| 1. 国有经济造林 | 公顷 | — | — | — | — | — | — | — |
| 2. 集体经济造林 | 公顷 | — | — | — | — | — | — | — |
| (2)非公有经济造林 | 公顷 | — | — | — | — | — | — | — |
| (1)用材林 | 公顷 | — | — | — | — | — | — | — |
| 其中：速生丰产林面积 | 公顷 | — | — | — | — | — | — | — |
| (2)经济林 | 公顷 | — | — | — | — | — | — | — |
| (3)防护林 | 公顷 | — | — | — | — | — | — | — |
| (4)薪炭林 | 公顷 | — | — | — | — | — | — | — |
| (5)特种用材林 | 公顷 | — | — | — | — | — | — | — |
| 二、有林地造林面积 | 公顷 | — | — | — | — | — | — | — |
| 1. 林冠下造林 | 公顷 | — | — | — | — | — | — | — |
| 2. 飞机营林 | 公顷 | — | — | — | — | — | — | — |
| 3. 有林地和灌木林地新封 | 公顷 | — | — | — | — | — | — | — |
| 三、更新造林 | 公顷 | — | — | — | — | — | — | — |
| 四、低产低效林改造面积 | 株 | — | — | — | — | — | — | — |
| 五、四旁(零星)植树 | 株 | 9209 | — | 2300 | 14110 | 3100 | 910 | 23018 |
| 六、年末实有封田(沙)育林面积 | 公顷 | — | — | — | — | — | — | — |
| 七、幼林抚育作业面积 | 公顷 | — | — | — | — | — | — | — |
| 八、幼林抚育实际面积 | 公顷 | — | — | — | — | — | — | — |
| 九、成林抚育面积 | 公顷 | — | — | — | — | — | — | — |
| 其中：中、幼龄林抚育面积 | 公顷 | — | — | — | — | — | — | — |
| 十、抚育改造出材量 | 公顷 | — | — | — | — | — | — | — |
| 其中：中、幼龄林抚育出材量 | 公顷 | — | — | — | — | — | — | — |
| 十一、林木种子采集量 | 公顷 | — | — | — | — | — | — | — |
| 十二、当年苗木产量 | 株 | — | — | — | — | 18200 | — | 13690 |
| 十三、育苗面积 | 公顷 | — | — | — | — | — | — | 0.87 |
| 其中：本年新增育苗面积 | 公顷 | — | — | — | — | — | — | — |
| 十四、年末实有母树林面积 | 公顷 | — | — | — | — | — | — | — |
| 十五、年末实有种子园面积 | 公顷 | — | — | — | — | — | — | — |
| 十六、主要林产品产量 | 吨 | — | — | — | — | — | — | — |
| 1. 野生植物的采集 | 吨 | — | — | — | — | — | — | — |
| 2. 其他 | 吨 | — | — | — | — | — | — | — |
| 十七、竹木采伐 | 立方米 | — | — | — | — | — | — | 106 |
| 1. 全社会木材采运 | 立方米 | — | — | — | — | — | — | 106 |
| 其中：村及村以下 | 立方米 | — | — | — | — | — | — | 106 |
| 2. 全社会竹材采运 | 根 | — | — | — | — | — | — | — |
| 其中：村及村以下 | 根 | — | — | — | — | — | — | — |

# 浪卡子县畜牧业主要产品生产情况一览表

表 13

| 项目 | 单位 | 对比 | 2020年 | 2021年 | 张达乡 | 工布学乡 | 多却乡 |
|---|---|---|---|---|---|---|---|
| 2021年总牲畜 | | 5291 | 269801 | 275092 | 31348 | 74045 | 58971 |
| 一、大牲畜 | 头 | 3698 | 74784 | 78482 | 6017 | 23327 | 11321 |
| 1.牛 | 头 | 3959 | 72468 | 76427 | 5669 | 22786 | 10703 |
| 能繁殖的母畜 | 头 | 2429 | 32995 | 35424 | 3081 | 11326 | 5254 |
| 当年购入的牛 | 头 | 1035 | 1440 | 2475 | 177 | 898 | 213 |
| 当年生仔畜 | 头 | 1774 | 12278 | 14052 | 938 | 3762 | 2218 |
| 当年出售的牛 | 头 | −788 | 1172 | 384 | 85 | 0 | 106 |
| 出售和自宰 | 头 | −843 | 11665 | 10822 | 653 | 3287 | 1099 |
| 成畜死亡 | 头 | 263 | 1099 | 1362 | 112 | 71 | 229 |
| 年初存栏数 | 只 | −218 | 72686 | 72468 | 5404 | 21484 | 9706 |
| (1)黄牛 | 头 | 674 | 21953 | 22627 | 3319 | 6053 | 5329 |
| 能繁殖的母畜 | 头 | 275 | 13354 | 13629 | 1916 | 3453 | 2913 |
| 当年购入的黄牛 | 头 | −134 | 507 | 373 | 72 | 162 | 83 |
| 当年生仔畜 | 头 | 23 | 4958 | 4981 | 629 | 1208 | 1483 |
| 当年出售黄牛 | 头 | −563 | 858 | 295 | 85 | — | 73 |
| 出售和自宰 | 头 | −1398 | 5288 | 3890 | 392 | 1112 | 603 |
| 成畜死亡 | 头 | 32 | 463 | 495 | 82 | 29 | 136 |
| 年初存栏数 | 只 | −1144 | 23097 | 21953 | 3177 | 5824 | 4575 |
| (2)良种及改良乳牛 | 头 | 620 | 2415 | 3035 | 14 | 0 | 0 |
| 能繁殖的母畜 | 头 | 185 | 1651 | 1836 | 7 | 0 | — |
| 当年购入母牛 | 头 | 128 | 0 | 128 | — | 0 | — |
| 当年生仔畜 | 头 | 384 | 538 | 922 | 1 | 0 | — |
| 当年出售乳牛 | 头 | −24 | 36 | 12 | — | — | — |
| 成畜死亡 | 头 | 45 | 34 | 79 | 2 | — | — |
| 当年出售和自宰的牛 | | 42 | 297 | 339 | 2 | 0 | — |
| 年初存栏数 | 只 | 171 | 2244 | 2415 | 17 | 0 | — |
| (3)牦牛 | 头 | 2640 | 48096 | 50736 | 2321 | 16733 | 5374 |
| 能繁殖的母畜 | 头 | 1944 | 17988 | 19932 | 1143 | 7873 | 2341 |
| 当年购入牦牛 | 头 | 1018 | 931 | 1949 | 90 | 736 | 130 |
| 当年生仔畜 | 头 | 1369 | 6780 | 8149 | 308 | 2554 | 735 |
| 当年出售牦牛 | 头 | −201 | 278 | 77 | | | 33 |
| 出售和自宰 | 头 | 513 | 6080 | 6593 | 259 | 2175 | 496 |
| 成畜死亡 | 头 | 186 | 602 | 788 | 28 | 42 | 93 |
| 年初存栏数 | 只 | 751 | 47345 | 48096 | 2210 | 15660 | 5131 |

续表 13

| 项目 | 单位 | 对比 | 2020 年 | 2021 年 | 张达乡 | 工布学乡 | 多却乡 |
|---|---|---|---|---|---|---|---|
| (4)犏牛 | 头 | 25 | 4 | 29 | 15 | — | — |
| 繁殖母畜 | 头 | 25 | 2 | 27 | 15 | — | — |
| 当年购入犏牛 | 头 | 23 | 2 | 25 | 15 | — | — |
| 当年生仔畜 | 头 | −2 | 2 | 0 | — | — | — |
| 当年出售犏牛 | 头 | 0 | 0 | 0 | — | — | — |
| 成畜死亡 | 头 | 0 | 0 | 0 | — | — | — |
| 年初存栏数 | 只 | 4 | 0 | 4 | — | — | — |
| 2. 马 | 头 | −252 | 2213 | 1961 | 348 | 541 | 546 |
| 能繁殖母畜 | 头 | −95 | 785 | 690 | 141 | 199 | 191 |
| 当年购入马 | 头 | 7 | 54 | 61 | 42 | — | 9 |
| 当年生仔畜 | 头 | −24 | 243 | 219 | 25 | 60 | 83 |
| 当年出售马 | 头 | −88 | 558 | 470 | 69 | 173 | 74 |
| 成畜死亡 | 头 | 7 | 55 | 62 | 5 | 2 | 21 |
| 年初存栏数 | 只 | −316 | 2529 | 2213 | 355 | 656 | 549 |
| 3. 驴 | 头 | −9 | 103 | 94 | 0 | 0 | 72 |
| 当年生仔畜 | 头 | −22 | 25 | 3 | — | — | 2 |
| 当年购入驴 | 头 | −6 | 6 | 0 | — | — | |
| 当年出售驴 | 头 | −19 | 28 | 9 | — | — | 2 |
| 成畜死亡 | 头 | −9 | 12 | 3 | — | — | 2 |
| 年初存栏数 | 只 | −9 | 112 | 103 | — | — | 74 |
| 4. 骡 | 头 | 0 | 0 | 0 | — | — | — |
| 当年购入骡 | 头 | 0 | 0 | 0 | — | — | — |
| 当年生仔畜 | 头 | 0 | 0 | 0 | — | — | — |
| 1—2 岁 | 头 | 0 | 0 | 0 | — | — | — |
| 2—3 岁 | 头 | 0 | 0 | 0 | — | — | — |
| 3—4 岁 | 头 | 0 | 0 | 0 | — | — | — |
| 当年出售骡 | 头 | 0 | 0 | 0 | — | — | — |
| 成畜死亡 | 头 | 0 | 0 | 0 | — | — | — |
| 年初存栏数 | 只 | 0 | 0 | 0 | — | — | — |
| 二、猪 | 头 | 16 | 58 | 74 | — | — | — |
| 其中:藏香猪 | 头 | 16 | 58 | 74 | — | — | — |
| 能繁殖母猪 | 头 | −6 | 22 | 16 | — | — | — |
| 当年购入猪 | 头 | 1 | 2 | 3 | — | — | — |
| 当年生仔畜 | 头 | 24 | 26 | 50 | — | — | — |
| 出售 | 头 | — | — | 0 | — | — | — |
| 当年出售猪和自宰 | 头 | −11 | 36 | 25 | — | — | — |

续表 13

| 项目 | 单位 | 对比 | 2020 年 | 2021 年 | 张达乡 | 工布学乡 | 多却乡 |
|---|---|---|---|---|---|---|---|
| 成畜死亡 | 头 | 11 | 1 | 12 | — | — | — |
| 年初猪存栏数 | 头 | −9 | 67 | 58 | — | — | — |
| 三、羊 | 只 | 1577 | 194959 | 196536 | 25331 | 50718 | 47650 |
| 能繁殖母畜 | 只 | −6125 | 88464 | 82339 | 10166 | 22026 | 23375 |
| 当年购入羊 | 只 | 967 | 7836 | 8803 | 985 | 3773 | 1082 |
| 当年生仔畜 | 只 | 3392 | 54160 | 57552 | 7715 | 13816 | 13885 |
| 当年出售羊 | 只 | −1442 | 5838 | 4396 | 1115 | 0 | 1001 |
| 出售和自宰 | | −3305 | 60700 | 57395 | 7251 | 17203 | 12467 |
| 成畜死亡 | 只 | 939 | 2048 | 2987 | 181 | 225 | 878 |
| 羊的年初数 | 只 | −6590 | 201549 | 194959 | 25178 | 50557 | 47029 |
| 1. 山羊 | 只 | −481 | 9411 | 8930 | 796 | 2207 | 1513 |
| 能繁殖母畜 | 只 | −141 | 3585 | 3444 | 242 | 833 | 710 |
| 当年购入山羊 | 只 | 229 | 288 | 517 | 42 | 287 | — |
| 当年生仔畜(新生) | 只 | 192 | 1637 | 1829 | 221 | 488 | 303 |
| 当年出售山羊 | 只 | −285 | 409 | 124 | 51 | — | — |
| 出售和自宰 | 只 | 57 | 2341 | 2398 | 248 | 908 | 318 |
| 成畜死亡 | 只 | 100 | 205 | 305 | 9 | 37 | 105 |
| 年初存栏数 | 只 | −1030 | 10441 | 9411 | 841 | 2377 | 1633 |
| 2. 绵羊 | 只 | 2058 | 185548 | 187606 | 24535 | 48511 | 46137 |
| 能繁殖母畜 | 只 | −5984 | 84879 | 78895 | 9924 | 21193 | 22665 |
| 当年购入绵羊 | 只 | 738 | 7548 | 8286 | 943 | 3486 | 1082 |
| 当年生仔畜 | 只 | 3200 | 52523 | 55723 | 7494 | 13328 | 13582 |
| 当年出售绵羊 | 只 | −1157 | 5429 | 4272 | 1064 | — | 1001 |
| 出售和自宰 | 只 | −3362 | 58359 | 54997 | 7003 | 16295 | 12149 |
| 成畜死亡 | 只 | 839 | 1843 | 2682 | 172 | 188 | 773 |
| 年初存栏数 | 只 | −5560 | 191108 | 185548 | 24337 | 48180 | 45396 |
| 四、家禽 | 只 | −677 | 1809 | 1132 | 96 | 0 | 380 |
| 其中：鸡 | 只 | −677 | 1809 | 1132 | 96 | — | 380 |
| 其中：肉鸡 | 只 | −126 | 536 | 410 | 43 | — | 150 |
| 蛋鸡 | 只 | −551 | 1273 | 722 | 53 | 0 | 230 |
| 五、禽蛋 | 吨 | −3 | 6.1 | 2.79 | 0.07 | — | — |
| 鸡蛋 | 吨 | −3 | 6.1 | 2.79 | 0.07 | 0.00 | 0.00 |

续表 13

| 项目 | 单位 | 对比 | 2020 年 | 2021 年 | 张达乡 | 工布学乡 | 多却乡 |
|---|---|---|---|---|---|---|---|
| 六、当年出售和自宰的肉用猪 | 头 | −11 | 36 | 25 | — | — | — |
| 七、当年出售和自宰的肉用牛 | 头 | −843 | 11665 | 10822 | 653 | 3287 | 1099 |
| 八、当年出售和自宰的肉用羊 | 只 | −3305 | 60700 | 57395 | 7251 | 17203 | 12467 |
| 其中：出售和自宰的肉用绵羊 | 只 | −3362 | 58359 | 54997 | 7003 | 16295 | 12149 |
| 其中：出售和自宰的肉用山羊 | 只 | 57 | 2341 | 2398 | 248 | 908 | 318 |
| 九、出售和自宰的家禽 | 只 | 93.00 | 20 | 113 | — | — | — |
| 其中：鸡 | 只 | 93.00 | 20 | 113 | — | — | — |
| 十、当年肉类总产量 | 吨 | −154.33 | 2311.78 | 2157.45 | 183.14 | 651.72 | 311.91 |
| 1. 当年猪牛羊总产量 | 吨 | −154.47 | 2311.75 | 2157.28 | 183.14 | 651.72 | 311.91 |
| 其中：猪肉 | 吨 | 0.10 | 0.9 | 1.00 | — | — | — |
| 牛肉 | 吨 | −98.22 | 1450.97 | 1352.75 | 81.63 | 410.88 | 137.38 |
| 羊肉 | 吨 | −56.35 | 859.88 | 803.53 | 101.51 | 240.84 | 174.54 |
| （1）山羊 | 吨 | 2.20 | 31.37 | 33.57 | 3.47 | 12.71 | 4.45 |
| （2）绵羊 | 吨 | −58.55 | 828.51 | 769.96 | 98.04 | 228.13 | 170.09 |
| 2. 家禽肉产量 | 吨 | 0.14 | 0.03 | 0.17 | — | — | — |
| 其中：鸡 | 吨 | 0.14 | 0.03 | 0.17 | — | — | — |
| 十一、奶类产量 | 吨 | 807.15 | 6735.64 | 7542.79 | 600.13 | 3397.80 | 942.00 |
| 其中：牛奶产量 | 吨 | 1196.57 | 6344.31 | 7540.88 | 600.13 | 3397.80 | 942.00 |
| 羊奶产量 | 吨 | −389.42 | 391.33 | 1.91 | — | — | — |
| 十二、羊毛产量 | 吨 | 20.63 | 154.3 | 174.93 | 30.84 | 47.31 | 35.73 |
| 绵羊毛产量 | 吨 | 19.65 | 149.57 | 169.22 | 30.42 | 45.99 | 34.60 |
| 其中：细羊毛 | 吨 | 19.81 | 3.22 | 23.03 | — | — | — |
| 半细羊毛 | 吨 | −0.16 | 146.35 | 146.19 | 30.42 | 45.99 | 34.60 |
| 山羊毛 | 吨 | 0.98 | 4.73 | 5.71 | 0.42 | 1.32 | 1.13 |
| 其中：山羊粗毛 | 吨 | 0.77 | 3.66 | 4.43 | 0.42 | 1.08 | 0.90 |
| 山羊绒产量 | 吨 | 0.21 | 1.07 | 1.28 | — | 0.24 | 0.23 |
| 十四、牛毛产量 | 吨 | −0.82 | 20.76 | 19.94 | — | 7.81 | 0.54 |
| 十五、牛绒产量 | 吨 | 2.80 | 6.33 | 9.13 | 1.66 | — | 1.34 |
| 十六、牛皮产量 | 张 | −2527 | 8791 | 6264 | 653 | 1079 | 1099 |
| 十七、羊皮产量 | 张 | −4907 | 48758 | 43851 | 7251 | 7575 | 12467 |
| 其中：绵羊皮产量 | 张 | −4179 | 46307 | 42128 | 7003 | 7177 | 12149 |
| 十八、牛犊皮 | 张 | −68 | 68 | 0.00 | — | — | — |
| 二一、羔皮 | 张 | −615 | 3988 | 3373.00 | 92.00 | 2388.00 | 824 |
| 二十四、牛尾 | 千克 | −1480 | 4612 | 3132.00 | 326.50 | 539.50 | 549.50 |

续表 13

| 项目 | 单位 | 打隆镇 | 江塘乡 | 浪卡子镇 | 阿扎乡 | 卡龙乡 | 白地乡 | 卡热乡 |
|---|---|---|---|---|---|---|---|---|
| 2021 年总牲畜 | | 36456 | 12854 | 17532 | 15945 | 11791 | 11239 | 4911 |
| 一、大牲畜 | 头 | 11364 | 8041 | 3510 | 3892 | 3997 | 5030 | 1983 |
| 1. 牛 | 头 | 11095 | 8041 | 3416 | 3840 | 3985 | 4939 | 1953 |
| 能繁殖的母畜 | 头 | 4558 | 2299 | 2207 | 1575 | 1775 | 2467 | 882 |
| 当年购入的牛 | 头 | 519 | 49 | 133 | 34 | 158 | 252 | 42 |
| 当年生仔畜 | 头 | 2123 | 1455 | 605 | 774 | 920 | 845 | 412 |
| 当年出售的牛 | 头 | 34 | 0 | 28 | 131 | 0 | 0 | 0 |
| 出售和自宰 | 头 | 1871 | 833 | 733 | 553 | 676 | 813 | 304 |
| 成畜死亡 | 头 | 446 | 151 | 38 | 81 | 59 | 126 | 49 |
| 年初存栏数 | 只 | 10804 | 7521 | 3477 | 3797 | 3642 | 4781 | 1852 |
| (1)黄牛 | 头 | 2559 | 0 | 2078 | 1199 | 178 | 1215 | 697 |
| 能繁殖的母畜 | 头 | 1398 | — | 1586 | 831 | 152 | 984 | 396 |
| 当年购入的黄牛 | 头 | 11 | — | 25 | 5 | 1 | 14 | 0 |
| 当年生仔畜 | 头 | 589 | — | 413 | 309 | 16 | 210 | 124 |
| 当年出售黄牛 | 头 | 12 | — | 18 | 107 | — | — | — |
| 出售和自宰 | 头 | 518 | — | 524 | 222 | 57 | 279 | 183 |
| 成畜死亡 | 头 | 110 | — | 26 | 29 | 23 | 39 | 21 |
| 年初存栏数 | 只 | 2599 | — | 2208 | 1243 | 241 | 1309 | 777 |
| (2)良种及改良乳牛 | 头 | 1488 | 0 | 0 | 0 | 898 | 114 | 521 |
| 能繁殖的母畜 | 头 | 788 | — | — | — | 704 | 64 | 273 |
| 当年购入母牛 | 头 | 85 | — | — | — | 43 | — | — |
| 当年生仔畜 | 头 | 454 | — | — | — | 294 | 29 | 144 |
| 当年出售乳牛 | 头 | 12 | — | — | — | — | — | — |
| 成畜死亡 | 头 | 62 | — | — | — | 3 | 4 | 8 |
| 当年出售和自宰的牛 | | 126 | — | — | — | 205 | — | 6 |
| 年初存栏数 | 只 | 1149 | — | — | — | 769 | 89 | 391 |
| (3)牦牛 | 头 | 7048 | 8041 | 1328 | 2641 | 2909 | 3610 | 731 |
| 能繁殖的母畜 | 头 | 2372 | 2299 | 611 | 744 | 919 | 1419 | 211 |
| 当年购入牦牛 | 头 | 423 | 49 | 98 | 29 | 114 | 238 | 42 |
| 当年生仔畜 | 头 | 1080 | 1455 | 192 | 465 | 610 | 606 | 144 |
| 当年出售牦牛 | 头 | 10 | 0 | 10 | 24 | | | |
| 出售和自宰 | 头 | 1227 | 833 | 209 | 331 | 414 | 534 | 115 |
| 成畜死亡 | 头 | 274 | 151 | 12 | 52 | 33 | 83 | 20 |
| 年初存栏数 | 只 | 7056 | 7521 | 1269 | 2554 | 2632 | 3383 | 680 |

续表 13

| 项目 | 单位 | 打隆镇 | 江塘乡 | 浪卡子镇 | 阿扎乡 | 卡龙乡 | 白地乡 | 卡热乡 |
|---|---|---|---|---|---|---|---|---|
| (4)犏牛 | 头 | — | — | 10 | — | — | — | 4 |
| 繁殖母畜 | 头 | — | — | 10 | — | — | — | 2 |
| 当年购入犏牛 | 头 | — | — | 10 | — | — | — | — |
| 当年生仔畜 | 头 | — | — | — | — | — | — | — |
| 当年出售犏牛 | 头 | — | — | — | — | — | — | — |
| 成畜死亡 | 头 | — | — | — | — | — | — | — |
| 年初存栏数 | 只 | — | — | — | — | — | — | 4 |
| 2. 马 | 头 | 269 | 0 | 94 | 52 | 12 | 91 | 8 |
| 能繁殖母畜 | 头 | 124 | — | 17 | 6 | — | 10 | 2 |
| 当年购入马 | 头 | 9 | — | 0 | — | — | 1 | — |
| 当年生仔畜 | 头 | 46 | — | 2 | 1 | — | 2 | — |
| 当年出售马 | 头 | 114 | — | 29 | 6 | — | 5 | — |
| 成畜死亡 | 头 | 11 | — | 13 | 3 | 1 | 6 | — |
| 年初存栏数 | 只 | 339 | — | 134 | 60 | 13 | 99 | 8 |
| 3. 驴 | 头 | 0 | 0 | 0 | 0 | 0 | 0 | 22 |
| 当年生仔畜 | 头 | — | — | — | — | — | — | 1 |
| 当年购入驴 | 头 | — | — | — | — | — | — | — |
| 当年出售驴 | 头 | — | — | — | — | — | — | 7 |
| 成畜死亡 | 头 | — | — | — | — | — | — | 1 |
| 年初存栏数 | 只 | — | — | — | — | — | — | 29 |
| 4. 骡 | 头 | — | — | — | — | — | — | — |
| 当年购入骡 | 头 | — | — | — | — | — | — | — |
| 当年生仔畜 | 头 | — | — | — | — | — | — | — |
| 1—2 岁 | 头 | — | — | — | — | — | — | — |
| 2—3 岁 | 头 | — | — | — | — | — | — | — |
| 3—4 岁 | 头 | — | — | — | — | — | — | — |
| 当年出售骡 | 头 | — | — | — | — | — | — | — |
| 成畜死亡 | 头 | — | — | — | — | — | — | — |
| 年初存栏数 | 只 | — | — | — | — | — | — | — |
| 二、猪 | 头 | — | — | 3 | — | — | — | 71 |
| 其中：藏香猪 | 头 | — | — | 3 | — | — | — | 71 |
| 能繁殖母猪 | 头 | — | — | — | — | — | — | 16 |
| 当年购入猪 | 头 | — | — | 3 | — | — | — | — |
| 当年生仔畜 | 头 | — | — | — | — | — | — | 50 |

续表 13

| 项目 | 单位 | 打隆镇 | 江塘乡 | 浪卡子镇 | 阿扎乡 | 卡龙乡 | 白地乡 | 卡热乡 |
|---|---|---|---|---|---|---|---|---|
| 出售 | 头 | — | — | — | — | — | — | — |
| 当年出售猪和自宰 | 头 | — | — | — | — | — | — | 25 |
| 成畜死亡 | 头 | — | — | — | — | — | — | 12 |
| 年初猪存栏数 | 头 | — | — | — | — | — | — | 58 |
| 三、羊 | 只 | 25092 | 4813 | 14019 | 12053 | 7794 | 6209 | 2857 |
| 能繁殖母畜 | 只 | 10826 | 2407 | 2032 | 3815 | 3371 | 3254 | 1067 |
| 当年购入羊 | 只 | 1800 | 22 | 153 | 273 | 422 | 293 | 0 |
| 当年生仔畜 | 只 | 9002 | 1776 | 4226 | 2989 | 2138 | 1640 | 365 |
| 当年出售羊 | 只 | 1202 | 653 | 73 | 318 | 0 | 0 | 34 |
| 出售和自宰 | 只 | 8068 | 1144 | 3646 | 3323 | 2398 | 1395 | 500 |
| 成畜死亡 | 只 | 710 | 158 | 230 | 232 | 132 | 153 | 88 |
| 羊的年初数 | 只 | 24270 | 4970 | 13589 | 12664 | 7764 | 5824 | 3114 |
| 1. 山羊 | 只 | 1424 | 271 | 964 | 594 | 348 | 267 | 546 |
| 能繁殖母畜 | 只 | 554 | 167 | 372 | 66 | 129 | 150 | 221 |
| 当年购入山羊 | 只 | 38 | 22 | 20 | 17 | 53 | 38 | |
| 当年生仔畜(新生) | 只 | 383 | 66 | 188 | 48 | 76 | 33 | 23 |
| 当年出售山羊 | 只 | 14 | 40 | 0 | 11 | — | — | 8 |
| 出售和自宰 | 只 | 398 | 52 | 189 | 91 | 70 | 35 | 89 |
| 成畜死亡 | 只 | 70 | 13 | 24 | 9 | 6 | 16 | 16 |
| 年初存栏数 | 只 | 1485 | 288 | 969 | 640 | 295 | 247 | 636 |
| 2. 绵羊 | 只 | 23668 | 4542 | 13055 | 11459 | 7446 | 5942 | 2311 |
| 能繁殖母畜 | 只 | 10272 | 2240 | 1660 | 3749 | 3242 | 3104 | 846 |
| 当年购入绵羊 | 只 | 1762 | — | 133 | 256 | 369 | 255 | — |
| 当年生仔畜 | 只 | 8619 | 1710 | 4038 | 2941 | 2062 | 1607 | 342 |
| 当年出售绵羊 | 只 | 1188 | 613 | 73 | 307 | 0 | — | 26 |
| 出售和自宰 | 只 | 7670 | 1092 | 3457 | 3232 | 2328 | 1360 | 411 |
| 成畜死亡 | 只 | 640 | 145 | 206 | 223 | 126 | 137 | 72 |
| 年初存栏数 | 只 | 22785 | 4682 | 12620 | 12024 | 7469 | 5577 | 2478 |
| 四、家禽 | 只 | 253 | 0 | 108 | 28 | 0 | 0 | 267 |
| 其中：鸡 | 只 | 253 | — | 108 | 28 | — | — | 267 |
| 其中：肉鸡 | 只 | 68 | — | 68 | 4 | — | — | 77 |
| 蛋鸡 | 只 | 185 | 0 | 40 | 24 | 0 | 0 | 190 |
| 五、禽蛋 | 吨 | 0.58 | | 0.10 | 0.54 | — | — | 1.50 |
| 鸡蛋 | 吨 | 0.58 | 0.00 | 0.10 | 0.54 | 0.00 | 0.00 | 1.50 |

续表 13

| 项目 | 单位 | 打隆镇 | 江塘乡 | 浪卡子镇 | 阿扎乡 | 卡龙乡 | 白地乡 | 卡热乡 |
|---|---|---|---|---|---|---|---|---|
| 六、当年出售和自宰的肉用猪 | 头 | 1871 | — | — | — | — | — | 25 |
| 七、当年出售和自宰的肉用牛 | 头 | 1871 | 833 | 733 | 553 | 676 | 813 | 304 |
| 八、当年出售和自宰的肉用羊 | 只 | 8068 | 1144 | 3646 | 3323 | 2398 | 1395 | 500 |
| 其中：出售和自宰的肉用绵羊 | 只 | 7670 | 1092 | 3457 | 3232 | 2328 | 1360 | 411 |
| 其中：出售和自宰的肉用山羊 | 只 | 398 | 52 | 189 | 91 | 70 | 35 | 89 |
| 九、出售和自宰的家禽 | 只 | — | — | 108 | — | — | — | 5 |
| 其中：鸡 | 只 | — | — | 108 | — | — | — | 5 |
| 十、当年肉类总产量 | 吨 | 346.83 | 120.14 | 142.83 | 115.65 | 118.07 | 121.16 | 46.02 |
| 1. 当年猪牛羊总产量 | 吨 | 346.83 | 120.14 | 142.67 | 115.65 | 118.07 | 121.16 | 46.01 |
| 其中：猪肉 | 吨 | — | — | — | — | — | — | 1.00 |
| 牛肉 | 吨 | 233.88 | 104.13 | 91.63 | 69.13 | 84.50 | 101.63 | 38.00 |
| 羊肉 | 吨 | 112.95 | 16.02 | 51.04 | 46.52 | 33.57 | 19.53 | 7.00 |
| （1）山羊 | 吨 | 5.57 | 0.73 | 2.65 | 1.27 | 0.98 | 0.49 | 1.25 |
| （2）绵羊 | 吨 | 107.38 | 15.29 | 48.40 | 45.25 | 32.59 | 19.04 | 5.75 |
| 2. 家禽肉产量 | 吨 | — | — | 0.16 | 0.00 | 0.00 | 0.00 | 0.01 |
| 其中：鸡 | 吨 | — | — | 0.16 | — | — | — | 0.01 |
| 十一、奶类产量 | 吨 | 680.42 | 159.81 | 391.41 | 240.60 | 399.04 | 317.60 | 413.98 |
| 其中：牛奶产量 | 吨 | 680.42 | 157.90 | 391.41 | 240.60 | 399.04 | 317.60 | 413.98 |
| 羊奶产量 | 吨 | — | 1.91 | — | — | — | — | — |
| 十二、羊毛产量 | 吨 | 18.47 | 3.66 | 9.51 | 15.42 | 7.22 | 4.43 | 2.34 |
| 绵羊毛产量 | 吨 | 17.76 | 3.43 | 9.09 | 14.95 | 7.05 | 4.27 | 1.66 |
| 其中：细羊毛 | 吨 | — | 1.40 | — | 14.58 | 7.05 | — | — |
| 半细羊毛 | 吨 | 17.76 | 2.03 | 9.09 | 0.37 | 0.00 | 4.27 | 1.66 |
| 山羊毛 | 吨 | 0.71 | 0.23 | 0.42 | 0.47 | 0.17 | 0.16 | 0.68 |
| 其中：山羊粗毛 | 吨 | 0.57 | 0.16 | 0.42 | 0.31 | 0.14 | 0.13 | 0.30 |
| 山羊绒产量 | 吨 | 0.14 | 0.07 |  | 0.16 | 0.03 | 0.03 | 0.38 |
| 十四、牛毛产量 | 吨 | 5.04 | 2.79 | 0.47 | 0.00 | 1.30 | 1.65 | 0.34 |
| 十五、牛绒产量 | 吨 | 2.00 | 3.58 | 0.20 | 0.00 |  | 0.33 | 0.02 |
| 十六、牛皮产量 | 张 | 604 | 445 | 318 | 504 | 676 | 534.00 | 352 |
| 十七、羊皮产量 | 张 | 5208 | 1144 | 2879 | 3136 | 2324 | 1375 | 492 |
| 其中：绵羊皮产量 | 张 | 4861 | 1092 | 2809 | 2989 | 2328 | 1360 | 360 |
| 十八、牛犊皮 | 张 | — | — | — | — | — | — | — |
| 二十一、羔皮 | 张 | — | — | 30.00 | 39.00 | — | — | — |
| 二十四、牛尾 | 千克 | 302.00 | 222.50 | 159.00 | 252.00 | 338.00 | 267.00 | 176.00 |

# 浪卡子县农林牧渔业增加值一览表

表 14

| 项目 | 2021 年 | 2020 年 | 现价 |
|---|---|---|---|
| 一、农、林、牧、渔业总产值 | 12047.96 | 11122.1 | 8.3 |
| 1. 农业 | 1685.22 | 1651.6 | 2.0 |
| 2. 林业 | 17.99 | 16.96 | 6.1 |
| 3. 牧业 | 9774.75 | 8886.54 | 10.0 |
| 4. 渔业 | — | — | — |
| 5. 农林牧渔业服务业 | 570 | 567 | 0.5 |
|  | — | 0.409 | — |
| 二、中间消耗 | 4936.92 | 4549.92 | 8.5 |
| （一）中间物质消耗 | — | — | — |
| 1. 农业 | 1241.31 | 1213.55 | 2.3 |
| 2. 林业 | 14.14 | 13.27 | 6.6 |
| 3. 牧业 | 3583.47 | 3226.09 | 11.1 |
| 4. 渔业 | — | — | — |
| 5. 农林牧渔业服务业 | 98 | 97 | 1.0 |
| （二）对生产服务支出 | — | — | — |
| 三、增加值 | 7111.04 | 6572.18 | 8.2 |
| 1. 农业 | 443.91 | 438.05 | 1.3 |
| 2. 林业 | 3.85 | 3.69 | 4.3 |
| 3. 牧业 | 6191.28 | 5660.45 | 9.4 |
| 4. 渔业 | — | — | — |
| 5. 农林牧渔业服务业 | 472 | 470 | 0.4 |

# 索 引

## 说 明

一、本索引采用主题分析法编制。索引范围包括篇目、类目、部(门)目、条目等。

二、本索引按主题词首字汉语拼音音序(同音按音调)排列,若首字拼音相同则按第二字音序排列,以此类推。

三、索引款目后的数字表示内容所在的页码,数字后的拉丁字母(a、b、c)表示栏别(从左至右)。

四、篇目、类目、部(门)目用黑体字。

### A



### B



### C

D

## E



## F



## G

H



J

K



L

M

## S

## T



## W



## X

Y

## Z